D1640610

Dirk Börnecke (Hrsg.)
Basiswissen für Führungskräfte

Über die Autoren:

Georg Berner,
Diplom-Ingenieur, war in verschiedenen Leitungsfunktionen in deutschen und amerikanischen Firmen zuständig für Entwicklung, Vertrieb und Marketing. Nach der Leitung des weltweiten e-Learning-Geschäftes ist er heute als Program Director bei Siemens Leadership Excellence für Führungskräfte-Entwicklung verantwortlich. Von ihm stammen die Kapitel 5 bis 7. Autor des Buchs „Management in 20XX" im gleichen Verlag.

Dirk Börnecke,
Personal-Experte mit langjähriger Erfahrung in allen Bereichen des operativen und strategischen Personalwesens eines Großunternehmens, ist Herausgeber des Buches und zeichnet als Autor für weite Teile des Kapitels 2, die Kapitel 9 bis 12 und die personalwirtschaftlichen Themen des Kapitels 8 verantwortlich. Herr Börnecke ist Lehrbeauftragter an der Fachhochschule Augsburg und Prüfer bei der IHK München.

Annette Schloßnikel,
Diplom-Kauffrau, ist bei einem großem Mobilfunkunternehmen in München als Projektleiterin im strategischen Marketing beschäftigt. Von ihr stammen die Ausführungen zu den Kapiteln 3 und 4.

Dr. jur. Rainer Sieg,
ist seit vielen Jahren in verschiedenen Funktionen im Personalwesen bei einem großen deutschen Elektrounternehmen beschäftigt. Er ist ehrenamtlicher Richter am Bundesarbeitsgericht, Verfasser zahlreicher arbeitsrechtlicher Publikationen und Lehrbeauftragter für Arbeitsrecht an der Universität Erlangen und Passau. Er hat die juristischen Kernfragen in Kapitel 8 bearbeitet.

Dr. med. Veronika Wissert,
Autorin des Kapitels 13, ist Fachärztin für Arbeitsmedizin mit Zusatzausbildung in Sportmedizin und Umweltmedizin. Sie leitete einige Jahre ein Kreislauftrainingszentrum eines großen deutschen Elektrounternehmens und ist derzeit Betriebsärztin an einem Standort des gleichen Unternehmens.

Basiswissen für Führungskräfte

Recht und Finanzen
Organisation, Strategie, Personal
Marketing und Selbstmanagement

von Dirk Börnecke (Hrsg.)

5., überarbeitete und
erweiterte Auflage, 2007

PUBLICIS

Bibliografische Information Der Deutschen Nationalbibliothek
Die Deutsche Nationalbibliothek verzeichnet diese Publikation in der Deutschen
Nationalbibliografie; detaillierte bibliografische Daten sind im Internet
über http://dnb.d-nb.de abrufbar.

Herausgeber, Autoren und Verlag haben alle Texte in diesem Buch mit
großer Sorgfalt erarbeitet. Dennoch können Fehler nicht ausgeschlossen
werden. Eine Haftung des Verlags, des Herausgebers oder der Autoren,
gleich aus welchem Rechtsgrund, ist ausgeschlossen.

www.publicis-erlangen.de/books

Lektorat: Dr. Gerhard Seitfudem, Publicis Corporate Publishing, Erlangen

ISBN 978-3-89578-289-3

5., überarbeitete und erweiterte Auflage, 2007

Verlag: Publicis Corporate Publishing, Erlangen
© 2007 by Publicis KommunikationsAgentur GmbH, GWA, Erlangen

Printed in Germany

Vorwort

An Unternehmer und Führungskräfte werden in der heutigen Zeit des schnellen technologischen Wandels und der zunehmenden Globalisierung sehr hohe Anforderungen gestellt. Ihre Mindestaufgabe ist die Reaktion auf Veränderungen. Besser allerdings ist die Rolle als Gestalter und Treiber der Veränderungsprozesse.

Hierbei ist aber nicht nur fachliche Kompetenz gefragt. Auch organisatorische Fragen bestimmen den Alltag. Und nicht zuletzt: Die Führung des Personals. Nach Ansicht von Jack Welch, dem ehemaligen Chef vom General Electric, macht dieser Komplex mindestens 50% der täglichen Arbeitszeit aus.

Der erfolgreiche Manager muss auch die Trends der Zeit verstehen. Er oder sie muss die Begriffe, die Schlagworte, die Kategorien der Wirtschaft kennen. Nur so sind die Grundlagen für den weiteren Erfolg zu schaffen – durch Verständnis der Zusammenhänge.

Dieses Buch vermittelt das notwendige Basiswissen. Es ist ein Nachschlagewerk für den ersten Überblick und die erste Vertiefung über die relevanten Themen des Wirtschaftslebens. Es wendet sich an Leserinnen und Leser, die sich täglich mit Wirtschaftsfragen auseinanderzusetzen haben und knappe Antworten erwarten. Daher ist das Werk so umfassend wie nötig, aber so kompakt wie möglich. Ein allzu wissenschaftlicher Ansatz wurde bewusst vermieden.

Der Inhalt reicht von Erläuterungen der Themen Rechnungswesen, Marketing, Werbung und Personalführung bis hin zu der Darstellung von Organisationsfragen und Arbeitstechniken.

Begriffsdefinitionen, Überblicke über aktuelle Themen und Checklisten dienen den Leserinnen und Lesern darüber hinaus zur weiteren praxisorientierten Entscheidungsfindung.

Herausgeber, Autoren und Verlag wünschen Ihnen Erfolg. Wir hoffen, dass dieses Buch dazu beitragen kann, Fragen zu beantworten, auf wichtige Sachverhalte hinzuweisen und Ihnen vielleicht auch das kleine Quäntchen Wissen zu präsentieren, das letztendlich den entscheidenden Baustein zu Karriere oder wirtschaftlichem Erfolg darstellt.

München, April 2007   Dirk Börnecke

Inhaltsverzeichnis

1 Einleitung

Sie haben es geschafft: Sie sind Unternehmer oder Führungskraft. Oder Sie stehen kurz davor, Unternehmer oder Führungskraft zu werden. Ein Hinweis gleich am Anfang: Hiermit sind natürlich auch weibliche Unternehmer und Führungskräfte gemeint!

Im Laufe Ihres Berufslebens haben Sie eine Menge an Wissen erworben, Sie haben Ihre Erfahrungen gemacht – positive wie negative. Allerdings wird sich Ihr Wissen in erster Linie auf der fachlichen Seite angesammelt haben. In Ihrer jetzigen Funktion ist jedoch noch mehr Wissen gefordert: Organisation, Grundlagen des Wirtschaftslebens, Personalführung. Auch der Strukturwandel in den Unternehmen und die zunehmende Globalisierung stellen Sie vor Herausforderungen.

Für viele stellen sich jedoch immer wieder die Fragen: Was muss ich wissen und warum? Wo liegt der Nutzen? Wo liegen die Chancen und Risiken bestimmter Handlungsweisen? Woher bekomme ich Hilfe?

In diesem Buch werden Sie vieles darüber erfahren, was das heutige Wirtschaftsleben für Führungskräfte und Unternehmen gleichermaßen ausmacht. Allerdings: Aufgrund der großen Stofffülle wollen wir bewusst nur einen ersten Überblick über die Vielzahl von Themen geben.

Das vorliegende Buch kann die Vielzahl der interessanten Themen nur streifen. Allerdings finden sich in einigen Kapiteln, zum Beispiel bei Strategie und Marketing, deutlich mehr Informationen, als sie für kleine Unternehmen relevant sind. Hier gilt: Die jeweils bedeutsamen Aspekte sind zu filtern.

Wenden Sie sich daher an die Fachleute, wenn mehr als das in diesem Buch beschriebene Basiswissen gefordert ist: Sei es der Steuerberater oder Ihr Anwalt, der DV-Dienstleister oder Marketingprofi, Ihre Personalabteilung im Betrieb oder ein Weiterbildungsunternehmen. Das Angebot der Anbieter von Dienstleistungen jedenfalls ist reichlich.

Wie in jeder Auflage wurden aktuelle Begriffe aus dem Arbeits- und Wirtschaftsleben aufgenommen und der Text dementsprechend erweitert.

Auch ein Trendbegriff des Jahres 2006 – „Googability" – wurde aufgenommen. Was verbirgt sich hinter diesem Begriff?

Im ständig wachsenden Internet findet sich beinahe stündlich mehr und mehr Wissenswertes über beinahe Alles. Die Situation ist bekannt: Eine Information wird gesucht, das Lexikon ist „out", heute wird „gegoogelt", die Information – besser die Informationen (auch solche, die nicht benötigt werden) – wird gefunden. Aufgrund der umfassenden Vernetzung findet sich jedoch auch mehr und mehr Persönliches im Netz. Und gerade hier ist Vorsicht geboten: Auch Personalberater bedienen sich der gängigen Suchmaschinen, um etwas über eine Person zu erfahren, über ihren Leumund, Mitgliedschaften etc., etc. Dieses so genannte „Profiling" bietet Risiko und Chance zugleich: Risiko, weil die Vita im Web eventuell von der eingesandten Bewerbung abweicht und sich so als Karrierekiller erweisen kann, Chance, weil durch geschicktes Agieren Imagepflege betrieben werden kann. Eigene Web-Seiten oder die Veröffentlichung von Fachpublikationen können das Renommee steigern. Statt weiterer Worte: Machen Sie den Selbsttest – www.google.de „Ihr Name"!

Das Stichwortverzeichnis wurde um Tipps zu Literaturrecherche und Quellensuche sowie um nützliche Links, insbesondere zu elektronischen Nachschlagewerken wie WIKIPEDIA, erweitert.

Im arbeitsrechtlichen Bereich hat im letzten Jahr kaum ein anderes Gesetzesvorhaben mehr Aufsehen erregt als das Antidiskriminierungsgesetz, seit 18.8.2006 als Allgemeines Gleichbehandlungsgesetz in Kraft. Aufgrund der immensen Veränderung für die betriebliche Personalarbeit ist diesem Gesetz besonderer Raum im Kapitel 8 eingeräumt.

Die Kapitel im Überblick:

In Kapitel 2 werden die grundlegenden Begriffe des Wirtschaftslebens und die wichtigsten Unternehmensformen vorgestellt. Heute wird kaum ein Unternehmen ohne die Prinzipien der bekannten Managementkonzepte wie etwa Kaizen oder Lean Management auskommen. Und last but not least: All die Begriffe, die in aller Munde sind, wie etwa Benchmarking,

Shareholder Value, Corporate Identity, Spin-Off und Outsourcing, um nur einige von ihnen zu nennen.

Ohne eine Grundkenntnis in betriebswirtschaftlichen Belangen werden Führungskräfte und Unternehmer im Wirtschaftsleben nicht bestehen können. Kapitel 3 gibt einen Überblick über das externe und interne Rechnungswesen, die Kostenrechnung sowie über etliche Fachbegriffe, wie zum Beispiel „Bilanz", mit denen man früher oder später konfrontiert wird.

Besonders wichtig im Zusammenhang mit unternehmerischer Tätigkeit ist Kapitel 4: Woher und auf welchen Wegen beschaffe ich das für meinen Wirtschaftsbetrieb notwendige Kapital? Was ist Außen- und Innenfinanzierung? Was habe ich bei Investitionen zu beachten?

Kapitel 5 besetzt ein für das erfolgreiche unternehmerische Handeln – sei es als eigenständiger Unternehmer oder als Führungskraft eines Unternehmens (denn auch diese müssen sich zumindest als Mitunternehmer fühlen!) ebenso wichtiges Thema: Das strategische Handeln mit den dazu notwendigen Visionen, Geschäftsaufträgen und Unternehmensleitbildern. Besonders hervorgehoben sind in diesem Kapitel die Grundsätze der strategischen und operativen Planung.

Wirtschaftsunternehmen leben vom Absatz ihrer Produkte oder Dienstleistungen. Der Vertrieb sichert die existenzielle Verbindung zum Kunden. Allerdings: Ohne Marketing und Werbung werden die vertrieblichen Anstrengungen vergebens bleiben. Daher ist das optimale Zusammenspiel dieser Sparten des Unternehmens besonders wichtig. Kapitel 6 zeigt warum, und wo der Handlungsbedarf liegt.

Kapitel 7 beschäftigt sich mit weiteren langfristigen Erfolgsfaktoren für Wirtschaftsunternehmen. Die zunehmende Globalisierung der Märkte, immer schnellere Durchlaufzeiten und neue Anforderungen in der Führungskultur machen flexible Organisationen notwendig. Wachsendes Qualitätsbewusstsein bei Kunden erfordert verstärkte Anstrengungen der Unternehmen, diesen Erwartungen auch voll gerecht zu werden. Schließlich haben die Unternehmen auch den Herausforderungen des steigenden Umweltbewusstseins der Bevölkerung wirksam zu begegnen.

Für viele Führungskräfte und Unternehmer bedeutet der Umgang mit Personal eine Herausforderung. Kapitel 8 stellt die vielfältigen arbeitsrechtlichen Rahmenbedingungen in Deutschland ebenso vor wie die verschiedenen Möglichkeiten der Beendigung von Arbeitsverhältnissen. Als ein mögliches Mittel der Restrukturierung wird die Beschäftigungs- und Auffanggesellschaft dargestellt. In vielen Unternehmen ist er Standard, in vielen nicht: der Betriebsrat. Diese Interessenvertretung der Belegschaft gehört ebenso zur hiesigen Wirtschaftskultur wie die Unternehmensmitbestimmung. Einige spezielle Themen wie Arbeitszeit und Entgeltgrundsätze sind ebenso abgehandelt wie das sehr anspruchsvolle, sich ständig wandelnde Gebiet der Mitarbeiterführung. Neu in dieser Auflage sind Anmerkungen zum Führungswechsel. Gerade hier herrscht vielfach Unsicherheit über den richtigen Weg vor – die Ausführungen am Ende des Kapitel 8 zeigen ihn auf.

In Kapitel 9 geht es um die Personalplanung und die Beschaffung von Mitarbeitern und Dienstleistern. In den Zukunftsbranchen Telekommunikation, Software und Dienstleistungen stirbt der klassische Betrieb als fester Ort mit Arbeitnehmern in unbefristeten Beschäftigungsverhältnissen und reglementierten Arbeitszeiten aus. Zeit- und Telearbeiter, geringfügig Beschäftigte, freie Mitarbeiter, Projekt- und Job-Hopper bestimmen die Arbeitswelt von morgen. Wie diesen Anforderungen begegnet werden kann, zeigt dieses Kapitel.

Die Kapitel 10 und 11 widmen sich den vielfach ungeliebten „Basics" des Wirtschaftsunternehmens: Den organisatorischen Grundanforderungen, den notwendigen Arbeitsmitteln und den planerischen Voraussetzungen, die es zu erfüllen gilt. Auch die Grundvoraussetzungen der Information und Kommunikation im Unternehmen bis hin zu moderner Arbeitsformen wie der Telearbeit finden sich in den Kapiteln wieder. Wichtig wegen den weitreichenden juristischen Konsequenzen: Die Organisations- und Aufsichtspflichten im Unternehmen.

Die Arbeitswelt von morgen und der damit verbundene Strukturwandel stellen schon heute hohe Anforderungen. Zu deren Bewältigung stehen der Führungskraft und dem Unternehmen eine große Anzahl von Methoden und Arbeitstechniken zur Verfügung. Aber: Ein Patentrezept kann und wird es nicht geben. Jeder muss das für sich Richtige herausfinden! Hierbei hilft Kapitel 12 mit Tipps und Anregungen … nicht nur für Manager. Ganz besonders wichtig in diesem Zusammenhang: Das Skills-Marketing, also das Marketing in eigener Sache.

Das Kapitel 13 „Gesundheitsmanagement" sieht sich als sinnvolle Ergänzung zu den vielen Fachinformationen dieses Buches. Gerade in der sich verschärfenden Situation für die Unternehmen – und damit für jeden einzelnen Mitarbeiter oder für jede einzelne Mitarbeiterin – ist der sorgsame Umgang mit der Gesundheit ein „Muss".

2 Grundbegriffe

Führungskräfte sollten, Unternehmer müssen einige Begriffsbestimmungen und Abgrenzungen im Wirtschaftsleben kennen. Die gängigsten sind in den folgenden Kapiteln zusammengefasst.

Sicherlich ist nicht jeder der genannten und erklärten Begriffe für die tägliche Arbeit von strategischer Bedeutung, allerdings reicht in vielen Fällen ein oberflächlicher Einblick in die komplexen Zusammenhänge des Wirtschaftslebens nicht mehr aus. Zu denken ist hier beispielsweise an die verschiedenen Gesellschaftsformen: Für Existenzgründer ist durchaus interessant, die richtige Rechtsform bereits zu Anfang zu wählen. Aber auch in einer bereits bestehenden Unternehmensform können sich grundsätzliche Fragen aus Anlass der Verschmelzung mit einem anderen Unternehmen stellen.

Wer sich als Führungskraft in der Optimierung von Prozessen versuchen will, sollte die wesentlichen Grundlagen des Kontinuierlichen Verbesserungsprozesses (KVP), des Total Quality Management (TQM) oder der ISO 9000 kennen. Auch die Kenntnis praktischer Beispiele anderer Firmen schadet hier nicht.

Und – nicht minder wichtig: Wer hat nicht schon von ihnen gehört, den vielfach verwendeten Begriffen Best Practice Sharing, Benchmarking, Shareholder Value und US GAAP. Letztere sind insbesondere für die interessant, die ihr Unternehmen jenseits des Atlantiks in den USA, dem sprachlichen Mutterland der Corporate Identity, vertreten sehen.

Diese Begriffe prägen unser heutiges Verständnis von „Wirtschaft" entscheidend mit: Sie sind in aller Munde, bestimmen die Berichterstattung in den Medien und sind sinnvolle Ergänzung vorhandenen Fachwissens.

2.1 Die wichtigsten Begriffe des Wirtschaftslebens

Die folgenden Begriffe zeigen die allgemeinen und besonderen Rahmenbedingungen des Wirtschaftslebens auf. Mit ihnen lässt sich die Frage „Was ist Wirtschaft überhaupt, was macht sie aus?" beantworten. Selbstverständlich geht es lediglich um einen ersten Überblick über das weite Feld der Wirtschaftswissenschaften.

Volkswirtschaft

Unter Volkswirtschaft wird die Gesamtheit der Einzelwirtschaften, also insbesondere die der am Wirtschaftsleben beteiligten Unternehmen eines Staates in ihren Beziehungen zueinander und zum Staat verstanden.

Die Volkswirtschaftslehre (auch Nationalökonomie, englisch Economics genannt) bezeichnet als Begriff die Zusammenfassung der wirtschaftlichen Vorgänge und Zusammenhänge, wie zum Beispiel Unternehmens-, Finanz- und Beschäftigungstheorien.

Betriebswirtschaftslehre

Die Betriebswirtschaftslehre ist nach der Standarddefinition die Lehre vom wirtschaftlichen Aufbau und der Existenz des Betriebes.

Die allgemeine Betriebswirtschaftslehre beschäftigt sich mit der Organisation des Betriebes, der Produktion und dem Absatz, Finanzierung und Investition sowie dem betrieblichen Rechnungswesen. Sie beschäftigt sich ebenfalls mit dem Umfeld des Betriebes und beschreibt Instrumente und Konzepte: von der Absatzplanung über Controlling, Eigenkapital, Gewinn- und Verlustrechnung, Liquiditätsreserve, Umsatz pro Mitarbeiter bis zu Verbindlichkeiten und Zinsen. *Allgemeine Betriebswirtschaftslehre*

Die spezielle Betriebswirtschaftslehre orientiert sich an den besonderen betriebswirtschaftlichen Anforderungen der Industrie und des Dienstleistungssektors. *Spezielle Betriebswirtschaftslehre*

Unter Industrie ist in diesem Zusammenhang die gewerbliche Gütererzeugung mit Hilfe von Maschinen in fabrikmäßigen größeren Betrieben zu verstehen. Der Begriff der Dienstleistung definiert sich allgemein als die „Leistung von Diensten gegen Entgelt" – eine schlichte, vielleicht nicht mehr ganz zeitgemäße Definition, wenn man bedenkt, dass sich nahezu alle Industrie- *Industrie/Dienstleistung* staaten in den letzten Jahren zu Dienstleistungsländern verändert haben: In vielen Ländern beträgt der Anteil des Dienstleistungssektors bereits 75%!

Als ein Randbereich der Betriebswirtschaftslehre werden Fragen der Unternehmensbesteuerung angesehen.

Wirtschaftsverfassung

Das Bundesverfassungsgericht definiert diese als diejenigen Vorschriften, die sich in irgendeiner Form auf die Erzeugung, Herstellung und Verteilung von Gütern des wirtschaftlichen Bereiches beziehen. Insgesamt sind es alle das wirtschaftliche Leben und die wirtschaftlichen Betätigungen regelnden Gesetze mit wirtschaftregulierendem oder -lenkendem Charakter.

Wirtschaftsrecht

Nach der Definition des Bundesverfassungsgerichtes gehören zum Wirtschaftsrecht unter anderem die folgenden Gesetze:

Für Unternehmen besonders relevant
- Handelsgesetzbuch (HGB)
- Aktiengesetz (AktienG)
- GmbH-Gesetz (GmbHG)
- Patentgesetz (PatG)
- Einkommensteuergesetz (EStG)
- Umsatzsteuergesetz (UStG)
- Gewerbesteuergesetz (GewStG)

Für den Handel besonders relevant
- Gesetz gegen den unlauteren Wettbewerb (UWG)
- Scheckgesetz (ScheckG)
- Signaturgesetz (SigG)
- Urheberrechtsgesetz (UrhG)
- Markengesetz (MarkenG)

und viele andere mehr.

Wirtschaftsstrafrecht
Einen wesentlichen Teil des heutigen Wirtschaftsrechts bildet das Wirtschaftsstrafrecht: Dem Unternehmen, der Führungskraft, ja jedem einzelnen Arbeitnehmer werden hierdurch umfangreiche Organisations- und Aufsichtspflichten auferlegt, die es zu kennen und zu befolgen gilt (Näheres siehe Kapitel 10.3).

Das Wirtschaftsstrafrecht ist insbesondere im Strafgesetzbuch (StGB) geregelt. Zu beachten sind unter anderem die Normen im zweiundzwanzigsten Abschnitt des StGB (Betrug und Untreue), wie

- § 263a Computerbetrug, § 264 Subventionsbetrug, § 265a Erschleichen von Leistungen, § 265b Kreditbetrug sowie § 266a Vorenthalten und Veruntreuen von Arbeitsentgelt,

aber auch die Vorschriften des vierundzwanzigsten Abschnitts des StGB (Konkursstraftaten), wie

- § 283 Bankrott, § 283b Verletzung der Buchführungspflicht, § 283c Gläubigerbegünstigung und § 283d Schuldnerbegünstigung.

Zu diesen Strafbarkeiten im mehr monetären Bereich kommen zum Beispiel die Verpflichtungen des Umwelthaftgesetzes, des Produkthaftungsgesetzes oder des Bundesimmissionsschutzgesetzes noch hinzu.

Auch das Arbeitsrecht und das Sozialversicherungsrecht lassen sich im weiteren Sinne ebenso wie das Steuerrecht unter dem Begriff des Wirtschaftsrechts einordnen.

Arbeits- und Sozialrecht, Steuerrecht

Die Auswirkungen der Wirtschaftsverfassung und des Wirtschaftsrechts liegen klar auf der Hand: Regulierung, manchmal bis hin zur unerwünschten Reglementierung, Grenzziehung bis hin zur Strafbarkeit. Als aktuelle Beispiele sind hier die anhaltenden Diskussionen über die Unternehmensteuerreform, die sogenannte „Scheinselbstständigkeit" (Näheres siehe Kapitel 9.2.4) oder die Existenzgründer bedrohende Genehmigungsflut staatlicher Stellen zu nennen.

Auswirkungen

> Die Regeln sind einzuhalten, auch wenn sie im Einzelfall antiquiert und dem Geschäftserfolg hinderlich erscheinen.

Unternehmen

Das Unternehmen ist nach der allgemein gültigen Definition eine „rechtlich organisierte Einheit von Menschen und Sachwerten mit wirtschaftlicher Zweckrichtung unter gemeinsamer Firma". Für den Großteil der Bevölkerung wird das Unternehmen aber einfach als „der Arbeitgeber" angesehen.

Betrieb

Als Betrieb werden im Allgemeinen die wirtschaftlichen Produktionseinheiten eines Unternehmens bezeichnet. Betriebe stellen die Sach- oder Dienstleistungen her, auf dessen Erwerbszweck ein Unternehmen ausgerichtet ist. Ein Unternehmen kann aus mehreren Betrieben bestehen.

Firma

Die Firma ist der Name, unter dem der Kaufmann („wer ein Handelsgewerbe betreibt" – der Musskaufmann) im Handel seine Geschäfte betreibt, Unterschriften abgibt, klagt und verklagt wird. Jeder (Kann-)Kaufmann („Kaufmann kraft Gewerbebetriebes") ist verpflichtet, seine Firma zum Handelsregister des Ortes der Niederlassung anzumelden; Personenfirmen tun dies auf den Namen des Inhabers, Sachfirmen auf den Gegenstand des Geschäftsbetriebes. Rechtlich gefordert sind Firmenwahrheit und -klarheit, dies bedeutet, dass die Firma über die Rechtsform und die Verhältnisse Auskunft geben muss. Dies erfolgt üblicherweise über Geschäftsberichte.

Konzern

Ein Konzern ist eine Vereinigung mehrerer rechtlich selbstständig bleibender Unternehmen mit einheitlicher Leitung und Geschäftsführung. Organisatorisch erfolgt der Zusammenschluss entweder horizontal von Unternehmen gleichartiger Produktion oder vertikal von Unternehmen verschiedener Produktionsstufen, die gegenseitig im Verhältnis von Kunden und Lieferanten stehen. Die Gründe für einen derartigen Zusammenschluss liegen in der Regel in einem vereinfachten und verbilligten Einkauf von Rohstoffen oder Zulieferprodukten sowie in der Sicherung des Absatzes.

Holding

Unter Holding sind Kapitalanlage- und Kontrollgesellschaften zu verstehen. Sie gewinnen durch ineinandergreifende Beteiligungen, meist in Form von Aktienmehrheiten oder andere Geschäftsanteile, Einfluss, aber auch Kontrolle auf ein System miteinander verbundener Unternehmungen. Die Abgrenzung zum Konzern ist hier fließend. Viele große Unternehmen werden als Konzerne angesehen, agieren aber eher als Holding.

Personen

Und die Menschen „im Unternehmen", „in der Firma", „im Betrieb"?

Unternehmer Als Unternehmer wird üblicherweise der Leiter oder der Inhaber des Unternehmens bezeichnet, der im Regelfall auch das Risiko eines unternehmerischen Misserfolges trägt.

Manager Der Manager ist im Allgemeinen die Person, die selbstständig und eigenverantwortlich den Zweck und die Art der Produktion oder des Arbeitsprozesses des Betriebes, der Abteilung, des

Teams bestimmt. Er trägt das unternehmerische Risiko je nach Funktion unterschiedlich stark. Üblicherweise wird aber sein Einkommen an die wirtschaftliche Situation des Unternehmens geknüpft sein. Regelmäßig gehört der Manager zum Kreis der sogenannten „Leitenden Angestellten", ist also Arbeitnehmer mit Arbeitgeberfunktion.

Die sonstigen, weit verbreiteten Bezeichnungen: Vorgesetzter, Führungskraft, Chef, Boss …

Arbeitnehmer ist, wer in einen Betrieb eingegliedert weisungs- **Arbeitnehmer** abhängig tätig ist. Je nach ausgeübter Tätigkeit unterscheidet man zwischen Arbeitern und Angestellten.

In der volkswirtschaftlichen Definition ist Arbeit „… jede auf **Arbeit** ein wirtschaftliches Ziel gerichtete menschliche Tätigkeit". Neben Boden und Kapital ist Arbeit der wichtigste elementare Produktionsfaktor.

Nach den Merkmalen der Arbeit sind freie und abhängig beschäftigte, gelernte und ungelernte, körperlich und geistig tätige Arbeitnehmer zu unterscheiden. Nach der jeweilig ausgeübten Funktion ist dispositive (leitende) von der exekutiven (ausführenden) Arbeit abzugrenzen.

Die Arbeit, welche der Einzelne leistet, bildet den Inhalt seines Berufes.

2.2 Unternehmensformen

Wirtschaftsunternehmen sind in bestimmter Art organisiert, den Gesellschaftsformen. Diese unterteilen sich in Personengesellschaften und Kapitalgesellschaften, sowie deren Mischformen.

Personengesellschaften

Personengesellschaften sind grundsätzlich keine juristischen Personen. Daher kommt es stets zu einer gemeinsamen Geschäftsführung und Vertretung der Gesellschafter. Diese haften unbeschränkt persönlich für alle Arten der Gesellschaftsschulden.

Die verschiedenen Gesetze des Gesellschaftsrechts kennen die folgenden drei Formen der Personengesellschaften.

Die Gesellschaft des Bürgerlichen Rechts – auch BGB-Gesell- **BGB-Gesellschaft** schaft genannt – ist nach neuerer Meinung „wie eine eigene Rechtspersönlichkeit" zu behandeln. Sie ist ein Zusammenschluss von Personen zur Verfolgung eines gemeinsamen Geschäftszweckes. Die Geschäftsführung erfolgt im Grundsatz durch alle Gesellschafter, die – und dies ist zu beachten – stets mit ihrem gesamten Vermögen haften. Die Rechtsgrundlage findet sich in den §§ 705 ff. des Bürgerlichen Gesetzbuches (BGB).

OHG Die Offene Handelsgesellschaft – OHG – ist eine Gesellschaft von Vollkaufleuten (= Betreibern eines Handelsgewerbes) unter einer gemeinschaftlichen Firma zum Betrieb eines Handelsgewerbes. Sie entsteht mit dem realen Geschäftsbeginn, gegebenenfalls aber erst mit der Eintragung im Handelsregister bei Erfordernis eines kaufmännischen Betriebes. Die Besonderheit der OHG: keine Haftungsbeschränkung der einzelnen Gesellschafter! Die Rechtsgrundlage der OHG ist das Handelsgesetzbuch (HGB) in den §§ 105 ff.

KG Die Kommanditgesellschaft – KG – ist ebenfalls eine Gesellschaft des Handelsrechts, §§ 161 ff. HGB, bei der mindestens ein Gesellschafter persönlich – dies ist der Komplementär –, die anderen – die Kommanditisten – nur mit ihrer Einlage den Gläubigern haften. Die Geschäftsführung steht anders als in den anderen Personengesellschaftsformen allein dem Komplementär zu. Die KG ist eine Mischung zwischen einer Personen- und Kapitalgesellschaft; so werden zum Beispiel Kommanditanteile ausgegeben.

Kapitalgesellschaften

Im Gegensatz zu den Personengesellschaften haben die Kapitalgesellschaften eine eigene Rechtspersönlichkeit; sie werden als sogenannte „juristische Person" bezeichnet.

An Kapitalgesellschaften sind die folgenden beiden Formen möglich:

AG Die Aktiengesellschaft ist eine Handelsgesellschaft, deren Anteilseigner – die Aktionäre – mit Einlagen an dem in Aktien zerlegten Grundkapital beteiligt sind. Für Verbindlichkeiten der AG haftet den Gläubigern nur das Gesellschaftsvermögen. Die Aktiengesellschaft ist die typische Form der Großunternehmung; sie ist aber auch zunehmend bei kleineren, stark zukunftsorientierten Technologieunternehmen zu finden.

Das Mindestgrundkapital beträgt 50.000 €. Die Organe der Aktiengesellschaft sind der Vorstand, der Aufsichtsrat sowie die Hauptversammlung der Aktionäre.

Der Vorstand als Leitung und Vertreter der Gesellschaft wird vom Aufsichtsrat bestellt und abberufen. Der Aufsichtsrat kon-

trolliert die Geschäftsführung des Vorstandes; er setzt sich nach
dem Aktiengesetz aus Anteilseignern und Arbeitnehmervertre-
tern zusammen. Die Hauptversammlung beschließt unter anderem über die Verwendung des Gewinns und über die Entlastung der Mitglieder des Vorstandes und des Aufsichtsrates. Die
Hauptversammlung der Aktionäre findet im Regelfall einmal
jährlich statt.

Gesetzliche Grundlage der Aktiengesellschaft ist das Aktiengesetz vom 6.9.1965.

Die Gesellschaft mit beschränkter Haftung ist eine Handelsge-   **GmbH**
sellschaft, ausgestaltet entweder als Sach- oder Personenfirma.
Im letzteren Fall nähert sich die GmbH wieder etwas den Personengesellschaften an, im ersten Fall ist sie wie die Aktiengesellschaft als sogenannte „Publikumsgesellschaft" anzusehen.
Die Haftung ist ebenfalls nur auf das Gesellschaftsvermögen
beschränkt. Das Stammkapital der GmbH hat mindestens
25.000 € zu betragen; jeder Gesellschafter hat eine Stammein-
lage von mindestens 100 € zu leisten; Sacheinlagen sind möglich. Die Organe der GmbH sind der (oder die) Geschäftsführer
sowie die Gesamtheit der Gesellschafter.

Der Geschäftsführer vertritt die GmbH nach außen. Den Gesellschaftern, die ihre Beschlüsse in der Gesellschafterversamm-
lung treffen, obliegt insbesondere die Bestellung und Abberu-
fung des Geschäftsführers, die Feststellung des Jahresabschlusses
sowie die Kontrolle der Geschäftsführung.

Gesetzliche Grundlage der Gesellschaft mit beschränkter Haftung ist das GmbH-Gesetz vom 20.4.1892.

Mischformen

Die GmbH & Co ist eine Kommanditgesellschaft (KG), an der   **GmbH & Co KG**
im Regelfall nur ein einziger Komplementär beteiligt ist. Als
KG ist sie dem Grunde nach eine Personengesellschaft, allerdings ist durch die Eigenschaft des Komplementärs als GmbH
eine Annäherung zur Kapitalgesellschaft gegeben. Gleichwohl
haftet die GmbH & Co KG wie eine Personengesellschaft unbeschränkt mit ihrem gesamten Vermögen.

In der Praxis am häufigsten ist die sogenannte „echte GmbH &
Co KG". In ihr sind die Gesellschafter der GmbH und die
Kommanditisten der KG identisch.

Die GmbH & Co KG findet ihre rechtliche Grundlage im HGB
vom 10.5.1897.

KGaA Die Kommanditgesellschaft auf Aktien ist als Handelsgesellschaft eine selbstständige juristische Person. Sie ist eine Mischform von Kommandit- und Aktiengesellschaft. Die Kommanditaktionäre haften nur mit ihrer Einlage; die Komplementäre, welche die KGaA stets leiten, haften in voller Höhe persönlich. Organe der KGaA sind die Hauptversammlung und der Aufsichtsrat.

Wie die Aktiengesellschaft ist die KGaA im Aktiengesetz gesetzlich verankert.

Gemeinsamer Zweck

Alle Gesellschaftsformen, ob Personen- oder Kapitalgesellschaft, ob mit oder ohne Haftung, verbindet eine Tatsache: Die Verfolgung eines gemeinsamen wirtschaftlichen Zweckes.

Unternehmensgründung

Im Grundsatz herrscht in Deutschland Gewerbefreiheit, garantiert durch das Grundgesetz, geregelt in § 1 der Gewerbeordnung. Allerdings gibt es einige Branchen, in denen eine Genehmigungserfordernis besteht, im Allgemeinen dort, wo es auf bestimmte Qualifikationen besonders ankommt und im Besonderen zum Beispiel im Umweltschutz.

Wahl der Gesellschaftsform

Jede Gesellschaftsform hat ihre Vor- und Nachteile. Diese sind in der konkreten Situation, zum Beispiel bei einer Neugründung, genau abzuwägen. So stellen sich unter anderem folgende Fragen:

• Alleinunternehmer oder mit anderen Gesellschaftern?
• Haftung des Unternehmers?
• Steuerrechtliche Aspekte?
• Kapitalbedarf? (Näheres in Kapitel 4.1.1)
• Künftige Möglichkeit der Umwandlung?

Dass zur Gründung einer Gesellschaft gewisser organisatorischer Grundaufwand erforderlich ist sowie bestimmte Gründungskosten zu tragen sind, ist selbstverständlich.

Aktiengesellschaft Der Vorteil der Aktiengesellschaft liegt ohne Zweifel darin, dass der Kapitalbedarf zum Beispiel für Investitionen jederzeit über Kapitalerhöhungen (= Ausgabe von Aktien) gedeckt werden kann.

Der Nachteil liegt in dem gesetzlich vorgeschriebenen Mindestgrundkapital und einem relativ hohen organisatorischen Aufwand in der Gründungsphase (Feststellung einer Satzung, Bekanntmachung der Gesellschaft, Gründungsbericht und -prüfung).

Sicherlich ist die BGB-Gesellschaft eine der am einfachsten zu gründenden Gesellschaften; daher scheint sie gut für die Verwirklichung einer gemeinsamen Geschäftsidee im rechtlich abgesicherten Umfeld geeignet zu sein.

BGB-Gesellschaft

Allerdings ist hier zu beachten, dass die einzelnen Gesellschafter mit ihrem gesamten Privatvermögen haften. Diese Haftung wird lediglich durch die Tatsache gemildert, dass nur alle Gesellschafter gemeinsam, Ausnahme: Notfall, zur Vertretung befugt sind.

Die Gründung einer GmbH ist im Allgemeinen nur mit Vorteilen verbunden: Das Mindesteinlagekapital lässt sich auch in Sacheinlagen aufbringen, die Haftung ist im Extremfall auf eben dieses Mindestkapital als Gesellschaftsvermögen beschränkt, der Gründungsvorgang ist relativ einfach zu vollziehen. Daher führt der Vorteil der beschränkten Haftung bei vielen Neugründungen oft zuerst zur GmbH.

GmbH

Allerdings sind die Rechtsverhältnisse der Gesellschafter untereinander genau zu regeln. Auch besteht eine Nachschusspflicht im wirtschaftlichen Krisenfall über die bereits geleisteten Einlagen hinaus.

Die Entscheidung zur Gründung einer GmbH & Co KG erfolgt im Regelfall aus steuerlichen Gründen: Die Nutzung von Sonderabschreibungen für Personengesellschaften sowie die Vermeidung von Doppelbesteuerungen.

GmbH & Co KG

Allerdings müssen bei der Gründung einer GmbH & Co KG eine Vielzahl von Detailfragen gelöst werden. Als Stichworte sollen hier nur die Prospekthaftung der Gesellschaft sowie die komplizierten Vertragsbeziehungen der Gesellschafter untereinander genügen.

Auch bei der OHG ist zu beachten, dass die einzelnen Gesellschafter keiner Haftungsbeschränkung für Schulden der Gesellschaft unterliegen; sie haften ebenfalls mit ihrem Privatvermögen. Auf der anderen Seite ist die OHG relativ unkompliziert zu gründen, allerdings nur im Rahmen einer Eigenschaft als Kaufmann der OHG im Sinne des HGB (= Betrieb eines Handelsgewerbes).

OHG

Eine OHG wird für Technologieunternehmen nicht in Frage kommen. Nachteilig wirkt sich die unbeschränkte Haftung aus.

Fachberatung gefragt! Welche Gesellschaftsform auch gewählt wird, auf alle Fälle wird die fachkundige Hilfe eines Rechtsanwaltes oder Steuerberaters notwendig sein.

2.3 Einführung Vertragsrecht

Spätestens seit den Überlegungen der Hartz-Kommission zur „ICH-AG" ist das Thema „Existenzgründung" in das Bewusstsein gelangt. Hierbei gibt es vieles zu berücksichtigen: Geschäftsmodell, Finanzierung, Logistik, ggf. staatliche Erlaubnisse und vieles andere mehr.

Besonders wichtig ist jedoch das Wissen, dass sich der frischgebackene Unternehmer mit dem Start seines Geschäftes auf eine andere juristische Ebene begibt: Eben noch (Privat-)Verbraucher, wird er nunmehr dem Geschäftsleben zugerechnet. Hier gelten zwar im Wesentlichen die gleichen Grundsätze wie bei Privatpersonen, insgesamt ist jedoch der „Geschäftsmann" im juristischen Verkehr weniger geschützt: So gelten zum Beispiel alle zum Schutz des Verbrauchers erlassenen Gesetze nicht mehr, da der Gesetzgeber davon ausgeht, dass ein Geschäftsmann schon weiß, was er oder sie tut. Daher geht es nun nach den „Regeln des Geschäftsverkehrs" mit allen dort versteckten Risiken.

Die wichtigsten Grundsätze des deutschen Vertragsrechtes werden im Folgenden dargestellt. Beispiel: Auch in der Anbahnungsphase etwa eines PC-Kaufes können unbedachte Aussagen unter Geschäftsleuten („Nehme ich") Konsequenzen haben. Auch das Thema der Haftung und des Schadenersatzes bleibt nicht unerwähnt.

Alles in allem geht es hier um einen ersten Überblick über die juristischen Fallstricke. Es ist im Zweifelsfall dringend zu empfehlen, sich rechtzeitig fachkundigen juristischen Rat zu holen. Auch Verbände und die IHK bieten Hilfe an.

2.3.1 Grundlagen des Rechtsgeschäfts

Privatautonomie Das deutsche Zivilrecht geht vom Grundsatz der Privatautonomie aus. Diese berechtigt den Einzelnen, Rechte und Pflichten zu begründen, zu ändern oder aufzuheben, im Ergebnis also rechtsverbindliche Regelungen zu treffen.

Eine ihrer Erscheinungsformen ist die sogenannte „Vertrags- **Vertragsfreiheit**
freiheit", die Möglichkeit, im Rahmen der Rechtsordnung mit
jeder natürlichen oder juristischen Person Vereinbarungen jeden Inhaltes zu treffen. In der Juristensprache ist dies das
„Rechtsgeschäft".

Zu unterscheiden sind „einseitige" (Beispiel: Testament) und
„mehrseitige" (Beispiel: alle Verträge) Rechtsgeschäfte. Weitere
Ausprägungen des Rechtsgeschäfts sind

• personenrechtliche und vermögensrechtliche Rechtsgeschäfte
  (Beispiel: Arbeitsvertrag und Darlehen),
• Rechtsgeschäfte unter Lebenden oder von Todes wegen (Bei-
  spiel: Schenkung und Testament) oder
• Verpflichtungs- und Verfügungsgeschäfte (Beispiel: Grund-
  stückskauf und Übereignung).

Rechtsgeschäfte können fehlerhaft sein. Dies äußert sich durch **Fehlerhafte**
Rechtsgeschäfte
• Nichtigkeit (Rechtsgeschäft ist von Anfang an unwirksam),
• relative und schwebende Unwirksamkeit – hier bedarf es
  noch einer weiteren Erklärung, damit ein Rechtsgeschäft
  wirksam ist (Beispiel: Kauf durch einen Minderjährigen, Genehmigung durch Erziehungsberechtigten) – oder
• Anfechtbarkeit (zunächst gültig, unwirksam nach Anfechtung,
  gegebenenfalls von Anfang an).

Willenserklärungen

Das Rechtsgeschäft besteht aus einer oder mehreren Willenserklärungen. Diese gibt bzw. geben dem Rechtsgeschäft seinen
endgültigen, auf die Herbeiführung einer bestimmten Rechtsfolge gerichteten Charakter.

Willenserklärungen können unmittelbar unter Anwesenden,
über Boten oder Vertreter oder aber schriftlich abgegeben werden; auch Erklärungen via E-Mail oder Fax zählen hierzu.

Hierzu noch ein Hinweis: Nach neuerer Rechtsprechung
können E-Mails rechtsbegründenden Vertragscharakter haben!

Im Regelfall reicht für ein Rechtsgeschäft nicht nur die Willenserklärung aus. Beim Grundstückskauf etwa bedarf es noch
staatlicher Akte, um das Rechtsgeschäft komplett zu machen.
Bei der Anfechtung oder der Kündigung eines Vertrages ist hingegen eine Willenserklärung ausreichend.

Vertrag

Der Vertrag ist die von zwei oder mehr Personen erklärte Willensübereinstimmung über die Herbeiführung eines bestimmten rechtlichen Erfolges – so die juristische Definition. Er ist die Haupterscheinungsform des Rechtsgeschäftes.

Rechtsfolgewille Da der Vertrag auf eine Rechtsfolge gerichtet ist, ist ein sogenannter „Rechtsfolgewille" (Bindungswille) erforderlich. Dies dient zur Abgrenzung von „Scherzerklärungen" (§ 118 BGB – Mangel an Ernstlichkeit, Schein- und Vorbehaltsgeschäfte). Schwieriger wird die Abgrenzung bei Gefälligkeiten oder „Gentlemen Agreements". Hier sind dann oftmals die Zivilgerichte gefordert. Diese haben dann auszulegen, was eigentlich gemeint war.

Angebot und Annahme Der Vertragsschluss vollzieht sich durch Angebot und Annahme. Zu beachten hier: Durch beidseitige Erklärung wird der Vertrag bindend!

Vertragsfreiheit Im Grundsatz herrscht Vertragsfreiheit, die allerdings insbesondere durch gesetzliche Regelungen eingeschränkt sein kann, Stichwort: Sittenwidrige Rechtsgeschäfte. Auch aus dem Arbeitsrecht (Stichwort: Arbeitnehmerschutzrechte), beim Verbraucherschutz (Stichwort: Widerrufsmöglichkeit bei Haustürgeschäften) und im Wettbewerbsrecht (Stichwort: Kartellrecht bei Firmenfusionen) ergeben sich Grenzen der Privatautonomie.

Abschlussfreiheit Im deutschen Zivilrecht besteht Abschlussfreiheit, niemand kann also zum Abschluss eines bestimmten Rechtsgeschäftes gezwungen werden. Allerdings gibt es zahlreiche Abschlussgebote im öffentlichen Recht oder in der Daseinsvorsorge (Zwangsversicherungen für Arbeitnehmer: Renten-, Kranken-, Pflege- und Arbeitslosenversicherung).

Dem eigentlichen Vertragsschluss gehen im Regelfall Vorverhandlungen voraus. Diese sind meist nicht bindend, begründen aber unter Umständen ein vertragsähnliches Vertrauensverhältnis, wenn der Gegenüber auf Zusagen vertraut hat und schon Dispositionen getroffen hat. Hier können im Einzelfall Schadensersatzforderungen geltend gemacht werden.

Vorsicht also vor allzu leichtfertigen Zusagen auch schon im vorvertraglichen Stadium!

Exkurs: Gerichtliche Durchsetzung

Nur so viel aus Juristensicht: Nicht immer die Gerechtigkeit entscheidet oder wie es wirklich war oder wie es empfunden wurde.
Entscheidend ist allein, ob etwas bewiesen werden kann oder
nicht. Daher ist dringend zu empfehlen, möglichst viel schriftlich niederzulegen, wichtige Unterredungen nicht alleine zu
führen oder sich zumindest Gesprächsnotizen zu machen.

Inhalte des Vertrages

Aufgrund der Privatautonomie kann im Rahmen der Gesetze in
Verträgen beinahe alles vereinbart werden. Die Grenze der Vertragsfreiheit wird durch die Gesetze oder die so genannten „guten Sitten" (sittenwidriges Rechtsgeschäft) gezogen.

Im Grundsatz geht es immer um den Austausch von Leistun-   **Austausch von**
gen. Genaueres hierzu folgt bei der Vorstellung der einzelnen   **Leistungen**
Rechtsgeschäfte.

Neben der Hauptpflicht, dem Austausch von Leistungen, gibt es
im Rahmen des Vertragsrechts auch sogenannte Nebenpflichten: Dies können zum Beispiel Kostenübernahmen, Auskünfte,
Aufwendungsersatz sein.

Allgemeine Geschäftsbedingungen (AGB)

Vielfach werden in Verträgen sogenannte „Allgemeine Geschäftsbedingungen" vereinbart. Nach der gesetzlichen Definition des § 305 BGB sind dies „… alle für eine Vielzahl von Verträgen vorformulierten Vertragsbedingungen, die eine Vertragspartei (Verwender) der anderen Vertragspartei bei Abschluss eines Vertrages stellt."

Wichtig in diesem Zusammenhang ist die Inhaltskontrolle: Bei
unangemessener Benachteiligung sind die AGB unwirksam –
dies kann vom Gericht ausgesprochen werden. Einige im Gesetz – § 308 BGB – besonders definierte Klauseln in Verträgen
sind schon per se unwirksam.

Zur Prüfung von Verträgen siehe auch Kapitel 10.5.

2.3.2 Einzelne Rechtsgeschäfte

Die Rechtsgeschäfte, im BGB „Schuldverhältnisse" genannt,
reichen weit: Vom vermutlich bekannten und im täglichen Leben oftmals praktizierten Kauf beweglicher Sachen über Miete,
Darlehen, Schenkung, Leihe und Arbeitsvertrag bis hin zu solch

Exoten wie „Auslobung" (= Belohnung), „Einbringung von Sachen bei Gastwirten" oder „Vorlegung von Sachen".

Insgesamt umfasst das Recht der Schuldverhältnisse über 600 Einzelregelungen („Paragraphen") und damit etwa ein Viertel des gesamten Bürgerlichen Gesetzbuches.

Im Folgenden seien die wichtigsten Rechtsgeschäfte herausgegriffen:

Kauf, § 433 BGB

Kaufvertrag (1) Durch den Kaufvertrag wird der Verkäufer einer Sache verpflichtet, dem Käufer die Sache zu übergeben und das Eigentum an der Sache zu verschaffen. Der Verkäufer hat dem Käufer die Sache frei von Sach- und Rechtsmängeln zu verschaffen.

(2) Der Käufer ist verpflichtet, dem Verkäufer den vereinbarten Kaufpreis zu zahlen und die gekaufte Sache abzunehmen.

Miete, § 535 BGB

Mietvertrag (1) Durch den Mietvertrag wird der Vermieter verpflichtet, dem Mieter den Gebrauch der Mietsache während der Mietzeit zu gewähren. Der Vermieter hat die Mietsache dem Mieter in einem zum vertragsgemäßen Gebrauch geeigneten Zustand zu überlassen und sie während der Mietzeit in diesem Zustand zu erhalten. Er hat die auf der Mietsache ruhenden Lasten zu tragen.

(2) Der Mieter ist verpflichtet, dem Vermieter die vereinbarte Miete zu entrichten.

Diese Norm gilt für alle Arten der Miete: PKW, Büroausstattung oder Abendroben sind erfasst. Für Wohnraummieten gibt es gesetzliche Sonderregelungen, ansonsten werden Mietverträge durch die AGB ergänzt.

Pacht, § 581 BGB

Pachtvertrag (1) Durch den Pachtvertrag wird der Verpächter verpflichtet, dem Pächter den Gebrauch des verpachteten Gegenstands und den Genuss der Früchte, soweit sie nach den Regeln einer ordnungsmäßigen Wirtschaft als Ertrag anzusehen sind, während der Pachtzeit zu gewähren. Der Pächter ist verpflichtet, dem Verpächter die vereinbarte Pacht zu entrichten.

Nicht nur Äcker, Wälder und Felder – nicht zu vergessen Gaststätten – werden verpachtet, sondern im Wege der Unternehmensnachfolge auch ganze Gewerbebetriebe.

Leasingvertrag

Der Leasingvertrag ist gesetzlich nicht ausdrücklich geregelt. Er wird im Allgemeinen als eine Art Mietvertrag angesehen. Ein Leasingvertrag liegt dann vor, wenn der Leasinggeber eine Sache dem Leasingnehmer gegen ein in Raten gezahltes Entgelt zum Gebrauch überlässt, wobei die Gefahr für die Instandhaltung, für Mängel und Beschädigung beim Leasingnehmer liegt; als Ausgleich hierfür tritt der Leasinggeber alle Ansprüche z.B. gegen den Lieferanten der Sache an den Leasingnehmer ab.

Beim Leasing gibt es ein Dreiecksverhältnis:

• Kaufvertrag zwischen Leasinggeber und Lieferant.

• Leasingvertrag zwischen Leasinggeber und Leasinggeber.

• Gewährleistungspflichten des Lieferanten gegenüber dem Leasingnehmer.

(Geld-)Darlehen, § 488 BGB

(1) Durch den Darlehensvertrag wird der Darlehensgeber verpflichtet, dem Darlehensnehmer einen Geldbetrag in der vereinbarten Höhe zur Verfügung zu stellen. Der Darlehensnehmer ist verpflichtet, einen geschuldeten Zins zu zahlen und bei Fälligkeit das zur Verfügung gestellte Darlehen zurückzuerstatten.

(Sach-)Darlehen, § 607 BGB

(1) Durch den Sachdarlehensvertrag wird der Darlehensgeber verpflichtet, dem Darlehensnehmer eine vereinbarte vertretbare Sache zu überlassen. Der Darlehensnehmer ist zur Zahlung eines Darlehensentgelts und bei Fälligkeit zur Rückerstattung von Sachen gleicher Art, Güte und Menge verpflichtet.

Dienstvertrag, § 611 BGB

(1) Durch den Dienstvertrag wird derjenige, welcher Dienste zusagt, zur Leistung der versprochenen Dienste, der andere Teil zur Gewährung der vereinbarten Vergütung verpflichtet.

(2) Gegenstand des Dienstvertrags können Dienste jeder Art sein.

Arbeitsvertrag

Der Arbeitsvertrag ist im Gesetz nicht ausdrücklich geregelt. Er basiert allerdings auf den Regelungen des Dienstvertragsrechts nach den §§ 611 ff. BGB. Die Beteiligten nennen sich hier Arbeitgeber und Arbeitnehmer. Das dem Arbeitsvertrag zugrunde

liegende Arbeitsrecht gehört vermutlich zu den am besten aus-
gefeiltesten Rechtsgebieten in Deutschland – allenfalls das deutsche Sozialrecht und das Europäische Recht können hier mit-
halten!

Individual-/Kollektiv-arbeitsrecht Geregelt sind im Wesentlichen zwei Rechtsgebiete: Das Individualarbeitsrecht, also alles, was zwischen Arbeitgeber und Ar-
beitnehmer abläuft, und das Kollektivarbeitsrecht, welches auf
betrieblicher Ebene die Zusammenarbeit von Arbeitgebern
und Betriebsräten und auf Verbandsebene das Zusammenwirken von Arbeitgeberverbänden und Gewerkschaften regelt. Näheres findet sich im Kapitel 8.

Werkvertrag, § 631 BGB

(1) Durch den Werkvertrag wird der Unternehmer zur Herstellung des versprochenen Werkes, der Besteller zur Entrichtung
der vereinbarten Vergütung verpflichtet.

(2) Gegenstand des Werkvertrags kann sowohl die Herstellung
oder Veränderung einer Sache als auch ein anderer durch Arbeit oder Dienstleistung herbeizuführender Erfolg sein.

2.3.3 Leistungsstörungen und Vertragsmängel

Definition *Nach der allgemeinen Definition bedeutet „Leistungsstörung" die Störung eines zwischen dem Schuldner und dem Gläubiger bestehenden
Schuldverhältnisses. In Betracht kommen*

- *der Schuldner- oder Gläubigerverzug,*
- *die positive Vertragsverletzung oder*
- *die Unmöglichkeit der Leistung.*

Schuldnerverzug Der Schuldnerverzug ist die vom Schuldner zu vertretende Ver-
zögerung einer fälligen Leistung. Der Schuldner hat dem Gläubiger den durch den Verzug entstehenden Schaden zu ersetzen.
Eine Geldschuld ist während des Verzugs zu verzinsen. Wenn
der Gläubiger an der Leistung infolge des Verzugs kein Interesse mehr hat, kann er die Leistung ablehnen und Schadenersatz wegen Nichterfüllung verlangen.

Gläubigerverzug Gläubigerverzug liegt vor, wenn der Gläubiger die vom Schuldner angebotene Leistung nicht oder nicht rechtzeitig annimmt.
Der Gläubiger kommt aber nur dann in Verzug, wenn ihm die
geschuldete Leistung tatsächlich ordnungsgemäß angeboten
wird. Das hat für den Gläubiger negative Folgen. So hat beispielsweise der Schuldner für die Zeit des Gläubigerverzugs nur
Vorsatz und grobe Fahrlässigkeit zu vertreten. Zur Leistung

bleibt allerdings der Schuldner trotz Verzugs des Gläubigers verpflichtet.

Eine Vertragsverletzung bedeutet die Verletzung einer Vertragspflicht. Sie kommt insbesondere in den Formen des Verzuges, der Unmöglichkeit oder der Schlechterfüllung in Betracht.

Vertragsverletzung

Unmöglichkeit der Leistung liegt vor, wenn der Schuldner zu der von ihm geschuldeten Leistung aus tatsächlichen oder rechtlichen Gründen nicht imstande ist. Die Rechtslage bei der Unmöglichkeit bzw. des Unvermögens ist im Regelfall recht kompliziert, da es hier sehr oft auch um die Beteiligung Dritter an den Rechtsgeschäften geht.

Unmöglichkeit der Leistung

Alle Rechtsgeschäfte können aber auch mit Mängeln behaftet sein. Diese liegen allgemein formuliert immer dann vor, wenn mit dem Gegenstand des Vertrages – der Wohnung, dem PKW, dem Anzug, der Reise – etwas nicht stimmt. Zu unterscheiden ist in sogenannte „Rechts- und Sachmängel". Beide Mängel haben stets Konsequenzen für beide Vertragsparteien zur Folge.

Rechts- und Sachmängel

Beispiele

Folgende Beispiele aus einigen allgemein bekannten Rechtsgeschäften sollen dies erläutern.

Kauf

Der Verkäufer ist verpflichtet, dem Käufer den verkauften Gegenstand frei von Rechten zu verschaffen, die von Dritten gegen den Käufer geltend gemacht werden können, wie etwa Pfandrechte oder Dritteigentumsrechte.

Rechtsmangel

Der Verkäufer eines Grundstücks haftet allerdings nicht für die Freiheit des Grundstücks von öffentlichen Abgaben und von anderen öffentlichen Lasten, die zur Eintragung in das Grundstück nicht geeignet sind. Beispiel: Überquerungsrechte.

Der Verkäufer einer Forderung oder eines sonstigen Rechts haftet für den rechtlichen Bestand der Forderung oder des Rechts, die Forderung muss also tatsächlich bestehen.

Ein Sachmangel liegt vor, wenn die Sache zum Zeitpunkt der Übergabe mit Fehlern behaftet ist oder wenn der Sache die zugesicherten Eigenschaften fehlen.

Sachmangel

In diesem Fall kann der Käufer den Kauf rückgängig machen, (Wandelung) oder die Herabsetzung des Kaufpreises (Minderung) verlangen.

Fehlt der verkauften Sache zur Zeit des Kaufs eine zugesicherte Eigenschaft oder hat der Verkäufer einen Fehler arglistig verschwiegen, kann der Käufer statt der Wandelung oder Minderung einen Schadenersatz wegen Nichterfüllung verlangen.

Miete

Rechtsmangel Ein Rechtsmangel liegt im Mietrecht dann vor, wenn dem Mieter die vertragsgemäße Benutzung der Wohnung durch Rechte Dritter vorenthalten, wieder entzogen oder eingeschränkt wird, zum Beispiel bei Doppelvermietung der Wohnung.

Sachmangel Ein Sachmangel liegt hingegen vor, wenn die Mietsache einen Fehler hat oder ihr eine zugesicherte Eigenschaft fehlt oder später wegfällt.

In beiden Fällen kann es zu Schadenersatzansprüchen oder zu der Möglichkeit der fristlosen Kündigung des Mietverhältnisses kommen.

Arbeitsrecht

Auch im Arbeitsverhältnis kann es zu „Leistungsstörungen" kommen.

Rechtsmangel So kann der Arbeitsvertrag zum Beispiel wegen Täuschung etwa über Qualifikationen oder Nebenbeschäftigungen nichtig und damit unwirksam sein; dies entspricht dem „Rechtsmangel" im Zivilrecht. Dennoch besteht ein Anspruch auf Vergütung, Urlaub, Entgeltfortzahlung usw., das so genannte „faktische Arbeitsverhältnis". Der Mitarbeiter hat ja im Regelfall auch gearbeitet, auch wenn der Arbeitsvertrag unwirksam war.

Bei der Verletzung der Vertragspflichten, dies entspricht wohl am ehesten dem „Sachmangel", ist zu unterscheiden:

Sachmangel Bei Nichterfüllung entfällt die Entgeltzahlung. Unter Umständen kann der Arbeitgeber auch Schadenersatz verlangen, zum Beispiel wenn er teurere Ersatzkräfte anheuern musste oder ein Auftrag verloren ging. Im Regelfall erfolgt hier jedoch die fristlose Kündigung.

Bei Schlechterfüllung kann der Arbeitgeber eventuell Schadensersatz verlangen. Allerdings gibt es eine geringe praktische Durchsetzbarkeit wegen Pfändungsschutzvorschriften der §§ 850 ff. ZPO. Im Regelfall erfolgt eine Abmahnung oder – soweit möglich – auch eine Kündigung des Arbeitsverhältnisses.

Bei Störungen im Arbeitsverhältnis, etwa bei Arbeitsverhinderung des Arbeitnehmers wegen Krankheit oder Verkehrsstau gibt es verschiedene arbeitsrechtliche Regelungen, die dem Arbeitnehmer im Normalfall seinen Anspruch auf Vergütung auch ohne Arbeitsleistung sichern. Hier wird von dem arbeitsrechtlichen Grundsatz „Ohne Arbeit keinen Lohn" zu Gunsten des Arbeitnehmers abgewichen. Näheres hierzu in den Kapiteln 8.1 und 8.2.

Ratschläge zum Vertragsrecht:

* Vorsicht vor allzu schnellen Zusagen: Vertragsfreiheit und Bindungswirkung von Erklärungen auch ohne schriftliche Fixierung haben oftmals ebenso schnelle Konsequenzen.
* Je umfangreicher das Rechtsgeschäft, zum Beispiel Leasing einer DV-Anlage mit Wartungsvertrag, je mehr Vorüberlegung und ggf. fachkundige Beratung ist notwendig. Gleiches gilt für „Geldgeschäfte" aller Art, seien es Bürgschaften oder Darlehen.

2.3.4 Schuldrechtsreform 2002

Durch das Gesetz zur *Modernisierung des Schuldrechts* vom 26.11.2001, das am 1.1.2002 in Kraft trat, haben sich wesentliche Gesetzesnormen des Bürgerlichen Gesetzbuchs (BGB) geändert.

Der Grund der Änderung liegt in erster Hinsicht in der Förderung der Rechtsangleichung in der Europäischen Union und der Verpflichtung der Bundesrepublik Deutschland, EU-Richtlinien umzusetzen. Daneben bestand in vielen Bereichen Reformbedarf. Einige bisherige Regelungen waren nicht mehr zeitgemäß und der Praxis entsprechend (zum Beispiel waren einige Fristen zu kurz, andere dafür zu lang).

Erforderlich war auch, bestimmte anerkannte Rechtsinstitute zu kodifizieren; diese fanden bisher als Gewohnheitsrecht, ergänzt durch richterrechtliche Rechtsinstitute, ihre Anwendung, ohne jedoch schriftlich im Gesetz fixiert zu sein. Als Beispiel ist hier das Rechtsinstitut der sogenannten „pVV/pFV" (positive Vertragsverletzung/positive Forderungsverletzung) zu nennen, das insbesondere bei Verletzung einer vertraglichen Nebenpflicht zur Anwendung gelangte.

Schwerpunkte der Modernisierung

Nachfolgend eine kurze Auflistung der wesentlichen, durch die Schuldrechtsreform geänderten Rechtssegmente.

Mit der hier gebotenen kurzen Darstellung wird nicht der Anspruch auf Vollständigkeit erhoben – sie dient lediglich der Sensibilisierung. Lassen Sie sich deshalb von einer fachkundigen Person beraten.

Verjährungsrecht

Die regelmäßige Verjährungsfrist beträgt nunmehr drei Jahre; früher betrug sie 30 Jahre. Die neue Frist wird als relativ bezeichnet, da es auch darauf ankommt, wann diese zu laufen beginnt.

Allgemeines Leistungsstörungsrecht

Nach der früheren Rechtslage haben sich der Rücktritt vom Vertrag und ein eventueller Schadensersatz gegenseitig ausgeschlossen; nun ist im § 325 BGB ausdrücklich die Alternativität aufgehoben.

Kauf- und Werkvertragsrecht (vor allem das Gewährleistungsrecht)

Die neue Rechtslage sieht jetzt im Kaufrecht bei einem Sachmangel ein Wahlrecht des Käufers vor, ob er den Mangel beseitigt haben möchte oder Nachlieferung der Sache verlangt. Die frühere Rechtslage sah eine Nacherfüllung nur in bestimmten Fällen vor, zum Beispiel wenn dies vereinbart wurde oder eine Sache aus einer „Gattung" (Mehrzahl von Einzelstück) geschuldet wurde.

Verbraucherschutzgesetze

Hier erfolgte die Integration der Sondergesetze ins BGB, wie zum Beispiel beim Fernabsatzgesetz oder dem AGBG – Gesetz über allgemeine Geschäftsbedingungen.

Änderungen im Kauf- und Werkvertragsrecht

Als Unternehmer wird man im täglichen Geschäftsverkehr früher oder später mit den Änderungen des Bürgerlichen Gesetzbuchs konfrontiert werden. Welche Ansprüche seitens der Kunden sind zu erwarten? Welche Rechte haben sich verändert? Worauf soll bei neuen Vertragsabschlüssen geachtet werden?

Nachfolgend wird nur auf die essenziellen Änderungen im Kauf- und Werkvertragsrecht eingegangen.

Lassen Sie Ihre Allgemeinen Geschäftsbedingungen (AGB)   Praxistipp
auf Aktualität überprüfen und überarbeiten. Sollten diese
Geschäftsbedingungen enthalten, die der neuen Rechtslage
nicht entsprechen, so gilt vorrangig das neue Schuldrecht!

Kaufrecht, §§ 433ff. BGB

Sachmangel und Rechtsmangel werden hier gesetzlich definiert.

Die Sache ist frei von Sachmängeln, wenn sie bei Gefahrübergang die   Sachmangel
vereinbarte Beschaffenheit hat.

Ist die Beschaffenheit nicht vereinbart, kommt es auf die Eignung für vertraglich vorausgesetzte Verwendung oder für ge-
wöhnliche Verwendung aufgrund üblicher Beschaffenheit beziehungsweise berechtigte Erwartung des Käufers an. Zur Beschaffenheit gehören neuerdings auch öffentliche Äußerungen
des Verkäufers, zum Beispiel Werbung (an konkrete Eigenschaften anknüpfende öffentliche Aussagen). Mit einem Sachmangel
setzt das Gesetz eine geringere Lieferung oder eine andere Lieferung als vereinbart gleich.

Ist Montage vereinbart und wird sie unsachgemäß durchge-   Beispiel
führt, so stellt dies einen Sachmangel dar. Dies gilt ebenso, wenn
die Montageanleitung fehlerhaft ist.

Die Sache ist frei von Rechtsmängeln, wenn Dritte (nicht Vertrags-   Rechtsmangel
partner) in Bezug auf die Sache keine oder nur die im Kaufvertrag
übernommenen Rechte gegen den Käufer geltend machen können.

Der Verkäufer hat die Pflicht, eine Sache mangelfrei (frei von
Sach- und Rechtsmangel) zu liefern. Dabei kommt es nicht
mehr darauf an, ob ein Stückkauf oder Gattungskauf vorliegt.
Diese Pflicht wird ein Bestandteil des Erfüllungsanspruchs gegenüber dem Käufer. Deshalb sieht das Gewährleistungsrecht
seit der Neuregelung die Priorität der Nacherfüllung vor. Der
Käufer hat die Wahl, ob er lieber die Beseitigung des Mangels
wünscht (Reparatur) oder Lieferung einer mangelfreien Sache
(Ersatzlieferung).

Das Gesetz benennt Ausnahmen von Wahlfreiheit, etwa, wenn   Ausnahmen
die Wahl des Verkäufers unverhältnismäßige Kosten zur Folge
hätte.

Abgesehen von einigen Ausnahmen wird eine Fristsetzung zur
Leistung oder Nacherfüllung vom Käufer erforderlich sein, da
diese – neben anderen Voraussetzungen – dem Käufer in zweiter Stufe die Möglichkeit bietet, vom Vertrag zurückzutreten,

oder den Kaufpreis zu mindern. *Zusätzlich* kann der Käufer verschuldensunabhängig Schadensersatz *oder* Ersatz vergeblicher Aufwendungen verlangen.

Neue Verjährungsfrist Die markanteste Änderung ist die Festlegung der Verjährungsfrist beim Kauf von *sechs* Monaten auf *zwei* Jahre.

Das Gesetz kennt auch andere Verjährungsfristen, wie beispielsweise bei Mängeln an einem verkauften Bauwerk – dort beträgt sie fünf Jahre. Abweichende Fristen können grundsätzlich in den Allgemeinen Geschäftsbedingungen (AGB) vereinbart werden: Die Fristen bei verkauften neuen Sachen (nicht: Bauwerk!) können auf ein Jahr verkürzt, bei gebrauchten Sachen sogar völlig ausgeschlossen werden. Eine Fristverlängerung ist bis zu höchstens 30 Jahren möglich.

Zu beachten ist allerdings die Dispositionsfreiheit beim Verbrauchsgüterkauf (mehr dazu im Folgenden).

Haftungserweiterung Mit der Vereinbarung spezieller Garantien (*Haltbarkeitsgarantie*, das heißt Garantie dafür, dass eine Sache für bestimmte Dauer eine Beschaffenheit behält oder *Beschaffenheitsgarantie*, das heißt Garantie für die Beschaffenheit) kann die gesetzliche Sachmängelhaftung erweitert werden.

Werklieferungsvertrag Der Werklieferungsvertrag entfällt als Vertragstyp. Auf einen Vertrag nach § 651 BGB – Lieferung herzustellender oder zu erzeugender beweglicher Sachen – finden die Vorschriften des Kaufrechts Anwendung.

Neu: Verbrauchsgüterkauf, §§ 474 ff. BGB

Die Rolle des Verbrauchers wird durch die neue Gesetzeslage gestärkt.

Definition eines Verbrauchers *Verbraucher ist jede natürliche Person, die ein Rechtsgeschäft zu einem Zweck abschließt, der weder ihrer gewerblichen noch ihrer selbstständigen beruflichen Tätigkeit zugerechnet werden kann.*

Für einen Unternehmer, der bewegliche Sachen (nicht zum Beispiel eine Immobilie) an Verbraucher verkauft, ist es notwendig, die neuen Regelungen zum sogenannten *Verbrauchsgüterkauf* zu kennen.

Wichtig für Unternehmer Bestimmte Gesetzesvorschriften des BGB finden zum Schutz des Verbrauchers keine Anwendung. Zum Beispiel kann der Unternehmer bei der Versendung von Gegenständen über Speditionen das Risiko, dass während der Versendung mit dem Gegenstand etwas passiert – Verlust, Zerstörung – nicht an den Verbraucher abwälzen. Selbst Vereinbarungen zwischen Verbraucher und Unternehmer zum Nachteil des Verbrauchers sind unzulässig (zum Beispiel Einschränkung des Wahlrechts bei Nacherfüllung). Ebenso die Verkürzung der Verjährungsfrist unter *zwei Jahre* bei *neuen* Sachen, unter *ein Jahr* bei *gebrauchten* Sachen. Zum Schutz des Verbrauchers sieht das Gesetz erschwerte Formvorschriften für Garantieerklärungen gegenüber dem Verbraucher vor. Ebenso wurde die Regelung über sogenannte Beweislastumkehr eingefügt, das bedeutet, wenn sich ein Mangel innerhalb von sechs Monaten nach Übergabe beziehungsweise Ablieferung der Sache zeigt, wird vermutet, dass die Sache bereits zum damaligen Zeitpunkt mangelhaft war. Der Verbraucher muss also nicht kompliziert Nachweise erbringen.

Dem Händler wird bei Ansprüchen gegen ihn (aufgrund Mangelhaftigkeit einer neu hergestellten Sache) der Rückgriff in die Lieferkette ermöglicht. Der Händler kann sich als Käufer des Lieferanten mit den Rechten des Käufers wehren.

Werkvertragsrecht, §§ 631 ff BGB

Beim Abschluss eines Werkvertrages verpflichtet sich der Unternehmer zur Herstellung des versprochenen Werkes (siehe Kapitel 9.3.3).

Das Werkvertragsrecht wurde ähnlich dem Kaufrecht strukturiert.

Das neue Schuldrecht hat auch Sach- und Rechtsmangel eines Werkvertrages explizit definiert. Diese Definition deckt sich größtenteils mit der des Kaufrechts (siehe dort) – bezogen jeweils auf das herzustellende Werk. Allerdings entfallen die Regelungen über öffentliche Aussagen, Werbung oder Montage.

Rechts- und Sachmängel

Das Werk ist dem Besteller frei von Rechts- und Sachmängeln zu verschaffen. Dies ist ähnlich dem Kaufrecht auch eine Hauptpflicht. Die Nacherfüllung erfährt durch die Neuregelung die Priorität. Im Unterschied zum Kaufrecht hat der *Unternehmer die Wahl*, ob er den Mangel beseitigt oder neues Werk herstellt. Der Grund ist darin zu sehen, dass er der Produktion näher steht als der Besteller.

Einen weiteren Unterschied sieht das Werkvertragsrecht aufgrund seiner Besonderheiten dahingehend vor, dass es neben den übrigen Rechten des Bestellers, die mit den Rechten des Käufers identisch sind (siehe dort), die Möglichkeit einer sogenannten Selbstvornahme gewährt. Der Besteller kann den Mangel selbst beseitigen, vorausgesetzt wird aber erfolgloser Ablauf einer Nachfrist.

Verjährung

Die Verjährungsfrist für Mängelansprüche beträgt entweder zwei, drei oder fünf Jahre. Zwei Jahre zum Beispiel bei einem Werk, dessen Erfolg in der Wartung einer Sache besteht. Fünf Jahre bei einem Bauwerk, dessen Erfolg in der Erbringung der Planungsleistung hierfür besteht.

Andere Fristen sind aufgrund Vereinbarung möglich. In bestimmten Fällen ist eine Verkürzung auf ein Jahr möglich.

Kostenvoranschlag

Fehlt es an einer individuellen Vereinbarung, so ist ein Kostenvoranschlag im Zweifel nicht zu vergüten. Eine Vereinbarung in AGB über Vergütung des Kostenvoranschlags ist unwirksam.

2.4 Steuerrecht für Einsteiger

Neben dem Vertragsrecht spielt insbesondere das Steuerrecht für den Unternehmer eine bedeutende Rolle. Allerdings gilt das deutsche Steuerrecht im internationalen Vergleich im Allgemeinen als eines der kompliziertesten. Ständig sind Änderungen zu verzeichnen.

Wichtig: Setzen Sie sich vor geschäftlichen Entscheidungen mit Ihrem Steuerberater in Verbindung. Dieser berät Sie über Einzelheiten, Ausnahmen und Befreiungsmöglichkeiten, auf die in diesem Buch im Einzelnen nicht eingegangen werden kann. Nützliche Informationen bieten auch die örtlichen Finanzämter.

2.4.1 Rechtsgrundlagen

Die Grundlage des Steuersystems bilden in erster Linie Steuergesetze, daneben jedoch auch Durchführungsverordnungen, die der Ergänzung und Erläuterung der Gesetze dienen, Richtlinien und Verwaltungsanweisungen, sowie die finanzgerichtliche Rechtsprechung.

Bei den Gesetzen wird zwischen allgemeinen Steuergesetzen und Einzelsteuergesetzen unterschieden. Allgemeine Steuergesetze, beispielsweise Abgabenordnung oder Bewertungsgesetz enthalten Bestimmungen, die einheitlich für alle oder zumindest mehrere Steuerarten gelten. Einzelsteuergesetze, wie Einkommensteuergesetz oder Umsatzsteuergesetz, enthalten jeweils spezielle Regelungen für die jeweilige Steuerart und sind vorrangig zu beachten.

2.4.2 Steuerarten

Die wichtigsten Steuerarten im Überblick:

Einkommensteuer

Einkommensteuer ist eine Personensteuer und richtet sich nach den Einkünften einer natürlichen Person. Darunter fallen auch Einzelunternehmer oder Gesellschafter einer Personengesellschaft. Die Einkommensteuer ist eine Jahressteuer. Dafür ist das zu versteuernde Einkommen einer Person zu ermitteln. Persönliche Verhältnisse werden berücksichtigt (zum Beispiel Familienstand, Alter, usw.), und unterschieden wird zwischen sieben Einkunftsarten (Einkünfte aus Land- und Forstwirtschaft, Gewerbebetrieb, freiberuflicher Tätigkeit, nichtselbstständiger Tätigkeit, Kapitalvermögen, Vermietung und Verpachtung, sonstige Einkünfte).

Innerhalb dieser Einkunftsarten gibt es zwei Gruppen: sogenannte *Gewinn*einkünfte und *Überschuss*einkünfte. Zum Beispiel bei Einkünften aus Gewerbebetrieb sind die Einkünfte der zu ermittelnde *Gewinn*. Dieser errechnet sich durch Abzug der Betriebsausgaben von den Betriebseinnahmen. Hingegen bildet zum Beispiel bei der Einkunftsart der Vermietung und Verpachtung der *Überschuss* der Einnahmen über die Werbungskosten die Einkünfte in diesem Sinne. Das zu versteuernde Einkommen ermittelt sich daraus, indem von dem Gesamtbetrag der Einkünfte noch bestimmte Posten abgezogen werden (zum Beispiel Sonderausgaben, Freibeträge oder außergewöhnliche Belastungen).

Lohnsteuer und Kapitalertragsteuer

Diese Steuern stellen lediglich eine besondere Erhebungsform der Einkommensteuer dar und werden daher regelmäßig auf die sich bei einer späteren Veranlagung ergebende Einkommensteuer des Steuerpflichtigen angerechnet.

Die Lohnsteuer wird direkt an der Quelle der Einkünfteerzielung einbehalten. Ein Arbeitgeber muss die Lohnsteuer seiner Mitarbeiter einbehalten und an das Betriebsstättenfinanzamt weiterleiten. Hierfür haftet er auch.

Umsatzsteuer

Der allgemeine Satz der Umsatzsteuer (auch Mehrwertsteuer genannt) beträgt in Deutschland derzeit 19%. Ein ermäßigter Satz von 7% gilt beispielsweise auf Lebensmittel oder Bücher. Grundsätzlich ist die Umsatzsteuer auf jeden getätigten Umsatz eines Unternehmens aufzuschlagen.

Zu den Umsatzarten zählen in erster Hinsicht Lieferungen (zum Beispiel Verkauf von Waren) und sonstige Leistungen (zum Beispiel Dienstleistungen beim Frisör), die im Inland gegen Entgelt ausgeführt werden.

Umsatzsteuer wird dem Kunden in Rechnung gestellt und ist vom Unternehmer im Rahmen der Umsatzsteuer-Voranmeldung monatlich, vierteljährlich oder jährlich an das Finanzamt abzuführen.

Fällig ist die Vorauszahlung am 10. Tag nach Ablauf des Voranmeldungszeitraums. Entsprechende Liquidität sollte gewährleistet sein.

Kleinunternehmer können sich von der Umsatzsteuerpflicht befreien lassen. Näheres ist über das zuständige Finanzamt zu erfragen.

Wenige Umsätze sind insgesamt (umsatz)steuerfrei, wie beispielsweise die Honorare für Ärzte.

Sinn und Zweck der Umsatzsteuer ist es den Endverbraucher – also den Kunden – mit dieser Steuer zu belasten.

Vorsteuer
Für den umsatzsteuerpflichtigen Unternehmer, der selbst von anderen Unternehmen Umsatzsteuer in Rechnung gestellt bekommt, besteht daher die Möglichkeit diese als sogenannte Vorsteuer von seiner Verpflichtung gegenüber dem Finanzamt abzuziehen.

Steuernummer
Seit dem 1.7.2002 hat jeder Unternehmer die ihm vom Finanzamt erteilte Steuernummer in der Rechnung anzugeben. Die Angabe der Umsatzsteuer-Identifikationsnummer genügt nicht.

Gewerbesteuer

Diese Steuer wird von der Gemeinde erhoben. Persönlich steuerpflichtig ist jeder stehende Gewerbebetrieb im Inland. Der Gewerbesteuer unterliegen sowohl Einzelunternehmer, Personengesellschaften sowie Kapitalgesellschaften, unabhängig von der Branche (Industrie, Handel, Handwerk, Dienstleistungen).

Die Bemessungsgrundlage für die Höhe der Steuer ist der Gewerbeertrag (Gewinn). Der ermittelte Gewinn wird dann mit der Steuermesszahl und einem Hebesatz multipliziert. Dabei variiert der Hebesatz von Gemeinde zu Gemeinde. Das ist wichtig bei einer Standortwahl.

Für die Gewerbesteuer sind vierteljährliche Vorauszahlungen zu leisten. Die Gewerbesteuer ist als Betriebsausgabe absetzbar.

Körperschaftsteuer

Diese Steuer fällt bei so genannten Körperschaften an, also zum Beispiel bei Kapitalgesellschaften (GmbH, AG), anderen juristischen Personen, Anstalten, Stiftungen, nicht rechtsfähigen Vereinen, usw. Das Einkommen, also der Gewinn, wird nunmehr einheitlich mit 25% versteuert.

Hierbei kommt es nicht darauf an, ob Gewinne ausgeschüttet werden oder nicht!

Um eine Doppelbelastung zu vermindern, das heißt eine Besteuerung bei Anteilseignern über die Einkommensteuer (Einkunftsart: Kapitalvermögen) und bei der Kapitalgesellschaft über die Körperschaftsteuer, wurde das sogenannte Halbeinkünfteverfahren eingeführt. Demnach ist beim Anteilseigner nur die Hälfte der Einkünfte (Gewinn) zu versteuern, die andere Hälfte ist steuerfrei, § 3 Nr. 40 EStG – Einkommensteuergesetz.

2.4.3 Außensteuerrecht

Gerade bei international operierenden Unternehmen, egal ob mittelständisch oder Großkonzern, gewinnen Steuertatbestände mit internationalem Bezug mehr und mehr an Bedeutung. Aufgrund der hochkomplexen Materie kann im Folgenden nur ein erster Überblick gegeben werden.

In Deutschland werden diese Tatbestände im Außensteuerrecht zusammengefasst. Und insbesondere das Einkommensteuergesetz (EStG) kennt viele Bezugspunkte über die Grenzen hinweg: Bestimmungen zur Erfassung von Auslandseinkünften, § 2a EStG, finden sich ebenso wie Regelungen zur Besteuerung von im Ausland lebenden Personen und Vermeidung von Doppelbesteuerungen, §§ 34 c, d; 50 d EStG. Mit nahezu jedem Staat hat die Bundesrepublik Doppelbesteuerungsabkommen (DBA) abgeschlossen. Bei den DBA geht es darum zu verhindern, dass ein Steuerpflichtiger von zwei (oder mehr) Staaten für einen Zeitraum mit einer vergleichbaren Steuer für den gleichen Steuergegenstand doppelt belastet wird.

Als besonderes Gesetz im Außensteuerrecht findet sich das Außensteuergesetz von 1972 (AStG), zuletzt geändert 2001.

Mit diesem Gesetz soll verhindert werden, dass inländische Einkünfte, also Gewinne, über nahe stehende Dritte, hier insbesondere verbundene Unternehmen, ins Ausland transferiert werden und dort einer im Regelfall niedrigeren Besteuerung als hierzulande unterliegen. Diese Einkünfte wären dem deutschen Fiskus verloren.

Ein häufiges Gestaltungsbeispiel waren der unternehmensinterne Waren- und Dienstleistungsaustausch über Verrechnungspreise: Unternehmensfilialen in Deutschland kauften bei ausländischen Tochtergesellschaften Dienstleistungen zu hohen Preisen ein. In Deutschland gewinn- und damit steuermindernd, im Ausland als Einkünfte zwar zu versteuern, jedoch günstiger als hier.

Das Gesetz tritt diesem Handeln dadurch entgegen, dass insbesondere bei international tätigen Unternehmen die intern festgesetzten Verrechnungspreise dahingehend überprüft werden, ob sie marktgerecht sind, also in einer vergleichbaren Situation zwischen unabhängigen Unternehmen vereinbart worden wären.

Das AStG befasst sich auch eingehend mit der Verlagerung von Einkünften in ausländische Muttergesellschaften, „Basisgesellschaften" laut AStG. Auch hier soll letztlich verhindert werden, dass inländische Gewinne zur Nutzung des internationalen Steuergefälles dem deutschen Fiskus entzogen werden.

Zum Außensteuerrecht gehört auch die zwischenstaatliche Amtshilfe auf steuerlichem Gebiet. Sie ist notwendig, um auch bei grenzüberschreitenden Geschäftsbeziehungen die Besteuerung wirksam durchzuführen, so das Bundesministerium der Finanzen in der Broschüre „Steuern von A bis Z".

Ein Hinweis: Die zwischenstaatliche Amtshilfe erstreckt sich aufgrund der zunehmenden Globalisierung längst über die Grenzen der EU hinaus.

2.4.4 Abgabenordnung

Die Abgabenordnung von 1977 (AO 1977) ist – kurz gesagt – das steuerliche Verfahrensrecht, welches für viele der anderen Steuervorschriften unmittelbar gilt. Die AO 1977 wird durch die speziellen Steuergesetze ergänzt, wie zum Beispiel die Gesetze zur Umsatzsteuer (UStG) oder zum Grunderwerb (GrEStG) und Einkommen (EStG).

Neben steuerlichen Begriffsbestimmungen, Zuständigkeiten und Verfahrensvorschriften finden sich darin Regelungen zum oft diskutierten Steuergeheimnis, zur Steuererhebung und Durchführung der Besteuerung sowie zum Steuerstraf- und Bußgeldrecht. In diesem Teil finden sich im ersten und zweiten Abschnitt die detaillierten Informationen zu Steuerhinterziehung (Straftat) und Steuerverkürzung (Ordnungswidrigkeit).

Die Abgabenordnung ist in neun Teile gegliedert. Hier die Überschriften des Gesetzes:

1. Anwendungsbereich, Begriffsbestimmungen, Zuständigkeiten
2. Steuerschuldrecht
3. Allgemeine Verfahrensvorschriften
4. Durchführung der Besteuerung
5. Erhebungsverfahren
6. Vollstreckung
7. Außergerichtliches Rechtsbehelfsverfahren
8. Straf- und Bußgeldvorschriften
9. Schlussvorschriften

Für die betriebliche Praxis sind aus dem Aspekt der Besteuerung heraus die Vorschriften zu den Buchführungs- und Aufzeichnungspflichten der §§ 140 ff. AO 1977 sowie das Festsetzungs- und Feststellungsverfahren der §§ 155 ff. AO 1977 von Interesse, da hier die Grundlagen für die korrekte Durchführung geregelt sind.

2.5 Managementkonzepte

Eine Vielzahl von Managementkonzepten wird heutzutage angeboten. Von fernöstlichen Philosophien der ewigen Veränderung bis zu „toughen" amerikanischen Modellen ist alles vertreten. Alle Konzepte waren und sind erfolgreich. Aber:

Ein Patentrezept für jedes Unternehmen kann und wird es nicht geben.

2.5.1 Die Welle der frühen Neunziger: Kaizen und KVP

Zu Beginn dieses Jahrzehnts erreichte Europa eine Welle aus dem Fernen Osten, die sich in der Hauptsache mit der Optimierung der Geschäftsprozesse befasst: Kaizen oder – aus dem Japanischen übersetzt – „kontinuierliche Verbesserung", das Streben nach andauernder Qualitätssicherung und -verbesserung.

Definition *Kaizen umfasst die Verbesserung sämtlicher Prozesse im Unternehmen, von der Produktidee über die Herstellung bis hin zum Absatz unter Beachtung und Pflege der Kunden. Kaizen beinhaltet aber auch die dauernde Weiterentwicklung der Belegschaft im Hinblick auf Problemerkennung und -lösung. Wichtig hierbei: Die Erfassung von Problemen erfolgt ohne Angst vor negativen Auswirkungen des Problemerkennens!*

Kaizen setzt in den Veränderungsprozessen beim Mitarbeiter an: Er oder sie soll ständig über Verbesserungen – auch ihres Arbeitsplatzes – nachdenken. Eine gängige Definition spricht von Kaizen als „veränderte Einstellung, die zum ganzheitlichen Denken und zum Wandel der Unternehmenskultur führt". Kaizen betont in erster Linie den Menschen und nutzt sein Potential zur Lösung von Herausforderungen.

Anders nachfolgende Managementkonzepte wie Total Quality oder Lean Management: Hier wird besonders an der Kunden- oder Prozessorientierung angesetzt.

Grundlagen

Kaizen sieht sich als Gesamtkonzept, welches sich an Prozessen, Kunden und Mitarbeitern orientiert.

Prozessorientierung Die konsequent durchgeführte Prozessorientierung hat den Vorteil, dass sie an langfristiges Denken heranführt. Dies stärkt die Nachhaltigkeit von Problemlösungen. Das Ergebnis steht nicht um jeden Preis im Vordergrund.

Sie erfordert im starken Maß die Einbindung der Mitarbeiter sowie eine offene Kommunikation zwischen Führungskräften und Belegschaft.

Kundenorientierung Hier unterscheidet sich Kaizen nicht wesentlich von anderen Konzepten: Zufriedene Kunden schaffen Absatz von Waren und Dienstleistungen, dies wiederum schafft Beschäftigung und

Gewinn. Kundenbedürfnisse sind rechtzeitig zu erfassen, um
auf Veränderungen vorbereitet zu sein.

Übrigens: Auch der Kunde im eigenen Unternehmen kann
König sein!

Für Kaizen ist die Mitarbeiterorientierung oberstes Gebot. Aus-   Mitarbeiter-
gehend von der Überlegung, dass eingebundene Mitarbeiter   orientierung
motivierter und damit produktiver sind, wird damit das immense Potential für das Unternehmen aktiviert. Alle sind einbezogen, vom Top-Management – Einführung von Kaizen als
Unternehmensstrategie – bis zum Mitarbeiter „vor Ort", der in
Kaizen-Aktivitäten mitarbeitet.

Nicht vergessen: Mitarbeiter fühlen sich nicht nur durch
Information und aktive Mitarbeit, sondern auch durch
fachspezifische Qualifizierung eingebunden. Die Motivation folgt von selbst!

Weitere Eckpunkte

Neben den genannten Grundlagen spielen bei Kaizen zwei weitere Komponenten eine wichtige Rolle: die funktionsüber-
schreitende Zusammenarbeit und die kontinuierliche Verbesserung.

Insbesondere die letzte Komponente hat Kaizen in Europa zur   KVP
Bekanntheit verholfen: der Kontinuierliche Verbesserungsprozess – KVP. Auf dem Weg zum „perfekten" Produkt werden
hierbei Standards immer wieder in Frage gestellt und verbessert. Das vom Konzept des Kaizen geforderte Problembewusstsein ist dabei von entscheidender Bedeutung.

Fazit

Kaizen ist gekennzeichnet durch das Erkennen und Eingestehen von
Problemen ohne Scheu vor negativen Auswirkungen. Probleme werden
als Chance zur Verbesserung gesehen. Im Mittelpunkt stehen der
Mitarbeiter als wichtigstes Ressource des Unternehmens und sein
Problemlösungspotenzial.

2.5.2 Die Nachfolger

In der Folgezeit haben sich weitere Managementkonzepte etabliert, deren Ziele – die Verbesserung im Unternehmen – mit de-

nen des Kaizen identisch sind. Allerdings setzen sie mehr an der Prozessorientierung als am Mitarbeiter an.

Total Quality Management (TQM)

Definition *TQM wird im Allgemeinen als ein systematischer und umfassender Ansatz zur Verbesserung von Prozessen im gesamten Unternehmen angesehen. Es beschreibt die Gesamtheit aller Elemente einer Organisation, welche die Wettbewerbsfähigkeit beeinflussen.*

So stehen in der Hauptsache die Kunden-, aber auch die Mitarbeiterorientierung – verbunden mit neuer Führungskultur – im Vordergrund. Auch TQM kennt den Prozess kontinuierlicher Verbesserung unter Einsatz von Qualitätstechniken zur Fehlerprävention.

Schwerpunkte TQM wird von der Unternehmensleitung getragen. Deren Primärziel ist die Erfolgssteigerung im Unternehmen mit wenigen, aber großen Schritten. Schwerpunkte des Veränderungsprozesses sind die stetige Verbesserung der Geschäftsprozesse, der Arbeitsergebnisse und der Entstehungsprozesse. Auch die Orientierung an Kundenbedürfnissen sowie anhaltende Messung der relevanten Faktoren gehören dazu. Näheres zu TQM (und zu EFQM als umfassenderen Modell) siehe auch in Kapitel 7.2.

TQM als ganzheitlicher Ansatz schafft Unternehmen, die der Qualität verbunden sind. Und: Je motivierter und qualifizierter die Mitarbeiter sind, um so höher wird die Qualität erbracht werden.

Dafür ist langer Atem erforderlich: „Qualität ist ein Rennen ohne Zieleinlauf" (D. Kearns, Xerox Corp.).

Lean Management

Auch beim Lean Management steht die Prozessorientierung im Vordergrund. Kunden- und Mitarbeiterorientierung sind Sekundärziele.

Definition *Nach dem „Wirtschaftslexikon" von Gabler definiert sich Lean Management (schlankes Management) als Managementansatz, nach dem durch die Grundprinzipien „Dezentralisierung und Simultanisierung" die Ziele „Kundenorientierung und Kostensenkung" für die gesamte Unternehmensführung realisiert werden sollen.*

Lean Management bezieht sich sowohl auf unternehmensinterne als auch auf unternehmensübergreifende Strukturen. Ihren Ursprung hat dieser Ansatz in den USA – in der PKW-Produktion. So wurde anfänglich die Bezeichnung Lean Production für den Produktionsbereich verwendet. Später wurden die

Ziele und Prinzipien – nunmehr verbunden mit kooperativen Verhaltensweisen – auf die gesamte Unternehmensführung und auf andere Unternehmensfunktionsbereiche übertragen.

Die unternehmensinterne Dezentralisierung von Aufgaben, Kompetenzen und Verantwortungsbereichen erfolgt bei den primären Leistungsbereichen der Wertschöpfungskette. Im Mittelpunkt steht teamorientierte Arbeitsorganisation mit intensiven Kommunikationsbeziehungen. Unternehmensübergreifende Dezentralisierung bedeutet eine Verringerung der Leistungstiefe durch Zusammenarbeit mit Partnern vor- und nachgelagerter Wertschöpfungsketten. Wesentliche Bedeutung hierbei erlangen strategische Allianzen mit Zulieferern, Händlern, Spediteuren und Recyclern.

Dezentralisierung

Die unternehmensinterne Simultanisierung von Prozessen äußert sich in der Aufgabe der Funktionsspezialisierung einzelner Leistungsbereiche. Sie findet ihre Ausprägung im Rahmen des Simultaneous Engineering durch Integration und Parallelisierung von Produkt-, Prozess- und Potentialplanung sowie -entwicklung. Unternehmensübergreifende Simultanisierung von Prozessen erfolgt durch Vernetzung mit Händlern, Spediteuren und Zulieferern. Herausragende Bedeutung gewinnt die Anwendung von Just-in-time-Prinzipien.

Simultanisierung

Beispiel eines Großunternehmens

Nach soviel Theorie nun ein Praxisbeispiel: Der Elektroriese Siemens hat 1993 und 1998 mit top und top$^+$ zwei Produktivitätsprogramme aufgelegt, die aufgrund ihrer Ausprägung aber auch als Managementkonzept anzusehen sind.

Fünf Jahre nach dem Start der top-Bewegung (*top* steht für Time Optimized Process), mit der das Unternehmen signifikante Erfolge bei Produktion, Innovationen und Wachstum erzielt hat, startete Siemens eine zweite unternehmensweite Bewegung: top$^+$.

Das zweite Programm steht unter dem Motto: „Klare Ziele, konkrete Maßnahmen, eindeutige Konsequenzen". Sein Ziel: Siemens in allen Bereichen auf Weltklasseniveau zu bringen und den Geschäftswert des Unternehmens nachhaltig zu steigern.

Führungsgröße GWB

Als finanzieller Maßstab dafür wurde der Geschäftswertbeitrag (GWB) definiert, die Differenz zwischen dem Geschäftsergebnis und den Kapitalkosten für das eingesetzte Geschäftsvermögen. In den kommenden Geschäftsjahren soll für das gesamte Unternehmen ein positiver GWB erwirtschaftet werden, so die klare Zielmarke der Siemens AG.

Benchmark und Scorecard Gefordert ist das gesamte Unternehmen: Jede Geschäftseinheit hat ihr individuelles GWB-Ziel. Ihr Erfolg wird daran gemessen, welchen Beitrag sie zur Steigerung des Geschäftswertes leistet. Das jeweilige GWB-Ziel wird dann geschäftsspezifisch bestimmt. Das zu erreichende Ziel wird durch regelmäßiges Benchmarking (Näheres siehe Kapitel 2.6) überprüft.

Diese Vergleiche mit den Branchenbesten oder den Besten überhaupt werden in den nächsten Jahren für alle Geschäfte bei Siemens durchgeführt.

Außerdem werden zur verbesserten Steuerung und Kontrolle sogenannte „Geschäftstreiber-Scorecards" eingeführt.

Zusätzlich zu diesen Produktivitätsprogrammen hat Siemens auch einen Cultural Change mitgemacht: Veränderungen im Führungsverhalten und der Kommunikationsstruktur sowie strikte Prozessorientierung unter Berücksichtigung des Mitarbeiterpotenzials runden den Veränderungsprozess ab.

top und top$^+$ enthalten Elemente aller vorher dargestellten Managementkonzepte, ein Beispiel dafür, dass jedes Unternehmen oder jede Unternehmenseinheit aus der Fülle vorhandener Konzepte die jeweils passenden Elemente auswählen und verwenden sollte.

2.5.3 ISO 9000

Weitere Einzelheiten zu diesem und anderen Qualitätssystemen sind in Kapitel 7.2 zu finden. Nur soviel vorab: ISO bedeutet „International Organization for Standardization" und beschreibt ein Modell zur Darstellung von Qualitätssicherung in Entwicklung, Produktion, Endprüfung, Montage und Wartung.

Elemente der ISO 9000

Verantwortung Die Geschäftsführung erarbeitet eine Vision und legt die langfristige Strategie fest. Sie ist auch dafür verantwortlich, dass die Mitarbeiter die notwendigen Qualifikationen besitzen.

Qualitätssicherungssystem Hierzu gehört ein Qualitätshandbuch, das die Qualitätspolitik im Hinblick auf Produkte und Prozesse darstellt und ein Verfahrenshandbuch, das die einzelnen Verfahren beinhaltet.

Durch Prüfungen soll kontrolliert und gewährleistet werden, dass die Qualitätsanforderungen im Bereich Eingangs-, Zwischen- und Endprüfungen erfüllt werden.

Prüfungen

Der Zustand der geprüften Produkte oder Dienstleistungen wird dokumentiert und wird auf dem Produkt festgehalten.

Vertragsprüfungen stellen sicher, dass die vertraglich fixierten Leistungen erbracht und eingeholt werden können.

Die zur Produktion notwendigen Fremdprodukte oder -dienstleistungen haben die geforderten Qualitätsstandards zu erfüllen.

Beschaffung

Die beschafften und bereitgestellten Produkte und Qualitätsaufzeichnungen werden so gekennzeichnet, dass eine spätere Rückverfolgbarkeit gewährleistet ist.

Vorgaben, Ziele und Vorgehensweisen für die Erstellung eines Produktes oder einer Dienstleistung werden festgelegt.

Designlenkung

Fehlerhafte Produkte oder Dienstleistungen werden dem Kunden nicht angeboten. Dies ist durch entsprechende Anweisungen zu gewährleisten.

Produktlenkung

Die Prozesse müssen unter kontrollierbaren Bedingungen ablaufen. Hierfür ist es notwendig, diese schriftlich festzuhalten und durch Verfahrensanweisungen und Arbeitsanweisungen genauer zu beschreiben.

Prozesslenkung

Aufgetretene Fehler werden analysiert und durch Korrekturen und Vorbeugemaßnahmen beseitigt. Diese werden durch einen kontinuierlichen Verbesserungsprozess sichergestellt.

Prävention

Das Produkt oder die Dienstleistung muss in einer angemessenen Art und Weise gelagert, verpackt, konserviert und versandt werden, um die festgelegten Qualitätsanforderungen sicherzustellen.

Logistikqualität

Alle Dokumente im Zusammenhang mit der Beschreibung von Qualitätsstandards und Qualitätsprüfungen sind Qualitätsaufzeichnungen. Es wird festgelegt, wie Qualitätsaufzeichnungen gelagert und gepflegt werden.

Qualitätsaufzeichnungen

Das Qualitätssicherungssystem wird in festen Abständen auf seine korrekte und vollständige Funktionsweise hin überprüft.

Qualitätsaudits

Durch gezielte Schulungsmaßnahmen wird sichergestellt, dass alle Mitarbeiter die notwendigen Qualifikationen besitzen, um ihre Arbeit qualitätsgerecht durchzuführen.

Schulung und Kundendienst

Besteht ein Kundendienst, so muss sichergestellt sein, dass dieser die Qualitätsanforderungen des Systems erfüllt.

Fazit

Unter ISO 9000 werden die bestehenden Prozesse im Regelfall nur beschrieben und Aktivitäten zu deren Einhaltung lediglich angeregt. Hierin liegt jedoch die System-
schwäche: Der fehlende Schritt zur tatsächlichen Umsetzung.

Allerdings: Fast jedes Unternehmen, welches global erfolgreich sein will, wird sich langfristig mit der ISO 9000 auseinandersetzen müssen.

2.5.4 ISO 9001

Während die ISO 9000 die Grundlagen und Begriffe des innerbetrieblichen Qualitätsmanagementsystems definiert, geht die
ISO 9001 weiter: In dieser werden die Anforderungen an ein
solches System genauer definiert.

Neben dem systemorientierten Managementansatz und dem
sachbezogenen Ansatz zur Entscheidungsfindung spielt insbesondere die Kundenorientierung als Ziel der Zertifizierung eine
wichtige Rolle.

Dies ergibt sich aus dem Anwendungsbereich der ISO 9001 unter der Rubrik „Allgemeines":

„Diese ... Norm legt Anforderungen an ein Qualitätsmanage-
mentsystem fest, wenn eine Organisation ...

... danach strebt, die Kundenzufriedenheit durch wirksame Anwendung des Systems zu erhöhen, einschließlich der Prozesse
zur ständigen Verbesserung des Systems und der Zusicherung
der Einhaltung der Anforderungen der Kunden ...".

Was bedeutet dies nun für die betriebliche Praxis?

Elemente der ISO 9001 (2000)

Nach der Überarbeitung im Jahre 2000 gliedert sich die Norm
in vier prozessorientierte Abschnitte

- Verantwortung der Leitung (Abschnitt 5),
- Management der Mittel (Abschnitt 6),
- Produktrealisierung (Abschnitt 7) und
- Messung, Analyse und Verbesserung (Abschnitt 8).

Folgendes sind die wesentlichen Eckpunkte der überarbeiteten
Fassung der Norm:

- Gefordert wird eine kontinuierliche Verbesserung des Prozesse unter größerer Beachtung der Verfügbarkeit von Ressourcen.
- Qualitäts- und Erfolgsmessung wird auf System, Prozesse *und* Produkt ausgeweitet.
- Auf die Beteiligung der Geschäftsleitung wird noch mehr Nachdruck als bisher gelegt.
- An die Vorgabe messbarer Ziele in allen Bereichen und Ebenen des Unternehmens werden verstärkte Anforderungen gestellt.
- Selbstverständlich: Die Berücksichtigung gesetzlicher und behördlicher Forderungen.
- Die Informationen über die Kundenzufriedenheit bzw. -unzufriedenheit sind systematisch auszuwerten.
- Schulungsmaßnahmen sind nach ihrem Erfolg zu bewerten.
- Die Leistung des QM-Systems ist umfassend zu analysieren.

2.6 Benchmarking und Best Practice

Im Folgenden sind die wohl wichtigsten Arbeitsmittel der Managementkonzepte vorgestellt. Weitere folgen im Kapitel 12.

Benchmarking

„Nur wer seinen Standort bestimmen kann, weiß, wohin der Weg zu gehen hat".

Dieser Grundsatz gilt auch für Unternehmen. Vielfach reicht es nicht mehr aus, nur in der Spitzengruppe zu sein. Die Kenntnis der Stellung im Wettbewerb mit anderen ermöglicht die Einleitung konkreter Schritte für das eine Ziel: Der Beste (= Marktführer) zu sein!

Nach der allgemeingültigen Definition ist unter dem Begriff Benchmarking „der kontinuierliche Prozess, die eigenen Produkte, Dienstleistungen und Praktiken gegen den stärksten Mitbewerber oder die Firmen zu messen, die als Industrieführer angesehen werden," zu verstehen. Allerdings spielt nicht nur das Messen an anderen, sondern auch das Lernen von anderen eine Rolle. Was ist Benchmarking?

Die im Vergleich festgestellten Unterschiede sind zu analysieren und darauf hin sind in den Geschäftsprozessen grundlegende Veränderungen vorzunehmen. In der Folge ist die eigene Leistung zu steigern.

Arten des Benchmarking

Internes Benchmarking steht für den Vergleich und die Analyse der Ablauforganisation anhand ausgewählter Kennzahlen innerhalb eines Unternehmens.

Wettbewerbsorientiertes Benchmarking beinhaltet die Analyse der Produkte, Leistungen, Geschäftsprozesse bei direkten Mitbewerbern und ihre Wirkungen auf die Kunden.

Funktionales Benchmarking befasst sich mit dem Vergleich und der Analyse von Arbeitsabläufen, Prozessen, Funktionen von Unternehmen und Organisationen, die in keinem Wettbewerbsverhältnis stehen, aber führend in ihrer Branche sind.

Benchmarking-Prozess

Der klassische Prozess des Benchmarking durchläuft mehrere Phasen:

• Festlegung der zu untersuchenden Kerngeschäftsprozesse und Funktionsbereiche,

• Auswahl von Benchmark-Partnern und Vergleichsdaten,

• Analysephase,

• Bewertung der Benchmarking-Ergebnisse,

• Implementierung der Benchmarking-Ergebnisse im Unternehmen.

Welche Geschäftsprozesse können dafür eine Rolle spielen?

Die Liste ist lang und umfasst alles, was ein Unternehmen ausmacht: Produkte, Personal, Finanzen, Logistik u.v.a.m.

Ergebnis

Benchmarking ist also nicht einfach nur Marktforschung! Benchmarking besagt, dass fest umrissene Unternehmensstrukturen im Vergleich zu „Orientierungspunkten", den Benchmarks, zu optimieren sind.

Nicht vergessen: Das Benchmarking sollte immer wiederholt werden, um auf dem Laufenden zu bleiben. Nur auf diese Weise lassen sich die Vorteile des Benchmarking als stetiger Prozess nutzen.

Best Practice – was und wieso?

Unternehmen befinden sich – jedenfalls in der gleichen Branche – üblicherweise im Wettbewerb miteinander. Allerdings setzt sich auch unter Konkurrenten immer öfter die Auffassung durch, dass das berühmte Rad nicht immer mehrfach erfunden werden muss. Aus diesem Grunde bedienen sich mehr und mehr Unternehmen des Best Practice Sharings, dem Austausch und der Analyse von Erfahrungen über alle Themengebiete hinweg.

Wichtig in diesem Zusammenhang ist der systematische Austausch von Wissen und Erfahrungen. Auf diese Weise entstehen
Netzwerke. Wichtig ist auch, das Best Practice Sharing zu institutionalisieren: Viele Unternehmen haben dieses Instrument
durch geeignete Maßnahmen bekannt gemacht und gefördert,
sei es durch Veranstaltungen und „Wissensbörsen", sei es durch
Anreize und Aufnahme in Beurteilungssysteme.

Hieran zeigt sich auch, wie der Prozess des Best Practice Sharings in Gang kommt: Durch Kontakte und durch die Nutzung
geeigneter Medien. Insbesondere das Internet hat in den vergangenen Jahren viel beigetragen. Aber auch die traditionellen
Mittel, wie die Mitarbeit in interdisziplinären Teams oder Ver-
bänden, tragen zur Netzwerkbildung bei. Im Grunde stellt sich
immer wieder die gleiche Frage: „Wer hat das schon mal mit
welchem Erfolg gemacht?"

> Die Grundsätze des Best Practice Sharings haben ihre Gül-
> tigkeit nicht nur zwischen Unternehmen. Sie gelten
> beispielsweise auch unter Kollegen im Betrieb – als uner-
> lässlicher Bestandteil des Teamwork.
>
> Best Practices müssen nicht immer revolutionäre Ideen
> sein. Oft sind es auch nur positive Erfahrungen aus anderen
> Bereichen!

2.7 Change Management

Die oben dargestellten Managementkonzepte des Kaizen, des
TQM und des Lean Managements sowie die Arbeitsmittel des
Benchmarkings und Best Practice Sharings haben alle ein Ziel:
die Veränderung. Mit dem bloßen Willen hierzu ist es allein
aber nicht getan. Aufgrund der oft komplexen Prozesse ist eine
optimale Umsetzungsstrategie gefordert, um die Ergebnisse der
Überlegungen auch tatsächlich umzusetzen.

Dazu dient ein Change Management, nämlich die organisierte
Umsetzung von Veränderungen.

Change Management hat die Aufgabe, die Veränderungsprozesse op-   Definition
timal zu gestalten. Der Ansatz hierzu ist weit: Es geht nicht nur um
die Lösung rein technisch-organisatorischer Fragen, sondern auch um
die Betrachtung der Corporate Identity des Unternehmens als Orga-
nisation.

Ziele Primärziel eines Change Managements ist die Umsetzung neuer Organisationsformen und Prozessstrukturen im Unternehmen. Change Management ist aber auch gefragt bei Restrukturierungen und Reorganisationen (Ein- und Ausgliederungen, Personalabbau) sowie allgemein bei der Einführung von Neuerungen (Marktausrichtung, Führungsstrukturen).

Wandlungsprozess Veränderungen erfordern einen Wandlungsprozess. Dieser kann beim Aufbau des Unternehmens ebenso ansetzen wie bei der Ablaufstruktur. Neue Bereiche können entstehen, alte wegfallen. Dadurch ergeben sich neue Formen der Zusammenarbeit und Führung zwischen Führungskräften und Mitarbeitern. Schließlich kann der Wandlungsprozess eine vollständig neue Unternehmens- und Kommunikationskultur bewirken.

Inhalte Zu Beginn eines jeden Change-Management-Prozesses steht die Zieldefinition. Hierzu gehört eine *Projekt- und Zeitplanung* ebenso wie die *Zusammenführung der Ressourcen* (Personal, Geld- und Arbeitsmittel). Besonders wichtig ist die *Gestaltung der Informations- und Kommunikationsmittel:* Der beste Veränderungsprozess ist nutzlos, wenn er nicht unter Einbeziehung der Betroffenen erfolgt. Schließlich sind Instrumente für *Controlling* und *Review* einzurichten, um Fortgang und Erfolge des Veränderungsprozesses nachvollziehbar zu machen.

> Change Management ist dort gefordert, wo innerhalb einer Organisation klar strukturierte Ziele erreicht werden sollen.

2.8 Shareholder Value

Kaum ein anderes Schlagwort im Zusammenhang mit großen Wirtschaftsunternehmen ist in den letzten Jahren öfters verwendet worden als das des Shareholder Value, zu deutsch – wissenschaftlich übersetzt – „Wertsteigerungsmanagement" oder – unwissenschaftlich und vielfach polemisch gemeint – „Aktionärsinteresse". Viel wurde über Sinn und Unsinn diskutiert – je nach Lager ohne oder mit Emotionen.

Rückblick In den USA entstanden zu Beginn der achtziger Jahre erste Überlegungen, dass die Hauptaufgabe des Unternehmens die Steigerung des Unternehmenswertes und damit des Eigentümervermögens sein soll. Die Rolle des Unternehmens als Arbeitgeber für die Belegschaft trat in den Hintergrund. Der Wert eines Unternehmens und dessen Steigerung wurde immer stärker in die Zielsetzungen des Managements integriert. Vorreiter der Forderungen nach permanenter Wertsteigerung waren interessanterweise die Pensionsfonds in den USA, viele von Gewerkschaften betrieben.

Unter Shareholder Value wird im Allgemeinen das gesamte Aktionärsvermögen verstanden, das sich aus Dividenden und Kursgewinnen zusammensetzt. Wird das Unternehmen also nach diesem Konzept geführt, verfolgt es das Ziel, möglichst viel „Cash" zu erwirtschaften.

Definition

Diese Geldmittel können dann in erster Linie an die Aktionäre, die Eigentümer des Unternehmens, verteilt werden. Als Finanzierungsquellen stehen Fremd- und Eigenkapital zur Verfügung. Durch die Steigerung des Marktwertes der Aktien wird das Eigenkapital erhöht.

In einem Satz: Shareholder Value ist der Wert, der durch das Management des Unternehmens für dessen Eigentümer – den Aktionär – geschaffen wird.

Der Shareholder Value rückt den Eigenkapitalgeber (Shareholder) und dessen Erwartungen in den Mittelpunkt des unternehmerischen Zielsystems. Die Eigenkapitalgeber stellen die primäre Anspruchsgruppe dar, da sie im Normalfall das unternehmerische Risiko tragen. Dafür fordern sie eine risikogerechte Rendite. Kann das Unternehmen diese nicht erfüllen, werden die Aktionäre ihm ihre Finanzierungsmittel entziehen.

Grundgedanke

Und gerade hier setzt oftmals die Kritik an: Werden die Interessen der Aktionäre nicht allzu oft über die Interessen der Belegschaft gestellt? Werden Arbeitsplätze nicht zu oft der Rendite geopfert? Ist es im Interesse der Gesellschaft, wenn ausländische Aktionäre die Erhöhung ihres Shareholder Values durch Verlagerung von Arbeitsplätzen in Billiglohnländer fordern?

Kritik

Trotz aller Emotionen kann, wird und muss ein gezieltes Wertsteigerungsmanagement bei richtiger und nachhaltiger Implementierung im Unternehmen einen großen Beitrag zu dessen Performance leisten und die dauerhafte Existenz sichern. Viele Unternehmen sehen daher das Thema Wertsteigerung als eines der wichtigsten Zukunftsthemen an.

Bewertung

Viele deutsche Großunternehmen wie DaimlerChrysler oder Siemens haben die Wertsteigerung des Unternehmens im Rahmen von entsprechenden Initiativen in ihre Unternehmenspolitik aufgenommen. Gleichwohl bekennen sich auch weiterhin viele Großunternehmen in Deutschland zu ihrer sozialen Verpflichtung der Belegschaft gegenüber. Die genannten Beispiele zeigen, dass ein Nebeneinander von Wertsteigerungsmanagement und Belegschaftsinteressen funktioniert, ja sogar sich gegenseitig ergänzt.

2.9 US GAAP

Mit zunehmender Globalisierung und weiter fortschreitender Orientierung insbesondere deutscher Unternehmen in den US-amerikanischen Raum – Stichwort: Börsengang an der Wall Street – gewinnen die dortigen Rechnungslegungssysteme US GAAP (Generally Accepted Accounting Principles) immer stärker an Bedeutung.

Die wesentliche Unterschiede der deutschen und US-amerikanischen Regelungen auf einen Blick:

Zielsetzung Die Rechnungslegung und Bilanzierung nach dem deutschen HGB stellt das Vorsichtsprinzip und damit den Gläubigerschutz in den Vordergrund. Dies bedeutet zum Beispiel, dass jegliches Risiko bereits durch Rückstellungen gesichert werden kann. Weitere Einzelheiten in Kapitel 3.1.1.

Das primäre Ziel der Rechnungslegung nach US GAAP – deren Prinzipien im Übrigen nicht gesetzlich festgehalten sind! – ist die Bereitstellung entscheidungsrelevanter Informationen für den Aktionär – und dies möglichst zeitnah. Unter Berücksichtigung des schon besprochenen Shareholder Values wird daher der eher kurzfristigen – quartalsmäßigen – Erfolgsermittlung nach US GAAP ein höherer Stellenwert eingeräumt als der nach dem HGB.

Auch die generelle Vergleichbarkeit von Jahresabschlüssen – sowohl unternehmensübergreifend als auch über mehrere Jahre hinweg – wird höher bewertet.

Rückstellungen Dieser grundsätzliche Unterschied zeigt sich am besten an der Bildung von Rückstellungen.

Diese sind nach deutschem Recht immer dann zu bilden, wenn eine gesetzliche oder vertragliche Verpflichtung gegenüber Dritten besteht und die voraussichtliche Höhe des notwendigen Rückstellungsbetrags zuverlässig schätzbar ist. Allerdings reicht es schon aus, wenn die Inanspruchnahme durch den Dritten auch nur möglich erscheint. Beispiel: Restrukturierungskosten können nach dem HGB bereits nach der unternehmerischen Entscheidung zurückgestellt werden, ohne dass die Maßnahmen nach außen bekannt sind.

Die Möglichkeiten zur Bildung von Rückstellungen sind nach US GAAP deutlich restriktiver geregelt als nach dem HGB:

- Reine Aufwandsrückstellungen wie die oben beschriebenen sind nach US GAAP nicht zulässig. Erforderlich ist eine hinreichende Rechtssicherheit der Geltendmachung.

- Vollständig abweichend ist die Bildung von Pensionsrückstellungen: Diese werden unter Berücksichtigung erwarteter Lohn- und Gehaltssteigerungen ermittelt. Zur Berechnung wird nicht der im deutschen Steuerrecht geltende fiktive und generell verwendete Abzinsungssatz von 6 % zugrundegelegt; vielmehr fließen die jeweiligen Realzinsen ein.

- Rückstellungen werden in der US-amerikanischen Bilanzierungspraxis grundsätzlich nicht separat, sondern als Verbindlichkeiten (Liabilities) ausgewiesen.

Mit den Rückstellungen nicht zu verwechseln ist die schlichte Kostenplanung. Hier gibt es keinerlei Unterschiede. Kostenrisiken können wie bisher eingeplant werden. **Kostenplanung**

Immaterielle Vermögenswerte sind zu aktivieren und über die geschätzte Nutzungsdauer abzuschreiben. Auch der sogenannte „Goodwill" eines erworbenen Unternehmens muss nach US GAAP aktiviert und über seine voraussichtliche Nutzungsdauer abgeschrieben werden. Die Nutzungsdauer (maximal 40 Jahre) orientiert sich hierbei an der Art des erworbenen Geschäftes. Die nach den deutschen Regelungen mögliche Verrechnung mit dem Eigenkapital ist nicht zulässig. **Vermögenswerte**

Bei Finanzierungsinstrumenten sind nach deutschem Recht nur unrealisierte Verluste zu bilanzieren, während nach US GAAP auch bestimmte unrealisierte Gewinne ausgewiesen werden müssen. **Unrealisierte Gewinne**

Entsprechend den deutschen Bilanzierungsvorschriften sind Wertpapiere zu Anschaffungskosten oder niedrigeren Marktwerten anzusetzen. Anders nach US GAAP: Hier sind Wertpapiere auch zu höheren Marktwerten zu bilanzieren.

Weitere Unterschiede zwischen deutschem und US-amerikanischen Bilanzierungsvorschriften finden sich **Leasing/Steuern**

- beim Leasing: Unterschiedliche Zurechnung von Miet- und Finanzierungsleasing beim Leasinggeber oder Leasingnehmer nach US GAAP sowie die gesonderte Ausweisung der Leasingverbindlichkeiten.

- bei künftigen Steuern: Nach US GAAP besteht eine Ansatzpflicht für aktive und passive, latente Steuern, die aus Differenzen zwischen steuerlichen Wertansätzen und den Wertan-

sätzen in der Konzernbilanz entstehen. Steuerliche Verlust-
vorträge stellen wegen der künftig verminderten Steuerzah-
lungen einen wirtschaftlichen Nutzen dar. Zum Zeitpunkt der
Verlustentstehung ist daher der künftige Steuervorteil in Abhängigkeit von seiner Realisierbarkeit zu aktivieren.

Die Hauptprinzipien von US GAAP sind:

• Transparenz der unternehmerischen Entscheidungen
• Periodengerechte quartalsmäßige Berichterstattung
• Vorausschauende Information

Insgesamt gelten hohe Anforderungen an Publizität und
Öffentlichkeitsarbeit, da hiervon der Börsenwert des Unternehmens abhängt.

2.10 Die „Corporates"

Zunehmender Wettbewerbsdruck und zunehmend austausch-
bare Produkte in einem kritischen Umfeld machen die klare Abgrenzung von den Konkurrenten durch ein unverwechselbares
Auftreten des Unternehmens dringend erforderlich. Interne wie
externe Partner – Belegschaft, Kunden und Geldgeber – erwarten dies in der heutigen Zeit.

Der Aufbau und natürlich die Pflege einer entsprechenden Corporate Identity ist für nahezu jedes Unternehmen zu einer notwendigen strategischen Aufgabe geworden. Allerdings: Corporate Identity darf nicht als „Wunderwaffe" im Wettbewerb ver-
kannt werden; Qualität der Produkte, Kundenorientierung und
motivierte Belegschaft machen ebenfalls ein erfolgreiches Unternehmen aus.

Corporate Identity

Für den Begriff der Corporate Identity gibt es keine allgemein
gültige Definition. Zu den gängigsten Umschreibungen gehören
Begriffe wie Unternehmenskultur, Unternehmensbild, Unter-
nehmensphilosophie, Unternehmenspersönlichkeit oder
schlicht Erscheinungsbild des Unternehmens. Nach einem
übergreifenden Ansatz definiert sich Corporate Identity als *das
Management von Identitätsprozessen einer Organisation.*

Ziele   Die Ziele der Verfolgung einer Corporate Identity sind einfach:
Nach innen soll ein einheitliches Auftreten des Unternehmens
die Schaffung oder Steigerung eines „Wir-Gefühls" erzeugen.

Ausgehend von der Annahme, dass dieses die Zufriedenheit der
Belegschaft erhöht, werden Motivations- und Produktivitätsan-
stieg erwartet. In der Schaffung eines echten „Wir-Gefühls"
liegt allerdings eine hohe Herausforderung für das Management, insbesondere natürlich in Krisenbranchen.

Nach außen dient die Corporate Identity als erkennbares Profil
des Unternehmens in seinem Umfeld, dem Wettbewerb und
der Gesellschaft. Dieses Profil stützt die Unternehmensziele und
grenzt es gegenüber den Mitbewerbern unterscheidbar ab.
Schließlich – im Zeitalter der Austauschbarkeit besonders wichtig – wird durch eine klare Corporate Identity ein hoher Wie-
dererkennungswert der Unternehmens und dessen Produkte
hergestellt.

> Corporate Identity zeigt den Charakter und die Persönlich-
> keit eines Unternehmens. Sie definiert den Maßstab für
> Ethik und Verhalten. Sie prägt die Kultur des Unterneh-
> mens.

Corporate Communication

Natürlich nutzt das beste Erscheinungsbild nichts, wenn es nicht   Umsetzung
nach außen getragen wird. Am Markt hat derjenige den Vor-   nach außen
sprung, der Kommunikation professionell einsetzt und seine
Botschaften hörbar und sehbar macht. Daher kommt der
Unternehmenskommunikation – Corporate Communication –
eine besondere Bedeutung zu. Mit ihr werden im Allgemeinen
alle Kommunikationsmittel und -maßnahmen bezeichnet, mit
denen das Unternehmen seine Produkte, Ideen und Leistungen
den internen und externen Zielgruppen vorstellt. Unternehmenskommunikation vermittelt die Corporate Identity in der
Öffentlichkeitsarbeit, der Werbung, und – in Deutschland noch
nicht so verbreitet – dem Sponsoring sowie der Kulturförde-
rung.

Einige Beispiele für Corporate Communication seien hier genannt:

• Offene Diskussion der Unternehmenspolitik – wichtig in
  „Problembranchen" oder in kritischen Unternehmenssituati-
  onen (Stichwort: Entschädigung von Zwangsarbeitern);

• Identitätswandel zum High-Tech-Unternehmen;

• weltweit einheitliche Markenkampagnen;

• koordinierte Kommunikationsstrategien;

• gezieltes, am Unternehmensleitbild orientiertes Sponsoring.

Alle diese Maßnahmen tragen zur Corporate Identity und damit zur Abgrenzung gegenüber dem Mitbewerber bei. Aus welchem anderen Grunde sollten ansonsten hart rechnende Automobilhersteller diesen Landes nacheinander ihre Vorliebe für den Autorennsport (wieder)entdeckt haben?

Corporate Design

Das Corporate Design beschreibt die letztendliche Umsetzung des Charakters und der Persönlichkeit des Unternehmens in ein visuell wahrnehmbares, sofort wiedererkennbares Unternehmensbild. Dies ist angesichts der fortschreitenden Austauschbarkeit der Produkte und der Reizüberflutung in der Werbung notwendig.

Corporate Design vereinheitlicht das Erscheinungsbild des Unternehmens in der Öffentlichkeit zum Beispiel durch die Kreation eines Logos oder eines unverkennbaren Schriftzugs, durch einheitliche Gestaltung der Kommunikationsmedien eines Unternehmens und schließlich durch ein durchdachtes und aussagekräftiges Produkt-, ja sogar Architekturdesign.

> Corporate Design ist das konsequent entwickelte sichtbare Resultat der Gestaltung von Wesensgehalt und Ausdrucksform des Unternehmens.

Als typische Beispiele für das weltweit erfolgreichste und bekannteste Corporate Design sind die Marken Coca-Cola und Mercedes zu nennen.

Corporate Behaviour

Die rein formalen Elemente des Corporate Design lassen sich vergleichsweise einfach herstellen. Allerdings wird es letztendlich doch immer auf die „menschliche" Komponente des Unternehmens ankommen: Das Corporate Behaviour, also das Verhalten nach innen und nach außen.

Verhalten nach innen Eine der wichtigsten Elemente des Corporate Behaviour nach innen wird der Führungsstil sein. Ein nach außen als progressiv geltendes Unternehmen wird die Mitarbeiter nicht mit veralteten Instrumenten führen können. Hier werden im Gegenteil das Führen durch Zielvereinbarung und damit starker Ziel-, nicht Ergebnisorientierung, getragen durch eine hohe Vertrauensbasis, gefragt sein.

Nach außen bedeutet Corporate Behaviour im Wesentlichen, dass insbesondere Kundenbedürfnisse – allgemeiner gefasst: die
Bedürfnisse aller externen Partner eines Unternehmens – er-
kannt und unter Berücksichtigung des Unternehmensleitbildes
umgesetzt werden. Zum Corporate Behaviour gehört auch, das
Umfeld, seien es Kunden, Lieferanten oder Geldgeber, in Ent-
scheidungsfindungsprozesse rechtzeitig mit einzubeziehen.

Verhalten nach außen

> Gelungenes Corporate Behaviour zeichnet sich insbeson-
> dere durch hohe Glaubwürdigkeit und durch Konstanz aus!

Corporate Social Responsibility und Corporate Citizenship

Corporate Social Responsibility und Corporate Citizenship gehören zu den neueren Schlagworten aus dem Bereich der Un-
ternehmensphilosophie. Beide sind eigentlich Elemente von
Corporate Communications und Corporate Behaviour, sie können aber eine besondere Rolle bei der Art und Weise spielen,
auf die sich ein Unternehmen präsentiert.

Bei Corporate Social Responsibility mag der Schwerpunkt eher
auf der Übernahme gesellschaftlicher Verantwortung liegen,
zum Beispiel indem man Umweltschutz-, Gesundheits-, Bil-
dungs- oder soziale Programme initiiert, aktiv unterstützt oder
zumindest Stellung dazu bezieht. Dazu gehört auch der verstärkte Dialog zwischen Unternehmen und Politik bzw. Gesellschaft.

Aktionen im Rahmen der Corporate Citizenship sind häufig
eher regional (wobei regional im Zeitalter der Globalisierung
auch ein Land, ein Staat oder ein Kontinent sein kann), einen
besonders hohen Stellenwert haben dabei im Allgemeinen
Kunst und Kultur.

Die Grenzen zwischen Corporate Social Responsibility und
Corporate Citizenship sind fließend, und die Verwendung dieser Begriffe durch Unternehmen ist (vielleicht noch) nicht eindeutig. Im Kern geht es aber darum, sich positiv darzustellen
und damit einen dauerhaften Unternehmenserfolg zu erzielen.

Corporate Governance

Corporate Governance fällt eher in den Bereich der Unternehmensorganisation und wird daher in Kapitel 10.3 behandelt.

2.11 Was ist sonst noch wichtig?

2.11.1 Management-buy-out – Management-buy-in

Bei einem sogenannten „Management-buy-out" (MBO) übernimmt das Management des Unternehmens das eigene Unternehmen. Bei dem sogenannten „Management-buy-in" (MBI) wird das Unternehmen von einem firmenfremden Manager übernommen.

Die Gründe hierfür sind vielfältig. Zum einen kann es bei einem MBO um eine Verbesserung der Marktposition außerhalb einer großen Muttergesellschaft als schlagkräftiges kleineres Unternehmen gehen, zum anderen kann bei einem MBI die Nachfolge in einem Unternehmen durch die Hereinnahme eines externen Managers geregelt werden.

Beide Formen erfordern wie jede Unternehmensgründung eine besondere Vorbereitung – schließlich steht viel Geld auf dem Spiel, da sich die Manager, seien es leitende Angestellte oder Geschäftsführer, im Regelfall mit ihrem eigenem Geld beteiligen. Im Wesentlichen gilt es zu analysieren:

- Unternehmen: Performance, Produkte und Dienstleistungen, Marktstellung, bisherige Jahresabschlüsse, Potenzial.
- Finanzen: Höhe des Kaufpreises, Geldgeber, Finanzierungsmodelle, Finanz- und Ertragsplanung.
- Management: Kenntnisse und Erfahrungen.

2.11.2 Spin-Off

Als Spin-Off bezeichnet man die Ausgliederung eines jungen Unternehmens aus einem größeren Unternehmen. Bereiche außerhalb des Kerngeschäftes werden ausgegliedert und in ein oder mehrere selbstständige Unternehmen umgewandelt. Häufig übernehmen diese Firmen auch Aufgaben, welche das bisherige Unternehmen in der Vergangenheit selbst gemacht hat; es kann sich aus dessen Sicht dann auch um ein Outsourcing handeln.

Die Grenze vom Spin-Off zum Management-buy-out ist fließend: Hier wie dort werden die neuen Unternehmen von leitenden Mitarbeitern unter eigenem Kapitaleinsatz gegründet. Beim MBO verlässt das Unternehmen jedoch die Muttergesellschaft endgültig.

Das ausgründende Unternehmen erwartet vom Spin-Off in seinem Marktsegment eine bessere Performance. Unter Umständen erfolgen Spin-Offs zur Vorbereitung eines Börsenganges und damit der Erschließung neuer Finanzierungsquellen. Weitere Vorteile sind unter anderem:

• Kein Verzicht auf Know-how, da Verbleib im Unternehmensverbund;
• Rationalisierung durch schnellere Entscheidungsprozesse;
• Innovationen durch das neue Unternehmen;
• Mitarbeitermotivation durch flexiblere Einkommenssysteme.

2.11.3 Outsourcing

Outsourcing ist die *Fremdvergabe eigener Arbeiten*, also Dienstleistungen oder Produktion, an Drittfirmen.

Im Regelfall sind für die Auslagerungsentscheidung wirtschaftliche Erwägungen maßgebend. Typisches Beispiel ist die Vergabe von Reinigungsaufgaben an Dritte. Auch Telefonvermittlungen oder Call Center werden häufig zu externen Dienstleistern ausgelagert.

Kein Outsourcing ist hingegen die echte Vergabe von Aufträgen an Dritte: Ein Seminaranbieter will sein Telefonmarketing nicht mehr selbst betreiben, da der hierfür verantwortliche Mitarbeiter gekündigt hat; das Antelefonieren wird nunmehr von einer beauftragten Agentur betrieben.

Achtung vor allzu leichtfertigem Outsourcing: Dies kann leicht als gesetzlicher Betriebsübergang ausgelegt werden, wenn wesentliche Betriebsmittel übertragen werden. Die Rechtsfolge: Die betroffenen Mitarbeiter – nicht nur die Aufgabe – treten mit zur Drittfirma über; diese tritt an die Stelle des bisherigen Unternehmens als Arbeitgeber in die Rechte und Pflichten ein (Näheres siehe Kapitel 8.1.7). *Achtung: Betriebsübergang*

Beim sogenannten „Inhouse-Outsourcing" wird innerhalb des Unternehmens eine neue Dienstleistungseinheit geschaffen. Beispiel hierfür ist der Aufbau eines zentralen Rechenzentrums.

Das Gegenteil des Outsourcing, das Insourcing, umschreibt den Einkauf externer Leistungen. *Insourcing*

Business Process Outsourcing

Unter diesem gängigen Begriff – Abkürzung „BPO" – versteht man die Auslagerung oder Ausgliederung ganzer, meist admi- *Definition/Umfang* nistrativer Geschäftsprozesse samt den in der Organisation hierfür vorgesehenen Abteilungen und Funktionen.

Gelegentlich werden auch ganze Betriebsstandorte ausgegliedert. BPO geht also weiter als klassisches Outsourcing: Dabei geht es um einzelne, organisatorisch abgrenzbare Einheiten des Unternehmens, beispielsweise ein Rechenzentrum.

Business Process Reengineering Vor einem BPO wird im Regelfall ein so genanntes Business Process Reengineering durchgeführt, also die Überprüfung aller Geschäftsprozesse mit dem Ziel der Optimierung und Rationalisierung.

Ähnlich wie das bisherige Outsourcing werden die nunmehr optimierten Geschäftsprozesse an einen Dritten vergeben, einen auf die konkrete Aufgabenerledigung spezialisierten Dienstleister. Üblicherweise ist mit dem Business Process Outsourcing auch die Verlagerung der Aufgaben an Standorte im Ausland mit niedrigen Kosten und Lohnniveau verbunden, also in Schwellen- oder Niedriglohnländer.

Off-Shoring und Near-Shoring Im Zusammenhang mit dem Business Process Outsourcing werden auch die Begiffe „Off-Shoring" und „Near-Shoring" verwendet. Bei beiden geht es um die Auslagerung von Geschäftsprozessen an preiswertere Standorte. Während der erste Begriff – immer aus Sicht des Auftraggebers – die Auslagerung in weiter entfernte Länder, wie beispielsweise Indien oder China, meint, definiert der zweite die Auslagerung gewissermaßen in die „Nachbarschaft", etwa die Länder der EU-Osterweiterung Tschechien oder Slowakei.

Benefits

Welche Vorteile hat nun ein Business Process Outsourcing für die beteiligten Unternehmen?

- Das Unternehmen hat in erster Linie Kostenvorteile, da ein Outsourcing nur Sinn machen kann, wenn der Dienstleister die Leistungen zum geringeren Preis bei mindestens gleicher Qualität anbietet.
- Da für ein erfolgreiches BPO die Überprüfung sämtlicher Geschäftsprozesse erforderlich ist, erhält das Unternehmen in Folge deren Optimierung über das bereits erwähnte Business Process Reengineering.
- Das Unternehmen kann sich auf seine Kernkompetenzen konzentrieren, da die vielfach als „lästig" empfundenen administrativen Aufgaben künftig wegfallen.
- Die Auslagerung von Aufgaben auf spezialisierte Dienstleister hat vielfach eine Qualitätssteigerung zur Folge.

Risiken

Auch bei grundsätzlich positiver Betrachtungsweise des BPO ist auf einige mittlerweile durch alle Lager anerkannte Risiken aufmerksam zu machen:

- Es wird voraussichtlich einen Arbeitsplatzverlust im outsourcenden Unternehmen geben, der durch die Schaffung neuer Stellen aufgrund der Kostenvorteile in Summe nicht aufgefangen werden wird. Und auch der Dienstleister wird in der Regel Kostenerwägungen in den Vordergrund stellen und so mit weniger Personal auskommen müssen.
- Durch das Auslagern von Geschäftsprozessen entstehen neue, bisher nicht bekannte Schnittstellen, die einen erhöhten Kommunikationsaufwand zwischen Auftraggeber und Dienstleister mit sich bringen können.
- Insbesondere beim BPO durch Off- oder Near-Shoring besteht eine gewisse Gefahr, aber auch Chance, dass zur Verhinderung von massivem Arbeitsplatzverlust (in Europa) steuerliche und sozialrechtliche Standards abgesenkt werden.

Fazit

Aufgrund zunehmendem globalen Wettbewerbs werden insbesondere große, überwiegend multinational agierende Firmen um Business Process Outsourcing nicht mehr herumkommen.

Zu beachten: Aufgrund der hohen Komplexität eines BPO ist jeder Fall ein Einzelfall, ein Patentrezept gibt es also nicht.

Case Study: Siemens Business Services

Der IT-Dienstleister der Siemens AG hat Mitte 2004 über seine bisherigen BPO-Aktivitäten hinaus (diese lagen beinahe ausschließlich auf dem Gebiet der IT) als Anbieter neue Geschäftsfelder erschlossen: Der Fokus lag im Bereich der Financial Services und des Personalwesens. In beiden Bereichen lassen sich viele Geschäftsvorfälle standardisieren und automatisieren – eine Grundvoraussetzung für ein erfolgreiches BPO. Im Zentrum des Angebotes an potenzielle Kunden stehen die Beratung, die Umsetzung und schließlich die Übernahme der betreffenden Organisationseinheit mit dem Betreiben des Geschäftsprozesses. Auch bei diesem Angebot steht die Optimierung der Geschäftsprozesse mit Business Process Reengineering im Vordergrund.

2.11.4 Due Diligence

Jeder spricht davon, jeder hat schon mal davon gehört, meist im Zusammenhang mit großen Gesellschaften und mit entscheidenden Geschehnissen auf dem Wirtschaftsmarkt: „Due Diligence", wörtlich übersetzt „mit der erforderlichen Sorgfalt".

Im Rahmen einer Due Diligence wird ein Unternehmen von der rechtlichen, steuerlichen und betriebsrechtlichen sowie von der finanziellen Seite überprüft. Diese Prüfung ist im Vorfeld eines Börsengangs oder eines (Ver-)Kaufs eines Unternehmens erforderlich, um die Risiken festzustellen. Die Prüfung umfasst die Ertrags- und Geschäftslage und die letzten Jahresabschlüsse.

Erhoben werden aber auch noch weitergehende Daten, wie zum Beispiel Lizenzen, Markenrechte, Steuerschulden, laufende Gerichtsverfahren, abgeschlossene Verträge und öffentlich-rechtliche Genehmigungen, somit alles, was den Wert eines Unternehmens ausmacht.

Um die Flut an Informationen und Daten bewältigen zu können und alles Wesentliche zu erfassen, verwendet man Checklisten. Dabei ist die Überprüfung im Allgemeinen auf die letzten 3 bis 6 Jahre beschränkt.

Folgendermaßen könnte eine Grobgliederung der zu erfragenden Angaben im Rahmen einer Due Diligence aussehen:

Grobgliederung

1. *Gesellschaftsstruktur* (z.B. Gesellschaftsform, Name, Sitz, Registergericht, Niederlassungen der Gesellschaft, Tochtergesellschaften)
2. *Geschäftsunterlagen* (z.B. Handelsregisterauszug, Kopie des Gesellschaftsvertrags oder der Satzung, Angaben über die Kapitalstruktur, Geschäftsführung)
3. *Grundvermögen* (z.B. Immobilien, Mietverträge mit Dritten, Grundstücksbelastungen)
4. *Sonstige Vermögen* (z.B. Angabe der Bankkonten – mit Kontonummer, Kontostand, Verfügungsberechtigten und Überziehungskrediten, Darlehen, Subventionen, Forderungen)
5. *Gewerbliche Schutzrechte* (z.B. Lizenzen, Patente)
6. *Verträge* (z.B. Versicherungsverträge; Verträge mit Handelsvertretern, Vertragshändlern, Lieferanten; wettbewerbsbeschränkende Vereinbarungen)
7. *Gerichtsverfahren und andere Verwaltungsverfahren* (z.B. drohende, anhängige, abgeschlossene Rechtsstreitigkeiten – mit Streitwert, Streitgegenstand und Gegner; umweltrechtliche Untersuchungen)

8. *Mitarbeiter – Arbeitnehmer und Freiberufler / Selbstständige*
   (z.B. Anzahl der Mitarbeiter, Liste mit Namen, Musterver-
   träge, vorliegende Tarifverträge)

9. *Steuern* (z.B. Steuererklärungen und Bescheide der letzten
   Jahre, Benennung des Steuerberaters)

10. *Umwelt* (z.B. Rohstoffverwendung, vorliegende öffentlich-
    rechtliche Genehmigungen, Altlasten, Emissionen, Gefähr-
    dende Stoffe)

11. *Sonstiges*, z.B. Rentenvereinbarungen, Marketingstudien
    und andere einzelfallbezogene bzw. branchenspezifische
    Fragen.

Eine Due Diligence wird von Rechtsanwälten, Wirtschaftsprüfern und Steuerberatern in Zusammenarbeit durchgeführt bzw.
bei anschließenden Aktien-/Anleihenemissionen von Vertre-
tern des Lead Manager (Konsortialführer).

2.11.5 Initial Public Offering (IPO)

Wörtlich übersetzt heißt dies „Erstes öffentliches Angebot", also
der Gang eines Unternehmens an die Börse. IPO stellt das
Ende eines ganzen vorgeschalteten Prozesses dar.

Zuerst trifft ein Unternehmen die Entscheidung an die Börse zu
gehen. Die Motive hierfür können unterschiedlicher Natur sein:
Sie reichen von günstigen Refinanzierungsmöglichkeiten über
Mitarbeitermotivation (Stock-Option-Programme oder Mitar-
beiterbeteiligungen) bis hin zur Regelung der Unternehmensnachfolge. Auch die hohe Publizitäts- und Imagewirkung ist
nicht zu unterschätzen.

Dahinter steht für den Unternehmer das Ziel der Kapitalbeschaffung von außen. Die interessierten Anleger werden zum
Kauf angehalten, so dass die Aktien als Finanzierungsinstrument zur Verfügung stehen. Prominente Beispiele waren die
Deutsche Post AG bzw. Infineon AG.

Beschließt ein Unternehmen an die Börse zu gehen, müssen im
Vorfeld zahlreiche Schritte berücksichtigt werden. Grundlage
ist die Börsenzulassungsverordnung.

Oftmals ist ein Gang zur Börse verbunden mit einer Rechts-   Prozess
formumwandlung in eine Aktiengesellschaft (siehe hierzu Kapitel 2.2). Eine Due Diligence ist durchzuführen, wobei besonders
das Unternehmens- sowie das Marktrisiko berücksichtigt wird.
Im Anschluss findet eine Bewertung des Unternehmens statt.

Wichtigste Voraussetzung ist die so genannte „Börsenreife".
Diese liegt vor, wenn das Unternehmen

- ein starkes Management mit Visionen,
- ein effizientes Rechnungswesen und Controlling,
- eine transparente Unternehmensstruktur,
- einen überzeugenden Business-Plan,
- überdurchschnittliche Umsatz- und Gewinnerwartungen und
- ein hohes Innovationspotential und Alleinstellungsmerkmale vorweisen kann.

Nach Abschluss der Bewertung und bescheinigter Börsenreife beginnt die Vorbereitung auf die eigentliche Börseneinführung.

Zunächst muss ein förmlicher Börsenzulassungsantrag am gewünschten Börsenplatz gestellt werden. Auch an mehreren Börsen ist die Zulassung möglich.

Parallel dazu wird ein Börsenprospekt erstellt. Hier werden das Unternehmen, sein Geschäftszweck, die Verantwortlichen, aber auch die bisherigen Jahresabschlüsse der Öffentlichkeit – insbesondere den potentiellen Anlegern – dargestellt.

Zu beachten sind dabei die Fallstricke der sogenannten „Prospekthaftung", der gesamtschuldnerischen Haftung des Wertpapieremittenden im Emissionsprospekt.

Ebenfalls parallel wird die Vermarktungsphase zur Werbung von Investoren gestartet. Besonders hervorzuheben ist hier die „Roadshow": Das Unternehmen geht vor der eigentlichen Emission zusammen mit der Emissionsbank oder dem jeweiligen Konsortionalführer auf Reisen, um das Unternehmen vor institutionellen internationalen Anlegern zu präsentieren. Zu den PR-Kampagnen gehört aber auch die Nutzung der bekannten Werbekanäle. Bekanntes Beispiel ist hier die Kampagne der Telekom-Aktie.

2.11.6 Venture Capital

Auch wenn dieser Begriff zur Zeit aufgrund der „dot.com"-Zurückhaltung nicht sonderlich oft gehört wird, darf dieses Fachthema vor allem im Rahmen von Existenzgründungen nicht unbeachtet bleiben. Worum geht es?

Aus dem Englischen wörtlich übersetzt bedeutet es „Unternehmens-" oder „Geschäftskapital". Allerdings wird der Begriff oftmals im Zusammenhang mit Wagnis- oder Risikokapital verwendet: Kapitalgeber investieren in wachstumsträchtige Firmen mit innovativen Produktideen. Sie erwarten dafür eine (Minderheits-)Beteiligung an der Firma oder ein fest vereinbartes „Return-of-Investment" – als „Payback" des investierten Betrages plus eines „Capital Gain", realisiert beim Ausstieg aus dem Unternehmen. Da das Kapital dem Unternehmen in einer jungen Entwicklungsphase zur Verfügung gestellt wird, ist hiermit ein gewisses Verlustrisiko verbunden.

Im Allgemeinen – hier vereinfacht dargestellt – gibt es drei Arten der Finanzierung:

Frühphasenfinanzierung (Early Stage Financing)

Dies ist die Finanzierung der Frühphasenentwicklung eines Unternehmens, beginnend von der Finanzierung der Konzeption bis zum Start der Produktion und Vermarktung, letztendlich der eigentliche „Startup".

Wachstums- und Expansionsfinanzierung

Auch „Expansion Financing" genannt. Hier hat das betreffende Unternehmen bereits den Break-even-Point erreicht oder erwirtschaftet Gewinne. Die Geldmittel werden zur Finanzierung von zusätzlichen Produktionskapazitäten, Produktdiversifikation oder Marktausweitung verwendet.

Spätphasenfinanzierung (Later Stage Financing)

Diese Phase bezeichnet gegebenenfalls die weitere Finanzierung von Expansionen, Übernahmen oder Überbrückungen bei etablierten mittelständischen Unternehmen.

> Unter dem Internet-Link www.bvk-ev.de finden sich weitere Informationen des Bundesverbandes Deutscher Kapitalbeteiligungsgesellschaften e.V. (BVK).

2.11.7 Asset Management

Aus dem Englischen wörtlich übersetzt bedeutet der Begriff „Asset Management" etwa so viel wie „Vermögens(anlagen)-verwaltung". Insbesondere die institutionellen Anleger wie Banken und Versicherungen, aber auch Großfirmen, betreiben Asset Management professionell (zum Teil sogar wiederum als Dienstleister für andere Unternehmen) – zumindest von der Unterstützung der Abläufe her. Dass trotz aller Professionalität Fehlgriffe jedoch unvermeidbar sind, zeigt der tägliche Blick in den Wirtschaftsteil der Zeitungen.

Aufgrund der sehr hohen Komplexität können die folgenden Erläuterungen nur als erster Überblick über die Materie herangezogen werden.

Das klassische Asset Management umfasst drei Teilbereiche:

Anlageentscheidungsprozess

In diesem Teilbereich geht es vor allem um die

• Festlegung einer Anlagestrategie, ob also in Aktion oder Renten, nach Regionen oder Wirtschaftsektoren investiert werden soll,

• Performanceanalyse der ausgewählten Kapitalanlage durch Erhebung von Fundamentaldaten,

• Performanceprognose der ausgewählten Kapitalanlage,

• Identifikation der Kauf- und Verkaufskandidaten und die

• Anlageentscheidung.

Ertrags- und Risikooptimierung

Gerade in diesem Teilbereich unterscheidet sich ein gutes und weniger gutes Asset Management. Das A und O bleibt immer die Risikominimierung, die im Regelfall durch eine Risikozerlegung oder Diversifikation der Kapitalanlagen erfolgt.

Im Rahmen der Ertrags- und Risikooptimierung geht es auch um die Definition von Abweichungsspielräumen, also wie viel Risiko zur Optimierung des Ertrages erlaubt ist oder wie weit von den festgelegten Rahmenbedingen abgewichen werden kann.

Controlling der Kapitalanlagen

Zu einem professionellen Controlling gehören neben der möglichst frühzeitigen Risikoerkennung anhand definierter Indikatoren auch die dauernde Performancemessung der Kapitalanlage. Vielfach werden hierfür so genannte „Scoring-Verfahren" verwendet, bei denen mittels mathematisch-statistischer Verfahren ein Scorewert erstellt wird, der die Wahrscheinlichkeit für den Eintritt eines bestimmten Ereignisses wiedergibt.

2.11.8 Customer Relationship Management

Geschäftsprozesse werden immer komplizierter; der Anspruch der Kunden wächst. Da immer weniger Beschäftigte in einem Unternehmen immer mehr Vorgänge abwickeln ist es gerade für den Mittelstand essenziell, Werkzeuge zu schaffen, die Märkte kompetenter und kostengünstiger zu betreuen.

Genaue Kenntnisse über den Kunden helfen bei der Einschätzung dessen Verhaltensweisen im Kaufverhalten. Customer Relationship Management, abgekürzt CRM, ist die ganzheitliche Betrachtung der Kundenbeziehungen mit der entsprechenden, gegebenenfalls abteilungsübergreifenden Analyse, Auswahl, Planung, Gestaltung und Kontrolle der Geschäftsbeziehungen. Marketingmaßnahmen lassen sich mit diesen Kenntnissen effektiver – und damit kostengünstiger – durchführen.

Daher gehört das CRM in den Fokus eines jeden Unternehmens.

Inhaltlich geht es um die Identifizierung des Kunden, sowie dessen Bindung und Sicherung als dauerhaftem Kunden. Bei einem optimalen CRM kann jeder Kunde individuell mit dem für ihn optimalen Kommunikationsmittel angesprochen werden. IT-Lösungen, vielfältig auf dem Markt angeboten, helfen hierbei.

Die Vorteile liegen auf der Hand: die papierlose Verarbeitung, mehr Transparenz und Steuerungsmöglichkeiten in den Arbeitsabläufen ermöglichen es, den Kunden schneller, gezielter und professioneller zu betreuen. | **Vorteile**

Hauptziele von CRM sind demnach die Geschäfsprozessoptimierung, Erstellung für den Kunden innovativer Leistungsangebote, verbesserte Kundendatenanalyse und die Unterstützung neuer Marketing-/Vertriebsinstrumente. | **Ziele**

Der Schwerpunkt eines professionellen CRM liegt trotz der Flaute der „New Economy" immer noch im Internet – bei den Webseiten des Unternehmens und deren technischen Möglichkeiten zur Kundenanalyse. Für diese Webseiten gilt: | **Schwerpunkt**

- „Keep it simple"
- Benutzerfreundlichkeit
- Kontaktmöglichkeiten und Informationsangebot
- Feed-Back-Möglichkeiten
- Achten der Privatsphäre
- Datenschutz

Für Online-Shopping gilt zusätzlich: | **Online-Shopping**

- Kostentransparenz
- Keine „Tricksereien"
- „Geld zurück"-Garantie
- Möglichkeit zur Weiterempfehlung

Ergebnis und Ziel ist der zufriedene Kunde – denn ohne
ihn wäre ein Unternehmen nicht erfolgreich.

2.11.9 Enterprise Resource Planning

Enterprise Resource Planning (ERP) befasst sich mit der Planung des optimalen Einsatzes bzw. der optimalen Verwendung
der im Unternehmen verfügbaren Mittel wie Kapital, Maschinen und Personal. Allerdings wird die zumeist DV-basierte ERP
vom Ansatz her als zu statistisch kritisiert, da sie es nicht ermöglicht, auf unvorhergesehene Änderungen kurzfristig zu reagieren. Aufgrund des Systems des ERP werden beispielsweise
Durchlaufzeiten in der Produktion stets als statisch angesehen;
externe Einflüsse wie Material- oder Personalknappheit müssen
unberücksichtigt bleiben.

Gleichwohl findet sich Enterprise Resource Planning in nahezu
allen Bereichen des Unternehmens: Von der Produktion über
das Finanz- und Rechnungswesen, das Personalwesen sowie
Vertrieb und Marketing finden sich entsprechende Anwendungen. Oftmals sind diese Teilbereiche zu einem unternehmens-
weiten Gesamtsystem vernetzt.

Da sich ERP ursprünglich vom „Manufacturing Resource Planning" ableitet, wird der wirklich erfolgreiche Einsatz eines ERP-
Systems in erster Linie im Bereich der Materialwirtschaft, also
der Beschaffung, Lagerhaltung, Disposition und buchhalteri-
schen Bewertung der für die Produktion erforderlichen Roh-
und Werkstoffe liegen.

2.11.10 Mergers & Acquisitions

Die in der Vergangenheit hohe Frequenz von Firmenzusam-
menschlüssen ist in der letzten Zeit deutlich zurückgegangen,
zumindest was so genannte „Mega-Mergers" betrifft. Zwar gibt
es insbesondere in der Bankenlandschaft immer wieder Ansätze, jedoch scheinen sich die Aktivitäten von den öffentlich-
keitswirksamen Fusionen großer Unternehmen hin zu denen
von mittelständischen Firmen zu verlagern. Die Gründe für
diese Zusammenschlüsse sind ähnlich wie bei den Großunternehmen.

Unter dem Begriff „Merger & Acquisition" (M&A) versteht man   Definition
die Verbindung von zwei, manchmal auch mehreren, bisher unabhän-
gigen Firmen zu einer größeren.

Umschreiben lässt sich dieser Begriff auch mit „Fusion", „Zusammenschluss" oder „Verschmelzung". Merkwürdigerweise
wird das Grundgeschäft, nämlich der Erwerb, Kauf oder die
Übernahme stets zweites genannt, das Merger, also die Kontrolle über eine andere Firma erlangen, steht gewissermaßen als
erwünschtes Ergebnis stets an erster Stelle.

Der Zusammenschluss erfolgt üblicherweise freiwillig durch einen Austausch von Unternehmensanteilen, also Aktien. Allerdings werden M&A auch als – manchmal „feindliche" – Übernahmen vollzogen, in denen es dann einen stärkeren und einen
schwächeren Teil durch Unternehmenskauf gibt.

Im Ergebnis entsteht überwiegend, nicht aber in jedem Fall,
eine neue Unternehmung mit einem kombinierten (Beispiel
DaimlerChrysler) oder neu geschaffenen Kunst-Namen (Beispiel Novartis = Neue Kunst, vorher Ciba-Geigy und Sandoz).
In einigen Fällen geht das übernommene Unternehmen völlig
in das übernehmende Unternehmen auf, der Name verschwindet, manchmal auch die Firmenkultur.

Neben dem einfachen Trend zur Größe – die nötig ist, um eine   Gründe für M&A
marktbeherrschende Stellung zu erreichen – ist einer der
Hauptgründe für Unternehmenszusammenschlüsse, dass gewisse Herausforderungen des Wettbewerbs, z.B. das Erreichen
wirtschaftlicher Vorteile durch Rationalisierung der Fertigung
oder Standardisierung der Produktpalette, nur gemeinsam zu
bewältigen sind. Vielfach geht es aber auch darum, einen Mitbewerber zu „kaufen" um sich dessen Know-how zu sichern.

Unternehmen schließen sich der Regel auf horizontaler oder   Arten
vertikaler Ebene zusammen. Während in ersten Fall die beiden
fusionierenden Firmen ähnliche Produkte in derselben Branche
produzieren oder als Dienstleistung erbringen, sind im zweiten
Fall die Fusionen gemeint, bei denen zwei Firmen das gleiche
Produkt in unterschiedlichen Stadien herstellen (Beispiel: Automobilzulieferer). Gemischte Zusammenschlüsse liegen bei der
Fusion zweier Unternehmen vor, die in verschiedenen Branchen tätig sind.

Der M&A-Prozess

Im Wesentlichen lässt sich der M&A-Prozess in drei Hauptpha-
sen aufteilen, die wiederum in weitere Phasen unterteilt werden

können. Wichtig ist hierbei, dass das eigene Unternehmen nicht aus den Augen gelassen wird.

1. Planung
- Vollständige wirtschaftliche Überprüfung des *eigenen* Unternehmens in Hinblick auf Finanzstatus, Firmenstrategie und -aussichten sowie Überblick über den Wettbewerb
- Planung der Übernahme mit der Übersicht über potenzielle Kandidaten, Festlegung der Kandidaten nach Priorität aufgrund eigener Geschäftsziele sowie Ermittlung eines Übernahmepreises nach Marktanalyse
- Erarbeiten eines Akquisitionsplanes mit der Festlegung eines Zeitplans und Erkennen eventueller Hindernisse wie hoher Verbindlichkeiten oder komplexer Eigentümerstrukturen

2. Umsetzung
- Entwicklung einer Herangehensweise an den Kandidaten, z.B. vertraulich oder offen, über Mittler oder direkt
- Kontaktaufnahme zum Übernahmekandidaten
- *Due Diligence*
  Soweit der potenzielle Übernahmekandidat mitmacht – oder sich nicht wehren kann – folgt die so genannte „Due Diligence" oder „sorgfältige Prüfung" (siehe auch Abschnitt 2.11.4). Im Grunde wird hier das Unternehmen nach allen Regeln der Kunst mit dem Ziel durchleuchtet, einen möglichst genauen – wenn gelegentlich auch nur vorläufigen – Überblick über den Finanzstatus, die Geschäftsstrategien und die weiteren Aussichten des Übernahmekandidaten zu erhalten.
- *Übernahmevereinbarung*
  Im nächsten Schritt folgt der Kernpunkt eines jeden M&A-Prozesses: Das Aushandeln einer abschließenden Übernahmevereinbarung einschließlich der Klärung aller juristischen Fragen und Festlegung des Kaufpreises.
- *Closing*
  Sind sich alle Beteiligten einig, erfolgt das Closing, der Schluss der Verhandlungen. Dieser bestimmt im Allgemeinen den endgültigen und abschließenden Status, in den das Unternehmen übergeht. Veränderungen nach diesem Termin haben keinen Einfluss mehr auf den Kaufpreis, Änderungen im Mitarbeiterstand bleiben unberücksichtigt.

Parallel zu den Bedingungen des Closing sind im Rahmen der Umsetzung auch bereits die Themen der Integration des übernommenen Unternehmens zu beachten.

Eine wichtige Herausforderung im Rahmen eines M&A-Pro-   **3. Integration**
zesses ist zweifelsohne die Integration des übernommenen Unternehmens. Sie umfasst unter anderem die folgenden Themen:

• Abstimmung und ggf. Angleichung der Geschäftsprozesse

• Anpassen der Infrastruktur, etwa im IT-Bereich

• Zusammenführen der Organisationen

• Überleitung der Verträge mit Kunden und Lieferanten
  auf das neue Unternehmen

• Kommunikationskonzept nach außen und nach innen

• Regelung der Personalthemen, wie Anpassung der Beschäftigungsbedingungen – soweit möglich – oder Auflösung von
  Doppelbesetzungen.

Mit dem Zusammenschluss und der Integration der Unternehmen ist der M&A-Prozess im Regelfall noch nicht beendet. Vielfach folgen Restrukturierungen, entweder im Wege der Sanie-
rung oder durch Ausgliederung und Veräußerung kleinerer
Teile des neuen Unternehmens, etwa solcher, die nicht mehr in
das Produktportfolio oder die neue Unternehmensstrategie pas-
sen. Auch das neu entstandene Unternehmen wird sich in Folge
um Kooperationen, etwa durch Joint Ventures und Strategische
Allianzen, kümmern müssen.

Personal

Die Übernahme und der Zusammenschluss erzeugen fast immer Unsicherheit in der Belegschaft über zukünftige Entwicklungen. Das Risiko des Wissensverlustes durch Abwerbung oder
Eigenkündigung ist deshalb gerade in den ersten Phasen des
M&A-Prozesses besonders groß. Diese Gefahr kann jedoch
durch geeignete Maßnahmen verringert werden.

Nachdem der potenzielle Übernahmekandidat identifiziert
wurde und sich beide Seiten in eine Due Diligence begeben haben, ist eine offene Kommunikation nach innen und nach außen angebracht. Gerade gegenüber der Belegschaft ist die frühzeitige Vermittlung von Vision und Mission des neuen Unternehmens dringend erforderlich.

Auch das Management des Übernahmekandidaten ist einzu-   **Einbindung des**
binden und zu motivieren – sicher eine schwierige Aufgabe, ist   **Managements**
doch hier die Gefahr des Jobverlustes wegen Doppelbesetzung
von Funktionen am größten.

Als probates Mittel hat sich in der Vergangenheit die Veröffentlichung eines so genannten Retention Plan erwiesen, also das
Schaffen monetärer Anreize zum Verbleib im neu geschaffenen

Unternehmen. Im Grundsatz werden hier Prämien ausgelobt, die erst nach einjähriger, achtzehnmonatiger usw. Zugehörigkeit zum neuen Unternehmen ausbezahlt werden. Als effektiv hat sich auch die frühzeitige Einbindung aller Incentive-Systeme, die an das Wachstum der neuen Firma geknüpft sind, erwiesen.

Und schließlich: Eine Welcome-Party und eine neue, gemeinsame Corporate Identity runden das Bild auf der Ebene der Soft Facts ab.

3 Das betriebliche Rechnungswesen

Neben Produktion und Absatz bilden Rechnungswesen, Finanzierung und Investition die Grundbausteine der Betriebswirtschaft. Im Folgenden wird ein Überblick über die wichtigsten Bestandteile gegeben. Bei tiefergehendem Interesse sei auf die im Literaturverzeichnis angegebenen Quellen verwiesen.

Das betriebliche Rechnungswesen hat die Aufgabe, alle Daten, die das betriebliche Geschehen beschreiben, fortlaufend und lückenlos zu erfassen und auszuwerten.

Aufgabe und Gliederung

Dabei gliedert es sich in

- *externes Rechnungswesen*, das einen Überblick über die Vermögens- und Ertragslage gewährt und
- *internes Rechnungswesen*, das die angefallenen Kosten aufzeichnet und den Stellen (Kostenstellen) und Produkten (Kostenträger) zurechnet, die sie verursacht haben.

Damit erfüllt das Rechnungswesen

- *Planungsaufgaben*, da es Grundlagen für betriebliche Entscheidungen bereitstellt,
- *Kontrollaufgaben*, indem es zwischen Ist- und Sollgrößen innerhalb der Kostenrechnung unterscheidet, und
- *Publikationsaufgaben*, die im Bereitstellen gesetzlich vorgeschriebener oder freiwilliger Informationen vor allem über die Wirtschaftslage des Unternehmens aus Erfolgs- und Vermögenssicht, die Ausschüttungsbemessung und die Finanzlage für externe Unternehmensbeteiligte bestehen.

3.1 Externes Rechnungswesen

Das externe Rechnungswesen besteht im Wesentlichen aus der Finanzbuchhaltung und deren Abschluss im handelsrechtlichen

Jahresabschluss, gesetzlich geregelt im Handelsgesetzbuch (HGB).

Im Normalfall setzt sich der handelsrechtliche Jahresabschluss aus Bilanz, Gewinn- und Verlustrechnung (GuV) und Anhang zusammen. Kapitalgesellschaften, zu denen Aktiengesellschaften (AG), Kommanditgesellschaften auf Aktien (KGaA) und Gesellschaften mit beschränkter Haftung (GmbH) zählen, müssen zusätzlich zu Bilanz, GuV und Anhang auch einen Lagebericht erstellen, § 264 Abs. 1 HGB.

Für Einzelkaufleute, Offene Handelsgesellschaften (OHG) und Kommanditgesellschaften (KG) dagegen besteht der Jahresabschluss nur aus Bilanz und GuV, § 242 Abs. 3 HGB.

Die Basisinformationen für den handelsrechtlichen Jahresabschluss werden aus Inventur und Finanzbuchhaltung gewonnen.

Inventur Die Inventur (§ 240 HGB) ist die Tätigkeit der art-, mengen- und wertmäßigen Erfassung von Vermögen und Schulden (Fremdkapital) sowie des daraus resultierenden Reinvermögens (Eigenkapital). Die Inventur ist zum Schluss eines jeden Geschäftsjahres als Stichtagsinventur zum Abschlussstichtag durchzuführen (§ 240 Abs. 2 HGB). Sie kann aber auch als permanente Inventur (§ 241 Abs. 2 HGB) oder als vor- oder nachverlegte Stichtagsinventur (§ 241 Abs. 3 HGB) durchgeführt werden. Ergebnis der Inventur ist das Inventar.

Finanzbuchhaltung Die Finanzbuchhaltung umfasst im Wesentlichen das Führen von Grundbuch und Hauptbuch.

Im Grundbuch (Tagebuch, Journal) werden alle Geschäftsvorfälle in zeitlicher Reihenfolge erfasst.

Nach den Eintragungen im Grundbuch folgen die Eintragungen in den Konten des Hauptbuches (Sachkonten). Im Hauptbuch werden Bestands- und Erfolgskonten (ggf. auch Privatkonten) in sachlicher Ordnung geführt, die zum Ende eines jeden Geschäftsjahres abgeschlossen werden.

Jahresabschluss Rechtliche Grundlagen für den Jahresabschluss sind im Wesentlichen das dritte Buch des Handelsgesetzbuches (§§ 238 bis 339 HGB) sowie Aktiengesetz (§§ 150 ff. AktG), GmbH-Gesetz (§§ 41 f. GmbHG), Publizitätsgesetz (PublG) und Steuergesetze.

Der Jahresabschluss muss des Weiteren den Grundsätzen ordnungsmäßiger Buchführung (GoB) entsprechen, § 243 Abs. 1 HGB und § 264 Abs. 2 HGB.

3.1.1 Inhalt und Aufbau der Bilanz

Der Inhalt der Bilanz ist in § 247 HGB geregelt, für den Aufbau wird nur eine *hinreichende* Aufgliederung verlangt. Allgemein verbindliche Vorschriften ergeben sich aus den §§ 248 bis 251 HGB. Die für Kapitalgesellschaften maßgebliche Bilanzgliederung ist in § 266 Abs. 2 und 3 HGB festgelegt (Zu den Prinzipien von US GAAP siehe Kapitel 2.9).

Aktivseite

A. Anlagevermögen:

    I. Immaterielle Vermögensgegenstände:

        1. Konzessionen, gewerbliche Schutzrechte und ähnliche Rechte und Werte sowie Lizenzen an solchen Rechten und Werten;

        2. Geschäfts- oder Firmenwert;

        3. geleistete Anzahlungen;

    II. Sachanlagen:

        1. Grundstücke, grundstücksgleiche Rechte und Bauten einschließlich der Bauten auf fremden Grundstücken;

        2. technische Anlagen und Maschinen;

        3. andere Anlagen, Betriebs- und Geschäftsausstattung;

        4. geleistete Anzahlungen und Anlagen im Bau;

    III. Finanzanlagen:

        1. Anteile an verbundenen Unternehmen;

        2. Ausleihungen an verbundene Unternehmen;

        3. Beteiligungen;

        4. Ausleihungen an Unternehmen, mit denen ein Beteiligungsverhältnis besteht;

        5. Wertpapiere des Anlagevermögens;

        6. sonstige Ausleihungen.

B. Umlaufvermögen:

    I. Vorräte:

        1. Roh-, Hilfs- und Betriebsstoffe;

        2. unfertige Erzeugnisse, unfertige Leistungen;

        3. fertige Erzeugnisse und Waren;

        4. geleistete Anzahlungen;

II. Forderungen und sonstige Vermögensgegenstände:
   1. Forderungen aus Lieferungen und Leistungen;
   2. Forderungen gegen verbundene Unternehmen;
   3. Forderungen gegen Unternehmen, mit denen ein Beteiligungsverhältnis besteht;
   4. sonstige Vermögensgegenstände;

III. Wertpapiere:
   1. Anteile an verbundenen Unternehmen;
   2. eigene Anteile;
   3. sonstige Wertpapiere;
   4. Schecks, Kassenbestand, Bundesbank- und Postgiroguthaben, Guthaben bei Kreditinstituten.

IV. Rechnungsabgrenzungsposten.

Passivseite

A. Eigenkapital:

   I. Gezeichnetes Kapital;
   II. Kapitalrücklage;
   III. Gewinnrücklagen:
      1. gesetzliche Rücklage;
      2. Rücklage für eigene Anteile;
      3. satzungsmäßige Rücklagen;
      4. andere Gewinnrücklagen;
   IV. Gewinnvortrag/Verlustvortrag;
   V. Jahresüberschuss/Jahresfehlbetrag.

B. Rückstellungen:

   I. Rückstellungen für Pensionen und ähnliche Verpflichtungen;
   II. Steuerrückstellungen;
   III. sonstige Rückstellungen.

C. Verbindlichkeiten:

   I. Anleihen;
   II. Verbindlichkeiten gegenüber Kreditinstituten;
   III. erhaltene Anzahlungen auf Bestellungen;
   IV. Verbindlichkeiten aus Lieferungen und Leistungen;
   V. Verbindlichkeiten aus der Annahme gezogener Wechsel und der Ausstellung eigener Wechsel;

VI. Verbindlichkeiten gegenüber verbundenen Unternehmen;

VII. Verbindlichkeiten gegenüber Unternehmen, mit denen ein Beteiligungsverhältnis besteht;
sonstige Verbindlichkeiten,
davon aus Steuern,
davon im Rahmen der sozialen Sicherheit.

D. Rechnungsabgrenzungsposten.

Aktiva

Anlagevermögen

Zum Anlagevermögen zählen Gegenstände, die dem Geschäftsbetrieb auf Dauer dienen sollen, § 247 Abs. 2 HGB.

Zu den immateriellen Vermögensgegenständen gehören zum Beispiel die Schankkonzession, Patente, Urheberrechte, Warenzeichen. Immaterielle Anlagegüter dürfen aber nur aktiviert werden, wenn sie entgeltlich erworben wurden, § 248 Abs. 2 HGB. Deshalb ist es zum Beispiel nicht zulässig, selbstentwickelte Patente in die Bilanz aufzunehmen oder einen Firmenwert, der den guten Ruf des Unternehmens widerspiegelt.
Immaterielle Vermögensgegenstände

Geleistete Anzahlungen sind eigene Anzahlungen zu Lieferungen von immateriellen Vermögensgegenständen durch andere.

Sachanlagen auf fremden Grundstücken stehen nicht im juristischen, sondern nur im wirtschaftlichen Eigentum des Unternehmens. Einrichtungen, die der Gebrauchsfertigkeit von Bauten dienen, wie zum Beispiel Heizung oder Beleuchtung, gehören nicht zu den technischen Anlagen und Maschinen. Zur Betriebs- und Geschäftsausstattung gehören zum Beispiel der Fuhrpark sowie Büro-, Werkstatt- und Laboreinrichtungen. Geleistete Anzahlungen sind eigene Anzahlungen zu Lieferungen von Sachanlagen durch andere.
Sachanlagen

Gemäß § 271 Abs. 2 HGB gehören zu verbundenen Unternehmen diejenigen, die in einen Konzernabschluss einzubeziehen sind. Beteiligungen sind nach § 271 Abs. 1 HGB dauernde Verbindungen zu anderen Unternehmen. Ausleihungen umfassen langfristige Kredite an Dritte; Wertpapiere sind hier die auf Dauer ohne Beteiligungsabsicht gehaltenen Wertpapiere, zum Beispiel Aktien, Obligationen, Pfandbriefe.
Finanzanlagen

Umlaufvermögen

Zum Umlaufvermögen gehören nach § 247 Abs. 2 HGB alle Gegenstände, die nicht auf Dauer dem Geschäftsbetrieb dienen, sondern be- oder verarbeitet, veräußert, vereinnahmt oder verausgabt werden.

Vorräte Vorräte befinden sich auf Lager und sind für Produktion oder Absatz bestimmt. Geleistete Anzahlungen beziehen sich auf eigene Anzahlungen zu Lieferungen von zum Beispiel Rohstoffen durch andere.

Sonstige Vermögensgegenstände betreffen zum Beispiel Kautionen, Schadenersatzansprüche oder Steuerrückforderungen.

Wertpapiere Zu den Wertpapieren zählen hier die, die nicht dauerhaft, sondern aus Spekulationsgründen oder als Liquiditätsreserve gehalten werden. Der bilanzielle Ausweis von eigenen Anteilen (Aktien) dient der Kontrolle und Einhaltung der Erwerbsbeschränkungen nach § 71 AktG. Zum Schutz der Gläubiger muss auf der Passivseite eine Gewinnrücklage in der Höhe gebildet werden, in der eigene Aktien erworben wurden, § 272 Abs. 4 HGB.

Rechnungsabgren- Rechnungsabgrenzungsposten sind Ausgaben, die erst im
zungsposten nächsten Rechnungsjahr zu Aufwand werden. Ihr gesonderter Ausweis dient einem periodengerechten Erfolgsausweis, § 250 Abs. 1 HGB.

Passiva

Eigenkapital

Das Eigenkapital besteht aus Grundkapital (§ 272 Abs. 1 HGB; § 151 Abs. 1 AktG) und Rücklagen (§ 272 Abs. 3 HGB; 152 Abs. 3 AktG; § 150 AktG). Gewinnrücklagen sind einbehaltene (thesaurierte) Gewinne, die gesetzliche Rücklage muss für einen eventuellen Jahresfehlbetrag oder Verlustvortrag gebildet werden. Die Höhe der Rücklagen ist in der Satzung der Gesellschaft festgelegt; andere Gewinnrücklagen umfassen nach § 58 AktG die freien Rücklagen, die bis zu 50% des Jahresüberschusses betragen können.

Gewinn-/Verlust- Ein Gewinnvortrag entsteht durch die Thesaurierung von Ge-
vortrag winnteilen; ein Verlustvortrag, wenn frühere Verluste nicht sofort gegen – versteuerte – Gewinnrücklagen saldiert, sondern zur Verrechnung mit „neuen" – noch unversteuerten – Gewinnen vorgesehen werden.

Jahresüberschuss Der Jahresüberschuss ist das Erfolgsmaß als Differenz zwischen Erträgen und Aufwendungen. Der Bilanzgewinn zeigt das Ausschüttungspotenzial des Unternehmens und ergibt sich aus dem um die Rücklagenveränderungen korrigierten Jahresüberschuss.

Rückstellungen

Aus dem Grundsatz der vorsichtigen Bewertung ergibt sich die Notwendigkeit von Rückstellungen: Verluste sollen bereits dann erfolgsmindernd ausgewiesen werden, wenn sie sich mit genügend großer Sicherheit abzeichnen. Rückstellungen dienen somit der Erfassung von Aufwendungen, die am Bilanzstichtag dem Grunde, nicht aber der Höhe nach bekannt sind. Sie tragen außerdem zur genauen Ermittlung der Verbindlichkeiten bei. In § 249 und § 266 HGB ist festgehalten, wofür Rückstellungen im einzelnen gebildet werden müssen.

Verbindlichkeiten

Verbindlichkeiten sind wirtschaftliche Belastungen, die juristisch erzwingbar, in der Höhe bestimmt und zeitlich begrenzt sind. Sonstige Verbindlichkeiten betreffen zum Beispiel kurzfristige Darlehen, rückständige Zinsbeträge, Steuerschulden oder Sozialverpflichtungen.

3.1.2 Gewinn- und Verlustrechnung

In § 275 HGB ist der Inhalt der Gewinn- und Verlustrechnung (GuV) geregelt. Da sich produzierte und abgesetzte Menge nur selten entsprechen, treten Lagerbestandsveränderungen auf (Bestandsmehrung oder -minderung). Die Berechnung des Gewinnes/Verlustes erfolgt mit dem Umsatz- oder dem Gesamtkostenverfahren.

Beim *Umsatzkostenverfahren* werden den gesamten Umsatzerlösen des Geschäftsjahres die Herstellkosten für die abgesetzten Produkte gegenübergestellt und anschließend die übrigen Aufwendungen – vor allem Vertriebs- und Verwaltungskosten – abgezogen.

Beim *Gesamtkostenverfahren* werden die Umsatzerlöse um Bestandsminderungen oder -mehrungen verändert und erst dann den gesamten Aufwendungen des Geschäftsjahres gegenübergestellt.

Da Lagerbestände zu Herstellungskosten bewertet werden, führen beide Verfahren aber zu demselben Ergebnis.

Aktiengesellschaften müssen in ihrer GuV vom Jahresüberschuss zum Bilanzgewinn weiterrechnen, § 158 Abs. 1 AktG.

So finden Anleger in der GuV, wie viel Gewinn eine Aktiengesellschaft im vergangenen Geschäftsjahr gemacht hat. Die fol-

gende Tabelle stellt dar, wie in der GuV vom Umsatz ausgehend der Gewinn berechnet wird:

Umsatzerlöse

– Materialaufwand
– Personalaufwand
– allgemeine Aufwendungen
– Abschreibungen

**= Ergebnis der gewöhnlichen Geschäftstätigkeit
(EBIT)**

– Finanzergebnis
– außerordentliches Ergebnis
– Steuern

= Jahresüberschuss

EBIT
Nach Abzug von Materialaufwand, Personalaufwand, allgemeinen Aufwendungen und Abschreibungen von den Umsatzerlösen ergibt sich also das *Ergebnis vor Finanzergebnis, außerordentlichem Ergebnis und Ertragsteuern* – im Englischen: „Earnings before Interest and Taxes" (EBIT).

EBITDA
Viele Unternehmen verwenden statt des EBIT das EBITDA.
Beim EBITDA werden die Abschreibungen nicht von den Umsatzerlösen abgezogen. Das EBITDA weisen oft börsennotierte
Aktiengesellschaften aus, die aktuell wegen einer Übernahme
oder milliardenschwerer Investitionen wenig oder keinen Gewinn erwirtschaften. Dadurch haben sie zu diesem Zeitpunkt
hohen Abschreibungsbedarf und würden bei der Darstellung
des EBIT schlechter abschneiden.

Finanzergebnis
Das Finanzergebnis als nächster Schritt zur Ermittlung des Jahresüberschusses enthält sämtliche Zins- und Dividendenerträge
des Unternehmens abzüglich den Kreditkosten. Außerordentliche Ergebnisse entstehen z.B. durch Verkauf von Unternehmensanteilen (Gewinn) oder Produktionsausfällen nach Natur-
katastrophen (Verlust).

Der Jahresüberschuss schließlich enthält diese etwaigen außerordentlichen Ergebnisse und ist die Kennziffer für den Unter-
nehmensgewinn.

3.1.3 Anhang

Der Anhang erläutert Bilanz und Gewinn- und Verlustrechnung. Die Einzelangaben können folgendermaßen strukturiert werden:

1. Erläuterungen und Angaben zu Bilanzierungs- und Bewertungsmethoden
   - Methodenerläuterungen
   - Angaben zu einzelnen Bewertungsmaßnahmen
2. Erläuterungen zum Jahresabschluss
   - Allgemeine Erläuterungen
   - Erläuterungen zur Bilanz
   - Erläuterungen zur GuV und zum Jahresergebnis
3. Sonstige Angaben
   - Haftungsverhältnisse und sonstige finanzielle Verpflichtungen
   - Beziehungen zu verbundenen Unternehmen und
   - Beteiligungen
   - Beziehungen zu Unternehmensorganen
   - Weitere Angaben

Erleichterungen für kleine und mittelgroße Kapitalgesellschaften sind in § 288 HGB geregelt; § 268 HGB gibt an, in welchen Fällen bestimmte Angaben unterbleiben dürfen.

3.1.4 Lagebericht

Neben dem Jahresabschluss müssen alle Kapitalgesellschaften noch einen Lagebericht aufstellen, § 264 Abs. 1 und 289 HGB. Er gibt über den vergangenheitsorientierten Jahresabschluss hinaus Aufschluss über die gegenwärtige und voraussichtlich zukünftige wirtschaftliche Lage der Gesellschaft. So sollen Geschäftsverlauf und Lage der Gesellschaft erörtert werden. Darüber hinaus soll auf Vorgänge von besonderer Bedeutung seit Schluss des Rechnungsjahres, die voraussichtliche Entwicklung des Unternehmens sowie seinen Forschungs- und Entwicklungsbereich eingegangen werden.

3.1.5 Wichtige Kennzahlen für Aktionäre

International gesehen, gelten beim Bilanzieren verschiedene Standards, die große Bedeutung für die Darstellung der Vermögens- und Ertragssituation haben. Bei der in Kapitel 3.1 beschriebenen Bilanzierung nach *HGB (Handelsgesetzbuch)* steht aufgrund des Vertrauensschutzes für die Gläubiger der Gläubigerschutz im Mittelpunkt. Firmenwerte wie Immobilien oder Aktienbesitz werden zum Anschaffungspreis in die Bilanz gestellt, damit Firmen bei Kurssteigerungen nicht reicher erscheinen.

Die meisten großen Unternehmen bilanzieren heute nach international vergleichbaren Standards wie *IAS (International Accounting Standards)* sowie den *amerikanischen US GAAP (Generally Accepted Accounting Principles;* siehe auch Kapitel 2.9).

Hier steht das Interesse der Aktionäre im Vordergrund: Die Unternehmen müssen Vermögenswerte mit ihrem tatsächlichen Wert berechnen, was häufig zu höher ausgewiesenen Gewinnen, Eigenkapital und stillen Reserven führt.

Um nun Bilanz und GuV eines Unternehmens richtig zu beurteilen, können Aktionäre die im Folgenden beschriebenen Kennzahlen heranziehen.

Eigenfinanzierungsgrad

Diese Kennzahl gibt an, zu welchem Anteil sich ein Unternehmen mit eigenen Mitteln finanziert. Der Eigenfinanzierungsgrad wird berechnet, indem das Eigenkapital durch die Bilanzsumme (Summe aller Aktiva) geteilt wird. Börsennotierte Unternehmen haben meist einen Eigenfinanzierungsgrad zwischen 20 und 50 Prozent. Je höher diese Kennzahl ist, desto höher ist das Sicherheitspolster, mit dem das Unternehmen eventuelle Verluste auffangen kann.

Deckungsgrad

Diese Kennzahl zeigt, ob ein Unternehmen langfristig gebundenes Vermögen auch langfristig finanziert hat. Falls nicht, drohen Liquiditätsengpässe. Der Deckungsgrad berechnet sich, indem die Summe aus Eigenkapital und langfristigem Fremdkapital durch das Anlagevermögen geteilt wird. Der Wert sollte größer oder gleich eins sein, was bedeutet, dass der Wert von Eigenkapital plus Fremdkapital das Anlagevermögen übersteigt. Wäre der Wert kleiner eins, müsste sich das Unternehmen häufig um neues Fremdkapital bzw. die Verlängerung von kurzfristigen Krediten bemühen. Dabei besteht die permanente Gefahr, dass die Kredite nicht oder nur zu verschlechterten Konditionen verlängert werden.

Aus der GuV von börsennotierten Unternehmen können Aktionäre weitere vier bedeutende Kennzahlen errechnen:

EBIT-Marge

Die EBIT-Marge gibt an, wie viel Betriebsgewinn vor Zinsen und Steuern ein Unternehmen bezogen auf den Umsatz erwirtschaftet. Die EBIT-Marge errechnet sich, indem das EBIT (siehe Kapitel 3.1.2) durch Umsatz mal 100 geteilt wird. EBIT bedeutet „Earnings before Interest and Taxes" und entspricht dem deutschen Ergebnis vor Finanzergebnis, außerordentlichem Ergebnis und Ertragssteuern. Die EBIT-Marge ist eine gute Kennzahl für den Vergleich von Unternehmen einer Branche aus verschiedenen Ländern. Denn unterschiedliche Steuergesetze oder Zinsbelastungen spielen bei der Berechnung keine Rolle.

Eigenkapitalrendite (EKR)

Die Eigenkapitalrendite zeigt, ob ein Unternehmen mit dem Geld der Anteilseigner rentabel arbeitet. Eine möglichst hohe EKR wirkt sich an der Börse in der Regel langfristig positiv aus. Die EKR wird berechnet, indem der Jahresüberschuss durch das Eigenkapital mal 100 geteilt wird. Für Vergleiche von Unternehmen eignet sich die EKR jedoch nur, wenn sie aus einer Branche mit ähnlicher Kapitalstruktur sind. Denn in einigen Branchen ist der Fremdkapitalanteil viel größer als in anderen.

Kurs-Gewinn-Verhältnis (KGV)

Das KGV beurteilt das Preis-Leistungs-Verhältnis einer Aktie: Je höher das KGV einer Aktie im Vergleich zu anderen Unternehmen derselben Branche, desto teurer ist eine Aktie im Branchenvergleich bewertet. Das KGV wird berechnet, indem der aktuelle Börsenkurs der Aktie durch den Gewinn je Aktie geteilt wird. Dabei arbeiten Analysten mit dem erwarteten Gewinn für das nächste oder übernächste Geschäftsjahr pro Aktie, da an der Börse Erwartungen gehandelt werden und somit der aktuelle Gewinn je Aktie im Kurs meist schon eingepreist ist. Der Gewinn je Aktie ergibt sich, indem der Jahresüberschuss durch die Zahl aller Aktien dividiert wird, die dafür nötigen Angaben finden sich im Geschäftsbericht.

Kurs-Cash-Flow-Verhältnis (KCV)

Diese Kennzahl ist das Pendant zum KGV auf Basis des Cash Flow (siehe Kapitel 4.2). Das KCV errechnet sich analog: aktueller Kurs dividiert durch den Cash Flow je Aktie. Auch hier gilt, je höher das KCV, desto teurer die Aktie. Umgekehrt ist aber wie beim KGV ein niedriger Wert allein noch kein Grund, das entsprechende Wertpapier zu kaufen.

3.2 Internes Rechnungswesen und Kostenrechnung

Im Gegensatz zur Finanzbuchhaltung ist die Kostenrechnung nach innen gerichtet. Als wichtigste Rechnungszwecke lassen sich nennen:

1. Abbildung und Dokumentation des Unternehmungsprozesses;
2. Planung und Steuerung des Unternehmungsprozesses;
3. Kontrolle des Unternehmungsprozesses;
4. Verhaltenssteuerung von Entscheidungsträgern und Mitarbeitern im Unternehmungsprozess.

Rechnungszwecke Um die unterschiedlichen Rechnungszwecke zu erfüllen, sind *ermittlungs-, planungs-* und *verhaltenssteuerungsorientierte Rechnungssysteme* zu verwenden. Kontrolle ist kein eigener Rechnungszweck, da sie in Planung und Verhaltenssteuerung als Teilzweck enthalten ist.

Außerdem unterscheiden sich die verschiedenen Systeme der Kostenrechnung noch nach ihrem Zeitbezug und ihrem Umfang der Verrechnung: Wird eine Rechnung als Nachrechnung durchgeführt, handelt es sich um eine *Ist-Rechnung*, wird sie als Vorrechnung erstellt, spricht man von einer *Planrechnung*; während in der *Vollkostenrechnung* die gesamten Kosten auf die Kostenträger verteilt werden, geschieht dies in der *Teilkostenrechnung* nur zu Teilen.

Der erste Rechnungszweck verlangt die Ermittlung der tatsächlich angefallenen Kosten und ihre Verteilung auf Kostenstellen als Orte der Kostenentstehung und Kostenträger als kostenverursachende Größen. Deshalb gliedert sich die ermittlungsorientierte Kostenrechnung in Kostenarten-, Kostenstellen- und Kostenträgerrechnung, die in den Kapiteln 3.2.1 bis 3.2.3 näher erläutert wird.

Ein planungsorientiertes Kostenrechnungssystem ist zum Beispiel die *Deckungsbeitragsrechnung*. Der Deckungsbeitrag wird als Erfolgsmaßstab für Entscheidungen innerhalb der Produktpolitik herangezogen und ergibt sich aus Erlös minus variable Kosten eines Produktes.

Ein Beispiel für ein verhaltenssteuerungsorientiertes Kostenrechnungssystem ist das *Target Costing*, dem vor allem im Controlling eine wichtige Bedeutung zukommt. Die Verhaltenssteuerung wird erreicht, indem bereits in der Produktentwicklung
eine Kostenobergrenze festgelegt wird, die sich aus dem Markt-
preis minus dem geplanten Produkterfolg ergibt.

Ein wichtiger Auslöser für die Entwicklung des Target Costing
besteht in der Erkenntnis, dass mit der Entwicklung und Konstruktion von Produkten schon bis zu 70% der späteren Ferti-
gungskosten festgelegt werden. Mit der traditionellen periodischen Kostenrechnung kann dann nur noch ein geringer Teil
der Gesamtkosten beeinflusst werden. Deshalb bestimmt man
im Target Costing Zielkosten, die der Entwicklung, Fertigung
und Konstruktion als Leitlinie dienen. Die Zielkosten orientieren sich an Marktpreisen, an den Preisen der Konkurrenz, an
den Kosten der Einsatzgüter oder an unternehmenseigenen
Standardkosten. So wird eine hohe Marktorientierung gewährleistet.

Die Zielkostenbestimmung vollzieht sich in mehreren Schritten,
die an einem vereinfachten Beispiel gezeigt werden sollen. Zuerst werden die verschiedenen Funktionen eines Produktes definiert. Eine Uhr hat z.B. die Funktionen Zeitanzeige und
Schmuck. Diese Funktionen werden dann z.B. über Kundenbefragungen so gewichtet, dass die Summe 100% ergibt (z.B. Zeitanzeige 80% und Schmuck 20%). In einem weiteren Schritt
stellt man die Produktkomponenten zusammen und schätzt ihre
Erfüllung der Funktionen und ihre Kostenanteile. Die Komponenten einer Uhr sind das Armband, das Uhrwerk und Uhrge-
häuse. Für jede Komponente wird dann der Erfüllungsgrad mit
dem Funktionsgewicht multipliziert und diese Werte addieren
sich zum Teilgewicht der Komponente. Der Zielkostenindex einer Komponente ergibt sich, indem man das Teilgewicht durch
den Kostenanteil der Komponente dividiert. Er gibt an, ob die
Entwicklung, Konstruktion oder Fertigung einer Komponente
zu teuer (kleiner 1) oder zu billig (größer 1) ist oder in einem to-
lerierbaren Bereich liegt. Die folgende Tabelle stellt das Beispiel
der Uhr dar:

Das Target Costing ist bei der Entwicklung neuer und der Ver-
besserung vorhandener Produkte einsetzbar. Es ist damit ein
Konzept zur mittel- bis längerfristigen Kostensteuerung. Der
Steuerungsaspekt orientiert sich jedoch eher an technischen
Gesichtspunkten als am menschlichen Verhalten.

| Kompo-
nenten | Kosten-
anteil | Erfüllbarkeit | | Teil-
gewicht | Zielkosten-
index |
		Zeitanzeige (80%)	Schmuck (20%)		
Armband	10%	0%	50%	10%	1,0
Uhrwerk	60%	50%	10%	42%	0,7
Uhrgehäuse	30%	50%	40%	48%	1,6
	100%	100%	100%	100%	

Im Folgenden soll nun aber nur auf die ermittlungsorientierte Kostenrechnung eingegangen werden.

3.2.1 Kostenartenrechnung

Definition „Kosten" Zweck der Kostenartenrechnung ist die Erfassung und Gliederung aller im Laufe einer Abrechnungsperiode angefallenen Kosten. Nach der Normaldefinition versteht man unter Kosten den *bewerteten sachzielbezogenen Güterverzehr einer Periode.*

Kosten lassen sich nach verschiedenen Kriterien einteilen, da zu einer Kostenart alle Kosten gehören, bei denen ein bestimmtes Merkmal in gleicher Weise ausgeprägt ist. Die unten stehende Tabelle stellt die wichtigsten Klassifikationsmöglichkeiten von Kostenarten dar.

Merkmal	Ausprägung
Einsatzgüterart und Verbrauchscharakter	Material- und Personalkosten Abschreibungen, Zinsen Informationskosten
Herkunft der Einsatzgüter	Primäre Kosten Sekundäre Kosten
Zurechenbarkeit	Einzelkosten Gemeinkosten
Veränderlichkeit	Variable Kosten Fixe Kosten
Kostenbereich	Beschaffungskosten Fertigungskosten Verwaltungskosten Vertriebskosten
Art der Kostenerfassung	Aufwandgleiche Kosten Kalkulatorische Kosten

Da Kosten durch den sachzielorientierten Einsatz von Gütern im Unternehmensprozess entstehen, kann man sie nach der Art der Einsatzgüter gliedern. Nach der Herkunft der Einsatzgüter unterscheidet man *primäre Kosten*, die durch den externen Bezug von Gütern entstehen und *sekundäre Kosten*, die für selbst erstellte oder wiedereingesetzte Güter anfallen.

Einzelkosten lassen sich direkt den einzelnen betrieblichen Leistungen zurechnen, zum Beispiel Akkordlöhne. Deshalb werden sie unmittelbar aus der Kostenartenrechnung den Kostenträgern zugeteilt.

Gemeinkosten sind dagegen nur indirekt den einzelnen Kostenträgern zurechenbar, weil sie von mehreren Bezugsgrößen verursacht sind, zum Beispiel Gehälter der Unternehmensleitung. Abrechnungstechnisch werden sie über die Kostenstellen nach bestimmten Schlüsselgrößen auf die Kostenträger verteilt. Unechte Gemeinkosten sind eigentlich Einzelkosten, werden aber aus Gründen der abrechnungstechnischen Vereinfachung wie Gemeinkosten behandelt, zum Beispiel Hilfs- und Betriebsstoffe wie Leim oder Öl.

Kosten, die bei der Variation ihrer Einflussgrößen konstant bleiben, werden *fixe Kosten* genannt (zum Beispiel Miete). Verändern sich die Kosten bei unterschiedlichen Ausprägungen der Einflussgrößen, nennt man sie *variable Kosten* (zum Beispiel Lohnkosten). Des weiteren können Kosten nach dem Bereich gegliedert werden in dem sie entstehen.

Aufwandgleiche Kosten stimmen mit den entsprechenden Zahlen der Finanzbuchhaltung überein.

Kalkulatorische Kosten werden eigens für Zwecke der Kostenrechnung gebildet, da ihnen kein Aufwand oder ein Aufwand in anderer Höhe in der Finanzbuchhaltung gegenübersteht. So sollen zum Beispiel kalkulatorische Abschreibungen durch die Bereitstellung und den Einsatz von Anlagen entstehende Kosten zum Ausdruck bringen. Und anstelle von Fremdkapitalzinsen werden in der Kostenrechnung *kalkulatorische Zinsen* auf das gesamte zur Leistungserstellung notwendige Kapital verrechnet.

Primäre/sekundäre Kosten

Einzelkosten

Gemeinkosten

Fixe und variable Kosten

Aufwandgleiche/kalkulatorische Kosten

3.2.2 Kostenstellenrechnung

Die Kostenstellenrechnung gliedert das gesamte Unternehmen in Kostenstellen, welche die Orte oder Partialprozesse der Kostenentstehung kennzeichnen. Dabei sind die wesentlichen Aufgaben die Kostenplanung, die Steuerung von Entscheidungen,

Prozessen und Handlungen, die Verteilung der Kosten auf Kostenträger sowie die Bewertung von Halb- und Fertigerzeugnissen.

Kostenstellenarten

Es gibt verschiedene Arten von Kostenstellen, die nach produktionstechnischen Gesichtspunkten in Haupt-, Neben- und Hilfskostenstellen sowie nach rechnungstechnischen Gesichtspunkten in Vor- und Endkostenstellen unterschieden werden. Haupt- und Nebenkostenstellen entsprechen deshalb Endkostenstellen, Hilfskostenstellen den Vorkostenstellen.

Haupt-, Neben- und Hilfskostenstellen In den *Hauptkostenstellen* werden die Hauptprodukte bearbeitet, in den *Nebenkostenstellen* die eigentlich nicht zum Produktionsprogramm gehörenden Nebenprodukte wie zum Beispiel Abfallgüter. *Hilfskostenstellen* tragen nur mittelbar zur Gütererstellung bei –zum Beispiel Planung, Verwaltung, Lohn- und Gehaltsabrechnung.

Vor- und Endkostenstellen Die Kosten von *Vorkostenstellen* werden im Rahmen der Kostenstellenrechnung auf andere Vor- oder Endkostenstellen umgelegt. Dagegen verteilt man die Kosten der *Endkostenstellen* insgesamt (Vollkostenrechnung) oder zu Teilen (Teilkostenrechnung) auf die Kostenträger.

Betriebsabrechnungsbogen

Der Betriebsabrechnungsbogen (BAB) ist das wichtigste Instrument zur Durchführung der Aufgaben der Kostenstellenrechnung. Ein Muster findet sich im Anhang.

Im BAB werden nur Gemeinkosten verrechnet, da die Einzelkosten ja direkt den Kostenträgern zugerechnet werden.

Die Einzelkosten werden dennoch unter den Kostenarten angegeben, um eine Übersicht über die gesamten Kosten zu erlangen, und da die Einzelkosten als Bezugsbasis zur Ermittlung bestimmter Kalkulationssätze benötigt werden.

Mit Hilfe des BAB werden folgende Arbeitsschritte durchgeführt: Zunächst werden die primären Gemeinkosten (= Fremdkosten) auf die einzelnen Hilfs- und Hauptkostenstellen verteilt, die diese Gemeinkosten verursacht haben. Nach dieser Verteilung kennt man die Summe der primären Kosten. Da die Hilfskostenstellen ihre Kosten nicht auf die Kostenträger, sondern auf andere Kostenstellen abrechnen, erfolgt als nächstes die innerbetriebliche Leistungsverrechnung. Die innerbetriebliche

Leistungsverrechnung ist die rechnungstechnische Behandlung von Wiedereinsatzgütern – also derjenigen materiellen und immateriellen Realgüter, die in der Unternehmung gefertigt und in ihr selbst wieder eingesetzt werden. Sie legt die Kosten der Hilfskostenstellen auf die Hauptkostenstellen um. Nach dieser Verteilung kennt man für jede Hauptkostenstelle die Summe der sekundären Kosten und zuzüglich der primären Kosten auch die Gesamtkosten. Die Hauptkostenstellen rechnen ihre Gemeinkosten nun mit Hilfe von Kalkulationssätzen auf die Kostenträger ab.

Innerbetriebliche Leistungsverrechnung

Für die *innerbetriebliche Leistungsverrechnung* gibt es verschiedene Verfahren, die sich in Hinblick auf die Art der Berücksichtigung des wechselseitigen Leistungsaustausches zwischen den Kostenstellen unterscheiden. Die wichtigsten Verfahren sind das Block- oder Treppenumlageverfahren, das Gleichungsverfahren und das iterative Verfahren.

Für die Kosten innerbetrieblicher Leistungen werden bei diesen Verfahren eigene Hilfskostenstellen eingerichtet, deren gesamte Kosten auf die empfangenden Kostenstellen umgelegt werden.

Block- und Treppenumlageverfahren

Bei der *Blockumlage* wird unterstellt, dass Vorkostenstellen lediglich Endkostenstellen mit innerbetrieblichen Leistungen beliefern. Deshalb werden die gesamten Kosten direkt, das heißt im Block auf die Endkostenstellen verteilt. Dagegen wird bei der *Treppenumlage* angenommen, dass Vorkostenstellen auch andere Vorkostenstellen beliefern, jedoch wird nur ein einseitiger Leistungsstrom berücksichtigt.

Die Reihenfolge der Kostenstellen muss also so gewählt werden, dass die jeweils kleineren Leistungsströme unterdrückt werden und der Verrechnungsfehler so möglichst klein gehalten wird. Die beiden Verfahren sind vor allem anwendbar, wenn die innerbetrieblichen Leistungen von speziellen Abteilungen erbracht werden.

Gleichungsverfahren

Die exakteste Erfassung von Kosten- und Leistungsbeziehungen ist durch die Formulierung und Lösung eines simultanen Gleichungssystems möglich. Die Variablen dieses Gleichungssystems sind die gesuchten Verrechnungssätze, die Gleichungsanzahl stimmt mit der Anzahl der Hilfskostenstellen überein. Dieser Ansatz ist im Fall gegenseitiger Leistungsbeziehungen der geeignetste.

Iteratives Verfahren

Beim iterativen Verfahren werden zuerst die Kosten einer Vorkostenstelle auf andere Stellen verteilt. Danach kann dieselbe

Stelle bei der Verteilung der Kosten einer anderen Stelle wieder belastet werden, wenn sie von dieser Leistungen empfängt. Es kommt also zu einer mehrfachen End- und Belastung von Vorkostenstellen, so dass auch zurückfließende Leistungsströme berücksichtigt werden können. Die auf Vorkostenstellen verrechneten Beträge werden mit jeder Verteilungsrunde kleiner, weil jeweils nur ein Teilbetrag auf Vorkostenstellen entfällt. Das Verfahren wird abgebrochen, wenn die zu verteilenden Beträge genügend klein sind – zum Beispiel unter einem halben Euro.

3.2.3 Kostenträgerrechnung

Aufgaben   Die Aufgaben der Kostenträgerrechnung sind die Bewertung selbsterstellter Anlagen und der Bestände an Halb- und Fertigprodukten, die Durchführung der kurzfristigen Erfolgsrechnung und die Ermittlung von Informationen für die Preispolitik sowie für das Produktions- und Absatzprogramm. Diese Aufgaben werden durch die *Kostenträgerzeitrechnung* (Periodenerfolgsrechnung) und die *Kostenträgerstückrechnung* (Kalkulation) erfüllt. Die Periodenerfolgsrechnung kann nach dem Umsatz- oder dem Gesamtkostenverfahren erfolgen, die unter 3.1.2 bereits erläutert wurden. Die Kalkulation ermittelt die Kosten je Produkt(einheit) und je Periode und kann als Voll- oder Teilkostenrechnung durchgeführt werden. Bei einer Kalkulation mit Vollkosten werden die im Unternehmen anfallenden Gesamtkosten (fixe plus variable) auf das für den Absatz bestimmte Produktionsprogramm als Kostenträger verteilt, bei Teilkostenkalkulationen nur die variablen Kosten.

Für die Kalkulation gibt es fünf verschiedene Verfahren:

Divisionsrechnung

Das einfachste Kalkulationsverfahren ist die Divisionsrechnung. Bei ihr werden die Kosten je Kostenträgereinheit bestimmt, indem man die insgesamt in einer Periode angefallenen Kosten durch die Zahl der erstellten Leistungseinheiten des Kostenträgers dividiert. Sie ist bei der Erzeugung eines oder mehrerer weniger homogener Produkte geeignet, zum Beispiel Sand, Kies. Nach der Zahl der berücksichtigten Produktionsstufen unterscheidet man zwischen einstufiger und mehrstufiger Divisionsrechnung; nach der Zahl der erstellten Produktarten zwischen einfacher und mehrfacher Divisionsrechnung.

Die *einstufige Divisionsrechnung* ist auf die einstufige Fertigung eines (oder mehrerer) homogener Produkte ausgerichtet. Die *mehrstufige Divisionsrechnung* erfasst Auswirkungen, die aus unterschiedlichen Erzeugungsmengen in den einzelnen Fertigungsstufen beim Vorliegen von Zwischenlagern folgen.

Wird nur ein Massenprodukt erstellt, wendet man die *einfache Divisionsrechnung* an. Bei der Erzeugung mehrerer homogener Produkte in unabhängigen Fertigungsprozessen rechnet man mit der *mehrfachen Divisionsrechnung*.

Äquivalenzziffernrechnung

Die Äquivalenzziffernrechnung ist eine spezielle Ausprägung einer Divisionsrechnung bei Mehrproduktfertigung. Sie basiert auf der Annahme, dass die Kosten zur Erzeugung verschiedener Produkte in einem proportionalen Verhältnis stehen. Deshalb ist dieses Verfahren anwendbar, wenn die verschiedenen Leistungsarten eine sehr ähnliche Kostengestaltung aufweisen, was bei der Herstellung weniger Sorten im Allgemeinen erfüllt ist. Die Äquivalenzziffer eines Produktes gibt an, in welchem Verhältnis die Kosten dieses Produktes zu den Kosten eines Einheitsproduktes mit der Äquivalenzziffer „Eins" stehen. Die Kosten werden entsprechend der Verhältniszahlen auf die Produkte verteilt.

Kalkulation von Kuppelprodukten

Wenn bei der Herstellung von Hauptprodukten aus natürlichen oder technischen Gründen zwangsläufig Nebenprodukte entstehen, ergibt sich das Problem der verursachungsgerechten Kostenzurechnung auf Haupt- und Nebenprodukte, zum Beispiel entstehen bei der Erdöldestillation zwangsläufig Öle, Benzin und Gase.

Für die Kalkulation von Kuppelprodukten gibt es zwei Verfahren. Lassen sich die Kuppelprodukte in ein Hauptprodukt und ein oder mehrere Nebenprodukte unterteilen, so verwendet man die *Restwertrechnung*, bei der die Erlöse der Nebenprodukte von den Gesamtkosten des Kuppelprozesses subtrahiert werden. Die so entstehenden Restkosten werden dann durch die Leistungseinheiten des Hauptproduktes dividiert. Besteht eine eindeutige Trennung in Haupt- und Nebenprodukte, führt man mit Hilfe der *Verteilungsmethode* eine Kostenzurechnung auf die einzelnen Kuppelprodukte entsprechend der Kostentragfähigkeit durch, die am Verkaufserlös gemessen wird.

Zuschlagskalkulation

Die Zuschlagskalkulation beruht auf der Trennung zwischen Einzel- und Gemeinkosten. Jeder Produkteinheit werden als

Kostenträger die Einzelkosten direkt zugerechnet und auf diese die Gemeinkosten mittels proportionaler Verteilungsschlüssel aufgeschlagen. Dieses Verfahren wird vor allem bei der Herstellung heterogener Produktarten angewandt.

Bei der *summarischen Zuschlagskalkulation* werden alle Gemeinkosten in einem Zuschlagssatz erfasst. Bei der *selektiv-summarischen Zuschlagskalkulation* werden für die Gemeinkostenverteilung je nach anzunehmendem Zusammenhang verschiedene Verteilungsgrundlagen benutzt. Teilt man das Unternehmen nach Betriebsbereichen sowie Kostenstellen und -plätzen ein, erhält man eine *differenzierte Zuschlagskalkulation*. Dann wird einem Produkt, das die verschiedenen Unternehmensbereiche durchläuft, in jeder Stufe ein anteiliger Verrechnungssatz nach der Inanspruchnahme der Kostenstellenleistung zur Abdeckung der Gemeinkosten zugeordnet.

Maschinensatzrechnung

Wenn in einer Kostenstelle verschiedene Maschinen eingesetzt werden, ist es üblich zur Kalkulation bis auf einzelne Maschinen als Kostenplätze hinunterzugehen. Der Maschinensatz gibt die anteiligen maschinenabhängigen Gemeinkosten je Maschinenstunde oder -minute an. Er wird ermittelt, indem man die periodischen Beträge der laufzeitabhängigen Kostenarten wie zum Beispiel Abschreibungs-, Zins- oder Stromkosten addiert und sie durch die tatsächliche oder geplante Laufzeit der Anlage in der Periode dividiert. Gemeinkosten, die nicht laufzeitabhängig sind, werden über Zuschlagssätze erfasst. Damit ist die Maschinensatzrechnung eine verfeinerte Form der Zuschlagskalkulation.

Berechnung von Stundensätzen

Um beispielsweise in Projekten Personalkosten kalkulieren zu können, werden die Arbeitsstunden des Personals kontiert und mit internen Stundenverrechnungssätzen multipliziert. Diese Kosten, sogenannte „Dienststellengemeinkosten" (DGK), werden auf den entsprechenden Kostenstellen des Unternehmens gesammelt und müssen dann möglichst verursachungsgerecht den einzelnen Projekten zugeordnet werden.

Die Stundenverrechnungssätze werden üblicherweise wie folgt kalkuliert:

Man bildet die Summe der gesamten Personalkosten inklusive der nicht Stunden-kontierenden Mitarbeiter, dazu kommen Gemeinkosten wie Miete, Arbeitsmittel, Kommunikations- und

DV-Kosten, Weiterbildung oder allgemeine Werbekosten sowie Umlagen, die an andere Abteilungen abzuführen sind. Diese Gesamtsumme wird durch die Zahl der verrechenbaren Stunden geteilt.

Dabei besteht auch die Möglichkeit, die Kosten je nach Qualifikation der kontierenden Mitarbeiter zu gewichten, woraus verschieden hohe Stundensätze resultieren.

> Niedrige Stundensätze bei guter Leistung sind ein nicht zu unterschätzender Wettbewerbsvorteil.

Die durchschnittlich geleisteten Stunden pro Jahr ohne Ausfallzeiten und allgemeine Arbeiten errechnen sich unter Berücksichtigung tarif- und arbeitsvertraglicher Regelungen aus den kalendarisch möglichen Jahresarbeitsstunden nach dem im Anhang dargestellten Kalkulationsschema.

3.3 Controlling

Die Entstehung des Controllings ging von den USA aus und reicht in das Ende des 19. Jahrhunderts zurück. In Deutschland wurden ab Ende der 60er Jahre Controllerstellen zunächst in Großunternehmen eingerichtet.

3.3.1 Gegenstand und Funktionen des Controllings

Über Inhalt und Aufgabe des Controllings gibt es sehr verschiedene, teils deutlich voneinander abweichende Auffassungen. Hier soll die nach Küpper definierte „koordinationsorientierte Controlling-Konzeption" dargestellt werden, da sie sehr umfassend ist und dadurch viele andere Controlling-Konzeptionen mit einschließt.

Inhalt und Aufgabe

Ziel der koordinationsorientierten Controlling-Konzeption ist die Koordination des Führungs*gesamt*systems zur Sicherstellung einer zielgerichteten Lenkung. Das Führungssystem gliedert sich in Planungs-, Kontroll-, Personalführungs- und Informationssystem sowie Organisation. Die Aufgabe des Controllings umfasst die Koordination zwischen diesen fünf Führungsteilsystemen sowie die Koordination innerhalb dieser Führungteilsysteme.

Ziel

Daneben wird Controlling auch bereichsbezogen angewendet. Beispiele sind Marketing-, Logistik-, Personal- oder Vertriebscontrolling (letzteres siehe auch Kapitel 6.3.6). Die Aufgabe des bereichsbezogenen Controllings ist dann die Koordination der Führungsteilsysteme im jeweiligen Bereich, die Koordination mit dem Unternehmenscontrolling sowie die Koordination mit dem dezentralen Controlling anderer Bereiche.

Abgeleitet aus der koordinationsorientierten Funktion ergeben sich für das Controlling die folgenden Teilfunktionen:

- Anpassungsfunktion,
- Innovationsfunktion,
- Zielausrichtungsfunktion und
- Servicefunktion.

Um der Anpassungs- und Innovationsfunktion gerecht zu werden, muss das Controlling die relevanten Veränderungen der Umwelt des Unternehmens erkennen und darauf adäquat reagieren. Im Rahmen der Zielausrichtung wird festgelegt, zu welchem Zweck und auf welche Ziele hin die Koordination der Unternehmensführung vorzunehmen ist. Die Servicefunktion schließlich umfasst die Bereitstellung geeigneter Methoden, um die Koordination zu erreichen und den Führungsteilsystemen Informationen zu liefern.

Um die Funktionen des Controllings zu erfüllen, gibt es verschiedene Instrumente, die im Folgenden erläutert werden.

3.3.2 Instrumente des Controllings

Die Instrumente des Controllings unterscheidet man bezüglich ihrer Zuordenbarkeit zu einem oder zu mehreren Führungsteilsystemen in isolierte und übergreifende Koordinationsinstrumente. Dies zeigt das Bild auf der folgenden Seite.

Isolierte Koordinationsinstrumente des Controllings

Controlling in der Planung

Durch Controlling sollen in der Planung aufeinander abgestimmte Unternehmensgesamt- und -einzelpläne gebildet werden, durch die die Unternehmensziele möglichst gut erreicht werden. Um dies zu erreichen, müssen

- Planungsziele,
- Planungsträger,

- Planungsprozesse sowie
- Planungsgegenstände und -ebenen

koordiniert werden.

Die einzelnen Planungsziele werden auf ihren Inhalt und ihre gegenseitigen Abhängigkeiten (indifferent, konkurrierend oder komplementär) untersucht, damit eventuelle Zielkonflikte gelöst werden können. Um die Planungsträger (das sind die Planungsstellen in der Aufbauorganisation) zu koordinieren, nutzt man organisatorische Instrumente, etwa die Hierarchie- und Gruppenbildung. Die Koordination der Planungsprozesse umschreibt ablauforganisatorische Aspekte, d.h. die Abstimmung zwischen Planungsphasen und -handlungen z.B. mit Hilfe von speziellen Planungsrechnungen.

Nach ihrer zeitlichen Wirkung unterscheidet man die strategische (langfristige), die taktische (mittelfristige) und die operative (kurzfristige) Planungsebene.

In der strategischen Planung werden z.B. Strategien und Geschäftsfelder festgelegt, ihre Ausrichtung ist vor allem qualitativ. Deshalb eignen sich als Instrumente z.B. Portfolioanalysen, Produktlebenszyklusanalysen oder Erfahrungskurven.

Strategische Planung

Die taktische Planung legt Produktionsprogramm sowie Investitions- und Finanzierungsprogramm fest und ist daher eher quantitativ ausgerichtet. Als Koordinationsinstrumente eignen sich kombinierte Investitions- und Finanzierungsrechnungen oder Investitions- und Planungsrechnungen.

Taktische Planung

Die operative Planung schließlich ist nur quantitativ, sie plant z.B. Losgrößen und Bestellmengen oder die Kapazitätsabstimmung. Instrumente sind z.B. Losgrößen- und Reihenfolgeberechnungen in der Fertigung.

Operative Planung

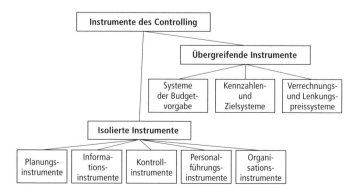

Controlling im Informationssystem

Das Informationssystem ist die Basis für alle anderen Führungsteilsysteme. Controlling bedeutet hier, Informationen zu gewinnen, zu verarbeiten und zum richtigen Zeitpunkt in der für den
Verwender richtigen Weise zur Verfügung zu stellen. Das Informationssystem muss auf den nötigen Informationsbedarf abgestimmt werden und die verschiedenen Rechnungssysteme müssen integriert werden. Als Instrumente werden Investitionsrechnung und Kosten- und Erlösrechnung eingesetzt.

Controlling in der Kontrolle

Das Controlling unterstützt wichtige Kontrollaufgaben.

Kontrolle ist rückwärtsgerichtet, unabhängig und (meist) spora-
disch, Controlling hingegen zukunftsgerichtet, integrativ und
regelmäßig.

Abweichungs-
analyse
Verschiedene Formen der Kontrolle sind z.b. Ergebnis-, Verhal-
tens-, Verfahrens-, Planfortschritts- oder Prämissenkontrollen.
Als wichtiges Controllinginstrument kommt die Abweichungs-
analyse zum Einsatz. Damit sollen die Ursachen von Abweichungen erkannt werden, um in der künftigen Planung darauf reagieren zu können.

Controlling in der Personalführung

Die Personalführung ist für alle Führungsteilsysteme und damit
auch für deren Abstimmung von zentraler Bedeutung. Maßnahmen der Planung, Kontrolle, Informationsversorgung und
Organisation werden oft erst über die Personalführung wirksam
und von ihr beeinflusst. Z.B. gibt die Führungskraft dem Mitarbeiter Planvorgaben vor, die aus dem Informationssystem gewonnen wurden, und kontrolliert die Einhaltung dieser Planvorgaben. Die Aufgabe des Controllings besteht folglich darin,
die Instrumente der Personalführung so zu koordinieren, dass
das Unternehmen zielgerichtet handeln kann.

Die Instrumente der Personalführung lassen sich nach der Art
der Einflussnahme auf den Mitarbeiter in die drei Kategorien
Führungsprinzipien und Führungsstil, Motivations- und Anreizsysteme und Personalentwicklungssysteme gliedern.

Führungsprinzipien und Führungsstil werden in Kapitel 8.7 näher erläutert.

Personal-
entwicklung
Instrumente der Personalentwicklung sind z.B. Bildung und
Laufbahnplanung. Um auf neue Anforderungen von Kunden
reagieren zu können ist eine konsequente Fort- und Weiterbil-

dung der Mitarbeiter erforderlich. Klar strukturierte und erreichbare Aufstiegsmöglichkeiten verstärken die Bindung der Mitarbeiter an ein Unternehmen.

Die Notwendigkeit einer Koordination der Personalführung mit den anderen Führungsteilsystemen ist am stärksten bei der Gestaltung von Motivations- und Anreizsystemen. Wichtige Motivationsinstrumente sind Mitsprache- und Mitgestaltungsrechte, Arbeitsbedingungen und Betriebsklima. Anreizsysteme sind meist am Lohn orientiert. Sie müssen so gestaltet werden, dass der Mitarbeiter sein Handeln an den vorgegebenen Zielen ausrichtet.

Motivations- und Anreizsysteme

Das Verhalten der Mitarbeiter wird durch den Inhalt und die Art der Übermittlung von Informationen beeinflusst. Controlling soll sicherstellen, dass das Informationssystem so gestaltet ist, dass es die zielorientierte Verhaltenssteuerung der Mitarbeiter unterstützt.

Die Bemessungsgrundlage von Anreizsystemen kann z.B. am Marktwert der Aktien eines Unternehmens ausgerichtet werden, am Kapitalwert oder am Gewinn (z.B. prozentuale Gewinnzuschüsse zum regelmäßigen Gehalt).

Es sind jedoch drei wichtige Anforderungen an die Bemessungsgrundlage von Prämien zu beachten:

- Zielabhängigkeit: Die Prämie steigt nur, wenn der Mitarbeiter durch seine Handlung zur Erfüllung des Unternehmensziels beiträgt.
- Entscheidungsabhängigkeit: Der Mitarbeiter muss die Prämienerhöhung durch seine Entscheidungen beeinflussen können.
- Manipulationsfreiheit: Der Mitarbeiter darf die Bemessungsgrundlage nicht manipulieren können.

Controlling in der Organisation

In der Organisation werden die Aufgabenverteilung festgelegt, Weisungs- und Entscheidungsrechte gestaltet sowie die raumzeitlichen Beziehungen von Prozessen verankert.

Die Aufgaben des Controllings bezüglich der Organisation bestehen zum ersten in der Koordination innerhalb der Organisation, d.h. Ablauf- und Aufbauorganisation müssen miteinander abgestimmt werden.

Zum zweiten muss das Controlling Organisationsprobleme der anderen Führungsteilsysteme lösen. So werden z.B. über die Verteilung der Weisungsrechte die Kontrollrechte festgelegt, durch Gruppenbildung können Planungsträger miteinander koordiniert werden.

Zum dritten sind durch Controlling geeignete organisatorische Maßnahmen zur Koordination von Führungsaufgaben festzulegen. Beispielsweise sind die Gestaltungsmöglichkeiten von Anreizsystemen von der Organisationsstruktur abhängig. Wenn ein Unternehmen in einzelne Profit- oder Investment Center eingeteilt wird, lassen sich spezifische Anreizsysteme für diese einzelnen Einheiten gestalten.

Übergreifende Koordinationsinstrumente

Während die isolierten Koordinationsinstrumente für die Abstimmung einzelner Aufgaben genutzt werden, stellen die übergreifenden Koordinationsinstrumente Systeme dar, mit denen die Handlungen der gesamten Unternehmung aufeinander abgestimmt werden. Zu diesen übergreifenden Instrumenten zählt man vor allem Systeme der Budgetvorgabe, Kennzahlen- und Zielsysteme sowie Verrechnungs- und Lenkungspreissysteme.

Systeme der Budgetvorgabe

Budgetvorgaben dienen dazu, Entscheidungsrechte zu delegieren und trotzdem ein koordiniertes, gesamtzielorientiertes Handeln zu erreichen. Budgets sind schriftlich fixierte, in Geldeinheiten bewertete Plangrößen, die einem Verantwortungsbereich für eine Periode vorgegeben werden. Techniken der Budgetvorgabe unterscheiden sich nach ihrer Problem- oder Verfahrensorientierung.

Problemorientierte Budgetierungstechniken Problemorientierte Budgetierungstechniken setzen an den Handlungsproblemen an, die der betrachtete Verantwortungsbereich zu entscheiden hat. Hierfür werden über die Input-Output-Beziehung der zu lösenden Probleme Produktionsfunktionen formuliert. Um einen erwarteten oder optimalen Planwert zu bestimmen, werden quantitative Prognose- und Entscheidungsmodelle eingesetzt. Diese Budgetierungstechniken werden vor allem bei materiellen Produktionsprozessen und einfachen Dienstleistungs- und Verwaltungsprozessen mit hoher Standardisierbarkeit angewendet.

Verfahrensorientierte Budgetvorgabe Verfahrensorientierte Systeme der Budgetvorgabe bestehen aus Regeln für den Prozess der Budgetvorgabe. Mit den in diesen Regeln vorgegebenen Verfahrensschritten werden die Budgetwerte hergeleitet. Sie werden vor allem für schwer oder nicht standardisierbare Prozesse angewendet, bei denen sich die quantitative Kosten- und Leistungsrechnung kaum nutzen lässt.

Als Beispiele für solche Systeme werden hier nun die Fortschreibungsbudgetierung, die Gemeinkostenwertanalyse von McKinsey und das Zero-Base-Budgeting erläutert.

Fortschreibungsbudgetierung

Die Fortschreibungsbudgetierung ist ein inputorientiertes Verfahren. D.h. die zu erbringende Leistung wird als gegeben hingenommen, man geht vom bisherigen Leistungsniveau aus, und Budgets werden nur für die Einsatzseite und deren Kosten formuliert. Die Fortschreibungsbudgetierung ist die einfachste Form einer Budgetierung, denn sie besteht in der Fortschreibung bisheriger Werte. Als Ausgangswert kann der jeweils letzte Istwert, ein aus durchschnittlichen Istwerten berechneter Normalwert oder der Vorgabewert der Vorperiode zugrunde gelegt werden. Die Vorteile der Fortschreibungsbudgetierung liegen allein in ihrer Einfachheit und der Vermeidung von Widerständen gegen den Status quo. Die Nachteile sind vielfältig: Es wird keine echte Planung durchgeführt, das System bietet keine Anreize zu Verbesserungen und bisher enthaltene Unwirtschaftlichkeiten werden nicht erkannt und fortgeschrieben. Des Weiteren ist die Koordination zwischen den verschiedenen Bereichen nicht gesichert und die Kontrollwirkung sehr gering, da sich die Vorgaben nicht an Standardwerten orientieren.

Gemeinkostenwertanalyse

Dagegen ist das Hauptziel der Gemeinkostenwertanalyse eine deutliche Kosteneinsparung ohne Reduzierung des Nutzens. Das wertanalytische Grundkonzept besteht darin, die Funktionen von Produkten bzw. Prozessen und deren Kosten herauszuarbeiten und die Leistungen genau zu durchleuchten. Es werden Teams als dezentrale Untersuchungseinheiten gebildet, denn die Ideen sollen von den Mitarbeitern kommen, sie werden durch die Beratung lediglich angeleitet. Die Durchführung der Gemeinkostenwertanalyse erfolgt unter Einsatz aller Mitarbeiter der untersuchten Bereiche. | **Ziel**

Die Vorgehensweise der Gemeinkostenwertanalyse gliedert sich in die Phasen Vorbereitung, Analyse und Realisierung. Die Vorbereitung umfasst die Bestimmung der Projektorganisation, die Schulung der Beteiligten und die Projektplanung. In der Analysephase wird zuerst der Istzustand aufgenommen, d.h. Leistungen werden erfasst und Kosten abgeschätzt. Anschließend werden Kosten und Nutzen jeder Aktivität einander gegenübergestellt und Einsparungsideen entwickelt. Diese Lösungsideen müssen anhand strenger Wirtschaftlichkeits- und Risikokrite- | **Vorgehensweise** rien auf Realisierbarkeit überprüft werden, bevor schließlich konkrete Aktionsprogramme zur Umsetzung ausgearbeitet werden. In der dritten Phase werden die Aktionsprogramme realisiert.

Vorteile Die Vorteile der Gemeinkostenwertanalyse sind darin zu sehen, dass Aktivitäten auf die Angemessenheit ihrer Kosten und auf bessere Lösungen hin untersucht werden. Die Lösungsideen werden vor allem von den Betroffenen selbst entwickelt, was in einer hohen Motivation resultiert. Nachteilig ist, dass diese Analyse sehr aufwändig ist und deshalb auch nicht regelmäßig durchgeführt werden kann. Die kurzfristige Wirkung ist gut (hauptsächlich bedingt durch den Motivationsschub und die genaue Untersuchung), die langfristige eher gering.

Zero-Base-Budgeting (ZBB)

Der letztgenannte Nachteil der Gemeinkostenwertanalyse ist der Ansatzpunkt des Zero-Base-Budgeting (ZBB). Hier gilt keine Leistung als gerechtfertigt, alle bisherigen Programme werden in Frage gestellt, d.h. der Planungsprozess beginnt jeweils bei der Basis Null. Das Verfahren lässt sich in neun Stufen beschreiben:

1. Festlegung der Unternehmensziele, der verfügbaren Mittel und der ZBB-Bereiche
2. Festlegung der Entscheidungseinheiten und ihrer Teilziele (die Entscheidungseinheiten sind Organisationseinheiten, für die Budgets zu bestimmen sind)
3. Bestimmung der Leistungsniveaus (das sind die nach Qualität und Menge gekennzeichneten Arbeitsergebnisse)
4. Festlegung der Entscheidungspakete (jedes Entscheidungspaket bezieht sich auf ein Leistungsniveau, z.B. den Übergang zu Just-in-Time in der Fertigung)
5. Abteilungsweise Rangordnung der Entscheidungspakete (jede Entscheidungseinheit muss in ihrem Bereich die Entscheidungspakete nach dem Bedarf an Mitteln ordnen)
6. Abteilungsübergreifende Rangordnung
7. Budgetschnitt (Die Unternehmensleitung entscheidet, welche Entscheidungspakete zu realisieren sind)
8. Maßnahmenplanung/Budgetvorgabe (Umsetzung)
9. Überwachung und Abweichungsermittlung (Kontrolle).

Vorteile Die Vorteile des ZBB sind in seiner Praxisnähe, seiner Koordinationswirkung (vor allem durch Stufe 5 und 6) und seiner Einbeziehung der Mitarbeiter zu sehen. Nachteilig ist der hohe

Aufwand, deshalb lässt sich auch dieses Verfahren nur aperiodisch anwenden. Außerdem wird der Zweck, die bloße Fortschreibung zu verhindern und neue Leistungsprogramme zu entwickeln, nur erfüllt, solange sich kein Gewöhnungseffekt einstellt.

3.3.3 Kennzahlen- und Zielsysteme

Kennzahlen sind Zahlen, die besonders informativ sind. Sie geben einen quantitativ messbaren Sachverhalt wieder und kennzeichnen relevante Zusammenhänge in einfacher, verdichteter Form. Kennzahlen sind entweder absolute Zahlen (wie z.B. der Gewinn) oder Verhältniszahlen (z.B. Rentabilität als Gewinn zu Kapital, Materialkosten geteilt durch Gesamtkosten oder ein Lohnkostenindex).

Kennzahlensysteme können als Informations- und als Steuerungsinstrument genutzt werden. So können Kennzahlen für eine benutzeradäquate Informationsbereitstellung, zur Analyse von Sachverhalten oder als Indikatoren verwendet werden. In der Informationsanalyse dienen Beurteilungsgrößen wie Gliederungszahlen (z.B. Anlage- zu Gesamtvermögen) oder Vergleiche (z.B. Betriebsvergleich) als Kennzahlen. Oder man analysiert mit Kennzahlen Wirkungen von Veränderungen wie z.B. die Auswirkung von Zinsänderungen auf Erfolg und Liquidität. Kennzahlen haben Indikatorwirkung, wenn sie als Frühwarn- oder Früherkennungsinstrumente eingesetzt werden, wie z.B. Konjunkturindikatoren. *Kennzahlensysteme*

In ihrer Funktion als Steuerungsinstrument dienen Kennzahlen der Planung und Bewertung von Alternativen, der Verhaltensbeeinflussung sowie der Durchführung von Kontrollen. Man unterscheidet entscheidungsproblemspezifische Kennzahlen zur Lösung von Entscheidungsproblemen (z.B. Deckungsbeitrag je Engpass oder Kapitalwert) und stellenspezifische Kennzahlen als Ziel für Organisationseinheiten (z.B. Deckungsbeitrag oder Shareholder Value). *Funktion*

Kennzahlen dienen der Koordination, wenn sie als Ziele zur Steuerung genutzt werden. Dabei lassen sich zwei Richtungen unterscheiden:

1. Vertikale Koordination durch Zielvorgabe und Zielvereinbarung zur Steuerung in der Hierarchie untergeordneter Einheiten: Dafür müssen mehrstufige Zielsysteme gebildet werden, die vor allem im „Management by Objectives" aufgebaut wurden (vgl. dazu Kapitel 8.8.2).

2. Horizontale Koordination von Unternehmenseinheiten über Bereichsziele: Dabei steht die Frage im Vordergrund, wie man ein aus mehreren, weitgehend selbstständigen Einheiten bestehendes Unternehmen über die Vorgabe von Bereichszielen steuern kann. Die zugrunde liegenden Organisationsformen sind meist Profitcenter, Cost oder Investment Center.

Verrechnungs- und Lenkungspreissysteme

Definition Verrechnungspreise sind innerhalb der Unternehmung festgelegte Preise für eingesetzte oder abgesetzte materielle und immaterielle Güter. Verrechnungspreise eignen sich zur Koordination in Unternehmen, in denen Entscheidungs- und Weisungsrechte weitgehend dezentralisiert sind. Sie werden zu Lenkungspreisen, indem durch sie die Entscheidungen der dezentralen Bereiche mit dem Gesamtziel des Unternehmens koordiniert werden.

Idee Die Idee der Verrechnungspreise ist die fiktive Übertragung des Marktes auf das Unternehmen. Die dezentralen Entscheidungen sollen zugleich zur Maximierung des Gesamterfolgs führen.

Wesentliche Bestimmungsgrößen für Verrechnungspreise sind:

- Marktbedingungen: Ist das Gut am Markt käuflich, gibt es Rabatte?
- Produktionsbedingungen: Müssen Engpässe bzgl. der Kapazitäten und der Beschäftigung beachtet werden?
- Planungsbedingungen: Wie unsicher sind die vorhandenen Informationen, welche fehlen? Wie lange ist der Planungszeitraum?
- Personelle Bedingungen: Wie risikobereit ist der Entscheidungsträger, welche Qualifikationen haben die Mitarbeiter?

Verrechnungs- und Lenkungspreise können entweder zentral vergeben, zwischen den Bereichen frei ausgehandelt oder unter Mitwirkung zentraler Stellen zwischen den Bereichen vereinbart werden. Nach welchem dieser drei Verfahren die Verrechnungspreise festgelegt werden, muss nach Abwägung der Vor- und Nachteile dieser Verfahren entschieden werden. Die Vor- und Nachteile sind im Wesentlichen die hohe oder niedrige Partizipation der Mitarbeiter, die dadurch verursachte Motivationswirkung und die hohe oder niedrige Zielausrichtung am Gesamtunternehmensziel.

Herleitung Es gibt viele verschiedene methodische Ansätze zur Herleitung von Verrechnungs- und Lenkungspreissystemen. Hier sollen nur die in der Praxis am häufigsten angewendeten markt- und vollkostenorientierten Verrechnungs- und Lenkungspreise vorgestellt werden.

Marktpreisorientierte Verrechnungs- und Lenkungspreise

Eine Herleitung aus Marktpreisen ist dann möglich, wenn das innerbetrieblich gelieferte Gut auf einem externen Markt vorhanden ist. Die dezentralen Bereiche müssen freien Marktzugang haben und dürfen keinen Bezugs- oder Lieferverpflichtungen unterliegen.

> Zur Bestimmung des Verrechnungspreises ist bei Einsatzgütern der Marktpreis um die Beschaffungsnebenkosten zu erhöhen, bei erzeugten Gütern ist der Marktpreis um Absatznebenkosten zu vermindern.

Die Orientierung an Marktpreisen führt jedoch nur bei vollkommenen Märkten zu einer gesamtzieloptimalen Koordination. In der Realität ist die Vollkommenheit des Marktes meist eingeschränkt und dann besitzen die Marktpreise nur noch den Charakter von Opportunitätskosten. Opportunitätskosten geben an, welche Kosten bei externem Bezug entstehen würden.

Vollkostenorientierte Verrechnungs- und Lenkungspreise

Verrechnungspreise auf Vollkostenbasis vergüten die durchschnittlichen Gesamtkosten des jeweiligen Gutes. Jeder Bereich leistet somit einen Beitrag zur Fixkostendeckung und zur Gewinnerzielung. Da sich Vollkosten jedoch ohne die Beachtung des jeweiligen Planungsproblems nicht auf die entscheidungsunabhängigen Kosten beschränken, können sie zu Fehlentscheidungen führen, vor allem bei kurzfristigen Entscheidungen.

3.4 Revision

Anlässlich spektakulärer Unternehmenszusammenbrüche haben die Anforderung des Gesetzgebers und der Öffentlichkeit an Umfang und Qualität der Unternehmenskontrolle in den letzten Jahren stark zugenommen. Dies resultiert in einem erhöhten Prüfungsaufwand für interne Revision und Wirtschaftsprüfung (externe Revision) und macht beide Funktionen zu Schlüsselaufgaben für eine effektive interne und externe Unternehmensüberwachung.

Im Folgenden wird dargestellt, welche Funktionen und Aufgaben die interne Revision und die Wirtschaftsprüfung im Unternehmen haben, welche Ergebnisse zu erwarten sind und welche aktuellen Entwicklungen sich im Prüfungsumfeld eines Unternehmens abzeichnen. Im Mittelpunkt dieses Kapitels steht dabei die interne Revision, für die externe Revision werden primär die gesetzlichen Grundlagen aufgezeigt.

Interne und externe Revision (Wirtschaftsprüfung)

Unter interner Revision versteht man die Kontrolle und Prüfung des jeweilig betrachteten Unternehmens durch seine Mitarbeiter. Dabei ist die interne Revision eine direkt der obersten Leitung unterstellte unabhängig agierende Stabsstelle, die für organisationsinterne Prüfungen und Beratungen zuständig ist.

Ziel einer internen Revisionsabteilung ist nicht, jedes Jahr das gesamte Unternehmen zu prüfen. Es sollen jedoch über einen mehrjährigen, vorweg definierten Prüfzyklus alle Bereiche und Prozesse des Unternehmens abgedeckt werden.

Bei der externen Revision (Wirtschaftsprüfung) handelt es sich hingegen um ein von der Unternehmensleitung bzw. von der Hauptversammlung bestelltes, aber unternehmensexternes Prüfungsorgan, das vor allem in gesetzlich vorgeschriebenem Rahmen den Jahresabschluss mit dem Ziel des Aktionärs- und/oder Gläubigerschutzes prüft. Eine externe Revision darf nur durch nach der Wirtschaftsprüferordnung zugelassene Wirtschaftsprüfer oder, unter bestimmten Voraussetzungen, vereidigte Buchprüfer durchgeführt werden.

3.4.1 Interne Revision

Aufgaben und Ziele Aufgabe der internen Revision ist es, eine unabhängige und objektive Prüfungs- und Beratungsdienstleistung zu erbringen. Sie soll die Organisation bei der Erreichung ihrer Ziele unterstützen, indem sie mit einem systematischen und zielgerichteten Ansatz die Effektivität des Risikomanagements, der Kontrollen und der Führungs- und Überwachungsprozesse bewertet und verbessert. Ihre Einbindung zeigt die Abbildung (Quelle: Dresdner Bank Group, „Herausforderungen an das Revisionswesen", März 2006).

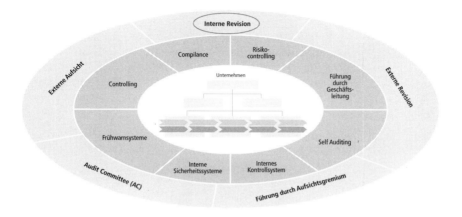

Dabei erfüllt die interne Revision drei Funktionen:

- Information: Schaffung von Transparenz über Prozesse und Organisationseinheiten
- Prävention: Erhöhung der Entdeckungswahrscheinlichkeit von dubiosen Handlungen
- Vertrauen: Versicherung für Entscheider, dass Prozesse korrekt ablaufen und Gesetze eingehalten werden

Mit steigender externer Unternehmensfinanzierung wird die gezielte Überwachung der Abläufe und Strukturen einer Organisation mit Blick auf das sachgerechte Verfolgen ihrer Ziele immer wichtiger, um allen Interessengruppen des Unternehmens (wie Aktionären, Kapitalgebern, Kunden, Mitarbeitern und Öffentlichkeit) gerecht zu werden.

Der internen Revision kommt hierbei die Aufgabe zu, Vorgänge auf Ordnungsmäßigkeit zu prüfen und Unwirtschaftlichkeit, Unregelmäßigkeiten (Buchungsfehler, Rechtsfolgefehler) oder Manipulationen (z.B. Veruntreuungen) aufzudecken. Sie bildet somit – neben dem Controlling, welchem vornehmlich die Aufgabe der Verarbeitung und Validierung von Steuerungsinformationen zukommt – einen wesentlichen Teil des übergeordneten Steuerungs- und Überwachungssystems einer Organisation.

Nachdem die interne Revision lange vornehmlich vergangenheitsorientiert gearbeitet hat, werden heute durch die Prüfung von Prozessen, Programmen und Projekten auch die Umsetzung und Sinnhaftigkeit strategischer Investitionen hinterfragt.

3.4.2 Einsatzfelder der Revision

Im Rahmen ihrer klassischen Aufgabe als Ordnungsmäßigkeitsprüfung kann die interne Revision in die Einsatzfelder *Financial Audit*, *Operational Audit* und *Compliance Audit* unterteilt werden. *Management Audits* erweitern das Aufgabenfeld der internen Revision um Beratung und Managementunterstützung.

Financial Audit Durch das *Financial Audit* wird fachkundig beurteilt,

- ob das Rechnungswesen den gesetzlichen Vorschriften und betrieblichen Anforderungen entspricht,
- ob ein geeignetes internes Kontrollsystem installiert und wirksam ist,
- ob das Vermögen geschützt wird
- und ob die aus den Buchhaltungs- und Abrechnungssystemen abgeleiteten Monats- und Jahresabschlüsse, Statistiken und Planungsrechnungen zuverlässig und als Entscheidungshilfen brauchbar sind.

Eine solche Überprüfung kann z.b. einen Fehler in den Herstellungskosten im Zusammenhang mit den erbrachten Leistungen aufdecken und dadurch verhindern, dass eine Fehlentscheidung im Hinblick auf das Produktportfolio des Unternehmens getroffen wird.

Operational Audit *Operational Audits* sind Prüfungen bestimmter Kernprozesse in einer Organisation wie z.b. Einkauf, Vertrieb, Personal auf ihre Wirtschaftlichkeit. Beispielsweise wird analysiert, ob eine Investition in Hinblick auf ihre Notwendigkeit, Vorteilhaftigkeit, Finanzierbarkeit und eventuelle Risiken untersucht wurde, ob die Einhaltung von Budgets durch laufende Soll-Ist-Vergleiche überwacht wird und ob aus Abweichungen die notwendigen Schlussfolgerungen gezogen wurden.

Das *Compliance Audit* stellt fest, ob die vorhandenen Kontrollsysteme und Transaktionen mit einschlägigen Gesetzen, unternehmensinternen Richtlinien sowie den gesetzten Standards und Prozessen übereinstimmen.

Management Audit Das *Management Audit* stellt die Weiterentwicklung des Operational Audits dar. Dabei wird die Qualität der Geschäftsführung beurteilt, indem geprüft wird, inwieweit die definierten Ziele erreicht wurden. Im Mittelpunkt stehen hier die Beachtung der Geschäftspolitik, die Installation von Frühwarnsystemen, sowie Ursachen- und Schwachstellenforschung.

Ein Beispiel ist die Prüfung von Tochtergesellschaften, bei der das „Briefing" der internen Revision unter maßgeblicher Mitsprache der Konzernleitung erfolgt. Meistens wird ein Management Audit von einem externen Beraterteam durchgeführt.

Die beschriebenen Einsatzfelder sind nicht überschneidungsfrei. Die interne Revision hat sich ausgehend von den *Financial Audits* über *Operational Audits* bis hin zu *Management Audits* fortentwickelt. Eine moderne interne Revision sollte alle diese Kategorien abdecken.

3.4.3 Revisionsablauf

Das Institute of Internal Auditors (IIA) hat Rahmenbedingungen für die Arbeit der internen Revision sowohl bei Prüfungs- als auch Beratungsaufgaben festgelegt. Diese sind in den Standards für die berufliche Praxis der Internen Revision (IIA Standards) für zertifizierte oder den Fachverbänden angehörende interne Revisoren verbindlich geregelt. Die so genannten Praktischen Ratschläge, Teil des Regelwerks für die berufliche Praxis der Internen Revision (IIA Professional Practices Framework), geben darüber hinaus detailliertere, unverbindliche Hilfestellungen.

Ein Prüfungsprojekt läuft auf der Grundlage definierter Meilensteine (kritischer Bereiche) ab:

1. Prüfungsplanung (IIAS 2000)
2. Vorerhebung (IIAS 2200)
3. Sammlung und Auswertung von Informationen (Prüfung im engeren Sinne; IIAS 2100, 2300)
4. Berichterstellung und Berichtsabstimmung (IIAS 2400)
5. Nachschau (IIAS 2500)

Alle von der Revision durchgeführten Prüfungen dienen dem Ziel, Handlungsbedarf aufzuzeigen und Grundlagen für Entscheidungen zu liefern.

3.4.4 Revisionsprinzipien

Wirtschaftlichkeit: Umfang und Häufigkeit der Revision sind nach dem Prinzip der Wirtschaftlichkeit festzusetzen. Dementsprechend sollte der Nutzen (Ertrag) durch Revisionsaktivitäten deren Kosten übersteigen.

Wirtschaftlichkeit

Wesentlichkeit: Revisionsbereiche und die Kriterien für die Auswahl der zu untersuchenden Sachverhalte sind nach der Wesentlichkeit und Dringlichkeit für die Unternehmensführung zu

Wesentlichkeit

bestimmen. Die Revision sollte also neben Kassen oder Inventuren vornehmlich risikobehaftete Bereiche oder Prozesse des Unternehmens prüfen, was wiederum den Rückgriff auf die Ergebnisse der Risikoanalyse des Unternehmens voraussetzt.

Sorgfalt *Sorgfalt (Vollständigkeit, Objektivität, Urteilsfähigkeit, Urteilsfreiheit):* Die interne Revision ist einer strengen Sorgfalts- und Objektivitätspflicht unterzogen. Dies setzt auch eine Unabhängigkeit von Weisungsbefugnissen voraus. Sie sollte als unabhängige Task Force im Auftrag des Managements agieren.

3.4.5 Anforderungen an eine moderne interne Revision

Revisoren müssen heute hochqualifizierte Spezialisten mit einem ausgeprägten Verständnis für Gesamtzusammenhänge und Relevanz der eigenen Tätigkeit im unternehmerischen Gesamtkontext sein. Die Prüfung kompletter Prozessketten muss nachhaltige Aussagen zu bestehenden Risiken, deren zukünftiger Vermeidung sowie der Wertsteigerung durch Optimierung von Arbeitsabläufen ermöglichen. Um eine praxisnahe kritische Hinterfragung von Sachverhalten zu ermöglichen, muss das Fachwissen z.B. durch einen permanenten (Personal-) Austausch mit anderen Abteilungen stets aktuell gehalten werden. Gleichzeitig kann so ein wertvoller Beitrag zur Personalentwicklung geleistet werden. Wenn die Interne Revision es schafft, diese zahlreichen Herausforderungen zu meistern, dürfte sie für jedes Unternehmen eine gute Investition darstellen.

3.4.6 Externe Revision (Wirtschaftsprüfung)

Im Gegensatz zur internen Revision, die eine Kontrolle durch Mitarbeiter des geprüften Unternehmens darstellt, darf die externe Revision (Wirtschaftsprüfung) nur durch nach der Wirtschaftsprüferordnung zugelassene Wirtschaftsprüfer oder vereidigte Buchprüfer durchgeführt werden.

Aufgaben und Ziele Die Hauptaufgabe eines Wirtschaftsprüfers bzw. einer Wirtschaftsprüfungsgesellschaft ist die gesetzliche Abschlussprüfung (§ 2 Wirtschaftsprüferordnung WPO). Welche Unternehmen der gesetzlichen Prüfungspflicht unterliegen, regelt § 316 HGB.

Demnach sind alle Kapitalgesellschaften (KapGes), welche keine kleinen Kapitalgesellschaften im Sinne des § 267 HGB sind, verpflichtet, den Jahresabschluss – bestehend aus Bilanz,

Gewinn- und Verlustrechnung sowie Anhang – und den Lagebericht durch einen Abschlussprüfer prüfen zu lassen. Die Prüfung des Lageberichtes soll die Übereinstimmung mit dem Jahresabschluss sowie den bei der Prüfung gewonnenen Erkenntnissen aufzeigen und dabei eine zutreffende Vorstellung von der
Lage des Unternehmens vermitteln. Neben dem Jahresabschluss wird auch die Buchführung geprüft, um festzustellen, ob
die gesetzlichen Vorschriften und sie ergänzende Bestimmungen des Gesellschaftsvertrages oder der Satzung beachtet worden sind (§ 317 Abs. 1 und 2 HGB).

Das Prüfungsergebnis muss der Abschlussprüfer schriftlich in einem Prüfungsbericht dokumentieren (§ 321 Abs. 1 HGB).

Es gibt auch nicht prüfungspflichtige Unternehmen, die sich einer freiwilligen Abschlussprüfung unterziehen, mit dem Ziel,
das Vertrauen aller Stakeholder in das Unternehmen zu verstärken und eine positive Signalwirkung zu erzielen.

Neben der Abschlussprüfung erstreckt sich das Tätigkeitsfeld **Beratung**
der Wirtschaftsprüfer auch auf die Beratung in betriebswirtschaftlichen Fragen wie z.B. Strategieberatung, Organisations-
beratung, Implementierungsberatung (aktuell z.B. Umstellung
auf internationale Rechnungslegung) oder Beratung von Unter-
nehmenstransaktionen (Mergers & Acquisitions) sowie die Beratung in allen steuerlichen Fragen (§§ 2, 129 WPO). Allerdings
sind dabei die Regelungen zur Unabhängigkeit des Abschlussprüfers zu beachten, auf die im nächsten Abschnitt genauer eingegangen wird.

Bei der Wahrnehmung seiner Aufgaben unterliegt der Wirtschaftsprüfer strengen Berufsgrundsätzen, die im HGB (§§ 323,
318, 319, 319a) sowie in der WPO (§§ 43, 44 und 49) geregelt
sind:

- Unabhängigkeit, Unbefangenheit, Unparteilichkeit,
- Verschwiegenheit,
- Gewissenhaftigkeit (berufliche Kompetenz, Sorgfalt, Beach-
  tung von Rechnungslegungs- und Prüfungsgrundsätzen),
- Eigenverantwortlichkeit,
- Berufswürdiges Verhalten,
- Verzicht auf berufswidrige Werbung,
- Fortbildungspflicht.

3.4.7 Aktuelle Entwicklungen

Krisen namhafter Unternehmen haben in der jüngsten Vergangenheit Diskussionen über stärkere Überwachung ausgelöst. Neben den Ereignissen in den USA (Enron, Worldcom, Xerox, Qwest), wurden auch in Deutschland Bilanzskandale publik (Flowtex, Comroad).

Diese Skandale stürzten die Wirschaftsprüfung in eine Vertrauenskrise, da Unternehmen in kurzer Zeit in finanzielle Schieflagen gerieten, obwohl die Bilanzzahlen als korrekt testiert wurden.

Beispiel WorldCom: WorldCom gilt als die bisher größte Firmenpleite in den USA. Der Aktienkurs fiel innerhalb weniger Wochen von über 60 Dollar auf 5 Cent. Ursache für den Bilanzskandal war, dass Gebühren, die WorldCom an andere Kommunikationsunternehmen zur Nutzung ihrer Netze zahlte, als Investitionen verbucht worden sind. Durch Falschbuchungen in Höhe von 3,85 Mrd. Dollar wurden entsprechende Verluste verschleiert. Der CEO wurde zu 25 Jahren Haft verurteilt. In der Öffentlichkeit wurde daraufhin der Vorwurf an die Wirtschaftsprüfer laut, dass Falschbuchungen im Rahmen der Prüfung entdeckt hätten werden müssen. Insbesondere wurde die Unabhängigkeit der Abschlussprüfer bezweifelt, da diese die zu prüfenden Unternehmen zum Teil ebenfalls umfänglich gegen gutes Entgelt beraten hatten. Bei WorldCom (Mandant von Arthur Andersen) betrugen die Ausgaben 16,8 Mio. Dollar für Beratung und 4,4 Mio. Dollar für Prüfung.

Um das Vertrauen der Anleger wiederzugewinnen und die Corporate Governance (siehe auch Kapitel 10) zu verbessern, wurden weltweit umfassende Reformen eingeleitet. Dazu zählen

- auf europäischer Ebene die „EU-Empfehlung zur Unabhängigkeit des Abschlussprüfers" vom 16.05.2002,
- in den USA der per 30.06.2002 in Kraft getretene „Sarbanes-Oxley Act of 2002" (SOA),
- sowie in Deutschland das Bilanzrechtsreformgesetz (BilReG, in Kraft seit 10.12.2004), das Bilanzkontrollgesetz (BilKoG, in Kraft seit 21.12.2004) und der „Deutsche Corporate Governance Kodex" (i.d.F. vom 14.11.2002).

In der *EU-Empfehlung zur Unabhängigkeit des Abschlussprüfers* wird gefordert, dass ein Abschlussprüfer eine Pflichtprüfung nicht durchführen sollte, wenn zwischen ihm und seinem Mandanten eine finanzielle, geschäftliche oder sonstige Beziehung oder ein Beschäftigungsverhältnis besteht, das bzw. die seine

Unabhängigkeit in den Augen eines sachverständigen und informierten Dritten in Frage stellen könnte (z.b. „das Erbringen zusätzlicher Leistungen" durch Abschlussprüfer oder ihre „Beschäftigung bei dem Abschlussprüfungskunden". Obwohl die Empfehlung nicht rechtlich verbindlich ist, dient sie als Richtschnur, von der die Kommission hofft, dass sie in der gesamten Abschlussprüfungsbranche der EU unverzüglich angewandt wird. Wie in Deutschland diese Empfehlung durch das Bilanzrechtsreformgesetz umgesetzt wurde, wird an späterer Stelle erläutert.

Ziel des *SOA* aus den USA ist es, das Vertrauen der Anleger in die Richtigkeit der veröffentlichten Finanzdaten von Unternehmen wiederherzustellen (siehe auch Kapitel 10). Das Gesetz gilt für Unternehmen, die an US-Börsen (z.B. der NASDAQ) gelistet sind, sowie für deren Tochterunternehmen.

Im Rahmen der Section 404 des *Sarbanes-Oxley Acts* müssen Unternehmensprozesse beschrieben, definiert und Kontrollverfahren festgelegt werden, die das Risiko eines falschen Bilanzausweises minimieren sollen. Dies führt zu weit reichenden Konsequenzen im Bereich der Corporate Governance.

Das Gesetz betrifft verschiedene Aspekte der Corporate Governance, Compliance und der Berichterstattungspflichten von Publikumsgesellschaften sowie der damit zusammenhängenden Durchsetzung. Insbesondere legte das Gesetz ein neues aufsichtsrechtliches System für Wirtschaftsprüfungsgesellschaften fest, die Unternehmen prüfen, welche von Gesetzes wegen verpflichtet sind, bei der Securities and Exchange Commission (SEC) Abschlüsse und sonstige Berichte einzureichen. (Die SEC ist für die Kontrolle des Wertpapierhandels in den Vereinigten Staaten zuständig.)

Während einige Vorschriften des SOA völlig neu waren, wurden andere Regelungen, die vorher als Best-Practice-Standards oder im Zusammenhang mit SEC-Richtlinien galten, bundesrechtlich geregelt.

Die Vorschriften des SOA sind auch für ausländische Unternehmen, die an US-Börsen gelistet sind, verpflichtend, allerdings müssen diese Unternehmen die entsprechenden Anforderungen erst für jene Geschäftsjahre erfüllen, die nach dem 15. Juli 2006 enden.

In Deutschland wurden im *Bilanzrechtsreformgesetz* die Bestimmungen zur Unabhängigkeit des Abschlussprüfers neu festgelegt. So ist nach § 319 Absatz 2 HGB ein Wirtschaftsprüfer oder vereidigter Buchprüfer als Abschlussprüfer ausgeschlossen, wenn Gründe, insbesondere Beziehungen geschäftlicher, finanzieller oder persönlicher Art, vorliegen, nach denen die Besorgnis der Befangenheit besteht. Z.B. darf er keine Anteile oder andere finanzielle Interessen an der zu prüfenden Kapitalgesellschaft besitzen, Mitglied des Aufsichtsrats oder Arbeitnehmer sein, bei der Führung der Bücher oder der Aufstellung des zu prüfenden Jahresabschlusses mitgearbeitet haben, bei der internen Revision mitgewirkt haben oder Unternehmensleitungs- oder Finanzdienstleistungen erbracht haben (für Details siehe § 319 Absatz 3 HGB).

Außerdem wurden durch das *Bilanzrechtsreformgesetz* die internationale Rechnungslegung nach IAS/IFRS (International Accounting Standards/International Financial Reporting Standards) eingeführt. Somit sind kapitalmarktorientierte Unternehmen verpflichtet, internationale Rechnungslegungsstandards bei ihrem Konzernabschluss anzuwenden (§ 315a Absatz 1 HGB). Auch Unternehmen, die nicht als Emittenten am Kapitalmarkt auftreten, erhalten das Wahlrecht, ihre Konzernabschlüsse nach IAS aufzustellen. Das kann z.B. für solche Unternehmen von Interesse sein, die sich auf den Gang an die Börse vorbereiten.

Durch das *Bilanzkontrollgesetz* wurde ein zweistufiges Enforcement-System zur Überprüfung der zuletzt festgestellten Jahresabschlüsse bzw. gebilligten Konzernabschlüsse von Unternehmen mit Wertpapieren an einer deutschen Börse eingeführt. Diese werden in der ersten Stufe durch die Deutsche Prüfstelle für Rechnungslegung (DPR e.V.) geprüft. Verweigern die Unternehmen die Mitwirkung an dem Verfahren oder lehnen sie eine Fehlerfeststellung durch die DPR ab, erfolgt die Prüfung durch die Bundesanstalt für Finanzdienstleistungsaufsicht (BaFin) in der zweiten Stufe.

Der *Deutsche Corporate Governance Kodex* (DCGK) ist ein flexibles und freiwilliges Regelwerk der deutschen Wirtschaft zur transparenten Darstellung von Unternehmensführung und Unternehmenskontrolle börsennotierter Aktiengesellschaften. Durch ihn soll das Vertrauen von nationalen und internationalen Investoren in die Unternehmensführung deutscher Gesellschaften gestärkt werden.

Der Kodex adressiert alle wesentlichen – vor allem internationalen – Kritikpunkte an der deutschen Unternehmensverfassung, nämlich

• die mangelhafte Ausrichtung auf Aktionärsinteressen,

- die duale Unternehmensverfassung mit Vorstand und Aufsichtsrat,
- die mangelnde Transparenz deutscher Unternehmensführung,
- die mangelnde Unabhängigkeit deutscher Aufsichtsräte und
- die eingeschränkte Unabhängigkeit der Abschlussprüfer.

Die Bestimmungen und Regelungen des Kodex versuchen diese Kritikpunkte unter Berücksichtigung der gesetzlichen Rahmenbedingungen zu verbessern. Der Kodex kann selbstverständlich nicht jedes Thema in allen Einzelheiten regeln, sondern gibt Empfehlungen und Anregungen zur Leitung und Überwachung börsennotierter Gesellschaften.

Die Befolgung der Empfehlungen und Anregungen ist den Unternehmen freigestellt. Börsennotierte deutsche Gesellschaften sind allerdings nach § 161 AktG gesetzlich verpflichtet, in einer jährlichen Entsprechenserklärung darzulegen, welche Empfehlungen sie nicht anwenden.

Das Berlin Center of Corporate Governance (BCCG) führt im Auftrag der Kodexkommission jedes Jahr eine empirische Studie durch, um die Akzeptanz der Regelungen des DCGK in der Wirtschaftspraxis systematisch zu erheben. Die Kodexbestimmungen stoßen in der Praxis auf eine insgesamt sehr positive Resonanz. So befolgten im Juli 2006 alle befragten DAX-Unternehmen bereits 95% aller Empfehlungen und 87% der Anregungen.

4 Finanzierung und Investition

Finanzierung bedeutet Beschaffung von disponiblem Kapital (= Geld in unterschiedlichen Anlageformen). Die verschiedenen Alternativen der Kapitalbeschaffung lassen sich unterscheiden nach

- der Mittelherkunft in Außen- und Innenfinanzierung,
- der Rechtsstellung der Kapitalgeber und der Kapitalhaftung in Eigen- und Fremdfinanzierung,
- der Fristigkeit der Kapitalüberlassung in kurzfristige (unter einem Jahr), mittelfristige (zwischen einem und vier Jahren) und langfristige (über vier Jahre) Finanzierungsformen,
- dem Finanzierungsanlass in Gründungsfinanzierung, Erweiterungsfinanzierung, Umfinanzierung und Sanierungsfinanzierung.

Unter Investition ist die beabsichtigte Bindung finanzieller Mittel in bestimmte Objekte zu verstehen.

Die wichtigsten Finanzierungsformen werden im Folgenden getrennt nach Außen- und Innenfinanzierung dargestellt.

4.1 Außenfinanzierung

Im Rahmen der Außenfinanzierung erfolgt eine Zuführung finanzieller Mittel durch Einlagen der Unternehmenseigner oder Beteiligung von Gesellschaftern sowie durch Kreditkapital von Gläubigern.

4.1.1 Einlagen- und Beteiligungsfinanzierung

Da die Rechtsform der Unternehmung entscheidenden Einfluss auf die Aufbringung von Eigenkapital in Form der Beteiligungsfinanzierung hat, muss hier zwischen Unternehmen ohne und mit direktem Zugang zur Börse unterschieden werden.

Zu den Unternehmen ohne direkten Zugang zur Börse zählen Einzelunternehmen, Offene Handelsgesellschaft, Kommanditgesellschaft und Gesellschaft mit beschränkter Haftung. Direkten Zugang zur Börse haben Aktiengesellschaft und Kommanditgesellschaft auf Aktien.

Einzelunternehmen

Hier ist die Quelle des Eigenkapitals das Privatvermögen des Unternehmers, mit dem er unbeschränkt haftet. Zusätzlich besteht die Möglichkeit stille Gesellschafter aufzunehmen. Diese leisten eine Kapitaleinlage und werden am Gewinn beteiligt, haften aber nur in Höhe ihrer Einlage und nehmen keinen Einfluss auf die Geschäftsleitung. Das Eigenkapital ist durch Einlagen und Entnahmen jederzeit änderbar (variables Eigenkapital).

Offene Handelsgesellschaft

Das Eigenkapital besteht bei der OHG aus Einlagen der Gesellschafter. Die Beteiligungsfinanzierung erfolgt entweder durch eine Erhöhung der Einlagen der bisherigen Gesellschafter oder durch die Aufnahme neuer Gesellschafter. Jeder Gesellschafter haftet unbegrenzt, das heißt über seine Einlage hinaus mit seinem Privatvermögen für die Gesamtschulden der Gesellschaft. Auch bei der OHG ist das Eigenkapital durch Einlagen und Entnahmen der Gesellschafter jederzeit änderbar.

Kommanditgesellschaft

Bei der KG setzt sich das Eigenkapital aus Komplementärkapital (Beteiligungskapital der Komplementäre) und Kommanditkapital (Beteiligungskapital der Kommanditisten) zusammen. Komplementäre haben die alleinige Geschäftsführungsbefugnis und haften unbeschränkt; die Kommanditisten haben keine Geschäftsführungsbefugnis und haften nur in Höhe ihrer Einlage. Das Komplementärkapital kann jederzeit durch Einlagen und Entnahmen verändert werden (variables Eigenkapital); dagegen muss zur Erhöhung oder Verminderung des Kommanditkapitals der Gesellschaftsvertrag geändert werden und eine entsprechende Eintragung ins Handelsregister erfolgen (festes Eigenkapital). Die Aufnahme von Kommanditisten ermöglicht auch die Beteiligung betriebsfremder Kapitalgeber und erleichtert damit die Beschaffung von Eigenkapital.

Gesellschaft mit beschränkter Haftung

In der GmbH kann Eigenkapital durch die Aufnahme neuer Gesellschafter oder durch die Erhöhung der Einlagen der bisherigen Gesellschafter beschafft werden. Dabei sind allerdings strenge Formvorschriften zu erfüllen:

*   Änderung der Gesellschaftsverträge mit notarieller Beurkundung,
*   Änderungseintrag im Handelsregister,
*   notariell beurkundete Erklärung der Gesellschafter zur Übernahme der neuen Kapitaleinlage und
*   Veröffentlichung der Handelsregistereintragung.

Aktiengesellschaft

Die AG eignet sich besonders zur Aufbringung von Eigenkapital, da sie berechtigt ist, die Aktien, das heißt die Anteile der Eigentümer (Aktionäre) am Grundkapital des Unternehmens, in der Form marktgängiger Wertpapiere in Umlauf zu bringen. Durch die Marktgängigkeit der Aktien wird ein großer Kreis von Kapitalgebern angesprochen, weil ein Engagement auch mit kleinen Beträgen möglich ist, und sich der Aktionär durch einen Verkauf an der Börse jederzeit von seiner Beteiligung trennen kann.

Kommanditgesellschaft auf Aktien

Das Eigenkapital der KGaA ist in das variable Eigenkapital der persönlich haftenden Komplementäre und das in Aktien zerlegte Eigenkapital der Kommanditisten eingeteilt. Für die Beteiligungsfinanzierung gilt damit das unter KG und AG Erläuterte.

Aktien

Die unterschiedlichen Formen der Aktien werden wie folgt eingeteilt:

*   Einteilung nach der Ausstattung mit Rechten für den Aktionär

Stammaktien *Stammaktien* gewähren dem Aktionär die gewöhnlichen, im Aktiengesetz festgelegten Anteilsrechte, also das Recht auf Erfolgsbeteiligung (Dividendenrecht), das Stimmrecht in der Hauptversammlung, das Recht zum Bezug neuer Aktien und das Recht auf einen Anteil am Liquidationserlös im Falle der Auflösung der Gesellschaft.

Vorzugsaktien *Vorzugsaktien* gewähren den Vorzugsaktionären bevorzugte Rechte wie zum Beispiel Bevorzugung bei der Gewinnverteilung, bei den Stimmrechten oder bei der Liquidation. Häufig wird dies mit einem Verzicht auf andere Rechte verbunden, zum Beispiel bei der stimmrechtlosen Vorzugsaktie, bei welcher der Aktionär für den Dividendenvorteil auf sein Stimmrecht verzichtet.

• Einteilung nach der Übertragbarkeit

Inhaberaktien berechtigen den jeweiligen Inhaber zur Wahrnehmung der Rechte aus diesen Wertpapieren. Die Übertragung der Rechte erfolgt formlos durch Einigung und Übergabe der Aktie. Dies ist die in Deutschland vorherrschende Aktienform.

Inhaberaktien

Bei *Namensaktien* ist neben der Einigung und Übergabe zur Übertragung nötig, dass der neue Aktionär namentlich im Aktionärsbuch der Gesellschaft eingetragen wird. Vinkulierte Namensaktien liegen vor, wenn die Satzung des Unternehmens der Geschäftsleitung das Recht gibt, die Eintragung im Aktionärsbuch zu verweigern.

Namensaktien

4.1.2 Kreditfinanzierung

Innerhalb der Kreditfinanzierung ist zwischen kurzfristigen und langfristigen Krediten zu trennen. Als kurzfristige Kredite werden hier Kunden- und Lieferantenkredit, Kontokorrentkredit, Wechselkredit und Lombardkredit vorgestellt. Zur mittel- bis langfristigen Kreditfinanzierung stehen im Wesentlichen Darlehen und Anleihen zur Verfügung.

Kunden- und Lieferantenkredit

Von einem *Kundenkredit* wird gesprochen, wenn ein Unternehmen (Lieferant) von einem Kunden einen Teil des Kaufpreises schon vor dem Abrechnungszeitpunkt erhält.

Ein *Lieferantenkredit* liegt vor, wenn ein Unternehmen (Kunde) Lieferungen oder Leistungen erhält, ohne sie sofort zu bezahlen. In der Regel honorieren Lieferanten schnelle Zahlung durch die Gewährung eines Abschlages vom Rechnungsbetrag (Skonto), der bei Inanspruchnahme dieses Kredits dem Kunden verloren geht. Die Vorteile dieser Kreditform sind ihre hohe Flexibilität und die Schnelligkeit der Kapitalbeschaffung aufgrund der geringen Formalitäten. Deshalb erleichtert sie die Überbrückung kurzfristiger Liquiditätsengpässe. Nachteilig sind die durch den Skontoverlust oft sehr hohen Kosten (typisch: 3% in vier Wochen).

Jede Form von Zahlung, die nicht zum Zeitpunkt der Lieferung erfolgt, ist also als eine Form des Kunden- oder Lieferantenkredits zu sehen.

Kontokorrentkredit

Grundlage für den Kontokorrentkredit ist das Kontokorrentkonto (umgangssprachlich Girokonto genannt) bei einer Bank, auf dem sämtliche Zahlungsvorgänge des Unternehmens erfasst werden; die Inanspruchnahme wird nur bis zu einem bestimmten Maximalbetrag (Kreditlinie) eingeräumt. Das Kontokorrentkonto ist wegen seiner hohen Flexibilität ein wichtiges Instrument zur Sicherstellung der Zahlungsfähigkeit auch in Perioden besonderer finanzieller Anspannungen; außerdem erleichtert es die Nutzung von Skontovorteilen. Nachteilig sind die hohen Überziehungskosten.

Wechselkredite

Ein Wechsel ist ein Wertpapier, welches ein Zahlungsversprechen des Ausstellers beinhaltet.

Die verschiedenen Formen der Wechselkredite bieten den Vorteil geringer Finanzierungskosten, hoher Flexibilität und schneller Mittelbeschaffung, zum Beispiel zur Durchführung großer, kurzfristig abzuwickelnder Warengeschäfte. Nachteilig ist die strenge und schnelle Haftung bei Zahlungsverzug.

Beim Wechsel gibt es zwei Möglichkeiten der Kreditvergabe: den Diskontkredit und den Akzeptkredit.

Lombardkredit

Beim Lombardkredit gewährt eine Bank Kredit gegen die Verpfändung von beweglichen Sachen oder Rechten, zum Beispiel Waren oder Warendokumente, Effekte, also am Kapitalmarkt handelbare und vertretbare Wertpapiere, Wechsel, Forderungen aus Lieferungen und Leistungen, Edelmetalle, Lizenzen und Patente.

Der *echte* Lombardkredit ist ein kurzfristiges, auf einen festen Betrag lautendes und durch Verpfändung gesichertes Darlehen, der *unechte* Lombardkredit ist ein durch Verpfändung gesicherter Kontokorrentkredit. Wesentlicher Vorteil des Lombardkredits ist, dass durch ihn die Finanzierung auch möglich ist, wenn andere Finanzierungsquellen versiegt sind oder der Verkauf von Vermögensgegenständen, zum Beispiel Aktien, nur zu ungünstigen Kursen möglich ist. Nachteilig sind die relativ hohen Kosten. In der Praxis hat vor allem der unechte Lombardkredit gegen Verpfändung von Effekten Bedeutung.

Darlehen

Die zur mittel- und langfristigen Kreditfinanzierung verwendeten Darlehen werden in Investitionsdarlehen, Realkredite und Schuldscheindarlehen unterschieden.

Investitionsdarlehen werden von Kreditinstituten zur Finanzierung der Anschaffung von Gegenständen des Anlagevermögens vergeben. Die Banken finanzieren diese aus eigenen Mitteln oder aus den Mitteln öffentlicher Förderprogramme. Die Anbindung an öffentliche Förderprogramme ermöglicht Finanzierungserleichterungen und die Verbindung mit einem Investitionsobjekt erleichtert die Stellung von Sicherheiten.

Investitionsdarlehen

Ein *Realkredit* ist ein durch Grundpfandrechte an Grundstücken, Gebäuden oder Schiffen gesicherter langfristiger Kredit. An die Sicherheiten werden besonders hohe Anforderungen gestellt, weil ihr Wert die Zahlung von Zins und Tilgung unabhängig von der Zahlungsfähigkeit des Schuldners garantieren muss.

Realkredit

Ein *Schuldscheindarlehen* ist ein langfristiges Großdarlehen, bei dem Kreditgeber nicht nur Banken, sondern auch andere Kapitalsammelstellen, das heißt Versicherungen, Pensionskassen, Bausparkassen und die Sozialversicherungsträger sein können. Die Kreditsumme beträgt mindestens 50.000 €, üblich sind Beträge zwischen 0,5 und 50 Millionen €. Im Vergleich mit anderen Formen der langfristigen Finanzierung sind die Kosten des Schuldscheindarlehens gering und Kapital kann damit schnell beschafft werden. Doch schränken die hohen Anforderungen an Sicherheiten und Bonität oft die Verschuldungsmöglichkeiten ein.

Schuldschein-
darlehen

Anleihen

Unternehmen mit direktem Zugang zur Börse können sich auch durch die Emission von Anleihen (verbriefte Forderungstitel) finanzieren. Im Folgenden werden die festverzinslichen Anleihen, Floating-Rate-Notes und Zero-Bonds kurz dargestellt.

Bei der *festverzinslichen Anleihe* erfolgen während der gesamten Laufzeit feste, vorab vereinbarte Zinszahlungen. Sie wird durch die Rückzahlung des Anleihebetrags am Ende der Laufzeit getilgt. Der Anleger kann die Anleihe in der von ihm gewünschten Stückelung erwerben und kann seine Stücke jederzeit an der Börse verkaufen. In Deutschland werden festverzinsliche Anleihen von Unternehmen als Industrieobligationen bezeichnet.

Festverzinsliche
Anleihe

Wegen der relativ hohen Emissionskosten und des bisher erforderlichen Genehmigungsverfahrens spielen sie am deutschen Kapitalmarkt nur eine geringe Rolle. An internationalen Kapitalmärkten sind sie jedoch ein wichtiges Finanzierungsinstrument.

Floating-Rate-Notes *Floating-Rate-Notes* sind Schuldverschreibungen, deren Zins nicht während der gesamten Laufzeit fest ist, sondern in regelmäßigen Abständen (normalerweise drei oder sechs Monate) in Abhängigkeit von einem Referenzzinssatz an die Marktentwicklung angepasst wird. Als Referenzzinssatz dient meist ein Geldmarkt-Durchschnittszinssatz. Bei Floating-Rate-Notes, die auf Euro lauten, wird in der Regel der EURIBOR (Euro Inter Bank Offered Rate; ein täglich ermittelter Geldmarkt-Durchschnittssatz der führenden Geldinstitute der EWU) zuzüglich eines von der Bonität des Schuldners abhängigen Aufschlags von 0,125 bis 0,5% verwendet.

Zero-Bond Ein *Zero-Bond* ist eine Anleihe ohne laufende Zinszahlungen. Sie wird zu einem Kurs weit unter dem Rückzahlungskurs emittiert; die Differenz entspricht dem Zinsertrag bis zur Tilgung. Für das emittierende Unternehmen bietet der Zero-Bond den Vorteil, dass die Liquidität in der näheren Zukunft nicht durch Zinszahlungen belastet wird. Außerdem entfallen die laufenden Kosten für die Anleihebedienung. Allerdings ist die Belastung der Liquidität zum Tilgungszeitpunkt sehr hoch. Für den Käufer bieten sich eventuell steuerliche Vorteile.

Zwischenformen

Neben diesen hier vorgestellten Formen der Außenfinanzierung, die sich eindeutig der Eigen- (durch Einlagen und Beteiligungen) oder Fremdfinanzierung (durch Kredite) zuordnen lassen, gibt es auch Zwischenformen. Dazu gehören z.B. Gewinnschuldverschreibungen, Wandelanleihen und Optionsanleihen.

Gewinnschuldverschreibungen sind Anleihen, bei denen zusätzlich zur vereinbarten Verzinsung von der Dividendenhöhe abhängige Zusatzzinsen gezahlt werden (Fremdkapital mit Erfolgsbeteiligung). Unter *Wandelanleihen* versteht man Anleihen mit einem verbrieften Umtauschrecht in Aktien des Unternehmens. Mit der Wahrnehmung des Umtauschrechtes wird der Fremdkapitalgeber zum Eigenkapitalgeber. *Optionsanleihen* verbriefen zusätzlich das Recht, Aktien des Unternehmens innerhalb eines bestimmten Zeitraums zu einem bestimmten Kurs zu beziehen.

Basel I + II

Nicht nur für klein- und mittelständische Unternehmen spielen
die Vorschriften zur Sicherstellung einer angemessen Eigenkapitalausstattung der Banken eine wichtige Rolle. Worum geht es
im Einzelnen?

Im Jahre 1988 wurde vom Baseler Ausschuss für Bankenauf-   Basel I
sicht ein Modell – „Basel I" – erarbeitet, welches die angemessene Eigenkapitalausstattung der Banken sicherstellen sollte.
Ziel war auch die Schaffung einheitlicher internationaler Wett-
bewerbsbedingungen. Für die Unternehmen hatte dies die zum
Teil unangenehme Folge, dass Banken bei der Kreditvergabe an
Unternehmen in erster Linie deren Risiken, nicht jedoch die
Gewährung ermöglichter Chancen des Unternehmens gesehen
haben. Konsequenz war zum einen die Nichtvergabe dringend
benötigter Kredite oder deren Kündigung. Das vorgegebene
Ziel, die Eigenkapitalausstattung der Bank zu sichern, war erreicht, das Unternehmen jedoch vielfach insolvent, seine Arbeitsplätze verloren.

Aufgrund der einseitigen Fixierung der Banken auf das Risiko   Basel II
des Forderungsausfalls (gleichbedeutend mit der Minderung des
Eigenkapitals der Bank) und der damit verbundenen Außer-
achtlassung beispielsweise von Maßnahmen zur Minderung des
Risikos im betreffenden Unternehmen oder schließlich vollständig unterlassener Differenzierung des Risikos wurden mit
„Basel II" modifizierte Regelungen gefunden, die EU-weit erst
Ende 2006 in Kraft treten werden – für manches KMU-Unter-
nehmen dann vielleicht wieder zu spät.

Weiterhin spielt dabei die Mindestanforderung an das Eigenkapital der Bank und die Vermeidung von dessen Verringerung
eine Rolle. Allerdings werden Kreditrisiken bei Geschäftskun-
den zukünftig nach einem internen und – neu – externen Rating, bestimmt, bei Privatkunden nach einem vereinfachten
„Scoring". Neu ist auch das so genannte operationelle Risiko,
welches Ausfälle aufgrund von Organisations- und Manage-
mentmängeln des potenziellen Kreditnehmers berücksichtigt.
Oder umgekehrt, nachweisbare Maßnahmen eben zur Verhinderung dieser Mängel. Das Marktrisiko ist weiterhin zu beachten.

Erweitert wurden durch Basel II die bankaufsichtliche Überprüfung und die Offenlegungspflichten der Banken bezüglich
Eigenkapital und Risikobewältigung. Durch diese weitergehen-
den Eingriffe wird die Marktdisziplin der Banken gestärkt.

Auswirkungen Die Auswirkungen für die Kreditnehmer sind offensichtlich: Schlechtes Rating = hohes Risiko = hohe Zinsen, gutes Rating = geringes Risiko = niedrigere Zinsen. Diese generelle Regel ist jedoch aufgrund einer weiteren Modifikation von Basel II für deutsche Mittelständler nicht unbedingt zwingend: Wegen der Besonderheit der deutschen Volkswirtschaft mit seiner immensen Zahl an KMU, die üblicherweise über wenig Eigenkapital verfügen, erhöht hier diese geringe Kapitalausstattung nicht zwangsläufig das schlechte Rating.

> Auch angesichts der modifizierten Regelungen von Basel II ist trotzdem jedes Unternehmen zur Sicherung seines Kreditbedarfes gut beraten, dass seine Managementsysteme, Organisationsstrukturen und Prozesse das nach Basel II erforderliche Risikomanagement sicherstellen.

4.2 Innenfinanzierung

Die Innenfinanzierung bezeichnet die Kapitalbeschaffung aus innerbetrieblichen Finanzierungsquellen. Dafür gibt es die Möglichkeiten von Vermögensumschichtungen innerhalb des Unternehmens, wodurch bisher im Unternehmen gebundene Werte freigesetzt werden, und den sogenannten „Cash Flow".

Cash Flow Der Cash Flow einer Abrechnungsperiode ist der sich aus dem betrieblichen Umsatzprozess ergebende Einzahlungsüberschuss, also die Summe von Reingewinn und Abschreibungen, unter Umständen bereinigt um Rücklagen oder Rückstellungen.

Abhängig von der rechtlichen Zugehörigkeit der im Unternehmen hervorgebrachten Finanzierungsmittel wird zwischen *Innen-Eigenfinanzierung* (Finanzierung aus Vermögensumschichtungen, Selbstfinanzierung und Finanzierung aus Abschreibungen) und *Innen-Fremdfinanzierung* (Finanzierung aus Rückstellungen) unterschieden.

Finanzierung aus Vermögensumschichtungen

Bei der Finanzierung aus Vermögensumschichtungen werden nicht oder wenig produktive Aktiva des Unternehmens in Liquidität oder produktivere Aktiva getauscht, zum Beispiel durch den Verkauf eines nicht genutzten Grundstücks.

Sale and Lease Back Eine spezielle Form ist das *Sale and Lease Back*. Es wird insbesondere von Unternehmen mit Liquiditätsproblemen genutzt.

Beim Sale and Lease Back werden Gegenstände des Betriebs-
vermögens verkauft und gleichzeitig zurückgemietet. Hierdurch
kann Liquidität beschafft werden, ohne auf die weitere Nutzung
der verkauften Güter zu verzichten.

Selbstfinanzierung

Die Selbstfinanzierung teilt sich in offene und stille Selbstfinanzierung und wird auch als Finanzierung aus einbehaltenen Gewinnen bezeichnet.

Von *offener Selbstfinanzierung* spricht man, wenn die in der Ge-
winn- und Verlustrechnung ausgewiesenen Gewinne nicht ausgeschüttet werden, sondern im Unternehmen verbleiben. Bei
Einzelunternehmen und Personengesellschaften erfolgt dies
durch einen Verbleib auf dem Eigenkapitalkonto, bei Kapitalgesellschaften durch Überführung in die Gewinnrücklage.

**Offene Selbst-
finanzierung**

Die *stille Selbstfinanzierung* erfolgt durch die Bildung stiller Reserven. Stille Reserven sind Teile des Eigenkapitals, die nicht in
der Bilanz aufgeführt sind. Sie entstehen durch die Vorschriften
des Handelsrechts, die erlauben – oder sogar erzwingen –, dass
in der Gewinn- und Verlustrechnung ein zu niedriger Gewinn
ausgewiesen wird (siehe auch Kapitel 3.1.1). Die Höhe der stillen Reserven ergibt sich aus der Differenz zwischen Buchwerten
und höheren tatsächlichen Werten der Aktivposten beziehungsweise niedrigeren tatsächlichen Werten der Passivposten.

**Stille Selbst-
finanzierung**

Der Finanzierungseffekt der stillen Selbstfinanzierung ist größer
als derjenige der offenen, da die ausgewiesenen Gewinne sofort
steuerpflichtig sind, während die in den stillen Reserven versteckten Gewinne zunächst nicht besteuert werden. Erst bei ihrer Auflösung werden sie als außerordentlicher Ertrag sichtbar
und besteuert. Somit wirkt die stille Selbstfinanzierung wie eine
Steuerstundung auf unbestimmte Frist.

Finanzierung aus Abschreibungen

Die Aufgabe von Abschreibungen ist es, die Anschaffungs- und
Herstellungskosten von Anlagegütern auf die Jahre der Nutzung zu verteilen. Weil der Werteverzehr der Anlagegüter durch
die Herstellung von Produkten entsteht, die wiederum beim
Verkauf zu Umsatzerlösen führen, kann man diesen Vorgang als
Vermögensumschichtung ansehen: Die Wertminderung führt
indirekt über die Umsatzzunahme zu einem Anstieg der liqui-
den Mittel. Diese stehen dann wieder für Finanzierungszwecke
zur Verfügung.

Finanzierung durch Rückstellungen

Rückstellungen sind Schulden gegenüber Dritten, deren Eintritt oder Höhe am Abschlussstichtag unsicher ist (siehe auch Kapitel 3.1.1). Die finanziellen Gegenwerte der Rückstellungen stehen zwischen ihrer Bildung und ihrer Auflösung dem Unternehmen für Finanzierungszwecke zur Verfügung. Finanzwirtschaftliche Bedeutung haben insbesondere die Pensionsrückstellungen. Ihre Bedeutung beruht darauf, dass sie quantitativ relativ bedeutsame Größenordnungen erreichen, der Zeitpunkt ihrer Auflösung (= Auszahlung) relativ sicher vorhersehbar ist und sie langfristig zur Verfügung stehen.

4.3 Investitionen

Investitionen *Eine Investition ist eine für längere Zeiten beabsichtigte Bindung finanzieller Mittel in materielle und/oder immaterielle Objekte mit der Absicht, diese in Verfolgung individueller Ziele zu nutzen.*

Investitionen lassen sich nach unterschiedlichen Kriterien systematisieren. Auf der Grundlage des Investitionsobjektes ist zwischen Finanz- und Realinvestitionen zu unterscheiden, wobei letztere sich auf *materielle*, zum Beispiel Anlagen, und/oder *immaterielle*, zum Beispiel Forschungs- und Entwicklungsaufwendungen, Investitionen beziehen können. Zu den Finanzinvestitionen, die sowohl spekulativen als auch anlageorientierten Charakter aufweisen können, zählt vor allem der Wertpapiererwerb. Nach dem Kriterium des Anlasses lassen sich etwa Neuinvestitionen, Ersatzinvestitionen, Rationalisierungsinvestitionen und Erweiterungsinvestitionen unterscheiden.

Investitionsrechen- Investitionsrechenverfahren gliedert man in statische und dyna-
verfahren mische Rechnungen. Bei den *statischen Investitionsrechenverfahren* wird der Zeitfaktor überhaupt nicht oder nur unvollkommen berücksichtigt. Dies führt dazu, dass Änderungen im Zeitablauf der in die Rechnung eingehenden Ertrags- und Aufwandsgrößen außer Acht gelassen werden. Die *dynamischen Investitionsrechenverfahren* beschreiben dagegen die Konsequenzen von Alternativen über den gesamten Investitionszeitraum bis zur Desinvestition, indem sie die Einzahlungs- und Auszahlungsströme bis zum Ende der wirtschaftlichen Nutzungsdauer eines Investitionsobjektes erfassen.

> Beide Verfahrensarten dienen in ihren Alternativen der generellen Beurteilung, ob eine Investition für ein Unternehmen von Vorteil ist.

4.3.1 Statische Investitionsrechenverfahren

In der statischen Investitionsrechnung werden die monetären Konsequenzen eines Investitionsobjektes als Durchschnittsgrößen dargestellt, die auf *ein* Jahr bezogen sind. Die bekanntesten Verfahren sind Kostenvergleichsrechnung, Gewinnvergleichsrechnung, Rentabilitätsrechnung und Amortisationsrechnung. Ein wesentlicher Vorteil der statischen Investitionsrechenverfahren ist ihr geringer Rechenaufwand.

Kostenvergleichsrechnung

Mit diesem Verfahren wird über einen Vergleich der Kosten von zwei oder mehreren Alternativinvestitionen mit identischen Leistungsmerkmalen diejenige bestimmt, die langfristig die geringsten Kosten verursacht.   **Zweck**

In den Vergleich sind alle durch die Investition verursachten Kosten einzubeziehen. Die Erlöse bleiben unberücksichtigt, da unterstellt wird, dass bei jeder Alternative die gleichen Erlöse erwirtschaftet werden.   **Komponenten**

Folgende Kostenarten sind wesentlich, die in variable und fixe Kosten zu trennen sind:

• kalkulatorische Abschreibungen und Zinsen,
• Löhne und Gehälter, sowie Lohnnebenkosten,
• Material- und Werkzeugkosten,
• Energie- und Betriebsstoffkosten,
• Raumkosten,
• Instandhaltungs- und Reparaturkosten.

Zur Berechnung der kalkulatorischen Abschreibungen werden die Anschaffungsauszahlungen (= „Anschaffungskosten") – bereinigt um den geschätzten Liquidationsüberschuss (dies ist der Erlös, der aus dem Verkauf eines abgeschriebenen Gutes übrigbleibt) – gleichmäßig auf die Nutzungsdauer aufgeteilt (lineare Abschreibung). Die kalkulatorischen Zinsen sind auf das während der Lebensdauer des Investitionsobjektes durchschnittlich gebundene Kapital zu beziehen.   **Lineare Abschreibung**

Die Kostenvergleichsrechnung ist recht einfach, weist aber erhebliche Mängel auf.   **Beurteilung**

Aufgrund ihrer statischen Natur können nur zwei Zustände verglichen werden. Unterschiedliche Nutzungsperioden, künftige Veränderungen der Kapazität und Qualitätsunterschiede werden nicht berücksichtigt. Es wird nur die relative Wirtschaftlichkeit ermittelt, weil keine Erlöse in die Rechnung einbezogen werden. Die Rentabilität des eingesetzten Kapitals kann somit nicht analysiert werden. Die angesetzten Durchschnittswerte, meist die Größen des ersten Jahres, werden als repräsentativ für die folgenden Perioden betrachtet, was nicht unbedingt der Realität entspricht.

Gewinnvergleichsrechnung

Die Gewinnvergleichsrechnung stellt eine Erweiterung des Kostenvergleiches dar, da sie nicht mehr von konstanten Absatzpreisen und einheitlicher Qualität der Leistung ausgeht und somit die Ertragsseite in den Vergleich von Investitionsobjekten mit einbezieht.

Der Gewinn (Verlust), der einer Investition zugerechnet wird, entsteht aus der Gegenüberstellung der Erlöse und Kosten vor und nach der Realisierung des Investitionsvorhabens.

Beispiel

Ein Beispiel wäre die Berechnung, ob eine Investition in die Kapazitätserweiterung eines Unternehmens sinnvoll ist, durch die Gegenüberstellung des Gewinns vor und nach der Kapazitätserweiterung. Der Gewinn wird berechnet, indem die Kosten des Jahres von den Erlösen abgezogen werden. Die Kosten werden wie in der Kostenvergleichsrechnung ermittelt.

Kriterium für Investitionsentscheidung

Nach diesem Verfahren ist eine Investition sinnvoll, wenn ihr Gewinn positiv ist. Aus dem Vergleich verschiedener Investitionsalternativen geht diejenige als die vorteilhafteste hervor, die den im Durchschnitt höchsten Jahresgewinn erwirtschaftet. In der Regel wird nur der Gewinn des ersten Jahres geschätzt und als Durchschnittsgewinn für die folgenden Perioden angesetzt, da die Schätzung der in weiterer Zukunft liegenden Gewinne mit zu großer Unsicherheit verbunden ist.

Beurteilung

Die Vorteile der Gewinnvergleichsrechnung liegen in ihrer einfachen Verständlichkeit und der Verwendung der bekannten Kosten- und Erlöswerte.

Ein wesentlicher Mangel des Gewinnvergleiches ist jedoch, dass keine Aussage über die Verzinsung des eingesetzten Kapitals, also über die Rentabilität des Kapitaleinsatzes gemacht wird. Damit bleibt offen, ob der Verzicht auf eine anderweitige Verwendung des eingesetzten Kapitals zu rechtfertigen ist.

> Die Gewinnvergleichsrechnung eignet sich für die Beurteilung von Investitionsvorhaben, die starke Auswirkungen auf die Erlössituation haben, also besonders für Neu- und Erweiterungsinvestitionen.

Rentabilitätsrechnung (Return on Investment – ROI)

Die Rentabilitätsrechnung verbessert Kosten- und Gewinnvergleich, indem der Jahresgewinn einer Investition zum Kapitaleinsatz ins Verhältnis gesetzt wird.

Die (Perioden-)Rentabilität ergibt sich, indem man den Perio-dengewinn in Euro pro Zeiteinheit durch den Kapitaleinsatz in Euro pro Zeiteinheit dividiert und mit 100% multipliziert. Dies zeigt die Verzinsung des eingesetzten Kapitals in der Abrech-nungsperiode. Die Alternative mit der größten Rentabilität ist vorteilhaft.

Kriterium für Investi-tionsentscheidung

Voraussetzung für die Anwendbarkeit des Verfahrens ist – wie bei der Gewinnvergleichsrechnung –, dass eine Zurechnung von Erlösen und Gewinnen zu bestimmten Investitionsobjekten möglich ist. Wenn mit der Rentabilitätsrechnung eine Auswahl zwischen mehreren Investitionsalternativen getätigt werden soll, sind spezielle Annahmen bezüglich unterschiedlicher Ka-pitaleinsätze und Nutzungsdauern zu berücksichtigen. Eine Vergleichbarkeit ist nur gegeben, wenn unterstellt wird, dass die Kapitaleinsatzdifferenz die gleiche Rentabilität erwirtschaftet, und dass dies auch über die Nutzungsdauer des langlebigen In-vestitionsobjektes möglich ist.

Anwendbarkeit

Neben den Kritikpunkten der Kosten- und Gewinnvergleichs-rechnung hat die Rentabilitätsrechnung den Mangel, dass ein zeitlicher Unterschied im Anfall der Gewinne nicht berücksich-tigt wird und damit bereits realisierte Gewinne mit Zukunftsge-winnen verglichen werden.

Beurteilung

Ein weiterer Nachteil des ROI ist seine Berechnung als Prozent-zahl, die dazu verleitet, die aktuelle Rendite als Messlatte anzu-sehen. So kann bei einem hohen ROI der Anreiz fehlen, in wertsteigernde Projekte zu investieren, deren Rendite über den Kapitalkosten liegt, aber unter dem aktuellen ROI. Denn durch eine stärkere Erhöhung des Kapitaleinsatzes gegenüber dem Periodenerfolg sinkt der ROI.

> Die Rentabilitätsvergleichsrechnung wird vor allem einge-setzt, wenn verschiedene Aggregate mit unterschiedlichen Funktionen zu vergleichen sind, wie dies häufig bei Erwei-terungs- und Diversifizierungsinvestitionen der Fall ist.

Geschäftswertbeitrag – GWB

Der Geschäftswertbeitrag ist eine Weiterentwicklung des ROI, der als absolute Größe zur Beurteilung von Projekten und Investitionen her-

angezogen werden kann und somit den letztgenannten Nachteil des ROI vermeidet.

Der im ROI angesetzte Periodenerfolg ist mit den Finanzierungskosten für das aufgenommene Fremdkapital belastet. Der GWB baut auf diesen Überlegungen auf. Als Kapitalkosten werden jedoch nicht nur die Kosten des Fremdkapitals, sondern auch die wesentlich höheren Kosten des Eigenkapitals angesetzt. Damit entsprechen die Kapitalkosten der Renditeanforderung aller Investoren.

Ein positiver GWB und damit eine Befürwortung des Investitionsprojektes wird erst dann erreicht, wenn die Renditeanforderung der Fremdkapitalgeber und der Aktionäre erfüllt ist.

Berechnung des GWB *Der GWB ist das Geschäftsergebnis (nach Steuern) abzüglich dem Produkt von Kapitalkostensatz und Geschäftsvermögen.*

Das Geschäftsergebnis erhält man aus der Gewinn- und Verlustrechnung, das Geschäftsvermögen aus der Bilanz. Dies verdeutlicht die Abbildung.

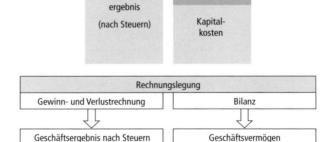

Die Rechengrößen des GWB sind folgendermaßen definiert:

- *Geschäftsergebnis*: Gewinn nach Abzug einer pauschalen Ertragssteuer (35%), jedoch vor Finanzierungskosten.
- *Geschäftsvermögen: Anlagevermögen* (Immobilien, Produktionsanlagen, Betriebs- und Geschäftsausstattung) und *Umlaufvermögen* (Vorräte sowie Forderungen, abzüglich Verbindlichkeiten aus Lieferungen und Leistungen und erhaltene Anzahlungen).
- *Kapitalkostensatz*: Durchschnitt aus Fremdkapitalzinssatz nach Steuern und von den Aktionären geforderter Verzinsung des Eigenkapitals in %.

- *Kapitalkosten*: Die Kapitalkosten entsprechen den Anforderungen der Eigen- und Fremdkapitalgeber. Die Kapitalkosten werden ermittelt, indem der Kapitalkostensatz mit dem Geschäftsvermögen multipliziert wird.

> Der GWB ist nicht nur zur Beurteilung von Investitionsprojekten geeignet. Da in seine Berechnung auch Umsatz, Umsatzkosten, Verwaltungs- und Vertriebskosten sowie F&E-Kosten einfließen, kann er als Messgrösse zur wertorientierten Unternehmensführung und zur Definition eines Vergütungssystems für Führungskräfte herangezogen werden, nach dem deren Einkommen je nach Umsatz und Kosten in ihrem Verantwortungsbereich variiert.

Das nachfolgende Bild zeigt dies noch einmal anschaulich.

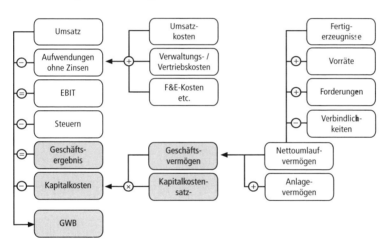

Exkurs: Wertorientierte Unternehmensführung mit dem GWB

Ein Unternehmen hat unterschiedliche Anspruchsgruppen, die eine wertorientierte Unternehmensführung erwarten:

- Kunden fordern wettbewerbsfähige Leistungen,
- Aktionäre stetige hohe Renditen auf eingesetztes Kapital,
- Mitarbeiter attraktive Arbeitsplätze und leistungsgerechte Entlohnung und schließlich
- die Unternehmensleitung unternehmerische Steuerungs- und Messgrössen.

Welcher Maßstab ist nun der richtige zur Maximierung des Unternehmenswertes? Um zu beurteilen, welches von zwei Unternehmen mehr Wert in einem Geschäftsjahr geschaffen hat, ist nicht der absolute Marktwert entscheidend, sondern der Marktwertzuwachs, der in diesem Jahr erreicht wurde.

Der Marktwertzuwachs eignet sich jedoch nicht unmittelbar als interne Steuerungsgröße. Dies hat verschiedene Gründe:

- Der Marktwertzuwachs läßt sich nur für börsennotierte Unternehmen ermitteln, nicht aber für deren Einheiten, z.b. Bereiche und Geschäftsgebiete.
- Die Volatilität der Börsenkurse schlägt sich unmittelbar in der Veränderung des Marktwertzuwachses nieder.
- Der Bezug des Marktwertzuwachses auf die Management-Entscheidungen ist nicht eindeutig.
- Der unmittelbare Bezug zu den operativen Steuerungsgrößen des Geschäfts (Treiber) fehlt.

Aufgrund dieser Nachteile wird der GWB *(Geschäftsergebnis abzüglich der Kapitalkosten auf das Geschäftsvermögen)* als geeigneter Maßstab zur wertorientierten Unternehmensführung gesehen. Denn der GWB zeigt den Erfolg einer Geschäftseinheit, eines Projektes oder einer Investition innerhalb einer Periode. Der Marktwertzuwachs innerhalb mehrerer Perioden ist dann die Summe der jeweiligen Geschäftswertbeiträge.

Amortisationsrechnung (Pay off Period)

Die Amortisationsrechnung baut wie die Rentabilitätsrechnung auf Kosten- und Gewinnvergleich auf. Sie ermittelt den Zeitraum, in dem das investierte Kapital über die Erlöse wieder in das Unternehmen zurückfließt.

Ammortisationsdauer Wenn man von gleichbleibenden Kosten und Erlösen ausgeht, ergibt sich die Amortisationsdauer (in Zeiteinheiten), indem man den Kapitaleinsatz (in Euro) durch die jährliche Wiedergewinnung (in Euro pro Zeiteinheit) dividiert. Damit wird jene Zeitspanne berechnet, innerhalb der das investierte Kapital wieder zurückgeflossen ist beziehungsweise der Zeitpunkt, bei dem die durchschnittlichen Rückflüsse gleich den Anschaffungsausgaben sind.

Kriterium für Investitionsentscheidung Beim Vergleich alternativer Investitionsobjekte ist das mit der kürzesten Amortisationszeit am vorteilhaftesten. Bei Beurteilung einer Einzelinvestition ist das Investitionsobjekt vorteilhaft, wenn die effektive Amortisationszeit kleiner ist als die vom Entscheidungsträger als maximal zulässig angesehene Amortisationszeit.

Die Amortisationsrechnung liefert wichtige Ergebnisse für Fi-   Beurteilung
nanz- und Liquiditätsplanung, da mit ihr überprüft werden
kann, ob die eventuell aufgenommenen Kredite aus den jeweiligen Überschüssen termingerecht getilgt werden können, und
welche Mittel darüber hinaus für andere Verwendungszwecke
verbleiben. Sie stellt weiterhin ein einfaches Verfahren zur Beurteilung des Investitionsrisikos dar, da in der Regel das Risiko
einer Investition mit der Dauer der Kapitalbindung steigt.

Als Mängel können angeführt werden, dass der Zeitraum nach
der Amortisation nicht berücksichtigt wird, zeitliche Unterschiede im Anfall der Rückflüsse nicht beachtet werden und mit
Durchschnittswerten gerechnet wird.

> Die Amortisationsrechnung sollte nur in Verbindung mit
> anderen Verfahren, insbesondere ergänzt durch die Berech-
> nung der Rentabilität, eingesetzt werden.

4.3.2 Dynamische Investitionsrechnung

Die dynamischen Investitionsrechenverfahren verbessern die
statischen in zweierlei Hinsicht.

Zum einen wird die Durchschnittsbetrachtung der statischen
Verfahren zugunsten einer exakten Erfassung der Ein- und Aus-
zahlung während der gesamten Nutzungsdauer aufgegeben.
Zum anderen wird der unterschiedliche zeitliche Anfall wäh-
rend dieser Nutzungsdauer durch die Berücksichtigung von
Zinseszinsen explizit einbezogen.

Die dynamischen Verfahren basieren auf der Annahme eines   Vollkommener
vollkommenen Kapitalmarktes, der sich durch folgende Merk-   Kapitalmarkt
male auszeichnet:

- Das Kapital ist hinsichtlich Eigen- oder Fremdkapital und unterschiedlicher Bonität der Kunden nicht differenziert. Es
  steht in einer einzigen gleichbleibenden Qualität zur Verfügung (Homogenität).
- Jeder Kapitalanbieter und -nachfrager hat Zugang zum Kapitalmarkt in unbeschränkter Höhe (Free Entry).
- Durch die vollständige Markttransparenz existiert ein einheitlicher, sich nicht verändernder Zinssatz, der Marktzins, der
  als Kostenfaktor die Beschränkung dieses vollkommenen Kapitalmarktes darstellt.

Verfahren der dynamischen Investitionsrechnung sind die Kapitalwertmethode, die interne Zinsfußmethode und die Annuitätenmethode.

Kapitalwertmethoden

Kapitalwert Die Kapitalwertmethode ermittelt den Barwert (Kapitalwert) einer Investition durch Abzinsung der Zahlungsreihen auf den jetzigen Zeitpunkt. Die Zahlungsreihen ergeben sich durch die Differenz von Ein- und Auszahlungen je Periode.

Kriterium für Investitionsentscheidung Ist bei der Beurteilung von Einzelinvestionen der Kapitalwert positiv, so ist die Verzinsung des jeweils gebundenen Kapitals höher als der Kalkulationszinssatz und das Projekt ist damit vorteilhaft. Beim Vergleich alternativer Investitionsobjekte ist ein direkter oder indirekter Vergleich der Kapitalwerte möglich. Beim direkten Vergleich ist eine Investition 1 vorteilhafter als eine Investition 2, wenn ihr Kapitalwert höher ist (unabhängig von Zeitraum und Höhe der Investition). Der indirekte Vergleich wird mittels einer Differenzinvestition durchgeführt: Eine Investition 1 (höhere Anschaffungskosten) ist vorteilhafter als eine Investition 2 (geringere Anschaffungskosten), wenn der Kapitalwert der Differenzinvestition positiv ist.

Beurteilung Die Annahme eines vollkommenen Kapitalmarktes ist ebenso unrealistisch wie die eines gleichbleibenden Zinssatzes über die gesamte Laufzeit der Investition. Bei einem vollkommenen Kapitalmarkt ist unter Voraussetzung sicherer Erwartungen der Marktzins und damit der Kalkulationszins bekannt und für gewinnmaximale Handlungen der einzige Maßstab.

Unter realen Gegebenheiten beschränkter Kapitalbeschaffungsmöglichkeiten und unsicherer Erwartungen ist der Kalkulationszinsfuß hingegen schwierig zu bestimmen. Außerdem wird der Kapitalwert mit zukünftigen Ein- und Auszahlungen berechnet, die somit einer gewissen Prognoseunsicherheit unterliegen. Des Weiteren wird unterstellt, dass die laufenden Erträge aus der Investition zum Kalkulationszinsfuß wiederangelegt werden.

Interne Zinsfußmethode

Kriterium für Investitionsentscheidung Bei diesem Verfahren gilt eine Einzelinvestition als vorteilhaft, wenn der interne Zinsfuß größer ist als der Kalkulationszinsfuß, zum Beispiel der Kapitalmarktzins. Voraussetzung ist eine Zahlungsreihe, die maximal einen Vorzeichenwechsel aufweist, ansonsten führt das Verfahren zu falschen Ergebnissen.

Bei der Beurteilung der Vorteilhaftigkeit zweier alternativer Investitionen tritt das Problem auf, dass Kapitalwertmethode und
interne Zinsfußmethode zu einem genau entgegengesetzten Ergebnis bezüglich der Rangfolge der Investitionsobjekte kommen können. Deshalb muss in diesem Fall zuerst der kritische
Zinssatz ermittelt werden, bei dem beide Investitionsobjekte
durch Gleichsetzen der Zahlungsreihen zum gleichen Kapitalwert führen.

> Es gilt die Faustregel, dass bei einem Kalkulationszinsfuß
> kleiner dem kritischen Zinsfuß die Kapitalwertmethode zur
> richtigen Entscheidung führt und bei einem Kalkulations
> zinsfuß größer dem kritischen Zinsfuß die interne Zinsfuß
> methode.

Bei Anwendung der internen Zinsfußmethode ist immer ein zu   **Beurteilung**
sätzlicher Vergleichsmaßstab in Form des Kalkulationszinssatzes nötig. Bei Auflösung der Gleichung kann es zu mehreren
Lösungen kommen, was zu unbrauchbaren Ergebnissen führt.
Im Übrigen gelten die Nachteile der Kapitalwertmethode.

Annuitätenmethode

Die Annuität ist der gleichbleibende Betrag, der neben Tilgung   **Definition**
und Verzinsung in jeder Periode zur Verfügung steht. Sie wird   **Annuität**
ermittelt, indem der Kapitalwert mit dem sogenannten „Wiedergewinnungsfaktor" multipliziert wird, was die Kenntnis des
Kapitalwertes voraussetzt.

In den folgenden Formeln bedeuten die Abkürzungen:

t - einzelne Perioden von 0 bis n,

E_t - Einzahlungen der Periode t (z.B. jährliche Einzahlungen),

A_t - Auszahlungen der Periode t,

i - Kalkulationszinssatz,

I_0 - Anfangsinvestition

L_n - Liquidationserlös in n (entspricht Liquidationsüberschuss)

a - Wiedergewinnungsfaktor (Annuitätenfaktor)

Eine Einzelinvestition ist vorteilhaft, wenn sie eine jährliche
Entnahme ermöglicht (Gewinnannuität > 0). Dann ist die Einzahlungsannuität größer als die Auszahlungsannuität:

$$\left(\sum_{i=1}^{n} \frac{E_t}{(1+i)^t} \right) \cdot a \geq \left(I_0 + \sum_{i=1}^{n} \frac{A_t}{(1+i)^t} \right) \cdot a$$

mit dem Wiedergewinnungsfaktor

$$a = \frac{(1+i)^n \cdot i}{(1+i)^n - 1}$$

Kriterium für Investitionsentscheidung Beim Alternativenvergleich ist die Investition mit der höheren Annuität vorzuziehen, wobei für die Annuität gilt:

$$Annuität = \left(-I_0 + \sum_{t=1}^{n} \frac{(E_t - A_t)}{(1+i)^t} + \frac{L_n}{(1+i)^n} \right) \cdot a$$

Die Annuitätenmethode führt bei gleicher Nutzungsdauer also zum gleichen Ergebnis wie die Kapitalwertmethode, deshalb gilt für sie auch die Kritik der Kapitalwertmethode.

5 Strategie

Im Internetzeitalter spielt die Strategie – die Beschreibung des Weges zu einem klar formulierten unternehmerischen Ziel – eine große Rolle. Firmen, die rasch wachsen oder sich verändern, verkaufen oder kaufen Geschäftsaktivitäten und spannen ein welt- und branchenübergreifendes Netzwerk an Kooperationspartnern auf.

Ein Visionär in Führungsverantwortung hat ein Zukunftsbild und projiziert die Rolle des Unternehmens dort hinein.

• Daraus leiten sich die Aufgaben (Mission) und die Leitziele des Unternehmens ab.
• Auf welche Art und Weise diese Ziele erreicht werden, beschreibt die Strategie.
• Erst die operative Planung setzt dies in Programme und Aktionen für die einzelnen Bereiche, Funktionen und Abteilungen des Unternehmens um.

Dies benötigt heute mehr denn je die tägliche Aufmerksamkeit des Managements; Firmenvision, -mission und -strategie sind wesentliche Komponenten, die zum langfristigen Erfolg eines Unternehmens beitragen.

5.1 Vision – Mission – Leitbild

Bei der Vision handelt es sich um das Selbstbild des Unternehmens in der Zukunft.

> Eine gute Vision enthält Erscheinungsbild, Inhalte und angebotene Problemlösungen des in der mittleren oder ferneren Zukunft agierenden Unternehmens.

Wie kommt man zur Vision?

Visions-Workshop In einem oder mehreren moderierten Workshops erarbeiten repräsentative und unternehmerisch vorausschauende Mitarbeiter folgende Inhalte:

* langfristig zu erreichendes, attraktives Selbstbild des Unternehmens,
* ein bis zwei Seiten detaillierte Erläuterungen dazu,
* Kurzfassung der Vision in einem Satz als einprägsamem und kommunikationstauglichem Slogan sowie
* Konzept zur grafischen Gestaltung des Visionsbildes.

Hilfreich hierzu kann sein, Nachrichten der Zukunft in zehn bis zwanzig Jahren über das eigene Unternehmen zu erarbeiten oder entsprechende Zeitungsartikel zu schreiben. Damit eine wirklich begeisternde sowie emotional und mental packende Vision entsteht, lohnt es sich mit unbeteiligten Kollegen und dem Management Tests durchzuführen. Nach durchweg positiver Rückmeldung kann die Verbreitung der Vision beginnen.

Kommunikation Die Vision ist innerhalb des Unternehmens intensiv zu kommuder Vision nizieren. Dies bedeutet, dass die Verbreitung über firmeninterne Veröffentlichungen üblicherweise nicht ausreicht. Als Alternative bietet sich eine kaskadenartig gestaltete persönliche Information aller Mitarbeiter an.

Die Mission

Die Mission sollte auf ähnliche Art erarbeitet sein wie die Vision.

> Die Mission ist der für jeden Kunden nachvollziehbare Geschäftsauftrag, den sich das Unternehmen gegeben hat und der letztendlich ihre Existenzberechtigung im Sinne des Unternehmenszwecks darstellt.

Das Leitbild

Das Leitbild ergänzt Vision und Mission durch einen firmenspezifischen Verhaltenskodex, der die Unternehmenskultur beschreibt und die Grundprinzipien für die zielgerichtete Zusammenarbeit innerhalb des Unternehmens regelt.

Ein Leitbild beinhaltet beispielsweise die Rollen von

* Kunden,
* Mitarbeitern,

- Führung und Zusammenarbeit,
- Innovationen und
- Unternehmensbewertung.

5.2 Ziele

Aus Vision und Mission lassen sich die Leitziele für das Unternehmen und die Mitarbeiter ableiten. Dies sind die als am wichtigsten deklarierten Ziele, welche das Unternehmen in den nächsten Jahren verfolgt. Es bleibt den Unternehmern überlassen, wie herausfordernd, ehrgeizig und begeisternd die Ziele formuliert werden.

Die Leitziele brechen Vision und Mission in zu erreichende lang-, mittel-, und kurzfristige Ziele herunter. Kernthemen von Zielen sind Kunden, Mitarbeiter, Finanzen und Prozesse. Diese müssen auf die einzelnen Geschäftsfelder und darin in die jeweiligen Funktionen „übersetzt" werden. Das führt zu einer Zielpyramide, die für jede Einheit, Abteilung und Mitarbeiter nachvollziehbar sein muss.

Für Ziele gelten harte Anforderungen. Ziele müssen:

- nachvollziehbar
- widerspruchsfrei
- beeinflussbar
- fokussiert
- smart, das heißt
  - spezifisch, präzise, eindeutig
  - messbar
  - aktionsorientiert
  - realistisch, wenn auch ambitioniert
  - time, (Zeit-)gebunden
- delegierbar

sein.

Mit Managern und Mitarbeitern werden die Elemente der Zielpyramide fest vereinbart und häufig mit dem variablen Anteil des Einkommens verknüpft.

5.3 Trendforschung

Damit Vision und Mission in einen gemeinsamen Zusammenhang gestellt werden können, wird ein möglichst umfassendes Bild der Zukunft benötigt. Dazu ist notwendig, verfügbare Informationen, die beispielsweise von externen Beratern und Analysten stammen können, für das eigene Umfeld aufzubereiten. Im Idealfall enthält das Zukunftsbild die Stati von Gesellschaft, Politik, Wirtschaft, Umwelt, Kunden, Wettbewerbern und Technologien zum gewählten Zeitpunkt.

Trends   Wesentliche, das eigene Geschäft beeinflussende Trends müssen gut verstanden werden, insbesondere auch im Hinblick auf ihre Wechselwirkungen im Sinne eines „Wirknetzes". Dabei darf nicht außer Acht gelassen werden, dass in entsprechend längeren Zeiträumen auch Diskontinuitäten und Paradigmenwechsel auftreten werden. Das Erspüren, Aufgreifen und Umsetzen von Trends in Geschäftsideen und -erfolgen ist eine wesentliche Aufgabe von Unternehmen und Führungskräften. Basis dafür ist die permanente Information weit über den Horizont der täglichen Arbeit hinaus.

Generell geht man davon aus, dass Betrachtungen der Vergangenheit als fundiert gelten können – auch wenn dabei vieles mangels wirklich zuverlässiger Unterlagen höchst spekulativ ist. Technologische Trends sind wichtige Wegweiser für den Fortschritt. Produkte, die sich heute bereits in unseren Labors befinden und denen keine physikalischen Grenzen gesetzt sind, stellen die Weichen für längerfristige Entwicklungstendenzen. Nachdem wir uns mitten im Informationszeitalter befinden, liegt der Schwerpunkt der nächsten Jahre im Bereich der Information und Kommunikation. Immer stärker drängen Biologie und Medizin hinzu, die uns in wenigen Jahrzehnten in ein neues Zeitalter weisen werden.

Allgemeine Trends

Es gibt unzählige Trends, Strömungen und Modeerscheinungen, die für eine geschäftliche Betrachtung relevant sind – in Gesellschaft, Politik, Wirtschaft, Umwelt, Technologie, bei Kunden und Wettbewerbern.

Je weiter wir in die Zukunft schauen, desto schwieriger wird es natürlich, einerseits die Ereignisse selbst und andererseits den Zeitpunkt ihres Eintreffens vorherzusagen.

Wichtig für Zukunftsbetrachtungen ist, sich mit den wenigen guten Futuristen auseinander zu setzen und nicht mit solchen, die das Thema populistisch angehen. Gute Futuristen verfügen selbst über viele Trend-Datenbanken und sind mit Forschungsinstituten, Universitäten und anderen Kollegen exzellent vernetzt.

Basisinnovationen haben in der Vergangenheit regelmäßig lang andauernde Wachstumsphasen ausgelöst und ganze Zeitalter geprägt.

Zyklen

Zu Beginn des 21. Jahrhunderts haben wir auf dem Weg in die Informations- und Kommunikationsgesellschaft einen Wendepunkt erreicht. Denn wir erleben eine Phase, in der viele Branchen, insbesondere der IT-Sektor, die Telekommunikation sowie die Medien- und Unterhaltungsbranche im Begriff sind zu verschmelzen oder bereits verschmolzen sind. Dadurch entsteht eine große Anzahl vollständig neuer Geschäftsmodelle.

Technologische Trends

Im Gegensatz zu allgemeinen Trends sind technologische Trends leichter und mit einer größeren Wahrscheinlichkeit vorauszusagen, da sie gegenüber Störeinflüssen wesentlich unabhängiger sind. Sie sind reproduzierbar und nachvollziehbar. Und sie verändern die Welt ebenso wie die im vorigen Abschnitt erläuterten allgemeinen Trends.

Die Mikroelektronik gibt in der modernen Industriegesellschaft den Takt an. Mikroprozessoren und Speicherchips sind bereits heute in vielen Produkten enthalten. Bisher hat sich die Speicherkapazität und die Leistungsfähigkeit von Mikroprozessoren alle 18 Monate verdoppelt. Dies hatte der ehemalige Vorsitzende der Halbleiterfirma Intel, Gordon Moore, in den 60er Jahren schon vorhergesagt. Dieser Zusammenhang wird seitdem als „Moore's law" bezeichnet.

Gesetz von Moore

Neben dem Gesetz von Moore können wir weitere technologische Gesetzmäßigkeiten feststellen, die ebenfalls exponentiell verlaufen und sich damit im Grunde unserer linearen menschlichen Einschätzung entziehen:

• Bei den integrierten Schaltungen/Chips lässt sich alle 18 Monate eine Verdopplung der Leistung beobachten. Zukünftig geht es wohl etwas langsamer.

• Die Bandbreite im optischen Netz verdoppelt sich sogar alle 12 Monate.

• Gleiches gilt für die Speicherkapazität von Laufwerken.

• Die Anzahl der übertragenen Daten im Netz vervierfacht sich derzeit pro Jahr.

- Dagegen ist die Entwicklung bei der Bildschirmauflösung vergleichsweise langsam: Sie verdoppelt sich nur alle 2 bis 3 Jahre.

Langsamer wächst die Produktivität beim Erstellen von Software: Sie verdoppelt sich heute ca. alle sechs Jahre, Tendenz fallend.

Szenarien

Zum besseren Verständnis der Zukunft dienen Szenarien. Für typische Situationen in der Zukunft werden Bilder und Geschichten zusammengetragen. Diese müssen glaubhaft und nachvollziehbar sein. Je besser die Szenarien sind, um so mehr kann aus ihnen abgeleitet werden. Bisweilen wird auch die Technik von Extremszenarien verwendet, die entgegengesetzte unterschiedliche „Welten" repräsentieren.

Produkte, Dienstleistungen und Aktionen, die in allen „Welten" richtig sind, werden als Megaaktionen bezeichnet; sie können dann sofort umgesetzt werden und sind unabhängig vom real eintretenden Szenario ein vorweggenommener Beitrag zur Zukunftssicherung eines Unternehmens.

Lebensräume   Unser Leben spielt sich in unterschiedlichen Umgebungen ab. Um Trends herauszufinden, sollten wir diese in entsprechenden Szenarien beleuchten.

Treibende Faktoren der künftigen Entwicklung sind beispielsweise der Wunsch nach Sicherheit und Zuverlässigkeit, Zeit- und Kostenersparnis, die Steigerung von Komfort und Lebensqualität. Hemmende Faktoren sind Komplexität, fehlende Standards und schlechter Service. Treiber der Veränderung sind die vorher erwähnten Trends und Technologien. Die Lebensräume lassen sich gliedern in

- zuhause,
- am Arbeitsplatz,
- unterwegs und
- in der Öffentlichkeit.

Wesentliche unternehmerische Anwendungsfelder sind

- Gesundheit,
- Freizeit und Unterhaltung,
- Umweltschutz,
- Services und
- Applikationen.

Allgegenwärtiges Internet und umfassende Digitalisierung verändern unser Leben und seine Abläufe. Räumliche Distanz und Zeit werden verkürzt und die Geschäfte werden elektronisch, realtime und mobil.

5.4 Strategische Planung

Erst nachdem die Ziele klar sind, kann auch über den Weg dorthin entschieden werden. Dies ist die Kernaufgabe der strategischen Planung.

Die strategische Planung startet mit der Ist-Aufnahme des Geschäfts. Anschließend analysiert sie das Markt- und Wettbewerbsumfeld. Danach wird die Geschäftsfelddefinition erstellt oder überprüft. Dabei spielen Kernkompetenzen, Wettbewerbsvorteile und Erfolgsfaktoren eine große Rolle. Das Geschäftsfeld Controlling stellt Erfolgskontrolle und korrektive Maßnahmen sicher.

Für die Ist-Aufnahme des Geschäftes sollten Fragen gestellt werden, wie z.B.:

* Welcher Geschäftstyp wird verfolgt?
* Welcher Geschäftsmodell herrscht vor?
* Welchen Teil der Wertschöpfungskette bedienen wir?
* Wächst das Geschäft rascher als der Markt?
* Welche Profitabilität wird erreicht – in welchen Systemen?
* Welche Wettbewerbsregeln gelten?
* Welchen Zeitvorsprung/Nachteil haben wir?
* Welchen Zielmarkt adressieren wir?
* Wodurch differenzieren wir uns?
* Welche strategische Optionen verfolgen wir?

5.4.1 Markt und Wettbewerber

Wie später im Kapitel 6 beschrieben, ist die Kenntnis des Marktgeschehens Basis für die eigene Positionierung. Jedes Unternehmen befindet sich in einem Makroumfeld. Dieses Umfeld ist charakterisiert durch

* physische und ökologische Umweltbedingungen,
* politische und rechtliche Rahmenbedingungen sowie
* gesellschaftliche und volkswirtschaftliche Daten.

Die Kräfte des Marktes hat erstmals Michael Porter beschrieben, um die Wettbewerbsintensität zu charakterisieren. Diese Wettbewerbsintensität versucht die Marktforschung zu evaluieren, indem sie die im Folgenden aufgelisteten Gegebenheiten des Marktes untersucht (siehe auch Kapitel 6.1.2):

- Lieferantenmacht
  - Konzentration der Lieferanten.
  - Lieferanten sind von den Kunden nicht oder wenig abhängig.
  - Das Produkt ist für die Kunden sehr wichtig.
  - Keine Gefahr durch Substitutions-Produkte.
  - Durch Produktdifferenzierung haben die Kunden hohe Umstellkosten.
  - Regulierung durch staatliche Eingriffe oder Vorschriften.
- Kundenmacht
  - Konzentration der Kunden.
  - Kunden sind gut informiert, der Markt ist transparent.
  - Niedrige Umstellkosten bei Kunden für neue Lieferanten.
  - Hohe Standardisierung und Austauschbarkeit des Produkts.
  - Das Produkt ist für die Kunden nicht wichtig.
- Eintrittsbarrieren
  - Hoher Kapitalbedarf für Neueinsteiger.
  - Volumengeschäft: die beiden größten Spieler verdienen Geld.
  - Know-how-Intensität.
  - Patente.
  - Zölle, Vorschriften.
- Substitution
  - Paradigmenwechsel durch Innovation und neue Technologien.
  - Neue Geschäftsmodelle.
- Wettbewerbsdruck
  - Viele Wettbewerber.
  - Geringes branchenspezifisches Marktwachstum.
  - Hohe Fixkosten.
  - Fehlende Differenzierungsmöglichkeiten.
  - Hohe Umstellkosten bei Kunden für neue Lieferanten.
  - Hohe Ausstiegskosten.

Aus diesen möglichen Gegebenheiten ergibt sich eine Fülle von Fragen zu Markt und Wettbewerb, die in der Marktforschung gestellt werden (das daraus resultierende Know-how bezeichnet man als „Business Intelligence"). Eine kleine beispielhafte Auswahl von Fragen lautet:

1. Wie attraktiv ist der Markt?
   (Größe, Wachstum, Profitabilität)
2. Wie groß ist der Gesamtmarkt?
3. Welche Segmentierungen gibt es?
   (nach Kunden, Vertriebskanälen, Regionen)
4. Was gilt für die Hauptwettbewerber?
   Benchmarking hinsichtlich deren Fokus, Stoßrichtung, SWOT (siehe Kapitel 5.4.3), Kernkompetenzen, Differenzierungsmerkmalen, Volumenvorteilen, Geschäftsprozessen, Produkt-/Dienstleistungsportfolio, HW-/SW-/Dienstleistungs-Mix, Kostenstrukturen, Hauptkunden, Kundenbindung, Vertriebsstruktur, Marketingkonzept, Marken-Image.
5. Welche Trends gibt es zu Markt und Technologie, welche Wettbewerbs-Tendenzen bestehen?
6. Welche regelmäßigen Berichte sind für interne Kunden wie Vertrieb und Management zweckmäßig?
7. Welche Kaufkriterien hat die Mehrzahl der Kunden?
8. Herrscht eine Lieferantenmacht durch ein Oligopol?
9. Überwiegt die Kundenmacht begründet durch viele Anbieter?
10. Wie hoch sind Eintrittsbarrieren für neue Marktteilnehmer?
11. Wie rasch vollziehen sich technologische Innovationen?
12. Wie schnell können Innovationen die Regeln verändern?
13. Wie lange ist der Lebenszyklus der eigenen Produkte?

5.4.2 Geschäftsfelddefinition

Bevor Geschäftsfelder festgelegt werden können, muss eine Reihe von Analysen vorliegen, damit die Spielregeln wirklich klar sind:

1. Welche Zielgruppen sollen adressiert werden?
2. Welche Kunden werden bereits mit welchen Produkten und Dienstleistungen bedient?
3. Welche Wettbewerber sieht der Vertrieb?

4. Welche Kundenvorteile werden bereits angeboten?
5. Wie ist die eigene Markt- und Kostenposition?
6. Welches sind die eigenen Kernkompetenzen?
7. Wie ist die eigene Finanzsituation?
8. Wie ist die eigene Technologieposition zu bewerten?
9. Was machen die Konkurrenten?

Jede dieser Fragen muss in angemessener Tiefe beantwortet sein, um daraus Handlungsoptionen ableiten zu können. Beispielsweise ist bei der Kostenposition die Erfassung und Bewertung der Kostentreiber sehr hilfreich.

Erst nach solchen Analysen sind – zumindest für größere Unternehmen – die Grundvoraussetzungen geschaffen, um folgendermaßen Geschäftsfelder festzulegen:

• Produkt/Marktsegmente ermitteln,
• Strategieoptionen auflisten und Strategieauswahl treffen
  – Angriff/Fördern,
  – Ausweichen/Halten,
  – Verteidigung/Halten,
  – Rückzug/Ernten,
• Gleichgewicht der Geschäftsfelder anstreben in Bezug auf
  – Profitabilität,
  – Wachstum,
  – Produktivität und Ressourcenzuteilung,
  – Finanzierungsbedarf und Liquidität,
  – unternehmerische Chancen und Risiken,
  – relative Wettbewerbsstellung,
• Strategische Geschäftsfeldprogramme erstellen
  – Vertikalisierung,
  – Vorwärts-/Rückwärtsintegration,
  – Kooperation, Akquisition, Verkauf,
  – Spin-off: Firmenausgründung mit Mehrheitsbeteiligung,
  – Spin-out: Firmenausgründung mit Minderheitsbeteiligung,
• Operative Geschäftsfeldprogramme erstellen
  – Programme zur Kostensenkung und Volumensteigerung,
  – Neustrukturierung,
  – Prozessoptimierung.

Am Ende dieses Prozesses sollten unabhängige Geschäftsfelder entstanden sein, die auch als eigenständige Firmen am Markt bestehen könnten. Möglichst viele Mitarbeiter sollten bei der

Definition der Geschäftsfelder mitarbeiten. Damit wird sowohl eine gute Informationsbasis geschaffen, als auch eine spätere Identifikation mit dem Geschäft unterstützt.

5.4.3 Portfoliooptimierung

In der Portfolioanalyse geht es um die Positionierung des eigenen Unternehmens. Es gibt verschiedene Geschäftsarten, innerhalb derer unterschiedliche Regeln gelten.

Geschäftsarten

1. Kunden kaufen im Wesentlichen nach dem Preis. Durch eine marktführende Stellung wird in der Massenproduktion die Lernkurve der Produktion rasch durchlaufen – und damit die Kostenposition verbessert. Nur wenige große Anbieter verdienen Geld. Die Korrelation zwischen relativem Marktanteil und Rentabilität bestätigt sich immer wieder: nur bei sehr guten Marktpositionen sind Geschäftsfelder renditestark. Ziel aller Unternehmen in diesem Segment ist die Kostenführerschaft durch hochvolumige Produktion. Beispiele: PCs, Speicherchips, Konsumerprodukte. — Volumengeschäft

2. Von einem Pattgeschäft spricht man, wenn sich trotz einem hochvolumigen Geschäft nur geringe Kostenvorteile in der Herstellung herausarbeiten lassen. Beispiele: Papier, Stahl, Grundstoffchemie. — Pattgeschäft

3. Kunden honorieren im Wesentlichen die angebotenen Leistungsmerkmale. Durch eine marktführende Stellung kann über Volumenvorteile auch die Kostenbasis positiv beeinflusst werden. Das Ziel ist Leistungsdifferenzierung. Beispiele: Internetportale, Beratungsgeschäft. — Spezialgeschäft

4. Ein Nischengeschäft ist ein Spezialgeschäft mit im Allgemeinen nur regionaler Ausprägung, bei der keine Volumenvorteile erarbeitet werden können. Beispiele: Restaurants, Handwerkerservices. — Nischengeschäft

In Volumenmärkten machen in der Regel nur die drei umsatzstärksten Unternehmen Gewinn – darüber muss man sich im Klaren sein. Wichtig ist ebenfalls die Erkenntnis, ob es sich um ein regionales oder ein globales Geschäft handelt.

BCG-Matrix

Aus dieser, von der Boston Consulting Group erstmalig in 1970 verwendeten Matrix können viele Aussagen über das Geschäfts-

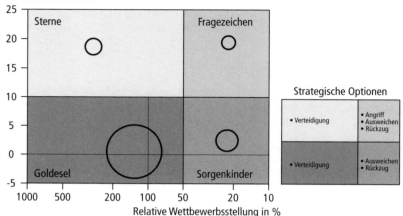

Gleichgewicht gemacht werden. Dieses Instrument sollte bevorzugt für Geschäfte mit Volumencharakter verwendet werden.

An den Achsen wird zunächst die relative Wettbewerbsstellung eines Geschäftes und dann dessen zugehöriges Marktwachstum eingetragen. Macht die Firma beispielsweise mit einem Geschäft doppelt so viel Umsatz wie der beste Wettbewerber, so trägt man dies bei 200% relativer Wettbewerbsstellung ein. Hat die eigene Firma selbst nur einen halb so hohen Umsatz, so ist 50% der richtige Wert der X-Achse. Die Fläche des Kreises ist proportional zu dem selbst getätigten Umsatz.

Alle Geschäfte der einzelnen unabhängigen Geschäftsfelder werden in dieser Matrix eingetragen. Für die einzelnen Quadranten können folgende Aussagen gemacht werden.

Fragezeichen
- Geschäftsfelder in der Einführungs-/Wachstumsphase,
- Hoher negativer Cash Flow,
- Strategieoptionen: Angriff, Ausweichen oder Rückzug,
- Notwendige Investitionen: sehr hoch bei Angriff.

Sterne
- Geschäftsfelder in der Wachstumsphase und in starker Marktposition,
- gering positiver oder negativer Cash Flow,
- Strategieoption: Verteidigung,
- Notwendige Investitionen: hoch.

Goldesel
- Geschäftsfelder in der Reifephase und in starker Marktposition,
- Hoher positiver Cash Flow,

- Strategieoption: Verteidigung,
- Notwendige Investitionen: gering.
- Geschäftsfelder in der Reifephase und in   Sorgenkinder
  schwacher Marktposition,
- gering positiver oder negativer Cash Flow,
- Strategieoptionen: Ausweichen oder Rückzug,
- Investitionen sollten nicht gemacht werden.

Cash Flow ist der Nettogewinn zuzüglich Rückstellungen, Abschreibungen und Wertberichtigungen auf Umlaufvermögen
vermindert um Investitionen.

Die Summe der Geschäfte in den Kategorien Sterne oder Gold-   Geschäfts-
esel ergibt die profitablen Geschäfte. Die Summe der Geschäfte   profitabilität
in den Kategorien Fragezeichen oder Sorgenkinder ergibt die
unprofitablen Geschäfte. Je nachdem, ob mehr Geschäfte links
oder rechts liegen, kann man auf insgesamt positives oder nega-
tives Geschäft schließen. In der Regel verdienen bei einem Volumengeschäft nur der Marktführer, die Nr. 2 und evtl. die Nr. 3
auf dem Markt. Der Hintergrund ist die durch Volumen beeinflusste Kosten-Position – siehe auch Lernkurve.

Die Summe der Geschäfte in den Kategorien Sterne oder Fra-   Geschäftswachstum
gezeichen ergibt die wachsenden Geschäfte. Die Summe der
Geschäfte in den Kategorien Goldesel oder Sorgenkinder ergibt
die früher oder später schrumpfenden Geschäfte. Je nachdem,
ob mehr Geschäfte oben oder unten liegen, kann man auf insgesamt wachsendes oder sinkendes Geschäft schließen.

Wenn man sich durch die Matrix eine Diagonale von links oben   Geschäftsrisiko
(Sterne) nach rechts unten (Sorgenkinder) denkt, so erhält man
zwei Dreiecke. Die in Summe in dem rechten oberen Dreieck
gelegenen Geschäfte bedeuten hohes geschäftliches Risiko.
Die in Summe in dem linken unteren Dreieck befindlichen Geschäfte bedeuten niedriges geschäftliches Risiko.

Anhand nachfolgender Matrix kann nun eine Firma raschen   Strategie-Matrix
Überblick erhalten ob ihre Geschäftsfelder in einem Gleichgewicht hinsichtlich Profitabilität, Wachstum und Risiko sind.
Auch über den Cash Flow lassen sich Aussagen machen, wie die
vorigen Hinweise für die Betrachtung der einzelnen Quadranten zeigen.

Die Firma McKinsey entwickelte dieses 9-Quadranten-Modell
zur Strategiefindung, das auch auf die Felder in den oben erwähnten Quadranten der BCG-Matrix anwendbar ist. Hier ist
diese Matrix mit getauschten Achsen dargestellt, um die gleiche
Zuordnung wie bei der BCG-Matrix zu erhalten.

Branchen- attraktivität \ Wett- bewerbs- stärke	Hoch	Mittel	Gering
Hoch	Wachstum Hohe Investition Vorherrschaft anstreben	Selektiv wachsen Stärken aufbauen Schwächen ausmerzen	Selektieren Nischen suchen Akquirieren Kooperieren
Mittel	Selektives Wachstum Stark investieren Position halten	Selektion Spezialisieren Fokussieren	Spezialisieren Nischen suchen Abschöpfen Liquidieren
Gering	Position halten Cash Flow optimieren Gering investieren	Portfolio bereinigen Abschöpfen Liquidieren	Abschöpfen Schließen Verkaufen

Die Wettbewerbsstärke (x-Achse) ergibt sich aus

- Marktanteil,
- Vertriebsstärke,
- Marketing-Ausgaben,
- Service-Intensität,
- Forschung und Entwicklungs-Budgets,
- finanziellen Ressourcen,
- Image,
- Produkt-Portfolio-Breite und -Tiefe,
- Qualität und Zuverlässigkeit sowie
- Kompetenz von Management und Mannschaft.

Die Branchenattraktivität (y-Achse) setzt sich zusammen aus

- Marktvolumen,
- Marktwachstum,
- Wettbewerbsstruktur,
- Ein- und Austrittsbarrieren,
- Branchenrentabilität,
- Technologie-Zyklen, -Sprünge, -Ablösungen,
- Geschäftszyklizität,
- Umfeld (Gesetze, Politik, Umweltvorschriften) und
- Personalmarkt.

Hiermit können den Geschäften, die vorher in den BCG-Quadranten eingetragen wurden, Vorgehensweisen zugeordnet werden. Gerade bei den Fragezeichen-Geschäften ist die selektive Vorgehensweise wichtig. Fördert man alle Fragezeichen, so wird das die finanziellen Möglichkeiten stark beanspruchen. Kein Fragezeichen zu fördern heißt die Zukunft aufs Spiel setzen. Fragezeichen zu lange durchzuschleppen kostet unnötige finanzielle Ressourcen.

Strategische Optionen für Geschäfte

Wie in der Portfoliobetrachtung angewandt, gibt es für ganzheitliche Geschäfte oder Geschäftsfelder verschiedene Optionen. Grundsätzlich gibt es:

- Positionsveränderung relativ zum Wettbewerb, nämlich
  - Ausbauen, verbunden mit notwendigen Investitionen in eigene Aktivitäten oder Kooperationen und Akquisitionen,
  - Halten oder
  - Ernten, d.h. Weiterbetreiben des Geschäftes bei Maximierung des finanziellen Ergebnisses und Zurückschrauben aller Investitionen auf ein absolutes Minimum,
- Liquidation oder Verkauf des Geschäftes,
- Restrukturierung durch Veränderung oder Fokussierung
  - des Angebots-Spektrums von Produkten und Dienstleistungen,
  - der Wertschöpfungsstufen, durch
  - Teilung oder Zusammenlegung mit anderen Geschäften/Geschäftsfeldern oder
  - Innovation.

Die strategischen Optionen sollten auch von Zeit zu Zeit zukunftsorientiert betrachtet werden. Während die Handlungsoptionen in einem kurzfristigen Zeitraum von einem Jahr sehr begrenzt sind, so können innerhalb von zwei bis drei Jahren Innovationen vorbereitet werden. Langfristig, im Zeitraum von etwa fünf Jahren sollten Optionen neuer Geschäfte durchdacht und angegangen werden.

Lebenszyklus-Analyse

Interessant ist auch eine Betrachtung von Arthur D. Little über Wettbewerbspositionen über die Produktlebenszyklus-Kurve hinweg. Zusammenfassend zeigt diese Betrachtungsweise hohen Investitionsbedarf in führender Position und zu Beginn des Zyklus. Je schlechter die eigene relative Wettbewerbsstellung und je fortgeschrittener die Produktreife am Markt, desto vorsichtiger sollte investiert werden.

Produktlebenszyklus

Der Lebenszyklus eines Produktes wird meist unterschieden in Einführungs-, Wachstums-, Reife-, Sättigungs- und Degenerationsphase.

Einführungsphase   Ist das Produkt neu am Markt, ist der Umsatz niedrig. Niedrigem Umsatz stehen hohe Kosten für Produktion und Markterschließung gegenüber, es ergeben sich daher Verluste. Die Marktstruktur ist monopolistisch. Die Konsumenten (Innovatoren, Opinion Leader) stehen Neuerungen aufgeschlossen gegenüber.

Wachstumsphase   Es folgen überdurchschnittlicher Umsatzzuwachs und hoher Gewinn. Dies zieht Konkurrenten nach sich und die Marktstruktur wird oligopolistisch. Neben den bisherigen Abnehmern sind die neuen Konsumenten die sogenannten „frühen Adaptoren".

Reifephase   Der Umsatz steigt weiterhin an und erreicht beim Übergang in die Sättigungsphase sein Maximum; Umsatzwachstum und Gewinn sind rückläufig. Die Marktstruktur wird polypolistisch. Durch Differenzierung der Produkte versucht man sich von den Wettbewerbern abzuheben. Neben den bisherigen Konsumenten kauft nun auch die frühe Mehrheit (Konsumenten, die bisher beim Kauf gezögert haben).

Sättigungsphase   Der Umsatz ist rückläufig, die Wachstumsrate negativ und der Gewinn erreicht am Ende dieser Phase die Verlustschwelle. Die Marktstruktur ist weiter polypolistisch. Die Konsumenten werden als späte Mehrheit bezeichnet. Die Marketingaktivitäten sind auf die Aufhaltung des Umsatzrückganges gerichtet.

Degenerationsphase   Weiterer Umsatzrückgang und Verluste sind Kennzeichen der Verfallphase. Die Marktstruktur ist meist wieder oligopolistisch. Produktprogramme werden bereinigt, Erstkäufer werden als Nachzügler bezeichnet.

Die obige Darstellung des Produktlebenszyklus gilt in vollem Umfang für Produkte, die von mehreren Herstellern angeboten werden, wie zum Beispiel CD-Player, oder von Produkten, die von besonderen Modeerscheinungen abhängig sind.

Für Investitionsgüter oder auch Massenprodukte gelten nur Teile der geschilderten Abläufe. Beispiel neues Automodell: Hier gibt es immer Konkurrenzprodukte, trotzdem gibt es gewisse Phasen. Aber die Einführungsphase läuft bereits, bevor das Produkt am Markt ist!

Die eigentlichen Produktlebenszyklen werden von zwei zusätzlichen Effekten überlagert, nämlich der

• Zyklizität des Geschäftes und dem
• Hype-Cycle.

Die Zyklizität von Geschäften sind aus der Schweinemast und
bei Speicherbausteinen gut bekannt. Öfters überrascht werden
die Marktteilnehmer von einem Hype-Cycle, bei dem einer
neuen Technologie zunächst viel zu viel Potential zugesprochen
wird als dies in der Realität eintrifft. Die Abfolge des Zyklus ist
geprägt von anfänglicher Euphorie, gefolgt von überhöhten Erwartungen, die zur späteren Ernüchterung und einem neuen
Realitätsbewusstsein führen. Erst dann folgt die Phase des profitablen Geschäftes. Beim Planen von Investitionen sollten diese
Effekte möglichst genau berücksichtigt werden.

Produkt-Markt-Matrix

Die Darstellung der Kombinationsmöglichkeiten von Produkten und Märkten liefert die Produkt-Markt-Matrix. Sie umschreibt die wesentlichen Wachstumsmöglichkeiten für Unternehmen durch die Produktpolitik (hier dargestellt nach Ansoff):

Produkte / Märkte	bestehend	neu
bestehend	Marktdurchdringung (Market Penetration)	Produktentwicklung (Product Development)
neu	Marktentwicklung (Market Development)	Diversifikation (Diversification)

Marktdurchdringung

Verstärken der Marktdurchdringung bedeutet, auf bestehenden
Märkten bestehende Produkte zu forcieren (Verkaufsintensivie-
rung, Gewinnung von Kunden der Konkurrenz usw.).

Produktentwicklung

Gemeint ist die Entwicklung *neuer* Produkte für einen *gegenwär-
tigen* Markt. Dabei sind zu unterscheiden:

• Echte Innovationen sind originäre Produkte, die es bisher
  noch nicht gab, zum Beispiel Digitalkameras.
• „Quasi-neue Produkte" knüpfen an existierende Produkte an.
• „Me-too-Produkte" sind bereits bestehenden Produkten
  nachempfunden und unterscheiden sich durch abweichendes
  Produktdesign oder neuartige Verpackung.

Marktentwicklung

Marktentwicklung heißt, den Markt für bereits bestehende erfolgreiche Produkte durch die Gewinnung von Neukunden und die Schaffung neuer Verwendungszwecke systematisch zu erweitern.

Diversifikation

Die Entwicklung neuer Produkte für neue Märkte wird unterschieden in horizontale, vertikale und laterale Diversifikation.

Horizontale Diversifikation: Verwandte Produkte werden unter Nutzung bisheriger Produktionstechniken oder gleicher Marktbeziehungen in das bisherige Programm aufgenommen.

Vertikale Diversifikation: In das bisherige Programm werden Produkte vor- oder nachgelagerter Wirtschafts- oder Entwicklungsstufen aufgenommen.

Laterale Diversifikation: Hier besteht kein direkter Zusammenhang zwischen den neuen Produkten und den bisherigen Produkten.

Und wie kommt man zu neuen Produkten für neue Märkte? Über

- Produktentwicklung – eigene Entwicklung oder Vertragsentwicklung,
- Lizenzerwerb – Produktionslizenz oder Vertriebslizenz,
- Unternehmenskauf – Kauf einer Entwicklungsfirma oder Kauf eines Produktionsunternehmens sowie
- Kooperation – Informations- und Erfahrungsaustausch oder Joint Venture.

SWOT-Analyse

Eine weitere gute strategische Übung ist die Überprüfung von

- Strengths – Stärken,
- Weaknesses – Schwächen,
- Opportunities – Chancen,
- Threats – Bedrohungen.

Diese Analyse sollte von mehreren Abteilungen in unterschiedlichen Funktionen durchgeführt werden. Auch sollten im Sinne des strategischen Dreiecks immer die Sichtweisen Kunde, Wettbewerber und Produkt betrachtet werden. Nur wenn die Sichtweisen von Marketing, Vertrieb, Entwicklung und Produktion zusammengetragen werden, ergibt sich ein rundes Bild. Daraus können sich auch bislang verborgene Wettbewerbsvorteile oder -bedrohungen ergeben.

Der ungeschönte Vergleich mit dem Wettbewerb zeigt Verbes-   **Benchmarking**
serungspotenziale auf. Solch ein Vergleich bezieht sich auf Geschäftsprozesse oder kritische Teile der Wertschöpfungskette mit
den härtesten Wettbewerbern, die nicht notwendigerweise in
der gleichen Branche zu finden sein müssen.

> Ziel sollte immer sein, selbst der Beste auf den angestrebten
> Kernkompetenzfeldern zu werden. Hierfür bietet Bench-
> marking sehr gute Hilfestellungen (Näheres siehe Kapitel
> 2.6).

Lernkurven

Für Firmen, die im Volumensegment tätig sind, ist eine Kostenführerschaft unbedingte Voraussetzung für wirtschaftlichen Erfolg. Kostenführerschaft kann nur durch hohe Volumina erzielt
werden. Hintergrund ist die empirische Erkenntnis, die besagt,
dass bei Verdopplung der Produktionsmenge die realen Ge-
samt-Stückkosten um ca. 25 bis 30% gesenkt werden können.
Dies gilt sowohl in zeitlicher Folge (kumulierte Stückzahl) als
auch in der aktuellen Produktionskapazität. Kleine Abweichungen von dieser Ideal-Kennlinie sind durch sprungfixe Kosten
wie etwa eine neue Produktionsmaschine oder eine zusätzliche
Fertigung gegeben.

Mehrere Parameter bewirken die Stückkostensenkungen und
damit den Lernkurven-Effekt:

• Mengeneffekte durch
  – Einkaufsvorteile,
  – größere Herstellmaschinen,
  – weniger Personal je Produktionsmenge,
  – höhere Auslastung der Maschinen, z.B. durch
    Schichtdienst,
  – höhere Produktionsautomatisierung,
  – geringere Rüstkosten durch Produktwechsel,
  – spezialisierte und optimierte Produktionslinie,
  – geringeren Anteil von Entwicklungs- und
    Overhead-Kosten und
  – Fixkostendegression.

- Lerneffekte durch
  - kontinuierliches Verbesserungsprogramm zur Erhöhung von Qualität und Ausbeute sowie zur Senkung der Kosten,
  - Verbesserungen in Ablaufprozessen und
  - intensive Auseinandersetzung mit Massenfertigungsthemen.

Allerdings sind auch Marktführer nie sicher, nicht von Wettbewerbern überholt zu werden. Das Optimieren der Menge und damit der Kosten ist zwar ein wichtiger Ansatz. Es gibt aber immer wieder neue Marktspieler, die neue Regeln aufstellen. Dies kann auf der Technologieseite sein, wo heute spezialisierte Geräte morgen durch standardisierte Komponenten ersetzt werden können (zum Beispiel der PC als Video- und Audio-Rekorder).

Es kann aber auch ein neuer und effektiver Kanal zum Kunden die Spielregeln verändern. Gerade das E-Business bietet viele Möglichkeiten für neue Geschäftsmodelle und Bedrohungen für etablierte Geschäfte.

Lernkurven spielen in Geschäften mit Nischen- oder Patt-Charakter keine große Rolle; auch in Spezialgeschäften ist es wichtiger mit engem Kundenkontakt und hoher Innovationsrate Leistungsvorteile zu erarbeiten. Hingegen haben die Lernkurven eine hohe Bedeutung in der Produktion. Doch durch gezielte Maßnahmen können auch bei Forschung und Entwicklung, Marketing und Vertrieb sowie dem Rechnungswesen Effektivität und Effizienzsteigerungen durch Lernkurveneffekte erreicht werden.

5.4.4 Kernkompetenzen, Wettbewerbsvorteil und Erfolgsfaktoren

Von hoher Wichtigkeit ist das Selbstverständnis über die Themen, Prozesse, Produkte, Dienstleistungen, welche wirklich herausragend beherrscht werden. Entlang dieser Fähigkeiten lassen sich Vorteile für Kunden und Barrieren gegen Wettbewerber aufbauen.

Die Analyse im Marktumfeld zeigt auf, welche Eigenschaften eines Unternehmens einzigartig sind.

Allerdings bedeutet ein Alleinstellungsmerkmal nicht automatisch schon zukünftigen Gewinn, denn nur wenn es auch einen Wettbewerbsvorteil darstellt, kann es erfolgssteigernd wirken.

Für jedes Geschäftsfeld sind somit zur Erreichung der Zielsetzungen die Kenntnis und der Ausbau der Wettbewerbsvorteile wichtig. Je nach Geschäftsart kann es sich in erster Linie um Kosten-, Leistungs-, Kompetenz- oder Zeitvorteile handeln.

Für den Fortbestand einer Firma ist es wichtig, vom Kunden wahrgenommene Wettbewerbsvorteile – also Kundenvorteile – zu schaffen. Damit diese wirklich wahrgenommen werden können, ist die Kundenkommunikation von der technischen Realisierung scharf zu trennen. Es gibt viele technisch hervorragende Lösungen, die sich im Umsatz und Ergebnis nicht wiederspiegeln. Für die Kundenwahrnehmung können verschiedenste Parameter eine Rolle spielen. Die offensichtlichen Kernparameter sind Kosten, Leistung, Zeit und Qualität.

Eine große Rolle spielen beispielsweise auch

- Produkt / Technology-Know-how
- Prozess-Kenntnis
- internationales Vertriebsnetz,
- Servicehotlines,
- Zusatzleistungen wie Beratungen und Schulungen,
- Flexibilität bei der Erfüllung von Kundenwünschen und
- sicherer Kauf: Wie lange wird der Lieferant existieren, wie lange wird er das Produkt betreuen?

Dies müssen Prozesse und Fähigkeiten sein, welche vom eigenen Unternehmen exzellent beherrscht und auch von einer Vielzahl von Kunden als vorteilhaft und nützlich honoriert werden.

Erfolgsfaktoren

Es ist also wichtig, im Vergleich zum Wettbewerb Vorteile hinsichtlich der Kosten und der Leistung zu erarbeiten und zu verteidigen. Der Ansatz geht hier über geschäftsspezifische Erfolgsfaktoren: Dies sind Parameter zur Veränderung der Wettbewerbsposition, die aber auch als Ansatzpunkte für mögliche Wettbewerbsvorteile dienen können.

Es gibt geschäftsspezifische Erfolgsfaktoren, deren Beherrschung die Voraussetzung für den unternehmerischen Erfolg darstellt:

Erfolgsfaktoren

- Kundennähe und Branchenkenntnis,
- Volumen- oder Kostenvorteile,
- Standort- und Zeitvorteile,
- Leistungsvorteile (Produkte, Dienstleistung, Service)

- Wissensvorteile durch Experten und Management,
- Qualitätsvorteile und Technologievorsprung,
- Fokussierung auf das Kerngeschäft,
- Vollständigkeit des Portfolios,
- Bereinigung von Teilen und Typen und Reduzierung der Variantenvielfalt,
- Plattformstrategie, Modularisierung und Produktfamilien,
- Partnerschaften und Kooperationen,
- Spezifische Vorteile in der Wertschöpfungskette.

Im Folgenden sind einige konkrete Beispiele für Erfolgsfaktoren in unterschiedlichen Funktionen genannt:

Mitarbeiter
- Kenntnisse und Wissen
- Erfahrungen und Fähigkeiten
- Engagement
- Kundenorientierung
- Zufriedenheit
- Fluktuation

Organisation und Prozesse
- Prozessabläufe
- Reaktionszeiten
- Fähigkeit, sich zu verändern

Forschung und Entwicklung
- Neue Technologien
- Patente
- Leistungsmerkmale
- Plattformstrategie, Modularität
- Systemarchitektur
- Software versus Hardware
- Standard versus Spezialkomponenten
- Entwicklungszeit

Produktion
- Einkauf
- Standort
- Logistik
- Lager
- Lieferfähigkeit, Lieferzeit, Liefertreue
- Reaktionsgeschwindigkeit
- Wertschöpfungstiefe

Service

- Partnering
- Hotline
- Reaktionszeit
- Internationales Netz
- Portfolio

Marketing

- Image
- Verpackung
- Produktportfolio
- Verkaufsförderung, Werbung

Vertrieb

- Preise
- Konditionen
- Projektmanagement
- Erreichbarkeit
- Regionale Präsenz
- Reaktionsgeschwindigkeit

Kosten

- Volumen
- Bestände
- Forderungen
- Standortstruktur
- Wertschöpfung
- Technologievielfalt
- Typen- und Teilevielfalt
- Einkauf
- Design to Cost

Qualität

- Produkt
- Service und Dienstleistung
- Prozesse und deren Durchgängigkeit
- Mitarbeiterqualifikation

Geschäftspezifisch sollte auch die Produktivität, beispielsweise „Umsatz pro Mitarbeiter", als Kenngröße beobachtet werden.

In jedem Fall lohnt es sich herauszuarbeiten, wo genau das eigene Unternehmen Schwerpunkte in der *Wertschöpfungskette* setzen und wo durch Kooperationen wie ein virtuelles Unternehmen agiert werden soll:

• Dienstleistungen oder Produktion,
• Einkauf und Logistik,
• Entwicklung, Marketing, Vertrieb,
• Qualität, Zuverlässigkeit, Sicherheit,
• Service.

5.4.5 Geschäftsfeld-Controlling

In regelmäßigen Abständen – etwa einmal jährlich – sollte eine Überprüfung der Geschäftsfeldstruktur durchgeführt werden. Dabei sind Umfeld und Geschäftsinhalte auf Veränderungen hin zu überprüfen, um einen möglichen Anpassungsbedarf rechtzeitig erkennen zu können. Gegebenenfalls muss mit Neugründung, Veränderung, Aufteilung, Zusammenlegung oder dem Verkauf von Geschäftsfeldern reagiert werden.

Cockpit-Charts Für die permanente Verfolgung der Geschäftsentwicklung im Zeitverlauf empfiehlt sich ein Scorecard Controlling (Balanced Scorecard siehe Kapitel 12.1), bei dem wenige, für die Zielerreichung des Geschäftsfeldes kritische Kennzahlen Auskunft über Umsetzungsfortschritte und Erfolg der Geschäftsstrategie geben.

Wegen der direkten Verbindung zur Geschäftssteuerung werden sie auch als Cockpit-Charts bezeichnet.

5.5 Operative Planung

„Es gibt nichts Gutes, außer man tut es".

Dieser Satz gilt insbesondere in einer Zeit, in der alle Signale auf eine weitere Verkürzung von Produktlebenszyklen, Geschäftsmodellen und Kundenbeziehungen deuten.

Was die strategische Planung langfristig vorgibt, wird im Rahmen der operativen Planung auf Abteilungsebene heruntergebrochen und in Handlungsvorgaben umgesetzt. Vision und Leitziele in Strategien umzusetzen und für alle Beteiligten nachvollziehbar zu gestalten ist daher eine permanente Aufgabe des Managements. Kompetente, informierte, verantwortungsbewusste Mitarbeiter richten dann ihr Handeln an den Leitzielen und der Strategie aus.

Die sich hieraus ergebenden Handlungsnotwendigkeiten werden im Rahmen der operativen Planung auf einzelne Bereiche, Geschäftsfelder, Funktionen und Abteilungen heruntergebrochen.

Folgende Vorgehensweise empfiehlt sich:

* Identifikation der Herausforderungen, um die Ziele zu erreichen
* Lösungsansätzen von Mitarbeitern, Kollegen, Kunden oder Wettbewerbern nachgehen
* Zielpyramide aufstellen und auf kleinere Einheiten und Mitarbeiter aufteilen
* über Ziele und Wege, diese zu erreichen, mit den Personen sprechen und Vereinbarungen treffen
* Bei den Zielen die Blickrichtungen „Produkt", „Geschäftseinheit" und „Regionen" berücksichtigen.

> Jeder Mitarbeiter muss verstehen, wie sie oder er *persönlich* zum Erfolg des Unternehmens beitragen kann und wie diese Beiträge mit anderen Aktionen zusammenhängen.

Auch die wirtschaftliche Planung passt sich den Leitzielen an und setzt geeignete Messgrößen um, damit Planabweichungen über ein Frühwarnsystem rechtzeitig zu erkennen sind.

Wirtschaftliche Planung

Programme

Je nach Geschäftsfeld und dessen wirtschaftlicher Situation sind funktionsübergreifende Programme zur Steigerung der Wettbewerbsfähigkeit angebracht. Die Programme leiten sich aus der Geschäftsfelddefinition und den dort festgelegten Stoßrichtungen ab. Die Betrachtung der Erfolgsfaktoren am Markt und der eigenen Kernkompetenzen führt zu weiteren operativen Programmen zur Verbesserung der eigenen Wettbewerbsposition.

Funktionalprogramme optimieren die jeweiligen Aufgaben von Abteilungen. Beispiele hierfür sind:

* Marketing: gezielte Werbung, Roadshows;
* Vertrieb: Umsatzsteigerung, Kanaloptimierung, Kundenprogramme wie z.B. „Total Cost of Ownership" oder „Return of Investment";

- Entwicklung: Plattformkonzept, Modularisierung, Standardisierung;
- Produktion: Fertigungssegmentierung, Automatisierung, Ausbeuteerhöhung.

5.6 Innovation

Innovation ist der Prozess der Umsetzung einer neuen Idee in eine marktreife Lösung.

Innovationen können sowohl bei Produkten und Dienstleistungen, als auch bei Prozessen und Inhalten stattfinden.

Beispiele dafür, dass Unternehmen durch vereinzelte, eher zufällige Innovationen weitreichende Marktanteilsgewinne verzeichnen konnten, gibt es unzählige. Diese konnten allerdings in der Regel nicht gehalten werden, weil sich Kundenwünsche änderten und Paradigmenwechsel neue Geschäfte hervorbrachten. Als Beispiele seien hier kleinere Softwarehersteller genannt, die sich mit ihrem – oft einzigen, aber innovativen – Produkt an den Bedürfnissen eines größeren Herstellers orientieren.

Deshalb muss ein Unternehmen grundsätzlich in der Lage sein, genügend häufig gezielte Innovationen zu realisieren. Hierbei stellen sich Fragen nach zentraler oder dezentraler Forschung, strukturiertem oder unstrukturiertem Vorgehen, finanziellen Ressourcen, Anwendbarkeit, Transferierbarkeit in den Produktbereich, um nur einige zu nennen. Diese Fragen sind nicht grundsätzlich zu beantworten: Über verschiedene Branchen und Geschäftsarten bestehen große Unterschiede; somit muss jedes Unternehmen individuell seinen Weg zu Innovationen finden.

> Wichtig in diesem Zusammenhang auch: Die Absicherung der Innovationen durch Patentstrategien (siehe Kapitel 5.7)!

Begünstigende Faktoren Nach einer Reihe von empirischen Untersuchungen wird Innovation begünstigt durch

- weniger strukturierte Organisationen,
- ein über Abteilungs- und Bereichsgrenzen hinweg sehr kommunikatives Umfeld,
- Spezialisierung auf bestimmte Themen,
- wenig formalisierte Programme,

- unbürokratische Führung,
- professionelle Prozesssteuerung,
- Einsatz von Kreativitätstechniken und
- gezielten Informationsfluss über Kundenrückmeldungen.

In der Regel teilt man den Innovationsprozesses in drei Phasen:
Invention – Inkubation – Implementierung.

Inhalte des Innovationsprozesses

Folgende Inhalte sind für den Prozess einer Innovation oder des
New Business Development wichtig:

- Die Szenarien-Erstellung (Einzelheiten siehe unter
  „Szenariotechnik"),
- die Analyse der Bedarfsveränderung beim Kunden, das
  Bestimmen des vermarktbaren Kundennutzens,
- Ergebnisse von Trendanalysen,
- definierte Maßnahmen zur Veränderung der
  Marktspielregeln,
- neue Ansätze bei Technologien, Produkten, Dienstleistungen,
  Portfolio, Roadmaps, aber auch bei Prozessen und Geschäftsmodellen, wie sie z.B. in Ideenworkshops gewonnen werden,
- die Bewertung der Ideen,
- der Businessplan inklusive der Geschäftsdarstellung
  mit Handlungsalternativen,
- ein definierter Projektstart, Meilensteine und
  Abbruchkriterien sowie
- ein positives Ergebnis einer Prüfung der Geschäftsidee
  im Testmarkt.

Über die einzelnen Phasen hinweg sollten, wenn möglich, Personen mit unterschiedlichen Charakteren die Prozessverant-
wortung tragen. Es gibt nur wenige ausgezeichnete Erfinder, die
auch gleichzeitig sehr gute Manager einer Produktimplementie-
rung sind.

Szenariotechnik

Die Szenariotechnik ist eine sehr nützliche Technik, mit der
man entweder seinen geschäftlichen Standort bestimmen und
absichern oder auch neue Innovationen fördern kann. Grundsätzlich gibt es zwei Arten von Vorgehensweisen. Entweder betrachtet man das Morgen von heute aus kommend, was eher einem hochrechnenden Vorgehen entspricht. Oder man betrach-

tet die fernere Zukunft und überlegt dann zurückrechnend was sich alles verändern kann.

Bei der zweiten Methode ist einiges an Vorarbeiten notwendig. Mit Hilfe von Beratern, Expertenbefragungen und Futuristen sollte zunächst das Umfeld möglichst gut beschrieben werden, in der die Firma existiert. Möglicherweise kommt man dabei um globale Betrachtungen (wie entwickelt sich die Welt?) nicht herum. Darin werden dann in Szenarien die Lebensräume der Kunden beschrieben. Zusätzlich betrachtet man das mögliche Vorgehen aggressiver Wettbewerber, die mit neuen Technologien und anderen Ansätzen plötzlich in das Geschehen eingreifen.

Basis für Szenarien zur Betrachtung der ferneren Zukunft ist immer eine Sammlung von Trends und plötzlichen Veränderungen, die eintreten können. Hier zunächst einige Beispiele von Trends der nächsten 10 bis 20 Jahre:

- Die Weltbevölkerung wächst kaum verlangsamt weiter.
- Der bedachte Umgang mit der Umwelt und deren Ressourcen wird wichtiger.
- Die Globalisierung und damit der Wettbewerb schreiten voran.
- Die Individualisierung in den entwickelten Industrieländern steigt.
- Die Innovationen kommen in immer kürzeren Abständen.
- Die Produktlebenszyklen verkürzen sich.
- Die Halbwertszeit des Wissens nimmt ab.
- Lebenslanges Lernen und Weiterbildung sind eine konsequente Folge daraus.
- Berufliche Laufbahnen werden unsteter.
- Lokale und globale Mobilität (Nah- und Fernverkehr) nehmen zu.
- Mikro- und Nanotechnologie verdoppelt alle 18 Monate die Rechenleistung von Prozessoren und die Kapazität von Speichern.

Plötzliche und verändernde Ereignisse in der Vergangenheit waren beispielsweise Kriege, der Fall der deutsch-deutschen Mauer, die Zerstörung des Word Trade Centers in New York oder der Kernkraft-Unfall in Tschernobyl.

Mit solchen Variablen können dann Extremszenarien gebildet werden, wie zum Beispiel sichere oder unsichere Welt, hohe oder niedrige Mobilität. Nach der Beschreibung der Szenarien überlegt man, welche Maßnahmen für die Firma wichtig sind und priorisiert diese.

Es wird dabei immer einige Maßnahmen geben, die für alle Szenarien richtig sind. Diese können dann auf jeden Fall und sofort angegangen werden. Die anderen Maßnahmen können dann unterschiedlichen Geschäftsfeldern oder Kundengruppen zugeschlüsselt und dort weiterverfolgt werden.

Es gibt viele unterschiedliche Ansätze zur Steigerung der Innovationsfähigkeit. Bewährt haben sich gezielte Abfragen nach neuen Ideen – kontinuierlich oder mittels Wettbewerb. Über unternehmensspezifische Filter werden dann vielversprechende Ideen priorisiert und anschließend weiter ausgearbeitet. Sind die Ergebnisse eines danach erstellten Geschäftsplans positiv, so kann mit der Umsetzung in der Linienorganisation begonnen werden.

5.7 Patentstrategie

Auch die richtige Patentstrategie kann für ein Unternehmen von elementarer Bedeutung sein. Folgende unterschiedliche gesetzlich festgelegte gewerbliche Schutzrechte gibt es in Deutschland:

- Gebrauchsmuster (technisches Schutzrecht, Schutzdauer: 10 Jahre)
- Geschmacksmuster (ästhetische Darstellungen, Schutzdauer: 20 Jahre)
- Marken (Marken und geschäftliche Bezeichnungen)
- Urheber (Schaffung eines Werkes / Schöpfung, Schutzdauer: 70 Jahre nach Tod des Urhebers)
- Patent (wiederholt realisierbare Neuheit, Schutzdauer: 20 Jahre)

Insbesondere die Patente sind für das Geschäft von hoher Bedeutung, da sie

- eine Eintrittsbarriere gegen Wettbewerber sind,
- sich damit eine Kosten- und Leistungsposition sichern lässt,
- sie Lizenzeinnahmen von Vertragspartnern ermöglichen sowie den
- Lizenzaustausch mit anderen Firmen.

Während hardwarebezogene Patente eine lange Tradition haben, ist bei Software, Biologie und bei Geschäftsmodellen noch mit Unsicherheiten der Anspruchsanmeldung zu rechnen. Ein Patent verleiht seinem Inhaber Monopolstellungen in den Ländern, in denen es erteilt wurde. Es schützt den Inhaber vor unberechtigtem Herstellen, Besitzen, Einführen, Gebrauchen oder Anbieten des geschützten Themas. Bei Patentverletzungen besteht Anspruch auf angemessenen Schadensersatz.

5.8 Make or Buy

Gerade in schwierigem Marktumfeld überleben eher solche Konzerne, die sehr breit aufgestellt sind (Konglomerate) oder solche Firmen, die sich gut spezialisiert haben und ihren Kernprozess optimal beherrschen. Von existenzieller Bedeutung ist es, die Wettbewerbsvorteile zu schützen und auszubauen. Das heißt aber nicht alles selber tun zu müssen. Es gibt viele Ansätze mit anderen Firmen zusammenzuarbeiten. Das sollte man genauestens und mit Augenmaß prüfen. Natürlich kann eine FuE-starke Firma sich überlegen, ob sie auf die Fertigung verzichtet und einen Vertrag mit einem Outsoucer abschließt. Man sollte nur vorher auch die zahlreichen weichen Faktoren identifizieren, die eine Firma zusammenhält. Nicht selten kennt der Fertigungsleiter seine Vertriebsleute viel besser und weiß deren Umsatzvorhersagen zu werten. In einem Lieferantenverhältnis mit einem Produzenten kann eine rasche Erniedrigung oder Erhöhung der Produktionszahlen zu vertraglich nicht vorhergesehenen Problemen führen.

Bei der Frage „Make or Buy" wird man mehr zum „Make" tendieren, wenn

- die strategische Bedeutung der Komponenten/Systeme sehr hoch ist und/oder
- die Verfügbarkeit der Komponenten/Systeme sehr gering oder unsicher ist.

Standardkomponenten werden zugekauft, Schlüsselkomponenten werden selbst gefertigt.

Durch steigende Globalisierung und neue Formen im elektronischen Handel werden die Standorte von Firmen und die Arbeitsplätze flüchtiger. Wie schon seit einiger Zeit zu beobachten gilt das gleiche auch für die weltweiten Kapitalflüsse. Die Standortbedingungen sind in Zukunft von zentraler Bedeutung. Die

Entscheidungen sowohl von Einzelunternehmern als auch Konzernen werden dann ganz wesentlich von folgenden Faktoren beeinflusst:

- Infrastruktur,
- Gesetzgebung und Steuern,
- Personalkosten,
- Flexibilität bei der Veränderung der Mitarbeiteranzahl,
- Zulieferanten,
- Kunden,
- Ausbildungsstand der Mitarbeiter.

Zunehmend werden auch weiche Faktoren wichtig wie

- positive und inspirierende Visionen der Regierung,
- Zuverlässigkeit von Behörden und Geschäftspartnern oder
- Förderungsmöglichkeiten von neuen Geschäften.

Länder, die solche Faktoren berücksichtigen, nutzen die weltweit steigende Mobilität zu Ihren Gunsten. Deren Wirtschaft wird im neuen Zeitalter der Wissensökonomie einen Vorsprung erzielen.

Im Rahmen von Make or Buy sind folgende unterschiedliche feste Formen der Zusammenarbeit erwägenswert:

- die Lieferantenvereinbarung,
- der Vorzugslieferantenstatus,
- der Kooperationsvertrag für gemeinsame Entwicklungs-, Marketing, Vertriebs-, Service- oder Fertigungsdienstleistungen,
- das Outsourcing von Produktion oder Geschäftsprozessen, bei dem ein Teil der eigenen Wertschöpfung nach außen gegeben wird,
- das Original Equipment Manufacturing (OEM; Vertrag, bei dem zum Beispiel komplette Systeme unter anderem Namen weitervertrieben werden),
- das Joint Venture,
- ein Merger (ein Zusammengehen zweier Firmen),
- die Minderheitsbeteiligung,
- die Mehrheitsbeteiligung oder
- die vollständige Übernahme.

In dieser Auflistung steigen sowohl das Beteiligungsrisiko als auch der mögliche geschäftliche Erfolg von oben nach unten.

Etablierter Prozess In einem etablierten Kooperationsprozess (so nennt man einen Teil des Strategieprozesses innerhalb des eigenen Unternehmens) sollten folgende Inhalte laufend überprüft werden:

- Die Geschäftsstrategie zu Kooperation/Akquisitionen/Desinvestitionen.
- Welche neue Kernkompetenzen möglicher Partner sind interessant?
- Wer kommt als Partner in Frage?
- Ist der Kreis möglicher Partner groß genug?
- Wie sieht Wettbewerbsentwicklung aus, was verändert sich, wo ist zu reagieren?
- Sind die Analysen bezüglich Kooperations-/Akquisitions-/SWOT-Analyse hinsichtlich Kompetenzen, regionaler Abdeckung, vertrieblicher Kanäle, erweitertem Kundenkreis oder verbessertem Dienstleistungs-/Produktspektrum noch aktuell, falls nein – überarbeiten.

Due Diligence Bevor man mit einem Partner enger zusammenarbeitet, kooperiert oder eine Übernahme plant, wird eine ganzheitliche Analyse durchgeführt. Diese Due Diligence (weitere Einzelheiten in Kapitel 2.11.4) umfasst folgende Aspekte:

- Geschichte und aktuelle Lage des Unternehmens,
- Vision, Mission, Ziele, Strategie,
- Markt und Wettbewerb,
- Kernkompetenzen und Alleinstellungsmerkmale,
- Produktportfolio,
- Entwicklungs- und Innovationsprozess,
- Produktions- und Logistikprozess,
- Marketing- und Vertriebsprozess sowie
- Finanzen, Planung und Controlling.

Diese Punkte werden in angemessenen Umfang überprüft und mit den Kooperations-/Akquisitionszielen der eigenen Firma verglichen. Hohe Vertraulichkeit auf beiden Seiten ist Voraussetzung, um von Wettbewerbern oder öffentlichen Reaktionen unbeeinflusst agieren zu können. Am Ende der Due Diligence werden die Fragen nach Substanz, Ertrag, Management und letztlich nach der neuen zukünftigen gemeinsamen Profitabilität beantwortet.

6 Marketing, Werbung und Vertrieb

Dieses Kapitel befasst sich mit den „Außenbeziehungen" des Unternehmens. Da ein Unternehmen vom Absatz seiner Produkte oder Dienstleistungen lebt, sichert der Vertrieb als Schiene zwischen Unternehmen und Kunden den Fortbestand. Allerdings: Ohne Marketing – auch im Vorfeld der Produktentstehung – und Werbung werden die vertrieblichen Anstrengungen jedoch schwierig bleiben.

Die Begriffswelten von Marketing, Vertrieb und Werbung überschneiden sich, eine Abgrenzung ist schwierig. In diesem Kapitel wird eine möglichst übersichtliche Aufteilung vorgenommen. Allerdings lassen sich die einen oder anderen Themen durchaus auch unterschiedlichen Stichwörtern zuordnen.

6.1 Marketing

Der aus dem Amerikanischen übernommene Begriff Marketing gewann in der wirtschaftlichen Entwicklung Deutschlands erst an Bedeutung, als der Markt sich vom Verkäufermarkt (gekennzeichnet durch einen Nachfrageüberhang) in einen Käufermarkt (gekennzeichnet durch einen Angebotsüberhang) wandelte.

Damit waren die Unternehmen zu einer marktorientierten Unternehmensführung gezwungen. Im Mittelpunkt dabei standen – und stehen heute noch – die Erfordernisse des Marktes, das heißt die Bedürfnisse und Erwartungen der Kunden. Ziel des Marketing ist, den Kunden gewinnbringende Angebote zu machen.

Die wachsende Bedeutung des Umfelds wie der Einfluss ökologischer Faktoren, politischer Entwicklungen, technologischer Tendenzen (Internet), gesellschaftlicher Änderungen (Wertewandel) und zunehmende Globalisierung erfordern ein rechtzeitiges Erkennen der maßgeblichen Entwicklungen und eine erhöhte Flexibilität der Unternehmen.

6.1.1 Grundbausteine des Marketing

Marketing als unternehmerische Denkhaltung ist die Planung, Koordination und Kontrolle aller auf gegenwärtige und zukünftige Märkte ausgerichteten Unternehmensaktivitäten. Ziel ist die bedarfsgerechte und gewinnbringende Befriedigung der Bedürfnisse des Marktes und die Erfüllung der Unternehmensziele.

Marketing wird unterschieden in internes Marketing (bezogen auf die Mitarbeiter) und externes Marketing (bezogen auf Abnehmer, Lieferanten und Öffentlichkeit).

Ziele Die Marketingziele leiten sich wie die Ziele anderer Bereiche (Finanzen, Beschaffung, Produktion) aus dem Unternehmensziel ab. Bei der Festlegung der Marketingziele müssen Abhängigkeiten mit anderen Teilzielen beachtet werden, um Zielkonflikte zu vermeiden. Bei den Marketingzielen ist zu unterscheiden zwischen

* marktökonomischen Zielen wie Umsatz, Absatz, Marktanteil und
* marktpsychologischen Zielen wie Image, Bekanntheitsgrad, Markentreue.

Ziele müssen operational (durch Analysen messbar) sein, um eine spätere Erfolgskontrolle zu ermöglichen.

Marketingkonzeption

Die Bausteine einer Marketing-Konzeption umfassen

* Marketingforschung,
* Marketingziele,
* Marketingstrategien,
* Marketinginstrumente/-elemente/-mix, wie
  – Sortimentspolitik,
  – Preispolitik,
  – Distributionspolitik oder
  – Kommunikationspolitik,
* Marketingimplementierung, nämlich
  – Aufbau- und Ablauforganisation,
  – Kontrolle und
  – Audit.

Formen des Marketing

Konsumgüter sind Güter des täglichen Bedarfs, die vom Endverbraucher zum Zweck der Bedürfnisbefriedung gekauft werden. Ein starker Wettbewerbsdruck durch zunehmend aus-
tauschbare Erzeugnisse für den Konsumenten erfordert besondere Marketinganstrengungen. Voraussetzung dafür ist die
Kenntnis des Konsumentenverhaltens. Die Distribution erfolgt
auf verschiedenen Vertriebswegen meist unter Einschaltung des
Handels. Das Marketing richtet sich an die Käufer *und* an den
Handel. Der Produktpolitik, der Preispolitik, der Werbung und
der Verkaufsförderung kommen besondere Bedeutung zu.

*Konsumgüter-
marketing*

Investitionsgüter werden von Unternehmen und öffentlichen
Institutionen zur Herstellung neuer Produkte oder zur Erbringung von Dienstleistungen nachgefragt. Die Produkte werden
häufig speziell für den Abnehmer hergestellt und sind meist
hochpreisig und erklärungsbedürftig. Die Kaufentscheidungen
werden häufig durch Einkaufsgremien (Buying Center) getroffen. Der Kauf erfolgt meist im Direktvertrieb. Eine große Bedeutung haben daher der persönliche Verkauf und der Kundendienst (Service). Im Vergleich zum Konsumgütermarketing ist
die Preispolitik beim Investitionsgütermarketing untergeordnet.

*Investitionsgüter-
marketing*

Die Bedeutung des Dienstleistungssektors nimmt immer mehr
zu. Eine Dienstleistung ist ein immaterielles Angebot, das als
Vermittler eine Person oder Sache benötigt und in der Regel zur
gleichen Zeit produziert und konsumiert wird. Sie ist erklärungsbedürftig und das Image einer Dienstleistung spielt eine
große Rolle bei der Kaufentscheidung. Wichtige Marketinginstrumente sind Corporate Identity (siehe Kapitel 2.10), Werbung,
Öffentlichkeitsarbeit, persönlicher Verkauf und Service.

*Dienstleistungs-
marketing*

Marktsegmentierung

Der Markt kann sowohl als Gesamtmarkt oder Teilmarkt bearbeitet werden. Die Marktsegmentierung ist die Aufteilung des
Gesamtmarktes in abgrenzbare und nach Möglichkeit vergleichbare Teilmärkte. Dadurch können die Zielgruppen besser
erfasst und gezielter bearbeitet werden.

Zielgruppen werden nach geografischen (Land, Region, Stadt
usw.), demografischen (Alter, Geschlecht usw.) oder psychografi-
schen Merkmalen (Lebensstil, Verhaltensweisen usw.) abgegrenzt.

Im Konsumgütermarketing werden die Märkte nach folgenden
Kriterien segmeniert:

- Geographisch: Nach international/regional unterschiedlichen Konsumgewohnheiten und Kaufkraftunterschieden;
- Demographisch: Nach Bevölkerungsdichte, Alter, Geschlecht, Beruf und Familienstand;
- Sozioökonomisch: Nach unterschiedlichen Einkommen, sozialen Schichten, Kaufverhaltenswerten (Anlass, Menge, Häufigkeit);
- Psychographisch: Nach Lebenseinstellung, -stil und Persönlichkeitsstruktur.

Im Investitionsgütermarketing werden die Märkte nach folgenden Kriterien segmeniert:

- Makrosegmentierung: Unterteilung nach Branchen, Unternehmen, Einsatzbereichen, Verwendungsarten;
- Mikrosegmentierung: Unterteilung nach Managementmerkmalen und Befugnissen der Ansprechpartner bei den Kunden.

Marketingmix

Als Marketingmix wird allgemein abhängig von der Zielsetzung des Unternehmens die Kombination der einzelnen marketingpolitischen Instrumente verstanden.

Die vier wesentlichen und häufig genannten Marketingelemente sind

- Produktpolitik (Product),
- Preispolitik (Price),
- Distributionspolitik (Place) und
- Kommunikationspolitik (Promotion).

Zu diesen vier Instrumenten kann fallweise noch die Einkaufspolitik hinzukommen.

Charakteristika der einzelnen Elemente sind

Produktpolitik
- Programmtiefe und -breite,
- Leistungsmerkmale,
- Qualität,
- Design,
- Ergonomie,
- Preis-Leistungs-Verhältnis,
- Dokumentation,
- Dienstleistungen (Beratungen, Montage, Wartung, Service, Betrieb),

- Garantieleistungen;
- Produktpreis,
- Preisreduktionen (Rabatte, Nachlässe, Bonuspunkte),
- Zahlungsfristen,
- Kredite,
- Return of Investment (Wie viel Geld kann der Kunde durch das Produkt in welcher Zeit einsparen? – Amortisationszeit),
- Cost of Ownership (Wie viel Geld kostet das Produkt insgesamt an Investitions- und Betriebskosten?),
- Betriebskosten (Lieferung, Montage, Wartung, Service, Schulung, Beratung, Software-Updates);
- Vertriebskanäle (Direktvertrieb, indirekter Vertrieb über Zwischenhändler wie zum Beispiel Groß-, Fach,- Versand-Handel, Handels-Ketten und E-Commerce),
- Warenverteilung und -steuerung (Logistik, Lager, Outsourcing an Dienstleister);
- Absatzförderung, Werbung,
- Firmenwerbung, Imagewerbung, Sponsoring,
- Presse- und Öffentlichkeitsarbeit.

Preispolitik

Distributionspolitik

Kommunikationspolitik

Die Marketing-Instrumente müssen zielgruppenspezifisch optimal aufeinander abgestimmt werden. In den folgenden Kapiteln wird darauf im Detail eingegangen.

Aus einem starken Marketing heraus kann auch der Einkaufsprozess gesteuert werden. Auf diese Funktion wird im Folgenden kurz eingegangen.

Einkaufs-/Beschaffungs-Marketing

Nachdem in einem Marketing die wichtigsten Geschäftsdaten zusammenlaufen, kann das Marketing auch die folgenden Aufgaben übernehmen oder deren Erfüllung steuern:

- Den Forecast, also die Vorhersagen z.B. von Absatzzahlen und Umsatz von Vertrieb und Produktmarketing,
- Ausfertigen und Verhandeln der Beschaffungsverträge für Produkte und Dienstleistungen,
- Beobachtung und Analyse des Marktes und der Konditionen bei Wettbewerbern und Partnern,
- gemeinsam mit Vertrieb und Entwicklung Erarbeiten eines Target-Costing,
- Markt-Screening nach möglichen attraktiven neuen Produkten und Partnern,

- SWOT-Analysen bestehender und neuer Partner,
- Portfolio-Optimierungen,
- Berücksichtigung von Logistikaspekten, Service, Technologie,
- Überprüfen der „Total Cost of Ownership" der wichtigsten HW-, SW- und Dienstleistungsprodukte,
- Aufbau einer Win-Win-Allianz mit Vorzugslieferanten,
- Vertragsverhandlungen auf Basis technischer, marktpolitischer und juristischer Kompetenz sowie
- Verhandlungen von World-Class-Konditionen.

Es gilt die optimale Kombination und optimalen Einsatz der einzelnen Instrumente zu finden. Die Kontrolle erfolgt im Marketingcontrolling.

Marketingplanung

Zur Marketingplanung gehört das Ausarbeiten und Festlegen von

- Lageanalyse und Prognose, also auf welche gegenwärtige und zukünftige Marktsituation das Unternehmen trifft,
- Marketingzielen, also die Formulierung, was kurz-, mittel- und langfristig erreicht werden kann oder soll,
- Marketingstrategien, Marketingmaßnahmen und -kosten, also das „Wie" der Zielerreichung und schließlich
- die Durchführung der Maßnahmen und deren Kontrolle.

6.1.2 Marktkenntnis

1. Wie groß ist mein Markt?

Dieser Frage gebührt viel Aufmerksamkeit. In den Antworten darauf mischen sich nicht selten Wünsche, falsche Annahmen oder fehlendes Marktverständnis. Zur Erhöhung der Planungssicherheit macht es Sinn, die an dieser Stelle relevanten Fragen mit dem Marketing und der strategischen Planungsabteilung, unter Umständen auch einem externen Berater, gemeinsam und realistisch zu beantworten.

2. Wie groß ist der Gesamtmarkt?

Der Gesamtmarkt ist die weltweite Summe aller *potenziellen Kunden*, die von dem Kauf der Produkte profitieren könnten. Wettbewerb wird in diesem Stadium der Marktbewertung noch nicht betrachtet.

3. Wie groß ist der erreichbare Markt?

Dieser Markt ist der Gesamtmarkt, ohne

• Regionen, die aus unternehmensspezifischen Gründen definitiv nicht betreut werden sollen oder können, und

• Kunden, die zum Markt hin keine Nachfrage schaffen, weil sie zum Beispiel die Produkte selbst herstellen.

4. Wie groß ist der Marktanteil?

Der Marktanteil eines Unternehmens ist sein Umsatz dividiert durch die Summe der Umsätze aller Wettbewerber, inklusive des eigenen Umsatzes. Zur Beantwortung dieser Frage bedarf es nur einer Analyse des eigenen Umsatzes und der entsprechenden Zahlen des Wettbewerbes, also die Summe aller im relevanten Markt aktiven Wettbewerber.

5. Welche Unterteilungen von Kunden können getroffen werden (Kundensegmentierung)?

Die Antworten auf folgende Fragen können hier hilfreich sein:

• Welche Kundengruppen gibt es?

• Nach welchen Merkmalen können sie gebildet werden (Größenklassen, Branchen)?

• Welches sind die kaufentscheidenden Kriterien für diese Kunden?

• Wie ist das Wachstum bei den Kunden?

• Wie profitabel sind die Kunden?

• Wie treu sind die Kunden?

• Welche produktspezifischen Anforderungen haben bestimmte Kundenklassen?

6.1.3 Marktforschung

Marktforschung (Market Research) ist die systematisch betriebene Beschaffung, Aufbereitung und Interpretation aller marktrelevanten Daten und Umweltfaktoren als Grundlage für Marketingentscheidungen.

Gezielte Marktforschung ermöglicht den Einsatz der marketingpolitischen Instrumente zur Erreichung der gesetzten Ziele (sofern die Prämissen stimmen!). Im Gegensatz zu Großunternehmen setzen viele Mittelstandsunternehmen Marktforschung nicht oder nur gelegentlich ein – nicht selten betreibt man dort noch „Marketing nach Gefühl".

Ziele Aufgaben und Ziele sind die Informationsgewinnung für Absatzentscheidungen zur Risikominimierung, die Erstellung von Marktanalysen und -prognosen sowie die Marktbeobachtung.

Arten der Marktforschung

Marktforschung lässt sich unterscheiden nach

- *Objekt*
  Absatzmarktforschung und Beschaffungsmarktforschung,
- *Zeit*
  prospektive Forschung (auf zukünftige Entwicklungen gerichtet) oder retrospektive Forschung (Analyse der Vergangenheit),
- *Gegenstand*
  ökoskopische Forschung beschäftigt sich mit Handlungsobjekten (zum Beispiel absatzpolitische Instrumente, Marktstruktur), demoskopische Forschung beschäftigt sich mit Handlungssubjekten (Analyse der Konsumenten und ihre Verhaltensweisen).

Methoden der Marktforschung

Marktforschung kann als Primärforschung (Field Research) oder Sekundärforschung (Desk Research) betrieben werden.

Primärforschung

Primärforschung ist eine speziell für einen bestimmten Zweck durchgeführte Untersuchung, Befragung oder Beobachtung. Meist wird sie für die Vermarktung eines Produktes oder einer Produktgruppe eingesetzt.

Methoden der Primärforschung sind *Befragung* (schriftlich, mündlich oder telefonisch), *Beobachtung* und *Experiment*.

Auswahlverfahren sind die *Vollerhebung* (Grundgesamtheit der Zielpersonen) oder die *Teilerhebung* (möglichst repräsentative Teile der Grundgesamtheit). In der Praxis wird die Vollerhebung aus Kostengründen nur durchgeführt, wenn die Grundgesamtheit sehr klein ist. Die Teilerhebung kann als repräsentative Auswahl und als willkürliche Auswahl erfolgen.

Befragung Am häufigsten wird die *Befragung* eingesetzt, wobei die Befragungsarten von unterschiedlichen Faktoren wie Kosten, Zeit oder Marktgröße abhängen.

Die *schriftliche Befragung* muss die Zielpersonen durch ihre Aufmachung persönlich ansprechen. Die Vorteile sind geringere Kosten als bei mündlicher Befragung (Kosten im Verhältnis zum Rücklauf), Unternehmen und Fachleute sind leichter zur erreichen, der Einfluss von Interviewern ist ausgeschaltet, und die Erleichterung der räumlichen Repräsentation. Nachteile sind in geringen Rücklaufquoten zu sehen (kann aber durch materielle Anreize oder Preisausschreiben gesteigert werden), die Antworten erfolgen meist nicht spontan oder Fragen werden unter Umständen nicht richtig verstanden.

Die *telefonische Befragung* kann als Orientierungsgespräch oder für Voruntersuchungen eingesetzt werden. Die Vorteile sind geringe Kosten, Schnelligkeit, und dass die Befragung von einem festen Punkt ausgeführt werden kann. Nachteile sind häufig Gesprächsabbruch der Befragten, da sie den Interviewer nicht sehen, Befragte können sich belästigt fühlen, es sind nur wenige, kurze und einfache Fragen möglich und es besteht die Gefahr der Beeinflussung.

Die *mündliche Befragung* hat die Vorteile, dass Interviewer neben umfangreichen Fragen auch Stimulation (zum Beispiel Bildmaterial) einsetzen können; Fragen können erläutert werden, Spontanantworten sind möglich (wichtig um die Einstellung gegenüber einem Produkt festzustellen), die Identität der Befragten ist feststellbar (zum Beispiel Alter von ... bis, Geschlecht) und der Stichtag ist einheitlich. Nachteile sind hohe Kosten, eine eventuelle Beeinflussung der Befragten durch die Interviewer und die zeitaufwendige Durchführung und Auswertung der Daten.

Zur Durchführung von Befragungen ohne die Einschaltung eines Marktforschungsinstitutes ist es unbedingt erforderlich sich mit den Methoden und Techniken vertraut zu machen. Marktforschungsinstitute bieten auch Mehr-Themen-Befragungen (Omnibusbefragungen) an, das heißt die Fragen mehrerer Unternehmen werden in einen Fragebogen integriert und somit können die Kosten gesenkt werden.

Bei Mehrfachbefragungen, sogenannten „Panels", werden gleichbleibende Gruppen über einen längeren Zeitraum zur ihren wirtschaftlichen Aktivitäten befragt – so ergeben sich zum Beispiel Handelspanel oder Haushaltspanel.

Im Konsumgüterbereich empfiehlt es sich für mittelständische Unternehmen, Daten aus Handels- oder Haushaltspanels zu kaufen. Daten können für das gesamte Bundesgebiet oder einzelne Regionen über die Gesellschaft für Konsumforschung in Nürnberg (GfK) bezogen werden und unter der Website www.gfk.de kann per Stichwort auf Studien zur Kaufgewohnheit zugegriffen werden.

Sekundärforschung

Sekundärforschung ist die Nutzung und Auswertung von Daten aus zweiter Hand, sowohl betriebsinterner als auch externer Daten.

Vorteile sind die kostengünstige Durchführung im Vergleich zur Primärforschung und die relativ schnelle Beschaffung – Basisdaten und volkswirtschaftliche Daten können gar nicht anders ermittelt werden.

Nachteile sind ein begrenzter Informationswert, Daten können veraltet oder für andere Zwecke erhoben worden sein.

Interne Informationsquellen Unternehmen verfügen über eine Vielzahl von Daten, die teils nicht ausreichend genutzt werden. Einige Beispiele interner Informationsquellen sind

- Betriebsstatistiken wie Angebots- und Umsatzstatistiken (zur besseren Aussagefähigkeit nach Produkten, Abnehmern, Gebieten usw.),
- Kostenrechnung (zum Beispiel Betriebsabrechnung),
- Außendienstberichte und Kundenkarteien oder -datenbanken (in einheitlicher Aufmachung) und schließlich
- die eigenen Mitarbeiter.

Beispiele für externe Informationsquellen sind

- Veröffentlichungen internationaler und nationaler Organisationen und Behörden (EU, Statistisches Bundesamt, Deutsche Bundesbank),
- Wirtschafts- und Forschungsinstitutionen (zum Beispiel Ifo-Institut, München, unter Website www.ifo.de),
- Industrie- und Handelskammern sowie Verbände,
- Presseberichte, Fachzeitschriften und Fachbücher,
- elektronische Informationsquellen wie Internetdatenbanken,
- Marktanalysten und Berater.

Empfehlenswert ist eine Kombination aus Primär- und Sekundärforschung. Gezieltes Auswerten von Sekundärmaterial ist eine gute Grundlage für gezielte und kostengünstigere Primärforschung.

6.1.4 Kundenbefragung

Kaum ein Unternehmen kann es sich leisten, auf die Zufriedenheit seiner Kunden keine oder wenig Rücksicht zu nehmen. Wegen der zunehmenden Durchdringung der Beziehung Unternehmen–Kunde mit elektronischen Medien (Stichwort: E-Commerce, Kapitel 6.1.8 und 11.1.2) werden die Kunden mobiler und anspruchsvoller. Durch Nutzung des Internets können sie sich schneller umorientieren als in der Vergangenheit. Daher ist die Gradmessung zwischen Kundenerwartungen und der Erfüllung dieser Erwartungen in Form der Kundenzufriedenheit für die Unternehmen besonders wichtig.

Mangelnde Kundenzufriedenheit kann viele Gründe haben, beinahe jeder kennt sie: Vom schlechten Preis-Leistungs-Verhältnis über mangelnde Liefertreue bis zur falschen Abrechnung ist alles möglich. Ein Erfahrungswert über unzufriedene Kunden: Diese reden mit durchschnittlich 15 anderen Personen über schlechte Erfahrungen im Umgang mit einem Unternehmen; der zufriedene Kunde dagegen nur mit sieben Personen. Zufriedene Kunden sind also gute Kunden. Auch wenn sie nicht so mitteilsam sind, eignen sie sich in jedem Fall als Verkaufsargument.

In der Praxis gibt es zwei Informationsquellen für die Beurteilung der Kundenzufriedenheit: **Informationsquellen**

• Zum einen lässt sich die Zufriedenheit aus dem Kundenverhalten selbst ableiten, Beispiel: Messung oder Auswertung der Beschwerde- oder Rückgabehäufigkeit.

• Zum anderen können in aktiver Form Kundenbefragungen durchgeführt werden (zu den Instrumenten siehe Kapitel 6.1.3): Anhand von standardisierten Fragen lassen sich nicht nur Zufriedenheits-, sondern auch Bedürfnisgrade ablesen. Beide Methoden müssen systematisch, regelmäßig und differenziert durchgeführt werden, um die gewünschten Resultate zu erbringen.

Die Kundenzufriedenheit ist immens wichtig für den langfristigen Unternehmenserfolg. Daher kann und muss jeder im Unternehmen mitmachen, um diese Zufriedenheit nicht nur zu sichern, sondern zu erhöhen.   **Resümee**

6.1.5 Produktpolitik

Ein Produkt besteht nicht nur aus der Summe seiner physikalischen, chemischen und technischen Zusammensetzung, sondern auch aus dem Wert (zum Beispiel Grundnutzen, Zusatznutzen, Image), der ihm vom Käufer zugesprochen wird. Ein Produkt kann ein Investitionsgut, Konsumgut, eine Dienstleistung oder ein Produkt aus dem Soziomarketing sein (auch

Karitativmarketing genannt, hier wird eine Marke auf ihre soziale, ökologische oder humane Werterhaltung überprüft, Beispiel: Unterstützung von Naturschutzprojekten oder sozialen Institutionen).

Ziel *Ein typisches Ziel der Produktpolitik ist die Bereitstellung und Überwachung eines optimalen Produktes oder Produktprogrammes im Sinne der Unternehmens- und Marketingziele unter Berücksichtigung vorgegebener Kosten.*

Produktpolitische Entscheidungen

Die wichtigsten Entscheidungen im Rahmen der Produktpolitik sind in der Produktentwicklung, bei der Gestaltung, Produktänderung, Differenzierung und Eliminierung zu fällen.

Portfolio-Prozess Aus der Vision des eigenen Unternehmens sollten zunächst die Vision, Ziele und Strategie rekapituliert werden. Insbesondere die Informationen zu Markt und Wettbewerb, Technologietendenzen, eigenen Kernkompetenzen und Alleinstellungsmerkmalen, sowie eigene Stärken sollten klar formuliert vorliegen. Dazu liefert Kapitel 5 die wesentlichen Aussagen; Fakten zur Portfoliooptimierung sind in Abschnitt 5.4.3 zu finden.

Damit man die richtigen Produktentscheidungen fällt, sind weitere wichtige Informationen vorzubereiten:

- Erwartet der Kunde die Unterstützung von Geschäftsprozessen?
- Lassen sich für die Kunden in deren Geschäft Wettbewerbsvorteile generieren?
- Kann die Kompetenz von Kunden erhöht werden?
- Lässt sich Kundennutzen schaffen, wie etwa Qualität oder Zuverlässigkeit?
- Lassen sich neuer Umsatz und Ertrag von alten oder neuen Kunden generieren oder lassen sich Umsatz und Ertrag verbessern?
- Lässt sich die Qualität steigern?
- Wie sieht die von Kunden zukünftig erwartete Leistung aus (z.B. Finanzierungs-, Betreibermodelle)?
- Welche Paradigmenwechsel betreffen die Produktpolitik und Geschäftsmodelle?
- Welche Produkte und Dienstleistungen sind morgen Erfolgsfaktoren und wohin sind sie in die Produkt-Matrix einzutragen (siehe dort)?
- Welche Konsequenzen hat eine Verbreiterung oder Fokussierung des Portfolios für das eigene Unternehmen?

Die eigentliche Produktentwicklung besteht dann aus den Phasen Ideenentwicklung, Analyse der Markt-, Konkurrenz- und Konsumentendaten, Produktkonzeption und Umsetzung, sowie der Testphase. Diese Phasen beinhalten die Planung von Qualität, Namen, Gestaltung, Preismodelle und der kommunikationspolitischen Instrumente für das Produkt oder Produktprogramm.

Produktentwicklung

Als Verfahren der Produktüberprüfung sind unter anderem die Produktlebenszyklusanalyse, Produktpositionierung, GAP-Analyse, Portfolioanalyse und Deckungsbeitragsanalyse zu nennen.

Produkt-überprüfung

Entscheidungen über die Produkteliminierung werden meist aufgrund der Daten des Marketingcontrolling getroffen, zum Beispiel durch Überprüfung von Deckungsbeitrag, Gewinn oder der aktuellen Phase des Produktlebenszyklus. Eine Alternative zur Eliminierung stellt das Relaunch (die Produktverbesserung) dar.

Produkteliminierung

6.1.6 Preispolitik

Der Preis besitzt als Marketinginstrument im Allgemeinen den besonderen Vorteil der unverzüglichen und gezielten Einsetzbarkeit. Preispolitische Entscheidungen unterliegen einer Reihe von Einflüssen und Beschränkungen durch Nachfrage, Konkurrenz und Kosten sowie rechtlichen Faktoren.

Preiselastizität der Nachfrage ist die Reaktion der Abnehmer auf Preisänderungen. Von *unelastischer Nachfrage* spricht man, wenn die Absatzmengen trotz Preisänderungen relativ konstant bleiben. Bei *elastischer Nachfrage* verändern sich die Absatzmengen erheblich durch Preisänderungen. Bei der *Kreuzpreiselastizität* ist die Nachfrage eines Produktes nicht nur vom Preis, sondern auch von Komplementär- oder Substitutionsprodukten abhängig.

Preiselastizität der Nachfrage

Preisbildung

Man unterscheidet zwischen kosten-, nachfrage- und wettbewerbsorientierter Preisbildung.

Der kostenorientierte ist derjenige Preis, der aufgrund unternehmensspezifischer Kosten erreicht werden muss. Die erforderlichen Informationen liefert das betriebliche Rechnungswesen. Die Ermittlung erfolgt auf Vollkostenbasis (einfache oder mehrfache Divisionskalkulation oder Zuschlagskalkulation) oder auf Teilkostenbasis (Näheres siehe Kapitel 3.2.3).

Kostenorientierte Preisbildung

In der Praxis wird häufig die Break-Even-Analyse eingesetzt, um Aufschluss zu bekommen, bei welcher Verkaufsmenge sich Kosten und Umsatz decken.

Nachfrageorientierte Preisbildung

Wird der Preis nachfrageorientiert gebildet, ist beim Abnehmer anzusetzen, seinem Interesse am Preis, seiner Beurteilung der Preisgünstigkeit (Preisvergleich mit Konkurrenzprodukten), sowie der Preiswürdigkeit (Preis wird mit dem Nutzen verglichen). Verfügt ein Produkt über einen Zusatznutzen oder einen Unique Selling Proposition (USP) können höhere Preise gerechtfertigt werden. Des Weiteren ist die Einordnung des Produktes in Preisklassen der Abnehmer (untere, mittlere und obere) und die Beurteilung der Abnehmer hinsichtlich Qualität und Image des Produktes zu berücksichtigen.

Wettbewerbsorientierte Preisbildung

Ein wettbewerbsorientierter Preis richtet sich an den Preisen der Konkurrenz aus. Die Orientierung am Preisführer lässt sich in eine dominierende Preisführerschaft und in eine barometrische Preisführerschaft – die freiwillige Anpassung an den Marktführer – unterscheiden. Der eigene Preis muss nicht zwangsweise dem Preis des Marktführers entsprechen. Es ist eine Frage der Strategie, ob der Preis unterboten oder überschritten werden soll.

> Grundsätzlich sollten alle drei beschriebenen Prinzipien der Preisbildung berücksichtigt werden.

Preisstrategien

Die Wahl der Preisstrategie ist stets abhängig von der konkreten Marktsituation.

Skimmingstrategie (Hochpreisstrategie)

Bei hochqualitativen oder einzigartigen Produkten oder bei Produkten mit USP lassen sich hohe Preise erzielen. Damit sollen kurzfristig große Gewinne realisiert werden. Treten Mitbewerber mit vergleichbaren Produkten auf, werden die Preise nach und nach oder auch schlagartig unter den Preis des neuen Konkurrenten gesenkt, um den eigenen Marktanteil zu erhalten oder auszubauen.

Penetrationsstrategie (Niedrigpreispolitik)

Will man Marktanteile gewinnen, kann man den eigenen Preis unterhalb des Preises entsprechender Konkurrenzprodukte festlegen. Preisanhebungen erfolgen im Laufe der Zeit. Es besteht aber die Gefahr, dass man die Glaubwürdigkeit verliert.

Preisdifferenzierung

Von verschiedenen Abnehmern könnten auch unterschiedliche Preise erhoben werden um das Marktpotenzial optimal auszuschöpfen. Voraussetzungen sind unter anderem die Aufspaltung des Gesamtmarktes in Marktsegmente mit unterschiedlicher Preiselastizität und abgrenzbaren Abnehmergruppen.

Arten von Preisdifferenzierung sind die räumliche Preisdifferenzierung (Beispiel: Benzinpreis), zeitliche Preisdifferenzierung (Wochenendticket der Bahn), Preisdifferenzierung nach Abnehmergruppen (Seniorentarife, Sonderpreise für Betriebsangehörige) oder Verwendungszweck (Heizöl und Diesel), mengenmäßige Preisdifferenzierung (Gruppenermäßigungen) sowie die Differenzierung der Produkte oder Produktvarianten durch unterschiedliche Verpackung oder Grund- und Luxusausführungen.

Unter psychologischer Preisfestsetzung versteht man Maßnahmen, welche die Produkte in den Augen der Käufer preiswerter erscheinen lassen als dies tatsächlich der Fall ist. Grundsätzlich sollen Glattpreise oder Preise, die knapp drüber liegen vermieden werden und statt dessen gebrochene Preise verwendet werden, die in der Regel im Unterbewusstsein der nächstniedrigen Preisstufe zugeordnet werden. Beispiel: Statt 1000 € nun 990 €.

Psychologischer Preis

> Bemerkenswert ist auch, dass im Konsumgütermarkt ein niederwertiges Produkt über einen hohen Preis durchaus für Käufer attraktiv gemacht werden kann. Im Investitionsgütermarkt prüft der Abnehmer in der Regel sehr sorgfältig die Relation zwischen Preis und Leistung.

Konditionen

Wichtig ist auch, darüber zu entscheiden, welche Rabatte, Absatzkredite und Liefer- und Zahlungsbedingungen gewährt werden.

Ein Rabatt ist ein Preisnachlass vom Normalpreis, der Kunden für eine bestimmte Leistung gewährt wird oder bestimmte psychologische Effekte auslösen soll. Nach Wegfall des Rabattgesetzes und der Zugabeverordnung gelten nur noch geringe Einschränkungen. Weiterhin unzulässig sind Rabatte, die zwar zeitlich eingeschränkt, aber ansonsten für alles und jeden gelten. Auch Preisnachlässe auf nie vorher geltende überhöhte Preise dürfen nicht gewährt werden. Hier sind immer die Bestimmungen des Gesetzes gegen den unlauteren Wettbewerb zu beachten.

Rabatte

Beispiele für Rabattarten sind

• Funktionsrabatt (von Hersteller an den Handel),

- Mengenrabatt mit der Sonderform der Boni,
- Zeitrabatte (z.b. Einführungsrabatt),
- Treuerabatt mit Marken, Kundenkarten oder Kundenkonten,
- Barzahlungsrabatt für sofortige Zahlung in bar,
- kostenlose Kredite oder Finanzierungsangebote,
- Coupons und Gutscheine,
- Rabatt durch Inzahlungnahme von Altgeräten oder
- Rabatte durch Zugaben ab einer bestimmten Menge.

Absatzkredite Eine Möglichkeit, Kunden oder potenzielle Kunden zum Kauf zu gewinnen, kann auch die Gewährung oder Vermittlung günstiger Absatzkredite sein.

Beim *Lieferantenkredit* gewährt der Hersteller seinen gewerblichen Abnehmern ein Zahlungsziel.

Factoring Beim *Factoring* tritt ein Unternehmen die Kundenforderung an einen Factor, das heißt eine Finanzierungsgesellschaft ab, die unter Umständen auch den Ausfall trägt. Der Factor stellt dem Unternehmen den Gegenstand der Forderung abzüglich Zinsen für Vorschüsse – im Regelfall Zinssatz für Kontokorrentkredite – und der Kosten für Verwaltungsaufwand und Risikoprämie zur Disposition.

Leasing Unter *Leasing* wird im Allgemeinen eine bestimmte Art von Vermietung langlebiger Investitions- oder Gebrauchsgüter verstanden. Der Leasingnehmer erwirbt nicht das Eigentum am Erzeugnis, sondern die Nutzung für eine befristete Periode gegen die Zahlung von Leasingraten. Ist der Leasinggeber Hersteller, spricht man von direktem Leasing, während beim indirekten Leasing eine Leasinggesellschaft zwischengeschaltet wird.

Liefer- und Zahlungs- bedingungen Dies sind Bestimmungen und Regelungen im Rahmen eines Kaufvertrages, mit denen der Inhalt und das Ausmaß der Produkte oder Dienstleistungen und die Abnahme und Bezahlung geregelt sind. In einigen Branchen sind die allgemeinen Geschäftsbedingungen für alle Anbieter einheitlich festgelegt.

Lieferbedingungen regeln Erfüllungsort und Lieferzeit der Warenübergabe, Berechnung von Verpackung, Fracht und Versicherungskosten, Umtausch- und Rücktrittsrecht, Garantieleistungen und Vertragsstrafen. *Incoterms* regeln die Lieferbedingungen im zwischenstaatlichen Handel.

Zahlungsbedingungen regeln die Zahlungsverpflichtung des Käufers wie Vorauszahlungen, Barzahlung oder Zahlung nach Warenerhalt, Eigentumsvorbehalt, Zahlungsfristen und die Gewährung von Skonti.

6.1.7 Distributionspolitik

Die Distribution erfolgt im Allgemeinen vom Hersteller über Zwischenhändler und Händler, die Distributoren, zum Endabnehmer.

Entscheidungen über Absatzwege und -formen sind abhängig von Art, Beschaffenheit und Umfang der Produkte/Leistungen, dem Markt- und Kundensegment, der Konkurrenzsituation, Unternehmensgröße und der Kosten- und Erlössituation.

> Schnelle, zuverlässige und kostengünstige Distributionswege können eine wesentliche Grundlage für den Produkterfolg sein.

Absatzwege und ihre Organe

Es gibt direkte und indirekte Distributions-(Absatz)wege.

Beim direkten Vertrieb vom Hersteller zum Endabnehmer (Business to Consumer) wird der Handel ausgeschaltet. Bevorzugt wird dies bei Investitionsgütern und erklärungsbedürftigen Produkten. — **Direktvertrieb**

Vertriebsorgane sind dann zum Beispiel eigene Verkaufsabteilung, Reisende, Mitglieder der Geschäftsführung (Key Account Manager) und Verkaufsniederlassungen. Es können auch unternehmensfremde Absatzorgane mit enger Bindung an das Unternehmen eingesetzt werden wie Handelsvertreter, Makler, Kommissionäre, Franchisepartner und Vertragshändler.

Beispiele für direkten Absatz im Konsumgüterbereich sind *Avon* oder *Tupperware*; *Kira von Kampe* mit dem Vertrieb von Kindermode ist ein weiteres Beispiel.

Beim indirekten Vertrieb erfolgt der Absatz unter Einschaltung des Handels. Die Vertriebsorgane sind meist unternehmensfremd – Großhandel, Einzelhandel und mehrstufige Handelsbetriebe können eingeschaltet werden. — **Indirekter Vertrieb**

E-Commerce ist ein relativ neuer Vertriebsweg. Das elektronische Netz wächst rasant. Für diese Geschäfte müssen die allgemeinen Geschäftsbedingungen einsichtig sein, außerdem sind Sicherheitstechniken zu berücksichtigen; weitere Informationen sind unter www.eco.de – Verband der deutschen Internet-Wirtschaft (eco-Forum) – abzurufen. — **Online-Handel**

Mehr Informationen zu E-Business finden sich in den nachfolgenden Kapiteln.

Logistik

Wesentliche Elemente der Logistik sind Lagerung, Transportverpackung, Transportmittel und die Kommunikationsmittel zur reibungslosen Abwicklung von Bestellungen oder selbstinitiierten Auslieferungen.

Gerade in der Logistik ergeben sich durch die Umstellung auf elektronische Prozesse enorme Rationalisierungs- und Verbesserungs-Potentiale. Vor diesem Hintergrund ist das Thema Elektronic Business genauestens zu analysieren. Durchgängige Konzepte, welche die gesamte Wertschöpfungskette elektronisch abbilden, sind rasch umzusetzen. Heute werden häufig die Prozesse Einkauf, Logistik und Produktion zusammen betrachtet und als Supply Chain Management beschrieben.

Wesentliche Kriterien zur Bewertung von Logistikleistungen sind

• Schnelligkeit,
• Zuverlässigkeit,
• Pünktlichkeit,
• Umweltverträglichkeit,
• Kosten und
• Nachvollziehbarkeit von Prozessen.

Diese Kriterien gelten unter anderem für

• das Bedienen direkter und indirekter Vertriebs-Kanäle,
• die lang-, mittel- und kurzfristige Mengenplanung unter Einbeziehung aller eigenen Läger und der Lieferanten, Distributoren, Reseller und der Kunden,
• die Information über Werteflluss und aktuelle Lieferzeiten an direkte und indirekte Kanäle,
• die ständige Optimierung nach den Aspekten Kundenwünsche, Kosten, Vertriebsanforderungen,
• die Bündelung von gemeinsamen Aspekten verschiedener Produkt-/Systemgruppen im Rahmen gemeinsamer Lösungen sowie
• das mögliche Angebot von Lager-Zusatznutzen wie Vorkonfektionierung oder Systemtest.

Diese Punkte sind so weit wie möglich nach den oben genannten Kriterien zu optimieren.

6.1.8 Electronic Business

Im Zeitalter des Internets verändern sich Geschäfte und Abläufe. Die Märkte der Zukunft sind elektronisch. Das Internet ist mehr als nur eine Medieninnovation. Jede Firma wird mittelfristig im Internet vertreten sein, sei es aus Marketing-, Vertriebs- oder Kooperationsgründen.

Das Internet vereint Eigenschaften von

* Briefpost (Electronic Mail),
* Fax (Dokumenten-Versand),
* Telefon (Internet-Telefonie),
* Datenarchiven und Workshops (Data Mining, Knowledge Management),
* Fernsehen (Netvideo),
* Radio (Internet-Radio, News, Musik),
* Firmennetzen (Intranets und sichere Extranets für Mitarbeiter und Geschäftspartner),
* Vertrieb (an Händler und Endkunden),
* Marketing (Werbung, Product Promotion, Kundenansprache, Direktmail) und
* Konvergenz (Zusammenfließen von Information, Kommunikation, Geschäft und Konsum)

Das Internet ist auch ein Innovationstreiber. Es eröffnet durch neue Techniken, schnellere Netze, schnellere PCs und immer mehr User permanent neue Möglichkeiten der Darstellung eigener Produkte und Leistungen. Seiten lassen sich schnell gestalten und modifizieren, dadurch ergibt sich ein hoher Druck mit den Internetauftritten und den Serviceleistungen der Konkurrenz gleichzuziehen oder sie zu übertreffen. Und letztendlich bietet es den Usern – Kunden, Partnern usw. – die Möglichkeit zu schnellem, einfachem Feedback, das wiederum in Verbesserungen und neue Geschäftsideen münden kann.

Das Electronic Business ist dabei nicht notwendigerweise auf PCs mit Netzanschluss beschränkt. Schon heute gibt es Möglichkeiten über Mobiltelefone in das Internet zu gelangen. Infolge steigender verfügbarer Bandbreiten wird das Electronic Business auf Dauer zu einem Mobile Business werden.

Alte Geschäftsmodelle ändern sich und neue kommen hinzu. **Geschäftsmodelle** Neue Varianten der Geschäftsabwicklung treten auf. Der Markt wird für Käufer und Verkäufer gleichermaßen transparent. Damit gewinnt auch Kundenbindung wieder an Bedeutung. Beispielsweise werden die alten Treuepunkte als Kundenbindungsinstrumente wiederentdeckt.

Geschäftsvarianten im Internet sind zum Beispiel

- Suchmaschinen, die niedrigste Preise herausfinden,
- Auktionen, in denen Firmen und Privatkunden Produkte und Dienstleistungen online versteigern,
- Ausschreibungen von Gesuchen auch im privaten Bereich,
- 365 Tage rund um die Uhr offene Kaufportale,
- Produktübersichten mit Kommentaren von Käufern,
- Marktübersichten, z.B. Öl-Lieferanten und deren Konditionen,
- Analyse des Kundenverhaltens und anschließende Angebotsoptimierung oder
- Bonuspunkte für Internetkäufe.

Entwicklungen im Electronic Business

Die Konsumgütermärkte entwickeln sich immer mehr zu Käufermärkten. Allerdings müssen die richtigen Anbieter aus einer riesigen Menge von Internetadressen herausgefunden werden. Erste themenspezifische Suchmaschinen vereinfachen die Suche, indem sie alle relevanten Verkaufsadressen nach dem gewünschten Produkt durchsuchen und die preiswerten Angebote herausfischen. *Einkaufsportale* bündeln ähnlich wie in Kaufhäusern viele Geschäfte „unter einem Dach".

Trends Wesentliche Trends sind:

- Globalisierung: Jeder kann weltweit kaufen und verkaufen und hat weltweiten Zugriff auf Informationen.
- Härterer Wettbewerb: Die Konkurrenz ist nur einen Mausklick entfernt.
- Individualisierung: Die Angebote werden kundenspezifischer.
- Zur Informationsbeschaffung dienen Suchmaschinen und elektronische Agenten.
- Innovationszyklen, Technologiewechsel und Produktzyklen verkürzen sich.
- Sicherheitssysteme reduzieren die heutigen Schwächen.
- Die Komplexität nimmt zu.
- Traditionelle Wertschöpfungsketten werden aufgebrochen und neu sortiert.
- Branchen werden neu strukturiert und wachsen zusammen.
- Es gibt neue, multimediale ansprechende Darbietungen zur Wissensvermittlung oder zur Werbung.

Chancen des Electronic Business sind zum Beispiel

- neuer Zugang zu bestehenden Kunden,
- Zugang zu neuen Kunden weltweit,
- Verfügbarkeit rund um die Uhr,
- Integration der Unternehmensprozesse,
- beliebig schnelle Reaktion auf Anfragen und schnellere Abwicklung,
- Kostensenkung aufgrund durchgängiger elektronischer Prozesse,
- verbesserte Kundenkenntnis durch Speicherung von Profilen,
- Individualisierung von Angeboten und Interaktionen,
- verbesserte Produktkenntnis durch Berichte und Konsumententests,
- Statusinformationen über Lager- und Lieferdaten oder die
- Bündelung von Kaufkraft durch virtuelle Gemeinschaften.

Arten von *Geschäftsbeziehungen* sind:

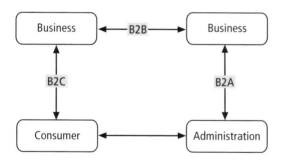

Zudem gibt es immer bessere elektronische Anbindungsmöglichkeiten der Mitarbeiter an Firmenprozesse, das sogenannte *Business to Employee (B2E)*.

Alle Geschäftsprozesse und unter Umständen auch ein Teil der Produktionsprozesse innerhalb einer Firma werden über das Intranet abgewickelt. Dieses Netz ist durch Firewalls gegen unerlaubten Zugriff und gegen Virenattacken von außen geschützt.

Lieferanten erhalten über das Extranet einen beschränkten Zugang zu firmeninternen Informationen und Prozessen. Auch zwischen Kooperationspartnern wird ein solche Verbindung hergestellt. Alle Netze müssen dabei allerdings die gleiche Technik und die gleichen Protokolle nutzen.

Wie bereits vor der Verbreitung des Internets beträgt der Anteil der Geschäfte zwischen Firmen ca. 80% am Gesamthandel. Hier herrscht großer Wettbewerb und dementsprechend rasch finden Neuentwicklungen statt, damit sich die Potenziale des Electronic Business bei Kosten, Zeit und Qualität voll ausschöpfen lassen.

Das Electronic Business entwickelt sich rasant. War zu Beginn meist nur eine Homepage mit wenigen Daten der Firma zu finden, so gibt es inzwischen an der gleichen Stelle ein multimediales Informationsangebot für Kunden, Mitarbeiter, Analysten und Journalisten. Es entstanden Onlineshops mit Fotos und Videos, interaktive Produktkonfiguratoren, E-Mail-Adressen und Call-Center-Verbindungen.

Erfolgspotenziale Erfolgspotenziale des Electronic Business sind:

1. Kosteneinsparungen bei
   - Büroflächen,
   - Personal,
   - Papier/Druck,
   - Porto/Logistik,
   - Zahlungsabwicklung und
   - Informationsbeschaffung.
2. Zeitersparnis bei
   - Auftragsabwicklung,
   - Zahlungsabwicklung,
   - Informationsbeschaffung und
   - Reaktionszeiten bei Anfragen und Reklamationen.
3. Qualitätsverbesserungen durch
   - Fehlerreduktion durch Vermeidung von Medienbrüchen,
   - hohe Aktualität,
   - Verfügbarkeit rund um die Uhr und
   - weltweite Präsenz.

Allerdings können die Erfolgspotenziale nur voll ausgeschöpft werden wenn die Technik stimmt. Inter- oder Intranetseiten mit der Botschaft „This site is under construction" bringen keinen Nutzen. Stattdessen ist es sinnvoller, wenigstens Adressen oder Ansprechpartner auf solch einer Seite zu präsentieren, solange kein vollständiger Auftritt steht.

6.1.9 Electronic Marketing

Das Electronic Business verändert auch Marketing-Inhalte und
-Prozesse.

Dieser neue Kommunikationskanal bietet viele Chancen.
Wenn man aber diese Chancen nicht wahrnimmt, dann
werden die Wettbewerber davon profitieren.

Es gilt der Satz: Es wird keine Firma geben, die nicht im Internet zu finden ist. Und umgekehrt: Wenn die Firma nicht im Internet ist, dann ist sie für Kunden nicht existent.

Das Internetzeitalter verändert auch Marketinginhalte und
-prozesse. Electronic Marketing bietet viele neue Chancen, die
man wahrnehmen muss, denn sonst überlässt man immer mehr
Geschäft der Konkurrenz.

Portale

Online-Medien bieten neue Möglichkeiten der Differenzierung.
Das Internet migriert in viele Endgeräte und Alltagsgegen-
stände und erreicht so End- und Firmenkunden über die unter-
schiedlichsten Wege.

Wir können uns gar nicht oft genug fragen, welche Themen, Produkte oder Dienstleistungen wir kundenzentriert
zusätzlich online anbieten sollten.

Dadurch entwickelt sich das Internet zum komprimierten Ver-
triebs-, Informations-, Kommunikations- und Beziehungs-Ka-
nal. Kunden erreichen die Firmen-Portale 24 Stunden am Tag,
und das 365 Tage im Jahr. Über personalisierbare Eigenschaften können Portale den persönlichen Bedürfnissen und Neigungen angepasst werden.

Bei der Qualität der Portale gibt es allerdings erhebliche Unter-   1. Prorität: Qualität!
schiede. Nicht alle sind wie sie sein sollten: bedienerfreundlich,
intuitiv verständlich, attraktiv und mit viel Service und Funktionalität.

Vielfach werden auch die Online-Services noch nicht ausreichend eingesetzt. Dabei lohnt es sich gerade hier, etwas Energie
zu investieren: virtuelle Reisen rund um Produkte und Dienstleistungen, Versuchsdownloads, Referenzkundeninstallationen
live – all diese Anwendungen warten nur darauf umgesetzt zu
werden.

Um die eigene Firma günstig zu positionieren, sollten nicht nur nackte Tatsachen geboten, sondern vor allen Dingen Emotionen angesprochen werden. Was die Kunden von unserer Firma halten, das ist die Positionierung. Möglicherweise entsteht hier Handlungsbedarf.

Die Pflege des Internetauftritts ist Aufgabe des Webmasters. Dieser koordiniert die Themen und bereitet sie für den Web-Auftritt zielgruppenspezifisch für Kunden, Mitarbeiter, Analysten und Journalisten auf.

- Wichtig für Mitarbeiter ist die Darstellung von Vision, Mission und Zielen der Firma.
- Kunden interessiert mehr das Produkt- und Dienstleistungsportfolio sowie der Onlineshop.
- Analysten und Journalisten legen Wert auf wirtschaftliche Kennzahlen.

Um die Möglichkeiten voll auszuschöpfen, die das neue Medium bietet, muss der Portalauftritt von außerordentlicher Qualität und vor allen Dingen stets auf dem neuesten Stand sein. Selbstverständlich gilt auch hier Emotio versus Ratio.

Electronic Marketing

Electronic Marketing als schneller und direkter Kommunikationskanal intensiviert den Kundenkontakt durch das erweiterte Dienstleistungsangebot, die engere Kunden-Lieferanten-Beziehung, direkte Interaktionsmöglichkeiten und höhere Kundenzufriedenheit. Und innovatives multimediales Marketing (zum Beispiel Handy-Spiele) bringt Wettbewerbsvorteile. Beim Kundenkontakt ist das rechtzeitige Umschalten von automatischer Online-Betreuung zu kompetenter menschlicher und zurück besonders wichtig. Beispiele für ein gelungenes Kontakt-Switching sind Telefonauskunft oder die Hotline der Lufthansa.

Branding Branding spielt auch im Internet eine große Rolle. Portale bekannter Namen mit einem guten Ruf werden stark frequentiert. Unzuverlässige Hersteller und Dienstleister werden dagegen gemieden. Hier sollte man auch die Einflussmöglichkeiten von Internetforen und Chatrooms nicht unterschätzen. Schlechte Leistungen sprechen sich dort schnell herum, gute allerdings auch.

Electronic Marketing Electronic Marketing generiert neue Zielgruppen, Marktsegmente und Absatzwege. Es erhöht Wahrnehmung und Attraktivität der Firma und des Angebots. Gleichzeitig fördert es die Entwicklung neuer internetspezifischer Produkte und Dienstleistungen und neuer kontext- und kundenbezogener Werbeformen.

Ein ganz wesentlicher Vorteil des Electronic Marketing liegt in der Optimierung von Prozessen. Damit können Marketingabläufe in ihrem Zusammenspiel mit anderen Geschäftsprozessen medienbruchfrei und durchgängig gestaltet werden. **Prozessoptimierung**

Gegenüber dem traditionellen Marketing bietet Electronic Marketing auch einige Ansätze zur Kostenreduzierung, etwa Marketingeffizienz durch geringere Streuverluste und Senkung der Printkosten. Und mit Hilfe der Frequently Asked Questions, die auf der Web-Seite im Internet mit den zugehörigen Antworten präsentiert sind, lassen sich Anrufe vermeiden, wodurch man Personalkosten spart. Insgesamt sinken die Fixkosten durch geringeren Lagerbedarf und geringeren Bedarf an Stammpersonal.

Aber nicht immer garantiert E-Marketing eine Kostenreduzierung:

Wenn traditionelle Kanäle in gleichem Umfang weiter genutzt werden (müssen), kann es in Summe sogar deutlich teurer werden als bisher. Das muss durch zusätzliches Online-Geschäft kompensiert wird.

Das Verhalten der Besucher von Webseiten lässt sich sekundengenau nachvollziehen (Tracking). Damit ist der Erfolg elektronischer Marketing-Kampagnen messbar. Aus dem Surf-, Klick- und Antwortverhalten der Nutzer lassen sich präzise Kundenprofile erstellen (Profiling). Sie enthalten unter anderem **Kundenprofile**

- Kaufhistorie,
- Bedarfstruktur
- Kaufverhalten,
- Klickverhalten,
- Informationsverhalten,
- Bedarfsstruktur,
- Kommentare,
- Zahlungspräferenzen und
- Kaufgewohnheiten.

Durch die Auswertung dieser Daten lassen sich die nötigen Informationen herausfiltern, mit denen individuelle Produkt- und Dienstleistungsangebote gestaltet werden können. Damit ist der Übergang vom Kundengruppenmarketing zum Individualmarketing (One2One) vorgezeichnet.

> Es ist durchaus vorstellbar, dass unser persönlicher Agent, der mit unseren Vorlieben, Neigungen und Interessen gefüttert wurde, sozusagen unsere private Homepage darstellt. Elektronisches Direktmarketing kann nun durch Abfragen erfahren, wofür sich Kunden interessieren. Später können dann darauf aufbauend personalisierte Angebote gemacht werden.

Die Aufmerksamkeit des Kunden lässt sich durch erweiterte und sich ergänzende Angebote verstärken. Deshalb macht es Sinn, mit Partnerfirmen zu kooperieren. Wichtig ist auch die Präsenz auf Themen-Portalen, bei denen sich die Zielkunden häufig informieren.

Marketingeffizienz

Bei den meisten Funktionen im Unternehmen gibt es klare Messkriterien für die Leistung – beispielsweise Umsatz pro Mitarbeiter im Vertrieb oder Menge von fehlerfreiem Software-Code pro Zeiteinheit in der Entwicklung. Im Marketing gibt es dagegen Unsicherheiten, ob das Geld zielgerichtet mit maximaler Wirkung eingesetzt oder nicht doch verschwendet wurde.

Dennoch gibt es Ansatzpunkte für die Erfolgsmessung. Es gibt allgemeine und webbasierte Messgrößen bei Marketingketten bis hin zum Mehrfachkauf.

Die Effizienz der Marketingmaßnahmen kann durch Quotientenbildung der Wahrscheinlichkeiten zweier Nachbarthemen dargestellt werden:

• Die Anzahl der Portal-Klicks geteilt durch die Anzahl der aktiven Surfer ergibt die Kontakteffizienz,
• die Anzahl der aktiven Surfer dividiert durch die der Online-Käufer ergibt die Konversionseffizienz.

Marketingstrategie

> Eine mögliche Marketingstrategie könnte darin bestehen, die einzelnen Effizienzquotienten mit möglichst geringem Aufwand zu optimieren und im Vergleich zu den Wettbewerbern deutlich zu verbessern.

Damit lässt sich der Anteil an loyalen Kunden erhöhen. Ein Beispiel: Markenbekanntheit von 90% multipliziert mit einem Image von 70% und einer Kauferwägung von 8%, einem Kauf von 9%, einem Mehrfachkauf von 40% und einer Loyalität von 50% ergibt ein Ergebnis von 0,09% loyalen Kunden.

Einkaufsmarketing

Electronic Marketing bezieht sich nicht nur auf den Verkauf, sondern ebenso auf den Einkauf. Einkaufsmarketing im Internet vermindert Zeitaufwand und Kosten und steuert das Qualitätsniveau durch

- beschleunigte Bestellabwicklung,
- Online-Verbindung zu Lieferanten,
- Automatisierung durch Verknüpfung mit Lagerdaten,
- Fehlerreduktion durch medienbruchfreien Prozess,
- neue Modelle des Einkaufens durch Internet-Ausschreibungen oder
- Bündelung der Nachfrage auf elektronischen Marktplätzen.

6.2 Marketing-Kommunikation

Aufgrund der immensen Bedeutung für jedes Unternehmen – es gilt der Satz „Wer nicht wirbt, der stirbt" – sei ein Teilbereich des Marketings, die Kommunikation, besonders herausgestellt.

Ausgangspunkt kunden- oder zielgruppenorientierter Kommunikation – üblicherweise als *Werbung* bezeichnet – bildet immer die Zielgruppe, also die Beantwortung der Frage „Wer ist mein Kunde/meine Zielgruppe?".

Der Kommunikationsprozess lässt sich durch die Kommunikationsformel nach Lasswell charakterisieren:

„*Wer* (Werbetreibender) *sagt was* (Werbebotschaft) *zu wem* (Werbeempfänger/Zielgruppe) *und benutzt dabei welchen Werbeträger mit welcher Wirkung* (Kommunikationserfolg, Kauf, Einstellung)?".

Kommunikationsinstrumente sind die Werbung im klassischen Sinne – Direktwerbung, Verkaufsförderung, Öffentlichkeitsarbeit und persönlicher Verkauf. Neuere Instrumente sind unter anderem Sponsoring, Product Placement, Corporate Identity (siehe Kapitel 2.10) und multimediale Kommunikation, wie Internethomepages oder Push-Mails.

6.2.1 Klassische Werbung

Die Werbeplanung und Durchführung kann durch eine eigene Werbeabteilung oder durch eine Werbeagentur erfolgen.

Werbeobjekte Werbeobjekte können Produkte, Produktprogramme, Dienstleistungen, das Gesamtunternehmen oder Organisationen sein. Daraus leiten sich Produkt- (zu unterteilen in Konsum- und Investitionsgüter-) und Dienstleistungswerbung ab. Firmenwerbung stellt das Unternehmen als Ganzes in den Vordergrund.

Werbeziele Die Zielplanung wird aus den Marketingzielen abgeleitet und bezieht sich auf *ökonomische Ziele* (Beispiel: Absatzsteigerung) und *nicht ökonomische Ziele* (Beispiel: Imageverbesserung), die operational (messbar durch Analysen) zu formulieren sind.

Zielgruppe Jede Werbung, die an der Zielgruppe vorbeigeht, bedeutet Geldverluste. Die Zielgruppen sind für die einzelnen Maßnahmen in Abhängigkeit vom Werbeziel und dem jeweiligen Marktsegment exakt festzulegen. Der Trend geht hierbei deutlich zum Individualmarketing, also konzentriert auf die Zielgruppe.

Werbebotschaft Es gibt eine wesentliche Aussage, die der Zielgruppe hinsichtlich des anvisierten Verhaltens über das Werbeobjekt vermittelt werden soll, die „Botschaft". Gestaltungsmittel sind Sprache, Bild, Farbe und Musik. Zentrale Elemente sind Angaben zum *Consumer Benefit* (Produktnutzen), *Reason Why* (Nutzenbegründung) und *Tonality* (Grundton der Werbung). Sie zielt auf emotionale und/oder rationale Bereiche der Zielgruppe. Beurteilungskriterien ihrer Wirksamkeit sind Originalität, Aktualität, Prägnanz, Verständlichkeit und Glaubwürdigkeit.

Werbearten Entsprechend dem Produktlebenszyklus gibt es Einführungs-, Expansions-, Erhaltungs-/Erinnerungs- und Reduktionswerbung.

Neben Einzelwerbung ist auch Kollektivwerbung – mehrere Unternehmen werben gemeinsam für ihre Produkte – durchaus gebräuchlich und sinnvoll.

Herstellerwerbung (= Sprungwerbung oder Pull-Strategie) ist an Endverbraucher gerichtet. Handelswerbung ist die Werbung des Einzelhandels.

Werbeplanung Ausgehend von den Werbezielen werden Zielgruppe und Werbestrategie festgelegt. Es erfolgt die Auswahl der Medien, ihre Streuung, die Festlegung der Werbemittel und des Werbezeitraumes. Vor der Durchführung erfolgt meist ein Pre-Test. Eine ständige Überprüfung ermöglicht gegebenenfalls Korrekturen. Anschließend erfolgt die Werbeerfolgskontrolle.

Im Mediaplan ist aufgezeigt, mit welchen Medien zu welchem Zeitpunkt geworben wird.

Der Werbeetat wird üblicherweise festgelegt durch   **Werbeetat**

• Orientierung am Umsatz (branchenüblicher Prozentsatz) oder Gewinn,

• Orientierung an der Konkurrenz,

• Orientierung an den Werbezielen – dies setzt messbare, operationale Ziele voraus; die Kosten der Werbemaßnahmen, -mittel und -träger sowie ein vorher bestimmter Zeitraum bestimmen dann das Werbebudget.

Die Größe des Werbeetats beträgt im Allgemeinen einige Prozent des Umsatzes.

Werbemittel sind unter anderem Anzeigen, Plakate, Prospekte,   **Werbemittel**
Beihefter, Fernseh- und Rundfunkspots, Werbefilme, CD-ROM, Firmen-Homepage oder Bannerwerbung. Was davon eingesetzt wird ist abhängig vom Werbeobjekt und der Zielgruppe sowie dem für sie optimalen Werbeträger.

Die wichtigsten Kommunikationsmedien sind die Print- und die   **Werbeträger**
elektronischen Medien. Kriterien für die Auswahl sind Kosten, Reichweite (räumlich, quantitativ und qualitativ) und Verfügbarkeit.

Eine Aufstellung ausgewählter Medien und ihre jeweiligen Vorteile finden sich im Anhang.

Werbung kann einmalig, zeitlich begrenzt, kontinuierlich, unre-   **Werbezeitraum**
gelmäßig oder in Kombination dieser Zeiträume erfolgen.

Die angestrebte Wirkung führt erst über das anvisierte „rich-   **Erfolgskontrolle**
tige" Verhalten der Werbeempfänger zum Erfolg. Die Werbung durchläuft unterschiedliche Wirkungsstufen. Die „AIDA-Regel" nach Lewis macht dies deutlich:

Attention (Aufmerksamkeit) – *Interest* (Interesse) – *Desire* (Wunsch) – *Action* (Handlung).

Die Erfolgskontrolle kann durch das BuBaW-Verfahren (Bestellung unter Bezugnahme auf das Werbemittel) erfolgen. Außerökonomischer Erfolg wie Wahrnehmung, Verarbeitung oder Verhalten können schließlich durch Pre-Tests, Recall-Tests (Erinnerungstest) und Verfahren psychologischer Marktforschung festgestellt werden.

Die Wirksamkeit von Werbung muss so gut wie möglich überprüft werden, sonst ist die Gefahr groß, dass ein gehöriger Teil des Werbeetats „verpulvert" wird.

6.2.2 Direktwerbung

Hier erfolgt die individuelle Ansprache der Zielgruppe. Beispiele sind: Mailing (Werbebrief, Katalog, Prospekte, Preislisten und Proben in Verbindung mit Bestellkarten), Telefonate, neue Medien (CD-ROM).

Die Wirkung von Direktwerbung ist genau messbar und die Streuverluste sind gering, falls die Zielgruppe exakt erfassbar ist.

6.2.3 Verkaufsförderung

Allgemein wird Verkaufsförderung (VKF) mit dem Begriff *Sales Promotion* gleichgesetzt. Im Gegensatz zur klassischen Werbung setzt sie am Verkaufsort, dem Point of Sale (POS), Point of Purchase (POP) an.

Verkaufsförderung ist eine Push-Strategie, welche die Absatzförderung durch unterstützende und anregende Maßnahmen begleitet und zur Information aller am Verkaufsprozess Beteiligten sowie der Endverbraucher beiträgt. Ihr kommt auch eine Koordinationsfunktion zwischen Werbung und Verkauf zu.

Mitarbeiter im Außen- und Innendienst

Für die Mitarbeiter im Außen- und Innendienst ist die Schulung und Weiterbildung hinsichtlich (neuer) Produkte, Markt und Unternehmensstellung ganz wesentlich. Hinzu kommen Trainings bezüglich Verkaufstechniken.

Unterstützt wird die Schulung durch Demonstrationsmaterial: Kataloge, Prospekte, Muster, Verkaufsbücher, Videos, Business-TV, Präferenzlisten, Prüfberichte, Wettbewerbs- und Kundenunterlagen.

Die notwendige Motivation der Mitarbeiter erfolgt durch finanzielle Anreize wie Provisionen und Incentives, etwa durch Wettbewerbe mit hohen Prämien (Top-Seller-Wettbewerb).

Handelsgerichtete VKF

Hier stehen Schulung und Information des Handels im Mittelpunkt, zum Beispiel durch Händlertreffen, Tagungen oder Verkaufsseminare. Die Ausstattung und Schulung am POS erfolgt durch Bereitstellung von Displays, Dekorationen und Werbemitteln, wie Postern und Videos. Der Einsatz solcher verkaufsfördernder Aufmachungen, bisweilen auch als Merchandiser bezeichnet, unterstützt die Schulung des Verkaufspersonals hinsichtlich Warenpräsentation und Produktschulung. Finanzielle Anreize erfolgen durch Naturalrabatte („Drei zum Preis von zwei"), Zupack, Werbekostenzuschüsse, besondere Zahlungsbedingungen, aber auch durch Händler- oder Verkäuferwettbewerbe.

Verbrauchergerichtete VKF

Die hier einsetzbaren Maßnahmen sind vielfältig und abhängig von den Zielen. Dabei kann es zu Zielkonflikten zwischen Hersteller und Handel kommen. Dem Hersteller ist im Regelfall an einem einheitlichen Marktauftritt gelegen, während sich der Handel gegenüber den Wettbewerbern profilieren will. Möglichkeiten dieser Form der VKF sind zum Beispiel Produktproben, Zugaben, Gutscheine und Werbegeschenke. Allerdings sind hier die gesetzlichen Bestimmungen zum Wettbewerbsrecht zu berücksichtigen; ansonsten treten die berüchtigten „Abmahnvereine" (mehr oder minder dubiose Organisationen, deren vorgebliche Aufgabe die Einhaltung des Wettbewerbsrechts gegen saftige Gebühren ist) auf den Plan!

Möglichkeiten der VKF

VKF ist relativ kurzfristig einsetzbar. Wichtig dabei sind die Abstimmung mit anderen Marketingmaßnahmen und die Unterstützung des durch Werbung aufgebauten Images. Außerdem spielt Erlebnisorientierung eine große Rolle. Werbeagenturen, Verkaufsförderungsagenturen oder Berater sind oft kostengünstiger und effektiver als das Planen von Aktionen im eigenen Unternehmen. **Kurzfristig einsetzbar**

6.2.4 Persönlicher Verkauf

Allgemein ist unter persönlichem Verkauf (Personal Selling) die direkte Kommunikation zwischen Verkäufern oder deren Organisationen und ihren Marktpartnern zu verstehen.

Die Aufgaben des persönlichen Verkaufs sind je nach Produkt, seinem Image oder Wert, der Marktsituation und den bestehenden oder potentiellen Kunden unterschiedlich. Die Aufgabengebiete umfassen die

- *Informationsbeschaffung* über Absatzpotenziale, Wettbewerber und die eigene Tätigkeit in Form von Besuchsberichten,
- *Verkaufsvorbereitung* (hierzu gehören die Kenntnis der Kundensituation, Beispiel: Abverkaufsergebnisse, Informationen

über kaufbeeinflussende Personen, Gesprächsvorbereitung, Besuchsplanung und die Besuchsanmeldung),

- *Kundenkontakte* (schriftlich, persönlich oder telefonisch; Inhalt: unter anderem Kontaktgespräch, Verkaufsgespräch/-verhandlung mit Information und Beratung, Verkaufsabschluss sowie Abschlussgespräch). Besuche schließen neben bestehenden Kunden auch Interessenten und potenzielle Kunden mit ein,
- *Auftragsabwicklung* (diese umfasst die Überwachung der Abwicklung und die Bearbeitung von Reklamationen).

Zur optimalen Abwicklung der Verkaufsaufgaben ist das Einrichten und die regelmäßige Pflege einer Datenbank mit allen wichtigen Kundeninformationen unerlässlich.

6.2.5 Öffentlichkeitsarbeit

… oder „Public Relations" (PR) richtet sich auf das gesamte Erscheinungsbild des Unternehmens in der Öffentlichkeit. PR ist sowohl nach innen als auch nach außen gerichtet.

Die externe PR dient dem systematischen Aufbau und der kontinuierliche Pflege von Verständnis und Vertrauen in der Öffentlichkeit, sowie dem Aufbau, der Erhaltung und gegebenenfalls der Verbesserung des Images des Unternehmens.

Zielgruppen Externe Zielgruppen sind alle unternehmensrelevanten Personen oder Einrichtungen, wie Kunden, Lieferanten, Verbände und Interessengruppen, Kapitalgeber, Medien sowie der Staat; interne Zielgruppen sind die eigenen Mitarbeiter, Betriebsräte und die Firmenleitung.

Maßnahmen und Formen der PR

Public-Relations-Maßnahmen müssen zielgruppenspezifisch geplant und durchgeführt werden.

Pressearbeit Pressearbeit richtet sich direkt an die Medien und deren Vertreter. Typische Elemente der Pressearbeit sind das Zusammenstellen von Informationsmaterial, Pressemitteilungen und Pressekonferenzen. Ziel ist die Darstellung des Unternehmens im redaktionellen Teil von Newslettern, Zeitschriften, Magazinen, Hörfunk- und Fernsehsendungen sowie Informationsanbietern im Internet.

Gute und moderne Pressearbeit ist äußerst vielfältig und braucht viel Know-how und Fantasie.

Anzeigen-PR richtet sich in erster Linie an die breite Öffentlichkeit und wird meist zur Imageprofilierung genutzt.

PR-Veranstaltungen richten sich an spezifische Zielgruppen z.b. über Tage der offenen Tür, Patenschaften oder die Unterstützung kultureller und sozialer Veranstaltungen. Durch entsprechende Medienberichte wird eine zusätzliche Wirkung erzielt.

Der persönliche Dialog dient der Kontaktpflege zwischen Unternehmen mit Medienvertretern oder der Öffentlichkeit. Beispiele sind Vorträge und Diskussionsforen, die letztlich dazu dienen, das Unternehmen, dessen Politik und Engagement „öffentlichkeitswirksam" darzustellen.

Auch die Publikation von Firmenfachbüchern kann als PR-Maßnahme genutzt werden.

Öffentlichkeitsarbeit ist als langfristiges Kommunikationsinstrument anzusehen und auf die übrigen Marketinginstrumente abzustimmen. Betreibt man Geschäfte, die von manchen kritisch gesehen werden oder die ein kritisches technisches Potenzial beinhalten, sollte sie auch in gewissem Umfang präventiv wirken, also nicht erst in Krisensituationen eingesetzt werden.

6.2.6 Sponsoring

Sponsoring ist die Bereitstellung von Geld, Sachmitteln und/oder Dienstleistungen durch einen Sponsor an Personen oder Institutionen. Dafür werden Gegenleistungen – Beispiel: Namensnennung – erbracht, die den Zielen des Sponsors dienen. Diese Ziele sind beispielsweise die Erhöhung des Bekanntheitsgrades, die Imageverbesserung sowie der Aufbau und Erhalt des Kontaktes mit den Zielgruppen.

Die wohl bekannteste Form des Sponsoring ist das *Sportsponsoring*. Hier werden in erster Linie Geldmittel, aber auch Sachmittel unter anderem für Sportveranstaltungen, Sportvereine und -mannschaften sowie für einzelne Sportler zur Verfügung gestellt. Dafür wird der Sponsor auf der Ausrüstung, dem Trikot oder der Bande genannt. Die Nennung von Beispielen kann hier unterbleiben – sie sind täglich im Fernsehen zu sehen, die ausgegebenen Summen dafür sind teilweise gigantisch.

Beim *Kultursponsoring* unterstützt der Sponsor Bereiche der Musik, Theater oder Museen und wird im Gegenzug auf Plakaten oder Programmheften genannt.

Im Rahmen des *Sozialsponsoring* werden Wissenschaft und Forschung, Bildung oder karitative Einrichtungen gefördert. Die Sponsoren werden hier zum Beispiel in Jahresberichten genannt.

Vom *Umwelt-* oder *Ökosponsoring* spricht man bei der Förderung von ökologischen Aktionen, Initiativen und Vereinen. So unterstützen etliche Firmen Projekte in Naturschutzgebieten. Der Grat zur reinen „Ökowerbung" ist allerdings schmal.

6.2.7 Product Placement

Beim Product Placement werden Produkte und Dienstleistungen gezielt in Kino- oder Fernsehfilmen platziert. Die Vorteile sind in hoher Reichweite, einer entspannten Unterhaltungsatmosphäre (im Gegensatz zur klassischen Werbung) und einer Imageübertragung auf das Produkt zu sehen. Die Bedeutung von Product Placement nimmt für Konsumgüter angesichts der Internationalisierung der Märkte zu.

Eine Hauptform des Product Placement, die Platzierung neuer Produkte (Innovation Placement) konnte in der jüngeren Vergangenheit besonders gut in den James-Bond-Filmen beobachtet werden.

Bei einer weiteren Form des Product Placement wird das Produkt nicht in den Mittelpunkt gestellt, jedem Betrachter ist jedoch bekannt, dass die Kostümausstattung der Hauptdarstellerin von einer bestimmten Modefirma stammt oder ob der PKW des Helden vielleicht einem bayerischen Automobilkonzern zuzuordnen ist.

6.2.8 Elektronische Marketing-Kommunikation

Durch die sich rasch wandelnden Informations- und Kommunikationstechnologien ergeben sich neue mediale Plattformen. Im Vergleich zu Zeitung, Postsendung, Radio und Fernsehen bieten stationäres und mobiles Internet – also PC und Handy – gute Eigenschaften hinsichtlich Reichweite, Zielgruppen, Personalisierbarkeit, Überprüfbarkeit und Ortsunabhängigkeit zu vernünftigen Kosten.

Die technologischen Möglichkeiten erzeugen viele neue Anwendungen, die der Marketing-Kommunikation im weiteren Sinne zugeschrieben werden können.

Podcasting

Podcasting ist das Erstellen und Verbreiten von Audio- oder Video-Dateien über das Internet oder ein firmeninternes Intranet. Ein Podcast kann beliebige Inhalte haben, beispielsweise Ansprache von Personen, Mitschnitte von Radio/Fernseh-Sendungen, Interviews, oder auch automatisch per Software gelesene Texte. Neben Rundfunk- und Fernsehfirmen, Verlagen, Firmen und privaten Personen haben inzwischen auch Politiker das Medium Podcast entdeckt. Entsprechend reichen erfolgreiche Anwendungen von der Informations-Übermittlung über Lernen bis zur Unterhaltung. Bei einem Podcast müssen unbedingt Urheberrechte beachtet werden.

Blogging

Ein Blog – manchmal auch als Weblog bezeichnet – ist eine über das Netz erreichbare Seite, in der Personen ein meist themenspezifisches Tagebuch führen und so ihren Wissensfortschritt dokumentieren. Dadurch unterscheidet sich Blogging vom unstrukturierten Chatten, das in Internetforen oder innerhalb von Communitys üblich ist. Es gibt immer häufiger auch Mischformen, wie beispielsweise die Einladung des Firmenchefs, der mit einem Kurzbericht ein Thema eröffnet und zu themenspezifischen Kommentaren einlädt.

Content-Management

Der Einsatz von Content-Management wird häufig ohne direkten Bezug zu konkreten Geschäftsprozessen betrachtet. Es zeigt sich allerdings, dass kundenorientierte Prozesse wie Planungs-, Marketing-, Vertriebs- und Serviceprozesse in hohem Maße von einer effektiven und effizienten Wissensversorgung abhängen. Die heute als CRM – der Abkürzung für Customer Relationship Management, Customer Request Management oder Customer Relationship Marketing – dargestellten Teilprozesse umfassen unter anderem:

- Erfassen und Messen von Investitionen und erzeugtem Kundenwert,
- Zusammentragen und Aufbereiten von Wissen über Kundenbedürfnisse entlang des Produkt-/Kunden-Lebenszyklus,
- Implementierung von Wissensmanagement-Instrumenten zur Unterstützung/Verbesserung/Messung der Kundenbeziehung.

Darüber hinaus gibt es eine starke Verbindung mit dem Management-Informations-System (MIS) und dem Business-Intelligence-Prozess. Allem gemeinsam ist das Bedürfnis von Unternehmen, sich einen umfassendes und gleichzeitig übersichtliches Bild des Marktgeschehens zu machen und daraus Ziele, Strategien und Aktionen abzuleiten.

Content-Management im Marketing Speziell im Marketing findet Content-Management sowohl für das Planen des Portfolios als auch das Strukturieren von Marktauftritt, Kampagnen und zielgruppenorientierten Angeboten Anwendung.

Das Content-Management ist durch die steigende Bedeutung des E-Business auch stark im Zusammenhang mit der Strukturierung und Verwaltung des Web-Auftritts zu sehen. Hierbei sollten die Prozesse Informations-Gewinnung, -Aufbereitung, -Management, -Distribution/-Kanäle und -Administration klar gegliedert und mit Verantwortlichkeiten belegt werden. Diese Prozesse werden oft durch Datenbanken und ein Content-Management-System unterstützt. Im Besonderen hier – aber auch in der internen Anwendung – besteht die Herausforderung in:

• zielkundenorientierter personalisierter Strukturierung der Inhalte,
• regelmäßiger Überprüfung auf Konsistenz, Relevanz und Aktualität,
• gehirngerechter intuitiver und navigierbarer Präsentation,
• Verbindung mit internen Abläufen/Prozessen.

Durch die technologische Weiterentwicklung sind hier in absehbarer Zeit deutliche Fortschritte durch die weitere Automatisierung der Prozesse zu erwarten.

6.3 Vertrieb

Kunden haben vielfältige Berührungspunkte mit einem Unternehmen. Diese „Erlebniswelt" der Kunden wird wesentlich geprägt durch Marketing und Vertrieb. Während Marketing die Aufmerksamkeit erregen soll, fällt dem Vertrieb die Rolle der aktiven Diskussion mit den Kunden zu. Das Gesamtkonzept muss in sich stimmig sein.

Für einen effektiven Vertrieb ist es notwendig, seinen Markt als Summe aller bestehenden und potenziellen direkten Kunden zu kennen. Diese Kenntnis ist vorhanden, wenn einige Kernfragen exakt beantwortet werden können. Daraus folgt die Wahl der

Vertriebskanäle, die Art der Kundenbetreuung, die Definition
von Kundenentwicklungsplänen und geeigneter Kundenprogramme. Ein Controlling überprüft den Erfolg der gewählten
Mittel und Wege.

Als wichtigste Regel für den Vertrieb gilt: Kundennutzen schaffen. Dieser besteht entweder darin, die Leistungsfähigkeit der
Kunden zu stärken oder die Kosten beim Kunden zu senken.
Letzteres geht nicht nur durch Preissenkung bei den eigenen
Produkten – dies mindert ja das Einkommen der eigenen Firma
– sondern insbesondere durch Verringerung der Kosten, die
beim Kunden selbst anfallen.

6.3.1 Vertriebskanäle

Je nach Art des Produktes und Marktes sowie der Arten der
Kundengruppen sind die dazu passenden Vertriebskanäle zu
wählen.

Vertriebskanäle sind die Wege zum Kunden, die idealerweise
gemeinsam mit dem jeweiligen Kunden festgelegt werden. Als
wesentliche Kriterien sind hier Einkaufsvolumen und Kaufverhalten der Kunden zu berücksichtigen. Großkunden bedient
man häufig direkt über ein Key Account Management. Kleinere Kunden werden direkt über Breitenvertrieb und indirekt
über Distributoren (Großhändler), Value Added Reseller (Distributoren, die auch Beratung und Serviceleistungen anbieten)
oder nachgelagerten Fachhandel bedient.

Als neuer Vertriebsweg etabliert sich gerade, mit rasch zuneh-   **Electronic Sales**
mender Akzeptanz, der elektronische Vertriebskanal im Inter-
net als Direktvertrieb vom Hersteller zum Händler oder zum
Endkunden. Dessen Einsatz ist scheinbar einfach, birgt aber
auch das Gefahrenpotenzial der „Kannibalisierung" anderer
Vertriebskanäle mit sich.

Electronic Sales über das Internet bietet einige massive Vorteile:

• Man hat einen preiswerten Vertriebskanal für Kunden in aller
  Welt,
• die Vertriebskosten sind gering (ein Kundenbesuch kostet ca.
  500 €, ein Besuch des Kunden auf der Website ca. 5 €),
• die Umsatzauswertung erfolgt weitestgehend automatisch,
• die Kunden lassen sich leicht nach Regionen und Kundengruppen analysieren,
• das Angebot ist interaktiv und

- digitale Produkte wie Software und Content lassen sich via E-Mail oder Download ganz einfach versenden.

Die Wirkung der Interaktivität des Angebotes wurde erst teilweise untersucht. Für bestimmte Zielgruppen ist aber der Erlebniswert, sich ein Auto oder einen PC selbst zusammenzustellen und dieses Produkt eventuell sogar in der individuellen Konfiguration abgebildet zu sehen, nicht zu unterschätzen.

Auch Wissen *(Content)* kann auf neue Art und Weise vermarktet werden:

- Vorhandenes Wissen (Studien, Archive, Produktwissen usw.) kann gegen Gebühren vermarktet werden.
- Das Vermitteln produkt- oder dienstleistungsbezogener Zusatzinformationen (Systemwissen, Konfigurations-Knowhow) ermöglicht Wettbewerbsvorteile.
- Wissensbasierte Prozesse (z.b. im Rahmen von Ferndiagnosen oder Fernwartung) können in das Leistungsportfolio aufgenommen werden.

Bei all dem ist nicht zu vergessen:

> Vertriebskanäle müssen sich ergänzen, sie dürfen sich nicht gegenseitig unnötig machen.

6.3.2 Die Erlebniswelt des Kunden

Die Kunden empfangen von ihren Lieferanten viele Informationen und Signale. Die Summe davon prägt das Lieferantenimage, welches sich über eine längere Zeit bildet und nur langsam veränderbar ist.

> Jede Werbung in Zeitungen, Broschüren und Direktsendungen beinhaltet bewusste und unbewusste Aussagen über den Lieferanten.

Medien Der Eindruck jedes Unternehmens wird auch durch Veröffentlichungen in Presse, Rundfunk, Fernsehen und inzwischen auch Webauftritte im Internet geprägt. Informationen über Innovationen, Finanzdaten, Seriosität – um nur einige Inhalte zu nennen – formen das Bild eines Unternehmens in ihrer Außenwirkung mit.

Es klingt trivial, wird aber häufig nicht beachtet: Angebote

Eine der wichtigsten Visitenkarten eines Unternehmens ist
die Gestaltung des Angebotes. *Kundenorientierung, Übersichtlichkeit, Wettbewerbsfähigkeit* und *Verbindlichkeit* sind entscheidende Parameter.

Zudem kann es nützlich sein, für den Kunden attraktive Alleinstellungsmerkmale herauszustellen.

Ein wichtiges Instrument, um Gelegenheitskunden solide und   Verträge
langfristig zu binden, sind seriöse, sich an den regionalen rechtlichen Gepflogenheiten orientierende Verträge.

Lieferqualität ist ebenfalls ein wesentliches Mittel zur dauerhaf-   Lieferungen
ten Kundenbeziehung. Entscheidende Parameter sind

• Lieferzeit (bei der Bestellung zu beachtende Wartezeit),

• Lieferfähigkeit (Kundenwunschdatum möglichst
  gleich bestätigtem Liefertermin),

• Liefertreue (Liefertermin zu bestätigtem Liefertermin),

• Lieferqualität (Änderungen von Zusagen oder
  unerwünschte Teillieferungen),

• Qualität – die Ware selbst, Richtigkeit, Vollständigkeit,
  Mangelfreiheit,

• Kundenprogramme (näheres siehe Kapitel 6.3.4),

• Ansprechpartner im Kundenservice, zum Beispiel Kunden-
  betreuer, Hotline, Call Center, Lieferzentrum und Qualitäts-
  beauftragter. Wichtig ist deren Informationsbereitschaft und
  -fähigkeit.

Auch der Service bei Sonderfällen und Problembehandlung   Problembehandlung
dient der langfristigen Kundenbindung. Denn Kunden stufen
kooperative Zusammenarbeit und die schnelle, zufriedenstellende Behandlung von Problemen als sehr wichtig ein. Darunter fallen alle Aktionen, die außerhalb der üblichen Bahnen laufen, wie zum Beispiel

• Flexibilität bei Auftragsänderungen: Bestellungen werden mit
  kürzerer als der üblichen Lieferzeit erledigt, Vorziehen oder
  Verzögern, unbürokratische Stornierung.

• Reaktion bei Qualitätsproblemen: schnelle Ersatzlieferung,
  exakte Fehlerbeschreibung und -behebung, Bestätigung kor-
  rektiver Maßnahmen.

6.3.3 Kundenbetreuung

Grundsätzlich empfiehlt sich eine Betreuung aller an der Kaufentscheidung beteiligten Personen. Dies gilt auch bei Massenprodukten, denn hier sind die Zwischenhändler die Kunden des Herstellers. Einkauf, höheres Management sowie – insbesondere bei größeren Firmen – Qualitätsabteilungen, Entwickler und Planer entscheiden über Produkteinführungen und damit verbundene Auftragsvergaben.

Je größer das Unternehmen und das Umsatzpotenzial, desto intensiver sollten die Kontakte zu funktions- und ranggleichen Personen sein.

Kaufentscheider   An einem Kauf sind je nach Einkaufsvolumen und Größe des Unternehmens häufig viele Abteilungen und Personen beteiligt:

- Management bis hin zum Bereichs- oder Geschäftsleiter,
- Einkauf,
- Qualitätsabteilung,
- Freigabestelle,
- Entwicklung,
- Produktion,
- Marketing, Systemplanung, Vertrieb.

Beziehungsgeflecht zum Kunden

Das Folgende gilt beispielsweise für eine Geschäftsbeziehung zweier größerer Unternehmen und kann natürlich für kleinere und mittelgroße Firmen angepasst werden. Aus Sicht des liefernden Unternehmens übernehmen folgende Personen bestimmte Verantwortungen und Aktivitäten:

- Vorstand/Geschäftsführer: Betreuung der Firmenleitung des Kunden in Absprache mit dem Account Manager.
- Account Manager: Kompetenter unternehmerischer Vertreter seines Unternehmens vor Ort beim Kunden. Umgekehrt ist er auch Vertreter des Kunden innerhalb seines Unternehmens.
- Vertriebsbeauftragter: Ansprechpartner bei Einkauf und Freigabestelle für logistische und preisliche Fragen.
- Technischer Vertrieb: Berater der Entwicklung und Qualitätsstelle für Fragen der Planung, Spezifikation und Anwendung.

- Applikationsberater: Beratender Fachmann einer bestimmten Produktgruppe für Entwicklung und Marketing.
- Auftrags-/Logistikzentrum: Kontaktstelle bezüglich Einkauf in allen Fragen zu Lieferungen.

Grundsätzlich sollte auf allen Ebenen und zu allen Themen eine enge Verständigung über Anforderungen und deren Realisierungsangebote diskutiert werden.

Angebotsprozess

Je nach der Komplexität des Geschäftes ist die Erstellung eines Angebotes für sich ein größeres Projekt. Bevor man damit beginnt, sollten Informationen über die Erfolgswahrscheinlichkeit des Angebotes gesammelt werden. Manche Firmen arbeiten mit entsprechenden Checklisten, um vorab zu überprüfen, ob ein für beide Seiten gewinnbringendes Angebot zustande kommen kann.

Eine Priorisierung der Anfragen und Auftragswahrscheinlichkeiten bietet ein großes Effizienzsteigerungspotenzial für alle angebotsnahen Vertriebsaktivitäten.

Noch immer stehen aber meistens intensive Preisverhandlungen im Mittelpunkt der Vertriebsaktivität – was auch ein Zeichen für zu wenig Wettbewerbsvorteile, Alleinstellungsmerkmale und Kundennutzen sein kann.

Speziell im Zusammenhang mit Verhandlungen sei folgender Sachverhalt verdeutlicht: Die Wirkung z.B. einer 10%igen Änderung des Preises kann in der Regel nie wieder aufgeholt werden. Weder durch niedrigere Herstellkosten, noch durch Entwicklungs-, Marketing- und Vertriebskosten.

Das bedeutet:

> Was auch immer in einer Preisverhandlung gewonnen oder verloren wird, kann durch keine andere Einheit im Unternehmen geleistet oder kompensiert werden – die einzige Möglichkeit zur Kompensation wäre Bezug von Lieferanten zu günstigeren Preisen.

Deshalb ist es notwendig, mit allen modernen Mitteln Wert zu liefern, der wahrgenommen wird und bei dem sich der Kunde als Gewinner fühlt. Je mehr er gewinnt, desto weniger Anlass hat er, den Preis zu drücken. Je kürzer die Produktlebenszyklen werden, desto wichtiger ist der schnelle wirtschaftliche Erfolg. Da darf gerade vertrieblich nichts daneben gehen.

Lieferantenbewertung/Kundenzufriedenheit

Gerade größere Kunden oder Firmen, die sich zu einem Einkaufsverbund zusammengeschlossen haben, systematisieren ihre Zusammenarbeit mit Lieferanten. Eine systematische Bewertung der Lieferanten dient ihnen für zukünftige Lieferantenpriorisierungen. Dies beeinflusst auch die zukünftige Mengenplanung der Kunden bei mehreren Lieferanten für gleiche Produkte. Aspekte der Bewertung sind zum Beispiel

- Produktqualität,
- Produkteigenschaften, Funktionalität, Spezifikation, Portfolio, Dokumentation, gesammelte Erfahrungen,
- Lieferlogistik, Preis, Zusammenarbeit,
- Reaktionszeit, Kompetenz, Zuverlässigkeit im Service.

Wettbewerber

Aufgabe des Vertriebes ist auch die Identifizierung von existierenden und möglichen neuen Wettbewerbern (z.B. über Gespräche mit zufriedenen Kunden). Eine regelmäßige Berichterstattung über Strategien und Produkte der Wettbewerber hilft, das Marktverständnis des eigenen Unternehmens zu verbessern.

6.3.4 Kundenprogramme

Zur Gewinnung marktanteilsfördernder und gewinnbringender Kunden sollten große Anstrengungen für eine enge Zusammenarbeit unternommen werden. Es gibt eine sich kaum erschöpfende Anzahl von Möglichkeiten für kundenorientierte Programme, von denen hier einige Beispiele genannt sind.

Gegenseitige Vereinbarungen

Logistikvereinbarungen Die Zusammenarbeit mit Kunden, mit denen eine langfristige Geschäftsbeziehung aufgebaut werden soll, kann entlang des gesamten Logistikprozesses optimiert werden, zum Beispiel durch

- elektronischen Bestellverkehr und Informationsaustausch,
- Ship-to-Stock (Direktlieferung in die Produktion) und kundenspezifische Lieferungen,
- kundenspezifische Kennzeichnung und Labeling,
- Rahmenverträge, Rabatte und Bonusprogramme.

Beratungsvereinbarungen Kundenspezifische Aktionen beginnen bei der Beratung der Kunden, lange bevor Lieferverträge abgeschlossen werden.

Dem vorgeschaltet ist eine genaue Analyse von offensichtlichen und verborgenen Kundenbedürfnissen. Fallweise kann eine Studie oder ein Konzept dem Volumengeschäft vorausgehen.

Eine weitere Spielart dieser Beratung ist die Information und Diskussion innerhalb von Kundengruppen mit ähnlichen Anforderungen, zum Beispiel im Rahmen von Kundenforen.

Trainingsangebote – gerade bei komplexeren und erklärungsbedürftigen Produkten – bringen neben einem besseren gegenseitigen Verständnis auch zusätzliche Beiträge zur Kundenbindung.

Im Rahmen von größeren Vorhaben kann es auch sinnvoll sein, wenn sich Kunden und Lieferanten zur Zielerreichung bei Entwicklungsvorhaben verbünden. Diese Zusammenarbeit zwischen Lieferant und Kunde kann durch einen Kooperationsvertrag vereinbart werden.

Entwicklungsvereinbarungen

Betrachtung der Gesamtkosten beim Kunden

Ein umfassendes Programm, welches größere Aufwendungen auf beiden Seiten verlangt, aber auch enorme Einsparungen möglich machen kann, ist die vollständige Betrachtung der Gesamtkosten beim Kunden (Total Cost of Ownership) entlang des Weges, den ein angeliefertes Produkt im Unternehmen auf dem Weg zu dessen Kunden verursacht. Dabei können folgende Fragen eine Rolle spielen:

- Wie soll die Planung der Bestellung organisiert sein?
- Soll die Bestellung elektronisch abgewickelt werden?
- Wie stark kann der Kunde die Logistik des Lieferanten beeinflussen?
- Welche Tests sollen vorher durchgeführt worden sein?
- Lieferung just-in-Time (wann genau soll der Lastwagen kommen)?
- Bietet sich die direkte Lieferung zum Kunden des Kunden an?
- Wie soll die Verpackung beschaffen sein?
- Wie soll die Beschriftung sein?

Einkauf

Logistik

Weitere Möglichkeiten

Es gibt viele weitere Möglichkeiten der Verbesserung der Zusammenarbeit. Von gemeinsamen Schulungen und User Group Workshops bis hin zum Austausch von Mitarbeitern gibt es eine breite Palette an Möglichkeiten. Oft sind es auch nur Kleinigkeiten, die eine große Verbesserung bringen. Als gemeinsames Ziel steht eine Win-Win-Situation für Lieferant und Kunde. Je größer das identifizierte Potenzial bei einem Kunden ist, desto mehr lohnt es sich Energie in solch ein Programm zu investieren.

Veranstaltungen/ Roadshows Vorträge und Workshops über Markt-, Produkt- oder Technologietrends initiieren neue Programme und Projekte. Auch neue Kunden können dadurch gewonnen werden.

Zertifizierung Eine besondere Grundlage für die Zusammenarbeit kann eine Zertifizierung sein. Gemeinsame Qualifikation der Produktionslinien des Lieferanten erhöht die Vertrauensbasis und vereinfacht die geschäftlichen Beziehungen. Eine Zertifizierung nach unterschiedlichen Standards kann den Aufwand dafür erheblich vereinfachen.

Die Beispiele sind weltbekannt: der Blaue Umweltengel, das CE-Zeichen, die ISO 9000 und 9001.

6.3.5 Kundenmanagement

Jedes Unternehmen muss die Wirtschaftlichkeit der Vertriebswege sichern und sich den Kundenwünschen stellen. Dies gelingt nur durch strukturiertes Kundenmanagement, das durchaus teilweise gemeinsam mit Kunden erarbeitet werden kann.

Kundenanalyse

Für die Festlegung einer beiderseitig befriedigenden Betreuung von Kunden muss ausreichend Information vorliegen. Die folgenden Daten sollten für jeden wichtigen Kunden bekannt sein:

* Kundensegment (Größe, Bedeutung, Profitabilität, Liquidität, Treue, technologische Führerschaft),
* Umsatzpotenzial und dessen zeitliche Entwicklung,
* Erreichbarer Umsatzanteil und dessen künftige Entwicklung,
* Beteiligte und Ablauf des Kaufentscheidungsprozesses,
* Wettbewerbsinformationen über andere Lieferanten.

Geschlossenes Bild des Kunden Um ein geschlossenes Bild über den Kunden zu erhalten, sollten die Informationen aller Abteilungen gebündelt werden, die mit ihm in Kontakt stehen; die Fragen folgender Abteilungen sind besonders relevant:

* Marketing: Produktentscheidung, Volumen;
* Entwicklung: Eigenschaften, Spezifikationen;
* Fertigung: Stückzahlen, Hochlauf;
* Vertrieb: Volumenplanung.

Festlegung der Betreuungsorganisation

Nach einer ersten internen Konzeption kann durchaus gemeinsam mit dem Kunden dessen Betreuung besprochen werden. Das schließt bei Großunternehmen weltweit alle wichtigen Zentralen und Produktionsstandorte mit ein. Die Stärke der Betreuungsmannschaft leitet sich aus dem aktuellen und dem erwarteten Umsatz ab. Die Art der Betreuung folgt den Kundenwünschen.

Definition des Geschäftes mit dem Kunden

In einer übergreifenden Gesamtschau wird festgestellt, welcher Art das Geschäft zum heutigen Zeitpunkt ist. Mögliche Kernfragen für eine erfolgreiche Geschäftsstrategie lauten:

• Welchem Wandel kann das Geschäft durch Veränderungen der Branche, des Kunden oder des Lieferanten unterliegen?

• Welche Zertifizierungen und Qualifizierungen sind notwendig?

• Welche gemeinsamen Entwicklungen sind möglich?

• Welche Faktoren der Zusammenarbeit binden den Kunden stark (im Rahmen des Total Cost of Ownership)?

Kundendurchsprache

Der strukturierte Austausch von Erfahrungen, Vorgehensweisen und tiefergehenden Kundeninformationen helfen der Vertriebsmannschaft, sich stetig zu verbessern und Erfolge zu wiederholen.

Von dem Beispiel der Tagesordnungspunkte einer Großkundendurchsprache können auch andere Vertriebsmeetings abgeleitet werden. Gleichzeitig beinhaltet ein solches Account Review auch Controlling-Elemente. Zu dieser Besprechung werden alle weltweit diesen Kunden betreuenden Vertriebs- und Marketing-Mitarbeiter eingeladen. Folgende Agendapunkte können für Tagesordnung angesetzt werden:

• Information über neue Produkte und Dienstleistungen sowie geplante Aktivitäten durch das Marketing, wie
  – Darstellung des Kunden,
  – Aktivitäten und Ziele,
  – wirtschaftliche und strategische Eckdaten,
  – Kunden und Wettbewerber des Kunden,
  – wesentliche Veränderungen des Kundenumfelds,

- Darstellung und Diskussion von
  - aktuellem und geplantem Auftragseingang,
  - aktuellem und geplantem Umsatz und Spanne/Ergebnis,
  - Zusammenarbeit mit Distributoren und Händlern,
  - Personal und Kosten,
  - kundenspezifischen Chancen und Risiken,
  - kundenspezifischen Erfolgsfaktoren,
  - Besuchsmatrix,
  - Servicegrad,
  - Verträgen und Rahmenvereinbarungen,
- Erläuterung von Freigaben und Qualifikationen,
- Start und/oder Überprüfung von Programmen zu
  - Logistik,
  - Einkauf,
  - Entwicklung,
  - Total Cost of Ownership,
- Vorstellung und Verfolgung von Schlüsselprojekten,
- Feststellen von Produktwünschen und deren Umsetzung,
- Zusammentragen des Wettbewerberverhaltens,
- Herausarbeiten von eigenen gegenüber fremden Wettbewerbsvorteilen,
- Definition von neuen Geschäftsmöglichkeiten sowie
- Vereinbarung von regionalspezifischen Vertriebszielen.

Workshop Das Abarbeiten der Tagesordnung einer Kundendurchsprache sollte unbedingt in einem workshopartigen Rahmen stattfinden, um die Identifikation aller Beteiligten mit den neuen Zielen und Programmen zu erreichen.

6.3.6 Vertriebscontrolling

Marketing und Vertrieb sind entscheidende Triebfedern für ein funktionierendes Unternehmen. Firmenleitungen haben ein besonders großes Interesse für die Leistungen dieser Abteilungen, denn Entwicklung oder Verwaltung können durch Kosteneinsparung nicht das kompensieren, was ein Vertriebsmann unnötigerweise „verschenkt".

Die Firmenleitung ist daher gut beraten, Kontrollelemente zu etablieren, die regelmäßig die Effizienz von Vertrieb und Marketing überprüfen.

Die kaufmännische Begleitung des Vertriebsprozesses ist eine   Kaufmännisches
wichtige Voraussetzung für die Beurteilung der aktuellen Situa-   Controlling
tion des Unternehmens. Je aktueller, genauer und rascher Analysen vorliegen, desto schneller können Maßnahmen beschlos-
sen werden – sowohl die Intensivierung des Geschäftes, Expansion oder auch ein Rückzug.

Je nach Firmenkultur und Geschäftsart finden unterschiedlich   Vertriebsdurch-
viele und verschieden strukturierte Durchsprachen statt. Es   sprache
kann notwendig sein im wöchentlichen Rhythmus die Monats-
ziele zu verfolgen. Häufiger sind monatliche Überprüfungen
hinsichtlich der Quartalsziele und jährliche Festlegungen eines
Vertriebsplanes über das kommende Geschäftsjahr mit Ausblick
auf das darauf folgende Jahr. Üblicherweise sind folgende
Kennziffern zu berichten:

1. *Umsatz*: Ziel, Erreichungsgrad, Abweichungen, Korrekturmaßnahmen.

2. *Auftragseingang*: Ziel, Erreichungsgrad, Abweichungen, Korrekturmaßnahmen.

3. *Spanne / Ergebnis*: Ziel, Erreichungsgrad, Abweichungen,
   Korrekturmaßnahmen.

4. *Risiken und Chancen*: Risiken der oben genannten Punkte
   und außerplanmäßige Chancen, welche die Planrisiken
   überkompensieren können.

Bei negativen, nicht kompensierbaren Abweichungen muss
rasch und konsequent reagiert werden, denn der Erfolg jedes Unternehmens hängt vom profitablen Umsatz ab.

7 Projekt-, Qualitäts- und Umweltmanagement

Perfektes Projektmanagement ist eine weitere wesentliche Voraussetzung für langfristigen Erfolg. Eng verknüpft damit sind auch Qualitäts- und Umweltmanagement, deren Resultate für viele Kunden die Kriterien für Auftragsvergaben sind.

7.1 Projektmanagement

Mikroelektronik, Softwaretechnologien, Informations- und Kommunikationstechnologien stoßen viele Denkmuster alter Prägung um. In allen Branchen verkürzen sich die Innovationszyklen und damit auch die Zeit vom Entwicklungsstart bis zur Markteinführung. Projekte eignen sich auch dazu, die Reaktionsgeschwindigkeit von Firmen zu erhöhen.

Was ist ein Projekt? *Ein Projekt ist eine einmalige, zeitlich begrenzte und eindeutig definierte Aufgabenstellung, gekennzeichnet durch klare Projektziele und personifizierte Verantwortung.*

Projekte setzen sich als Organisationsform für nicht wiederkehrende, zeitlich begrenzte und komplexe Aufgaben durch. Für eine effiziente und effektive Durchführung gibt es Spielregeln für Organisation und Ablauf, welche der Projektleiter kennen und beherrschen muss. Immer häufiger werden in Projekten mit internationaler Beteiligung Themen vorangetrieben, die alleine nicht realisierbar gewesen wären.

Wird Projektmanagement als eine Methode der Unternehmensführung betrieben, so bedeutet dies, dass das Management systematisch und intensiv Projektorganisationen zur Durchführung einmaliger Aufgaben einsetzt und durch ein entsprechendes Umfeld und Instrumentarium stützt.

Durch seine flexible Reaktion auf sich verändernde Anforderungen ist das Projektmanagement häufig anderen klassischen stabilen Organisationsformen überlegen.

Folgende Indikatoren sprechen für ein Projekt:

• Klar formulierbares Ziel und einmalige Aufgabe,
• zeitliche Begrenzung,
• Notwendigkeit eines übergreifenden Ansatzes,
• Anteile fremder Leistung,
• hohe geschäftspolitische Relevanz,
• hohes geschäftliches Risiko,
• Erfordernis unternehmerischer Gestaltung.

Es gibt sehr viele und unterschiedliche Vorhaben, die als Projekt abgewickelt werden können. Diese können in allen funktionalen Einheiten wie Marketing, Vertrieb, Entwicklung und Planung durchgeführt werden. Einige Beispiele:

• Entwicklung neuer Produkte und Dienstleistungen,
• Markteinführungen,
• Implementierung neuer Verfahren und Abläufe,
• Abwicklung von großen und komplexen Kundenaufträgen,
• Starten eines neuen Geschäftes,
• Produktivitätssteigerung und Prozessverbesserung,
• Akquisitionen.

Das Projektmanagement bezieht sich während des Projektablaufes (nach DIN 69 901) auf

• Führungsaufgaben (Zielsetzung, Zieleinhaltung, Entscheidung),
• Führungsorganisation (Projektorganisation, Projektabwicklung),
• Führungstechniken (Motivationstechnik, Besprechungstechnik, Präsentationstechnik, Entscheidungsfindung) und
• Führungsmittel (Projekt- und Produktstruktur-Planungssysteme, Termin-/Kapazitäts-/Kosten-Planungs- und Steuerungssysteme).

7.1.1 Projektorganisation

Je nach Aufgabenstellung eignen sich verschiedene Projektorganisationen, die abteilungsinterner oder -übergreifender Art sein können.

Innerhalb der Linienorganisation Abteilungs- oder funktionsinterne Projekte bleiben in die Linienorganisation eingegliedert und werden in der Regel von einem Linienverantwortlichen als Projektleiter geführt. Das gilt auch für Projekte von Stabsabteilungen.

Matrixorganisation Viele Themen sind abteilungs-, funktions-, bereichs- oder firmenübergreifend. In solchen Fällen arbeiten die Projektmitarbeiter matrixartig mit den bestehenden Organisationseinheiten zusammen. Das daraus entstehende Konfliktpotenzial kann durch klare Aufgabenteilung, wie etwa dem folgenden Grundsatz, konstruktiv gelöst werden:

Der Projektleiter bestimmt das *was* und *wann*, die Führungskraft der Linie bestimmt das *wer* und *wie*.

Projektorganisation Ausgegliederte Projekte behandeln klar abgrenzbare temporäre Aufgaben mit geringer Überlappung zu anderen Aktivitäten. Zusätzlich kann es sinnvoll sein, bei sich wiederholenden verschiedenartigen Aufgabenstellungen die Projektorganisation zu institutionalisieren. Insbesondere im Anlagengeschäft wird dieses Vorgehen praktiziert.

Lenkungsausschuss

Der Lenkungsausschuss dient als Entscheidungsgremium, Machtpromotor und Kontrollinstanz gleichermaßen. Er gibt das Projekt in Auftrag, entscheidet über Ziele und deren Änderung, nimmt die Ergebnisse ab und übernimmt bewusst das Risiko und die Verantwortung bei Misserfolg.

Erfahrungsgemäß widmet sich das Management meist gerade in der Anfangsphase des Projektes, wenn die Kosten am stärksten beeinflusst werden können, dem Thema in nicht ausreichendem Maße. Dem kann durch regelmäßige Berichte und Zwischenpräsentationen nach Abschluss von einzelnen Projektphasen oder Teilprojekten begegnet werden.

Beraterkreis

Das Projektkernteam sollte idealerweise mit nicht mehr als vier bis acht Personen besetzt werden. Häufig sind aber auch wichtige Know-how-Träger nicht in zeitlich ausreichendem Maße verfügbar. In solchen Fällen dient ein Beraterkreis, der das Kernteam unterstützt, zur Aufrechterhaltung des Informations- und Wissensflusses innerhalb der Unternehmung.

Teambesetzung

Die genaue Ziel- und Aufgabenbeschreibung des Projektes bestimmt die notwendigen Kompetenzen des Projektteams. Unter Einschaltung der Personalabteilung werden Projektleiter und -team festgelegt.

7.1.2 Projekt-Prozess-Ablauf

Start und Abschluss des Projektes sind besonders kritische Zeitpunkte. Auch für die einzelnen Projektphasen gibt es wichtige Aktionen, welche die Erfolgswahrscheinlichkeit erhöhen. Alle Phasen sind laufend durch Projektcontrolling zu überwachen.

In der Startphase werden dem Projekt Ziel und Richtung unter hoher Aufmerksamkeit des Managements gegeben. Folgende Punkte, bei denen der künftige Projektleiter bereits beteiligt sein sollte, sind wichtig:

* *Evaluierung*: Voruntersuchungen zur Zielfestlegung,
* *Auftrag*: klare, eindeutige Aufgabenstellung,
* *Ziele*: Zeit, Leistung, Qualität, Kosten, Finanzierung,
* *Abbruchkriterien*: nachvollziehbare, quantifizierbare Bedingungen für ein vorzeitiges Projektende,
* *Anfang*: Festlegung von Ressourcen und Verantwortlichkeiten,
* *Kick-Off*: Veranstaltung zur Information aller Beteiligten.

Projektziele

Projektziele können sehr unterschiedlich sein. So lassen sich unter anderem Managementziele, Produktziele oder Prozessziele definieren.

* Managementziele sind z.B.
  – Kosten,
  – Zeit,
  – Ressourcen,
  – Erfolg,
  – Führung,
  – Transparenz oder
  – Wettbewerbsvorsprung.

- Produktziele sind z.B.
  - Funktion,
  - Leistung,
  - Qualität oder
  - die Erfüllung von Kundenanforderungen wie etwa Bedienerfreundlichkeit.
- Prozessziele sind z.b.
  - Termine,
  - Aufwand oder
  - die Art der Abwicklung.

Analysephase

Es gibt sehr viele mögliche Projektthemen, weshalb die folgenden Checklisten durch spezifische Anforderungen ergänzt werden müssen. Es bietet sich eine parallele Abarbeitung der Inhalte in Aufgabenpaketen an, für die unterschiedliche Fachleute beauftragt werden können. Die Pakete im Einzelnen:

- Ideen sammeln, selektieren, bewerten,
- Markt analysieren nach Volumen und Veränderungen,
- Wettbewerb und dessen Strategien evaluieren,
- Erfolgsfaktoren für die geschäftliche Tätigkeit erarbeiten,
- Alleinstellungsmerkmale des eigenen Unternehmens herausarbeiten,
- Produktanforderungen mit Kunden erarbeiten,
- Leistungsanforderungen der Kunden zusammenstellen,
- Pflichten-/Lastenheft erarbeiten,
- Kosten, Umsatz, Zeitaufwand, Qualität, Ressourcen abschätzen.

Je Arbeitspaket sollte festgehalten sein:

- Verantwortung (wer),
- Inhalte und Ergebnisse (was),
- Zeitrahmen (bis wann),
- Aufwand (wie viel),
- Unterschriften von Auftraggeber und Auftragnehmer.

Hilfsmittel Bei der Verwendung von Projektplanungs-Hilfsmitteln wie Meilensteinplan, Netzplan, Kostenkontrolle sollte bevorzugt auf hausinterne, eingeführte Verfahren zurückgegriffen werden. Es gibt aber auch eine Vielzahl unterstützender Softwaretools zu kaufen, deren Eignung für den eigenen Bedarf möglichst gut geprüft werden sollte. Die Entwicklung eigener Hilfsmittel sollte vermieden werden, da dafür in der Regel unnötig viel Energie ohne Zusatznutzen aufgewandt wird.

Der Abschluss jeder Projektphase oder jedes Teilprojektes sollte mit möglichst allen Beteiligten und dem Management erfolgen. Bis dahin sind viele Daten des Umfeldes recherchiert und verarbeitet worden, mit denen sich beispielsweise ein erster Businessplanentwurf entwerfen lässt. Szenarien für Best und Worst Case sollten ebenso wenig fehlen wie Aussagen über kritische Faktoren sowie Chancen und Risiken. Die Struktur der Konzeptphase muss jetzt vorbereitet sein und entschieden werden.

Zwischenpräsentation der Analysen

Konzeptphase

In der Konzeptphase werden die Einzelheiten der Umsetzung erarbeitet. Unter Mitarbeit der später bei der Realisierung Beteiligten werden im Detail folgende Aufgabenpakete oder Teilprojekte festgelegt:

• Entwicklungskonzept,
• Produktionskonzept,
• Finanzierungskonzept,
• Marketing- und Vertriebskonzept,
• Servicekonzept,
• Roadmaps (Technologie, Produkt, Dienstleistung),
• Businessplan,
• Controllingkonzept.

Nun sind Umfeld und Vorgehensweisen klar umrissen. Die wesentlichen Ziele und Kosten des Projektes stehen jetzt zur Verabschiedung oder gegebenenfalls zur Änderung an. Projektspezifika wie Netzplan, Meilensteine, Aufgabenpakete, Ressourceneinsatz, Kostenerfassung, Dokumentation und Kommunikation müssen festgelegt werden. Das Management muss sich unabdingbar mit dem Thema ausführlich beschäftigen, trägt es doch die letzte Verantwortung über den geschäftlichen Ausgang.

Zwischenpräsentation der Konzepte

Realisierungsphase

Je nach der Größe des Projektes bieten sich verschiedene geeignete Projektplanungs-Hilfsmittel an. Der Projektleiter ist für Plausibilität und Dokumentation des Projektfortschrittes verantwortlich. Wichtige Themen sind:

• Verantwortung für Aufgabenpakete an die Linie übergeben,
• Aufgaben und Ziele der Linie durch Unterschriften bestätigen,

- Projektfortschritt besprechen und dokumentieren,
- Informationstransfer zwischen unterschiedlichen Teams fördern,
- Meilensteine einhalten,
- Engpässe entlang des kritischen Pfades kontrollieren,
- bei Planabweichungen sofort informieren,
- alternative Wege bei größeren Änderungen einschlagen.

Zwischenpräsentation der Ergebnisse Zu vorher bestimmten regelmäßigen Abständen soll der Projektleiter das Management über den Status des Projektes informieren. In jedem Fall muss ein Überblick über folgende Punkte gegeben werden:

- Ergebnisse,
- Kostenauflauf,
- wesentliche Veränderungen (Zeit, Inhalte),
- neue Situationen,
- alternative Vorgehensweisen,
- notwendiger neuer Entscheidungsbedarf.

Meilensteine Vor und während der Realisierungsphase ist der richtige Umgang mit Meilensteinen wichtig. Meilensteine definieren Fertigstellungstermine definierter Ergebnisse. Diese Ergebnisse müssen wichtig, überprüfbar, übergebbar und eindeutig sein. Zur Kontrolle sollte auf eine Meilensteintrendanalyse nicht verzichtet werden. In diesem schematischen Kontrollvorgehen werden wesentliche Teilergebnisse, die zu dem Meilenstein führen, zeitlich und inhaltlich verfolgt. So wird eine böse Überraschung eines verschobenen Meilensteintermins vermieden.

Änderungsanforderungen

Änderungen können sich beziehen auf

- Aufgabenstellung,
- Ziele,
- Produkt-Funktionen/-Spezifikationen,
- Meilensteine,
- Ergebnisse,
- Zeit,
- Qualität,
- Kosten oder
- Ressourcen.

Wichtig ist, dass Änderungsanträge formal und nachvollziehbar behandelt werden. Antragsteller und Inhalte sind festzuhalten. Die Inhalte sind zu untersuchen und zu entscheiden. Dem Antragsteller und dem erweiterten Management muss transparent die Auswirkung auf das Projekt dargestellt werden. Allen Betroffenen ist schriftlich die Änderung bekannt zu geben. Nur so kann die Änderung professionell verfolgt und später überprüft werden.

Schleichende Änderungen sollten unterbunden werden. Häufig gehen Probleme, die eine Änderung verursachen, nicht aus der Berichterstattung hervor. Deshalb sollte man sich auch auf Gespräche und Beobachtungen abstützen und öfters formale oder auch informelle Reviews durchführen. In schwerwiegenden Fällen kann man zu dem Mittel einer Projekt-Revision greifen, um große Abweichungen zu vermeiden.

Als Steuerungsmaßnahmen stehen dem Projektleiter folgende Möglichkeiten zur Verfügung:

- Reduzieren oder Erhöhen des Leistungs- oder Funktionsumfangs,
- teilweiser oder vollständiger Zukauf von Produkten oder Teilsystemen.

Leistungs-/Funktionsumfang

- Reduzieren, Umverteilen oder Erhöhen der Kapazität,
- teilweiser oder vollständiger Zukauf von Leistungen.

Kapazität

- Motivation oder Information der Projektmitarbeiter,
- verbesserte Kommunikation oder
- verstärkte Ausbildung.

Produktivität

Der Aufwand kann z.B. bei Softwareprojekten durch Versionsbildung gestreckt werden. Vermehrtes Aufsetzen auf Vorhandenem und beziehbaren Komponenten spart Kosten.

Abschluss

Der letzte Abschnitt im Projekt ist der formale Abschluss. Dabei sind wichtig:

- Beschluss des Projektendes,
- Zusammenfassen von noch offenen Aktivitäten,
- Behandlung von Zusatzwünschen definieren,
- Aus- und Bewertung des Projekterfolges,
- Erstellen des Übergabeprotokolls,
- Transfer von Projektmitarbeitern in die Linienorganisation.

Dieser geordnete Abschluss verhindert Risiken, wie eine zu frühe Selbstauflösung oder eine Verstetigung des Projektes. Gleichzeitig werden die während des Projektes gemachten und dokumentierten Erfahrungen des Unternehmens für zukünftige Vorhaben nützlich sein.

Dokumentation

Die Dokumentation – am besten kontinuierlich ab Beginn des Projektes – erleichtert die Zusammenarbeit und vereinfacht die Übersichtlichkeit für das Management und neue Beteiligte. Grundsätzlich sollten alle relevanten Daten verfügbar und in unterschiedlichen Detaillierungsgraden rasch abrufbar sein. Berichtet werden sollte über harte Fakten wie Termine, Leistung, Kosten und gegebenenfalls über weitere Daten wie Qualität, Leistung, Chancen, Risiken in einem festzulegenden Zeitraster. Wichtig ist auch die Visualisierung des kritischen Pfades und der Abhängigkeiten verschiedener Teilprojekte und Arbeitspakete (Netzplan).

Folgende Kernfragen sind zu stellen:

• Funktioniert die Berichterstattung?
• Ist die Infrastruktur für das Projektteam auf dem neuesten Stand?
• Sind alle wichtigen Analysen und Arbeiten dokumentiert?
• Existieren Trendanalysen und Hochrechnungen?

Controlling

Kosten, Umsatz, Gesamtwirtschaftlichkeit, Zeitplan, Meilensteine und Qualität sind in jedem Fall fortlaufend zu überprüfen. Zusätzlich sind folgende Fragen zu beantworten:

• Sind die Projektziele eindeutig festgelegt?
• Arbeiten die richtigen Verantwortlichen an den Aufgaben?
• Welche Änderungen im Projektumfeld gibt es?
• Welche Abweichungen und Risiken bestehen?
• Welche Anpassungen sind gegebenenfalls notwendig?
• Werden die kritischen Themen regelmäßig beobachtet?
• Kommunizieren alle Beteiligten angemessen?
• Welche Aufgaben können andere besser erledigen?
• Wie kann die Reaktionszeit verkürzt werden?
• Welche Unterstützung benötigt das Projektteam?
• Wie ist die Disziplin von Management und Partnern?
• Sollte eine Projektrevision vorgeschlagen werden?

Außerdem gilt: Einfaches, frühzeitiges und kontinuierliches Controlling als Frühwarnsystem ist besser als komplizierte Überprüfungen am Ende.

7.1.3 Projektleiter

Der Projektleiter ist erster Ansprechpartner, Unternehmer, Koordinator, Konfliktmanager und Marketingmann für sein Projekt. Aufgaben, Rechte, Verantwortung und Führung müssen klar definiert sein.

Aufgaben

* Mitwirkung bei der Projektdefinition und dessen Abbruchkriterien,
* Klärung der Zielvorgaben und Randbedingungen des Projektes,
* Festlegung der projektinternen Zielvorgaben,
* Festlegung der Aufbau- und Ablauforganisation,
* Ressourcen- und Personalbeschaffung,
* Entscheidung über Änderungen und Alternativen,
* Erstellen des Projektstrukturplanes und der Arbeitspakete,
* Projektplanung, -überwachung, -steuerung, -abschluss,
* Aufstellen, Führen, Integrieren und Fördern des Projektteams,
* Budgetplanung, Investitionsplanung,
* Projektreviews, Priorisierungen, Abweichungsanalysen und Korrekturmaßnahmen,
* Controlling insbesondere des kritischen Pfades und der Arbeitspakete mit Hilfe von geeigneten Tools wie Netzplantechnik und Meilenstein-Trendanalyse,
* Kosten-Nutzen-Analyse,
* Auftragsvergabe an interne und externe Partner,
* Vorschlag des Projektendes oder -abbruches,
* Projektkommunikation und Informationsverteilung,
* Fortlaufende Dokumentation sicherstellen,
* Außenvertretung des Projektes,
* Projektauswertung und Wissenstransfer durchführen.

Rechte ...

Der Projektleiter kann unter anderem

* das Projekt bei unklarer Definition ablehnen,
* interne oder externe Lieferanten beauftragen,
* den Weg der Zielerreichung festlegen oder ändern,
* den Leistungsumfang und die Zeitdauer von Arbeitspaketen definieren,

- dem Management Entscheidungsvorlagen unterbreiten,
- das Projektteam verändern.

... und Verantwortung

Der Projektleiter ist verantwortlich für die geschäftlich erfolgreiche Durchführung des ihm übertragenen Projektes. Dabei müssen Leistungsumfang, Budget und Zeitrahmen im Zielkorridor liegen.

Führung Im zeitlich begrenzten Rahmen des Projektes hat der Projektleiter verschiedene Rollen zu übernehmen. Die wichtigste Rolle ist die des Unternehmers. Direkter Zugang zu seinem Paten im Management erleichtert ihm die Bewertung und Lösung schwieriger Situationen.

Zusätzlich, bedingt durch viele Schnittstellen, kommt ihm die Aufgabe des Informations- und Wissensmanagers, Konfliktmanagers und Projektkoordinators zu. Dementsprechend sind die Anforderungen an seine Durchsetzungsfähigkeit sowie an analytische und soziale Kompetenzen überdurchschnittlich hoch. Der Projektleiter muss auch über situativ angepasste Führungsstile verfügen. Von allen Beteiligten wird ein effektives, effizientes und konstruktives Vorgehen erwartet.

7.1.4 Erfolgsfaktoren

Es gibt Randbedingungen, die auf Projekte erfolgssichernd wirken. Dazu gehören Unternehmertum, klare Ziele und ein Klima der positiven Zusammenarbeit.

Unternehmertum Kennzeichen des Unternehmertums sind kommunizierte Vision, Ziele und Strategie des Unternehmens. Daraus lässt sich jedes Projekt mit seiner Zielsetzung ableiten. Die Orientierung am wirtschaftlichen Erfolg setzt die nachvollziehbaren Prioritäten. Das Management definiert klare Zuständigkeiten und ermöglicht damit rasche Entscheidungen. Die Akzeptanz von Fehlschlägen ist dabei die notwendige Voraussetzung für eine lernende Organisation.

Klare und realistische Ziele Das Management setzt einfache, klare und eindeutige Ziele, Rahmenbedingungen, sowie Maßstäbe für Zeit, Ressourcen und Qualität. Dies ermöglicht nachvollziehbare Entscheidungen.

Zusammenarbeit Projekte können nur dann erfolgreich sein, wenn es in der Zusammenarbeit des Projektteams mit anderen klare Spielregeln gibt. Das erfordert ein toleranzbasiertes und akzeptanzgeprägtes Führungskonzept, in dem jeder und jede Organisationseinheit gegenseitige Wertschätzung als Grundlage der vertrauensvollen Zusammenarbeit einbringt.

7.2 Qualitätsmanagement

Das Qualitätsmanagement stellt die Qualität in einem jeweils umfassenden Sinne in den Mittelpunkt aller geschäftlichen Aktivitäten. Damit wird sie Teil der Unternehmensstrategie.

7.2.1 Total Quality Management

TQM ist ein ganzheitlicher Ansatz, der alle Mitarbeiter aller Hierarchiestufen einbezieht. Alle Unternehmensprozesse werden kundenorientiert gestaltet, wobei als Kunde jeder Mitarbeiter der im Wertschöpfungsprozess nachgelagerten Einheit gilt, sowohl intern als auch extern. Außerdem gilt das Ziel der Vermeidung von Fehlern. Damit entsteht ein Zusatznutzen für das Unternehmen, der auch die Motivation steigert. Die Gestaltung der Geschäftsprozesse unterliegt durch die Veränderung des Umfeldes einem ständigen Verbesserungsdruck, dem durch ein kontinuierliches Verbesserungsprogramm (KVP) begegnet werden kann.

Im Folgenden wird kurz auf die – eher produktionsnahe – Philosophie des Vaters der Qualitätsbewegung eingegangen, der die amerikanische und japanische Wirtschaft stark beeinflusste: W. Edwards Deming. Danach werden zwei TQM-Systeme beschrieben, welche die Einführung eines guten Qualitätsmanagements erleichtern: DIN ISO 9000 und EFQM. Beide Systeme werden gerade überarbeitet und nähern sich in den Inhalten und Abläufen einander an. Der EFQM-Ansatz bleibt allerdings der umfassendere.

Deming beschrieb in den Jahren 1940 bis 1950 folgende Reaktionskette:

Die Qualitätsphilosophie von Deming

- Verbesserte Qualität und Produktivität,
- sinkende Kosten,
- wettbewerbsfähige Preise,
- sichere oder steigende Marktanteile,
- Stärkung des Unternehmens,
- sichere oder neue Arbeitsplätze.

Um diesen Qualitätsprozess in Gang zu bringen schlug Deming 14 Grundeinstellungen vor:

1. unverrückbares Unternehmensziel,
2. neuer Denkansatz,
3. keine Sortierprüfungen mehr,
4. nicht unbedingt das niedrigste Angebot annehmen,
5. ständige Verbesserung des Qualitätspozesses:
   Plan – Do – Study – Act,
6. Verständnis für Geschäftsprozesse,
7. richtiges Führungsverhalten,
8. keine Atmosphäre der Angst,
9. keine Barrieren,
10. Vermeidung von Ermahnungen und Aufrufen,
11. keine Standard-Leistungsvorgaben,
12. Stolz auf geleistete Arbeit,
13. Förderung der Aus- und Weiterbildung,
14. Verpflichtung der Unternehmensleitung zur Qualität.

Diese Grundeinstellungen finden sich in den folgenden Qualitätssystemen in abgewandelter Form wieder.

Die Qualitätsphilosophie von ISO 9000

Die Qualitätsmanagement-Normen der Reihe ISO 9000 sind 1987 eingeführt worden. Parallel dazu existieren die Normen ISO 14 000 ff. für den Umweltschutz, auf die später eingegangen wird.

Ziel von ISO 9000 ist eine weltweite Vergleichbarkeit von Dienstleistungs- und Produktionsprozessen. Die Zertifizierung, also die Abnahme des firmenspezifischen Qualitätssystems, überprüft, ob alle Anforderungen an die Norm erfüllt sind. Ist dies der Fall, ist vom Vorliegen eines qualitativ hochwertigen Produkts auszugehen.

Seit 2000 stehen die Versionen ISO 9000, ISO 9001 und ISO 9004 als neue überarbeitete Version zur Verfügung. ISO 9002 und ISO 9003 entfallen. Kern der Veränderung ist eine Hinwendung zur prozessorientierten Betrachtungsweise.

Neu definiert werden die Themen:

• Managementverantwortung,
• Ressourcenmanagement,
• Prozessmanagement,
• Bewertung und Analyse.

Die kontinuierliche Verbesserung nach Deming Punkt 5 bleibt erhalten. Die neuen Prinzipien nähern sich sehr stark dem EFQM-Modell an:

- kundenorientierte Organisation,
- Führung,
- Einbeziehung der Menschen,
- Prozessorientierung,
- Systemorientierung für das Management,
- ständige Verbesserung,
- faktisches Vorgehen,
- beidseitige Vorteile in den Lieferantenbeziehungen.

Für Unternehmen, die nach der alten Norm zertifiziert sind, ergibt sich kein unmittelbarer Handlungsbedarf. Es wird ein fließender Übergang in die neue Norm angestrebt. Die Elemente von ISO 9000 und ISO 9001 sind in den Kapiteln 2.5.3 und 2.5.4 skizziert.

Die Qualitätsphilosophie von EFQM

Das wohl umfassendste Modell des Total Quality Management ist das 1991 entwickelte Modell der European Foundation for Quality Management, kurz EFQM genannt. Das EFQM-Modell bietet ein offenes Rahmenkonzept, *welches Freiraum für unterschiedliche Vorgehensweisen gibt, um eine exzellente Qualität zu erreichen. Dabei kann der Fortschritt durch Kennzahlen gut ermittelt werden.*

Im aktuellen Modell gibt es folgende Bestandteile, insgesamt können 1000 Punkte erzielt werden:

Führung	100 Punkte	0%	Wie wird Qualität erzielt?
Mitarbeiterorientierung	90 Punkte	9%	
Politik und Strategie	80 Punkte	8%	
Partnerschaften und Ressourcen	90 Punkte	9%	
Qualitätssystem und Prozesse	140 Punkte	14%	
	500 Punkte	50%	
Mitarbeiterergebnisse	90 Punkte	9%	Welche Qualität wird erzielt?
Kundenergebnisse	200 Punkte	20%	
Gesellschaftergebnisse	60 Punkte	6%	
Schlüsselleistungenergebnisse	150 Punkte	15%	
	500 Punkte	50%	

Weitere – teilweise neue – Bestandteile dieses „Modells für Business Excellence" sind:

- Bewertung von Innovation und Lernen des Unternehmens.
- Die Bestandteile erhalten einen Vorschlagscharakter und weniger den eines Pflichtkatalogs.
- Bewertung mittels des „RADAR"-Prinzips. Dabei steht RADAR als Akronym für Results (Ergebnisse), Approach (Vorgehen), Deployment (Umsetzen) sowie Assessment (Einschätzung) und Review (Bewertung).

Dies ist nichts anderes als Punkt 5 des vorne erwähnten Deming-Prinzips.

Das EFQM-Konzept eignet sich für eine moderierte Selbstbewertung nach folgendem kontinuierlich zu durchlaufenden Schema:

1. Engagement entwickeln,
2. Selbstbewertung planen,
3. das Vorhaben bekannt machen,
4. Teams zur Durchführung der Selbstbewertung schulen,
5. umfassende Informationen sammeln und Daten erheben,
6. Selbstbewertung durchführen,
7. Aktionsplan für Verbesserungen erarbeiten,
8. Verbesserungen durchführen,
9. Fortschrittskontrolle.

Danach ist das Schema wieder von vorne zu durchlaufen.

Bewertung von Qualität durch Audits

Im Folgenden soll kurz auf die Unterschiede von ISO 9000- und EFQM-Audits eingegangen werden. Generell untersucht ISO 9000 eher sehr operative Prozesse, während EFQM die Gesamtheit der Geschäftsprozesse mit einbezieht.

ISO-Zertifizierungsaudit   Ein ISO-Zertifizierungsaudit

- untersucht eher Qualitätsmanagement-Handbücher und Anweisungen für Verfahren und Vorgehen,
- erfordert rund acht bis zwölf Monate Vorbereitungszeit,
- wird durch zwei bis drei örtliche Auditoren überprüft,
- dauert drei Tage,
- beinhaltet etwa 40 Interviews nach festem Plan,
- überprüft dabei die Übereinstimmung mit den Qualitätsdokumenten,
- kostet rund 15.000 € an Fremdkosten.

Ein EFQM-Site Visit

*   untersucht die EFQM-Bewertung (Vorgehen, Ergebnisse),
*   erfordert rund vier Jahre Vorbereitungszeit,
*   wird durch acht multinationale Assessoren überprüft,
*   dauert drei Tage,
*   beinhaltet etwa 100 beliebig gewählte Interviews,
*   überprüft dabei die Bewusstseinsbildung und Verbreitung von TQM sowie die kontinuierliche Verbesserung,
*   kostet rund 15.000 € an Fremdkosten.

Da EFQM eine Unternehmung ganzheitlich zu erfassen versucht, ist diese Art des Total Quality Managements auch für mittelständische Unternehmen gut geeignet; es gibt sogar Beispiele, in denen Arztpraxen nach EFQM bewertet wurden.

Mit EFQM kann – unabhängig von der Firmengröße – gut überprüft werden, inwieweit Vision, Mission und Strategie und deren Umsetzung harmonisiert sind. Die ständige Selbstverbesserung hat dabei einen hohen Stellenwert.

7.2.2 Six Sigma

Six Sigma ist ähnlich wie TQM, KVP etc. eine Form des Qualitätsmanagements. Dabei werden systematisch Fehlerquellen bei Produkten, Dienstleistungen und Prozessen identifiziert und nachhaltig behoben. Die betrachteten Dimensionen erstrecken sich von Leistung, Eigenschaften über Zuverlässigkeit, Haltbarkeit, Bedienbarkeit bis hin zum Image.

Das Ziel von Six Sigma ist es, durch höhere Qualität die Kundenzufriedenheit zu erhöhen und gleichzeitig die firmeninternen Kosten für Produkte und Prozesse zu senken. Der Name bezieht sich auf die statistische Streuung des Ergebnisses, gemessen als (plus/minus x-faches) Maß der Standardabweichung Sigma. Die Endprodukt-Qualität erreicht beispielsweise bei +/- 3 Sigma mindestens 99,7%. Das Ergebnis wird in Defects per Million Opportunities (DPMO) angegeben.

Die Vorgehensweise bei Six Sigma folgt der Logik des DMAIC-Zyklus:

*   Definieren (define)
*   Messen (measure)

- Analysieren (analyze)
- Verbessern (improve)
- Kontrollieren (control)

Für jeden einzelnen Zyklus-Schritt stehen wiederum viele Werkzeuge zur Verfügung. Beispielweise kann man in der Phase der Definition Benchmarking, Business Intelligence oder Kundenbefragung verwenden.

7.2.3 Management-Audits

Management-Audits sind ein Instrument zur Überprüfung der Management-Qualität und -Leistungsfähigkeit in Unternehmen. In der Regel geht es hierbei um eine Ist-Aufnahme und die Bestimmung des Potenzials. Dies kann im Rahmen von Übernahmen, Fusionen oder Kooperationen, aber auch bei ausgeprägter Neuorientierung/Umstrukturierung von Unternehmen notwendig werden. Auch beim Wechsel von Gesellschaftern, Finanziers oder Geschäftsführern können solche Audits sinnvoll sein.

Der Nutzen eines derartigen Audits erstreckt sich auf

- Motivation des Managements,
- Ermittlung von Potenzialen der Führungskräfte,
- Differenzen in Anforderungen und Erfüllungsgrad sowie
- Überprüfung von Kompetenzen.

Elemente dieser Einschätzung können sein:

- Tests und Assessment-Center,
- Auditgespräche mit strukturierten Fragebögen,
- Fremdeinschätzung (Kunden, Mitarbeiter, Führungskräfte),
- Selbsteinschätzung und
- Feedback an die auditierten Personen.

Es geht darum, ein möglichst ganzheitliches Bild der Person, ihrer methodischen, fachlichen und sozialen Kompetenzen zu erhalten. Insbesondere wenn Veränderungen anstehen, werden oftmals neue Stärken und neues Wissen gefordert.

7.3 Umweltmanagement

Das Umweltmanagement stellt den Umweltgedanken in den Mittelpunkt aller geschäftlichen Aktivitäten. Damit wird auch dieser Gedanke Teil der Unternehmensstrategie.

In einer immer dichter besiedelten Welt, die nach höherem Lebensstandard strebt, werden die ganzheitliche Schonung der Umwelt und der sparsame Umgang mit Ressourcen immer wichtiger. Vergleichbar mit dem Total Quality Management gibt es auch hier unterschiedliche, jedoch ähnliche Vorgehensweisen.

Der Konflikt zwischen Ökologie und Ökonomie existiert nur in einem kurzen Betrachtungszeitraum. Kurzfristig gesehen kann es zu weniger Kosteneinsparungen und damit zu einem geringeren Produktivitätsfortschritt kommen. Langfristig überwiegt der positive Einfluss des Umweltschutzes.

7.3.1 Die betrieblichen Auswirkungen des Umweltschutzes

Umweltschutz wirkt langfristig positiv auf

* Image und Mitarbeitermotivation,
* Erschließung neuer Märkte sowie höheren Marktanteil,
* langfristige Steigerung von Umsatz und Gewinn,
* Sicherung der Wettbewerbsfähigkeit und der Arbeitsplätze.

Zusätzlich vermeidet ein proaktiver Umweltschutz die Gefahr von Bußgeldern durch Verstoß gegen nationale und internationale Vorschriften. Auch die Kosten für Schadensbehebung und Wiedergutmachung entfallen.

Ökologisch angepasste Geschäftsprozesse beachten die Umweltverträglichkeit auf allen Ebenen:

Produktpolitik und Entwicklung ...

* erhöhen die Langlebigkeit der Produkte,
* berücksichtigen permanent technischen Fortschritt,
* achten auf umweltverträgliche Betriebseigenschaften der Produkte,
* minimieren den Rohstoffverbrauch,
* sehen langlebige, ungiftige Rohstoffe und Materialien vor,
* beachten Recycelbarkeit von Produkten auf hoher Stufe,

- garantieren die Entsorgbarkeit von Produkt- und Produktionsrückständen und
- optimieren Verpackungen entsprechend ökologischer Gesichtspunkte.

Die Produktion ...

- legt Wert auf regenerativen Stoff- und Energiekreislauf,
- erhöht die Material- und Energieproduktivität,
- minimiert Risiken für Umweltschäden durch Unfälle,
- vermeidet Schadstofffreisetzung und Lärm und
- vermeidet Belastungen von Luft, Wasser und Boden.

Einkauf und Logistik ...

- bevorzugen Zulieferer mit proaktiven ökologischen Programmen und
- minimieren die Distributionswege für Zulieferung und Verteilung.

Umwelt-beauftragter Eine besondere Funktion im Unternehmen hat der gesetzlich vorgeschriebene Umweltschutzbeauftragte. Er hat folgende Aufgaben zu erfüllen:

- Überwachen der Einhaltung von Gesetzen und anderen Vorschriften zum Umweltschutz,
- Unterstützen der Geschäftsverantwortlichen im Hinblick auf Vorsorge im Umweltschutz,
- enge Zusammenarbeit mit dem Qualitätsmanagement.

7.3.2 Öko-Audit

Ähnlich wie bei Total Quality Management gibt es auch bei den Öko-Audits unterschiedliche Normen mit ähnlichen Inhalten und Vorgehensweisen, zum Beispiel das EU-Öko-Audit und die Norm ISO 14 000 ff.

Beiden gemeinsam ist das Bekenntnis zum Umweltschutz, das eigenverantwortliche Handeln mit regelmäßiger Selbstkontrolle und ständiger Verbesserung, die Erstellung eines Umwelt-schutzsystems und dessen Prüfung durch externe Auditoren.

EU-Öko-Audit Vor der erstmaligen Zertifizierung zum Beispiel nach der EU-Öko-Audit-Verordnung sind folgende Schritte zu durchlaufen:

1. Formulierung der Umweltpolitik,
2. Durchführung und Dokumentation der ersten Umweltprüfung,

3. Aufbau eines Umweltmanagementsystems,

4. Erarbeitung und Festlegung eines Umweltprogramms,

5. Start der Umweltbetriebsführung als Testlauf,

6. Verfassung einer Umwelterklärung,

7. Anstoß der Prüfung und Validierung durch Umweltgutachter,

8. Registrierung und Veröffentlichung der Umwelterklärung.

Die dazugehörige Umweltbetriebsprüfung läuft wie folgt ab: Umweltbetriebs-
                                                                              prüfung
1. Ziele der Umweltbetriebsprüfung festlegen,

2. Umfang der Umweltbetriebsprüfung bestimmen,

3. Umweltbetriebsprüfung planen und vorbereiten,

4. Eröffnungssitzung festlegen und durchführen,

5. Umweltmanagements erfassen und bewerten,

6. Ergebnisse dokumentieren,

7. Abschluss festlegen und durchführen,

8. Bericht über die Umweltbetriebsprüfung erstellen,

9. Folgerungen aus der Umweltbetriebsprüfung ableiten.

Umweltverträgliche Produktgestaltung kann auf Dauer einen besonderen Wettbewerbsvorteil darstellen.

8 Arbeitsrecht und Mitarbeiterführung

Kaum ein anderes Themengebiet stellt so große Herausforderungen an Führungskräfte wie die Personalführung. Wie die/den Richtige/n finden? Was geschieht bei Schwierigkeiten im Arbeitsverhältnis? Welche Personengruppen sind hier besonders geschützt? Wie wird das Einkommen bemessen? Was ist der richtige Führungsstil? Welche Maßnahmen der Personalentwicklung sind zu ergreifen? Wie läuft das Controlling bei den Personalkosten?

Alle diese Fragen, Herausforderungen und Probleme werden im folgenden Kapitel behandelt. Zu beachten ist aber, dass gerade in arbeitsrechtlichen Fragen die Lektüre weiterführender Spezialliteratur ebenso dringend geboten ist wie die frühzeitige Einschaltung von internen oder externen Fachleuten. Keinesfalls sollte die Führungskraft Personalprobleme mit „Bordmitteln" lösen wollen. Eine Literaturübersicht findet sich im Anhang, die Nummer des nächsten Fachanwalts für Arbeitsrecht oder des Unternehmerverbands im Telefonbuch.

Und noch ein Hinweis: „Arbeitnehmer" steht für Arbeitnehmerinnen und Arbeitnehmer gleichermaßen, ebenso wie „Mitarbeiter" oder „Bewerber" beide Geschlechter meint.

Allgemeines Gleichbehandlungsgesetz – AGG

Das AGG wird die Personalarbeit in den nächsten Jahren verändern. Zwar gab es auch bisher Regelungen, die eine Benachteiligung aufgrund Geschlecht oder Herkunft vermeiden und ahnden sollten – als Beispiel seien hier die §§ 611a und b BGB genannt –, jedoch geht das Gesetz im Kern zum Teil weit über die bisherigen Regelungen hinaus.

8.1 Arbeitsrechtliche Grundlagen

Unter Arbeitsrecht ist das Recht der abhängigen Arbeit zu verstehen, die ein Arbeitnehmer dem Arbeitgeber im Rahmen eines privatrechtlichen Vertrags gegen Entgelt leistet.

Es unterteilt sich in das *Individualarbeitsrecht (= alle Rechtsbeziehungen aus Einzelarbeitsverträgen)* – und das *Kollektivarbeitsrecht (= das Recht der Arbeitsverbände, der Tarifverträge und der Vertretung der Arbeitnehmer)*.

Individual-
arbeitsrecht
Kollektivarbeitsrecht

Grundgedanke des Arbeitsrechts ist der Schutz des Arbeitnehmers aufgrund seiner wirtschaftlichen Unterlegenheit. Aus dieser Schutzverpflichtung heraus begründet sich die Fürsorgepflicht des Arbeitgebers. Als Gegenstück ist die Treuepflicht des Arbeitnehmers anzusehen.

Fürsorgepflicht
Treuepflicht

8.1.1 Quellen des Arbeitsrechts

Grundgesetz

Die höchstrangige Rechtsquelle, an der sich alle anderen deutschen Rechtsquellen orientieren müssen, ist neben europarechtlichen Vorschriften die Verfassung der Bundesrepublik Deutschland, das Grundgesetz (GG).

Eine Reihe von allgemeinen Grundsätzen des Arbeitsrechts sind darin verfassungsrechtlich garantiert, insbesondere

- die Menschenwürde, Art. 1 GG;
- das Persönlichkeitsrecht, Art. 2 GG;
- der Gleichbehandlungsgrundsatz, Art. 3 GG;
- das Recht der freien Meinungsäußerung, Art 5 GG;
- die Koalitionsfreiheit und Tarifautonomie, Art. 9 Abs. 3 GG;
- die Freiheit der Berufswahl, Art. 12 GG;
- das Recht, ein Unternehmen zu gründen, ein Unternehmen oder einen Betrieb zu teilen oder zu schließen, Art.12 GG, 14 GG;
- das Recht am Eigentum, Art. 14 GG.

Über die Frage, ob eine im konkreten Rechtsstreit anzuwendende Rechtsvorschrift verfassungsgemäß ist, entscheidet das Bundesverfassungsgericht. Dessen Entscheidungen haben – im Gegensatz zu den Entscheidungen anderer Gerichte – Gesetzeskraft.

Bundesverfassungs-
gericht

Arbeitsrechtliche Gesetze und Richterrecht

Einzelgesetze Das deutsche Arbeitsrecht ist in einer Vielzahl von Einzelgesetzen geregelt. Die wichtigsten relevanten Gesetze neben dem Grundgesetz sind im Überblick:

- Bürgerliches Gesetzbuch, BGB;
- Nachweisgesetz, NachwG;
- Handelsgesetzbuch, HGB;
- Arbeitszeitgesetz, ArbZG;
- Teilzeit- und Befristungsgesetz, TzBfG;
- Bundesurlaubsgesetz, BUrlG;
- Entgeltfortzahlungsgesetz, EntgFG;
- Mutterschutzgesetz, MuSchG;
- Bundeserziehungsgeldgesetz, BErzGG;
- Sozialgesetzbuch IX (schwerbehinderte Menschen), SGB IX;
- Jugendarbeitsschutzgesetz, JArbSchG;
- Allgemeines Gleichbehandlungsgesetz, AGG;
- Arbeitsplatzschutzgesetz, ArbPlSchG;
- Kündigungsschutzgesetz, KSchG;
- Tarifvertragsgesetz, TVG;
- Betriebsverfassungsgesetz, BetrVG;
- mit arbeitsrechtlichem Bezug: Einkommensteuergesetz, EStG, und die Sozialgesetzbücher, SGB.

Rechtsprechung Bei Streitigkeiten zwischen Arbeitgeber und Arbeitnehmer entscheiden die Arbeitsgerichte. Die Rechtsprechung des Bundesarbeitsgerichts (BAG) wird – auch ohne rechtliche Bindung – meist von den (Landes-)Arbeitsgerichten berücksichtigt.

> Selbst mit guter Rechtskenntnis ist der Ausgang eines Arbeitsgerichtsprozesses schwierig vorauszusagen; hier ist fachkundige Hilfe durch Fachanwälte für Arbeitsrecht oder Vertreter von Arbeitgeberverbänden dringend angeraten.

Tarifverträge

Tarifverträge sind Verträge zwischen Gewerkschaften und Arbeitgeberverbänden (Flächentarifverträge) oder einzelnen Arbeitgebern (Haustarifverträge).

Geltungsbereich von Tarifverträgen Tarifverträge gelten nach dem Tarifvertragsgesetz (TVG) unmittelbar nur für die Mitglieder der vertragsschließenden Organisationen: Der Arbeitgeber muss einem Arbeitgeberverband angehören, der Arbeitnehmer muss Mitglied einer tarifvertrags-schließenden Gewerkschaft sein.

Häufig wird in der betrieblichen Praxis für sämtliche Arbeitneh-mer im *Arbeitsvertrag* die Geltung der jeweils einschlägigen Ta-rifbestimmungen vereinbart. Wenn der Arbeitgeber keinem Verband angehört, ist auch eine Anlehnung an einen branchen-üblichen Tarifvertrag möglich.

Angestellte, die kraft ihrer Tätigkeitsmerkmale oder Bezahlung nicht mehr unter den persönlichen Geltungsbereich des ein-schlägigen Tarifvertrags fallen, sind *Außertarifliche Angestellte*. **Außertarifliche Angestellte**

Tarifvertraglich festgelegte Arbeitsbedingungen sind zwingende *Mindestarbeitsbedingungen*. Abweichende Abmachungen sind nur zulässig, wenn sie durch den Tarifvertrag ausdrücklich ge-stattet sind oder Änderungen zu Gunsten des Arbeitnehmers enthalten (*Günstigkeitsprinzip*). **Rechtswirkungen eines Tarifvertrags** **Günstigkeitsprinzip**

Waren Arbeitgeber und Arbeitnehmer bei Wirksamwerden des Tarifvertrags tarifgebunden, so bleiben sie es, bis der Tarifver-trag endet, § 3 Abs. 3 TVG. **Beendigung der Tarifbindung**

Ein Arbeitgeber kann deshalb seine Tarifbindung nicht durch Austritt aus dem Arbeitgeberverband aufheben, solange der geltende Tarifvertrag noch nicht abgelaufen ist oder nachwirkt.

Betriebsvereinbarungen

Betriebsvereinbarungen sind schriftliche Vereinbarungen zwischen Arbeitgeber und Betriebsrat mit Wirkung für alle Arbeitnehmer mit Ausnahme der Leitenden Angestellten (§ 5 Abs. 3 u. 4 BetrVG).

Betriebsvereinbarungen werden abgeschlossen auf

* Betriebsebene zwischen Betriebsleitung und örtlich zuständi-gem Betriebsrat;
* Unternehmensebene zwischen Unternehmensleitung und Gesamtbetriebsrat (Gesamtbetriebsvereinbarung);
* Konzernebene zwischen Konzernleitung und Konzernbe-triebsrat (Konzernbetriebsvereinbarung).

Inhalt von Betriebsvereinbarungen können nach § 77 Abs. 3 Satz 1 BetrVG alle Regelungen sein, die sich auf die Arbeit im Betrieb beziehen und nicht in einem Tarifvertrag geregelt sind. Wenn allerdings der Tarifvertrag eine Regelung durch eine Be-triebsvereinbarung zulässt, können auch hier tarifübliche Felder geregelt werden. Beispiele: Entlohnung, Arbeitszeit. **Inhalte**

Im Rahmen der Mitbestimmungsrechte des Betriebsrats nach § 87 BetrVG ist eine Betriebsvereinbarung nur bei einer bestehenden gesetzlichen oder tariflichen Regelung ausgeschlossen. Bei Fehlen einer Regelung kann der Sachverhalt durch Betriebsvereinbarung geregelt werden.

Arbeitsverträge

Jedem Arbeitsverhältnis liegt ein Arbeitsvertrag zugrunde (§ 611 BGB), abgeschlossen zwischen Arbeitgeber und Arbeitnehmer (zu letzterem siehe Kapitel 9.2.1). Hier werden die Beschäftigungsbedingungen geregelt, also Art der Arbeit oder der Funktion, Arbeitszeit, Vergütung und Arbeitsort, um nur die wichtigsten zu nennen. Mit dem Arbeitsvertrag werden alle Rechte und Pflichten aus dem Arbeitsverhältnis begründet.

Weitere Einzelheiten zum Arbeitsvertrag und zur Abgrenzung anderer Vertragstypen, wie zum Beispiel dem Dienstvertrag für Selbstständige, finden sich in Kapitel 9.3.2.

Betriebliche Übung

Aus einer regelmäßigen, mindestens dreimaligen Wiederholung eines bestimmten Verhaltens kann ein Arbeitnehmer schließen, dass der Arbeitgeber ihm auf Dauer eine Leistung oder Vergünstigung einräumen will. Diese wird dann zum Inhalt des Arbeitsverhältnisses, selbst ohne ausdrückliche Erklärung seitens des Arbeitgebers.

Bindungswirkung Aus dieser Betrieblichen Übung heraus entstehen einzelvertragliche Ansprüche. Diese können vom Arbeitgeber nur durch umgekehrte betriebliche Übung, Vereinbarung mit jedem betroffenen Arbeitnehmer oder durch Änderungskündigung rückgängig gemacht werden.

Ein einseitiger Widerruf ist nur in Ausnahmefällen, zum Beispiel bei Existenzgefährdung des Betriebs, möglich.

Freiwilligkeitsvorbehalt Ansprüche aus einer Betrieblichen Übung können nicht entstehen, wenn der Arbeitgeber bei jeder Zahlung oder Vergünstigung einen Bindungswillen für die Zukunft deutlich erkennbar ausschließt, etwa durch Formulierungen wie „freiwillig", „jederzeit widerruflich", „nur für dieses eine Mal, ein Anspruch für die Zukunft ergibt sich hieraus nicht". Dieser *Freiwilligkeitsvorbehalt* muss vom Arbeitgeber nachgewiesen werden.

Weisungsrecht des Arbeitgebers

Die Führungskraft als Vertreter des Arbeitgebers trägt die Verantwortung für die Arbeitsleistung der ihr unterstellten Arbeitnehmer und Auszubildenden.

Sie hat deshalb auch das Recht, Weisungen zu erteilen, die sich auf Art, Ort und Zeit der Arbeitsleistung beziehen.

Das Weisungsrecht findet jedoch seine Grenze in Gesetzen, Tarifverträgen und Betriebsvereinbarungen sowie bei unzumutbaren Weisungen in Bezug auf die Arbeitsleistung.

Grenzen

Beispiel: Unterschreitung gesetzlich vorgeschriebener Ruhezeiten für Fahrer.

Auch der arbeitsrechtliche Gleichbehandlungsgrundsatz kann das Weisungsrecht beschränken: Dem Arbeitgeber ist dadurch die Ungleichbehandlung gleicher Fälle ohne sachlichen Grund verboten. Unrechtmäßige Weisungen können vom Arbeitnehmer missachtet werden.

Gleichbehandlungsgrundsatz

Rangverhältnis zwischen den Rechtsquellen

Im Grundsatz gilt, dass die stärkere – ranghöhere – der schwächeren – rangniederen – Regelung vorgeht. So geht das Grundgesetz den Arbeitsgesetzen vor, diese wiederum gehen den Tarifverträgen vor. Eine Betriebsvereinbarung ist ranghöher als ein Arbeitsvertrag, aber rangniederer als der Tarifvertrag – falls ein solcher für das Unternehmen existiert.

Rangprinzip

Eine Abweichung von diesem Rangprinzip ist im Grundsatz möglich, wenn diese zu Gunsten des Arbeitnehmers wirkt.

Günstigkeitsprinzip

Beispiel: Nach dem Bundesurlaubsgesetz sind 24 *Werk*tage gesetzlicher Mindesturlaub vorgesehen; viele Tarif-, aber auch Arbeitsverträge gewähren jedoch 30 *Arbeits*tage. Daher geht hier der vertragliche Anspruch vor.

Allerdings: Arbeitsentgelte und sonstige Arbeitsbedingungen, die durch Tarifvertrag geregelt sind oder üblicherweise geregelt werden, können nicht Gegenstand einer Betriebsvereinbarung sein (Ausnahme vom Günstigkeitsprinzip nach § 77 Abs. 3 Satz 1 BetrVG).

Sperrklausel

Die Sperrklausel gilt jedoch nicht, wenn ein Tarifvertrag den Abschluss ergänzender Betriebsvereinbarungen ausdrücklich zulässt, § 77 Abs. 3 Satz 2 BetrVG.

Folgendes gilt immer: Die zeitlich jüngere Regelung löst eine gleichrangige ältere Regelung ab, die speziellere Regelung geht der allgemeineren Regelung vor.

8.1.2 Pflichten des Arbeitnehmers

Mit Abschluss des Arbeitsvertrags begründen sich Rechte, aber auch Pflichten aus dem Arbeitsverhältnis.

Arbeitspflicht

Die Hauptpflicht des Arbeitnehmers ist die Arbeitspflicht.

Sie ist persönlich zu erfüllen und nicht übertragbar.

Die im Arbeitsvertrag festgelegten Bedingungen sind für die Arbeitspflicht des Arbeitnehmers von ausschlaggebender Bedeutung. Ist beispielsweise ein Arbeitnehmer „für jede Arbeit im Betrieb" eingestellt, als „Fabrikarbeiter" oder „Hilfskraft", so kann ihn der Arbeitgeber mit jeder Arbeit betrauen, die seinen Fähigkeiten und Kenntnissen entspricht.

Ist er dagegen für eine fachlich umschriebene Tätigkeit eingestellt – Beispiel: „Schlosser" oder „Kraftfahrer" –, so kann ihm der Arbeitgeber nur innerhalb dieser fachlich umschriebenen Tätigkeit Aufgaben zuweisen.

Versetzung Jede Änderung der vereinbarten Arbeitsbedingungen, die nicht vom Weisungsrecht des Arbeitgebers gedeckt ist, bedarf stets der Zustimmung des Arbeitnehmers.

Die Zustimmung des Arbeitnehmers zur Versetzung an einen anderen Arbeitsort oder zur Zuteilung einer anderen zumutbaren Tätigkeit kann mit einer Versetzungs- oder Änderungsklausel im Arbeitsvertrag entbehrlich werden. Allerdings bestehen Grenzen: Die Versetzung darf nicht willkürlich sein oder gegen den Gleichbehandlungsgrundsatz verstoßen.

Lässt sich ein Einvernehmen mit dem Arbeitnehmer (Änderungsvereinbarung) nicht erzielen, bleibt nur der Weg über eine Änderungskündigung (Näheres siehe unter 8.2.4).

Treuepflichten des Arbeitnehmers

Jeder Arbeitnehmer hat die ihm übertragenen Arbeiten ordnungsgemäß auszuführen und alles zu unterlassen, was dem Arbeitgeber schaden könnte.

Diese Treuepflicht umfasst unter anderem:

- Unterlassen unzulässiger Nebenbeschäftigungen, insbesondere solcher, die in Konkurrenz zum Unternehmen stehen oder die die Arbeitskraft beeinträchtigen.

Zu beachten ist auch das Verbot der Erwerbstätigkeit während des Urlaubs, § 8 BUrlG.

- Unterlassen rufschädigender Mitteilungen, Anzeigen und Veröffentlichungen.
- Unterlassen von Schmiergeldannahme und Bestechung.
- Unterlassen betriebsfremder Betätigungen.
- Mitteilungspflichten bei Arbeitsverhinderung.
- Mitteilungspflichten bei persönlichen Veränderungen, wie zum Beispiel Wohnungswechsel, Änderung des Familienstandes, Namensänderung, Einberufung zum Wehr- oder Zivildienst, Übernahme öffentlicher Ämter; Begründung von Sonderrechten nach dem Mutterschutzgesetz oder SGB IX (Schwerbehindertenrecht) sowie deren Änderung oder Aufhebung, Zuerkennung von gesetzlichen Renten, Änderung der Krankenkassenzugehörigkeit.

Wichtig für den Arbeitgeber: Arbeitnehmer, welche die erforderlichen Mitteilungen unterlassen oder unrichtige Angaben machen, tragen die daraus entstehenden Nachteile!

- Unterlassen privater Nutzung von Firmeneinrichtungen, wie Telefon, Fax, Computer einschließlich E-Mail und Internet, Kopierer, Handy, Poststelle, Werkzeuge.
  Allerdings werden kurze private Telefonate, soweit es sich um Ortsgespräche handelt, bei angemessenem Umfang nicht zur Kündigung berechtigen!
- Allgemein: Sorgfalts- und Ordnungspflichten.

Bei Verstoß gegen die Treuepflichten hat der Arbeitnehmer mit arbeitsrechtlichen Maßnahmen wie Abmahnung und Kündigung sowie mit Schadenersatzforderungen zu rechnen. | Verstoß gegen Treuepflichten

Zu beachten ist immer die Schwere der Pflichtverletzung.

Zwei weitere Treuepflichten seien besonders hervorgehoben:

Ein Wettbewerbsverbot verpflichtet den Arbeitnehmer, im Geschäftsbereich des Arbeitgebers ohne dessen Einwilligung weder für eigene noch für fremde Rechnung tätig zu werden. | Wettbewerbsverbote

Jede Konkurrenz während des Arbeitsverhältnisses ist verboten, auch wenn keine konkrete Wettbewerbssituation vorliegt. | Gesetzliches Wettbewerbsverbot

Dies gilt auch schon bei bloßer Beteiligung an einem konkurrierenden Unternehmen, allerdings nicht bei „normaler" Kapitalbeteiligung über Aktien.

Verletzungen des gesetzlichen Wettbewerbverbots können – abhängig von der Schwere des Verstoßes – die fristlose oder fristgemäße Kündigung des Arbeitnehmers und/oder die Schadenersatzpflicht des Arbeitnehmers nach sich ziehen.

Vertragliches Wettbewerbsverbot Nach Beendigung des Arbeitsverhältnisses muss der Arbeitnehmer kein Wettbewerbsverbot beachten, es sei denn, ein vertragliches Wettbewerbsverbot wurde vereinbart, § 74 HGB.

Grundlage des Wettbewerbsverbotes ist eine von Arbeitgeber und Arbeitnehmer unterschriebene und an den Arbeitnehmer ausgehändigte Urkunde mit den Bestimmungen des Wettbewerbsverbots wie Ort, Zeit, Inhalt und Karenzentschädigung.

Entschädigung Dem Arbeitnehmer wird eine monatliche Karenzentschädigung in Höhe von mindestens 50% des letzten Monatseinkommens, errechnet aus allen Einkommensbestandteilen des Jahreseinkommens, für das Unterlassen der Tätigkeit zugesichert. Die Entschädigung kann entfallen, wenn die bisherige Tätigkeit auf Dauer nicht mehr ausgeübt werden kann.

Grenzen Das Wettbewerbsverbot darf längstens zwei Jahre nach Beendigung des Arbeitsverhältnisses fortbestehen. Ferner darf das Wettbewerbsverbot zu keiner unverhältnismäßigen Erschwerung des beruflichen Fortkommens führen. Beispiel: Die Tätigkeit ist in ganz Deutschland nicht mehr erlaubt.

Bei Verletzung des Wettbewerbsverbots durch den Arbeitnehmer entfällt die Entschädigungspflicht des Arbeitgebers.

Unter Umständen hat er sogar Schadenersatzansprüche.

Wahrung von Geschäfts- und Datengeheimnissen

Geschäftsgeheimnis Über interne Angelegenheiten des Unternehmens, wie Einzelheiten von Unternehmensorganisation und -einrichtungen, Geschäfts-, Fabrikations-, Forschungs- und Entwicklungsvorgängen oder Zahlen des internen Rechnungswesens, hat der Arbeitnehmer auch nach Beendigung des Arbeitsverhältnisses Stillschweigen zu wahren.

Ohne Einwilligung des Arbeitgebers ist die nicht aufgabenbedingte Entfernung von Gegenständen und geschäftlichen Un-

terlagen jeder Art sowie die elektronische Übermittlung von
Daten des Unternehmens nicht gestattet.

Auch über das Einkommen und die persönlichen Verhältnisse
anderer Arbeitnehmer hat jeder Arbeitnehmer Verschwiegenheit zu wahren.

Außerdem ist Arbeitnehmern durch das Bundesdatenschutzge-   **Datengeheimnis**
setz (BDSG) untersagt, personenbezogene Daten, die ihnen
dienstlich bekannt werden, unbefugt zu erheben, zu verarbeiten
oder zu nutzen. Dies gilt für die dienstliche Tätigkeit inner- und
außerhalb des Unternehmens, zum Beispiel bei Kunden und
Interessenten. Dieses Verbot besteht auch nach Beendigung des
Arbeitsverhältnisses fort.

Aufgrund der zunehmenden Fälle von Industriespionage ist
jedes Unternehmen gut beraten, sich mit den Grundsätzen
der Daten- und Informationssicherheit vertieft auseinanderzusetzen.

8.1.3 Rechte des Arbeitnehmers

Jeder Arbeitnehmer hat neben den dargestellten Pflichten
selbstverständlich auch Rechte.

Informations- und Beschwerderechte

Der Arbeitnehmer hat gegenüber seinem Arbeitgeber das
Recht, näheres über seine Aufgabe und Verantwortung, die Art
der Tätigkeit sowie deren Einordnung in den Arbeitsablauf des
Betriebs zu erfahren. Besonders hervorzuheben ist die Aufklärung über Unfall- und Gesundheitsgefahren, § 81 BetrVG.

Ferner hat der Arbeitnehmer in eigenen Angelegenheiten auch
ein Anhörungsrecht bis hin zum Beschwerderecht: Wegen Benachteiligung, ungerechter Behandlung und sonstiger Beeinträchtigungen durch den Arbeitgeber, aber auch durch Kollegen kann sich der Arbeitnehmer beschweren – im Regelfall bei
seinem Chef, der Personalabteilung oder der Geschäftsleitung.
Wegen der Erhebung einer Beschwerde dürfen ihm keine Nachteile entstehen, §§ 82 Abs. 1, 84 BetrVG.

Zudem hat der Arbeitnehmer das Einsichtsrecht in die Perso-   **Einsicht in**
nalakten und das Recht auf Offenlegung der Verarbeitung oder   **Personalakten**
Nutzung seiner Daten, § 83 BetrVG.

Im Rahmen der ordentlichen Personalführung sind dem Arbeitnehmer selbstverständlich auch die Berechnung und Zusammensetzung des Arbeitsentgelts, die Beurteilung der Leis-

tungen sowie die Möglichkeiten der beruflichen Entwicklung zu erläutern, § 82 Abs. 2 BetrVG.

Der Arbeitnehmer kann dem Betriebsrat Themen zur Beratung vorschlagen, § 86a BetrVG.

Verbesserungsvorschläge, Erfindungen

Verbesserungsvorschläge

Ferner gebühren dem Arbeitnehmer besondere Vergütungen für *Verbesserungsvorschläge*, wenn der Arbeitgeber den Verbesserungsvorschlag verwertet und die Leistung des Arbeitnehmers über seine Vertragspflichten hinausgeht. In der Praxis wird in mittleren und größeren Betrieben oder Unternehmen das betriebliche Vorschlagswesen in einem Regelwerk festgehalten. Hierbei ist das Mitbestimmungsrecht des Betriebsrats zu beachten.

Erfindungen, gewerbliche Schutzrechte, Urheberrechte

Diensterfindungen sind nach dem Arbeitnehmererfindungsgesetz Erfindungen, die ein Arbeitnehmer während des Arbeitsverhältnisses macht und die aus seiner Tätigkeit im Betrieb entstanden sind (Obliegenheitserfindung) oder die maßgeblich auf Erfahrungen oder Arbeiten des Betriebs beruhen (Erfahrungserfindung).

Soweit der Arbeitnehmer im Zusammenhang mit der Erfüllung dienstlicher Aufgaben im Rahmen seiner Vertragspflichten oder unter maßgeblicher Verwendung von Erfahrungen oder Arbeiten des Unternehmens urheberrechtlich geschützte Werke schafft, erhält der Arbeitgeber im Zeitpunkt des Entstehens das ausschließliche, übertragbare, zeitlich und örtlich unbegrenzte Recht, die geschützten Werke ohne Hinweis auf den Urheber auf alle Arten zu nutzen, zu vervielfältigen, zu bearbeiten, zu veröffentlichen und zu vertreiben, ohne dass hierfür vom Arbeitgeber eine gesonderte Vergütung zu zahlen ist.

Schafft der Arbeitnehmer *andere urheberrechtlich geschützte Werke* (= freie Erfindungen), hat er diese dem Arbeitgeber mitzuteilen, wenn eine Verwendung im Unternehmen möglich erscheint. Der Arbeitgeber kann Nutzungsrechte an solchen Werken gegen angemessene Vergütung erwerben, wenn er die Arbeitnehmererfindung binnen drei Monate ab Eingang der Mitteilung in Anspruch nimmt, §§ 18 f. Arbeitnehmererfindungsgesetz. Hat der Arbeitgeber kein Interesse am Erwerb von Nutzungsrechten, kann der Arbeitnehmer hierüber unter Beachtung des arbeitsrechtlichen Wettbewerbsverbots frei verfügen.

Erfindungen, Schutzrechte und Schutzrechtsanmeldungen, über die ein Arbeitnehmer im Zeitpunkt der Einstellung eine volle oder teilweise Verfügungsberechtigung besitzt, sind mitzuteilen.

Bei Streit über die angemessene Vergütungshöhe setzt das ausschließlich zuständige Landgericht auf Antrag des Arbeitgebers oder Arbeitnehmers die Bedingungen fest.

Haftung des Arbeitnehmers

Im Grundsatz hat jeder für von ihm verursachte Schäden einzustehen. Im Arbeitsverhältnis gelten jedoch andere Regeln: Aufgrund der vielfach mit der Arbeitsleistung verbundenen Verantwortung und dem Missverhältnis zwischen Schadensrisiko und Einkommen hat die höchstrichterliche Rechtsprechung Haftungsbeschränkungen des Arbeitnehmers für alle Arbeiten entwickelt, die durch den Betrieb veranlasst sind und aufgrund eines Arbeitsverhältnisses geleistet werden – also damit alles!

Generell gilt eine Haftungsmilderung gegenüber dem Arbeitgeber; es kommt auf den Grad des Verschuldens an.

... gegenüber
Arbeitgeber

Bei *leichtester Fahrlässigkeit* kommt es zu keiner Haftung des Arbeitnehmers. Beispiel: Der Arbeitnehmer verspricht sich bei den Vertragsverhandlungen mit Folgen für sein Unternehmen.

Bei normaler, also *mittlerer Fahrlässigkeit* kommt es zu einer Aufteilung des Schadens zwischen Arbeitgeber und Arbeitnehmer. Dabei sind die Gesamtumstände nach Billigkeit und Zumutbarkeit im Einzelfall abzuwägen.

Bei *grober Fahrlässigkeit* (= Verletzung der erforderlichen Sorgfalt in besonders schwerem Maße) und *Vorsatz* (= Handeln mit Wissen und Wollen) trifft den Arbeitnehmer die uneingeschränkte volle Haftung.

Trotz festgestellter grober Fahrlässigkeit kann eine (weitere) Haftungsmilderung in Betracht kommen, wenn das Gehalt des Arbeitnehmers in einem deutlichen Missverhältnis zum Schaden steht.

Auch gegenüber Arbeitskollegen kommt es zu Haftungsmilderungen.

... gegenüber
Arbeitskollegen

Bei *körperlichen* Schäden wird nur dann gehaftet, wenn der Arbeitsunfall während der betrieblichen Tätigkeit vorsätzlich herbeigeführt wurde oder sich auf dem Weg von und zur Arbeitsstätte ereignet hat.

Auch bei *Sach*schäden wird gehaftet. Allerdings besteht ein Freistellungsanspruch gegen den Arbeitgeber. Je nach der Bewertung des Grads des Verschuldens entsprechend obiger Einteilung muss der Arbeitgeber den Schaden übernehmen.

... gegenüber Dritten Gegenüber Dritten, wie zum Beispiel Kunden oder Besuchern, besteht volle Haftung. Aber auch hier hat der Arbeitnehmer gegenüber seinem Arbeitgeber den Freistellungsanspruch je nach dem Grad seines Verschuldens entsprechend obiger Einteilung.

8.1.4 Pflichten des Arbeitgebers

Die Hauptpflicht des Arbeitgebers ist die Pflicht zur Zahlung von Arbeitsentgelt.

Fürsorgepflicht Aufgrund der Fürsorgepflicht bestehen generelle Schutzverpflichtungen, die sich zum Beispiel in Maßnahmen des Arbeitsschutzes oder dem Gleichbehandlungsgrundsatz konkretisieren. Darüber hinaus hat der Arbeitgeber einige weitere Verpflichtungen:

- Gewährung von Erholungsurlaub;
- Entgeltfortzahlung an gesetzlichen Feiertagen;
- bezahlte Freistellungen bei besonderen Anlässen;
- Entgeltfortzahlung bei Arbeitsunfähigkeit und Arbeitsausfall;
- Unterrichtungs- und Erörterungspflichten;
- Schutz der Arbeitnehmerdaten;
- allgemein: Organisations- und Aufsichtspflichten
- Schutz vor sexueller Belästigung am Arbeitsplatz und
- Schutz vor Diskriminierungen.

Pflicht zur Zahlung von Arbeitsentgelt

Soweit nicht anderweitig geregelt, ist die Entgeltzahlung mit Erfüllung der Arbeitspflicht jeweils zum Monatsende fällig.

Die Berechnung und Zusammensetzung des Arbeitsentgelts ergibt sich vornehmlich aus einschlägigen Tarifverträgen sowie betrieblichen und arbeitsvertraglichen Festlegungen.

Der Arbeitnehmer hat einen Anspruch auf Erläuterung der Berechnung und Zusammensetzung seines Arbeitsentgelts.

> Versehentlich zuviel gezahltes Arbeitsentgelt, zum Beispiel auf Grund von Abrechnungs- oder Computerfehlern, kann vom Arbeitgeber zurückgefordert werden.

Pfändungen Die Pfändung von Arbeitseinkommen durch Gläubiger des Arbeitnehmers ist gesetzlich beschränkt, §§ 850 ff. ZPO. So sind bestimmte Bezüge oder Teile davon unpfändbar (Reisespesen, Gefahren-, Schmutz- und Erschwerniszulagen). Darüber hin-

Entgeltfortzahlung an gesetzlichen Feiertagen

Für Arbeitszeit, die wegen eines gesetzlichen Feiertags ausfällt, hat der Arbeitgeber dem Arbeitnehmer das Arbeitsentgelt zu zahlen, das er ohne Arbeitsausfall erhalten hätte, § 2 Entgeltfortzahlungsgesetz.

Keine Feiertagsvergütung erhalten diejenigen Arbeitnehmer, die vor und/oder nach einem Feiertag unentschuldigt gefehlt haben oder am Feiertag arbeitsplanmäßig ohnehin nicht gearbeitet hätten.

Ausländische Arbeitnehmer haben an Feiertagen ihres Heimatlandes keinen Anspruch auf bezahlte Freistellung. Aufgrund der Fürsorgepflicht sollte der Arbeitgeber diese aber auf Wunsch unbezahlt freistellen, sofern die Arbeitsorganisation dies zulässt.

Bezahlte Freistellungen bei besonderen Anlässen

Kann der Arbeitnehmer wegen eines persönlichen Grundes seine Arbeitsleistung vorübergehend nicht erbringen, ist er vom Arbeitgeber unter Fortzahlung der Vergütung freizustellen. Dies gilt nicht, sofern der Verdienstausfall von anderer Seite ersetzt wird oder beansprucht werden kann, zum Beispiel, wenn Zeugen- oder Schöffengeld gezahlt wird.

Ein persönlicher oder in den persönlichen Verhältnissen des Arbeitnehmers liegender Grund kann auch vorliegen, wenn ihm die Arbeit nicht zuzumuten ist.

Folgende Anlässe führen nach Tarifverträgen oder Betriebsvereinbarungen häufig zu einem Freistellungsanspruch:

• Eigene Eheschließung und silberne Hochzeit, goldene Hochzeit der Eltern sowie Eheschließung der Kinder;

• Entbindung der Ehefrau/Partnerin oder die Erkrankung von Kindern oder anderer naher Angehöriger;

• Tod von Eltern, Ehegatten oder Kindern sowie von Schwiegereltern oder Geschwistern;

• Umzug (nur bei eigenem Hausstand);

• Erfüllung gesetzlich auferlegter Pflichten aus öffentlichen Ehrenämtern sowie Vorladung vor Gerichten und Behörden.

Entgeltfortzahlung bei Arbeitsunfähigkeit wegen Krankheit und Kuren

Nach §§ 3 ff. Entgeltfortzahlungsgesetz ist der Arbeitgeber zur Entgeltfortzahlung bis zu sechs Wochen verpflichtet, wenn ein Arbeitnehmer infolge unverschuldeter Krankheit oder Teilnahme an einer Maßnahme der medizinischen Vorsorge oder Rehabilitation an seiner Arbeitsleistung verhindert ist.

Wiederholte Arbeitsunfähigkeit Bei wiederholter Arbeitsunfähigkeit wegen der selben (= auf dem selben Grundleiden beruhenden) Erkrankung besteht ein erneuter Anspruch auf Entgeltfortzahlung bis zu sechs Wochen, wenn

* der Arbeitnehmer seit Ende der letzten Arbeitsunfähigkeitsperiode wegen der selben Erkrankung sechs Monate nicht arbeitsunfähig war oder
* seit Beginn der ersten Arbeitsunfähigkeitsperiode wegen der selben Erkrankung zwölf Monate abgelaufen sind (auch wenn seit Ende der letzten Erkrankung weniger als sechs Monate vergangen sind).

Wenn die Krankheit des Arbeitnehmers durch das Verschulden eines Dritten entstanden ist, hat der Arbeitgeber gegen den Dritten einen Anspruch auf Rückerstattung seiner Leistungen an den Arbeitnehmer.

Das weiter zu zahlende Arbeitsentgelt bemisst sich nach dem durchschnittlichen Arbeitsverdienst, den der Arbeitnehmer in den letzten drei abgerechneten Kalendermonaten vor Beginn der Arbeitsunfähigkeit oder Kur beanspruchen konnte.

Verschuldete Krankheit Ein Arbeitnehmer hat keinen Anspruch auf Entgeltfortzahlung, wenn er die Erkrankung selbst verschuldet hat.

Verschuldet im Sinne des Entgeltfortzahlungsgesetzes ist eine Krankheit, wenn sie durch einen „groben Verstoß gegen das von einem verständigen Menschen im eigenen Interesse zu erwartende Verhalten" verursacht worden ist, etwa durch

* grobe Missachtung der Unfallverhütungsvorschriften;
* schuldhaften Alkoholmissbrauch (gilt allerdings nicht bei erstmaliger Alkoholerkrankung!);
* Trunkenheit am Steuer oder Fahren ohne Sicherheitsgurt;
* sportliche Betätigung, welche die eigenen Fähigkeiten deutlich übersteigt (gilt nicht bei Sportunfällen, die sich trotz Einhaltung der Regeln ereignen).

Anzeige- und Nachweispflichten Der Arbeitnehmer muss die Arbeitsunfähigkeit und deren voraussichtliche Dauer – bei Erkrankung im Ausland auch die Adresse am Aufenthaltsort – unverzüglich dem Arbeitgeber mitteilen, im Regelfall per Telefon. Die voraussichtliche Dauer muss unter Umständen selbst prognostiziert werden. Auf besondere Ansteckungsgefahren muss hingewiesen werden.

Dauert die Arbeitsunfähigkeit länger als drei Kalendertage, ist der Arbeitnehmer nach dem Entgeltfortzahlungsgesetz verpflichtet, eine ärztliche Bescheinigung über das Bestehen der Arbeitsunfähigkeit sowie deren voraussichtliche Dauer spätestens an dem darauf folgenden Arbeitstag vorzulegen.

Der Arbeitgeber kann die Vorlage der ärztlichen Bescheinigung auch früher verlangen.

Aber: Entgegenstehende Regelungen aus Betriebsvereinbarungen oder Tarifverträgen beachten!

Dauert die Arbeitsunfähigkeit länger als in der Bescheinigung angegeben, so ist der Arbeitnehmer verpflichtet, dem Arbeitgeber eine neue ärztliche Bescheinigung vorzulegen.

Verletzt der Arbeitnehmer die oben genannten Verpflichtungen, ist der Arbeitgeber berechtigt, die Entgeltfortzahlung bis zum Nachweis zu verweigern, § 7 Entgeltfortzahlungsgesetz.

Der Arbeitgeber kann bei Zweifeln an der Arbeitsunfähigkeit des Arbeitnehmers verlangen, dass die Krankenkasse eine gutachterliche Stellungnahme des Medizinischen Dienstes zur Überprüfung der Arbeitsunfähigkeit einholt.

Medizinischer Dienst

Die Krankenkasse teilt dem Arbeitgeber mit, ob seine Zweifel an der Arbeitsunfähigkeit des Arbeitnehmers berechtigt sind. Das vom Medizinischen Dienst erstellte Gutachten darf die Krankenkasse dem Arbeitgeber jedoch nicht weitergeben.

Entgeltfortzahlung bei Arbeitsausfall

Wenn ein Arbeitsausfall der Risikosphäre der Arbeitnehmer zuzurechnen ist, zum Beispiel Lahmlegung des Betriebs durch einen Streik, entfällt der Anspruch auf Entgeltfortzahlung.

Auch wenn der Arbeitsausfall von niemandem zu verantworten ist – wenn der Arbeitnehmer zum Beispiel wegen Ausfalls der öffentlichen Verkehrsmittel durch Glatteis, Schnee, Überschwemmung den Arbeitsplatz nicht rechtzeitig erreichen kann – entfällt die Entgeltfortzahlung, es sei denn, es gibt einen Anspruch aus Tarifvertrag oder Betriebsvereinbarung.

Wegerisiko

Wenn der Arbeitsausfall vom Arbeitgeber zu verantworten ist, hat der Arbeitnehmer Anspruch auf Entgeltfortzahlung.

Wirtschafts- und Betriebsrisiko

Dies ist zum Beispiel der Fall bei Auftragsrückgang, Absatz-schwierigkeiten, Materialmangel (= wirtschaftliches Risiko) und bei Maschinenschaden, Unterbrechung von Gas-, Strom- oder Wasserversorgung (= Betriebsrisiko).

In einigen Tarifverträgen und Betriebsvereinbarungen ist eine Verpflichtung zur Verrichtung von Ersatzarbeiten vereinbart.

Unterrichtung über Arbeitsbereich, Arbeitsschutz, Unfallverhütung

Führungskräfte sind verpflichtet, ihre Mitarbeiter über Aufgabe und Verantwortung, die Art der Tätigkeit und deren Einordnung in den Arbeitsablauf zu unterrichten.

Eine besondere Verpflichtung besteht zur Unterweisung über die Verhütung von Unfällen und Berufskrankheiten sowie über entsprechende, durch öffentlich-rechtliche Arbeitsschutzvorschriften vorgeschriebene Sicherheitsmaßnahmen am Arbeitsplatz. Eine erste Unterweisung hat bereits im Zusammenhang mit der Arbeitsaufnahme zu erfolgen. Zur Erstinformation gehört auch die Verdeutlichung der Pflicht der Arbeitnehmer, alle der Arbeitssicherheit dienenden Maßnahmen zu unterstützen. In welchen Zeitabständen erneut unterwiesen werden muss, ergibt sich aus der jeweiligen Gefahrensituation.

Aber auch alle Arbeitnehmer sind verpflichtet, nach ihren Möglichkeiten für die Sicherheit und Gesundheit bei der Arbeit zu sorgen. Jeder muss die Unfallverhütungsvorschriften und die im Betrieb zur Verhütung von Unfällen und Berufskrankheiten gegebenen Anweisungen und Hinweise gewissenhaft befolgen. Ist ein Arbeitnehmer für die Sicherheit anderer Arbeitnehmer verantwortlich, hat er sie auf die mit ihrer Beschäftigung verbundenen Gefahren und die in Frage kommenden Unfallverhütungsvorschriften aufmerksam zu machen und deren Einhaltung zu überwachen.

Außentätigkeit Bei einer Beschäftigung in fremden Betrieben, insbesondere bei Montagearbeiten, sind auch die dort geltenden Unfallverhütungsvorschriften und gegebenen Sicherheitsanweisungen zu befolgen.

Ist die Anbringung gesetzlich vorgeschriebener Schutzvorrichtungen unterblieben, obwohl der Arbeitnehmer darauf hingewiesen hat, kann er die Weiterarbeit bis zur Aufhebung des Mangels ablehnen, ohne dass ihm hieraus ein Nachteil erwachsen darf.

Führungskräfte sind innerhalb ihres Arbeitsbereiches neben dem Unternehmen für die Einhaltung von gesetzlichen Arbeitsschutzvorschriften und von berufsgenossenschaftlichen Unfallverhütungsvorschriften verantwortlich.

Verantwortlichkeit der Führungskräfte

Bei Pflichtverletzung droht eine Geldbuße – auch ohne Arbeitsunfall. Bei schweren Arbeitsunfällen ist mit einem Strafverfahren zu rechnen.

Datenschutz und Persönlichkeitsrecht

Der Arbeitgeber ist verpflichtet, die gesetzlichen Vorschriften zum Schutz der Arbeitnehmerdaten zu beachten.

Er hat einen betrieblichen Datenschutzbeauftragten zu bestellen, der die Ausführung der Datenschutzvorschriften insbesondere des Bundesdatenschutzgesetzes sicherstellt und sich in Zweifelsfällen an die Aufsichtsbehörde wendet.

Datenschutzbeauftragter

Das heimliche Mithören von Telefongesprächen ist nach der Rechtsprechung des BAG unzulässig, da es das Persönlichkeitsrecht der Gesprächspartner verletzt.

Telefongespräche

Achtung bei Kündigungen: Auf diese Weise erlangte Beweismittel dürfen nicht verwertet werden!

Auskunftserteilung über personenbezogene Daten von Arbeitnehmern durch den Arbeitgeber an Dritte, zum Beispiel Angehörige, sonstige Privatleute oder Institutionen sowie unbefugte Unternehmensinterne, ist grundsätzlich nicht zulässig, § 4 BDSG. Einzige Ausnahme bilden Auskunftsersuchen staatlicher Stellen auf Grund gesetzlicher Grundlagen.

Keine Auskünfte an Dritte

Schutz vor sexueller Belästigung am Arbeitsplatz

Der Arbeitgeber hat nach §§ 1, 3 IV, 12 Gleichbehandlungsgesetz (AGG) Männer und Frauen vor jedem unerwünschten, sexuell bestimmten Verhalten (sexuelle Handlungen und Aufforderungen zu diesen, sexuell bestimmte körperliche Berührungen, Bemerkungen sexuellen Inhalts sowie unerwünschtes Zeigen und sichtbares Anbringen von pornographischen Darstellungen) von Führungskräften, Kollegen oder Kunden, das die Würde von Arbeitnehmern am Arbeitsplatz verletzt, auch vorbeugend zu schützen. Im Einzelfall muss er Maßnahmen, wie zum Beispiel Abmahnung, Versetzung und Kündigung, ergreifen.

Schutz vor Diskriminierungen

Der Arbeitgeber hat nach dem Allgemeinen Gleichbehandlungsgesetz (AGG) Beschäftigte vor Benachteiligungen aus Gründen der Rasse oder wegen der ethnischen Herkunft, des Geschlechts, der Religion oder Weltanschauung, einer Behinderung oder des Alters zu schützen oder solche Diskriminierungen zu verhindern.

Beschäftigte in diesem Sinne sind neben den Arbeitnehmern und Auszubildenden auch Arbeitnehmer-ähnliche Personen sowie Bewerber für ein Beschäftigungsverhältnis; das AGG hält jedoch in den §§ 7 ff AGG Ausnahmeregelungen bereit.

Organisations- und Aufsichtspflichten

Für die Einhaltung der gesetzlichen Schutzvorschriften zu Gunsten des Arbeitnehmers ist *der Arbeitgeber* verantwortlich, also das Unternehmen. Diese Verantwortung kann zwar nicht auf die Führungskräfte übertragen werden, wohl aber die damit verbundenen Aufgaben und Pflichten. Einzelheiten zu den Organisations- und Aufsichtspflichten im Unternehmen siehe Kapitel 10.3.

Rauchfreier Arbeitsplatz

Nach § 5 Arbeitsstättenverordnung besteht ein Anspruch des Arbeitnehmers auf einen tabakrauchfreien Arbeitsplatz jedenfalls dann, wenn dies im Einzelfall aus gesundheitlichen Gründen geboten und dem Arbeitgeber zumutbar ist.

Ein Rauchverbot kann sich auch aufgrund einer Betriebsvereinbarung oder öffentlich-rechtlichen Verpflichtung ergeben.

Maßnahmen gegen Alkoholkonsum im Betrieb

Missbrauch von Alkohol ist in der betrieblichen Praxis ein ernst zu nehmendes Problem.

> Rund 5% aller Arbeitnehmer sind alkoholkrank, sie fehlen 16 mal häufiger, sind 3,5 mal mehr in Betriebsunfälle verwickelt als sonstige Arbeitnehmer. Die dadurch entstehenden Kosten machen rund 25% ihres Entgelts aus.

Da der Arbeitgeber eine alkoholbedingte Arbeitsunfähigkeit nur dann durch einen Alkoholtest feststellen lassen kann, wenn der Arbeitnehmer einwilligt – was in der betrieblichen Praxis nur selten der Fall ist – ist er meist darauf angewiesen, diese an

Hand von Indizien nachzuweisen. Solche Indizien sind etwa eine Alkoholfahne, Veränderungen im Sprechverhalten, Streitsucht, Schläfrigkeit, unsicherer Gang und Händezittern.

Die Durchsetzung eines betrieblichen Alkoholverbots ist zulässig   **Alkoholverbot**

• durch Vereinbarung zwischen Arbeitgeber und Arbeitnehmer im Arbeitsvertrag;

• durch Betriebsvereinbarung zwischen Arbeitgeber und Betriebsrat, § 87 Abs. 1 Nr. 1 BetrVG;

• durch den Arbeitgeber kraft Weisungsrechts bei Vorliegen eines Gesetzes, zum Beispiel der StVO bei Kraftfahrern, oder wenn bereits ein geringer Alkoholgenuss sich nicht mit der Arbeit verträgt (zum Beispiel wegen Gesundheitsgefährdung von Kollegen und Kunden, Gefährdung von Produkten, Wirkung auf Kunden).

Im Vorstellungs-/*Einstellungsgespräch* hat der Arbeitnehmer auf Fragen nach noch gegebener Alkoholabhängigkeit und noch im Führungszeugnis eingetragenen Trunkenheitsdelikten mit Bezug zur Arbeit, zum Beispiel bei einem Kraftfahrer, wahrheitsgemäß zu antworten.

Der Arbeitgeber hat folgende Reaktionsmöglichkeiten bei alko-   **Arbeitsunfähigkeit**
holbedingter Arbeitsunfähigkeit:

• Angebot eines Alkoholtests;

• Arbeitsfreistellung oder „nach Hause schicken". Der Arbeitgeber muss für einen gefahrlosen Heimweg sorgen, kann den Arbeitnehmer auch auf dessen Kosten nach Hause bringen lassen;

• Entgeltabzug, es sei denn, der Arbeitnehmer ist wegen unverschuldeter Trunksucht arbeitsunfähig erkrankt;

• Kündigung des Arbeitsverhältnisses wegen Alkoholmissbrauchs.

Gegen einen Alkoholsünder kann grundsätzlich erst nach einer   **Kündigung**
Abmahnung im Wiederholungsfall eine verhaltensbedingte Kündigung ausgesprochen werden.

Bei einem Alkoholkranken, der die Trunksucht zugegeben hat   **Alkoholkrankheit**
oder dem diese nachgewiesen wurde, kommt (nur) eine krankheitsbedingte Kündigung in Betracht, es sei denn, der Alkoholiker ist im Zeitpunkt der Kündigung nachweisbar therapiebereit.

Eine Kündigung ist allerdings nicht möglich, wenn der Arbeitgeber den Alkoholgenuss veranlasst oder geduldet hat.

Typische Fälle: Jubiläums- oder Geburtstagsfeiern im Betrieb, Gästeessen, „Einreißen lassen" von Alkoholmissbrauch bei der Arbeit, Aufstellen eines Getränkeautomaten mit alkoholischen Getränken in Arbeitsräumen.

Achtung: Wenn der Alkoholgenuss die wesentliche Unfallursache war, entfällt der Versicherungsschutz bei Arbeits- und Wegeunfällen.

8.1.5 Störungen im Arbeitsverhältnis

Wie jeder Vertrag kann auch der Arbeitsvertrag mit Mängeln behaftet sein.

Faktisches Arbeitsverhältnis
So kann der Arbeitsvertrag zum Beispiel wegen Täuschung bei der Einstellung *nichtig* sein. Er ist dann von Anfang an *unwirksam*. Der Arbeitnehmer hat jedoch einen Anspruch auf Vergütung, Urlaub oder Entgeltfortzahlung; schließlich wurde ja gearbeitet – es besteht ein faktisches Arbeitsverhältnis.

Bei der Verletzung von Vertragspflichten ist wie folgt zu unterscheiden:

Nichterfüllung
Bei Nichterfüllung entfällt die Pflicht zur Entgeltzahlung vollständig. Eventuell kann der Arbeitgeber Nacharbeit verlangen oder Schadenersatz geltend machen, wenn durch die Leistungsverweigerung des Arbeitnehmers beispielsweise ein wichtiger Auftrag entgeht. Im Regelfall wird jedoch eine Kündigung – eventuell fristlos – ausgesprochen werden.

Schlechterfüllung
Bei der sogenannten „Schlechterfüllung" hat der Arbeitnehmer Schadenersatz zu leisten. Aufgrund der arbeitsrechtlichen Einschränkungen der Arbeitnehmerhaftung und der oft geringen praktischen Durchsetzbarkeit von Ersatzforderungen bleibt dem Arbeitgeber im Regelfall nur die Abmahnung oder Kündigung.

8.1.6 Schutz besonderer Arbeitnehmergruppen

Das Arbeitsrecht kennt, zum Teil konkretisiert durch europarechtliche Normen, einen umfassenden Schutz bestimmter Arbeitnehmergruppen. Insbesondere sind dies Schwangere, schwerbehinderte Menschen, Jugendliche sowie Wehr- und Zivildienstleistende. Diese Arbeitnehmergruppen haben einen starken Kündigungsschutz (Näheres siehe Kapitel 8.2.4). Der Arbeitgeber kann bei Verstoß gegen gesetzliche Schutzvorschriften bestraft werden.

Schwangere und Mütter

Zweck des „Gesetzes zum Schutze der erwerbstätigen Mutter"
(MuSchG) ist der besondere Gesundheitsschutz einer Frau für
die Zeit vor und nach der Entbindung.

Dieser wird sichergestellt einerseits durch Beschäftigungs-   **Gesundheitsschutz**
verbote ab Schwangerschaftsbeginn bei gesundheitlicher Beein-
trächtigung nach ärztlichem Attest. Während der gesetzlichen
Mutterschutzfristen (sechs Wochen vor dem *prognostizierten* Ent-
bindungstermin, nach der Entbindung acht Wochen – zwölf
Wochen bei Mehrlings- und Frühgeburten plus verkürzte
Schutzfrist vor der Entbindung bei allen vorzeitigen Entbindun-
gen) besteht auch ohne nachgewiesene Gesundheitsgefahr ein
Beschäftigungsverbot. Für die *Arbeit während der Schwangerschaft* gelten besondere Schutzmaßnahmen am Arbeitsplatz,
wie zum Beispiel durch entsprechende Gestaltung der Arbeitszeit und des Arbeitsablaufes, das Verbot von Akkord-, Mehr-
und Nachtarbeit, das Verbot der Arbeit mit schweren oder un-
zuträglichen körperlichen Belastungen (Beispiel: gesundheitsge-
fährdende Stoffe, erhöhte Unfallgefahren).

> Zu beachten: Die werdende Mutter kann auch von sich aus
> bis auf die Schutzfrist vor der Geburt auf keine der Schutz-
> maßnahmen verzichten!

Aufgrund der vielfältigen Einschränkungen der Beschäftigung   **Einkommensschutz**
während und nach der Schwangerschaft besteht umfassender
Entgeltschutz in Form von *Mutterschaftslohn*, zu zahlen vom Arbeitgeber im Fall eines teilweisen oder völligen Beschäftigungs-
verbotes (§ 11 MuSchG). Während der gesetzlichen Schutzpflichten erhält die Frau von der Krankenkasse Mutterschafts-
geld in Höhe von bis zu 13 € am Tag (§ 13 MuSchG).

> Die Mutter *soll* ihrem Arbeitgeber die Schwangerschaft und
> den mutmaßlichen Entbindungstag mitteilen, sobald ihr
> der Zustand bekannt ist. Der Arbeitgeber kann ein Attest
> verlangen, trägt aber hierfür die Kosten.

> Der Arbeitgeber *muss* das Gewerbeaufsichtsamt und – so-
> fern vorhanden – den Betriebsrat unverzüglich über die
> Mitteilung der werdenden Mutter benachrichtigen.

Bei Verstößen gegen die Vorschriften des MuSchG droht dem Arbeitgeber ein Bußgeld bis 15.000 € bzw. Geld- oder Freiheitsstrafe bis zu einem Jahr.

Elternzeit

Das Gesetz zum Erziehungsgeld und zur Elternzeit (BErzGG) ermöglicht Müttern und Vätern die Betreuung und Erziehung von Kleinkindern (auch von Adoptivkindern) bis zum dritten Lebensjahr. Ein Anteil von bis zu 12 Monaten ist mit Zustimmung des Arbeitgebers auf die Zeit bis zur Vollendung des 8. Lebensjahres übertragbar.

Elternzeit kann beantragt werden, wenn

• das Elternteil nicht oder nicht mehr als 30 Stunden/Woche erwerbstätig ist und

• das Kind von den *Eltern* selbst betreut und erzogen wird, §§ 15 ff. BErzGG.

Die Elternzeit dauert, beginnend nach Ablauf der Mutterschutzfristen, grundsätzlich bis zur Vollendung des dritten Lebensjahres des Kindes. Bei einer weiteren Geburt innerhalb der Elternzeit erfolgt eine Verlängerung der Elternzeit bis zur Vollendung des dritten Lebensjahres des weiteren Kindes.

Die Elternzeit kann, auch anteilig, von jedem Elternteil allein oder von den beiden Elternteilen gemeinsam genommen werden, sie ist jedoch auf bis zu drei Jahre für jedes Kind begrenzt.

Verfahren

Der Arbeitnehmer kann die Elternzeit (wenn sie unmittelbar nach der Mutterschutzfrist genommen wird) spätestens 6 Wochen vor dem Beginn, sonst spätestens 8 Wochen vor deren Beginn von seinem Arbeitgeber unter gleichzeitiger Mitteilung der Dauer verlangen.

Die ersten zwei Jahre der Elternzeit müssen zu diesem Zeitpunkt verlangt werden. Die schriftliche Anmeldung der Elternzeit, die über einen Zeitraum von zwei Jahren hinausgeht, muss erst 8 Wochen vor ihrem Beginn dem Arbeitgeber zugegangen sein.

Erziehungsgeld

Erziehungsgeld bis zu 300 € (bei einer Beantragung bis längstens zum 24. Lebensmonat) bzw. bis zu 450 € (bei einer Beantragung bis längstens zum 12. Lebensmonat) kann unter den gesetzlichen Voraussetzungen, §§ 1 ff. BErzGG beantragt werden.

> **Wichtig:** Bis zu 30 Stunden ist die Erwerbstätigkeit – auch beim bisherigen Arbeitgeber – zulässig; das Recht auf Elternzeit wird dadurch nicht beeinträchtigt.

Der Arbeitgeber kann den Erholungsurlaub um 1/12 für jeden vollen Kalendermonat Elternzeit kürzen.

Erholungsurlaub

Es bestehen Nachweis- und Auskunftspflichten des Arbeitgebers bezüglich des Bruttoarbeitsentgelts, der Sonderzuwendungen und der Arbeitszeit gegenüber dem Arbeitnehmer bzw. der Erziehungsgeldstelle.

Nachweis- und Auskunftspflichten

Bei Verstößen droht dem Arbeitgeber eine Geldbuße.

Jugendliche

Dem Schutz von Jugendlichen dient das „Gesetz zum Schutze der arbeitenden Jugend" (JArbSchG). Jugendliche sind alle Menschen zwischen 15. und noch nicht vollendetem 18. Lebensjahr.

Das Gesetz trägt insbesondere dem Gesundheitsschutz durch Beschäftigungsverbote und -beschränkungen für Jugendliche Rechnung. Verboten sind beispielsweise gefährliche Arbeiten und Akkordarbeit. Vorgeschrieben sind tägliche und wöchentliche Höchstarbeitszeitgrenzen (8,5 bzw. 40 Stunden), Mindestruhezeiten (zwölf Stunden), Nacht- und Wochenendruhe sowie verlängerte Ruhepausen und Urlaubszeiten.

Schutzzweck

Für Kinder (= Jugendliche unter 15 Jahren) gilt ein grundsätzliches Beschäftigungsverbot.

Bei schweren Verstößen gegen Jugendschutzvorschriften droht dem Arbeitgeber gem. § 58 JArbSchG ein Bußgeld bis zu 15.000 € bzw. Geld- oder Freiheitsstrafe von bis zu einem Jahr.

Auszubildende

Zweck des Berufsbildungsgesetzes (BBiG) ist die Vermittlung breit angelegter beruflicher Grundbildung und fachlicher Fertigkeiten und Kenntnisse zur Ausübung einer qualifizierten beruflichen Tätigkeit in einem geordneten Ausbildungsgang.

Für die Praxis sind insbesondere relevant:

- schriftliche Fixierung des Berufsbildungsvertrags unverzüglich nach Abschluss mit einem gesetzlich vorgeschriebenen Mindestvertragsinhalt;
- gesetzliche Mindestprobezeit von mindestens einem Monat;

- kein gesetzlicher Anspruch auf Übernahme, es sei denn, etwas anderes wurde vereinbart. Achtung: Ein Betriebsrat sowie Jugend- und Auszubildendenvertreter, der in einem Ausbildungsverhältnis steht, kann bis drei Monate vor Ende der Ausbildung verlangen, dass mit ihm ein Arbeitsverhältnis auf unbestimmte Zeit abgeschlossen wird, § 78a BetrVG.

> Wichtig: Die Ausbildungszeit endet mit Abschluss der Prüfung, ggf. schon vor dem im Vertrag vereinbarten Ausbildungsende.

Verstöße gegen das BBiG werden mit Geldbußen bis zu 5.000 € geahndet.

Exkurs: Jugend- und Auszubildenden- vertretung

Bei Vorliegen der gesetzlichen Voraussetzungen nach den §§ 60 ff. BetrVG ist im Betrieb eine Jugend- und Auszubildendenvertretung zu wählen. Weitere Einzelheiten sind in Kapitel 8.3.2 beschrieben.

Wehr- und Zivildienstleistende

Schutzzweck des „Gesetzes über den Schutz des Arbeitsplatzes bei Einberufung zum Wehrdienst (Arbeitsplatzschutzgesetz)" ist der besondere Kündigungsschutz von Wehrdienstleistenden und Zeitsoldaten bis längstens zwei Jahre. Die Grundsätze des Gesetzes gelten auch für Zivildienstleistende.

Zur Erlangung des Kündigungsschutzes ist der Einberufungsbescheid dem Arbeitgeber unverzüglich vorzulegen.

Das Beschäftigungsverhältnis ruht während der Wehr- oder Zivildienstzeiten (derzeit 9 Monate). Der Arbeitnehmer bleibt Betriebsangehöriger ohne Pflicht zur Arbeitsleistung, der Arbeitgeber hat keine Pflicht zur Entgeltzahlung. Der Erholungsurlaub kann vom Arbeitgeber um 1/12 für jeden Kalendermonat abgeleisteten Wehr- oder Zivildienst gekürzt werden. Auf Verlangen des Arbeitnehmers ist er vor Beginn des Wehr- oder Zivildienstes zu gewähren.

Aufgrund des Wehr- oder Zivildienstes darf der Arbeitnehmer nicht benachteiligt werden. Dies gilt insbesondere bei Kündigungsfristen, Arbeitsjubiläum und Altersversorgung.

Wehrübung

Bei Wehrübungen von bis zu drei Tagen hat der Arbeitnehmer einen Anspruch gegen seinen Arbeitgeber auf bezahlte Freistellung von der Arbeit. Der Arbeitgeber kann die Erstattung des Arbeitsentgelts und der Sozialversicherungsbeiträge bei der zuständigen Wehrbereichsverwaltung beantragen.

Für ausländische Arbeitnehmer aus der Europäischen Union
gelten die gleichen Regelungen wie für deutsche Arbeitnehmer.
Türkische Arbeitnehmer haben die Möglichkeit, gegen Zahlung eines größeren Geldbetrags den Grundwehrdienst auf zwei
Monate zu verkürzen; hier kann ein Anspruch auf unbezahlte
Freistellung für die Zeit des Wehrdienstes einschließlich Hin-
und Rückreise bestehen.

Ausländische Arbeitnehmer

Bei Arbeitnehmern aus sonstigen Staaten kann das Arbeitsverhältnis vor Antritt des Wehrdienstes im Heimatland gelöst werden.

Schwerbehinderte Menschen

Das Sozialgesetzbuch IX (SGB IX) – Rehabilitation und Teilhabe behinderter Menschen – hat drei Hauptziele:

• Eingliederung der schwerbehinderten Menschen in das Arbeitsleben;
• Schutz der schwerbehinderten Menschen durch Steigerung
  der Fürsorgepflicht des Arbeitgebers;
• Schutz der schwerbehinderten Menschen gegen den Verlust
  des Arbeitsplatzes.

Zum gesetzlich geschützten Personenkreis gehören Personen
mit einem Grad der Behinderung von wenigstens 50 sowie Personen mit einem Grad der Behinderung von weniger als 50,
aber wenigstens 30, die auf ihren Antrag von der Agentur für
Arbeit schwerbehinderten Menschen gleichgestellt wurden
(„Gleichgestellte"). Der Grad der Behinderung wird durch die
Versorgungsämter festgestellt.

Schwerbehinderte Menschen haben Anspruch auf eine jährliche Urlaubsverlängerung von fünf Arbeitstagen oder eine Ar-
beitswoche, wenn diese mehr oder weniger als fünf Arbeitstage
umfasst. Diese Regelung gilt nicht für Gleichgestellte.

Urlaub

Schwerbehinderte Menschen haben einen Rechtsanspruch auf
Teilzeitarbeit.

Jeder Arbeitgeber mit durchschnittlich mindestens 20 Arbeitnehmern muss mindestens 5% schwerbehinderte Menschen
beschäftigen, § 71 SGB IX. Eine Mehrfachanrechnung von
*schwerst*behinderten Menschen auf zwei oder drei Pflichtplätze
durch die Agentur für Arbeit ist möglich.

Beschäfti- gungsquote

Ein Arbeitgeber, der seine Beschäftigungspflicht nicht erfüllt,
muss je nach der jahresdurchschnittlichen Beschäftigungsquote

Ausgleichsabgabe

eine Ausgleichsabgabe in Höhe von 105 € bei weniger als 5% bis 3% Beschäftigungsquote, 180 € bei 2% bis 3% und 260 € bei weniger als 2% je Monat und unbesetztem Pflichtplatz zahlen.

Von diesem Betrag können 50% des Rechnungsbetrags (außer Materialkosten und Fremdleistungen) für Aufträge an Werkstätten für behinderte Menschen abgezogen werden.

Verstöße gegen das SGB IX werden mit Geldbußen bis zu 10.000 € geahndet.

Exkurs: Schwerbehindertenvertretung, §§ 93 ff. SGB IX

In Betrieben mit mindestens fünf schwerbehinderten Menschen werden Schwerbehinderten-Vertrauensleute gewählt. Die Wahl erfolgt für vier Jahre, die nächste regelmäßige Wahl ist 2010.

Die Rechtsstellung gleicht der eines Betriebsrats. Schwerbehinderten-Vertrauensleute haben insbesondere Kündigungs- und Versetzungsschutz und einen Anspruch auf bezahlte Freistellung zur Erledigung der besonderen Aufgaben.

Die Schwerbehindertenvertretungen üben wie ein Betriebsrat Mitwirkungs- und Mitbestimmungsrechte in Belangen der schwerbehinderten Menschen aus.

Aufgaben

Zu den wichtigsten Aufgaben der Schwerbehindertenvertretung gehört die Förderung der Eingliederung schwerbehinderter Menschen in den Betrieb sowie die Unterstützung der Belange der schwerbehinderten Menschen gegenüber staatlichen Stellen.

Informationsrechte

Der Arbeitgeber hat die Schwerbehindertenvertretung umfassend und rechtzeitig über alle Angelegenheiten der schwerbehinderten Menschen zu informieren; dies gilt auch bei Bewerbungen.

Einmal pro Kalenderjahr ist eine *Versammlung aller schwerbehinderten Menschen* des Betriebs einzuberufen.

Die Schwerbehindertenvertreter mehrerer Betriebe eines Unternehmens wählen einen *Gesamtvertrauensmann/frau* und mindestens eine/n Stellvertreter/in.

Besteht ein Konzernbetriebsrat können die Gesamtschwerbehindertenvertreter eine *Konzernschwerbehindertenvertretung* wählen.

8.1.7 Betriebsübergang

Die Folgen der Übertragung eines Betriebs oder eines Teils davon durch Rechtsgeschäft auf einen neuen Eigentümer sind für

die Beteiligten durch § 613a des Bürgerlichen Gesetzbuchs
(BGB) geregelt.

Rechtsfolgen

Rechtsfolge des Betriebsübergangs ist die Übertragung aller im
Zeitpunkt des Übergangs bestehenden Arbeitsverhältnisse auf
den Erwerber.

Dies gilt auch für Aushilfsarbeits-, Probearbeits- und Ausbil-
dungsverhältnisse sowie für alle ruhenden Arbeitsverhältnisse.

Ruhestandsverhältnisse gehen nicht auf den Erwerber über.

Der bisherige Arbeitgeber oder der neue Inhaber hat die vom   **Widerspruchsrecht**
Übergang betroffenen Arbeitnehmer vor dem Betriebsüber-
gang zu unterrichten über:

* den Zeitpunkt oder den geplanten Zeitpunkt des Übergangs,
* den Grund für den Übergang;
* die rechtlichen, wirtschaftlichen und sozialen Folgen des
  Übergangs für die Arbeitnehmer;
* die hinsichtlich der Arbeitnehmer in Aussicht genommenen
  Maßnahmen.

Die Unterrichtung hat in Textform zu erfolgen. Zur Einhaltung   **Form**
der Form genügt es, dass für die Mitteilung lesbare Schriftzei-
chen verwendet werden, der Erklärende angegeben wird, und
der Abschluss der Erklärung erkennbar ist. Eigenhändige Origi-
nalunterschrift ist nicht erforderlich. Telefax oder E-Mail genügen. Der Arbeitnehmer kann innerhalb eines Monats nach Zugang dieser Unterrichtung dem Übergang seines Arbeitsverhältnisses schriftlich gegenüber dem alten oder neuen Inhaber
widersprechen.

Der Widerspruch ist aber nur dann sinnvoll, wenn dem Arbeitnehmer bekannt ist, dass der jetzige Arbeitgeber passende andere freie Arbeitsplätze zu besetzen hat.

Für den Widerspruch muss ein nachvollziehbarer sachlicher
Grund vorliegen; z.B. fehlende Seriosität, mangelnde Solvenz
oder die Ankündigung seitens des Betriebserwerbers, dass Arbeitsplätze zum frühestmöglichen Zeitpunkt wegfallen.

Das Arbeits*verhältnis* geht im Falle des Widerspruches nicht auf
den Betriebserwerber über, wohl aber der Arbeits*platz*. Das Arbeitsverhältnis zum bisherigen Betriebsinhaber bleibt bis zur
Klärung, ob es andere Beschäftigungsmöglichkeiten im Unternehmen gibt, bestehen.

Kündigung | Der bisherige Betriebsinhaber kann dem Arbeitnehmer betriebsbedingt kündigen, wenn die Weiterbeschäftigung des Arbeitnehmers in keinem anderen Betrieb des Unternehmens möglich ist.

Rechtsstellung der Arbeitnehmer und des neuen Betriebsinhabers

Der neue Betriebsinhaber tritt kraft Gesetzes in die im Zeitpunkt des Übergangs bestehenden Rechte und Pflichten aus den Arbeitsverhältnissen ein.

Für Beschäftigungsbedingungen, die durch Tarifvertrag oder Betriebsvereinbarung geregelt sind, gilt eine im Grundsatz einjährige Verschlechterungssperre, es sei denn, im neuen Unternehmen besteht eine vergleichbare – ggf. auch eine für den Arbeitnehmer schlechtere (!) – Betriebsvereinbarung oder ein abweichender Tarifvertrag (Ablösungsprinzip).

Die Kündigung von Arbeitnehmern durch den neuen Betriebsinhaber *wegen* des Betriebsübergangs ist ausgeschlossen, aus anderen – auch betriebsbedingten – Gründen jedoch zulässig.

Betriebsänderung | Der Betriebsübergang auf einen anderen Betriebsinhaber ist für sich allein keine Betriebsänderung im Sinne des Betriebsverfassungsgesetzes.

Aus diesem Grund allein besteht noch keine Notwendigkeit für einen Interessenausgleich oder Sozialplan, siehe Kapitel 8.3.3).

8.2 Beendigung von Arbeitsverhältnissen

Für die Beendigung von Arbeitsverhältnissen kennt das Arbeitsrecht verschiedene Möglichkeiten.

Die wichtigsten Gestaltungen im Überblick:

- Eintritt in den Ruhestand, Kapitel 8.2.1;
- Ablauf eines befristeten Arbeitsvertrags, Kapitel 8.2.2;
- Aufhebungsvertrag, Kapitel 8.2.3;
- Kündigung, Kapitel 8.2.4;
- Auflösung des Arbeitsvertrags auf Antrag durch ein Urteil des Arbeitsgerichts, § 9 Abs. 1 KSchG;
- Anfechtung des Arbeitsvertrags wegen arglistiger Täuschung, insbesondere wegen falscher persönlicher Angaben bei der Einstellung, § 123 BGB.

Das Arbeitsverhältnis endet mit dem Tod des Arbeitnehmers immer, mit dem Tod des Arbeitgebers nur, wenn es um persönliche Dienste für den verstorbenen Arbeitgeber geht.

Die Insolvenz des Arbeitgebers beendet das Arbeitsverhältnis ebenfalls nicht, § 108 Insolvenzordnung.

Insolvenz

Exkurs: „Disziplinarmaßnahmen"

Im Arbeitsrecht gilt der Grundsatz, dass sich der Arbeitgeber bei der Sanktionierung von Fehlverhalten eines Arbeitnehmers immer zuerst des milderen Mittels bedienen muss.

Interventionskette

Daher ist vor der Beendigung des Arbeitsverhältnisses anzuraten, folgende „Interventionskette" in Gang zu setzen:

• Minderung von freiwilligen Sonderzulagen (Willkürverbot beachten) oder tariflichen Leistungszulagen (Verfahren beachten);

• Verhängung einer Betriebsbuße (sofern entsprechende Betriebsvereinbarung vorhanden);

• Schadenersatz (im Rahmen der Vorgaben des BAG – wirksam insbesondere bei Arbeitnehmern, die öfters etwas „verlieren");

• Abmahnung (als „disziplinierende" Maßnahme – der Arbeitnehmer merkt, dass man auf ihn „aufmerksam" geworden ist);

• verhaltensbedingte Kündigung als schärfstes Mittel (Einzelheiten siehe Kapitel 8.2.4).

Die praktische Erfahrung zeigt, dass sich viele Störungen bereits frühzeitig beheben lassen. Selbstverständlich muss bei schweren Verfehlungen diese Kette nicht vollständig durchlaufen werden.

8.2.1 Eintritt in den Ruhestand

Am Ende des Berufslebens steht der Eintritt in die „Rente", die „Pension", den „Ruhestand"; die Bezeichnungen hierfür sind vielfältig.

Arbeitnehmer haben Rechtsanspruch auf die gesetzliche Altersrente nach den Regelungen des Sozialgesetzbuches VI (SGB VI). Die Fallgestaltungen im Einzelnen:

Altersrente

• Vollendung des 65. Lebensjahrs und mindestens 5 Jahre Wartezeit erfüllt = Regelfall nach § 35 SGB VI;

• Vollendung des 62. Lebensjahrs, 8 Jahre Pflichtbeitrag innerhalb der letzten 10 Jahre in der Rentenversicherung, wenn der Arbeitnehmer mindestens 35 Jahre Wartezeit erfüllt hat, § 36 SGB VI;

• Nach §§ 37 und 237 SGB VI Vollendung des 63. Lebensjahrs, wenn der Arbeitnehmer

– schwerbehindert, erwerbs- oder berufsunfähig ist und mindestens 35 Jahre Wartezeit erfüllt hat oder

– bei Beginn der Rente arbeitslos ist und nach Vollendung von 58 1/2 Lebensjahren innerhalb der letzten eineinhalb Jahre 52 Wochen arbeitslos war und 8 Jahre Pflichtbeiträge in den letzten 10 Jahren gezahlt hat und mindestens 15 Jahre Wartezeit erfüllt hat oder

– mindestens 24 Monate Altersteilzeit und mindestens 15 Jahre Wartezeit erfüllt hat und 8 Jahre Pflichtbeiträge in den letzten 10 Jahren gezahlt hat.

In Tarifverträgen, Betriebsvereinbarungen und Arbeitsverträgen wird häufig vereinbart, dass das Arbeitsverhältnis mit Ablauf des Monats endet, in dem der Arbeitnehmer das 65. Lebensjahr vollendet hat. In diesem Fall bedarf es keiner Kündigung.

Seit Inkrafttreten des Altersteilzeitgesetzes in 1996 und der daraufhin abgeschlossenen Tarifverträge zur Altersteilzeit wird in den meisten Unternehmen die vorzeitige Beendigung von Beschäftigungsverhältnissen älterer Arbeitnehmer fast nur noch über den Weg der Altersteilzeit vereinbart (Einzelheiten siehe in Kapitel 8.5.2).

Rente wegen verminderter Erwerbsfähigkeit Insbesondere in Fällen von Krankheit oder Behinderung kann das Arbeitsverhältnis durch Rente wegen verminderter Erwerbsfähigkeit beendet werden. Diese Rente wird unabhängig vom Lebensalter gewährt; entscheidend ist die gesetzliche Wartezeit und die Versicherungspflicht in der gesetzlichen Rentenversicherung.

Voll erwerbsgemindert ist derjenige, der auf unabsehbare Zeit außerstande ist, unter den üblichen Bedingungen des allgemeinen Arbeitsmarktes mindestens 3 Std./Tag, *teilweise* erwerbsgemindert ist derjenige, der außerstande ist, mindestens 6 Std./Tag erwerbsfähig zu sein, § 43 SGB VI.

In geringem Umfang sind Möglichkeiten des Hinzuverdienstes gegeben.

Die Rente kann dauernd oder befristet gewährt werden.

8.2.2 Befristeter Arbeitsvertrag

Im Grundsatz ist der Abschluss befristeter Arbeitsverträge aufgrund der Vertragsfreiheit möglich. Allerdings sind hier tarifliche und gesetzliche Vorgaben sowie die Rechtsprechung des Bundesarbeitsgerichts zu beachten.

Die Befristung eines Arbeitsvertrags bedarf zu ihrer Wirksamkeit der Schriftform.

> Befristete Arbeitsverträge eignen sich insbesondere zum Abfangen von Auftragsspitzen oder zur Personalbeschaffung bei zeitlich begrenzten Projekten. Sie sind auch als Probezeit zulässig.
>
> Aber Achtung: Nach Übernahme gilt das Kündigungsschutzgesetz sofort, d.h. ohne die 6-monatige Wartefrist!

Tarifregelungen

Der Abschluss befristeter Arbeitsverträge ist in einigen Tarifverträgen eingeschränkt. Tarifregelungen mit Einschränkungen der Befristungsmöglichkeit haben nach der BAG-Rechtsprechung wegen des Günstigkeitsprinzips Vorrang vor Gesetzen.

Teilzeit- und Befristungsgesetz

Nach § 14 Abs. 2 TzBfG sind befristete Arbeitsverträge bis zu zwei Jahren auch ohne sachlichen Grund zulässig, es sei denn Tarifverträge enthalten eine einschränkende Regelung. *Befristung ohne sachlichen Grund*

> Bis zur Gesamtdauer von zwei Jahren sind höchstens drei unmittelbar aufeinanderfolgende Verlängerungen des befristeten Arbeitsvertrages möglich.

Eine Befristung ohne sachlichen Grund ist nicht zulässig, wenn mit dem selben Arbeitgeber bereits zuvor ein befristetes oder unbefristetes Arbeitsverhältnis bestanden hat.

Nach Ausschöpfen der Höchstbefristungsdauer kann nur bei Vorliegen eines sachlichen Grundes erneut befristet eingestellt werden.

Nach § 14 Abs. 1 TzBfG ist der Abschluss eines befristeten Arbeitsverhältnisses bei Vorliegen eines sachlichen Grundes möglich, insbesondere wenn *Sachlicher Grund*

• der betriebliche Bedarf an der Arbeitsleistung nur vorübergehend besteht;

- die Befristung im Anschluss an eine Ausbildung oder ein Studium erfolgt, um den Übergang des Arbeitnehmers in eine Anschlussbeschäftigung zu erleichtern;
- der Arbeitnehmer zur Vertretung eines anderen Arbeitnehmers beschäftigt wird;
- die Eigenart der Arbeitsleistung die Befristung rechtfertigt;
- die Befristung zur Erprobung erfolgt;
- in der Person des Arbeitnehmers liegende Gründe die Befristung rechtfertigen;
- der Arbeitnehmer aus Haushaltsmitteln vergütet wird, die haushaltsrechtlich für eine befristete Beschäftigung bestimmt sind, und er entsprechend beschäftigt wird oder
- die Befristung auf einem gerichtlichen Vergleich beruht.

Dauer der Befristung Soweit ein sachlicher Grund vorliegt, kann eine Befristung auch länger als zwei Jahre zulässig sein.

Existenzgründer Der neue § 14 Abs. 2a TzBfG ermöglicht Existenzgründern den erleichterten Abschluss von Befristungen: In den ersten vier Jahren nach Gründung ist eine Befristung bis zu vier Jahren auch ohne sachlichen Grund möglich. Innerhalb dieser Frist kann auch mehrfach verlängert werden, z. B. erst 6 Monate, dann 18 Monate und schließlich nochmal 24 Monate.

Wegen des hohen Gefahrenpotenzials einer Fehleinschätzung des sachlichen Grundes – diese führt wegen unzulässiger Befristung regelmäßig zu einem unbefristeten Arbeitsverhältnis – ist fachkundige Beratung vor Abschluss eines befristeten Arbeitsvertrags einzuholen.

Bundeserziehungsgeldgesetz, BErzGG

§ 21 BErzGG ermöglicht – bei Fehlen einschränkender Tarifregelungen – die befristete Einstellung eines Arbeitnehmers zur Vertretung eines anderen Arbeitnehmers für die Dauer von Beschäftigungsverbotzeiten nach dem MuSchG, einer Elternzeit nach dem BErzGG, Zeiten der Arbeitsfreistellung zur Betreuung eines Kindes aufgrund tarif- oder einzelvertraglicher Vereinbarungen sowie für notwendige Einarbeitungszeiten des Vertreters.

Beendigung des befristeten Arbeitsverhältnisses

Das Arbeitsverhältnis endet mit Ablauf der Frist auch dann, wenn der Arbeitnehmer zwischenzeitlich als schwerbehinderter Mensch anerkannt oder schwanger oder zum Betriebsrat oder Schwerbehindertenvertreter gewählt wird.

Eine ordentliche, fristgemäße Kündigung ist während des befristeten Arbeitsverhältnisses ausgeschlossen, es sei denn, im befristeten Arbeitsvertrag ist die Kündigungsmöglichkeit ausdrücklich vereinbart. Für die Praxis ist eine solche Regelung dringend zu empfehlen.

Eine außerordentliche Kündigung ist stets möglich.

Achtung für „den Tag danach":
Nach Ablauf der Befristung darf der Arbeitnehmer nicht weiterarbeiten. Ohne Widerspruch des Arbeitgebers begründet sich ein neues, unbefristetes Beschäftigungsverhältnis!

Praxistipp

8.2.3 Aufhebungsvertrag

Will der Arbeitgeber sich von einem Arbeitnehmer trennen, sollte das Arbeitsverhältnis vorzugsweise in beiderseitigem Einvernehmen beendet werden.

Auch für einen Arbeitnehmer kann es sinnvoll sein, einen Aufhebungsvertrag anzustreben, zum Beispiel wenn er wegen eines für ihn günstigeren Stellenangebots nicht bis zum Ablauf seiner Kündigungsfrist warten kann.

Grundsätzlich empfiehlt es sich, den Arbeitnehmer nicht ohne entsprechende Ankündigung mit der Aufforderung zum sofortigen Abschluss eines Aufhebungsvertrags zu überfallen.

Aufhebungsverträge dürfen nicht rückwirkend abgeschlossen werden, wenn dadurch staatliche Leistungen beansprucht werden sollen. Sowohl der Arbeitnehmer als auch die unterschreibende Führungskraft können wegen Betrugs angezeigt werden.

Keine Rückdatierung

Wenn ein Arbeitnehmer keinen Aufhebungsvertrag abschließen will, zum Beispiel um Sperrzeiten der Agentur für Arbeit zu vermeiden, sollten zusätzlich zur Kündigung offene Fragen im Zusammenhang mit der Beendigung des Arbeitsverhältnisses in einem Vertrag zur Abwicklung der Kündigungsmodalitäten geregelt werden.

Abwicklungsvertrag

Voraussetzungen

Im Aufhebungsvertrag muss der Wille von Arbeitgeber und Arbeitnehmer zur Aufhebung des Arbeitsverhältnisses unmissverständlich zum Ausdruck gebracht werden.

Ein Aufhebungsvertrag ist nur wirksam, wenn er schriftlich mit Unterschrift von Arbeitgeber und Arbeitnehmer abgeschlossen

Erforderlich: Schriftform

wurde, § 623 BGB. Bei einem ausländischen Arbeitnehmer sollte der Aufhebungsvertrag möglichst in dessen Sprache abgefasst werden, um dem in Streitfällen häufig erhobenen Einwand zu begegnen, man habe mangels Deutschkenntnissen den unterschriebenen Text nicht verstanden.

Rechtsfolgen

Folgende Arbeitnehmer-Schutzvorschriften gelten nicht:

* Anforderungen an eine außerordentliche (fristlose) Kündigung;
* Kündigungsfristen;
* Kündigungsgründe nach dem Kündigungsschutzgesetz, sogenannte „soziale Rechtfertigung" der Kündigung;
* Kündigungsschutz für besondere Arbeitnehmergruppen, siehe Kapitel 8.1.3 und 8.2.4.
Einzige Ausnahme: Zustimmung des Integrationsamtes bei Beziehern von Erwerbsunfähigkeitsrente.

Betriebsrat und Sprecherausschuss der Leitenden Angestellten haben keine Beteiligungsrechte.

Der Arbeitnehmer kann die Rechtmäßigkeit der Beendigung des Arbeitsverhältnisses nicht mehr vor dem Arbeitsgericht überprüfen lassen. Der Arbeitgeber hat also mit Unterschrift des Arbeitnehmers unter einen Aufhebungsvertrag sofortige Rechtssicherheit. Gerade aus diesem Grund ist ein Aufhebungsvertrag immer erste Wahl!

Abfindung

Der Arbeitnehmer hat grundsätzlich keinen gesetzlichen Anspruch auf eine Abfindung als Entschädigung für den Verlust des Arbeitsplatzes. Eine Ausnahme gilt nach dem neuen § 1a KSchG nur für den Fall der betriebsbedingten Kündigung bei Unterlassen einer Kündigungsschutzklage.

Eine Abfindung kann jedoch vereinbart werden.

Höhe der Abfindung Die Höhe sollte in angemessenem Verhältnis zu Dienstzeit, Einkommen und Trennungsgrund stehen und sich an den von Arbeitsgerichten bei Vergleichsverhandlungen vorgeschlagenen Beträgen orientieren.

Bei guten Erfolgsaussichten des Arbeitnehmers, den Arbeitsgerichtsprozess zu gewinnen, gilt im Normalfall die derzeit häufig verwendete Faustregel: „Je Beschäftigungsjahr ein halbes Monatseinkommen" (Jahreseinkommen einschließlich Nebenleistungen, geteilt durch zwölf).

Obergrenzen ergeben sich aus § 10 des Kündigungsschutzgesetzes:

• höchstens 12 Monatseinkommen;
• 15 Monatseinkommen, wenn der Arbeitnehmer das 50. Lebensjahr vollendet und mindestens 15 Dienstjahre hat;
• 18 Monatseinkommen, wenn der Arbeitnehmer das 55. Lebensjahr vollendet und mindestens 20 Dienstjahre hat.

Für Abfindungen wegen einer vom Arbeitgeber veranlassten oder vor dem Arbeitsgericht im Rahmen eines Kündigungsschutzprozesses ausgesprochenen Auflösung des Arbeitsverhältnisses bringt die „Fünftelung-Regelung" eine Steuerminderung nach folgendem Berechnungsschema, § 34 EStG: **Steuer**

1. Ermittlung der Einkommensteuer für das zu versteuernde Jahreseinkommen ohne Abfindung;
2. Ermittlung der Einkommensteuer für das zu versteuernde Jahreseinkommen + 1/5 der Abfindung;
3. Steuerbelastung der Abfindung = 5 x (Einkommensteuer aus Punkt 2 ./. Einkommensteuer aus Punkt 1).

Die Abfindung muss anlässlich des Verlustes des Arbeitsplatzes in *einem* Veranlagungsjahr fließen und ausschließlich als Entschädigung für den Verlust des Arbeitsplatzes gezahlt werden, darf also kein verstecktes Entgelt darstellen!

Abfindungen sind sozialversicherungsabgabenfrei.   **Sozialversicherung**

Aufhebungsvertrag und Arbeitslosengeld

Der Aufhebungsvertrag kann Auswirkungen auf die staatlichen Leistungen der Arbeitsverwaltung haben:

• Er kann insbesondere zum *Ruhen* des Anspruches auf Arbeitslosengeld führen, wenn die im Kündigungsfalle einzuhaltende Kündigungsfrist zwischen Abschluss des Aufhebungsvertrages und Beendigung des Arbeitsverhältnisses nicht eingehalten wird, § 143a SGB III. Das Ruhen ist als zeitliches Verschieben des Anspruchs anzusehen.
• Er kann eine zwölfwöchige *Sperrzeit* wegen freiwilliger Arbeitsaufgabe auslösen, § 144 SGB III. Im Gegensatz zum Ruhen ist die Sperrzeit eine echte Anspruchskürzung ab Beginn der Arbeitslosigkeit. Mindestens wird um 1/4 der Anspruchsdauer gekürzt, wenn der Arbeitnehmer durch Ab-

schluss des Aufhebungsvertrages ohne wichtigen Grund die Arbeitslosigkeit herbeigeführt hat, § 128 Abs. 1 Nr. 4 SGB III.

• Zu beachten ist auch, dass der Arbeitgeber gem. § 147a SGB III verpflichtet ist, der Agentur für Arbeit das von dieser an den Arbeitnehmer gezahlte Arbeitslosengeld längstens für 32 Monate zurückzuerstatten, wenn der Arbeitnehmer bei tatsächlicher Beendigung des Arbeitsverhältnisses 55 Jahre alt war und in den zurückliegenden 12 Jahren mindestens 10 Jahre beim Arbeitgeber beschäftigt war.

Um Schadenersatzforderungen oder die Anfechtung des Aufhebungsvertrages auszuschließen, ist der Arbeitnehmer über steuer- und sozialversicherungsrechtliche Fragen, insbesondere Sperrzeiten und Ruhenszeiträume beim Arbeitslosengeld, entweder vollständig und richtig zu informieren oder auf die Auskunftsmöglichkeit bei Finanzämtern und der Agentur für Arbeit hinzuweisen.

8.2.4 Kündigung

Da der Arbeitsplatz für den Arbeitnehmer meist die einzige Existenzgrundlage darstellt, ist die Kündigung des Arbeitgebers an strenge Voraussetzungen gebunden:

• Schriftform der Kündigungserklärung (§ 623 BGB);
• Zugang der Kündigungserklärung beim Arbeitnehmer;
• *vorherige* (wichtig!) Anhörung des Betriebsrates oder des Sprecherausschusses (sofern vorhanden);
• wichtiger Grund für eine außerordentliche (fristlose) Kündigung;
• Einhaltung der Kündigungsfristen;
• Grund für eine ordentliche Kündigung, gesetzlich geregelt im Kündigungsschutzgesetz (KSchG);
• besonderer Kündigungsschutz für bestimmte Arbeitnehmergruppen;
• Schutz vor Massenentlassungen;
• vorherige Abmahnung bei verhaltensbedingter Kündigung (soweit erforderlich).

Kündigung als „ultima ratio" Ferner ist zu beachten, dass die Beendigungskündigung nach der Rechtsprechung des BAG immer das letzte Mittel ist („*ultima-ratio-Prinzip*"). Daher hat der Arbeitgeber immer erst nach einem milderen Mittel zu suchen.

Zugang der Kündigungserklärung

Zur Wirksamkeit muss die Kündigung dem Arbeitnehmer nachweisbar und rechtzeitig zugehen.

Zugang beim Arbeitnehmer liegt in dem Moment vor, in dem die Kündigungserklärung so in dessen Machtbereich gelangt ist, dass mit Kenntnisnahme üblicherweise zu rechnen ist.

Urlaubsbedingte Abwesenheit des Arbeitnehmers hindert den Zugang einer in den Briefkasten eingeworfenen Kündigung nicht. Für die Erhebung der Kündigungsschutzklage gibt es hier allerdings eine Fristverlängerung, § 5 KSchG.

Urlaub

Wenn dem Arbeitnehmer die Kündigung nicht persönlich überreicht werden kann – was die sicherste Art des Zuganges ist –, empfiehlt sich das postalische Einwurf-Einschreiben. Hier wirft der Postmitarbeiter den Einschreibebrief in den Hausbriefkasten ein und dokumentiert den Einwurf. Der Zugang kann durch Nachfrage bei der Deutschen Post AG bestätigt werden.

Einwurf-Einschreiben

Steht der Zugang wegen der Einhaltung von Kündigungsterminen unter Zeitdruck, sollte der Arbeitgeber das Kündigungsschreiben durch Boten zustellen. Zugegangen ist das Schriftstück mit Übergabe an den Arbeitnehmer oder dessen empfangsberechtigten Vertreter, zum Beispiel Familienangehörige, Lebensgefährte oder Hausangestellte; auch der Vermieter ist bei Untermietern empfangsberechtigt.

Bote

Wird niemand angetroffen, ist die Kündigung in den Briefkasten des Arbeitnehmers einzuwerfen und dieser Vorgang sowie die vorherige Überprüfung des Kuvertinhaltes durch den Boten, gegebenenfalls noch durch weitere Personen zu protokollieren.

Einwurf in den Briefkasten

Auf die Nachweisbarkeit des ordnungsgemäßen Zugangs und die Einhaltung der Schriftform der Kündigung ist unbedingt zu achten. Denn nur eine zugegangene schriftliche Kündigung setzt die 3-wöchige Klagefrist des § 4 KSchG in Gang. Erst nach deren Ablauf hat der Arbeitgeber Rechtssicherheit.

Arten der Kündigung:

• außerordentliche (fristlose) Kündigung;
• ordentliche (fristgemäße) Kündigung;
• Verdachts- und Druckkündigung;
• Teil- oder Änderungskündigung.

Außerordentliche (fristlose) Kündigung

Eine außerordentliche Kündigung kommt nur in besonders gravierenden Fällen in Betracht. Dazu gilt § 626 BGB:

Wichtiger Grund Dem Arbeitnehmer muss eine schwerwiegende Arbeitspflichtverletzung nachgewiesen werden, so zum Beispiel eine Straftat (Diebstahl, Unterschlagung, Betrug, Urkundenfälschung), eine beharrliche Arbeitsverweigerung, ein eigenmächtiger Urlaubsantritt, Störungen im persönlichen Vertrauensbereich (Beleidigung der Führungskraft) oder eine Störung des Betriebsfriedens durch Streit mit Arbeitskollegen (Schlägerei im Betrieb).

Der Arbeitgeber hat dem Arbeitnehmer auf Verlangen den Kündigungsgrund unverzüglich schriftlich mitzuteilen.

Unzumutbarkeit Die Fortsetzung des Arbeitsverhältnisses bis zum Ablauf der ordentlichen Kündigungsfrist oder bis zum Ende eines befristeten Arbeitsverhältnisses muss unzumutbar sein. Dabei sind alle Umstände des Einzelfalles zu berücksichtigen und die beiderseitigen Interessen an der Fortsetzung des Arbeitsverhältnisses abzuwägen.

Keine Kündigungsfrist Eine außerordentliche Kündigung kann ohne Einhaltung einer Kündigungsfrist ausgesprochen werden. Sie ist innerhalb von zwei Wochen nach sicherer Kenntnis vom Kündigungsgrund durch den Arbeitgeber nach Anhörung des Betriebsrats bzw. des Sprecherausschusses auszusprechen, § 626 Abs. 2 BGB.

Aufgrund des hohen Prozessrisikos bei der Beurteilung der Kündigungsvoraussetzungen – das Gericht ist von der Schwere der Pflichtverletzung nicht überzeugt oder sieht, was häufig bei Spesenbetrügereien vorkommt, die Zwei-Wochen-Frist verstrichen – sollte immer zusätzlich zur außerordentlichen Kündigung vorsorglich auch die ordentliche Kündigung zum nächstmöglichen Termin ausgesprochen werden. Hierbei ist zu beachten, dass der Betriebsrat zu dieser Kündigung gesondert gehört werden muss!

Ordentliche (fristgemäße) Kündigung

Wenn eine einvernehmliche Beendigung des Arbeitsverhältnisses nicht erreicht werden kann, ist die ordentliche Kündigung die typische Beendigungsform des Arbeitsverhältnisses.

Nach Ausspruch einer ordentlichen Kündigung muss die jeweilige gesetzliche, tarifliche oder arbeitsvertragliche Kündigungsfrist eingehalten werden. Dies bedeutet, dass die Kündigung erst mit Ablauf dieser Frist wirksam wird. Bis dahin muss der

Arbeitnehmer weiterbeschäftigt oder unter Anrechnung von Urlaub und Freizeit bezahlt freigestellt werden.

Während einer zwischen Arbeitgeber und Arbeitnehmer vereinbarten *Probezeit* – längstens sechs Monate – kann das Arbeitsverhältnis mit einer Frist von zwei Wochen gekündigt werden. Ohne Vereinbarung einer Probezeit beziehungsweise nach der Probezeit beträgt die Kündigungsfrist für Arbeitgeber und Arbeitnehmer vier Wochen zum 15. oder zum Ende des Kalendermonats (§ 622 BGB).

Gesetzliche Mindestkündigungsfristen

Für die *Kündigung durch* den *Arbeitgeber* beträgt die Kündigungsfrist je nach Dauer der Betriebs- oder Unternehmenszugehörigkeit (berechnet ab dem 25. Lebensjahr)

Verlängerte Fristen

bei   2 / 5 / 8 / 10 / 12 / 15 / 20 Jahren

   1 / 2 / 3 / 4 / 5 / 6 / 7 Monat(e) jeweils zum Monatsende.

Abweichende Kündigungsfristen können durch Tarifvertrag – auch für den Arbeitnehmer schlechtere! – oder Arbeitsvertrag – grundsätzlich nur für den Arbeitnehmer günstigere – vereinbart werden. Diese dürfen jedoch für die Arbeitnehmerkündigung nicht länger sein als für die Kündigung durch den Arbeitgeber.

Suspendierung

Der Arbeitnehmer hat einen Beschäftigungsanspruch.

Eine einseitige Entbindung von der Arbeitspflicht durch den Arbeitgeber ist jedoch nach Interessenabwägung ausnahmsweise zulässig, wenn eine Beschäftigung z.b. wegen folgender Gründe unzumutbar ist

• Gefahr für Gesundheit und Leben der Betriebsangehörigen;

• Gefahr für die Ordnung im Betrieb;

• Gefahr einer schweren Vertragsverletzung oder

• Verdacht einer strafbaren Handlung.

Die Vergütungspflicht des Arbeitgebers sowie die sonstigen beiderseitigen Nebenpflichten werden durch die Suspendierung nicht berührt.

Verdachtskündigung

Schon der dringende Verdacht einer schweren Verfehlung, zum Beispiel Verstoß gegen ein Wettbewerbsverbot, oder einer Straftat des Arbeitnehmers wie Diebstahl, Unterschlagung, Veruntreuung, Betrug oder Urkundenfälschung kann ein wichtiger Grund für eine fristlose Kündigung sein, wenn

• der Verdacht objektiv durch Tatsachen begründet ist und

- das zur Fortsetzung des Arbeitsvertrags notwendige Vertrauensverhältnis zwischen Arbeitgeber und Arbeitnehmer zerstört ist und
- der Arbeitgeber dem Arbeitnehmer vor Kündigungsausspruch Gelegenheit zur Stellungnahme gegeben hat und
- der Arbeitgeber auch sonst alles in der gebotenen Eile zur Aufklärung des Verdachts Erforderliche unter Berücksichtigung der Argumente des Arbeitnehmers getan hat.

Bleibt nach diesen Kriterien der schwere Verdacht bestehen, so ist durch Interessenabwägung zu prüfen, ob ein Abwarten der Kündigungsfrist zumutbar ist. Der Arbeitgeber kann auch unter Überschreitung der Zwei-Wochen-Frist für die außerordentliche fristlose Kündigung den Ausgang zum Beispiel eines Ermittlungs- oder Strafverfahrens abwarten, wenn ihm dies im Rahmen seiner Aufklärungspflicht notwendig erscheint.

Wiedereinstellungsanspruch War der Verdacht unbegründet, so hat der Arbeitnehmer bei erwiesener Unschuld einen Wiedereinstellungsanspruch.

Druckkündigung

Eine Druckkündigung ist die Kündigung eines Arbeitnehmers auf Druck von Dritten (Kollegen, Kunden, Lieferanten), die vom Arbeitgeber unter Androhung von Nachteilen die Entlassung eines bestimmten Arbeitnehmers verlangen.

Die Druckkündigung ist nur gerechtfertigt, wenn

- der Arbeitgeber sich zunächst schützend vor den Arbeitnehmer stellt und
- alles Zumutbare versucht, um den Dritten von seiner Androhung abzubringen,
- der Dritte aber dennoch an der Druckausübung, zum Beispiel Verweigerung der Auftragserteilung, festhält.

Änderungskündigung

Eine Änderungskündigung kommt dann in Betracht, wenn der Arbeitnehmer der Änderung seiner Arbeitsbedingungen nicht zustimmt und der Arbeitgeber die Änderung nicht kraft seines Weisungsrechts einseitig anordnen kann.

Bei einer Änderungskündigung wird das Arbeitsverhältnis unter Beachtung der normalen Kündigungsvoraussetzungen gekündigt und im Zusammenhang mit der Kündigung die Fortsetzung des Arbeitsverhältnisses zu geänderten Bedingungen angeboten, also ein neues Arbeitsvertragsangebot unterbreitet. Gewollt ist nicht die Vertragsbeendigung, sondern die Vertragsänderung.

Der Arbeitnehmer hat die folgenden Reaktionsmöglichkeiten:

- Annahme des Änderungsangebotes: Das Arbeitsverhältnis wird zu den angebotenen Arbeitsbedingungen fortgesetzt.
- Ablehnung des Änderungsangebots oder keine Äußerung: Das Änderungsangebot des Arbeitgebers erlischt nach drei Wochen. Die Änderungskündigung wird zur Beendigungskündigung. Das Arbeitsverhältnis endet mit Ablauf der Kündigungsfrist. Der Arbeitnehmer kann gegen die Beendigungskündigung klagen.
- Annahme des Änderungsangebots unter Vorbehalt gemäß § 2 KSchG gegenüber dem Arbeitgeber innerhalb der Kündigungsfrist, spätestens innerhalb von drei Wochen, und Klage vor dem Arbeitsgericht auf Feststellung, dass die Änderung der Arbeitsbedingungen sozial ungerechtfertigt ist. Wenn der Arbeitnehmer trotz Vorbehaltserklärung keine Klage erhebt, erlischt der Annahmevorbehalt, das heißt das Arbeitsverhältnis wird zu den geänderten Arbeitsbedingungen fortgesetzt.

Möglichkeiten des Arbeitnehmers

Zu beachten ist bei der Mitwirkung des Betriebsrats im Hinblick auf die Annahme des Änderungsangebots durch den Arbeitnehmer die

**Betriebsrats-
mitwirkung**

- Anhörung zur Änderungskündigung, § 102 BetrVG, und
- Einholung der Zustimmung zur Änderung der Beschäftigungsbedingungen (= Versetzung nach § 99 BetrVG).

Im Kündigungsschutzprozess wird geprüft, ob dem Arbeitnehmer die Änderung seiner Arbeitsbedingungen zumutbar ist. Wenn das Arbeitsgericht die Unzumutbarkeit feststellt, muss der Arbeitnehmer zu den bisherigen Bedingungen weiterbeschäftigt werden.

Zumutbarkeit

Die Kündigung einzelner Beschäftigungsbedingungen ohne gleichzeitige Kündigung des gesamten Arbeitsverhältnisses (Teilkündigung) ist nicht zulässig. (Beispiel: „Hiermit kündige ich das Weihnachtsgeld".)

Teilkündigung

Allgemeiner Kündigungsschutz

Der allgemeine Kündigungsschutz, der sich aus dem Kündigungsschutzgesetz ergibt, geht vom Grundsatz eines Bestandsschutzes des Arbeitsverhältnisses aus, also von einem grundsätzlichen Recht des Arbeitnehmers auf Beibehalten seines Arbeitsplatzes. Daher ist nach dem Kündigungsschutzgesetz nur eine sozial gerechtfertigte Kündigung zulässig.

Darlegungs- und beweispflichtig hierfür ist der Arbeitgeber.

Voraussetzungen für Kündigungsschutz

Der Betrieb muss in der Regel mehr als 10 Arbeitnehmer (ohne Auszubildende) beschäftigen. Teilzeitarbeitnehmer mit einer Arbeitszeit von nicht mehr als 20 oder 30 Wochenstunden werden dabei als 0,50 bzw. 0,75 Arbeitnehmer gezählt (§ 23 KSchG).

Der Arbeitnehmer muss bei Zugang der Kündigung, nicht erst bei Ablauf der Kündigungsfrist, im selben Betrieb oder Unternehmen ohne Unterbrechung – einschließlich Ausbildungszeiten – länger als sechs Monate beschäftigt gewesen sein (§ 1 KSchG).

Ob eine Probezeit vereinbart wurde oder nicht, ist für die Anwendbarkeit des Kündigungsschutzgesetzes unbedeutend.

Soziale Rechtfertigung der Kündigung

Gründe für die Kündigung können liegen

• in der Person des Arbeitnehmers (personenbedingte Kündigung);
• im Verhalten des Arbeitnehmers (verhaltensbedingte Kündigung);
• in dringenden betrieblichen Erfordernissen (betriebsbedingte Kündigung).

Personenbedingte Kündigung

Personenbedingte Kündigungsgründe sind zum Beispiel Krankheit, Straf- und Untersuchungshaft, Fehlen persönlicher Voraussetzungen (Führerschein eines Kraftfahrers, Arbeitserlaubnis eines ausländischen Arbeitnehmers) und mangelnde Eignung für die vertraglich geschuldete Tätigkeit.

Mangelnde Eignung

Mangelnde Eignung sollte sich in aller Regel spätestens vor Ablauf von sechs Monaten und damit vor Geltung des Kündigungsschutzgesetzes feststellen lassen. Für eine rechtzeitige Beendigung des Arbeitsverhältnisses ist in diesen Fällen Sorge zu tragen.

Wird ein Arbeitnehmer, der keine befriedigende Leistung bringt, trotzdem jahrelang weiterbeschäftigt, so kann die Kündigung im Allgemeinen nicht mehr mit fehlender Eignung begründet werden.

Abgrenzungsproblem

Bei Kündigungen infolge mangelnder Leistung ergibt sich häufig ein Abgrenzungsproblem zwischen personenbedingter Kündigung – wenn Arbeitnehmer nicht kann, aber will – und verhaltensbedingter Kündigung – wenn Arbeitnehmer nicht will, aber kann. In diesen Fällen sollte nach Abmahnung stets verhaltensbedingt gekündigt werden.

Spezialfall personenbedingter Kündigung: Krankheitsbedingte Kündigung

Hauptanwendungsfall der personenbedingten Kündigung ist in der Praxis die krankheitsbedingte Kündigung in folgenden Fallgestaltungen:

- langanhaltende Krankheit;
- häufige Kurzerkrankungen;
- dauerhafte krankheitsbedingte Leistungsminderung.

Als Voraussetzung für eine krankheitsbedingte Kündigung muss der Arbeitgeber nach der Rechtsprechung des Bundesarbeitsgerichts folgendes nachweisen:

- Erhebliche krankheitsbedingte Fehlzeiten in der Vergangenheit, mindestens in den letzten drei Jahren oder während der gesamten Dauer des Arbeitsverhältnisses *und* durchschnittlich mehr als sechs Wochen (= Entgeltfortzahlungszeitraum) Fehlzeiten pro Jahr *und* in einem Jahr deutlich höhere Fehlzeiten als 30 Arbeitstage. Die Rechtsprechung lehnt jedoch die Festlegung einer allgemein gültigen Fehlzeitquote ab. **Fehlzeiten**

- Negative Prognose im Zeitpunkt der Kündigung, das heißt es ist weiterhin mit vielen Ausfallzeiten durch häufige Kurzerkrankungen zu rechnen oder ein langzeiterkrankter Arbeitnehmer wird in absehbarer Zeit nicht wieder genesen. **Zukunftsprognose**

Bei einem *Alkoholkranken* ist die Prognose negativ, wenn eine Entziehungskur abgelehnt wird oder nach durchgeführter Entziehungskur ein Rückfall eintritt.

- Nachweis der Fehlzeiten des Arbeitnehmers in der Vergangenheit im Kündigungsschutzverfahren durch den Arbeitgeber. Die sich hieraus zunächst ergebende Vermutung gleicher Krankheitszeiten in der Zukunft kann der Arbeitnehmer, ggf. durch Entbindung des Arztes von der Schweigepflicht, widerlegen.

- Erhebliche, unzumutbare, künftige betriebliche Beeinträchtigungen durch Betriebsablaufstörungen, zum Beispiel Stillstand von Maschinen, Überlastung der übrigen Arbeitnehmer, Produktionsrückgang wegen einzuarbeitendem Ersatzpersonal, oder wirtschaftliche Beeinträchtigungen, zum Beispiel außerordentlich hohe Entgeltfortzahlungskosten gegenüber anderen vergleichbaren Arbeitnehmern oder beträchtliche Aufwendungen für Ersatzkräfte. **Betriebliche Beeinträchtigungen**

Mildere Maßnahmen als die Kündigung sind nicht möglich, wie etwa Überbrückung durch Einsatz von Vertretungen und Aushilfen. **Kein milderes Mittel**

Interessen-   Abschließend gilt: Das Interesse des Arbeitgebers an einer Kün-
abwägung   digung muss im Rahmen einer Abwägung das Interesse des Arbeitnehmers am Erhalt des Arbeitsplatzes überwiegen.

Verhaltensbedingte Kündigung

Die verhaltensbedingte Kündigung kann durch folgende
Gründe gestützt werden:

- Störungen im *Leistungsbereich.*
  Beispiele: Schlecht- oder Minderleistung, Arbeitsverweige-
  rung, Unpünktlichkeit.
- Verstöße gegen die *betriebliche Ordnung.*
  Beispiele: Verletzung von Rauch- oder Alkoholverboten (so-
  weit der Arbeitnehmer nicht alkoholkrank ist) sowie von An-
  zeige- und Nachweispflichten bei Krankheit; Beleidigung,
  Gewalt und Tätlichkeiten unter Kollegen.
- Störungen im *Vertrauensbereich.*
  Beispiele: Straftaten gegen den Arbeitgeber, wie Diebstahl,
  Unterschlagung, Urkundenfälschung, Betrug. Häufig ist hier
  auch eine außerordentliche, fristlose Kündigung möglich.
- Verletzungen arbeitsvertraglicher *Treuepflichten.*
  Beispiel: Geheimhaltungspflicht.

Abmahnung

Grundsätzlich: Als Voraussetzung für eine verhaltensbedingte Kündigung ist
Abmahnung   eine Abmahnung über den Arbeitsvertragsverstoß erforderlich.

Zum notwendigen Inhalt einer Abmahnung gehören die

- Missbilligung des Vertragsverstoßes des Arbeitnehmers durch
  den Arbeitgeber unter Angabe von genau bezeichneten Tatsachen und Daten, nicht nur von Werturteilen und Schlagworten *und*
- Aufforderung, dieses Verhalten zu ändern *und*
- Androhung konkreter arbeitsrechtlicher Konsequenzen (zum
  Beispiel Kündigung) im Wiederholungsfall.

Mustertexte   Da die Abmahnung Wirksamkeitserfordernis der verhal-
tensbedingten Kündigung ist, ist auf exakte Formulierung
zu achten. Muster finden sich im Anhang.

Praxistipp   Eine Abmahnung ist auch mündlich wirksam, aus Gründen der
Beweissicherung ist aber die *Schriftform* unbedingt empfehlenswert.

Vor Ausspruch der Abmahnung sollte der Arbeitgeber den Arbeitnehmer zu dem vorgeworfenen Sachverhalt anhören. Bei mehreren Pflichtverletzungen sollten getrennte Abmahnungen ausgesprochen werden. Kann eine der Pflichtverletzungen in einem Arbeitsgerichtsprozess nicht nachgewiesen werden, führt dies dazu, dass die Gesamtabmahnung unwirksam wird.

Mehrere Abmahnungen wegen gleichartiger Pflichtverletzungen ohne weitere Konsequenzen (Kündigung) können die Warnfunktion der Abmahnungen abschwächen. Dann muss in der letzten Abmahnung vor Ausspruch der Kündigung *ausdrücklich* und eindringlich auf die bevorstehende Kündigung hingewiesen werden sowie darauf, dass weitere bloße Abmahnungen nicht mehr erfolgen werden. **Praxistipp**

Zur Wirksamkeit einer Abmahnung ist nicht nur deren Zugang, sondern deren tatsächliche Kenntnisnahme durch den Arbeitnehmer erforderlich.

Grundsätzlich ist als Voraussetzung für eine verhaltensbedingte Kündigung *eine* einschlägige Abmahnung ausreichend. Allerdings können bei längeren Betriebszugehörigkeiten auch zwei Abmahnungen notwendig sein.

Abmahnberechtigt ist auch der Fachvorgesetzte, auch wenn er nicht kündigungsberechtigt ist; entscheidend ist hier die Weisungsbefugnis.

Der *Betriebsrat* hat keine Beteiligungsrechte im Abmahnverfahren. Das Informieren des Betriebsrates kann aber wegen größerer Einwirkungsmöglichkeit auf den Arbeitnehmer empfehlenswert sein. **Betriebsrat**

Die Abmahnung sollte spätestens vier Wochen nach dem Vorfall ausgesprochen werden, eine *Regelausschlussfrist* gibt es nicht. Eine *Regelverjährungsfrist* gibt es ebenfalls nicht. Zwei Jahre nach Ausspruch der Abmahnung muss jedoch mit Verjährung gerechnet werden, vor einer Kündigung muss dann also erneut abgemahnt werden. In einigen Unternehmen ist durch Betriebsvereinbarung geregelt, dass eine Abmahnung meist nach zwei oder drei Jahren aus der Personalakte entfernt werden muss, soweit zwischenzeitlich keine weitere Abmahnung erfolgt ist. **Fristen**

Der Arbeitnehmer hat folgende Rechtsbehelfe, wenn er gegen eine aus seiner Sicht unrichtige Abmahnung vorgehen will: **Rechtsbehelfe**

- Gegendarstellung, die der Arbeitgeber zur Personalakte nehmen muss, § 83 Abs. 2 BetrVG;
- Klage beim Arbeitsgericht auf Entfernung der Abmahnung aus der Personalakte.

Im Übrigen wird die Rechtmäßigkeit der Abmahnung im Kündigungsschutzprozess überprüft.

Betriebsbedingte Kündigung

An die Wirksamkeit der betriebsbedingten Kündigung wird auf Grund der tiefgreifenden Auswirkungen auf die Belegschaft ein strenger Prüfungsmaßstab angelegt.

1. Stufe: Wegfall des Arbeitsplatzes im Betrieb, § 1 Abs. 2 KSchG

Der Arbeitgeber hat die Darlegungs- und Beweislast für die freie unternehmerische Entscheidung, welche auf *innerbetrieblichen* (zum Beispiel Rationalisierung, neue Fertigungsmethoden oder organisatorische Veränderung) oder *außerbetrieblichen* Umständen mit konkretem Bezug zum Betrieb (zum Beispiel Auftragsmangel oder Gewinnverfall) beruhen kann.

Nicht ausreichend sind arbeitsmarkt- und beschäftigungspolitische Gründe. Nur bei Schlüssigkeit der unternehmerischen Entscheidung wird es dem Arbeitgeber gelingen, den Wegfall des Arbeitsplatzes beim Arbeitsgericht nachvollziehbar zu machen.

Den Sinn und Zweck der unternehmerischen Entscheidung prüft das Arbeitsgericht hingegen nicht. (Ausnahme: Die Entscheidung ist nachweisbar offensichtlich unsachlich, unvernünftig oder willkürlich.)

2. Stufe: Keine Weiterbeschäftigungsmöglichkeit im Unternehmen (§ 1 Abs. 2 KSchG)

Geprüft wird die Versetzungsmöglichkeit auf einen anderen freien Arbeitsplatz oder einen bis zum Ablauf der Kündigungsfrist frei werdenden Arbeitsplatz oder einen erst nach Ablauf der Kündigungsfrist frei werdenden Arbeitsplatz, für den aber schon vor Ablauf der Kündigungsfrist ein Arbeitnehmer einzuarbeiten ist. Eine Weiterbeschäftigungsmöglichkeit besteht auch dann, wenn dazu Umschulungs- oder Fortbildungsmaßnahmen oder eine Änderung der Arbeitsbedingungen erforderlich sind und der Arbeitnehmer damit einverstanden ist.

Weiterbeschäftigungsmöglichkeiten können auch durch Abbau von Überstunden oder Leiharbeit geschaffen werden.

3. Stufe: Soziale Auswahl, § 1 Abs. 3 KSchG

Zunächst ist der Kreis vergleichbarer, untereinander austausch-barer Arbeitnehmer zu ermitteln. Der Arbeitgeber muss eine Zusammenstellung aller Arbeitnehmer des Betriebs erstellen, die eine gleichwertige Tätigkeit ausüben, also Tätigkeiten auf derselben hierarchischen Ebene mit vergleichbaren Fähigkeiten und Kenntnissen. Alle Arbeitnehmer mit nicht mehr als sechs Monaten Unternehmenszugehörigkeit müssen vorher gekün-digt werden.

Sodann erfolgt die Auswahl nach folgenden zwingenden sozia-len Kriterien:

* Dauer der Betriebszugehörigkeit;
* Lebensalter;
* Unterhaltspflichten (Ehegatte, früherer Ehegatte, Lebens-partner nach LPartG, Kinder, Eltern) oder alleinerziehende Person, Pflegefall in der Familie;
* Schwerbehinderung.

Sozialauswahl

In die soziale Auswahl sind Arbeitnehmer nicht einzubeziehen, deren Weiterbeschäftigung, insbesondere wegen ihrer Kennt-nisse, Fähigkeiten und Leistungen oder zur Sicherung einer aus-gewogenen Personalstruktur des Betriebs, im berechtigten be-trieblichen Interesse liegt, („Leistungsträgerklausel") § 1 Abs. 3 S. 2 KSchG.

Berechtigte betrieb-liche Interessen

Der *Arbeitgeber* hat den auswahlrelevanten Personenkreis und die maßgeblichen Auswahlmerkmale darzulegen und nachzuweisen. Der *Arbeitnehmer* hat ggf. weniger schutzbe-dürftige Arbeitnehmer und zusätzlich zu berücksichtigende Arbeitnehmer nachzuweisen.

Darlegungs- und Beweislast bei der sozialen Auswahl

Soweit tarifliche oder betriebliche Regelungen die Sozialaus-wahl festlegen, kann das Arbeitsgericht die Sozialauswahl nur auf grobe Fehlerhaftigkeit überprüfen, § 1 Abs. 4 KSchG.

Oftmals werden Kündigungsschutzprozesse nur noch zur Er-langung einer Abfindung betrieben. Zur Entlastung der Ar-beitsgerichte gibt § 1a KSchG nun dem Arbeitgeber die Mög-lichkeit, dem Arbeitnehmer direkt im Kündigungsschreiben bei einer betriebsbedingten Kündigung die Zahlung einer Abfin-dung anzubieten. Dies allerdings unter der Bedingung, dass der Arbeitnehmer die Klagefrist des § 4 KSchG verstreichen lässt und die Kündigung somit akzeptiert. Geht der Arbeitnehmer darauf ein, gibt ihm § 1a KSchG einen gesetzlichen Anspruch

Abfindung

auf die Abfindung. Diese Möglichkeit ist stets zu bedenken, da sie das Risiko des ungewissen Prozessausgangs vermeidet.

Besonderer Kündigungsschutz bestimmter Arbeitnehmer

Schwangere und Mütter Während der Schwangerschaft bis vier Monate nach der Entbindung ist jede Kündigung durch den Arbeitgeber verboten, § 9 MuSchG. Dies gilt grundsätzlich auch für eine außerordentliche Kündigung, die nur in absoluten Ausnahmefällen mit behördlicher Genehmigung möglich ist (zum Beispiel bei Diebstahl).

Voraussetzung des Kündigungsschutzes ist, dass dem Arbeitgeber die Schwangerschaft bekannt war oder innerhalb von zwei Wochen nach Zugang der Kündigung mitgeteilt wird.

Das Überschreiten dieser Frist ist unschädlich, wenn es auf einem nicht zu vertretenden Umstand beruht und die *Mitteilung* unverzüglich nachgeholt wird.

> Einen Kündigungsschutzprozess wird der Arbeitgeber auch dann im Regelfall verlieren, wenn er ohne Kenntnis der Schwangerschaft kündigt.

Mütter und Väter in Elternzeit Müttern oder Vätern darf ab Verlangen der Elternzeit bis zum Ende der Elternzeit nicht gekündigt werden, § 18 BErzGG. Dies gilt auch für eine außerordentliche Kündigung, die nur in besonderen Fällen ausnahmsweise mit behördlicher Genehmigung möglich ist.

> Arbeitnehmer in Elternzeit können das Arbeitsverhältnis zum Ende der Elternzeit nur mit einer Kündigungsfrist von drei Monaten kündigen, § 19 BErzGG.

Auszubildende Während der Probezeit können Ausbildender und Auszubildender ohne Angabe von Gründen und ohne Einhaltung einer Kündigungsfrist schriftlich kündigen. Nach der Probezeit kann der Arbeitgeber nur noch unter Angabe eines wichtigen Grundes innerhalb von zwei Wochen nach Kenntnis vom Kündigungsgrund schriftlich kündigen, § 22 BBiG. Der Auszubildende kann unter Einhaltung einer Frist von vier Wochen nur (schriftlich mit Angabe des Kündigungsgrundes) kündigen, wenn er die Berufsausbildung wechselt oder aufgibt.

Wehr- und Zivildienstleistende Ordentliche Kündigungen sind von der Zustellung des Einberufungsbescheides bis zur Beendigung des Grundwehr- oder Zi-

vildienstes oder bis zum Ablauf der auf längstens zwei Jahre festgesetzten Dienstzeit bei einem Soldaten auf Zeit ausgeschlossen, §§ 2, 16a Arbeitsplatzschutzgesetz, § 78 Abs. 2 Zivildienst-
gesetz. Eine Kündigung ist auch während einer Wehrübung
und aus Anlass des Wehrdienstes verboten.

Schwerbehinderten Menschen mit einer Beschäftigungszeit von   **Schwerbehinderte**
mehr als sechs Monaten darf nur mit einer Kündigungsfrist von   **Menschen**
mindestens vier Wochen gekündigt werden. Dies gilt auch für
Arbeitnehmer, die erst nach der Kündigung als schwerbehinderte Menschen anerkannt werden, wenn der Antrag aber bereits vor Kündigungsausspruch beim Versorgungsamt gestellt
wurde.

Zwingende Voraussetzung für eine Kündigung des Arbeitgebers ist die vorherige Zustimmung des Integrationsamtes, also
noch vor Ausspruch der Kündigung, §§ 85 ff. SGB IX. Das Integrationsamt hat die gesetzliche Aufgabe, jederzeit auf eine
gütliche Einigung hinzuwirken, § 87 III SGB IX. Dies soll innerhalb von vier Wochen geschehen. Das Integrationsamt holt
eine Stellungnahme der Agentur für Arbeit, des Betriebsrats/
Personalrats und der Schwerbehindertenvertretung ein und
hört den schwerbehinderten Menschen an.

Die ordentliche, fristgemäße Kündigung kann der Arbeitgeber
nur innerhalb eines Monats nach Zustellung der Zustimmung
des Integrationsamtes mit einer Kündigungsfrist von mindestens vier Wochen erklären.

Bei der außerordentlichen (fristlosen) Kündigung gilt ein Be-
schleunigungsgrundsatz. Der Antrag des Arbeitgebers muss innerhalb von zwei Wochen seit Kenntnis des Kündigungsgrundes beim Integrationsamt gestellt werden. Dieses muss innerhalb von zwei Wochen eine Entscheidung treffen. Die Kündigung des Arbeitgebers kann erst nach Zustimmung des Integrationsamtes, dann aber unverzüglich, erklärt werden.

Ältere und langjährige Arbeitnehmer genießen nach einigen   **Ältere und langjäh-**
Tarifverträgen und Betriebsvereinbarungen besonderen Kündi- **rige Arbeitnehmer**
gungsschutz.

Während der Amtszeit und bis ein Jahr nach Beendigung der   **Betriebsräte,**
Amtszeit von Betriebsräten, Jugend- und Auszubildendenver-   **Jugend- und Auszu-**
tretern sowie Schwerbehindertenvertretern, ist eine ordentliche **bildendenvertreter,**
Kündigung ausgeschlossen, § 15 Abs. 1 KSchG, § 96 Abs. 3   **Schwerbehinderten-**
SGB IX.   **vertreter**

Eine außerordentliche Kündigung ist nur zulässig mit Zustimmung des Betriebsratsgremiums oder nach Ersetzung der Zu-

stimmung durch das Arbeitsgericht auf Antrag des Arbeitgebers, § 103 BetrVG.

Wahlvorstände und Wahlbewerber

Vom Zeitpunkt der Bestellung des Wahlvorstands oder der Aufstellung des Wahlvorschlags bis sechs Monate nach Bekanntgabe des Wahlergebnisses ist die ordentliche Kündigung nicht möglich, § 15 Abs. 3 KSchG, § 94 Abs. 6 Satz 2 SGB IX.

Eine außerordentliche Kündigung ist nur zulässig mit Zustimmung des Betriebsratsgremiums oder nach Ersetzung der Zustimmung durch das Arbeitsgericht auf Antrag des Arbeitgebers, § 103 BetrVG.

Beendigung durch Befristung und Aufhebungsvertrag

Die oben genannten Einschränkungen der Kündigungsmöglichkeit bei besonders schützenswerten Arbeitnehmergruppen schließen weder eine Beendigung des Arbeitsverhältnisses im beiderseitigen Einvernehmen noch einen Fristablauf bei befristeten Arbeitsverhältnissen aus.

Massenentlassungen

Anzeigepflicht

Der Arbeitgeber muss der Agentur für Arbeit nach §§ 17 ff. KSchG Anzeige erstatten, bevor er

- in Betrieben mit in der Regel mehr als 20 und weniger als 60 Arbeitnehmern mehr als fünf Arbeitnehmer,
- in Betrieben mit in der Regel mindestens 60 und weniger als 500 Arbeitnehmern mehr als 25 Arbeitnehmer oder mindestens 10% der Arbeitnehmer,
- in Betrieben mit in der Regel mindestens 500 Arbeitnehmern mindestens 30 Arbeitnehmer

innerhalb von 30 Kalendertagen entlässt.

Eine Entlassung ist dabei jedes vom Arbeitgeber veranlasste Ausscheiden aus dem Betrieb mit Ausnahme fristloser Kündigungen.

Diese Massenentlassungen werden frühestens einen Monat – frühere Wirksamkeit nur mit Zustimmung der Agentur für Arbeit – und spätestens zwei Monate nach der Anzeige bei der Agentur für Arbeit wirksam.

Der Arbeitgeber ist verpflichtet, der Agentur für Arbeit und – sofern vorhanden – dem Betriebsrat rechtzeitig die gesetzlich geforderten Angaben zu machen.

Vor den Massenentlassungen sind alle Möglichkeiten zu ergreifen, um diese zu vermeiden, einzuschränken oder ihre Folgen zu mildern.

Anhörung von Betriebsrat und Sprecherausschuss

Jede Kündigung des Arbeitgebers ist unwirksam, wenn der Betriebsrat bei Arbeitern und nichtleitenden Angestellten oder der Sprecherausschuss bei Leitenden Angestellten vor der Kündigung nach Mitteilung der Kündigungsgründe nicht angehört wurde, § 102 BetrVG, § 31 Abs. 2 SprAuG.

Wirksamkeitserfordernis!

Gründe, die dem Arbeitgeber bereits bei der Unterrichtung bekannt waren, dem Betriebsrat oder Sprecherausschuss jedoch nicht mitgeteilt wurden, können in einem Kündigungsschutzprozess nicht verwertet werden. Daher ist vor jeder Kündigung auf eine umfassende Unterrichtung zu achten.

Weiterbeschäftigungspflicht

Wenn der Betriebsrat einer ordentlichen Kündigung ordnungsgemäß widerspricht, kann der Arbeitnehmer vom Arbeitgeber die vorläufige Weiterbeschäftigung bis zum rechtskräftigen Abschluss des Kündigungsschutzprozesses verlangen. Einzige Ausnahme: Der Arbeitgeber wird auf seinen Antrag vom Arbeitsgericht von der Weiterbeschäftigungspflicht entbunden.

Wenn der Betriebsrat nicht oder nicht ordnungsgemäß widerspricht, hat der Arbeitnehmer keinen Anspruch auf Weiterbeschäftigung, solange er nicht den Kündigungsschutzprozess gewinnt.

Das Unternehmen trägt jedoch immer das Risiko, im Falle eines verlorenen Prozesses das Arbeitsentgelt für die Zwischenzeit nachzahlen zu müssen.

Freistellung von der Arbeit

Eine bezahlte Freistellung von der Arbeit während der Kündigungsfrist kommt in Betracht, wenn der Arbeitnehmer damit einverstanden ist oder zwingende betriebliche Belange oder persönliche Gründe die Beschäftigung ausschließen.

Der Arbeitgeber sollte mit dem Arbeitnehmer vereinbaren, dass noch offener Urlaub oder Überstunden auf die Freistellung angerechnet werden.

Rückgabe von Firmeneigentum durch den Arbeitnehmer

Arbeitgeber sollten darauf achten, dass Arbeitnehmer vor ihrem Ausscheiden aus dem Unternehmen alle in ihrem Besitz befindlichen Firmenausweise, Geschäftspapiere, Firmenrichtlinien, dienstliche Aufzeichnungen, Datenträger, Dateien und ähnliche Unterlagen zurückgeben und Passwörter oder Zugangsschlüssel für Daten oder DV-Geräte mitteilen.

Eine entsprechende Vereinbarung kann in Form einer Betriebsvereinbarung oder im Aufhebungsvertrag getroffen werden.

Aushändigung der Arbeitspapiere durch den Arbeitgeber

Der Arbeitgeber muss bei Beendigung des Arbeitsverhältnisses die abgeschlossenen Arbeitspapiere, also Arbeitszeugnis, Urlaubs- und Entlassungsbescheinigung, Lohnsteuer- und Versicherungskarte, Sozialversicherungsausweis, Krankenkassenbescheinigung und bei der Einstellung erhaltene Zeugnisse an den Arbeitnehmer herausgeben.

Können die Arbeitspapiere aus datenverarbeitungs- oder abrechnungstechnischen Gründen im Zeitpunkt des Ausscheidens noch nicht abgeschlossen werden, ist dem Arbeitnehmer eine Zwischenbescheinigung auszustellen, aus der sich die wesentlichen Angaben ergeben. Die Lohnsteuerbescheinigung ist innerhalb von acht Wochen nachzureichen.

8.2.5 Beschäftigungs- und Auffanggesellschaft

Idee   Als Alternative zur betriebsbedingten Kündigung ist an die Errichtung einer Beschäftigungs-/Auffanggesellschaft zu denken. Ziel ist es, den Arbeitnehmer bei der Suche nach einer Anschlussbeschäftigung zu unterstützen. Dafür verzichtet der Arbeitgeber auf die produktive Arbeitsleistung des Arbeitnehmers. Dieser muss die hierdurch gewonnene Zeit zur engagierten Arbeitsuche nutzen, wobei er professionelle Unterstützung erhält.

Beschäftigungsgesellschaft

Es gibt zwei Modelle der Beschäftigungsgesellschaft:

Die externe Beschäftigungs- und Qualifizierungsgesellschaft (BQG) wird als eigene juristische Person gegründet und schließt mit dem Unternehmen, das Personal abbauen muss, einen Kooperationsvertrag. Die betroffenen Arbeitnehmer scheiden durch Aufhebungsvertrag, ggf. mit einer Abfindung, aus ihrem Unternehmen aus und schließen mit der BQG einen neuen, regelmäßig befristeten, Arbeitsvertrag.

Die unternehmensinterne betriebsorganisatorisch eigenständige Einheit (beE) verbleibt hingegen organisatorisch in dem restrukturierenden Unternehmen.

Die betroffenen Arbeitnehmer unterzeichnen einen Änderungsvertrag und werden in die neue Einheit versetzt. Hierbei ist der Betriebsrat nach § 99 BetrVG zu informieren. In dem Änderungsvertrag werden die besonderen Beschäftigungsbedingungen bei der beE vereinbart. Darunter fallen z.b. Kurzarbeit „Null" und reduziertes Entgelt.

Das Arbeitsverhältnis kann auf zwei Arten beendet werden:

• Arbeitgeber und Arbeitnehmer vereinbaren im Änderungsvertrag eine Beendigung des Arbeitsverhältnisses spätestens zum Zeitpunkt der Beendigung der beE; damit erhält der Arbeitgeber Rechtssicherheit.

• Der Arbeitnehmer schließt keinen Aufhebungsvertrag mit seiner alten Firma. Sollte bei dieser Lösung eine Vermittlung des Arbeitnehmers innerhalb der Laufzeit der beE nicht gelingen, muss der Arbeitgeber das Arbeitsverhältnis ggf. durch betriebsbedingte Kündigung beenden. Bei Schließung der beE finden die Grundsätze der Betriebsstilllegung Anwendung, so dass keine Sozialauswahl stattfindet. Kündigt der Arbeitgeber zu einem früheren Zeitpunkt betriebsbedingt, muss er eine Sozialauswahl unter den Teilnehmern der beE durchführen.

Die Arbeitnehmer werden in der Beschäftigungsgesellschaft für eine bestimmte Zeit, meist sechs bis zwölf Monate zusammengefasst und dort von deren Vermittlern unterstützt und geschult. Hierbei werden die Eingliederungsaussichten des jeweiligen Arbeitnehmers festgestellt und etwaigen Qualifizierungsdefiziten in Zusammenarbeit mit Bildungseinrichtungen abgeholfen.

Daneben gehören die Organisation von Jobbörsen mit Partnerfirmen, Informationsveranstaltungen durch die Agentur für Arbeit, die Bereitstellung von Fachliteratur rund um die Bewerbung, die schnelle und zielgerichtete Weiterleitung der Bewerbungsunterlagen durch professionelle Jobberater zu den Instrumenten der Beschäftigungsgesellschaft, um den Arbeitnehmern die Suche nach einer Anschlussbeschäftigung zu erleichtern.

Finanzielle Leistungen für die Arbeitnehmer in der Beschäftigungsgesellschaft

Transfer-
Kurzarbeitergeld
(§ 216b SGB III)

Das Transfer-Kurzarbeitergeld setzt einen dauerhaften unvermeidbaren der Agentur für Arbeit anzuzeigenden Arbeitsausfall infolge von Betriebsänderungen voraus. Ein Arbeitnehmer einer Beschäftigungsgesellschaft erhält deshalb entsprechend dem ihm hypothetisch zustehenden Arbeitslosengeld zwischen 60% (ledig) und 67% (verheiratet) des bisherigen regelmäßigen Monats-Nettoeinkommens als Transfer-Kurzarbeitergeld. Darüber hinausgehende Leistungen wie z.b. Weihnachtsgeld oder Ähnliches werden nicht berücksichtigt. Viele Arbeitgeber stocken das Transfer-Netto-Kurzarbeitergeld noch durch einen freiwilligen Zuschuss auf.

> Achtung: Das Transfer-Kurzarbeitergeld wird nicht gewährt, wenn der Arbeitnehmer sich nur vorübergehend in der Beschäftigungsgesellschaft befindet, um anschließend im Unternehmen weitervermittelt zu werden. Damit soll eine unternehmensinterne Qualifikation auf Kosten aller Beitragszahler vermieden werden.

Geförderte Teilnahme an Transfermaßnahmen
(§ 216a SGB III)

Die Weiterqualifikation eines Mitarbeiters im Rahmen einer Beschäftigungsgesellschaft ist mit 50% der vom Arbeitgeber aufgewendeten Maßnahmekosten, höchstens jedoch mit 2.500 Euro förderfähig.

Voraussetzung ist allerdings, dass ein Dritter die Maßnahmen durchführt und der Arbeitgeber durch die Vergabe der Qualifikation nicht von bestehenden Verpflichtungen (z.B. aufgrund von Tarifverträgen oder Weiterbildungsgesetzen) entbunden wird.

Die Förderung ist auch hier ausgeschlossen, wenn die Arbeitnehmer nur qualifiziert werden, um sie anschließend wieder im Unternehmen einzusetzen.

Auffanggesellschaft

Die Auffanggesellschaft dient als Brücke in den externen Arbeitsmarkt und als Orientierungsmöglichkeit für den Arbeitnehmer. Sie stellt ein zusätzliches ergänzendes Instrument zur Erlangung einer Anschlussbeschäftigung neben der Beschäftigungsgesellschaft dar.

Hierzu wird das Arbeitsverhältnis mit dem bisherigen Arbeitgeber durch Aufhebungsvertrag beendet und der Arbeitnehmer zunächst in eine Beschäftigungsgesellschaft eingegliedert. Diese kann ihn dann als Leiharbeitnehmer an die Auffanggesellschaft zu ähnlichen Konditionen wie im bisherigen Unternehmen verleihen. Der Einsatz in der Auffanggesellschaft kann befristet oder unbefristet vereinbart werden. Die Auffanggesellschaft verleiht den Arbeitnehmer an Partner im externen Arbeitsmarkt, im Konzernunternehmen oder in anderen Unternehmensteilen nach den Vorgaben des AÜG.

Der Arbeitnehmer hat damit eine Beschäftigung und bleibt in Kontakt zum Arbeitsmarkt. Es kommt zu keiner Lücke in seiner Arbeitsbiographie, was die Chancen auf eine Anschlussbeschäftigung erhöht. Insofern ist das Modell der Beschäftigungs- und Auffanggesellschaft eine attraktive Alternative zur herkömmlichen Praxis.

8.2.6 Arbeitszeugnis

Das Arbeitszeugnis muss der Wahrheit entsprechen, deshalb kann es auch für den Arbeitnehmer ungünstige Angaben enthalten; dies allerdings nur, wenn es sich um schwerwiegende Leistungsmängel oder negative Eigenschaften des Arbeitnehmers handelt. Andererseits soll das Zeugnis keine Formulierungen enthalten, die den zukünftigen Berufsweg des Arbeitnehmers unnötig erschweren. Die Abwägung hat wohlwollend zu erfolgen.

Wahrheitspflicht, Wohlwollen

Unzulässig im Zeugnis ist die Erwähnung einmaliger Vorfälle oder Umstände, von Betriebsrats- und Gewerkschaftstätigkeit sowie von außerdienstlichem Verhalten. Der Beendigungsgrund darf nicht erwähnt werden, wenn der Arbeitnehmer dies nicht wünscht.

Unzulässige Inhalte

Grundsätzlich hat der Arbeitnehmer auf sein Verlangen hin Anspruch auf ein Schlusszeugnis bei Beendigung des Arbeitsverhältnisses, also schon nach Ausspruch der Kündigung, nicht erst nach Ausscheiden aus dem Unternehmen, § 109 GewO. Einem Auszubildenden muss der Arbeitgeber ein Arbeitszeugnis auch ohne dessen Verlangen ausstellen, § 16 BBiG.

Ausnahmsweise hat der Arbeitnehmer auch Anspruch auf ein Zwischenzeugnis bei entsprechender Regelung im Tarifvertrag sowie bei Kündigungsdrohung, bei Versetzung, bei Wechsel der Führungskraft oder bei Fortbildungsmaßnahmen.

Zwischenzeugnis

Das Arbeitszeugnis muss von der zuständigen Führungskraft unterschrieben werden und im Briefkopf Name und Anschrift des Ausstellers enthalten.

> Es gibt zwei Arten von Zeugnissen, das *einfache* Zeugnis nur über Art und Dauer der Beschäftigung sowie das *qualifizierte* Zeugnis mit zusätzlichen Angaben über Leistung und Führung im Dienst.

Der Arbeitgeber kann das Arbeitszeugnis nicht wegen Gegenansprüchen gegen den Arbeitnehmer zurückbehalten.

Schadenersatz Bei unrichtiger Zeugniserteilung, auch bei Weglassen wesentlicher Punkte, kann der Arbeitnehmer wie auch der neue Arbeitgeber gegenüber dem Arbeitgeber Schadenersatzansprüche geltend machen, § 826 BGB.

Klage Bei Verletzung der Pflicht, ein inhaltlich richtiges Zeugnis auszustellen, kann der Arbeitnehmer Klage gegen den Arbeitgeber auf Berichtigung des Zeugnisses erheben. Dies gilt auch, wenn die Erstellung eines Zeugnisses gänzlich verweigert wird.

Die Zeugniserteilungspflicht erlischt für den Arbeitgeber nach Ende der Aufbewahrungspflicht für Unterlagen des normalen Geschäftsverkehrs. Für ein qualifiziertes Zeugnis wird die Erinnerungsfähigkeit des Arbeitgebers maßgebend sein.

Praxistipps In der Praxis werden *Zeugnisformulierungen* zu „Noten". Die gängigsten im Überblick:

„Herr/Frau ... hat sich bemüht, die ihm/ihr übertragenen Arbeiten zu unserer Zufriedenheit zu erledigen" = Note 6.

„Herr/Frau ... hat sich stets bemüht, die ihm/ihr übertragenen Arbeiten zu unserer Zufriedenheit zu erledigen" = Note 5 bis 6.

„Herr/Frau ... hat die ihm/ihr übertragenen Arbeiten im Großen und Ganzen zu unserer Zufriedenheit erledigt" = Note 5.

„Herr/Frau ... hat die ihm/ihr übertragenen Arbeiten zu unserer Zufriedenheit erledigt" = Note 4.

„Herr/Frau ... hat die ihm/ihr übertragenen Arbeiten stets zu unserer Zufriedenheit erledigt" = Note 3 bis 4.

„Herr/Frau ... hat die ihm/ihr übertragenen Arbeiten zu unserer vollen Zufriedenheit erledigt" = Note 3.

„Herr/Frau ... hat die ihm/ihr übertragenen Arbeiten stets zu unserer vollen Zufriedenheit erledigt" = Note 2.

„Herr/Frau ... hat die ihm/ihr übertragenen Arbeiten zu unserer *vollsten* Zufriedenheit erledigt" = Note 1 bis 2.

„Herr/Frau ... hat die ihm/ihr übertragenen Arbeiten stets zu unserer *vollsten* Zufriedenheit erledigt" = Note 1.

In letzter Zeit verweigern immer mehr Arbeitgeber und Arbeitsgerichte die letzten Formulierungen, da es „vollst" nach Duden nicht gibt.

Die *Schlussformulierung* ist für das Entschlüsseln von Zeugnissen besonders wichtig:

Note 6: (keine Schlussformulierung).

Note 5: Herr/Frau verlässt uns auf eigenen Wunsch.

Note 4: Herr/Frau verlässt uns auf eigenen Wunsch. Für die Zukunft wünschen wir ihm/ihr alles Gute.

Note 3: Herr/Frau verlässt uns auf eigenen Wunsch. Wir bedauern sein/ihr Ausscheiden und wünschen ihm/ihr für die Zukunft alles Gute.

Note 2: Herr/Frau verlässt uns auf eigenen Wunsch, um sich einer neuen Aufgabe in einem anderen Unternehmen zu widmen. Wir bedauern sein/ihr Ausscheiden sehr, danken ihm/ihr für die bei uns geleistete Arbeit, und wünschen ihm/ihr auch an seiner/ihrer neuen Wirkungsstätte für die Zukunft alles Gute.

Note 1: Herr/Frau verlässt uns auf eigenen Wunsch, um sich einer größeren Aufgabe in einem anderen Unternehmen zu widmen. Er/Sie hat sich unserem Hause gegenüber bleibende Verdienste erworben. Wir bedauern sein/ihr Ausscheiden außerordentlich und wünschen ihm/ihr an seiner/ihrer neuen Wirkungsstätte sowie für seinen/ihren weiteren beruflichen Werdegang für die Zukunft alles Gute, viel Glück und Erfolg.

> Diese in Großunternehmen geläufige Zeugnissprache wird allerdings – da es sich hierbei um keinen verbindlichen Kodex handelt – insbesondere in kleineren Firmen nicht verwendet. Daher ist Vorsicht geboten: Vor allzu großen Erwartungen über die Aussagekraft von Zeugnissen ist zu warnen.

8.3 Grundzüge der Betriebsverfassung

Das Betriebsverfassungsrecht ist Bestandteil des kollektiven Arbeitsrechtes. Geregelt wird das Miteinander der Betriebsparteien, also der Unternehmer und der Belegschaftsvertretungen. Anknüpfungspunkt ist der Betrieb.

8.3.1 Ziel und Zweck der Betriebsverfassung

Ziel des Betriebsverfassungsgesetzes (BetrVG) ist es, die Idee der Partnerschaft zwischen Arbeitgeber und Arbeitnehmer durch Mitwirkungs- und Mitbestimmungsrechte der Arbeitnehmervertretungen im Betrieb, Unternehmen und Konzern zu verwirklichen.

Vertrauensvolle Zusammenarbeit Als oberster Grundsatz gilt, dass Arbeitgeber und Betriebsrat vertrauensvoll zum Wohle der Arbeitnehmer und des Betriebes zusammenarbeiten sollen, § 2 BetrVG. Dabei sollen sie mit den Gewerkschaften und Arbeitgeberverbänden kooperieren. Arbeitgeber und Betriebsrat haben über strittige Fragen mit dem ernsten Willen zur Einigung zu verhandeln. Parteipolitische Betätigungen im Betrieb sind ebenso verboten wie Arbeitskampfmaßnahmen zwischen Arbeitgeber und Betriebsrat.

8.3.2 Organisation der Betriebsverfassung

Betriebsräte und Jugend- und Auszubildendenvertreter

Betriebsräte können in allen Betrieben der privaten Wirtschaft mit mindestens fünf Arbeitnehmern über 18 Jahren – von denen drei mindestens seit einem halben Jahr dem Betrieb angehören – gewählt werden, § 1 BetrVG. Betriebsratswahlen finden grundsätzlich alle vier Jahre statt, die nächsten 2010, jeweils zwischen dem 1. März und 31. Mai.

Betriebsratsloser Betrieb In einem bislang betriebsratslosen Betrieb – zur Definition des Betriebes siehe Kapitel 2.1 – können Wahlen zu jedem beliebigen Zeitpunkt stattfinden. Die notwendigen Kosten der Betriebsratswahl hat der Arbeitgeber zu tragen. Insbesondere hat er für notwendige Arbeitsversäumnisse aus Anlass einer Betriebsratskandidatur die Vergütung fortzuzahlen. Die Betriebsratswahl und dazu erforderliche Maßnahmen dürfen durch niemand beeinflusst oder behindert werden.

Größe und Zusammensetzung Die Größe und Zusammensetzung des Betriebsrates richtet sich nach Anzahl und Art der im Betrieb Beschäftigten. So besteht der Betriebsrat in Betrieben mit 5 bis 20 wahlberechtigten Arbeitnehmern aus einer Person, in Betrieben mit 21 bis 50 Wahlberechtigten aus drei Mitgliedern, in Betrieben mit 51 bis 100 Wahlberechtigten aus fünf Mitgliedern und in Betrieben mit 101 bis 200 Wahlberechtigten aus 7 Mitgliedern. Größere Betriebe haben mehr Betriebsratsmitglieder.

Das Geschlecht in der Minderheit muss entsprechend seinem zahlenmäßigen Verhältnis im Betriebsrat vertreten sein, wenn dieser aus mindestens 3 Mitgliedern besteht.

Wenn ein Unternehmen mehr als einen Betriebsrat hat, muss ein *Gesamt*betriebsrat gebildet werden. Durch Beschluss mehrerer Gesamtbetriebsräte kann ein *Konzern*betriebsrat gebildet werden.

Werden in einem Betrieb mindestens fünf Arbeitnehmer unter 18 Jahren sowie Auszubildende unter 25 Jahren beschäftigt, so können diese zur Wahrnehmung ihrer besonderen Belange eine Jugend- und Auszubildendenvertretung wählen, §§ 60 ff. BetrVG.

Jugendliche, Auszubildende

Wenn ein Unternehmen mehr als eine Jugend- und Auszubildendenvertretung hat, muss eine Gesamt-Jugend- und -Auszubildendenvertretung gebildet werden. Durch Beschluss mehrerer *Gesamt*-Jugend- und Auszubildendenvertretungen kann eine *Konzern*-Jugend- und Auszubildendenvertretung gebildet werden.

Die Betriebsratsmitglieder führen ihr Amt als Ehrenamt. Sie dürfen in ihrer Amtsausübung weder gestört noch behindert werden. Eine Benachteiligung oder Begünstigung wegen ihrer Betriebsratstätigkeit ist verboten. Betriebsräte haben einen Anspruch auf bezahlte Freistellung von ihrer vertraglich vereinbarten Arbeit, so weit dies zur ordnungsgemäßen Durchführung der Betriebsratsarbeit oder zur Teilnahme an Schulungs- und Bildungsveranstaltungen erforderlich ist. Ab einer Betriebsgröße von mindestens 200 Arbeitnehmern ist ein Betriebsratsmitglied nach Beratung mit dem Arbeitgeber ganz von der Arbeit freizustellen. Für größere Betriebe sind weitere Freistellungen gesetzlich vorgeschrieben.

Betriebsratsamt = Ehrenamt

Betriebsratsmitglieder haben einen gesetzlich abgesicherten Kündigungsschutz. Die ordentliche Kündigung ist völlig ausgeschlossen, die außerordentliche (fristlose) Kündigung ist nur mit Zustimmung des Betriebsratsgremiums oder nach Zustimmungsersetzung durch das Arbeitsgericht möglich.

Kündigungsschutz

Die Versetzung eines Betriebsratsmitglieds gegen dessen Willen, die zum Verlust des Amtes oder der Wählbarkeit führt, bedarf einer besonderen Zustimmung des Betriebsrats (zusätzlich zu derjenigen nach § 99 BetrVG) § 103 Abs. 3 BetrVG.

Versetzungsschutz

Kosten und Sachaufwand des Betriebsrates sind vom Arbeitgeber zu tragen, wenn und soweit sie für die Betriebsratsarbeit erforderlich sind und die Verhältnismäßigkeit zur Größe und Leistungsfähigkeit des Betriebes gewahrt bleibt.

Kosten

Betriebsversammlung, §§ 42 ff. BetrVG

Die Betriebsversammlung ist eine vom Betriebsratsvorsitzenden einmal pro Quartal einberufene und geleitete nicht öffentliche Versammlung aller Arbeitnehmer des Betriebes. Sie findet grundsätzlich während der Arbeitszeit statt. Das Entgelt der Arbeitnehmer ist für die Zeit der Betriebsversammlung fortzuzahlen. Eingeladen werden müssen – unter Angabe von Zeit, Ort und Tagesordnung der Versammlung – alle Arbeitnehmer des Betriebes sowie der Arbeitgeber. Der Betriebsratsvorsitzende hat in jeder Betriebsversammlung einen Tätigkeitsbericht zu erstatten.

Der Arbeitgeber muss einmal im Kalenderjahr über das Personal- und Sozialwesen sowie über die wirtschaftliche Lage und Entwicklung des Betriebes berichten.

Sprecherausschüsse der Leitenden Angestellten

Leitende Angestellte – etwa Personalleiter, Prokuristen oder sonstige nach Arbeitsvertrag und Stellung im Betrieb besonders hervorgehobene Führungskräfte – werden nicht vom Betriebsrat vertreten, § 5 Abs. 3 und 4 BetrVG.

Wenn es in einem Betrieb mindestens zehn Leitende Angestellte gibt, können diese einen Sprecherausschuss nach dem Sprecherausschussgesetz (SprAuG) wählen. Dessen Größe richtet sich nach der Anzahl der Leitenden Angestellten.

In einem Unternehmen mit mehreren Betriebssprecherausschüssen muss ein *Gesamt*sprecherausschuss gebildet werden.

Statt einzelner Betriebssprecherausschüsse kann auf Antrag von mehr als der Hälfte der Leitenden Angestellten auch für das gesamte Unternehmen ein *Unternehmens*sprecherausschuss gewählt werden.

In einem Konzern kann durch Beschluss der einzelnen Gesamtsprecherausschüsse, die mindestens 75% der Leitenden Angestellten des Konzerns vertreten, auch ein *Konzern*sprecherausschuss gebildet werden.

8.3.3 Beteiligungsrechte des Betriebsrates

Aufgaben   Der Betriebsrat hat insbesondere folgende allgemeine Aufgaben, § 80 BetrVG:

- Überwachung, dass die zu Gunsten der Arbeitnehmer geltenden Gesetze, Verordnungen, Unfallverhütungsvorschriften, Tarifverträge und Betriebsvereinbarungen durchgeführt werden.
- Beantragung von dem Betrieb und der Belegschaft dienenden Maßnahmen beim Arbeitgeber.
- Förderung der tatsächlichen Gleichstellung von Frauen und Männern, insbesondere bei der Einstellung, Beschäftigung, Aus-, Fort- und Weiterbildung und beim beruflichen Aufstieg, sowie der Vereinbarkeit von Familie und Erwerbstätigkeit.
- Vorbereitung und Durchführung der Wahl der Jugend- und Auszubildendenvertretung und enge Zusammenarbeit mit der gewählten Vertretung.
- Entgegennahme und gegebenenfalls Weiterleitung von Anregungen und Beschwerden der Arbeitnehmer und der Jugend- und Auszubildendenvertretung.
- Förderung der Eingliederung besonders schutzbedürftiger Personen, insbesondere von schwerbehinderten Menschen.
- Förderung der Eingliederung ausländischer Arbeitnehmer im Betrieb, einschließlich der Beantragung von Maßnahmen zur Bekämpfung von Rassismus und Fremdenfeindlichkeit im Betrieb.
- Förderung und Sicherung der Beschäftigung, insbesondere auch älterer Arbeitnehmer, im Betrieb.
- Förderung von Maßnahmen des Arbeitsschutzes und des betrieblichen Umweltschutzes.

Damit der Betriebsrat seine Aufgaben ordnungsgemäß erfüllen kann, hat er gegen den Arbeitgeber einen Anspruch auf rechtzeitige und umfassende Information. Unter „rechtzeitig" versteht man den Zeitpunkt, in dem der Betriebsrat noch in der Lage ist, auf das Endergebnis Einfluss zu nehmen. „Umfassend" heißt, dass der Arbeitgeber den Betriebsrat unter Vorlage der erforderlichen Unterlagen so unterrichten muss, dass dieser in der Lage ist, sich ein Bild über die kollektiven Auswirkungen der vom Arbeitgeber geplanten Maßnahme zu machen.

Information: Rechtzeitig und umfassend!

Der Betriebsrat hat in sozialen, personellen und wirtschaftlichen Angelegenheiten Beteiligungsrechte von unterschiedlicher Intensität:

Beteiligungsrechte

- Mitbestimmungs- und Initiativrechte, insbesondere in sozialen Angelegenheiten, wie zum Beispiel bei Fragen der betrieblichen Ordnung und des Verhaltens der Arbeitnehmer im Betrieb, bei der Festlegung von Beginn und Ende der täg-

lichen Arbeitszeit und der Pausen, bei vorübergehender Verkürzung oder Verlängerung der betriebsüblichen Arbeitszeit,
bei der Festsetzung allgemeiner Urlaubsgrundsätze und des
Urlaubsplanes, bei Form, Ausgestaltung und Verwaltung von
Sozialeinrichtungen, bei der Durchführung von Gruppenarbeit sowie bei der Ausschreibung von Arbeitsplätzen;

- Zustimmungsverweigerungsrechte, insbesondere bei Einstel-
lungen, Eingruppierungen, Umgruppierungen und Versetzungen;
- Anhörungsrechte, insbesondere bei Kündigungen;
- Beratungsrechte, insbesondere bei Betriebsänderungen, Personalplanung, Berufsbildung, Arbeits- und betrieblichem
Umweltschutz und bezüglich der Beschäftigungssicherung;
- Informationsrechte, unter anderem bei Unfallschutz, Beschwerden von Arbeitnehmern, Arbeitsplatzgestaltung, Arbeitsablauf und Arbeitsumgebung, Einstellung oder Veränderung eines Leitenden Angestellten sowie Teilzeitarbeit im Betrieb.

Mitbestimmungs-
rechte
Mitbestimmungsrechte des Betriebsrates bestehen grundsätzlich
nur bei der Regelung kollektiver Tatbestände, also wenn zum
Beispiel die ganze Belegschaft oder zumindest eine nach besonderen Merkmalen abgrenzbare Gruppe betroffen ist. Individu-
almaßnahmen gegenüber einem oder mehreren individuell be-
stimmbaren Arbeitnehmer/n, die personen- oder arbeitsplatz-
bezogen sind, unterliegen grundsätzlich nicht der Mitbestimmung des Betriebsrates.

Die Mitbestimmung des Betriebsrates ist gesperrt, wenn eine
abschließende und zwingende gesetzliche oder tarifliche Regelung besteht, § 87 Abs. 1, 1. HS BetrVG.

Die Einigung zwischen Arbeitgeber und Betriebsrat über eine
mitbestimmungspflichtige Angelegenheit kann im Wege einer
formlosen Regelungsabrede oder als förmliche Betriebsvereinbarung zustande kommen.

Betriebsänderungen
Über *Betriebsänderungen* (Einschränkungen, Stilllegung und
Spaltung von Betrieben/Betriebsteilen, Verlegung des Betriebs,
grundlegende Änderungen von Betriebsorganisation/-zweck/
-anlagen) hat der Arbeitgeber den Betriebsrat zu unterrichten
und sie mit ihm zu beraten.

Betriebsänderungen können zu einem Interessenausgleich und
ggf. zu einem Sozialplan führen:

Interessenausgleich
Der *Interessenausgleich* dient dem Ausgleich zwischen dem Än-
derungsinteresse des Arbeitgebers und dem Bestandsinteresse

der Arbeitnehmer. Damit soll eine Einigung über das Ob, Wann und Wie der Betriebsänderung und somit über die Vermeidung von Nachteilen für die Belegschaft erzielt werden.

Der *Sozialplan* dient dem Ausgleich oder der Milderung wirtschaftlicher Nachteile, die ein Arbeitnehmer aus der Betriebsänderung erleiden kann.

Sozialplan

Die Betriebsvereinbarung ist ein zwischen Arbeitgeber und Betriebsrat schriftlich abgeschlossener Vertrag, der für die einzelnen Arbeitnehmer unmittelbare und zwingende Ansprüche begründet, § 77 Abs. 4 Satz 1 BetrVG.

Betriebsvereinbarung

Demgegenüber ist die Regelungsabrede eine formlose Einigung der Betriebspartner ohne unmittelbare Wirkung für den einzelnen Arbeitnehmer. Die Regelungsabrede muss vielmehr noch vom Arbeitgeber einzelvertraglich umgesetzt werden.

Regelungsabrede

8.4 Grundzüge der Unternehmensmitbestimmung

In Deutschland gibt es vier gesetzliche Systeme einer Beteiligung von Arbeitnehmern und ihren Gewerkschaften in den Organen von Unternehmen und Konzernen, die Unternehmensmitbestimmung:

Gesetze

- Gesetz über die Mitbestimmung der Arbeitnehmer in den Aufsichtsräten und Vorständen der Unternehmen des Bergbaus und der Eisen und Stahl erzeugenden Industrie vom 21.5.1951;
- Gesetz zur Ergänzung des Gesetzes über die Mitbestimmung der Arbeitnehmer in den Aufsichtsräten und Vorständen der Unternehmen des Bergbaus und der Eisen und Stahl erzeugenden Industrie vom 7.8.1956;
- Drittelbeteiligungsgesetz vom 18.05.2004;
- Gesetz über die Mitbestimmung der Arbeitnehmer vom 4.5.1976 (MitbestG), Reform vom 23.3.2002.

Aufsichtsrat

Die Unternehmensmitbestimmung wird grundsätzlich im Aufsichtsrat ausgeübt.

Der Aufsichtsrat setzt sich aus Arbeitnehmer- und Anteilseignervertretern zusammen, unter Umständen sind auch unternehmensfremde Aufsichtsräte möglich.

Die Aufsichtsratsvertreter der Anteilseigner einer Aktiengesellschaft werden in der Hauptversammlung durch die Aktionäre gewählt, die Arbeitnehmervertreter und eventuell die Vertreter der Leitenden Angestellten unmittelbar oder mittelbar durch die Belegschaft.

Rechte und Pflichten Der Aufsichtsrat ist Aufsichts- und Überwachungsorgan gegenüber der Geschäftsführung, aber keine „Obergeschäftsführung", Maßnahmen der Geschäftsführung können dem Aufsichtsrat also nicht übertragen werden. Allerdings: Aufsichtsräte, die ihre Pflichten verletzen, können in Regress genommen werden.

Er hat gegenüber dem Vorstand einen Anspruch auf „gewissenhafte und getreue" Rechenschaftslegung insbesondere über

*   die beabsichtigte Geschäftspolitik und andere grundsätzliche Fragen der künftigen Geschäftsführung;
*   die Rentabilität der Gesellschaft, insbesondere die Rentabilität des Eigenkapitals;
*   den Gang der Geschäfte und die Lage der Gesellschaft und
*   diejenigen Geschäfte, die für die Rentabilität oder Liquidität der Gesellschaft von erheblicher Bedeutung sein können.

Der Aufsichtsrat hat die Kompetenz zur Auswahl der Unternehmensleitung, zum Abschluss der Vorstands- oder Geschäftsführerverträge und zur Verteilung der Geschäfte innerhalb der Unternehmensleitung.

Dem Vorstand einer Aktiengesellschaft muss als gleichberechtigtes Mitglied ein Arbeitsdirektor angehören, der insbesondere für alle personellen und sozialen Angelegenheiten und die Beziehungen zu den Betriebsverfassungsorganen zuständig ist.

8.5 Fragen der Arbeitszeit

8.5.1 Gesetzliche Regelung der Arbeitszeit

Das Arbeitszeitgesetz (ArbZG) regelt das öffentlich-rechtliche Arbeitszeitrecht. Als Arbeitnehmerschutzrecht verdient es aus dem Gedanken der Fürsorgepflicht, nicht zuletzt aber wegen der strafrechtlichen Sanktionen für den Arbeitgeber oder die Führungskraft besondere Beachtung. Das Arbeitszeitgesetz gilt für alle Arbeitnehmer (nicht für Leitende Angestellte), das Mutterschutzgesetz zusätzlich für Mütter und das Jugendarbeitsschutzgesetz zusätzlich für Jugendliche.

Die Einhaltung dieser Gesetze wird insbesondere vom Gewerbeaufsichtsamt sowie vergleichbaren Behörden und dem Betriebsrat – sofern vorhanden – kontrolliert. Für tariflich gebundene Arbeitnehmer gelten zusätzliche tarifliche Grenzen.

Ständige Kontrolle!

Die nach dem Arbeitszeitgesetz höchstmögliche Arbeitszeit beträgt werktäglich im Grundsatz höchstens acht Stunden, § 3 ArbZG. Unter Werktag ist hier die Zeit von Montag bis Samstag zu verstehen. Gesetzlich gibt es also eine Sechs-Tage-Woche. Achtung: Tarifverträge gehen häufig von einer Regelarbeitszeit Montag bis Freitag aus!

Arbeitszeit

Die Arbeitszeit kann bis auf höchstens zehn Stunden pro Werktag verlängert werden, wenn im Durchschnitt von sechs Kalendermonaten oder 24 Wochen nicht mehr als acht Stunden werktäglich erreicht werden. Im Rahmen von Gleitzeitvereinbarungen ist dies im Allgemeinen möglich.

Definitionen

Die *tatsächlich geleistete Arbeit* ist die am Arbeitsplatz verbrachte Zeit, abzüglich der Ruhepausen und sämtlicher privater Arbeitsunterbrechungen, wie zum Beispiel außerdienstliche Telefongespräche, Teilnahme an Jubilar- oder Geburtstagsfeiern, Bankbesuche, private Einkäufe, Friseurbesuche. Auf eine etwaige Vergütungspflicht nach Tarif- oder Arbeitsvertrag kommt es nicht an.

Tatsächlich geleistete Arbeit

Arbeitsbereitschaft ist die Zeit „wacher Achtsamkeit im Zustand der Entspannung" an einem vom Arbeitgeber bestimmten Aufenthaltsort im Betrieb, auch in der Nähe des Arbeitsplatzes. Beispiele sind der Fahrer, der im Aufenthaltsraum zeitungslesend sitzt und auf den nächsten Fahrauftrag wartet oder ein Mitarbeiter mit Überwachungstätigkeit bei längeren Produktionsprozessen. Arbeitsbereitschaft ist Arbeitszeit im Sinne des Gesetzes.

Arbeitsbereitschaft

Reise- und Lenkzeiten sind Arbeitszeit, wenn das Reisen zur Arbeit gehört oder wenn der Arbeitgeber anordnet, dass der Arbeitnehmer auf einer Dienstreise selbst Auto fahren muss.

Reise- und Lenkzeiten

Sie sind keine Arbeitszeit, wenn der Arbeitnehmer während der Reise vom Arbeitgeber nicht in Anspruch genommen wird, zum Beispiel während einer Zugfahrt oder Flugreise, aber auch, wenn er als Beifahrer mitfährt.

> Die Arbeitszeit und die Lenkzeit sollen zusammen zwölf Stunden in keinem Fall überschreiten.

Wegezeit *Wegezeit* von der Wohnung zur Arbeitsstelle im Betrieb ist keine Arbeitszeit.

Der Weg von der Wohnung direkt zu einer außerhalb des Betriebes gelegenen Arbeitsstelle abzüglich der Wegezeit von der Wohnung zur Arbeitsstelle im Betrieb ist Arbeitszeit.

Bereitschaftsdienst Wenn sich der Arbeitnehmer an einem vom Arbeitgeber bestimmten Ort innerhalb oder außerhalb des Betriebes aufzuhalten hat, um, sobald es notwendig ist, seine Arbeit aufzunehmen, ohne dass Arbeitsbereitschaft gegeben ist, liegt nach der Rechtsprechung des EuGH *Bereitschaftsdienst* und somit Arbeitszeit vor.

Rufbereitschaft Wenn sich der Arbeitnehmer an einem von ihm selbst bestimmten, dem Arbeitgeber aber anzuzeigenden Ort außerhalb des Betriebes jederzeit erreichbar aufhält, liegt keine Arbeitszeit, sondern *Rufbereitschaft* vor.

Mindestruhepause, § 4 ArbZG

Ruhepausen sind im Voraus festgelegte Zeiten der unbezahlten Arbeitsunterbrechung, in denen der Arbeitnehmer weder Arbeit zu leisten, noch sich dafür bereitzuhalten hat, sondern frei darüber entscheiden kann, wie er diese Zeit verbringt.

Jeder Arbeitnehmer hat Anspruch auf eine Ruhepause von

• mindestens 30 Minuten bei einer Arbeitszeit von mehr als sechs Stunden;

• mindestens 45 Minuten bei einer Arbeitszeit von mehr als neun Stunden.

Spätestens nach sechs Stunden Arbeitszeit muss eine Ruhepause gewährt werden. Eine Ruhepause kann in Zeitabschnitte von jeweils mindestens 15 Minuten aufgeteilt werden. Achtung: Kürzere Pausen gelten als Arbeitszeit!

Mindestruhezeit, § 5 ArbZG

Ruhezeiten sind die im Voraus festgelegten Zeiten der Arbeitsunterbrechung, in denen der Arbeitnehmer vollständig von der Arbeit – auch von Bereitschaftsdienst und Rufbereitschaft! – freigestellt sein muss.

Zwischen zwei Arbeitsschichten ist grundsätzlich eine Ruhezeit von mindestens elf Stunden einzuhalten.

Bei einer Unterbrechung der Ruhezeit beginnt der Elf-Stunden-Zeitraum erneut zu laufen, auch wenn die Unterbrechung nur einige Minuten dauert. Beispiel: Der Servicetechniker kann den Fehler beim Kunden per Ferndiagnose beheben.

Nachtarbeit, §§ 6 und 2 ArbZG

Nachtarbeit liegt vor, wenn ein Arbeitnehmer mehr als zwei Stunden während der Nachtzeit arbeiten muss; diese dauert von 23.00 bis 6.00 Uhr, in Bäckereien und Konditoreien von 22.00 bis 5.00 Uhr. *Nachtarbeitnehmer* sind Arbeitnehmer, die auf Grund ihrer Arbeitszeitgestaltung normalerweise in Wechselschicht oder an mindestens 48 Tagen/Kalenderjahr Nachtarbeit leisten, § 2 Abs. 5 ArbZG.

Die Höchstarbeitszeit bei Nachtarbeit beträgt bei einer Sechs-Tage-Woche von Montag bis Samstag im Regelfall höchstens acht Stunden pro Werktag.   **Höchstarbeitszeit**

Eine Verlängerung auf bis zu zehn Stunden pro Werktag ist möglich, wenn innerhalb eines Kalendermonats oder innerhalb von vier Wochen im Durchschnitt acht Stunden werktäglich nicht überschritten werden.

In bestimmten Fällen (Gesundheitsschutz, Kinder- oder Krankenbetreuung) ist der Nachtarbeitnehmer auf sein Verlangen von Nachtarbeit freizustellen. Der Arbeitgeber hat den Nachtarbeitnehmer auf einen geeigneten Tagesarbeitsplatz im Rahmen des Direktionsrechtes umzusetzen; auch eine Änderungskündigung ist möglich.   **Freistellung von Nachtarbeit**

Soweit keine tarifvertraglichen Ausgleichsregelungen bestehen, gibt das Arbeitszeitgesetz dem Nachtarbeitnehmer für Arbeitsstunden während der Nachtzeit einen Anspruch auf eine angemessene Zahl bezahlter freier Tage oder einen angemessenen Zuschlag auf das Bruttoarbeitsentgelt.   **Zusatzurlaub, Nachtarbeitszuschlag**

Der Arbeitgeber hat sicherzustellen, dass die Nachtarbeitnehmer zur betrieblichen Weiterbildung und zu aufstiegsfördernden Maßnahmen den gleichen Zugang haben wie die übrigen Arbeitnehmer.   **Weiterbildung**

Für werdende und stillende Mütter sowie Jugendliche gilt von 22 Uhr bis 6 Uhr ein Nachtarbeitsverbot.

Für die Einführung von Nachtarbeit ist die Zustimmung des Betriebsrates – sofern vorhanden – erforderlich.   **Betriebsrat**

Sonn- und Feiertagsarbeit, §§ 9 ff. ArbZG

Die Arbeit an *Sonn- und Feiertagen* ist grundsätzlich verboten.

Ausnahmen sind jedoch nach § 10 ArbZG zugelassen, sofern die Arbeiten nicht an Werktagen vorgenommen werden kön-   **Ausnahmen**

nen, wie zum Beispiel in Not- und Rettungsdiensten, Kranken-
häusern, Gaststätten, Verkehrsbetrieben, Energie- und Wasser-
versorgungsbetrieben, bei Messen, Rundfunk und Presse.

Für die Industrie sind folgende Ausnahmen besonders wichtig:

• Beschäftigung ist zulässig „bei der Reinigung und Instandhaltung von Betriebseinrichtungen, soweit hierdurch der regelmäßige Fortgang des eigenen oder eines fremden Betriebes
bedingt ist, bei der Vorbereitung der Wiederaufnahme des
vollen werktäglichen Betriebes sowie bei der Aufrechterhaltung der Funktionsfähigkeit von Datennetzen und Rechner-
systemen";

• Beschäftigung ist zulässig „zur Verhütung des Misslingens von
Arbeitsergebnissen sowie bei kontinuierlich durchzuführen-
den Forschungsarbeiten" sowie

• Beschäftigung ist zulässig „zur Vermeidung einer Zerstörung
oder erheblichen Beschädigung der Produktionseinrichtungen".

Weitere Ausnahmen vom Verbot der Sonn- und Feiertagsarbeit
können bzw. müssen in den Fällen des § 13 ArbZG vom Gewerbeaufsichtsamt bewilligt werden.

Kein Antrag! Ein besonderer Antrag an das Gewerbeaufsichtsamt ist für diese
Arbeiten nicht notwendig. Allerdings ist hier zu beachten, dass
das Beurteilungs- und Nachweisrisiko allein beim Arbeitgeber
liegt.

Mindestens 15 Sonntage im Jahr müssen beschäftigungsfrei
bleiben. Ein am Sonntag arbeitender Arbeitnehmer hat Anspruch auf einen Ersatzruhetag innerhalb eines den Beschäftigungstag einschließenden Zwei-Wochen-Zeitraums. Bei Feiertagsarbeit muss der Arbeitgeber einen Ersatzruhetag innerhalb
eines den Beschäftigungstag einschließenden Acht-Wochen-
Zeitraums gewähren.

Betriebsrat Sofern ein Betriebsrat besteht, ist für die Einführung von Sonn-
und Feiertagsarbeit dessen Zustimmung erforderlich.

Ausnahmen in besonderen Fällen

Von der strengen werktäglichen Zehn-Stunden-Grenze und
dem Verbot der Sonn- und Feiertagsarbeit gibt es im Interesse
einer flexiblen Reaktionsmöglichkeit des Unternehmens jedoch
einige Ausnahmen:

Notfälle • *Notfälle*, d.h. ungewöhnliche, unvorhersehbare und plötzlich
eintretende Ereignisse, die unternehmerisch nicht vorher-

sehbar waren, § 14 Abs. 1, 1. Alt. ArbZG. Sie treten nicht regelmäßig auf.

Beispiele: Höhere Gewalt, wie etwa Wasserrohrbruch, Überschwemmung oder eine Brandkatastrophe.

**Falsche Disposition oder eilige Kundenaufträge sind keine
Notfälle!**

- *Außergewöhnliche Fälle*, d.h. besondere Ereignisse, die unab-   Außergewöhnliche
  hängig vom Willen des Betroffenen, nicht planmäßig oder   Fälle
  fahrlässig verursacht, eingetreten sind, § 14 Abs. 1, 2. Alt.
  ArbZG. Weitere Voraussetzungen: unvorhersehbar und vorübergehend, Beseitigung der Folgen ist auf andere Weise nicht
  möglich, technischer und/oder wirtschaftlicher Schaden,
  Verschieben der Arbeiten nicht möglich.

Beispiele: DV-Systemabsturz (nicht bei Abstürzen in Folge); Betreuung ausländischer Delegationen; Vermeiden von Stillstän-
den auf Baustellen; Endverhandlungen mit Kunden bei drohen-
dem Auftragsverlust; dringende unaufschiebbare Angebotsbe-
arbeitung, wenn ein hoher wirtschaftlicher Schaden abgewen-
det wird und unter dem Druck der Konkurrenz eine schnelle
Reaktion notwendig ist; zur Wettbewerbsfähigkeit und Arbeits-
platzsicherung.

Nur für die Überschreitung der Zehn-Stunden-Grenze gibt es
die folgenden drei Arten gesetzlicher *Ausnahmen* falls andere
Maßnahmen (z.B. Überstunden, Einstellung von Aushilfskräf-
ten) dem Arbeitgeber unzumutbar sind.

- *Vorübergehende Arbeiten* für eine verhältnismäßig geringe Zahl   Vorübergehende
  von Arbeitnehmern, § 14 Abs. 2 Nr. 1 ArbZG. Sie dürfen   Arbeiten
  nicht auf Dauer angelegt sein, können aber gegebenenfalls regelmäßig wiederkehren.

Eine Nichterledigung würde das Arbeitsergebnis gefährden
oder unverhältnismäßig hohen Schaden verursachen – Beispiel:
bedeutender Gewinnentgang, Hinausschieben verursacht erhebliche Mehrkosten.

- In *Forschung und Lehre* gilt für Wissenschaftler (nicht jedoch   Forschung
  für Labormitarbeiter) die Zehn-Stunden-Grenze nicht, § 14
  Abs. 2 Nr. 2, 1. Alt. ArbZG.

- *Unaufschiebbare Arbeiten*, d.h. insbesondere Vor- und Ab-   Unaufschiebbare
  schlussarbeiten oder Arbeiten, deren Durchführung während   Arbeiten
  des Betriebes zu Unterbrechungen oder Störungen führen

würde, § 14 Abs. 2 Nr. 2, 2. Alt. ArbZG. Auch Arbeiten, die zur Wiederaufnahme oder Aufrechterhaltung des Betriebes notwendig sind, werden dazugezählt.

Arbeitszeitnachweise und Arbeitnehmeraufzeichnungen

Der Arbeitgeber hat bei Arbeitszeiten von mehr als acht Stunden pro Tag und bei Sonn- und Feiertagsarbeit eine Aufzeichnungspflicht, § 16 Abs. 2 ArbZG. Die Aufzeichnungen sind mindestens zwei Jahre aufzubewahren. Die Aufzeichnungs- und Aufbewahrungspflicht kann jedoch auf den Arbeitnehmer delegiert werden. Ausreichend sind Handaufzeichnungen beim Arbeitnehmer, auch in einem persönlichen Terminkalender.

Für die Führungskraft liegt es im eigenen Interesse, regelmäßig und nachweisbar zu überprüfen, ob der Arbeitnehmer seine Aufzeichnungen auch korrekt durchführt und die Höchstarbeitszeitgrenzen einhält.

Neu ist die Dokumentation der Arbeitnehmer, die in tarifliche oder betriebliche Arbeitszeitverlängerungen nach § 7 ArbZG eingewilligt haben, § 16 Abs. 2 ArbZG.

Gewerbe-
aufsichtsamt

Bei einer Kontrolle durch das Gewerbeaufsichtsamt müssen die Arbeitszeitnachweise innerhalb von 48 Stunden vorgelegt werden.

Rechtsfolgen von gravierenden Verstößen gegen das ArbZG für das Unternehmen

Bußgeld

• *Bußgeld* bis zu 15.000 €;

• Zusätzlich oder alternativ kann die zuständige Behörde einen Verfallsbescheid über eine Geldbuße in Höhe des durch Verstoß gegen das ArbZG erzielten Geldbetrages erlassen.

• Eintrag in das *Gewerbezentralregister* bei rechtskräftigem Bußgeldbescheid über mehr als 200 € Bußgeld.

Eine Tilgung erfolgt bei einer Geldbuße bis zu 300 € nach drei Jahren, in sonstigen Fällen nach fünf Jahren.

Ausschluss
von öffentlichen
Aufträgen!

Die Vergabestellen für öffentliche Aufträge verlangen von den Anbietern eine Auskunft aus dem Gewerbezentralregister. Bei einem Eintrag wird das bietende Unternehmen von der Vergabe – bei erstmaligem Verstoß für sechs Monate, im Wiederholungsfall für zwei Jahre – ausgeschlossen!

Rechtsfolgen von gravierenden Verstößen gegen das ArbZG für die Führungskraft

Auch für die Führungskraft gibt es Rechtsfolgen. Hierbei ist zu beachten, dass die Verantwortlichkeit nicht nach „oben", schon gar nicht nach „unten", delegiert werden kann.

- *Bußgeld* bis zu 15.000 € bei vorsätzlichem oder fahrlässigem   Bußgeld
  Verstoß durch Anordnung einer Überschreitung der Grenzen des Arbeitszeitgesetzes oder stillschweigende Duldung eines Verstoßes gegen das Gesetz durch den Arbeitnehmer.

- *Freiheitsstrafe* bis zu einem Jahr oder Geldstrafe bei beharrli-   Freiheitsstrafe
  cher Wiederholung des Verstoßes gegen das Arbeitszeitgesetz oder Vorsatz und Gefährdung der Gesundheit sowie Arbeitskraft eines Arbeitnehmers.

- Eintrag in das *Gewerbezentralregister* bei einer rechtskräftigen Verurteilung zu einem Bußgeld von mehr als 100 € oder einer Geldstrafe oder Freiheitsstrafe.

- Als arbeitsrechtliche Konsequenz kommt eine *Abmahnung*, gegebenenfalls auch eine *Kündigung* in Betracht.

8.5.2 Altersteilzeit

Die Altersteilzeit ist im Altersteilzeitgesetz, in einigen Tarifverträgen und auf betrieblicher Ebene in Betriebsvereinbarungen geregelt.

Das Altersteilzeitgesetz von 1996 soll den gleitenden Übergang   Voraussetzungen
älterer Arbeitnehmer in den Ruhestand erleichtern und betriebliche Personalanpassungsmaßnahmen fördern.

Folgende Voraussetzungen müssen erfüllt sein:

Zunächst bedarf es einer Vereinbarung zwischen Arbeitgeber und Arbeitnehmer; ein Rechtsanspruch des Arbeitnehmers hierauf besteht jedoch nicht. Dieser muss mindestens 55 Lebensjahre alt sein und mindestens 1.080 Kalendertage versicherungspflichtige Beschäftigung innerhalb der letzten fünf Jahre nachweisen können.

Die Arbeitszeit muss von Vollzeit auf 50% der tariflichen beziehungsweise „Individuellen Regelmäßigen Wöchentlichen Arbeits-Zeit" (IRWAZ) reduziert werden.

Zwei Modelle kommen in Betracht:

- Unverblocktes Modell: Im Jahresdurchschnitt muss die IRWAZ auf die Hälfte reduziert werden.

- Blockmodell: Arbeitsphase mit Vollzeitarbeit, anschließend Freistellungsphase (jeweils längstens drei Jahre).

Die Dauer der Altersteilzeit umfasst mindestens zwei Jahre, höchstens jedoch sechs Jahre, um ab dem 60. Lebensjahr eine gesetzliche Rente wegen Altersteilzeit erhalten zu können. Die Altersgrenze für Altersteilzeit wird ab dem 01.01.2006 bis zum 31.12.2008 in Monatsschritten von 60 auf 63 Jahre angehoben. Der Beendigungstermin des Arbeitsverhältnisses spätestens mit der Vollendung des 63. Lebensjahr wird bei Eintritt in die Altersteilzeit festgelegt.

Betriebliche Leistungen Zusätzlich werden auf betrieblicher Ebene weitere Leistungen vereinbart:

- Teilzeitentgelt (= Teilzeitmonatsentgelt + anteilige Jahreszahlungen) und Aufstockung des Teilzeitentgeltes um mindestens 20% (auf mindestens 70% des Regelarbeitsentgelts, dies umfasst das monatlich regelmäßig zu zahlende sozialversicherungspflichtige Arbeitsentgelt, soweit es die Beitragsbemessungsgrenze des SGB III nicht überschreitet). Der Aufstockungsbetrag ist steuer- und sozialversicherungsfrei, unterliegt aber dem Progressionsvorbehalt.

- Abführung von Rentenversicherungsbeiträgen bis zu 90% des bisherigen Vollzeitentgeltes sowie

- Ausgleich von Zeitguthaben bei vorzeitigem Ende der verblockten Teilzeit (zum Beispiel durch Tod).

Staatliche Förderung bei Wiederbesetzung Auch die Agentur für Arbeit beteiligt sich an der Finanzierung der Altersteilzeit. Bei Wiederbesetzung des freigesetzten Arbeitsplatzes mit einem Arbeitslosen oder Ausgebildeten erstattet die Agentur für Arbeit einen limitierten Aufstockungsbetrag (20% auf das bisherige Entgelt) und einen erhöhten Rentenversicherungsbeitrag bis maximal 90%.

> Aufgrund der komplexen Materie ist hier fachkundige Beratung gefragt. Die Agentur für Arbeit hilft weiter.

8.5.3 Kurzarbeit

Kurzarbeit nach den §§ 169 ff. SGB III ist die vorübergehende Verkürzung der regelmäßigen wöchentlichen Arbeitszeit im Betrieb oder in einzelnen Abteilungen, die unter bestimmten Voraussetzungen durch die Agentur für Arbeit gefördert werden kann. Sie kann in einer Herabsetzung der Arbeitsstunden an einzelnen oder sämtlichen Arbeitstagen bestehen, in dem Ausfall von ganzen Arbeitstagen oder im völligen Arbeitsausfall über mehrere Wochen oder Monate.

Der Arbeitgeber kann Kurzarbeit einführen, wenn die betrieblichen Verhältnisse es erfordern.

Der Betriebsrat hat ein Mitbestimmungsrecht bei der Einführung von Kurzarbeit nach § 87 Abs. 1 Nr. 3 BetrVG.   **Betriebsrat**

8.5.4 Arbeitszeitflexibilisierung

Bei der Gestaltung der betrieblichen und individuellen Arbeitszeit wird deren Flexibilitätsgrad zunehmend zu einem wichtigen Wettbewerbsfaktor. Moderne Arbeitsformen, teure Investitionsvorhaben, Prozessorientierung und weltweite Kundenerwartungen erfordern Spielraum bei der Arbeitszeitgestaltung.

Dem Arbeitszeitmanagement stehen drei Einflussgrößen zur Verfügung, die beliebig kombinierbar sind:

- Dauer/Volumen der individuellen Arbeitszeit (zum Beispiel Vollzeit, Teilzeit, Altersteilzeit/Vorruhestand, temporäre Teilzeit, Quotierung);
- Verteilung/Lage der Arbeitszeit (Gleitzeit, Schichtarbeit, gestaffelte Arbeitszeit, Freie-Tage-Regelung, Variierung);
- Arbeitsplatzbesetzung (Ausweitung der Betriebsmittelnutzung, zum Beispiel durch Mehrfachbesetzung, rollierende Systeme, Mehrmaschinenbedienung).

Beispiele für betriebliche Arbeitszeitmodelle

Bei der gleitenden Arbeitszeit sind Beginn und Ende der Arbeitszeit innerhalb vorgegebener Bandbreiten (Gleitzeitspannen) vom Arbeitnehmer frei wählbar. Im Allgemeinen ist eine Kernarbeitszeit vorgesehen, während der die Mitarbeiter an ihrem Arbeitsplatz anwesend sein müssen. Bei den meisten Gleitzeitmodellen kann Arbeitszeit (ohne Überstundenzuschläge) auch über mehr oder weniger lange Zeiträume (im Extremfall bis ans Lebensarbeitszeitende, sogenannte „Langzeitkonten") angespart werden, um dann – nach Abstimmung mit der Führungskraft – als freie Tage „abgefeiert" zu werden.   **Gleitende Arbeitszeit**

Die Flexibilität der Gleitzeit steigt, wenn die Kernarbeitszeit verkürzt oder ganz aufgegeben wird, und die Zeiträume für die Ein- und Ausgleitphase erweitert werden. Die Kernarbeitszeit wird dann durch eine „Funktionszeit" ersetzt, das heißt durch Festlegung einer Zeitspanne, während welcher der Arbeitsplatz besetzt ist.   **Funktionszeit**

Bei den meisten Gleitzeitvereinbarungen wird in der betriebli-chen Praxis dem Arbeitnehmer die Pflicht auferlegt, sein Kom-men und Gehen an Zeiterfassungsgeräten zu dokumentieren. Die perfektionistische Zeiterfassung verursacht jedoch, neben den Kosten für die Beschaffung von Hard- und Software, auch einen oft erheblichen Aufwand für die Administration der Gleit-zeitsysteme. Darüber hinaus wird durch die Betonung der Zei-terfassung der Zeitverbrauch in den Vordergrund gerückt und nicht das, was eigentlich wichtig ist, nämlich Erfolg, Ergebnis und Leistung.

Vertrauensgleitzeit Deshalb geht in jüngster Zeit der Trend zu Modellen von Ver-trauensgleitzeit, bei denen auf maschinelle Zeiterfassung ver-zichtet wird. Vertrauensgleitzeit setzt allerdings ein Führungs-verhalten voraus, das auf Eigenverantwortung und Zielverein-barungen setzt, also auf Überwachung der Zielerreichung und nicht der im Betrieb verbrachten Zeit.

Aufbewahrungs-pflicht Ganz ohne Zeitaufschreibung geht es allerdings auch bei dieser Gleitzeitvariante nicht, denn das Arbeitszeitgesetz verpflichtet den Arbeitgeber, Arbeitszeiten, die über eine werktägliche Ar-beitszeit von acht Stunden hinausgehen, aufzuzeichnen und mindestens zwei Jahre aufzubewahren. Dabei muss nach der Rechtsprechung des Bundesarbeitsgerichtes auch bei vereinbar-ter Vertrauensarbeitszeit Beginn und Ende der täglichen und vom Umfang tatsächlich geleisteten wöchentlichen Arbeitszeit der Arbeitnehmer erfasst werden.

Die Verpflichtung zur Erfassung kann auch an die Arbeit-nehmer delegiert werden. Der Arbeitgeber ist dann jedoch dafür verantwortlich, dass seine Arbeitnehmer diesen Ver-pflichtungen auch ordnungsgemäß nachkommen.

Gestaffelte Arbeitszeit Bei der gestaffelten (versetzten) Arbeitszeit sind Arbeitsbeginn und Ende für einzelne Arbeitnehmergruppen hintereinander geschaltet. Beispiel bei einer Arbeitszeit von siebeneinhalb Stunden und einer Pause von einer halben Stunde: 1. Staffel von 6.30 bis 14.30 Uhr, 2. Staffel von 8.30 bis 16.30 Uhr, 3. Staffel von 10.30 bis 18.30 Uhr. Unter Inkaufnahme von ver-minderten Personalkapazitäten am Anfang und am Ende des Arbeitstages kann hierdurch einerseits die Betriebszeit und da-mit die Erreichbarkeit für (wegen der Zeitverschiebung insbe-sondere auch internationale) Kunden deutlich erhöht werden. Auch den persönlichen Arbeitszeitwünschen der Arbeitnehmer kann besser entsprochen werden.

Mit der Schichtarbeit kann die Betriebszeit – unabhängig von   Schichtarbeit
der Arbeitszeit der einzelnen Mitarbeiter – gegebenenfalls auf
bis zu 24 Stunden pro Werktag, bei Vorliegen der erforderlichen
Genehmigungen des Gewerbeaufsichtsamtes im Extremfall
auch auf alle 365 Kalendertage (Vollkonti-Betrieb) ausgedehnt
werden. Damit kommt es zu einer Mehrfachnutzung der einzelnen Arbeitsplätze und zu längeren Maschinenlaufzeiten, also zu
einer besseren Nutzung des investierten Kapitals.

Durch Schichtarbeit wird die Betriebsnutzungszeit in gleiche
oder unterschiedlich große Zeitabschnitte zerlegt, zum Beispiel
in drei Schichten (Früh-, Spät- und Nachtschicht) zu je acht
Stunden.

> In der Praxis hat sich bewährt, Schichtsysteme so zu gestal-
> ten, dass für die Mitarbeiter attraktive größere zusammen-
> hängende Freizeitblöcke entstehen.

Der Arbeitgeber kann mit zwei oder mehr Arbeitnehmern ver-   Arbeitsplatzteilung/
einbaren, dass diese sich einen Arbeitsplatz teilen. Bei Ausfall ei-   Job Sharing
nes Arbeitnehmers sind die anderen in die Arbeitsplatzteilung
einbezogenen Arbeitnehmer nur zu dessen Vertretung verpflichtet, wenn sie für diesen Fall eine Vereinbarung geschlossen
haben, § 13 TzBfG.

Teilzeitbeschäftigt ist ein Arbeitnehmer, dessen regelmäßige   Klassische
wöchentliche Arbeitszeit kürzer ist als die regelmäßige (meist   Teilzeitarbeit
durch Tarifvertrag festgelegte) Wochenarbeitszeit vollzeitbe-
schäftigter Arbeitnehmer des Betriebes. Ist eine regelmäßige
Wochenarbeitszeit nicht vereinbart, so ist die im Jahresdurchschnitt auf eine Woche fallende Arbeitszeit maßgeblich, § 2
TzBfG. Mehrarbeit eines Teilzeitarbeitnehmers im Rahmen
der Arbeitszeit von Vollzeitbeschäftigten führt nicht zu einem
Anspruch auf Überstundenzuschläge.

Arbeitgeber und Arbeitnehmer können vereinbaren, dass der   Kapazitätsorien-
Arbeitnehmer seine Arbeitszeit entsprechend dem Arbeitsanfall   tierte variable
zu erbringen hat. Vereinbaren sie in diesem Fall nicht gleich-   Arbeitszeit
zeitig eine bestimmte Arbeitszeit, so gilt nach § 12 TzBfG eine   (KAPOVAZ)
wöchentliche Arbeitszeit von zehn Stunden als vereinbart. Der
Arbeitnehmer ist zur Arbeitsleistung nur verpflichtet, wenn ihm
die Arbeitszeit vier Tage im Voraus mitgeteilt wurde.

Teilzeitarbeit (Teilzeit- und Befristungsgesetz)

Die Teilzeitarbeit als in der Praxis gängigste Form der Arbeitszeitflexibilisierung im Überblick:

Teilzeitmodelle
- (Variable) Verkürzung der täglichen Arbeitszeit bei Fünf-Tage-Woche;
- Ein-/Zwei-/Drei-/Vier-Tage-Woche statt einer Fünf-Tage-Woche;
- Weniger Arbeitswochen pro Monat;
- Sabbatical-Vertrag: Vereinbarung einer Arbeitsphase mit unveränderter Arbeitszeit und einem Freizeitblock von ein bis sechs Monaten bei konstantem anteiligen Einkommen; Laufzeit ein bis drei Jahre.

Der *allgemeine* Anspruch auf Teilzeit ist jedoch an das Vorliegen folgender Voraussetzungen gebunden:

- Das Arbeitsverhältnis muss mehr als sechs Monate bestehen und der Betrieb mehr als 15 Arbeitnehmer haben.
- Der Arbeitnehmer kann die notwendige Zustimmung verweigern, wenn betriebliche Gründe entgegenstehen. Alerdings muss die Verweigerung mindestens einen Monat vor dem gewünschten Änderungsbeginn erklärt werden, sonst gilt die Änderung.

Daneben bestehen für Eltern gem. § 15 VII BErzGG und Schwerbehinderte gem. § 81 V SGB IX *weitergehende* Teilzeitansprüche.

Zu beachten: Teilzeitarbeitnehmer dürfen *wegen* der Teilzeitarbeit nicht schlechter gestellt werden als Vollzeitarbeitnehmer, § 4 Abs. 1 TzBfG.

Der Urlaubsanspruch für einen Teilzeitarbeitnehmer entspricht dem eines Vollzeitarbeitnehmers. Arbeitet der Teilzeitarbeitnehmer nicht an allen Arbeitstagen in der Woche, so ist der Urlaubsanspruch entsprechend kürzer.

> Bei variierenden Arbeitstagen pro Woche ist die Zahl der normalerweise anfallenden Arbeitstage pro Jahr in Beziehung zu den tatsächlichen Arbeitstagen zu setzen.

8.6 Arbeitsschutz und Arbeitssicherheit

Die Begriffe „Arbeitsschutz" und „Arbeitssicherheit" sind unbestritten feste Bestandteile einer betrieblichen Sozialpolitik. Im Grundsatz geht es um den Erhalt der körperlichen Unversehrtheit der Arbeitnehmer im Betrieb. Der Ansatz geht aber auch darüber hinaus: Ziel ist ebenfalls der Erhalt der körperlichen Leistungsfähigkeit und -bereitschaft.

„Arbeitsschutz ist Führungsaufgabe. Sicherheit und Gesundheit der Mitarbeiter haben Vorrang vor wirtschaftlichen Überlegungen." So einer der Leitsätze zum Arbeits- und Gesundheitsschutz der Siemens AG.

Die Praxis zeigt, dass ein vorbeugender Arbeitsschutz allemal wirtschaftlicher ist als die Nachsorge: Der Abbau von Belastungen am Arbeitsplatz und die sichere Anwendung von technischen Einrichtungen helfen, teure Arbeitsunfälle zu vermeiden und Berufskrankheiten gar nicht erst entstehen zu lassen.

Worum geht es dabei im Einzelnen?

Grundgedanken

Arbeitsschutz umfasst nach allgemeiner Definition alle Maßnahmen zum Schutz von Leben und Gesundheit der Arbeitnehmerinnen und Arbeitnehmer zum Erhalt ihrer Arbeitskraft und zur menschengerechten Gestaltung der Arbeit.

Nach der Grundnorm des Arbeitsschutzes, dem Arbeitsschutzgesetz von 1996, ist Arbeitsschutz „… die Verhütung von Unfällen bei der Arbeit und arbeitsbedingten Gesundheitsgefahren sowie Maßnahmen zur menschengerechten Gestaltung der Arbeit".

Schwerpunkt ist damit die Verhütung von Arbeitsunfällen und Berufskrankheiten. Erreicht wird dies durch

- entsprechend sichere Gestaltung von Maschinen und technischen Anlagen,
- Schutzmaßnahmen bei der Nutzung von Maschinen und Gefahrstoffen,
- eine entsprechende Arbeitsschutzorganisation und
- Schulung von Fachkräften, Betriebsräten und Mitarbeitern.

In den letzten Jahren hat die menschengerechte Gestaltung der Arbeit – Stichwort: „Humanisierung der Arbeitswelt" – mehr und mehr an Bedeutung gewonnen.

Gesetzliche Grundlagen

Die gesetzlichen Grundlagen sind im sogenannten Arbeitnehmerschutzrecht zusammengefasst. Dies ist die Gesamtheit der meist öffentlich-rechtlichen Normen, die dem Arbeitgeber – oftmals durch Strafandrohungen verschärft – Schutzverpflichtungen für seine Belegschaft auferlegen. Man spricht von „technischem" und „sozialem" Arbeitsschutz.

Im Einzelnen handelt es sich um das

- Arbeitsschutzgesetz (ArbSchG) mit entsprechenden Verordnungen z.b. über
  - Arbeitsstätten,
  - Bildschirmarbeitsplätze und
  - Gefahrstoffe, das
- Gerätesicherheitsgesetz (GSG) mit entsprechenden Verordnungen über beispielsweise Druckbehälter, persönliche Schutzausrüstungen, elektrische Betriebsmittel und Aufzüge, das
- Arbeitssicherheitsgesetz (ASiG), welches sich mit Betriebsärzten, Sicherheitsingenieuren und anderen Fachkräften für Arbeitssicherheit befasst, deren Notwendigkeit der Bestellung (falls dies die Art der Betriebes erfordert) sowie deren Aufgaben, Rechten und Pflichten, das
- Arbeitszeitgesetz (ArbZG), welches sich mit der Höchstdauer der täglichen Arbeitszeit, Ruhezeiten und Pausen befasst (Einzelheiten hierzu in Kapitel 8.5.1 – Gesetzliche Regelung der Arbeitszeit), das
- Ladenschlussgesetz und das
- Jugendarbeitsschutzgesetz.

Weiterführende Informationen

Da der Verstoß gegen diese Normen wie ausgeführt überwiegend strafbewehrt ist, muss jeder Unternehmer die einschlägigen Gesetze und Verordnungen kennen. Soweit notwendig, hat er in seinem Betrieb eine entsprechende Arbeitsschutzorganisation einzurichten.

Über die Homepages des Bundesministeriums für Arbeit und Soziales – www.bmas.bund.de – und der Bundesanstalt für Arbeitsschutz und Arbeitsmedizin (BAuA) – www.baua.de – können die notwendigen Informationen kostenfrei abgerufen werden.

Auch die Gewerbeaufsichtsämter und die Berufsgenossenschaften helfen hier weiter.

Exkurs: Ergonomie

Die Ergonomie ist die Wissenschaft vom Erkennen des Zusammenwirkens von Menschen und den Hilfsmitteln und Einrichtungen, derer er sich im privaten und beruflichen Umfeld bedient. Dies können sowohl Arbeitsgeräte wie Maschinen oder Werkzeuge als auch Dinge des täglichen Lebens wie Möbel oder Geschirr sein.

Die Ergonomie entwickelt Theorien und Methoden zur Verbesserung der Gestaltung dieser Hilfsmittel. Sie umfasst aber auch die Optimierung der Prozesse des Zusammenwirkens zwischen Mensch und Sache.

Die Ergonomie zielt darauf ab, das menschliche Wohlbefinden **Ziel** zu steigern, indem nachteilige Auswirkungen von Tätigkeiten durch die Benutzung von Hilfsmitteln verhindert werden.

Die International Ergonomics Association umschreibt den Beitrag ihrer Wissenschaft als „Design und Entwicklung von Aufgaben, Produkten, Umgebungen und Systemen mit dem Ziel, diese mit den Anforderungen, Möglichkeiten und Grenzen des Menschen in Einklang zu bringen".

Fachgebiete der Ergonomie

Vorweg gesagt: Ergonomie ist mehr als nur die Anleitung „Wie sitze ich richtig vor dem PC?" oder „Wie hebe ich schwere Lasten richtig an?" oder „Wann ist eine Pause einzulegen?". Da sie bereits im Design und der Herstellung der Produkte ansetzt, lassen sich im Allgemeinen nachfolgende Fachgebiete identifizieren:

Die *Produktergonomie* befasst sich mit dem Menschen an seiner **Produktergonomie** Schnittstelle zum Hilfsmittel. Sie berücksichtigt etwa im Bereich der Arbeitsplatzgestaltung, der Stellenbeschreibung und insbesondere im Produktionsbereich sowohl die physischen als auch die psychischen Anforderungen, die durch schädliche Einflüsse wie Krafteinwirkung, Zwangshaltung, Überbeanspruchung sowie Umwelteinflüsse (Hitze, Kälte, Lärm, Staub) entstehen.

Ein besonderer Schwerpunkt ist dabei der Schutz des Arbeitnehmers vor körperlichen Schäden durch die Ausübung seiner Tätigkeit.

Der Begriff der *Arbeitswissenschaft* als Teildisziplin der Ergono- **Arbeitswissenschaft** mie beschreibt die Verbesserung von Prozessen und Strukturen, die sich unmittelbar auf den Menschen auswirken können. Wichtig ist etwa im Rahmen der Arbeitswirtschaft die Einführung von verträglichen Arbeitszeit- und Schichtmodellen, im Bereich der Arbeitsorganisation die Einführung neuer Arbeitsformen wie etwa Telearbeit oder schließlich im Gebiet der Personalführung Motivation und Teamwork.

Ziel ist es, dem oder den Menschen ein Arbeitsumfeld zu schaffen, in dem er oder sie sich „wohlfühlen".

Erkenntnis-ergonomie Die Erkenntnisergonomie, auch kognitive Ergonomie genannt, erfasst die mentalen Prozesse im Arbeitsleben wie etwa Wahrnehmung, Motorik, Aufmerksamkeit und Gedächtniskapazität. Wichtig in diesem Zusammenhang kann etwa die Frage nach der mentalen Belastbarkeit oder der Entscheidungsfindung im Zusammenwirken mit anderen Menschen, aber auch Maschinen sein (Beispiel: Eingabefehler bei der Programmierung einer CNC-gesteuerten Werkzeugmaschine durch Überforderung).

Eines der Hauptanliegen ist hier die Ableitung von Methoden zur Optimierung der oben genannten psychischen Prozesse, etwa durch Weiterbildung.

Schwerpunkt: Ergonomische Arbeitsplatzgestaltung

Die ergonomische Arbeitsplatzgestaltung befasst sich mit dem Schutz des Arbeitnehmers vor schädlichen Auswirkungen seiner Arbeit.

Sie gliedert sich in die Teilgebiete

• anthropometrische,

• physiologische,

• psychologische und

• sicherheitstechnische

Arbeitsplatzgestaltung.

Anthropometrische Arbeitsplatz-gestaltung Im Mittelpunkt der anthropometrischen Arbeitsplatzgestaltung steht die individuelle Anpassung des Arbeitsplatzes an den Menschen unter den Gesichtspunkten Höhe, Griffbereich und Gesichtsfeld.

Des Weiteren geht es um die menschengerechte Anpassung der Arbeitsmittel in Bezug auf deren Abmessung und verwendete Materialien. Arbeitsmittel sind hier auch Schalter, Griffe und Pedale.

Physiologische Arbeitsplatz-gestaltung Im Mittelpunkt der physiologischen Arbeitsplatzgestaltung steht die Milderung der Beanspruchung des menschlichen Körpers durch Belastung und Ermüdung.

Ziele sind die Erhöhung des Wirkungsgrades durch entsprechende Maßnahmen wie etwa Erholungszeiten oder Verbesserung des Muskeleinsatzes sowie die Schaffung günstiger Umwelteinflüsse über Verbesserung der Faktoren Raumklima, Lärm und Beleuchtung. Hinzu treten generell die Reduzierung schädlicher Einflüsse wie Gefahrstoffe, Staub oder Hitze.

Kernelement der psychologischen Arbeitsplatzgestaltung ist die Schaffung eines angenehmen Arbeitsumfeldes. Dazu gehört insbesondere die stimulierende oder beruhigende Farbgestaltung von Maschinen und Räumen.

Psychologische Arbeitsplatzgestaltung

Die richtige Gestaltung des Arbeitsplatzes kann entscheidend zur Verhinderung von Arbeitsunfällen beitragen. Maßnahmen hierzu sind insbesondere der Schutz vor Bränden und Elektrizität sowie die zwingend vorgeschriebene Verwendung von Schutzkleidung wie Sicherheitsschuhen oder Helmen.

Sicherheitstechnische Arbeitsplatzgestaltung

Die für den Unfallschutz einschlägigen Vorschriften wurden in diesem Kapitel bereits vorgestellt.X

Um die Ziele der ergonomischen Arbeitsplatzgestaltung zu erreichen, sind die Arbeitgeber gehalten, der Belegschaft entsprechende Informationen und Schulungen zukommen zu lassen. In vielen Betrieben sind umfangreiche Belehrungen neu eingestellter Mitarbeiterinnen und Mitarbeitern über die Aspekte von Unfall- und Gesundheitsschutz Standard – wie sie durch die entsprechenden Gesetze zum Arbeitsschutz ohnehin vorgeschrieben sind!

Information und Schulungen

Die Beachtung der ergonomischen Grundsätze im Arbeitsleben ist eine Investition, die sich für die Zukunft rechnet: Mit einem vergleichsweise geringen finanziellen Aufwand sparen Arbeitgeber durch die Verringerung und im optimalen Fall Vermeidung von Ausfalltagen aufgrund berufsbedingter Krankheiten Kosten ein, die grundsätzlich durchaus vermeidbar sind.

Fazit

8.7 Entgeltgrundsätze

Für den Mitarbeiter Einkommen, für das Unternehmen Kosten, für die Wirtschaft Kaufkraft: das Entgelt für die geleistete Arbeit. Vielfach ist es durch rechtliche Rahmenbedingungen vorbestimmt, oft aber auch frei auszuhandeln.

Im Folgenden werden einige wichtige Grundsätze der Entgeltfindung dargestellt; die geldwerten Vorteile, wie etwa der Firmenwagen, Versicherungen durch den Arbeitgeber oder die Möglichkeit der privaten Nutzung von Diensthandys werden nicht erläutert. Hier hilft der Blick in die Steuergesetze!

Grundlagen

Das Entgelt ist die Gegenleistung für geleistete Arbeit. Jeder Arbeitgeber sollte sich um eine möglichst große Gerechtigkeit bei der Entgeltfindung bemühen – so schwierig dies auch im Einzelfall sein kann. Die Entgelthöhe kann sich nach verschiedenen Komponenten bemessen:

- anforderungsabhängig nach Arbeitsbewertung – üblicherweise geregelt in Tarifverträgen oder betrieblichen Regelungen;
- leistungsabhängig im Rahmen variabler Einkommenssysteme;
- marktabhängig in Form von Zulagen oder Anreizen für Arbeitnehmer mit besonders begehrten Kenntnissen oder Fertigkeiten.

8.7.1 Rechtsquellen

In der betrieblichen Praxis werden die Arbeitsentgelte meist durch Tarifverträge oder in Anlehnung an Tarifverträge bestimmt. Die in den Tarifverträgen festgelegten Vergütungen sind Mindestleistungen, zu denen häufig übertarifliche Leistungen wie individuelle Zulagen hinzukommen.

Tarifverträge Typische durch Tarifverträge geregelte Entgeltbestandteile sind:

- das monatliche Grundentgelt (Einstufung der Tätigkeit in ein Lohn-/Gehalts-/Entgeltgruppensystem);
- Jahreszahlungen als 13. oder 14. Monatseinkommen, Weihnachtsgeld oder Erfolgs-/Gewinnbeteiligung;
- Leistungszulagen, mit denen Arbeitsquantität und -qualität, Arbeitseinsatz, Arbeitssorgfalt und betriebliches Zusammenwirken honoriert wird;
- Urlaubsentgelt und zusätzliches Urlaubsgeld;
- Mehrarbeits-, Sonntags-, Feiertags- und Nachtarbeitszuschläge sowie Erschwerniszulagen;
- Vermögenswirksame Leistungen (VwL).

Betriebliche Regelungen Vielfach werden bei Nichtbestehen tariflicher Regelungen betriebliche Entlohnungssysteme für den Mitarbeiter angewendet, denen unter Berücksichtigung der konkreten Arbeitsanforderungen eine analytische oder summarische Bewertung zu Grunde liegt. Regelungsrahmen ist hier die Betriebsvereinbarung, soweit im Unternehmen ein Betriebsrat existiert. In diesem Fall sind alle Entlohnungsgrundsätze sowie alle anderen Fragen der betrieblichen Entgeltgestaltung mitbestimmungspflichtig.

Insbesondere außerhalb von Großunternehmen ist der Einzel- **Arbeitsvertrag**
arbeitsvertrag ein wichtiger Rechtsrahmen für die Entgeltfindung.

8.7.2 Variable Entgeltsysteme

Mit der vor allem im Außendienst üblichen *Provision* wird die **Provision**
Vermittlung oder der Abschluss von Geschäften honoriert. Die
Provision ist mehr ein ergebnis- als ein leistungsorientiertes Entgelt, denn der Erfolg ist nicht nur von der Leistung abhängig,
sondern ebenso sehr von Produkten, der Struktur des Verkaufs-
bezirks, der Konjunktur oder manchmal auch nur von „glückli-
chen Umständen".

Anders als bei der Provision geht es bei der *Tantieme* nicht um **Tantiemen**
die individuelle Beteiligung an einem konkreten Geschäft, sondern um Beteiligung am Erfolg des Unternehmens im Ganzen.
Tantiemen werden gezahlt, um den Arbeitnehmer für die Entwicklung des Unternehmens zu interessieren. Sie beruhen auf
individuellen Vereinbarungen, in denen auch die Höhe geregelt
wird.

Sonderzuwendungen sind Leistungen, die der Arbeitgeber neben **Sonder-**
laufendem Entgelt, Zulagen und Zuschlägen gewährt. Zweck **zuwendungen**
und Grund für Sonderzuwendungen können zum Beispiel die
Bindung an das Unternehmen oder die Belohnung von Be-
triebstreue sein, ebenso wie eine Beteiligung am Unternehmensergebnis, Vermögensbildung oder schlicht Anreiz und Belohnung für besondere Leistung.

Gratifikationen sind Sonderzuwendungen, die der Arbeitgeber **Gratifikationen**
seinen Arbeitnehmern aus bestimmten Anlässen gewährt. Der
Betrag, den der Arbeitgeber insgesamt für Gratifikationen vergeben will, also der Dotierungsrahmen, der Zweck und der be-
günstigte Arbeitnehmerkreis sind mitbestimmungsfrei. Mitbestimmungspflichtig ist dagegen deren Ausgestaltung sowie die
Verteilung auf die Arbeitnehmer.

Beim *Akkordlohn* wird das beeinflussbare Mengenergebnis in ei- **Akkordlohn**
nem direktproportionalen Verhältnis entlohnt. Da zwischen
Leistungserbringung, Mengenergebnis und Einkommen ein
kongruentes Verhältnis besteht, ist der Akkordlohn die typische
Entlohnungsform in den Fällen, in denen die reine Mengenbe-
trachtung dominiert. Die häufigsten Anwendungsfälle liegen im
Stückakkord, aber auch im Zeitakkord.

Prämienlohn Grund für die kontinuierliche Zunahme der Entlohnungsform *Prämienlohn* ist die in den letzten Jahren zu beobachtende Abkehr von der reinen Dominanz der Fertigungsmenge (Quantität) zu anderen wichtigen Bezugskriterien wie zum Beispiel Qualität (Qualitätsprämie), Nutzung der Betriebsmittel (Nutzungsprämie) und Materialersparnis (Ersparnisprämie). In der betrieblichen Praxis gibt es auch verschiedene Kombinationen zwischen Akkord- und Prämienlohn.

Leistungszulage In vielen Betrieben sind *Leistungsbeurteilungen und Leistungszulagen* üblich, mit denen die Produktivität durch Motivationsförderung und Leistungsanreiz gesteigert werden soll. Beurteilungsmerkmale sind unter anderem Arbeitseinsatz, Arbeitsquantität, Arbeitsqualität, Umgang mit Arbeitsmitteln, Zusammenwirken mit Kollegen, Mitarbeitern und Vorgesetzten. Die Beurteilung wird entweder für den einzelnen Mitarbeiter an Hand einer Beurteilungsmatrix ermittelt oder es wird eine Rangreihe vergleichbarer Arbeitnehmer ermittelt.

Einkommensfindung für außertarifliche Arbeitnehmer

Bei der Festlegung der Gehälter seiner außertariflichen Arbeitnehmer sollte der Arbeitgeber

- sich am Arbeitsmarkt orientieren, also gute Mitarbeiter bekommen, halten und motivieren;
- den Bezug zwischen individueller Leistung und Anteil am Unternehmenserfolg erkennen lassen;
- einen Anreiz für Leistung und die Übernahme höherwertiger Aufgaben geben;
- die Vielfalt der Einkommensbestandteile im Tarifkreis ablösen und so eine größere Transparenz ermöglichen.

8.8 Mitarbeiterführung

Die Führung von Mitarbeitern ist eine der schwierigsten Aufgaben für die Führungskraft. Während das Arbeitsrecht einen gewissen Rückhalt bietet, ist die Mitarbeiterführung für viele Führungskräfte von Unsicherheit geprägt. Kein Wunder, dass sich viele Führungskräfte lieber als „erster Sachbearbeiter" sehen und sich in Fachaufgaben zurückziehen.

Dabei war kaum ein Teilbereich des betrieblichen Zusammenwirkens zwischen Mitarbeiter und Führungskraft in den letzten Jahren so im Wandel begriffen wie die Mitarbeiterführung. Dies zeigt schon allein der Begriffswandel: Aus dem „Vorgesetzten" der Vergangenheit wurde nach und nach die „Führungskraft". Die bisherigen Grenzen zwischen „Über- und Untergeordneten" verschwimmen immer mehr. Die Tendenz ist klar als dahingehend zu erkennen, dass sich eine Wegbewegung von der Hierarchie hin zum Team und zur Bildung von Netzwerken – Projektorganisationen seien als Beispiel genannt – abzeichnet.

Empathie

Im Rahmen der Mitarbeiterführung gewinnen psychologische Aspekte einen immer höheren Stellenwert. Da die Führungskraft eben nicht nur der beste Sachbearbeiter sein soll, sondern sein Team wie ein Trainer seine Mannschaft zu führen hat, ist, salopp gesagt, „Fingerspitzgefühl" gefragt.

„Empathie", der Fachbegriff aus der Psychologie, lässt sich mit der deutschen Übersetzung „Einfühlungsvermögen" wohl am besten umschreiben.

Im Wesentlichen geht es hierbei um das Hineinversetzen in die Gefühlswelt einer anderen Person – sei es der Lebenspartner, der Kunde, der Kollege oder der Mitarbeiter. Hierdurch wird es möglich, den Gegenüber, seine Reaktionen und Emotionen besser zu verstehen. Wichtig ist, die Perspektive des Anderen zu teilen. Letztlich geht es bei einem empathischen Verhalten auch darum, eine andere Rolle anzunehmen.

Die Fähigkeit zur Empathie ist in der sogenannten emotionalen Intelligenz (der Fähigkeit des *bewussten* Umgangs mit den eigenen, aber auch fremden Gefühlen, wie sie im Zusammenwirken in Teams dringend erforderlich sind) und der Sozialkompetenz (der Fähigkeit, seine eigenen Werte und Vorstellungen denen der Gemeinschaft wenn nicht unterzuordnen, dann doch zumindest sie dort einzubringen; eine Fähigkeit also, die im Arbeitsleben häufig mit den Begriffen „Team- und Kommunikationsfähigkeit" oder „Motivationsfähigkeit" beschrieben wird; Näheres zu Managementtechniken siehe Kapitel 8.7) enthalten, ohne dort allerdings einen Schwerpunkt zu bilden.

Emotionale Intelligenz

Sozialkompetenz

Im Bereich der zeitgemäßen Zusammenarbeit und Führung (Näheres siehe Kapitel 12.2) kann der Empathie gerade in schwierigen Führungs- und Teamsituationen eine besondere Bedeutung zukommen. Auch hier kann es darum gehen, sein Gegenüber besser zu verstehen und dadurch bessere Lösungsansätze zu finden.

Lassen sich empathische Fähigkeiten erlernen?

Ist Empathie erlernbar? Anders als etwa handwerkliche Fähigkeiten lässt sich Empathie schwer erlernen. Im Grundsatz kommt es stark auf die innere Einstellung an: Eine Person, die eher Ich-bezogen lebt, wird kaum empathische Fähigkeiten entwickeln können. Aber auch eine Person, die auf Andere zugeht, kann Schwierigkeiten haben, wenn eine wichtige empathische Voraussetzung fehlt.

Stets vorausgesetzt wird hier eine Kommunikationsfähigkeit, ausgeprägt in der Form des „Zuhören-Könnens". Nur wenn die Informationen, die der/die Gegenüber gibt, entsprechend aufgenommen werden, lässt sich diese(r) besser verstehen, das „Einfühlen" in die Emotionen und Gefühle wird vereinfacht.

8.8.1 Neue Führungskultur

Kontrollmechanismen werden ersetzt durch ... Diese Änderungen erfordern auch andere Kontrollmechanismen. In früheren Zeiten standen Anwesenheits- und Prozesskontrolle im Vordergrund. In den Köpfen vieler Vorgesetzter war der Eindruck verankert, wer sich am Arbeitsplatz aufhält, der arbeitet (in der Regel) auch. Die Kontrolle der Arbeitsabläufe bis in einzelne Zwischenschritte hinein erscheint leicht möglich. Gleiches galt für die Terminüberwachung.

... moderne Führungsinstrumente, die ... .Die althergebrachten Kontrollmechanismen wurden mehr und mehr durch modernere Führungsinstrumentarien, wie Zielvereinbarungen und reine Ergebniskontrollen ersetzt. Die Selbstkontrolle des Mitarbeiters, also die Beantwortung der Frage, ob er oder sie mit dem Arbeitsergebnis zufrieden ist, kam noch dazu. Dies und die seitens der Unternehmen erwünschte Selbstverantwortung des Mitarbeiters für sein eigenes Fortkommen lassen heutzutage viele Unternehmen vom Mitarbeiter als dem „Unternehmer in eigener Sache" reden. Auf diese Philosophie begründen sich mittlerweile sehr umfangreiche und ausgefeilte Konzepte in den Unternehmen zur Entwicklung, Förderung und Anerkennung von Mitarbeitern.

... organisatorische Veränderungen bedingen. Diese neuen Führungsinstrumente bedingen aber auch organisatorische Veränderungen: Die Abkehr von Hierarchien und die Hinwendung zur Teamorientierung sowie zur Zunahme von projektorientiertem Arbeiten über Fachgebietsgrenzen hinaus. Die Führungskraft kann und muss hierbei ihre neue Rolle als Coach ausüben.

Im Ergebnis basiert die neue Führungskultur auf der Verhaltensbeeinflussung der Mitarbeiter durch Motivation und dem richtigen Einsatz der Fähigkeiten und Fertigkeiten des Mitarbeiters.

8.8.2 Führungsgrundsätze

In der betrieblichen Praxis haben sich eine Vielzahl von Führungsgrundsätzen entwickelt. Kaum ein Seminar über Mitarbeiterführung, in dem sie nicht ausführlich besprochen werden. Im Grundsatz geht es um die Möglichkeiten, die sich im Rahmen der Führungsverantwortung ergeben. Die wichtigsten, weil am wirkungsvollsten für ein modernes Unternehmen, werden im Folgenden vorgestellt.

Management by Objectives

Dieser Grundsatz bedeutet im Prinzip nichts anderes als das ziel- und ergebnisorientierte Führen sowie ein Kontrollieren mit einer hohen beiderseitigen Vertrauensbasis.

Führungskraft als auch Mitarbeiter müssen sich aufeinander verlassen können, dass Termine und Qualitätsmaßstäbe eingehalten werden, Zusagen erfüllt werden und im Konfliktfall rechtzeitig miteinander geredet wird.

Wichtig ist, dass unrealistische Zielvereinbarungen unterbleiben und – fast wichtiger – die Führungskraft auch einmal „loslassen" kann. Nur so sind die beiden Hauptvorteile zu erreichen: die Entlastung der Führungskraft und die Motivation des Mitarbeiters aufgrund seiner Handlungsverantwortung.

Management by Exception

Dieser Führungsgrundsatz erlaubt es dem Mitarbeiter, innerhalb eines vorgegebenen Rahmens völlig eigenständig zu handeln.

Wichtig bei diesem Führungsgrundsatz ist die genaue Definition und Stabilität des Rahmens. Auch hier ist der Dialog zwischen Mitarbeiter und Führungskraft gefordert: Wo liegt noch ein Routinefall (gleich im Rahmen), wo schon ein Ausnahmefall vor?

Die genaue Definition ist so wichtig, da ansonsten die Führungskraft von den Routineaufgaben eben nicht entlastet wird; bei ungenauer oder wechselnder Definition läuft der Mitarbeiter in Gefahr, ständig „gegen die Wand zu laufen". Demotivation wäre in beiden Fällen die Folge.

Management by Delegation

Management by Delegation schließlich basiert auf dem Grundsatz, Kompetenzen und Verantwortung so weit wie möglich auf den Mitarbeiter zu übertragen.

Die Ziele liegen auf der Hand: Die Führungskraft wird entlastet, der Mitarbeiter kann sich in Eigeninitiative und Übernahme von Verantwortung üben. Vielleicht wird er dadurch schon auf zukünftige Führungsaufgaben vorbereitet.

Da dieser Grundsatz eine weitgehende Verlagerung der Handlungsverantwortung mit sich bringt, sollte die Führungskraft trotz allem ein Auge auf den Mitarbeiter haben. Anfänglich werden sich also Rahmenvereinbarungen entsprechend dem Management by Exception anbieten. Abschließend ist zu beachten, dass wie beim Management by Objectives die Möglichkeiten des Mitarbeiters beachtet werden, also keine demotivierende Überforderung eintritt.

Management by Direction and Control

Bei allen modernen Ansätzen der Mitarbeiterführung ist dieser Führungsgrundsatz vielleicht veraltet, aber manchmal ist er doch noch notwendig. Je nach Situation wird die Führungskraft die Handlungsverantwortung wieder an sich ziehen müssen und mit Anweisung und Kontrolle agieren. Allerdings:

Auch in zeitgemäß führenden Unternehmen sind die *Einweisung* und die *Unterweisung* des Mitarbeiters oberste Gebote. Wie sonst soll die Arbeitsaufgabe identifiziert und im Folgenden korrekt erledigt werden?

Auch die *Erteilung von Anweisungen* wird bei aller Selbstständigkeit und Eigenverantwortlichkeit der Mitarbeiter in gewissem Umfang immer notwendig und erwünscht sein. Wie sonst kann die Führungskraft zum Beispiel auf Fehlentwicklungen in der Arbeitserledigung aufmerksam machen und diese korrigieren?

Auch heutzutage sind *Korrekturen* und *Kritik* bisweilen notwendig. Wie sonst soll der Mitarbeiter aus Fehlern lernen können?

Gefragt ist zweifellos ein kooperativer Führungsstil. Dies bedeutet aber nicht, dass die *Kontrolle der Mitarbeiter* durch die Führungskraft ganz unterbleiben kann. Letztendlich trägt sie für die Ergebnisse zumindest teilweise die Mitverantwortung.

8.8.3 Führungsstile

Der Wandel in den Anschauungen bringt auch einen Wandel in der Art und Weise mit sich, wie Mitarbeiter geführt werden. Viele Unternehmen haben in den letzten Jahren eine Veränderung im Führungsstil mitgemacht, viele befinden sich mitten im Umgestaltungsprozess, einige haben ihn noch vor sich. Die wichtigsten eindimensionalen Führungsstile werden im Folgenden vorgestellt.

Autoritärer Führungsstil

Bei diesem Führungsstil gestaltet der „Vorgesetzte" die Aktivitäten ohne Einbindung der Mitarbeiter. Dieser wird zum „Untergebenen", zum „Befehlsempfänger" degradiert. Der Vorgesetzte führt kraft „Amtes".

Dieser Führungsstil ist vom Grundsatz her als nicht mehr zeitgemäß anzusehen. Im Einzelfall kann er jedoch anwendbar sein: Dort, wo hauptsächlich einfache Arbeiten zu verrichten sind und wo das „Gefälle" zwischen Vorgesetztem und Mitarbeiter sehr hoch ist, zum Beispiel in der Akkordproduktion. Gerade hier wird das „Geldverdienen" für den Mitarbeiter höher im Kurs stehen als persönliche Befriedigung durch die Arbeit.

Kooperativer, aufgabenorientierter Führungsstil

Hier gestalten Vorgesetzter und Mitarbeiter die Aufgaben gemeinsam; der Vorgesetzte wird zur „Führungskraft", der Mitarbeiter zum „Mitunternehmer in eigener Sache". Beide begegnen sich eher auf der Ebene der Gleichordnung.

Wo verspricht dieser Führungsstil den größten Erfolg? Dort, wo kreative Aufgaben zu bewältigen sind, wo es auf das Zusammenwirken aller ankommt und dort, wo der Spaß an der Arbeitserledigung im Vordergrund steht.

Bürokratischer Führungsstil

Bei diesem Führungsstil sollen die Mitarbeiter vor allem funktionieren. Sie werden vom Vorgesetzten als anonyme Aufgabenempfänger und -erlediger angesehen.

Die Aufgabenerteilung und „Motivation" – also Lob und Tadel – erfolgt meist durch formelle schriftliche Anordnungen oder durch Richtlinien, mit welcher Informationstechnologie auch immer, sei es ein Memo oder E-Mail. Auf gleichem Weg wird auch kontrolliert: Der Mitarbeiter hat zu einem Termin X abzuliefern.

Dieser Führungsstil kann dort Erfolg haben, wo es um die Bewältigung eines Massen-Tagesgeschäftes mit sich dauernd wiederholenden, terminlich gebundenen Vorgängen handelt. Motivator der Mitarbeiter wird wie beim autoritären Führungsstil allein der Geldverdienst sein.

Patriarchalischer Führungsstil

Hier behandelt der Vorgesetzte seine Mitarbeiter wie unmündige Familienangehörige; er führt wie in jeder „guten Familie" durch Abhängigkeit.

Das Gehabe des „Patriarchen" ist wohlwollend – ebenso werden Aufgaben vergeben und notwendige Informationen von oben verteilt. Aufsicht und Kontrolle erfolgen nach dem Gefühl des Patriarchen und sind demzufolge genauso gut wie dieses.

Die einzig denkbare Motivation beim Mitarbeiter kann nur eine enge persönliche Bindung zum Vorgesetzten sein; ein Anwendungsbereich, bei dem dieser Führungsstil berechtigt ist, ist jedoch nicht wirklich denkbar.

Laissez-faire-Führungsstil

Bei diesem Führungsstil bewegt sich der Mitarbeiter als beinahe absolut freies Individuum in einem beinahe hierarchiefreien Raum.

Nicht zu Unrecht wird er auch als „Nicht-Führungsstil" bezeichnet. Führung und Zusammenarbeit gestaltet sich so schwierig, weil die Mitarbeiter sich gewissermaßen selbst kontrollieren. Auch der Informationsfluss ist nicht als gesichert anzusehen – wie auch, wenn jeder riesige Freiräume hat.

Trotz aller Kritik hat der Laissez-faire-Führungsstil seine Berechtigung: Dort, wo hochkreative Personen zusammenkommen, wo es also gerade auf das Ideenpotenzial des Individuums ankommt, dort, wo der „Einzelkämpfer" gefragt ist.

8.8.4 Zeitgemäße Mitarbeiterführung

Die wichtigsten Eckpunkte der zeitgemäßen Mitarbeiterführung seien nochmals kurz dargestellt:

Es gilt, Kommunikation zu schaffen, durch Zuhören und durch Geben von Feedback. Einweisen und Unterweisen sind besonders bei der Führung durch Zielvereinbarung wichtig.

Bestätigen und Anerkennen, auch durch Korrektur und Kritik, sind die Grundlage für die gerechte Mitarbeiterbeurteilung.

Über allem steht: Zusammenarbeit fördern und Netzwerke bilden!

Aber auch der Mitarbeiter ist gefordert: Er trägt zunehmend echte Mitverantwortung für die Geschäftsprozesse, aber auch für sich selbst.

Und besonders wichtig: Verbindliche Richtlinien (hier im positiven Sinne) für die Mitarbeiterführung schaffen, denn nur so kann Verlässlichkeit gesichert werden.

8.8.5 Führungswechsel

Gerade in der heutigen Zeit ist in den Unternehmen vieles im Fluss: Organisationsveränderungen, Zusammenschlüsse oder aber auch nur eine durchdachte Förder- und Nachfolgeplanung bewirken den Umbau der Personalstruktur. Der „Alte" geht, der oder die „Neue" kommt.

Viele dieser Wechsel scheitern jedoch, weil die neue Führungskraft aufgrund der schnellen Veränderungen im Umfeld schlicht keine Zeit hat, sich mit seinem oder ihrem neuen Team vertraut zu machen. Folge ist oftmals ein Überreagieren – von beiden Seiten.

Um dies zu vermeiden, ist es jedem Unternehmen zu empfehlen, sich nicht nur über die reine Personalveränderung Gedanken zu machen, sondern auch Instrumente bereit zu halten, die dem Führungswechsler helfen, sich auf seine komplexen Aufgaben zu konzentrieren, gleichwohl aber die Fettnäpfe im Umgang mit dem Team zu vermeiden.

Führungswechslern helfen

Insofern gehört der gelungene Führungswechsel und dessen Begleitung unbedingt zu einer guten Personalentwicklung als der Grundlage für künftige Erfolge.

Beispiel Siemens AG

Am Beispiel der Siemens AG wird hier ein mit externen Partnern entwickeltes Programm für den Führungswechsel vorgestellt. Es heißt „Für eine erfolgreiche 100-Tage-Bilanz" (mit freundlicher Genehmigung von Günter Rolinger, Siemens, Personell Services Nürnberg).

Die ersten 100 Tage Die ersten 100 Tage in einer neuen Position sind ausschlaggebend für den Erfolg: Sowohl für den der Führungskraft als auch für den Erfolg seines/ihres Teams. Daher steht das gegenseitige Kennenlernen im Vordergrund. Danach folgt die Phase des Verstehens und der Anerkennung innerhalb des Teams.

Oft sind die ersten Wochen an einem neuen Arbeitsplatz und in einer neuen Position für beide Seiten mit Unsicherheiten verbunden. Und um trotz der Flut des Neuen das Kennenlernen zu ermöglichen, wurde im Rahmen des Programms ein Startworkshop eingeführt, der unter dem Motto „fit sein für den Wechsel" steht.

Der Startworkshop Dieser eintägige Workshop führt zu einer effektiven Zusammenarbeit zwischen Führungskraft und Team, zum Beispiel durch gegenseitiges Klären der Erwartungen, durch Sichtbarmachung der Stärken der Teams und letztlich Schaffung eines positiven Veränderungsklimas.

Natürlich ist es damit allein noch nicht getan. Aufgrund der hohen Bedeutung eines erfolgreichen Führungswechsels sollte auf den Startworkshop ein weiteres Seminar folgen, in dem es um die Strategie eines erfolgreichen Führungswechsels geht.

Der Nutzen Das Programm für den Führungswechsel bietet einen hohen Nutzen:

• Erfolgreiche Führungswechsler stellen die richtigen Fragen und bekommen so wertvolle Informationen über das neue Umfeld.

• Erfolgreiche Führungswechsler konzentrieren sich erst auf Schlüsselbeziehungen und dann auf Sachthemen.

• Erfolgreiche Führungswechsler entwickeln die Stärken ihrer Mitarbeiter und halten Balance zwischen Veränderungen und Kontinuität.

• Erfolgreiche Führungswechsler schätzen die Beratung und Begleitung durch geschulte Fachleute während des Prozesses.

8.9 Work-Life-Balance

Die Ansätze in der Vergangenheit waren vielfältig. Ob Telearbeit oder innovative Arbeitszeitgestaltung, Ziel war stets die bessere Vereinbarkeit von Privatleben und Beruf.

In letzter Zeit ist dieser Ansatz um eine weitere Nuance erweitert worden: Die richtige Balance zwischen Arbeit und Privatem zu finden. Hier sind die Mitarbeiter, aber auch die Unternehmen zunehmend gefordert. Welche Möglichkeiten gibt es?

Innovative Arbeitszeitgestaltung

Im Rahmen der bisherigen Bemühungen sowohl der Arbeitgeber als auch der Arbeitnehmer zur Herstellung der Balance zwischen Beruf und Privatleben standen Modelle zur innovativen Arbeitszeitgestaltung stets an erster Stelle: Ob nun (allgemeine) Arbeitszeitflexibilisierung, die Einrichtung von (Lebens-) Arbeitszeitbudgets oder das Angebot von Sabbaticals – um nur einige zu nennen –, die Möglichkeiten waren bereits in den vergangenen Jahren ausreichend vorhanden.

Arbeitsplatzgestaltung

Auch in der Arbeitsplatzgestaltung sahen viele Firmen schon seit längerem ihren Beitrag zu einer Work-Life-Balance: Während allerdings in der Vergangenheit die eher technisch-organisatorischen Ergonomievorschriften im Vordergrund standen, traten in jüngster Vergangenheit – getragen insbesondere durch die Start-Up-Unternehmen der Telekommunikations- und IT-Branche – neue Formen der Arbeitsplatzgestaltung hinzu. Kommunikation- und kreativitätsfördernde Bürolandschaften ersetzen Einzelbüros – bei gleichzeitiger Schaffung von Rückzugsräumen. Auch der „Fun-Faktor" hält zunehmend Einzug in die Büros – nicht nur in Form der allseits bekannten Basketballkörbe. Grundgedanke hierbei war die Erkenntnis, dass der arbeitende Mensch zumindest ein Drittel seines Tages im Büro verbringt und ihm dies so angenehm wie möglich gestaltet werden sollte.

Gesundheitsmanagement

Ein wichtiger, in der Vergangenheit noch nicht in dem Umfang zu den Ausprägungen einer Work-Life-Balance gerechneter Baustein ist das Gesundheitsmanagement: Hierzu zählen insbesondere die Gesundheitsförderung durch Vorsorgeuntersuchungen und Kuren, aber auch das Angebot von Gesundheitsseminaren. Einige Firmen bieten darüber hinaus auch eher dem Wellnessbereich zugehörende Programme wie Rückenschulen oder Massagen an.

Mehr zum Themenkomplex Gesundheitsmanagement findet sich in Kapitel 13.

Familienservice

Zunehmend wird in der heutigen Arbeitswelt losgelöst von den klassischen „acht-bis-fünf"-Tätigkeiten gearbeitet. Dies kann berufstätige Eltern schon mal in Verlegenheit bringen. Aus diesem Grunde bieten viele Unternehmen besondere Services an – zum Beispiel Kinderbetreuung durch Babysitter oder Betreuungsmöglichkeiten in Notfällen, wie beispielsweise bei Erkrankungen des Kindes. Oft werden solche Dienste auch vermittelt.

In einigen Firmen gibt es darüber hinaus die Gelegenheit, Erledigungen des täglichen Bedarfs im Betrieb vorzunehmen; sei es durch Lieferdienste von Reinigungen oder Lebensmittelketten, sei es durch Ansiedlung von Bank- oder Supermarktfilialen auf dem Betriebsgelände.

Eines haben diese Angebote gemeinsam: Dem Arbeitnehmer aus der gelegentlich auftretenden „Stressfalle" zu helfen.

Fitness und Wellness

Ausgehend von der Überlegung, dass Fitness und Wellness des Arbeitnehmers positive Auswirkungen auf seine Motivation und Performance haben, bieten viele Unternehmen entsprechende Programme, wie „Fit for Work" durch Sport in der Firma. Die Ausprägung ist ebenso unterschiedlich wie weit, ob gemeinsame sportliche Aktivitäten innerhalb oder außerhalb der Arbeitszeit oder teilfinanzierte Angebote für Fitness-Studios.

Praxisbeispiel Siemens AG

„Sie wollen im Beruf hohen Einsatz bringen. Trotzdem wünschen Sie sich ein erfülltes Privatleben. Auch wir wissen, dass Arbeit nur ein Teil Ihres Lebens ist."

So startet zum Beispiel die Siemens AG ihre Ausführungen zur Work-Life-Balance im Internet (www.siemens.de – Jobs & Karriere – Karrierethemen):

„Es gibt sie, die Menschen, die täglich ins Büro eilen und dort emsig ihre Arbeit verrichten. Tag für Tag, ein Leben für den Beruf. Wunderbar ist das für jene, die darin aufgehen, aber eine Vielzahl unserer Mitarbeiter schätzt durchaus eine individuellere Umsetzung ihrer Wünsche. Das heißt im Klartext: Weiterentwicklung der Karriere in Verbindung mit einem erfüllten Privatleben. Diesen Wünschen so weit wie eben möglich nachzukommen ist unser Ziel; die Folgen sind durchweg positiv: Wir haben zufriedene Mitarbeiter, deren Leistungsfähigkeit und Motivation überdurchschnittlich ist.

Dauerhafte Motivation und Leistungsbereitschaft unserer Mitarbeiter sind die entscheidenden Erfolgsfaktoren für unser Unternehmen. Deshalb setzen wir alles daran, dass unsere Beschäftigten mit Engagement und Freude an unserem Erfolg mitarbeiten. Und zwar nicht nur hier und heute, sondern überall auf der Welt und auch noch übermorgen.

Das erfordert von Seiten des Unternehmens innovatives Denken, Mut zu ungewöhnlichen Konzepten und eine hohe Flexibilität in der Entwicklung neuer Arbeitszeitmodelle. Dies alles war für uns eine Herausforderung, der wir uns erfolgreich gestellt haben. Heute sind wir ein Unternehmen, dass seine Mitarbeiter ganzheitlich begreift und ihnen dadurch Freiräume zur Persönlichkeitsentwicklung im privaten und beruflichen Bereich eröffnet."

Innovatives Denken gefragt!

8.10 Aging Workforce

In beinahe allen industrialisierten Ländern – insbesondere aber in Mitteleuropa und hier in Deutschland – bereitet der demographische Wandel, immer mehr alte Menschen stehen immer weniger Jungen gegenüber, zunehmend Sorge und stellt Politik, Gesellschaft und Industrie vor besondere Herausforderungen.

Auswirkungen hat diese Entwicklung hauptsächlich auf die Arbeitswelt, die zum einen von fortschreitender Globalisierung und kürzer werdenden Innovationszyklen geprägt ist, zum anderen von einem immer älter, zugleich aber auch immer kleiner werdenden Erwerbspersonenpotenzial. In 15 Jahren werden Menschen über 50 Jahre in Deutschland bereits 33 bis 34% des Erwerbspersonenpotenzials stellen, heute sind es noch etwa 25%. Die aktuelle Erwerbstätigenquote der über 55-Jährigen liegt in Deutschland mit etwa 40% deutlich unter dem OECD-Durchschnitt.

Fazit dieser Entwicklung ist schon jetzt, dass die Belegschaften in den Unternehmen altern. Um diesem Umstand entgegenzuwirken, wurden insbesondere in den 80er- und 90er-Jahren sogenannte „Frühverrentungsprogramme" durchgeführt – zum Großteil mit staatlicher Förderung. Als Ergebnis waren Defizite an qualifiziertem Personal festzustellen. Aufgrund der demographischen Entwicklung alterten die Belegschaften allerdings weiter, jüngere Nachwuchskräfte bleiben aus. Folge hiervon ist wiederum ein Mangel an Fachpersonal.

Die undifferenzierte Frühverrentung ist demnach nicht mehr zeitgemäß. Wenn qualifizierte Nachwuchskräfte fehlen, bleibt nur als Möglichkeit, ältere Arbeitnehmerinnen und Arbeitnehmer länger im Berufsleben zu halten.

Im Kern geht es dabei um eine altersgerechte Förderung und Weiterbildung. Auch die Arbeitsbedingungen sind entsprechend anzupassen.

Reformprogramm „Älter werdende Arbeitnehmer"

Als besonders gelungenes Beispiel hierfür lässt sich die Initiative der finnischen Regierung zur Verbesserung der Arbeitsbedingungen älterer Menschen anführen (Finnish National Programme for Aging Workers FINPAW), ausgezeichnet mit dem Carl-Bertelsmann-Preis 2006 (Näheres unter www.bertelsmann-stiftung.de).

In Zusammenarbeit mit Arbeitgeberverbänden und Gewerkschaften gelang es dabei, alters- und vor allem altersgerechte Arbeits- und Beschäftigungsbedingungen zu implementieren. Als Beispiele sind hier eine altersgerechte Arbeitsplatzgestaltung und eine Flexibilisierung der Arbeitszeiten durch Arbeitszeitreduzierung, veränderte Schichtzeiten oder zusätzliche Erholungszeiten zu nennen. Besonderer Fokus lag – auch bedingt durch den allgemeinen Strukturwandel in Finnland – auf der permanenten Qualifizierung der Beschäftigten, um diese für den Technologiewandel und die immer kürzeren Innovationszyklen fit zu halten.

Zusätzlich zu den beispielhaft genannten Maßnahmen wurde das Renteneintrittsalter angehoben sowie eine variable Altersgrenze mit Zu- und Abschlägen eingeführt.

Ergebnis war eine Steigerung der Erwerbsquote älterer Menschen, die deutlich über dem europäischen Durchschnitt liegt.

Fazit Unter Berücksichtigung der finnischen Erfahrungen können die Unternehmen erfolgreich den Abfluss von qualifiziertem Personal – und damit auch unentbehrlichem Know-how – wenn nicht verhindern, dann zumindest minimieren.

Wichtig in diesem Zusammenhang ist der Hinweis auf den Erhalt des Erlernten, des Erfahrungswissens (siehe Kapitel 12.3.3). Gerade hier ist die Chance groß: Ältere Erwerbspersonen geben ihr Wissen unbefangen weiter – Wissen als Karriereförderer steht nicht mehr im Vordergrund, ja sie wollen vielfach Jüngeren den Start erleichtern.

Herausforderung Personalführung

Um einem Missverständnis von vorneherein vorzubeugen: Die Führung älterer Mitarbeiter ist nicht schwieriger, nur anders.

Zunächst muss es der oftmals jüngeren Führungskraft gelingen, die älteren Mitarbeiter zu verstehen. Auch diese möchten sich im Unternehmen weiterentwickeln, sei es durch (Be-)Förderung oder durch Gehaltserhöhungen, oder – was nicht zu unterschätzen ist – durch Weiterbildung. Zudem möchten und können ältere Mitarbeiterinnen und Mitarbeiter mehr als andere durch ihr Erfahrungswissen zum Gelingen eines Projektes oder einer Arbeitsaufgabe beitragen. Durch dieses eingebrachte Erfahrungswissen tragen sie mehr als andere zu einem effektiven Wissensmanagement bei (Näheres hierzu in Kapitel 12.3.2)

Im Gegenzug erwartet der ältere Mitarbeiter ein Angebot von flexiblen Arbeitszeitmodellen, wie sie beispielsweise in Finnland umgesetzt worden sind.

Eine besondere Herausforderung wird in der Arbeitsplatzgestaltung und -organisation zu finden sein. Hier werden sich das Unternehmen und die Führungskraft auf die altersbedingten Gegebenheiten einstellen müssen. Gleiches gilt für ein adäquates Gesundheitsmanagement.

Neben den Führungskräften ist schließlich die Personalorganisation gefragt: In einer zunehmend älter werdenden Belegschaft ist ein effizienter Wissenstransfer sicherzustellen, auch wenn letztlich die Lebensarbeitszeit durch die oben dargestellten Maßnahmen verlängert wird. Auch die Vergütung von älteren Arbeitnehmers wird zukünftig eine Rolle spielen: In den gängigen traditionellen Vergütungssystemen wird überwiegend die Seniorität des Mitarbeiters bezahlt. Ein Systemwandel hat sich auch hier hin zur Vergütung der Arbeitsleistung über Zielvereinbarungen zu vollziehen.

8.11 Personal Identity

Es wäre sicherlich ein Fehler, die Inhalte der „Corporate Identity" (siehe Kapitel 2.10) – das Managen von Identitätsprozessen im Unternehmen – auf das Individuum unverändert anzuwenden. Zwar geht es auch um Begriffe wie Philosophie, Persönlichkeit und Erscheinungsbild, jedoch geht der Ansatz weiter.

Unter Identität wird im Zusammenhang mit einer Person gemeinhin dessen Gesamtheit der äußerlichen und innerlichen

Merkmale verstanden, die sie oder ihn von anderen Individuen unterscheiden. Insofern umfasst „Identität" auch das Erscheinungsbild, aber eben auch das Bewusstsein einer Person.

Definition Die *Personal Identity* umfasst zusätzlich die Herkunft, die private sowie die berufliche Vita. Sie formt das Selbstbild der Person, zum Teil aber auch die Fremdwahrnehmung. Sie stellt die Frage nach der Person als Person, nach uns selbst. Was ist hierfür notwendig, was ist ausreichend, um auch weiterhin „Du selbst" zu sein? Letztendlich hinterfragt die *Personal Identity* ständig, sie will und wird ein höchstpersönliches Konzept entwickeln.

Allerdings bewegt sich das Individuum nicht im luftleeren Raum. Es bewegt sich in seinem beruflichen und privaten Umfeld, er oder sie ist an gesellschaftliche Konventionen im Umgang mit anderen gebunden, deren stärkste Ausprägung sich in Gesetzen und Verordnungen findet. Auch im sozialen Umfeld gilt es Regeln zu beachten: Der Knigge – auch wenn er sich an den Anschauungswandel angepasst hat – sei ein gutes Beispiel hierfür.

Personal Identity im Unternehmen Im Unternehmen haben sich er oder sie an Erwartungshaltungen der Führungskräfte und Kollegen zu orientieren. Gerade im Berufsleben existieren eine Vielzahl von Ordnungen aufgrund stillschweigender Übereinkunft, die für einen Einsteiger als ungeschriebene Spielregeln nicht immer durchschaubar sind – und daher oftmals zum Scheitern führen: Beginnend bei einem „Dresscode" (Was ziehe ich wann bei wem wie an? Stichworte „Casual Friday" – „Hose oder Rock" – „Krawatte oder Rollkragen") über Netzwerke bzw. Seilschaften (Wer kann mit wem am besten? Stichworte sind etwa „Ausbildungskollegen", „persönliche Beziehungen") bis hin zu Freiheiten, die es im Unternehmen gibt oder eben nicht. Es geht um Konventionen einer „Betriebsüblichkeit", wie den Beginn bzw. das Ende der täglichen Arbeitszeit (obwohl doch offiziell Gleitzeit möglich ist), den Umgang miteinander (nicht jedes „Du" wird auch toleriert) oder die Kritik an anderen (obwohl doch Führungskräfte hierzu dauernd aufrufen – zu konstruktiver zumindest).

Hieran hat sich auch die selbstbewussteste *Personal Identity* zu orientieren, wenn die Entwicklung des am besten geeigneten Konzeptes für die Entwicklung nicht scheitern soll.

9 Personalplanung und Personaleinsatz

Die Sachlage ist bekannt: Oft reicht bei Auftragsspitzen die eigene Personaldecke nicht aus, bestimmte Qualifikationen sind im Betrieb nicht vorhanden. Und: Wieviele Leute brauche ich überhaupt?

Diesen Situationen folgt die zuweilen verzweifelte Suche nach Personal. Vielfach ist auch eine Dauerbeschäftigung wegen der zeitlich befristeten guten Auftragslage nicht sinnvoll.

Dabei gibt es durchaus genügend und erfolgreiche Gelegenheiten, über das Stammpersonal hinaus Mitarbeiter zu finden. Die wichtigsten Möglichkeiten des Einsatzes von Fremdkräften seien hier kurz vorgestellt: Freie Mitarbeiter, Auftragsvergabe an Subunternehmer, Einsatz von Leihkräften.

Eine weitere wichtige Frage stellt sich darüber hinaus: Wie komme ich schnell und effektiv an Stammpersonal? Die Antwort liegt in den Aktivitäten der privaten und staatlichen Arbeitsvermittler sowie – Tendenz steigend – im Internet Recruiting.

9.1 Personalplanung und Personalbeschaffung

9.1.1 Personalplanung

Die Personalplanung gewinnt immer größeren Stellenwert. Sie hat sich neben der Finanz-, Material-, Produktions- und Absatzplanung als Bestandteil der Unternehmensplanung etabliert.

Die betriebliche Personalplanung lässt sich in fünf Hauptbereiche unterteilen: die Bedarfsplanung, die Anpassungsplanung, die Einsatzplanung, die Erhaltungsplanung sowie die Kostenplanung.

Personalbedarfsplanung

Brutto-Personalbedarf Die Personalbedarfsplanung dient der Ermittlung des Personalbedarfs, der zur Erfüllung der Aufgaben des Unternehmens notwendig ist, dem sogenannten „Soll- oder Brutto-Personalbedarf". Der Bedarf kann auf der qualitativen – wie viele Facharbeiter mit welcher Qualifikation, wie viele Führungskräfte usw. werden benötigt? – oder der quantitativen Ebene – wie viele Personen benötigt das Unternehmen unter Berücksichtigung der Arbeitsproduktivität, der Auftragslage in der Zukunft? – ermittelt werden; Mischformen sind üblich.

Der Brutto-Personalbedarf bestimmt sich nach unterschiedlichen Berechnungsmethoden. Die gängigsten Methoden sind

- die Personalbedarfsermittlung aufgrund der erwarteten Umsatzentwicklung (Ausgangspunkt: Umsatz je Mitarbeiter),
- die Abhängigkeit des Personalbedarfes vom Arbeitsvolumen (Ausgangspunkt: Planzeit des Arbeitsvolumens in Relation zur Arbeitszeit),
- die Prognose des Personalbedarfes anhand von Produktivitätskennzahlen (Ausgangspunkt: Ermittlung eines Produktivitätsfaktors aus Wertschöpfung in Relation zu den Arbeitsstunden) und
- die Ermittlung des Führungskräftebedarfes mit Hilfe von Führungsspannen.

Netto-Personalbedarf Der Netto-Personalbedarf, also die Anzahl der noch benötigten oder abzubauenden Personen, ermittelt sich üblicherweise im Wege der Rückrechnung vom Bruttobedarf. Weit verbreitet ist folgendes Berechnungsschema:

Brutto-Personalbedarf

*minus*Ist-Personalbestand

*plus*Personalabgänge (sicher oder statistisch ermittelt, wie Kündigungen, Wehrdienst, Versetzungen, Tod)

*minus*Zugänge (fest vereinbart oder geplant).

Der Saldo ergibt den Netto-Personalbedarf, der entweder Personalaufbau oder Personalabbau bedeutet.

Personalanpassungsplanung

Im Wesentlichen geht es bei der Personalanpassungsplanung um die Personalbeschaffung aus internen und externen Quellen. Dieser Teilbereich wird in Kapitel 9.1.2 genauer behandelt.

Die Ermittlung des Netto-Personalbedarfes kann als Ergebnis die Notwendigkeit von Personalabbaumaßnahmen bringen.

Unter Berücksichtigung der vielfältigen gesetzlichen, tariflichen und betriebsverfassungsrechtlichen Vorgaben ist eine genaue Planung erforderlich. Hierbei kann auf die folgenden Instrumente zurückgegriffen werden.

Die gängigsten Methoden sind der Einstellstopp, der Abbau von Leiharbeitskräften, der Abbau von Mehrarbeit, die interne Versetzung, die Nichtverlängerung befristeter Arbeitsverträge sowie Maßnahmen im Zusammenhang mit der dauernden oder befristeten Verkürzung der Arbeitszeit.   **Indirekter Personalabbau**

Die Beendigung der Arbeitsverhältnisse über vorzeitige Pensionierungen, Kündigungen oder Aufhebungsverträge kennzeichnen den direkten Personalabbau.   **Direkter Personalabbau**

Im Zusammenhang mit Personalabbau dürfen die Maßnahmen der Arbeitsgestaltung, der Prozessoptimierung sowie der Qualifikation der Belegschaft nicht vergessen werden; unter Umständen können hiermit Entlassungen vermieden werden.   **Sicherung von Arbeitsplätzen**

Personaleinsatzplanung

Unter Personaleinsatzplanung versteht man im Allgemeinen die Zuordnung der Mitarbeiter auf die Arbeitsplätze nach Qualifikationsmerkmalen und quantitativen Erfordernissen. In einem Wort: „Wie kommt der richtige Mitarbeiter zur richtigen Zeit an den für ihn geeigneten Arbeitsplatz?"

Zur Personaleinsatzplanung gehören zum Beispiel auch die Einarbeitung neuer Mitarbeiter, die Arbeitsplatzgestaltung, die richtige Zuordnung von Arbeitsplatz und Arbeitskraft (im Regelfall durch Vergleich von Anforderungsprofilen), die Aufgabenverteilung, die Planung von Arbeitsabläufen, die Einführung von Arbeitszeitmodellen sowie eine Nachfolgeplanung.

Hierbei sind eine Vielzahl von technisch-organisatorischen und rechtlichen Rahmenbedingungen, wie etwa die Arbeitsschutzgesetze (bei der ergonomischen Arbeitsplatzgestaltung oder der Arbeitszeit), die Tarifverträge (bei der Festlegung von Zuordnungsprofilen) und betriebsverfassungsrechtliche Vorgaben (bei der Einstellung und Versetzung) zu beachten.

Als ein Unterfall der Personaleinsatzplanung wird häufig die Personalentwicklungsplanung angesehen. Allerdings spielt die Personalentwicklung, also die Verbesserung der Qualifikationen der Mitarbeiter auf der einen, aber auch deren funktionale und monetäre Förderung auf der anderen Seite mit zunehmender Globalisierung und Wettbewerb um die Besten eine immer größere Rolle.   **Personalentwicklung**

Karriereplanung Der Förderaspekt lässt sich am besten mit Karriere- und/oder Nachfolgeplanung kennzeichnen. Deren Instrumente sind zum Beispiel eine Datenbank-gestützte, systematisierte Förderplanung, Mitarbeiter- oder Förderungsgespräche zwischen Mitarbeiter und Führungskraft, weltweite Personaldatenbanken sowie Förderkreise. Wichtig ist in der Personalentwicklungsplanung, dass die Wünsche der Mitarbeiter im Hinblick auf Mobilität, Selbstverwirklichung und Karriereerwartungen von Anfang an konsequent erfasst und nach Möglichkeit erfüllt werden. Und schließlich: Der dauernde Dialog zwischen Mitarbeiter und Führungskraft muss gefordert und gefördert werden.

> Förderpolitik ist nicht nur wichtig für künftige Top-Manager, sondern auch für alle Ebenen darunter!

Integration von Eine wichtige Aufgabe der Personaleinsatzplanung ist die Inte-
Randgruppen gration von Randgruppen. Unabhängig von gesetzlichen Verpflichtungen, wie etwa nach dem SBG IX (ehem. Schwerbehindertengesetz), sollte es die sozialpolitische Verpflichtung gerade von Großunternehmen sein, Langzeitarbeitslosen oder alleinerziehenden Eltern Beschäftigung zu bieten. Flexible Arbeitszeitmodelle oder innovative Arbeitsformen wie Telearbeit können geeignete Methoden sein.

Personalerhaltungsplanung

Ziel der Personalerhaltungsplanung ist die Sicherung des erforderlichen Personalbestandes. Sie konzentriert sich nicht ausschließlich, aber überwiegend auf den Erhalt qualifizierter Arbeitskräfte für das Unternehmen. Hierfür kann sie verschiedene Anreize schaffen:

Monetäre Anreize Monetäre Anreize sind zum Beispiel attraktive Einkommensgestaltungen, in denen der Einzelne die Höhe seines Einkommens durch Leistung mitgestalten kann (Näheres siehe Kapitel 8.7) oder interessante betriebliche Sozialleistungen, wie der Erwerb von Belegschaftsaktien.

Nichtmonetäre Nichtmonetäre Anreize stellen an die Verantwortlichen gewisse
Anreize Herausforderungen: Auf der einen Seite sollen die Mitarbeiter Leistung bringen, auf der anderen Seite aber ohne zu klagen hochmotiviert sein. Sie sollen im Rahmen betrieblicher Vorgaben arbeiten, aber sich gleichwohl selbst verwirklichen können. Als Individuen müssen sie in Gruppen arbeiten können – weil sie es wollen?

In einem Wort: Nichtmonetäre Anreize sind Leistungen des Unternehmens, welche die sozialen Bedürfnisse des Arbeitnehmers berücksichtigen. Dazu gehören zum Beispiel Teamwork, Projektarbeit, Teilhabe an innerbetrieblichen Entscheidungen (Näheres zur Mitarbeiterführung siehe Kapitel 8.8). Auch attraktive und innovative Modelle der Arbeitsgestaltung, auch zur besseren Vereinbarkeit von Privatleben und Beruf, gehören dazu, besser: werden erwartet.

Personalkostenplanung

Die Personalkostenplanung ist nach verbreiteter Auffassung kein bloßer Teil der Personalplanung. Vielmehr greift sie im Querschnitt über alle dargestellten Arten der Personalplanung: Personal kostet eben Geld!

Die Personalkosten gehen als Aufwand in die Bilanz ein. Üblicherweise unterteilen sie sich in der Definition in die direkten und indirekten Personalkosten.

Direkte Personalkosten, auch Personalaufwand genannt, umfassen die Bruttoeinkommen (tariflich und übertariflich) sowie Zuschläge und Zulagen etwa für Mehr- oder Schichtarbeit.

Indirekte Personalkosten, auch Personalzusatzaufwand genannt, unterteilen sich in gesetzlichen, tariflichen und freiwilligen Aufwand.

Gesetzlicher Zusatzaufwand sind Sozialabgaben des Arbeitgebers zur Renten-, Kranken-, Arbeitslosen-, Pflege- und Unfallversicherung, Aufwendungen für bezahlte Abwesenheitszeiten (Urlaub, Krankheit, Mutterschaft), Arbeitssicherheit und Personalkosten für die Betriebsverfassung.   Gesetz

Tariflicher Zusatzaufwand entsteht – sofern ein Tarifvertrag Anwendung findet – für vermögenswirksame Leistungen, zusätzliche Monatseinkommen und zusätzliches Urlaubsgeld.   Tarif

Im Rahmen von Personalerhaltungsmaßnahmen haben sich die Unternehmen einiges an freiwillig gewährten Anreizen einfallen lassen: Von der beitragsfreien betrieblichen Altersversorgung über soziale Einrichtungen wie Kantinen, Werkswohnungen und freie Heißgetränke, bis hin zu Leasingwagen, Gratifikationen, Jubilargeldern und Beihilfen für die Wechselfälle des Lebens ist alles zu finden.   Freiwillig

> Vorsicht: In guten Zeiten lässt sich leicht Geld ausgeben, welches in schlechten Zeiten fehlt. Saubere juristische Lösungen sind hier im Hinblick auf die zukünftige Ablösung mancher Verpflichtung gefragt!

Auf der anderen Seite wird sich kein Unternehmen vor dem Insolvenzgericht retten können, wenn im Zuge von Sparmaßnahmen als erstes der Präsentkorb für Jubilare verschwindet!

> Gerade die freiwilligen Leistungen des Unternehmens tragen viel zur Zufriedenheit der Belegschaft bei.

Hohe Lohn-nebenkosten Das Verhältnis der indirekten Personalkosten zu den direkten variiert zur Zeit zwischen etwa 80 (Metallindustrie) und 120% (Finanzwirtschaft) – kein Wunder ist dann der dauernde Ruf der Industrie nach Senkung der Lohnnebenkosten!

Neben den direkten und indirekten Personalkosten sind die Kosten für die Beschaffung und Qualifizierung des Personals zu beachten. Personalfreistellungsmaßnahmen sind besonders genau zu planen und Mittel rechtzeitig zurück zu stellen, da es hier regelmäßig, Beispiel Sozialplan, um bedeutende Summen geht.

Controlling Das Controlling der Personalkosten erfolgt nach betriebswirtschaftlichen Grundsätzen. Am weitesten verbreitet ist das Controlling über Budgets sowie über Kennzahlen, zum Beispiel das Verhältnis direkte zu indirekten Kosten, Kosten pro Arbeitsstunde oder Stückzahl sowie Personalkosten zu Umsatz.

9.1.2 Personalbeschaffung

Personalbeschaffung deckt einen eventuellen Netto-Personalbedarf ab in Hinblick auf Quantität, aber auch auf Qualität.

Interne Beschaffung Aus Kostenerwägungen, gegebenenfalls aus betriebsverfassungsrechtlichen Gründen heraus wird zunächst an interne Personalbeschaffung zu denken sein, also die Gewinnung von Personal aus dem Unternehmen. Diese hat insbesondere unter dem Aspekt der Personalentwicklung und -erhaltung verschiedene Vorteile (Aufstiegschancen, Bindung an den Betrieb, unter Umständen geringer Einarbeitungsaufwand, Erhaltung des Entgeltniveaus). Auf der anderen Seite kann die interne Stellenbesetzung auch Nachteile haben: Notwendige Qualifikationen müssen teuer vermittelt werden, Betriebsblindheit, die Problematik des Kollegen, der „Chef" wird (oder eben nicht), geringere Auswahlmöglichkeiten.

Externe Beschaffung Auch die externe Personalbeschaffung, also die Neueinstellung von Personal oder der Einsatz von Fremdkräften (Näheres siehe Kapitel 9.4), hat Vor- und Nachteile: Der breiteren Auswahlmöglichkeit steht höherer finanzieller und zeitlicher Beschaffungsaufwand gegenüber, neue Impulse für das Unternehmen können andererseits Enttäuschungen bei der (Alt-)Belegschaft wegen mangelnder Anerkennung hervorrufen. Nicht zu unterschätzen ist die mögliche Anhebung des Einkommensniveaus durch ständige externe Besetzungen. Auch die Auswirkungen auf innerbetriebliche Förderungsmöglichkeiten sind zu berücksichtigen.

So oder so: Der Einzelfall entscheidet über den zu wählenden Beschaffungsweg. Im Regelfall ist der interne und externe Arbeitsmarkt groß genug, um zu vernünftigen Stellenbesetzungen zu gelangen. Neue Kommunikationstechniken wie Internet Recruiting ermöglichen die schnelle und zielgerichtete Beschaffung (Näheres hierzu in Kapitel 9.5). — **nterner/externer Arbeitsmarkt**

Der Prozess der Personalbeschaffung lässt sich wie folgt darstellen. — **Prozess**

*   Personalanforderung spezifizieren,
*   Beschaffungsquellen herausfinden (Arbeitsmarkt, Universitäten),
*   Professionelle Personalwerbung durchführen (Medien: Ausschreibung, Stellenanzeigen in Druckmedien oder Internet, Stellenbörsen),
*   Personalauswahl (Näheres siehe Kapitel 9.1.3),
*   Personaleinstellung und -einarbeitung.

> **Professionelle Bewerberabwicklung, also insbesondere schnelle Durchlaufzeiten bei der Auswahl und Zu-/Absage, sind das A und O der Personalbeschaffung.**

Stellenausschreibung

Bei der internen und externen Ausschreibung einer Stelle muss der Arbeitgeber darauf achten, dass sie den Anforderungen des Allgemeinen Gleichbehandlungsgesetzes entsprechen (AGG, Näheres siehe Kapitel 8). Sie dürfen also im Hinblick auf die Merkmale Rasse, ethnische Herkunft, Geschlecht, sexuelle Identität, Religion, Weltanschauung, Behinderung und Alter nicht diskriminierend wirken.

Der aufgrund Diskriminierung abgewiesene Bewerber kann einen Entschädigungsanspruch für immaterielle Schäden bis zu maximal 3 Monatsgehälter sowie generell einen Schadensersatzanspruch geltend machen. — **Entschädigungsanspruch**

Ein Anspruch des Arbeitnehmers auf Einstellung besteht aber nicht.

Innerbetriebliche Ausschreibung

Sofern vorhanden kann ein Betriebsrat die innerbetriebliche Ausschreibung von Arbeitsplätzen verlangen, § 93 Betriebsverfassungsgesetz (BetrVG). Die Dauer des Aushanges beträgt im Regelfall ein bis zwei Wochen.

Weitere Einzelheiten zu Stellenanzeigen und -ausschreibung finden sich im Kapitel 9.6.

9.1.3 Personalauswahl und Vorstellungsgespräch

Die Möglichkeiten der Personalauswahl sind vielfältig: Sie reichen von Arbeitsproben, Leistungstests, Assessment Center, analytischen Intelligenztests bis hin zu Persönlichkeitstests für Führungskräfte. Diese Methoden sind wissenschaftlich anerkannt, sollten aber stets unter fachkundiger Leitung durchgeführt werden. Natürlich erfolgt die Personalauswahl auch über den schlichten Bewerbungsbogen oder das Vorstellungsgespräch. Die bei uns eher selten verwendeten graphologischen Gutachten sind zulässig, wenn der Bewerber einverstanden ist.

Assessment Center

Eines der wichtigsten Instrumente der Personalauswahl – das Assessment Center (AC) – sei kurz vorgestellt:

Eines der Hauptziele des AC ist das effiziente und aussagekräftige Erkennen fachlicher und sozialer Kompetenzen der Bewerber. Wichtig ist stets die differenzierte Rückmeldung, sowohl an die Auswählenden als auch an die Teilnehmer.

Eine allgemeingültige Aussage, wie ein AC auszusehen hat, kann nicht getroffen werden; hier sind die Bedürfnisse des Unternehmens entscheidend. Generell gilt jedoch:

Die Teilnehmer werden von mehreren geschulten Beobachtern – idealerweise aus unterschiedlichen Bereichen des Unternehmens – nach vorher definierten Kriterien beobachtet und beurteilt. Die Beurteilung erfolgt aber nicht im Sinne der Festlegung einer Rangfolge zwischen den Teilnehmern, sondern vielmehr individuell pro Teilnehmer. Im Regelfall werden die Teilnehmer an einem AC den Herausforderungen von Übungen aus der Praxis, wie Gruppendiskussionen und -präsentationen oder Rollenspielen, gegenübergestellt.

Nach jedem AC ist mit den Teilnehmern ein ausführliches Feedback-Gespräch zu führen: Hier werden Stärken und Schwächen, aber insbesondere Möglichkeiten der Optimierung aufgezeigt.

Das AC gewinnt zunehmend an Bedeutung auch bei der Potenzialeinschätzung von Mitarbeitern, zum Beispiel im Rahmen von Nachwuchsförderprogrammen: Auch hier können Potenziale erkannt und genutzt, Schwachstellen optimiert werden. Zusammen mit dem Teilnehmer können aufgrund der Ergebnisse Ziele formuliert und Umsetzungsstrategien entwickelt werden.

Nicht für jede Funktion wird gleich ein Assessment Center durchgeführt werden. Im Regelfall wird die Auswahl über ein Einstellungs- oder Vorstellungsgespräch aber durch die Führungskraft durchgeführt werden. Soweit möglich sollte das Gespräch mit mehreren Beteiligten auf der Seite des Arbeitgebers geführt werden.

Vorstellungsgespräch

> Da für Einstellungsgespräche im Regelfall nur ein begrenzter Zeitraum für die Informationsgewinnung zur Verfügung steht, sind einige Grundregeln, wie zum Beispiel störungsfreie Gesprächsführung und ein hoher Redeanteil des Bewerbers, zu befolgen.

Der im Anhang abgedruckte Leitfaden gibt weitere Informationen. Das spezielle, arbeitsrechtlich zu beurteilende Fragerecht des Arbeitgebers wird im Folgenden behandelt.

Leitfaden für Einstellungsgespräche

Anbahnung des Arbeitsverhältnisses

Der Arbeitsvertrag entsteht durch Angebot und Annahme. Bereits der Bewerbungskontakt begründet erste Pflichten: Bei Abbruch der Vertragsverhandlungen durch den Arbeitgeber kann er sich schadensersatzpflichtig machen, wenn der Bewerber auf Einstellungszusagen vertraut hat und sein bisheriges Arbeitsverhältnis schon gekündigt hat oder ein anderes Angebot ausgeschlagen hat. Also Vorsicht vor leichtfertigen Zusagen!

Verhaltenspflichten

Auch der Bewerber hat verschiedene Pflichten, insbesondere in Bezug auf das Fragerecht des Arbeitgebers.

Hier muss gebeichtet werden:

Bewerber müssen wichtige Tatsachen ungefragt offenbaren. Dies sind insbesondere einschlägige Wettbewerbsverbote aus dem vorherigen Arbeitsverhältnis, ansteckende oder die Eignung erheblich beeinträchtigende Krankheiten, eine bevorstehende Operation oder bereits beantragte Kur sowie sonstige Tatsachen, die eine Arbeitsaufnahme unmöglich machen. Beispiel: Derzeit fehlender Führerschein bei der Bewerbung um eine Fahrerstelle.

Spezielles Fragerecht des Arbeitgebers

Hier ist die Wahrheit angesagt:

Auf zusätzliche Fragen des Arbeitgebers mit direktem Bezug zum Arbeitsplatz muss wahrheitsgemäß geantwortet werden. Üblicherweise wird dies schon im Rahmen des Lebenslaufes verlangt werden. Anzugeben sind Ausbildung, Abschlüsse, beruflicher Werdegang, Höhe des bisherigen Arbeitsentgeltes, Lohn- und Gehaltspfändungen, anerkannte Schwerbehinderung oder Gleichstellung sowie bei unmittelbarem Arbeitsplatzbezug auch Vorstrafen (zum Beispiel bei einem Kassierer Unterschlagungen).

Hier darf gelogen werden:

Keine Wahrheitspflicht trifft den Bewerber bei unzulässigen Fragen des Arbeitgebers aus dem Privatbereich, zum Beispiel über

- Partei-, Gewerkschafts- und Religionszugehörigkeit;
- Heiratsabsichten, Kinderwünsche, Schwangerschaft (Ausnahme: Auf der zu besetzenden Stelle darf nach dem Mutterschutzgesetz eine werdende Mutter nicht beschäftigt werden);
- Wehr- und Zivildienstzeiten;
- Wohnbedingungen, Privatbeziehungen, Schulden (Ausnahme bei geldsensiblem Arbeitsplatz und Führungskräften);
- frühere ausgeheilte Krankheiten, HIV-Infektion (nur, wenn die Krankheit noch nicht ausgebrochen ist).

Vorsicht auch hier vor dem Allgemeinen Gleichbehandlungsgesetz: Bei entsprechenden Fragen könnte leicht der Eindruck entstehen, dass die Bewerbung nur wegen einem im Gesetz genannten Merkmal, zum Beispiel der sexuellen Identität, abgelehnt worden ist.

Rechtsfolgen Bei unwahren Antworten des Bewerbers auf zulässige Fragen kann der Arbeitgeber den Arbeitsvertrag anfechten, das heißt keine Kündigungsfristen und -schutz und keine Betriebsratsanhörung. Bei unzulässigen Fragen passiert nichts.

Vorstellungskosten Wird ein Bewerber zu einem Vorstellungsgespräch oder einem der oben genannten Tests eingeladen, sind ihm seine entstandenen Aufwendungen zu ersetzen, es sei denn, dies wurde ausdrücklich ausgeschlossen.

9.1.4 Beteiligung des Betriebsrates

> Vor jeder Einstellung eines Arbeitnehmers ist die Zustimmung des Betriebsrates einzuholen, § 99 BetrVG. Dies gilt auch bei Arbeitsverhältnissen zur Aushilfe oder bei der Übernahme von Auszubildenden in ein Arbeitsverhältnis.

Der Arbeitgeber muss umfassend über persönliche und arbeitsplatzbezogene Tatsachen des Bewerbers informieren. Unter Umständen sind die Bewerbungsunterlagen sämtlicher Bewerber dem Betriebsrat vorzulegen.

Die unterlassene Information macht die Einstellung unwirksam!

Zustimmungsverweigerungsrecht

Der Betriebsrat kann die Zustimmung zur Einstellung unter Angabe eines der gesetzlichen Gründe aus § 99 Abs. 2 BetrVG binnen einer Woche schriftlich verweigern.

Kein Grund zur Verweigerung ist die Befristung eines Arbeitsvertrags oder die generelle Befürchtung, die Einstellung bringe Nachteile für die Stammbelegschaft.

Rechtsbehelfe des Arbeitgebers

Bei unberechtigter Zustimmungsverweigerung kann der Arbeitgeber beim Arbeitsgericht die Ersetzung der Zustimmung des Betriebsrates zur Einstellung beantragen; der Arbeitnehmer kann vorläufig eingestellt werden, wenn dies aus sachlichen Gründen dringend erforderlich ist, § 100 BetrVG.

Der Arbeitgeber muss in diesem Fall aber den Arbeitnehmer über die Sach- und Rechtslage unterrichten und den Betriebsrat unverzüglich über die vorläufige Einstellung informieren.

> In diesen Fällen ist auf jeden Fall fachkundige Hilfe anzufordern!

9.2 Arbeitnehmer – Selbstständige

Auf dem Arbeitsmarkt herrscht Vertragsfreiheit. Jeder kann sich frei entscheiden, ob und mit wem mit welchem Inhalt ein Vertrag abgeschlossen wird. Auch die Wahl des Beschäftigungsstatus steht den Vertragsparteien zu.

Exakte Abgrenzung wichtig!

Wegen der weitreichenden rechtlichen Konsequenzen ist eine exakte Statusbestimmung des Vertragsverhältnisses notwendig. Zu berücksichtigen sind dabei nicht nur Anwendbarkeit oder

Nichtanwendbarkeit arbeitsrechtlicher Schutzbestimmungen, sondern auch Fragen der Steuer- oder Versicherungspflicht.

Die Abgrenzung erfolgt zwischen dem Beschäftigten als Arbeitnehmer, als Freiberufler oder Selbstständiger, als arbeitnehmerähnliche Person sowie als Heimarbeiter (Näheres zu den Kriterien siehe Abschnitt 9.2.7).

Nach ständiger Rechtsprechung des Bundesarbeitsgerichtes (BAG) sind die Ausgestaltung, die tatsächliche Durchführung des Vertragsverhältnisses sowie die Eigenart der jeweilig ausgeübten Tätigkeit für die rechtliche Bewertung des Vertragsverhältnisses entscheidend. Der Einzelfall ist maßgeblich. Unwesentlich ist in diesem Zusammenhang die Bezeichnung des Rechtsverhältnisses im zugrundeliegenden Vertrag.

Nachzahlungsrisiko Auf die wichtigsten Konsequenzen einer fehlerhaften Abgrenzung zwischen Selbstständigem und Arbeitnehmer sei vorab am Rande hingewiesen:

Sollte sich herausstellen, dass der (scheinbar) selbstständig Beschäftigte in Wirklichkeit als Arbeitnehmer anzusehen ist, wird ihm *rückwirkend* ab dem Beginn seiner Tätigkeit ein Arbeitnehmerstatus zuerkannt; für den Arbeitgeber kann dies im ungünstigsten Fall bedeuten, dass er für die zurückliegenden *vier* Jahre Sozialversicherungsbeiträge, unter Umständen auch die Lohnsteuer, sowie arbeitnehmertypische Leistungen nach zu entrichten hat.

In diesem Fall können sich immense Kosten aus der Vergabe von Aufträgen an scheinbar Selbstständige ergeben. Weiteres siehe in Kapitel 9.2.4.

9.2.1 Arbeitnehmer

Arbeitnehmer sind auf Grund eines privatrechtlichen Vertrages für einen anderen tätig und damit persönlich abhängig (Näheres siehe Kapitel 9.2). Im Rahmen des Arbeitsverhältnisses sind sie in die Betriebsorganisation ihres Arbeitgebers eingegliedert und im Wesentlichen im Hinblick auf die Art und den Ort der zu erbringenden Arbeitsleistung weisungsabhängig. Sie sind an feste Betriebszeiten gebunden – eventuell im Unternehmen vorhandene Gleitzeitmodelle ändern an dieser Bindung nichts.

Der Arbeitnehmer hat seine Arbeitsleistung persönlich zu erfüllen. Auf die Art der Tätigkeit kommt es nicht an.

Die persönliche Abhängigkeit bezieht sich auch auf die Vergütung: Im Regelfall ist der Arbeitnehmer nur für einen Arbeitgeber tätig, er schuldet ihm auch seine ganze Arbeitskraft und ist somit von diesem wirtschaftlich abhängig.

Der Arbeitnehmer erhält darüber hinaus typische Arbeitgeberleistungen, zum Beispiel Tarifgehalt, Weihnachts- oder Urlaubsgeld sowie betriebliche Sozialleistungen. Er fällt unter die arbeitsrechtlichen Schutzgesetze (Näheres siehe Kapitel 8.1).

Exkurs: Arbeitnehmer als Verbraucher

Der Verbraucherbegriff ist durch die Umsetzung der Verbraucherschutzrichtlinie der Europäischen Union wieder in aller Munde. Die Richtlinie führte zur Einführung neuer Verbraucher-Schutzvorschriften.

Als Verbraucher wird durch das Gesetz jede natürliche Person definiert, die ein Rechtsgeschäft zu einem Zweck abschließt, der weder ihrer gewerblichen noch ihrer selbstständigen Tätigkeit zugerechnet werden kann.

Da zahlreiche gesetzliche Regelungen an den Begriff eines Verbrauchers anknüpfen, erlangt die Frage der Einstufung des Arbeitnehmers als Verbraucher oder nicht nun praktische Bedeutung. Ohne Zweifel stehen einem Arbeitnehmer alle Verbraucherschutzrechte in allen Rechtsgeschäften mit dem Arbeitgeber zu, soweit diese außerhalb des Arbeitsvertrages geschlossen werden.

In seiner Rolle als Arbeitnehmer ist die Gleichsetzung eines Arbeitnehmers mit einem Verbraucher aber nicht unumstritten. In seinem Status als Arbeitnehmer kann die Zuordnung zu dem Anwendungskreis einer bestimmten Schutzvorschrift für Verbraucher nur über eine Einzelabwägung im Hinblick auf die Regelung und den Schutzzweck der konkreten Norm erfolgen. Hier ist die Einstufung des Status als Arbeitnehmer allein nicht dienlich.

Der Bundesgerichtshof hat aktuell entschieden, dass auf einen zwischen dem Arbeitgeber und Arbeitnehmer abgeschlossenen Aufhebungsvertrag nicht die Vorschriften der §§ 312, 355 BGB anzuwenden sind, die ein Widerrufsrecht bei Verbraucherverträgen regeln, da hier kein Haustürgeschäft vorliegt.

9.2.2 Freiberufler/Selbstständiger

Freiberufler und Selbstständige – oftmals auch freie Mitarbeiter genannt – sind nicht auf Grund eines festen und dauerhaften Arbeitsverhältnisses tätig. Zwar besteht eine Vertragsbindung gegenüber ihrem Auftraggeber, jedoch wird von diesem jeder Auftrag einzeln und ohne Rechtsanspruch auf Übernahme durch den Selbstständigen erteilt. Im Gegenzug hat der Freiberufler keinen Anspruch auf die (kontinuierliche) Erteilung von Aufträgen.

Der Selbstständige ist in die Betriebsorganisation des Auftraggebers nicht eingegliedert; eine Weisungsbefugnis hinsichtlich Art und Ort der Erbringung der Dienste besteht regelmäßig nicht. Er trägt die unternehmerischen Risiken und Chancen, hat zum Beispiel seine Arbeitsmittel selbst zu beschaffen und steht für Gewährleistungsansprüche gerade. Für die Sozialversicherung hat er selbst zu sorgen; Arbeitsrecht findet keine Anwendung.

Die Vergütung der geleisteten Dienste erfolgt nach Abrechnung der tatsächlich geleisteten Stunden zuzüglich gesetzlicher Mehrwertsteuer. Pauschalvergütungen sind ebenso wie Erfolgshonorare möglich.

> Freiberufler können insbesondere aufgrund
> eines *Dienst(leistungs-)vertrages* – hierin verpflichtet sich der Selbstständige zu einer bestimmten Tätigkeit, §§ 611 ff. des Bürgerlichen Gesetzbuches (BGB), Beispiel: EDV-Beratung – oder
> eines *Werkvertrages* – hierin verpflichtet sich der Selbstständige zur Herstellung eines bestimmten Erfolges, §§ 631 ff. BGB, zum Beispiel Erstellung eines kompletten Softwarepaketes – tätig werden.

Näheres zu den Vertragstypen in Kapitel 9.3.

9.2.3 Arbeitnehmerähnliche Personen

Gleichstellung zu Arbeitnehmern
Arbeitnehmerähnliche Personen stehen ebenfalls nicht in einem festen Arbeitsverhältnis und werden den selbstständig Tätigen zugerechnet, sie sind persönlich selbstständig und weisungsungebunden.

Soziale Schutzbedürftigkeit
Soweit sie nur für einen Auftraggeber tätig sind und somit die Honorarzahlungen für geleistete Dienste die alleinige Lebensgrundlage darstellen, sind sie aufgrund dieser wirtschaftli-

chen Abhängigkeit und sozialen Schutzbedürftigkeit Arbeitnehmern jedoch in einzelnen Bereichen gleichgestellt: Sie können vor den Arbeitsgerichten klagen, § 5 Arbeitsgerichtsgesetz (ArbGG), und haben den gesetzlichen Mindesturlaubsanspruch, §§ 1, 2 Bundesurlaubsgesetz. Bei Beendigung des Vertragsverhältnisses billigt das BAG den arbeitnehmerähnlichen Personen eine Art Kündigungsfrist (sogenannte „Auslauffrist") von in der Regel zwei Wochen zu.

Da die arbeitnehmerähnlichen Personen den selbstständig Tätigen zugerechnet werden, können mit ihnen Dienst- oder Werkverträge (Näheres dazu in Kapitel 9.3) abgeschlossen werden. Der Inhalt der Tätigkeit ist vielfältig, Schwerpunkt ist jedoch üblicherweise der journalistische Bereich. | **Vertrag**

Zwar kommen arbeitnehmerähnliche Personen in den Genuss einiger Arbeitnehmerrechte, jedoch sind sie insbesondere im Bereich der Sozialversicherung den Arbeitnehmern nicht gleichgestellt, da sie selbstständig tätig sind. | **Rechtsfolgen**

9.2.4 „Scheinselbstständigkeit" und Ich-AG

Die Problematik der „Scheinselbstständigkeit" ist vor allem beim Einsatz eines Selbstständigen als Arbeitskraft zu beachten. Worum geht es hier?

Als „scheinselbstständig" werden Personen bezeichnet, die vergleichbaren Tätigkeiten nachgehen wie Arbeitnehmer, vertraglich aber als Selbstständige gelten oder in eine scheinbare Selbstständigkeit abgedrängt werden. Hierzu zählen insbesondere Selbstständige, die nur für einen Auftraggeber tätig sind und zu diesem womöglich tatsächlich im Grunde in einer Abhängigkeit stehen.

Die Gefahr der „Scheinselbstständigkeit" ist darin zu sehen, dass eigentlich schutzbedürftige Beschäftigte als selbstständig bezeichnet und behandelt werden. Folglich finden die Arbeitnehmerschutzgesetze keine Anwendung. Eine weitere Benachteiligung besteht darin, dass diese Beschäftigten unter Umgehung der sozialversicherungsrechtlichen Vorschriften als Selbstständige auftreten und damit im Gegensatz zu einem Arbeitnehmer für diese Beschäftigten keine Sozialabgaben gezahlt werden. Daneben ergeben sich auch steuerrechtliche sowie gewerberechtliche Folgen. | **Gefahren**

In der Praxis ist vermehrt auch die Entlassung von Arbeitnehmern in die Selbstständigkeit üblich. Dabei werden zum Beispiel im Wege des Outsourcing – zur Definition siehe Kapitel | **Beispiel: Outsourcing**

2.11.3. – Leistungen an Selbstständige oder freie Mitarbeiter vergeben, die ehemalige Mitarbeiter sind.

Die Thematik der „Scheinselbstständigkeit" kann insbesondere bei arbeitnehmerähnlichen Personen Bedeutung gewinnen. Diese sind im Regelfall nur für einen Auftraggeber tätig, so dass sie sich in einer besonderen Abhängigkeit befinden. Sie tragen zwar in einem gewissen Umfang das unternehmerische Risiko, haben aber oftmals nicht die vertragliche – und auch realistische – Möglichkeit, zusätzlich für andere Auftraggeber tätig zu werden, um so ihre wirtschaftliche Abhängigkeit zu vermindern. Darüber hinaus sind sie aufgrund ihrer Tätigkeit faktisch vom Auftraggeber weisungsgebunden und in der Regel auch in die betriebliche Organisation eingegliedert.

Im Zuge der Hartz-Reformen ist die im Jahr 1999 durch § 7 Absatz 4 SGB IV aufgenommene und im Jahr 2000 angepasste Vorschrift mit ihren eng gefassten Kriterien wieder gestrichen worden. Es verbleibt hier für die Bestimmung der sozialversicherungspflichtigen Beschäftigung und der selbstständigen, sozialpflichtfreien Tätigkeit bei der grundlegenden Abgrenzung nach § 7 Absatz 1 SGB IV (neue Fassung):

Definition „Beschäftigung"

Beschäftigung ist die nichtselbstständige Arbeit, insbesondere in einem Arbeitsverhältnis. Anhaltspunkte für eine Beschäftigung sind eine Tätigkeit nach Weisungen und eine Eingliederung in die Arbeitsorganisation des Arbeitgebers.

Statusklärung

Die entscheidenden Anhaltspunkte für die Statusklärung als Scheinselbstständiger sind nunmehr nicht mehr im Gesetzwortlaut zu suchen, sondern in der Rechtsprechung verankert und lauten nach wie vor:

1. Die Person *beschäftigt keine sozialversicherungspflichtigen Arbeitnehmer* oder nur Familienangehörige.

2. Sie ist auf Dauer und im Wesentlichen *nur für einen Auftraggeber* regelmäßig tätig.

3. Die verrichteten Tätigkeiten werden beim Auftraggeber oder bei einem vergleichbaren Auftraggeber *durch dort beschäftigte Arbeitnehmer erledigt*.

4. Die Tätigkeit lässt *keine typische Merkmale unternehmerischen Handelns* (z.B. Werbung, Auftreten auf dem Markt) erkennen.

5. Die Tätigkeit für den Auftraggeber ist vom äußeren Erscheinungsbild die gleiche, die für diesen *vorher als Beschäftigter* (Arbeiter, Angestellter) *ausgeübt* wurde.

Wer nur der Form halber eine Ich-AG gründet, um die staatliche Förderung zu erhalten und auf der anderen Seite dem Auftraggeber die Lohnnebenkosten zu ersparen, kann auch künftig als Scheinselbstständiger eingestuft werden.

Auslaufmodell „Ich-AG"

Zur Erinnerung: Als Ich-AG verstehen sich seit den so genannten „Hartz-Reformen" Personen, die durch die Aufnahme einer selbstständigen Tätigkeit die Arbeitslosigkeit beenden und neben anderen Voraussetzungen auch voraussichtlich nicht mehr als 25.000 € jährliches Einkommen haben werden. Existenzgründerinnen und -gründer der Ich-AG waren von der Sozialversicherung befreit und wurden pauschal besteuert.

Die Regelungen wurden durch das Gesetz zur Fortentwicklung der Grundsicherung für Arbeitsuchende vom 1.8.2006 dergestalt verändert, dass nur noch ein einheitlicher Gründungszuschuss der Bundesagentur zur Förderung der Existenzgründung an arbeitslose Menschen gezahlt wird und die Ich-AG als besonderes Modell nunmehr verschwunden ist.

Empfänger des Zuschusses sind nur Bezieher von Arbeitslosengeld I bzw. hierauf Anspruchsberechtigte. Ziel ist die durch den Arbeitslosen nachzuweisende Schaffung und Sicherung einer Existenzgrundlage für die Zukunft. Aufgrund der Verpflichtung zum Nachweis dessen ist eine professionelle Existenzgründungsberatung beispielsweise über Industrie- und Handelskammern unerlässlich.

Eckpunkte

9.2.5 Handelsvertreter

Handelsvertreter sind selbstständige Unternehmer, die nicht zu den Arbeitnehmern zählen. Ihre Abgrenzung richtet sich nach § 84 Abs. 1 Handelsgesetzbuch (HGB). Sie genießen eine Sonderstellung unter den Unternehmern. Die Rechtsstellung der Handelsvertreter richtet sich nach dem HGB, §§ 84 ff., wobei von den meisten gesetzlichen Regelungen nicht zu Lasten des Handelsvertreters abgewichen werden kann.

Typisches Beispiel für einen Handelsvertreter ist der Versicherungsvertreter.

Für die Rechtsstreitigkeiten sind gemäß § 5 Abs. 3 ArbGG die Arbeitsgerichte zuständig, wenn es sich um Einfirmenvertreter im Sinne des § 92a HGB handelt. Diesen wird ein gewisser sozialer Schutz zugesprochen.

9.2.6 Heimarbeiter

Die Vertragsverhältnisse der Heimarbeiter fallen in den Schutzbereich des Heimarbeitsgesetzes (HAG).

Heimarbeiter ist, wer in selbstgewählter Arbeitsstätte (eigener Wohnung oder Betriebsstätte) allein oder mit seinen Familienangehörigen im Auftrag von Gewerbetreibenden ... erwerbsmäßig arbeitet, jedoch die Verwertung der Arbeitsergebnisse dem ... auftraggebenden Gewerbetreibenden überlässt ..., § 2 Abs. 1 HAG.

Bei der Tätigkeit wird es sich im Regelfall um Arbeitsinhalte einfacherer und/oder ständig wiederkehrender Natur handeln.

Für Heimarbeiter sind an Besonderheiten des Gesetzes zu nennen:

- Arbeitszeitschutz und Schutz vor unnötiger Zeitversäumnis des Heimarbeiters, §§ 10, 11 HAG;
- Gefahrenschutz, § 16 HAG;
- Kündigungsschutz, § 29 Abs. 1 HAG: Kündigungsfrist 1 Tag! Bei überwiegender Beschäftigung durch einen Gewerbetreibenden erfolgt eine Verlängerung auf vier Wochen (§ 29 Abs. 3 HAG) sowie Verlängerung bei längerer Vertragsbeziehung;
- Zuschläge auf die vereinbarte Vergütung zur Abgeltung von Urlaub (§ 12 BurlG) zur Entgeltfortzahlung im Krankheitsfall sowie an Feiertagen, §§ 10 und 11 Entgeltfortzahlungsgesetz;
- Freie Vereinbarung der Vergütung, außer wenn ein Tarifvertrag besteht, der sich auch auf die Heimarbeiter erstreckt.

Heimarbeiter sind keine Arbeitnehmer; sie sind wirtschaftlich, aber nicht persönlich von ihrem Auftraggeber abhängig.

9.2.7 Abgrenzungskriterien

Zur Abgrenzung des unterschiedlichen Beschäftigtenstatus, insbesondere zwischen Arbeitnehmern und Selbstständigen, lassen sich die wesentlichen Kriterien definieren.

Weisungsgebundenheit Das wichtigste Abgrenzungskriterium zwischen *Arbeitnehmer* und *Selbstständigem* ist deren *Weisungsgebundenheit* beziehungsweise *-ungebundenheit*: Können Weisungen hinsichtlich der Arbeitsausführung und betriebsorganisatorischen Fragen erteilt werden, handelt es sich regelmäßig um einen *Arbeitnehmer*. Gleiches gilt, wenn die Möglichkeit besteht, bezüglich der Arbeitszeit, der Arbeitsergebnisse und des Arbeitsvolumens Kontrollen durchzuführen.

Die Möglichkeit der Erteilung fachlicher Weisungen spricht nicht unbedingt gegen die Tätigkeit als *Selbstständiger*. Insbesondere bei umfangreichen Arbeitspaketen muss es dem Auftraggeber möglich sein, fachbezogene Weisungen zu erteilen; diese dürfen einen bestimmten Rahmen vorgeben, den Freiberufler in seiner Aufgabenerledigung jedoch nicht zu übermäßig einengen.

Auf der anderen Seite können *Arbeitnehmer* – insbesondere solche mit hohen Qualifikationen und Fachkenntnissen – nahezu frei von Weisungen arbeiten, ohne ihre Arbeitnehmereigenschaft zu verlieren.

Die Beschäftigung im Betrieb und die damit verbundene *Eingliederung in die Betriebsorganisation* des Arbeitgebers lässt auf eine *Arbeitnehmereigenschaft* schließen.

Arbeitsort

Ein vom Arbeitgeber festgelegter Beginn der Arbeitszeit sowie deren Dauer lassen auf eine *Arbeitnehmereigenschaft* schließen.

Arbeitszeit

Selbstständige teilen sich den Beginn und das Ende ihrer Arbeitszeit sowie deren Dauer völlig frei ein; für sie gelten die arbeitszeitrechtlichen Regelungen nicht.

Ein weiteres wichtiges Abgrenzungskriterium ist die Art der Tätigkeit. Wird ein bestimmter Erfolg geschuldet und tritt eine Gewährleistungsverpflichtung hinzu, handelt es sich um einen *Selbstständigen*. Ohne diese handelt es sich typischerweise um einen *Arbeitnehmer*.

Inhalte der Arbeitsleistung

Sobald die Leistung ausnahmslos persönlich zu erbringen ist, handelt es sich um einen *Arbeitnehmer*. Besteht für den Vertragspartner die Möglichkeit, die vereinbarten Aufgaben auch durch Dritte erledigen zu lassen, handelt es sich um *Selbstständige* oder *Heimarbeiter*.

Leistungserbringung

Die Zahlung eines regelmäßigen, festen Gehaltes oder Lohnes lassen auf den *Arbeitnehmerstatus*, die Zahlung eines Honorars oder einer Pauschale auf den *Selbstständigenstatus* schließen.

Vergütung

Sobald arbeitnehmertypische Nebenleistungen bezahlt werden, wie zum Beispiel Entgeltfortzahlung bei Krankheit oder Urlaub, Überstundenzuschläge oder Weihnachtsgratifikation, oder wenn betriebliche Sozialleistungen (Kantine oder Belegschaftsverkauf) in Anspruch genommen sowie Sozialabgaben abgeführt werden, liegt *Arbeitnehmerstatus* vor.

Arbeitnehmertypische Nebenleistungen

9.3 Vertragstypen

Bei der Begründung eines Beschäftigungsverhältnisses besteht Vertragsfreiheit. Den Vertragsparteien steht es frei, ihren Interessen entsprechend eine Vertragsform zu wählen und hiermit bestimmte vertragliche und gesetzliche Folgen herbeizuführen. Welche Vertragsformen sind für den Fremdkräfteeinsatz möglich? Welcher Vertrag ist für das wirtschaftliche Verhalten und die unternehmerischen Ziele der richtige? Welche Konsequenzen ergeben sich für die Vertragsparteien?

9.3.1 Arbeitsvertrag

Der Arbeitsvertrag nach §§ 611 ff. des Bürgerlichen Gesetzbuches (BGB) ist Grundlage eines jeden Arbeitsverhältnisses. Es handelt sich um einen gegenseitigen, privatrechtlichen Austauschvertrag. Die Beteiligten bezeichnet man als Arbeitgeber und Arbeitnehmer.

Der Vertrag umfasst die Verpflichtung für den Arbeitnehmer, fremdbestimmte Arbeit persönlich zu leisten. Der Arbeitgeber hat im Gegenzug Entgelt zu gewähren. Aufgrund des Arbeitsverhältnisses entstehen zudem für den Arbeitgeber zahlreiche Fürsorge- und Schutzpflichten, für den Arbeitnehmer bestimmte Treuepflichten.

Für den Arbeitsvertrag gelten mit einigen Einschränkungen die allgemeinen Regeln des Zivilrechtes. Aufgrund der Privatautonomie besteht grundsätzlich Formfreiheit und inhaltliche Gestaltungsfreiheit.

Grenzen findet der Arbeitsvertrag auch in arbeitsrechtlichen Vorschriften. Der besondere Schutzbedarf des Arbeitnehmers begründet sich daraus, dass sich keine gleich starken Vertragspartner gegenüberstehen. Weitere Einzelheiten zum Arbeitsrecht finden sich in Kapitel 8.

9.3.2 Dienstvertrag

Der Dienstvertrag wird in §§ 611 ff. BGB geregelt. Es ist ein gegenseitiger Vertrag zwischen einem Dienstverpflichteten und einem Dienstberechtigten.

Der Dienstverpflichtete verpflichtet sich Dienste zu leisten. Dabei können Dienste jeder Art den Gegenstand eines Dienstvertrages bilden, unabhängig davon, ob dies einmalige oder auf Dauer gerichtete

Dienste sind. Der Dienstberechtigte muss dafür eine Vergütung gewähren.

Im Gegensatz zum Arbeitsvertrag hat das Vorliegen eines „unabhängigen" oder „freien" Dienstvertrages zur Folge, dass selbstständige Arbeit und somit keine fremdbestimmte Arbeit zu leisten ist. Der Dienstvertrag zählt neben dem Werkvertrag zu den Haupttypen eines Vertrags auf Arbeit, wobei aber kein Rechtsverhältnis als Arbeitnehmer–Arbeitgeber begründet wird. Auf diese Vertragsform finden somit die Vorschriften des Arbeitsrechtes keine Anwendung.

Die Nähe und Ähnlichkeit zwischen dem Arbeitsvertrag und Dienstvertrag macht eine exakte Abgrenzung notwendig. Die Checkliste „Abgrenzung Arbeitsvertrag/Dienstvertrag" im Anhang soll hierbei helfen.

Checkliste

9.3.3 Werkvertrag

Im Rahmen des Werkvertrages, §§ 631 ff. BGB, verpflichtet sich der Unternehmer gegenüber dem Besteller ein mangelfreies Werk herzustellen. Er kann sich hierzu Dritter bedienen.

Der Besteller hat im Gegenzug die vereinbarte Vergütung zu entrichten und das vertragsgemäß hergestellte Werk abzunehmen.

Sowohl der Werkvertrag als auch der Dienstvertrag haben eine Leistung zum Gegenstand. Das maßgebliche Unterscheidungskriterium bildet dabei der geschuldete Inhalt der einzelnen Verträge.

Abgrenzung zum Dienstvertrag

Beim Dienstvertrag wird die Tätigkeit als solche versprochen, beim Werkvertrag wird dagegen ein bestimmter Arbeitserfolg zugesagt.

Die im Anhang beigefügte Checkliste gibt über die schwierige Abgrenzung genauer Auskunft.

Checkliste

Aufgrund einer Vereinbarung kann dieselbe Tätigkeit Inhalt eines Arbeits-, Dienst- oder Werkvertrages sein. Bei der Abgrenzung müssen die Umstände des Einzelfalles und die konkrete Vertragsgestaltung berücksichtigt werden.

9.3.4 Auftrag und Geschäftsbesorgungsvertrag

Auftrag

Ein Auftrag nach § 662 BGB ist ein schuldrechtlicher Vertrag, bei dem sich der Beauftragte verpflichtet, ein Geschäft für den Auftraggeber unentgeltlich zu besorgen.

Das wesentliche Unterscheidungskriterium zu Dienst- und Werkvertragsverhältnissen besteht somit in der Unentgeltlichkeit. Die gesetzlich vorgesehene Erstattung der Aufwendungen (Auslagen) macht den Auftrag nicht entgeltlich, da Aufwandsersatz nicht die eigene Arbeit umfasst.

Typische Fallgestaltungen sind etwa die Verpflichtung von X, für Y Briefe bei der Post abzugeben oder für ihn einzukaufen.

Den Unterschied zu dem gesetzlich nicht geregelten „reinen" Gefälligkeitsverhältnis, das ebenso unentgeltlich ist, bildet die vertragliche Bindung der Parteien im Falle des Auftrages. Die praktische Relevanz ist aber gering.

Geschäftsbesorgungsvertrag

Ein Geschäftsbesorgung ist eine selbstständige Tätigkeit wirtschaftlicher Art. Es handelt sich um einen Dienst- oder Werkvertrag, der eine Geschäftsbesorgung zum Inhalt hat, § 675 BGB.

Auf diese Vertragsform finden vorwiegend die Vorschriften über den Auftrag Anwendung. Im Unterschied zum Auftrag ist diese Rechtsform aber entgeltlich.

Die Anlageberatung in einer Bank oder die Rechtsberatung sind typische Fälle für einen Geschäftsbesorgungsvertrag.

9.3.5 Franchisevertrag

Hinter dem Begriff Franchising verbirgt sich ein Vertriebs- und Absatzkonzept, insbesondere im Gaststätten- und Dienstleistungsgewerbe. Beispiele sind McDonalds, Schülerhilfe oder Pizza Hut.

Franchise ist nach einer gängigen juristischen Definition
„...eine Gesamtheit von Rechten an gewerblichem oder geistigem Eigentum wie Warenzeichen, Handelsnamen, Ladensschilder, Gebrauchsmuster, Urheberrechte, Know-how oder Patente, die zum Zwecke des Weiterverkaufes von Waren oder der Erbringung von Dienstleistungen an Endverbraucher genutzt wird."

Franchisevereinbarungen sind „... *Vereinbarungen, in denen ein Unternehmen, der Franchisegeber, es einem anderen Unternehmen, dem Franchisenehmer, gegen unmittelbare oder mittelbare finanzielle Vergütung gestattet, eine Franchise zum Zwecke der Vermarktung bestimmter Waren und/oder Dienstleistungen zu nutzen."*

Rechtsgrundlagen

In der Praxis tauchen eine Vielfalt von Franchiseverträgen auf. Sie weisen Elemente verschiedener Vertragstypen auf: Viele Merkmale, insbesondere des Dienst-, Arbeits-, Werk-, Miet-, Pacht-, Kauf- und Lizenzvertragsrechtes, sowie die des Gesellschaftsrechtes finden sich dort wieder.

Die Rechtsgrundlage bildet der gegenseitige Vertrag, Franchisevertrag, durch den sich der Franchisenehmer in die vom Franchisegeber gegründete und mit einer beliebigen Zahl solcher Franchiseunternehmen einheitlich am Markt auftretende Arbeitsorganisation eingliedert. *(Franchisevertrag)*

Es wird in der Regel ein gleiches Firmenzeichen geführt und im Allgemeinen großer Wert auf Einheitlichkeit gelegt (Ausstattung, Markenzeichen usw.). Dabei wird aber jegliche Betätigung am Absatzmarkt auf eigene Rechnung und im eigenen Namen durchgeführt. *(Einheitlichkeit)*

Basierend auf dem Franchisevertrag wird dem Franchisenehmer die Erlaubnis eingeräumt, bestimmte Konzepte, Schutzrechte und den sogenannten „Goodwill", unter Beachtung der Vorgaben des Franchisegebers nutzen zu können. Hierfür erhält dieser im Gegenzug ein Entgelt – in der Regel einen prozentualen Anteil am Erlös oder aber auch eine regelmäßige Gebühr – und sichert sich darüber hinaus Kontrollrechte zu. Daneben übernimmt er auch noch weitere Verpflichtungen, wie Schulungen, Unterstützung, Rat und Rechtsbeistand. *(Nutzungs- und Kontrollrechte)*

In einem Franchisevertrag treffen somit die jeweiligen Bestandteile der einzelnen Rechtsbeziehungen aufeinander und werden durch „franchisetypische" Elemente erweitert. Durch die individuelle Vertragsgestaltung und unterschiedliche Gewichtung entstehen in Verbindung mit der Typenvielfalt und der gegenseitigen Ergänzung völlig neue Strukturen, die zahlreiche Schwierigkeiten nach sich ziehen.

Neben den rechtlichen Gestaltungsschwierigkeiten einzelner Vertragsvereinbarungen – etwa das Problem der Zulässigkeit einer Wettbewerbseinschränkung – stellt sich auf diesem Gebiet auch immer wieder die Frage des Grades der Abhängigkeit der Vertragspartner.

Status eines Franchisenehmers

Regelmäßig ist ein Franchisenehmer selbstständiger Unternehmer. Im Einzelfall kann aber eine andere Beurteilung angebracht sein.

Franchisenehmer als Arbeitnehmer?

Diese Frage ist in der Praxis vor allem dort relevant, wo statt der Erlaubnis Franchise zu nutzen eine Verpflichtung begründet wird, nach den Vorgaben und Richtlinien des Franchisegebers tätig zu werden – sogenanntes „Subordinations-Franchising", das in der Praxis häufig anzutreffen ist.

Trotz der rechtlichen Unabhängigkeit der Vertragspartner kann der Franchisenehmer durch eine enge rechtliche Beziehung und Abhängigkeit auf den Franchisegeber angewiesen sein, so dass seine Einstufung als Arbeitnehmer gerechtfertigt sein kann: Der Franchisenehmer wird zu einer Art Verkäufer oder Außendienstmitarbeiter. Die Bejahung der Arbeitnehmereigenschaft würde auf beiden Seiten weitgehende Konsequenzen mit sich bringen, vgl. Kapitel 9.2 (insbesondere zum Risiko der Nachzahlung in der Sozialversicherung).

Checkliste Die Entscheidung, ob jemand als selbstständig oder unselbstständig anzusehen ist, ist auf der Basis der oben genannten Kriterien zu bestimmen. Die Checkliste „Abgrenzung Franchisenehmer/Arbeitnehmer" im Anhang soll hierbei helfen.

Franchisenehmer als Selbstständiger?

Allerdings wird der Franchisenehmer auch als selbstständiger Unternehmer anerkannt, der sich gerade aufgrund der Besonderheiten des Franchisevertrages an den Franchisegeber eng bindet, um mit ihm besser zusammenzuarbeiten. Dafür wird ihm eine umfassende Nutzbarkeit des Systems und intensiver Beistand gewährt.

Die Anweisungen und Kontrolle – diese sind im Übrigen auch aus dem Lizenzvertragsrecht bekannt – erscheinen auch insoweit zum eigenen Schutz des Franchisegebers notwendig. Der Franchisenehmer handelt auf eigenes unternehmerisches Risiko und eigene Gefahr, somit entspricht sein Status dem eines Selbstständigen, da ihm die gleichen Rechten und Pflichten zustehen.

Franchisenehmer als Handelsvertreter?

Gliedert sich der Franchisenehmer in die Absatzorganisation des Franchisegebers ein, kann eine Gleichstellung mit dem

Handelsvertreter erfolgen. Zu beachten ist hierbei die Aus-
gleichspflicht des § 89 Handelsgesetzbuch (HGB).

**Abgrenzung zum Agenturvertrag und
Kommissionsgeschäft**

Der Agenturvertrag unterscheidet sich von einem Franchisevertrag dadurch, dass der Agent in der Regel für fremde Rechnung
und im fremden Namen handelt, der Franchisenehmer hingegen im eigenen Namen und für eigene Rechnung tätig wird.

Auch ein Kommissionär, der im Rahmen eines Kommissionsge-
schäfts im Sinne der §§ 383 ff. HGB Waren und Wertpapiere
verkauft, handelt im Gegensatz zum Franchisenehmer zwar
nach außen im eigenen Namen, aber für fremde Rechnung.

Fazit

> Insgesamt sollten in der praktischen Diskussion die Vorteile
> des Franchising-Systems – auch für die Schaffung neuer Ar-
> beitsplätze – nicht durch allzu enge juristische Vorgaben ne-
> giert werden. Leider hat die Rechtsprechung in einigen
> neueren Entscheidungen die wirtschaftliche Abhängigkeit
> des Franchisenehmers bejaht, da sie Arbeitnehmerähnlich-
> keit angenommen hat.

9.4 Arbeitnehmerüberlassung

Bereits seit der Einführung der Arbeitnehmerüberlassung haben zahlreiche Unternehmen gelernt, den Vorteil einer Arbeitnehmerüberlassung zu schätzen. Die Vorteile liegen auf der
Hand: So kann beispielsweise der Arbeitgeber flexibel auf Personal zurückgreifen, ohne sich dauerhaft arbeitsvertraglich zu
binden, die Personalkosten können niedrig gehalten werden
oder Überstunden in einem Unternehmen abgebaut werden.
Bei der Arbeitnehmerüberlassung im Inland hat der Gesetzgeber in der Vergangenheit die Rechtsvorschriften des AÜG angepasst und gelockert, um damit die Basis für mehr Beschäftigung
und neue Arbeitsplätze zu entwickeln und beschäftigungshem-
mende Regelungen abzuschaffen. Die neueste Veränderung
brachte die Hartz-Reform mit sich.

Einige Unternehmen können nunmehr überlegen eigene Ver-
leihgesellschaften zu gründen, um Arbeitnehmer an gruppen-

angehörige oder befreundete Unternehmen zu verleihen. Viele haben dies in der Vergangenheit bereits mit Erfolg getan.

Gesetzesänderung zum 1.1.2003 Zum 1.1.2003 sind das „Erste und Zweite Gesetz für moderne Dienstleistungen am Arbeitsmarkt" in Kraft getreten.

Die wichtigsten Regelungen auf einen Blick:

- Der Leiharbeitnehmer hat bereits ab dem ersten Tag der Überlassung gegen dem Verleiher Recht auf Gleichbehandlung mit vergleichbaren Arbeitnehmern des Entleihers (= Gewährung gleicher Arbeitsbedingungen einschließlich des Arbeitsentgelts, sog. „Equal Pay"). Ausnahmen hiervon sind gegeben, wenn ein Tarifvertrag (im Verleihbetrieb) abweichende Regelungen zulässt.

- Der Entleiher ist verpflichtet, dem Verleiher die Informationen über die betrieblichen Beschäftigungsbedingungen zu übermitteln.

- Der Leiharbeitnehmer hat gegenüber dem Entleiher einen Auskunftsanspruch, auch im Hinblick auf Arbeitsentgelte.

Entfallen sind unter anderem die Regelungen über die Höchstdauer der Arbeitnehmerüberlassung (bisher 24 Monate), das Wiedereinstellungsverbot und Befristungsverbot und die Meldepflichten des Entleihers an die Sozialversicherung.

Die Arbeitnehmerüberlassung – auch „Leiharbeit" oder „Personalleasing" genannt – ist wohl die gängigste Form des Einsatzes vom Fremdpersonal und zum unverzichtbaren Bestandteil des modernen Wirtschaftslebens geworden.

Arbeitnehmerüberlassung im Sinne des § 1 Abs. 1 Arbeitnehmerüberlassungsgesetz (AÜG) ist dann gegeben, wenn ein Arbeitgeber – der Verleiher – einem Dritten – dem Entleiher – einen Arbeitnehmer – den Leiharbeitnehmer – gewerbsmäßig zur Arbeitsleistung überlässt.

Dreiecksbeziehung Zwischen den Vertragsparteien besteht eine Dreiecksbeziehung:

Der Leiharbeitnehmer hat einen Arbeitsvertrag mit dem Verleiher und erhält von diesem seine Vergütung. Der Verleiher tritt die Beschäftigungspflicht an den Entleiher ab, der Leiharbeitnehmer muss also dort nach dessen Weisungen arbeiten. Zwischen Verleiher und Entleiher besteht ein Arbeitnehmerüberlassungsvertrag.

Aufgrund der besonderen Vertragskonstellationen hat der Gesetzgeber in Form des AÜG einige Regelungen geschaffen, denen aufgrund der rechtlichen Auswirkungen besondere Beachtung geschenkt werden muss.

Zu unterscheiden ist in diesem Zusammenhang zwischen dem „gewerbsmäßigen (unechten) Leiharbeitsverhältnis" und dem „echten (nicht gewerbsmäßigen) Leiharbeitsverhältnis".

9.4.1 Gewerbsmäßiges (unechtes) Leiharbeitsverhältnis

Besitzt der Verleiher die erforderliche Erlaubnis oder ist aufgrund bestimmter Ausnahmen keine Erlaubnis erforderlich, spricht man von einem „legalen" Betreiben der Arbeitnehmerüberlassung. Das gewerbsmäßige legale Leiharbeitsverhältnis fällt unter die Anwendbarkeit des AÜG.

Grundsatz, § 1 Abs. 1 AÜG

Gewerbsmäßig im Sinne dieses Gesetzes ist jede nicht nur gelegentliche, sondern auf eine gewisse Dauer angelegte und auf die Erzielung unmittelbarer oder mittelbarer wirtschaftlicher Vorteile gerichtete Tätigkeit. Der Leiharbeitnehmer wird zum Zweck der Ausleihe, zum Beispiel zur Überbrückung von personellen Engpässen beim Entleiher, eingestellt.

Es gibt drei verschiedene Rechtsverhältnisse innerhalb eines Leiharbeitsverhältnisses zu unterscheiden.

Rechtsbeziehungen

Verleiher – Entleiher

Die Rechtsbeziehung zwischen dem Verleiher und Entleiher regelt § 12 AÜG. Diese Vorschrift enthält verschiedene Pflichten des Verleihers (Erklärungs- und Hinweispflicht) sowie das Erfordernis der schriftlichen Form des Arbeitnehmerüberlassungsvertrages zwischen dem Verleiher und Entleiher.

Der Vertrag besteht aus gegenseitigen Verpflichtungen: Der Verleiher überlässt die geeigneten Arbeitnehmer – der Entleiher zahlt die dafür vereinbarte Vergütung. Der Entleiher hat unter Umständen auch zu zahlen, wenn er keine Einsatzmöglichkeit des Leiharbeitnehmers (mehr) hat. Den Entleiher trifft ggf. die sekundäre Haftung für die Sozialbeiträge. Der Verleiher haftet für die Entsendung eines geeigneten Arbeitnehmers.

Aus dieser Vertragsbeziehung erwachsen weitere Rechte und Pflichten, zum Beispiel das Vorgehen bei schlechter Leistung oder die Unterrichtungspflicht beim Wegfall der staatlichen Erlaubnis.

Auf die Auskunftspflichten des Entleihers sei nochmals hingewiesen.

Verleiher – Leiharbeitnehmer

Grundlage der Beziehungen zwischen dem Verleiher und seinem Arbeitnehmer bildet das Leiharbeitnehmerverhältnis, also ein Arbeitsverhältnis.

Der Verleiher ist Arbeitgeber des Leiharbeitnehmers. Durch das Leiharbeitsverhältnis treffen den Verleiher in seiner Arbeitgeberrolle zahlreiche Verpflichtungen, zum Beispiel Vergütung auch bei fehlender Einsatzmöglichkeit, Fürsorgepflichten, Entgeltfortzahlung, Urlaubsgewährung und weitere Pflichten aus den Arbeitsschutzgesetzen. Kommt der Verleiher seiner Beitragszahlungspflicht nicht nach, so haftet dafür der Entleiher, § 28e Abs. 2 SGB IV. Die Neuerungen durch die Gesetzeslage vom 1.1.2003 sind zu beachten.

Den Verleiher treffen auch Pflichten aus dem AÜG, so die Unterrichtungspflicht über den Wegfall der Erlaubnis, schriftliche Niederlegung der Inhalte des Arbeitsverhältnisses sowie Aushändigung eines Merkblattes über wesentliche Inhalte des Gesetzes. Für nichtdeutsche Leiharbeitnehmer gibt es dieses Merkblatt auf Verlangen in der Muttersprache. Der Nachweis der wesentlichen Vertragsbedingungen richtet sich nach dem Nachweisgesetz.

Der Leiharbeitnehmer ist wie jeder andere Arbeitnehmer auch zur Arbeitsleistung verpflichtet. Mit der Ausleihe muss er einverstanden sein.

Entleiher – Leiharbeitnehmer

Infolge des direkten Einsatzes des Arbeitnehmers im Betrieb des Entleihers ergeben sich auch einige Rechte und Pflichten zwischen dem Arbeitnehmer und dem Entleiher, zum Beispiel das Weisungsrecht, Recht auf die Arbeitsleistung, Gefahren- und Arbeitsschutzbeachtung sowie Fürsorgepflichten. Auf die Mitbestimmungsrechte des Betriebsrates wird hingewiesen.

Zu beachten: Die Auskunftspflichten hinsichtlich der Arbeitsbedingungen!

Praktische Hilfe auf diesem komplexen Rechtsgebiet kann bei der regionalen Agentur für Arbeit eingeholt werden. Dafür gibt es Leitfäden und Informationsmaterial, auch zur neuen Rechtslage.

Staatliche Erlaubnis

Das Kernstück der gewerbsmäßigen legalen Arbeitnehmerüberlassung bildet die Erlaubnis nach § 1 Abs. 1 AÜG.

Nach dem Gesetz ist für jede gewerbsmäßige Arbeitnehmer-   **Antragserfordernis**
überlassung eine Erlaubnis durch die Bundesagentur für Arbeit
zwingend vorgeschrieben. Die Erlaubnis wird auf schriftlichen
Antrag erteilt und kann sowohl befristet als auch unbefristet erteilt oder mit einer Auflage versehen werden; ein Widerrufsvor-
behalt ist möglich.

Die Erlaubnis ist zu versagen, wenn die gesetzlich definierten
Gründe vorliegen, zum Beispiel bei mangelnder Zuverlässigkeit oder mangelnder Fähigkeit, eine Betriebsorganisation (Betriebsstätte, Ausstattung) aufbauen zu können. Gemeinsamer
Zweck der Vorschriften ist der Schutz der Leiharbeitnehmer,
aber auch der Entleiher vor unseriösen Anbietern. Die Erlaubnis kann nach der Gesetzeslage auch schon dann versagt werden, wenn Umgehungen der Vorschriften zu vermuten sind.

Durch einen im Zuge der Hartz-Reform neu hinzugekomme-
nen Versagungsgrund für die Erteilung der Erlaubnis haben
zahlreiche Zeitarbeitsunternehmen um deren Existenz gebangt.
So ist nunmehr die Versagung auch in dem Falle möglich, wenn
das Unternehmen dem Leiharbeitnehmer nicht die im Betrieb
des Entleihers für vergleichbare Arbeitnehmer geltenden Arbeitsbedingungen einschließlich des Arbeitsentgeltes gewährt.
Eine Ausnahme ist für die Beschäftigung von zuvor Arbeitslosen
gesetzlich vorgesehen.

Die gesetzliche Verpflichtung, den Leiharbeitnehmern bestimmte Mindestlöhne zu zahlen, hat die Reduzierung der Ge-
winnspanne etlicher Unternehmen zur Folge, die sich auf das
Verleihen von Leiharbeitnehmern spezialisiert haben. Einen
Ausweg daraus bietet in der Praxis die Möglichkeit, in Tarifverträgen anderweitige Regelungen festzulegen und so zulässig die
Anwendung dieser Vorschrift zu umgehen. Siehe dazu auch
den nächsten Abschnitt „Gründe der Unwirksamkeit".

> Wegen weit reichender rechtlicher Konsequenzen ist die
> Kontrolle der staatlichen Erlaubnis durch den Entleiher
> dringend anzuraten. Zu beachten ist auch, dass die Bun-
> desagentur für Arbeit die einmal erteilte Erlaubnis zurück-
> nehmen oder widerrufen kann.

Gründe der Unwirksamkeit und Rechtsfolgen

Für die Gründe der Unwirksamkeit ist § 9 AÜG relevant.

Gründe der Unwirksamkeit, § 9 AÜG

• Alle Verträge zwischen Verleiher und Entleiher sowie zwischen Verleiher und Leiharbeitnehmer werden unwirksam, wenn der Verleiher die nach dem Gesetz erforderliche Erlaubnis nicht hat.

• Unwirksam sind Vereinbarungen, die für den Leiharbeitnehmer schlechtere als die im Betrieb für vergleichbare Arbeitnehmer des Entleihers geltenden wesentlichen Arbeitsbedingungen, einschließlich des Arbeitsentgelts, vorsehen, es sei denn, der Verleiher gewährt dem zuvor arbeitslosen Leiharbeitnehmer höchstens für die Dauer der Überlassung von 6 Wochen mindestens ein Nettoarbeitsentgelt in der Höhe, die dem dem Leiharbeitnehmer zuletzt gezahlten Arbeitslosengeld entspricht. Die Ausnahme für zuvor Arbeitslose gilt nicht, wenn zwischen demselben Verleiher und dem Leiharbeitnehmer bereits ein Leiharbeitsverhältnis bestanden hat (§ 9 Nr. 2 AÜG).

• Auch hier bietet der Gesetzgeber das Instrumentarium der Regelungen zwischen den Tarifvertragsparteien. Im Tarifvertrag können folglich abweichende Vereinbarungen getroffen werden.

• Unwirksam sind auch vertragliche Vereinbarungen, die dem Entleiher oder Leiharbeitnehmer untersagen, direkt ein Arbeitsverhältnis einzugehen, wenn zu diesem Zeitpunkt das Leiharbeitsverhältnis nicht mehr bestand.

Rechtsfolgen der Unwirksamkeit, § 10 AÜG

Nach § 10 Abs. 1 Satz 1 AÜG gilt: *„Ist der Vertrag zwischen einem Verleiher und einem Leiharbeitnehmer nach § 9 Nr. 1 AÜG unwirksam, so gilt ein Arbeitsverhältnis zwischen Entleiher und Leiharbeitnehmer … als zustande gekommen“.*

Praxistipp

Zu beachten ist – und hier liegt die Praxisrelevanz –, dass dieses Arbeitsverhältnis ohne den Willen der Beteiligten begründet wird. Der Entleiher muss den Arbeitnehmer übernehmen und sämtliche Arbeitgeberpflichten erfüllen. Das Arbeitsverhältnis kommt zu den unter dem Verleiher und Entleiher vereinbarten Konditionen zustande.

Daher sollte der Entleiher zur eigenen Sicherheit das Bestehen oder Nichtbestehen der Erlaubnis überprüfen.

Für den Fall, dass der Verleiher entgegen der gesetzlichen Vorschrift in § 9 Nr. 2 AÜG dem Leiharbeitnehmer nicht die wesentlichen Arbeitsbedingungen einschließlich des Arbeitsentgeltes gewährt, kann der Leiharbeitnehmer die Gewährung dieser von ihm verlangen.

> Unter diese Vorschrift fallen auch Verträge, die zwar im Grunde eine Arbeitnehmerüberlassung darstellen, aber unter dem Deckmantel einer anderen Vertragsform, insbesondere eines Werk- oder Dienstvertrages laufen (sogenannte illegale Arbeitnehmerüberlassung, „Scheinwerkvertrag" oder „Scheindienstvertrag").

9.4.2 Echtes (nicht gewerbsmäßiges) Leiharbeitsverhältnis

Eine nicht dauerhafte, sondern nur vorübergehende Arbeitnehmerüberlassung wird als nicht gewerbsmäßig angesehen.   Begriff

Der Schwerpunkt des Einsatzes und die überwiegende Betätigung liegen im Betrieb des Verleihers. Der nur gelegentlich beim Entleiher beschäftigte Arbeitnehmer steht weiterhin in einem Arbeitsverhältnis zum Verleiher.

Auf diese Leiharbeitsverhältnisse finden die Vorschriften des AÜG keine Anwendung.

Die unechte Arbeitnehmerüberlassung liegt insbesondere vor bei   Praxisfälle

* der sogenannten „*Personalgestellung als Folgeleistung*" – im Rahmen der Lieferung einer Maschine ist vertraglich die Stellung von Personal des Lieferanten für die Inbetriebsetzung vereinbart – und
* der *Konzernleihe* – ein Mitarbeiter des einen Betriebes wird zur Dienstleistung in einen anderen Betrieb abgestellt.

> Allerdings ist in diesen Fällen der Grat zur gewerbsmäßigen Arbeitnehmerüberlassung schmal; fachkundige Beratung ist daher gefordert.

9.4.3 Abgrenzung der Arbeitnehmerüberlassung

Aufgrund der relativ hohen Gefahren – insbesondere im Hinblick auf eventuelle Verstöße gegen das AÜG – ist eine genaue Abgrenzung zu anderen Vertragsgestaltungen notwendig.

Dienst- und Werkvertrag Beim Einsatz im Betrieb eines Dritten ist oft unklar, ob der Betreffende als Arbeitnehmer seines Arbeitgebers tätig wird, oder ob es sich um eine Arbeitnehmerüberlassung handelt.

Letztere ist gegeben, wenn der Arbeitgeber lediglich Arbeitskräfte zeitlich begrenzt zur Verfügung stellt, die der Dritte aber nach seinen eigenen betrieblichen Erfordernissen in seinem Betrieb nach seinen Weisungen einsetzt. Auch hier ist eine besondere Prüfung erforderlich.

Checkliste Die Checkliste „Abgrenzung Arbeitnehmerüberlassung/Dienst- und Werkvertrag" im Anhang soll hierbei helfen.

Arbeitsvermittlung Nach § 1 Abs. 2 AÜG gilt: „Werden Arbeitnehmer Dritten zur Arbeitsleistung überlassen und übernimmt der Überlassende nicht die üblichen Arbeitgeberpflichten oder das Arbeitgeberrisiko, so wird vermutet, dass der Überlassende *Arbeitsvermittlung* betreibt."

Kann der Überlassende die Vermutung nicht widerlegen, so liegt eine Arbeitsvermittlung vor. Dies ist wichtig, da sich daraus ganz spezifische Rechtsfolgen ergeben.

Unabhängig von der oben genannten Vermutung für das Bejahen einer Arbeitsvermittlung bleibt allgemein festzuhalten, dass im Gegensatz zur Arbeitnehmerüberlassung die Arbeitsvermittlung nicht nur vorübergehend, sondern auf Dauer Arbeitssuchende auf verfügbare Stellen des Arbeitsmarktes vermitteln will (Näheres hierzu in Kapitel 9.5).

Mischunternehmen und gemischte Verträge Probleme können sich durchaus daraus ergeben, dass ein Betrieb neben seiner betrieblichen Tätigkeit (zum Beispiel Produktion) Arbeitnehmer verleiht (Mischunternehmen) oder verschiedene andere Verträge mit dem Arbeitnehmerüberlassungsvertrag verbunden sind (gemischte Verträge).

Die Frage der Anwendbarkeit des AÜG bestimmt sich hier nach den jeweiligen Einzelumständen, damit eine Umgehung des Gesetzes vermieden wird.

9.4.4 Personal-Service-Agentur

Eine weitere Neuerung der Hartz-Reformen, die Personal-Service-Agentur (PSA), steht vor dem Aus. Sie hat sich in der Praxis nicht bewährt. Leider konnten die erwarteten Vermittlungszahlen trotz hohem Aufwand nicht erreicht werden. Viele der seinerzeit gegründeten Agenturen sind mittlerweile wieder vom Markt verschwunden.

Es steht daher zu erwarten, dass das Modell PSA in naher Zukunft nicht weiter verfolgt werden und letztlich ganz auslaufen
wird.

9.5 Personalvermittlung

Jeder Arbeitgeber, der Arbeitnehmer zum Erreichen seiner
Ziele benötigt, muss sich auch intensiv mit der Personalplanung
auseinandersetzen. Nur mit einem gesicherten Personalbestand
kann die Zukunft eines Unternehmens erhalten werden.

Die Personalplanung stellt somit einen Teil der unternehmerischen Gesamtplanung dar und ist essenziell für die Unterneh-
mensexistenz.

Dem Arbeitgeber gegenüber steht der Arbeitnehmer, der bemüht ist, seine Existenz und den Lebensunterhalt zu sichern
und sich „so gut wie möglich zu verkaufen".

Bei der Arbeitssuche auf der einen, bei der Personalsuche auf
der anderen Seite stehen am Arbeitsmarkt zahlreiche Möglichkeiten zur Verfügung:

• Vermittlungstätigkeit der Bundesagentur für Arbeit durch die
  ihr Agentur für Arbeit. Neuerungen durch das sogenannte
  „Hartz-Konzept" sind in Kapitel 9.8 aufgeführt),

• Vermittlung durch Dritte und private Arbeitsvermittlung,

• Stellenangebote und Stellengesuche
  – unter Zuhilfenahme der Medien (Annoncen in Zeitungen,
    Fachzeitschriften, Rundfunk, Bildschirmtext, Internet)
    oder
  – direkter Stellenaushang im Betrieb, betriebsinterne Stel-
    lenausschreibungen.

Näheres zur innerbetrieblichen Stellenausschreibung und Stellenanzeigen findet sich im nachfolgenden Kapitel 9.6.

Um intern Stellen zu besetzen, kann der Arbeitgeber als weitere
Möglichkeit auch von seiner Weisungsbefugnis Gebrauch machen. Hierbei sind die Mitbestimmungsrechte des Betriebsrates
zu beachten.

Auch über andere Maßnahmen, wie Mehrarbeit, Versetzung
oder nach Aus- und Weiterbildung können die benötigten Arbeitskräfte bereitgestellt und der Personalstand im Unternehmen gesichert werden.

Die Agentur für Arbeit

Die staatliche Arbeitsvermittlung nimmt in den Beschaffungsvorgängen, jedenfalls den externen, die Aufgabe eines Mittlers zwischen den Interessen beider Seiten ein. Hierbei haben die Agenturen für Arbeit gesetzlich klar definierte Aufgaben (Näheres siehe § 35 Sozialgesetzbuch III). Zu den Umstrukturierungen siehe Kapitel 9.8).

Die Dienste der Agentur für Arbeit stehen jedem unentgeltlich zur Verfügung und können freiwillig in Anspruch genommen werden. Die Agentur für Arbeit ist auf Anfrage – Arbeitsgesuch des Arbeitnehmers, der einen Arbeitsplatz sucht und Vermittlungsauftrag des Arbeitgebers, der eine Stelle anzubieten hat – bemüht, individuell und unparteiisch Arbeitsuchenden zu einem neuen Beschäftigungsverhältnis zu verhelfen und freie Arbeitsplätze zu vermitteln.

Finanzielle Leistungen Die Agenturen für Arbeit haben auch weitgehende Möglichkeiten, finanzielle Leistungen an Arbeitgeber zu geben; als Beispiele sind die Förderung der Einstellung Behinderter oder Langzeitarbeitsloser sowie der Einstellungszuschuss bei Neugründungen eines Unternehmens zu nennen.

Die Agenturen für Arbeit veranstalten Stellenbörsen, veröffentlichen Anzeigen („Markt + Chance"), informieren im Rahmen des Stellen-Informations-Service (SIS), fördern Eigeninitiative, geben Tipps, sonstige Hilfestellung, beraten und bieten weitere Serviceleistungen wie etwa die berufliche Rehabilitation Behinderter an.

Weitere Informationen unter www.arbeitsagentur.de

Vermittlung durch Dritte und private Arbeitsvermittlung

Seit 1994 gibt es die Möglichkeit, selbstständig Arbeitsvermittlung – in Form von privaten Arbeitsvermittlungsbüros, Personal- und Unternehmensberatungen, Personalvermittlungsagenturen und Job-Börsen – zu betreiben. Hierzu bedurfte es bisher einer besonderen *Erlaubnis*, die beim Erfüllen bestimmter Voraussetzungen, zum Beispiel Zuverlässigkeit und Eignung, auf Antrag bei der Agentur für Arbeit erteilt wurde.

Die Vergütung der privaten Vermittler (regelmäßig entgeltlich) war bisher in der Regel nur durch den suchenden Arbeitgeber zu zahlen.

Die Rechtslage der privaten Arbeitsvermittlung hat sich zum 27.3.2002 grundlegend geändert. Anders als in der Vergangenheit wird nunmehr *freier Marktzugang* für private Arbeits- und Ausbildungsvermittler gewährleistet. Die Agentur für Arbeit kann zu ihrer Unterstützung Dritte mit der Vermittlung oder Teilaufgaben davon beauftragen. Arbeitslose haben ggf. sogar Rechtanspruch auf Beauftragung Dritter.

Der Gesetzgeber hat durch die Neuregelung des Sozialgesetzbuchs III bestimmte Schutzvorschriften eingefügt, die es zu beachten gilt: Dies sind beispielsweise Regelungen über die Behandlung von Daten, Vergütungsmodalitäten, spezielle Regelungen bei Auslandsvermittlung und Aufbewahrungspflichten. Die Einhaltung überwacht die Bundesagentur für Arbeit.

Neu ist auch, dass auch vom Arbeitsuchenden eine Vermittlungsvergütung verlangt werden kann. Dazu bedarf es eines gültigen Vermittlungsvertrags. An dieser Stelle wird auch auf die gesetzlich bestimmten Höchstbeträge für die Vermittlungsleistung hingewiesen.

Neu ist ebenso die kostenlose Inanspruchnahme privater Arbeitsvermittler mit dem sogenannten „Vermittlungsgutschein". Dieser ist für bestimmte Personengruppen bei der Agentur für Arbeit erhältlich. Vergabevoraussetzung ist hierbei eine Mindestarbeitslosigkeit von drei Monaten.
Vermittlungsgutschein

Der Einsatz privater Arbeitsvermittler wird allgemein für sinnvoll erachtet, da hiermit privatwirtschaftliche Konkurrenz zum bislang staatlichen Vermittlungsmonopol geschaffen wird. Ob allerdings die Stärkung der privaten Vermittlung den versprochenen Erfolg nach sich ziehen wird – nämlich die dringend notwendige Verringerung der hohen Arbeitslosigkeit, ist erst in der Zukunft zu beantworten.
Fazit

Zunehmend ist auch die Verbreitung der Executive-Search-Dienstleistungen – auch „Headhunter" genannt – zu beobachten. Dies sind Personalberatungen, die bereits im Vorfeld die „Idealkandidaten" aussuchen und auswählen. Ihr Vorteil ist die Möglichkeit der Direktansprache von möglichen Kandidaten (die vielleicht gar nicht im Sinn hatten, die Stelle zu wechseln, aber besseren Angeboten oft nicht abgeneigt sind!), verbunden mit Diskretion und dem Bestreben, schnell und besonders effektiv freie Positionen zu besetzen.
Executive-Search-Dienstleistungen

Stellenangebote und Stellengesuche

Die Aufnahme von Stellenangeboten und Stellengesuchen in Medien, die der Verbreitung von Informationen dienen, allgemein zugänglich sind und regelmäßig angeboten werden, ist nicht als Vermittlung im Sinne des Gesetzes anzusehen.

Recruiting Nicht nur der Arbeitsuchende ist bemüht, einen attraktiven Arbeitsplatz zu bekommen. Auch jeder Arbeitgeber hat das Ziel, in seinem Unternehmen mit den besten Mitarbeitern, die kompetent und fähig sein sollen, zusammenzuarbeiten. Besonders bei den Neueinstellungen und der Suche nach geeignetem und richtigem Nachwuchs stehen die einzelnen Firmen in einem starken Wettbewerb.

Der regelrechte Kampf bringt die einzelnen Unternehmen, die Wirtschaft oder Industrie dazu, neue Ideen zu finden und Wege zu beschreiten, um leistungsstark zu werden. Dazu dienen zum Beispiel Kontakte zu Hochschulen, Universitäten und anderen Ausbildungsstätten national und international oder Recruitingmessen. Das eigene Unternehmen wird nach außen so interessant und anziehend wie möglich dargestellt.

Internet Recruiting Die derzeit modernste Art der Verbreitung von Angebot und Nachfrage auch auf dem Stellenmarkt stellt das Internet dar. „Schneller, effektiver, kostengünstiger und diskreter" lautet die Devise. Das elektronische Netz erleichtert die Suche nach geeignetem Personal oder die Suche nach einem neuen Arbeitgeber oder anderen Berufsperspektiven und gewinnt somit enorme Wichtigkeit. Deutschlandweite und grenzenüberübergreifende Kontakterstellung und ausführliche, prompte Informationsmöglichkeit, zum Beispiel direkte Kommunikation über eine E-Mail-Adresse und eigene Homepage oder Angaben zu dem betreffenden Unternehmen und Darstellung des Erwartungshorizontes und des Erfordernisprofils zeichnen das Internet Recruiting als eine nicht mehr wegzudenkende Form der Personalvermittlung aus.

9.6 Stellenausschreibungen

Grundsätzlich steht es dem Unternehmen frei, auf welche Weise freie Stellen besetzt werden.

Externe Stellenanzeige

Bei externen Stellenanzeigen – als Anzeigenträger bieten sich regionale und überregionale Tageszeitungen, Fachzeitschriften und Internet an – ist zu beachten, dass diese oft auch als „Visitenkarte" des Unternehmens angesehen werden. Wie beim Produktmarketing ist auch hier auf professionellen Auftritt zu achten.

Der Mindestinhalt einer Stellenanzeige lässt sich auf sechs   Anzeigengestaltung
Merkmale reduzieren:

- Aussagen zum Unternehmen, wie zum Beispiel Branche, Größe, Standort;
- Angaben über die zu besetzende Stelle in Form einer Aufgabenbeschreibung sowie der Dringlichkeit der Stellenbesetzung;
- Definition der Anforderungsmerkmale (Vorbildung, Kenntnisse, Berufserfahrung, persönliche Eigenschaften);
- Hinweise zu Firmenleistungen wie Einkommen („anforderungs- und leistungsgerecht", „übertariflich") und andere Nebenleistungen (Sozialleistungen, Leasingwagen, flexible Arbeitszeit);
- Anforderungen an die Bewerbungsunterlagen (Lebenslauf, Zeugnisse, Foto, Referenzen);
- Definition von Ansprechpartnern im Unternehmen.

Daneben können je nach Unternehmen und Stellenprofil Angaben zu Führungsstil im Unternehmen, Entwicklungsmöglichkeiten und Verantwortung gemacht werden.

Wichtig ist in jedem Fall, dass die richtige Zielgruppe angesprochen wird. Daher ist die Stellenanzeige so genau wie möglich zu formulieren.

Je nach Zielgruppe oder Aufgabe ist die Stellenanzeige als offene Anzeige – also unter Angabe des Unternehmens – oder   Formalien
chiffrierte Anzeige zu schalten.

Das A und O einer erfolgreichen Stellenanzeige ist deren optische Gestaltung, beginnend vom Schriftbild über die Verwendung von Abbildungen oder Schlagworten („Gemeinsam in eine erfolgreiche Zukunft", „Es ist Zeit für den Wechsel", „Mitdenken – Mitwirken") bis hin zur Mitteilung von Firmenphilosophien und -werten: Hier kann sich das Unternehmen präsentieren und bereits frühzeitig Corporate Identity vermitteln. Ein einheitliches Corporate Design hilft bei längerfristigen Kampagnen.

Auch der Erscheinungstermin kann zum Erfolg beitragen. Hierbei sind die in der Wirtschaft üblichen Kündigungstermine (Monats- oder Quartalsende) nicht aus dem Auge zu verlieren.

Last but not least ist die richtige Plazierung der Anzeige ein Erfolgskriterium: Oftmals bietet der Anzeigenträger schon branchenspezifische Rubriken an. In jedem Fall gilt, dass Anzeigen in den oberen Ecken der Seiten am ehesten wahrgenommen werden.

> Nach einer allgemein gültigen Aussage sollten die Kosten einer Anzeige etwa einem Monatseinkommen der zu besetzenden Stelle entsprechen.

Muster für Stellenanzeigen gibt es wie Sand am Meer. Ein Blick in die Wochenendausgaben der Tageszeitungen zeigt genügend Muster für die jeweils gesuchte Funktion.

Innerbetriebliche Stellenausschreibung

Die gleichen Grundsätzen gelten im Wesentlichen auch für die innerbetriebliche Stellenausschreibung. Allerdings ist der „werbliche" Aufwand geringer; ausreichend sind Informationen über

- die Tätigkeit,
- die Aufgabenstellung,
- die Anforderungen an den Bewerber und
- die Dotierung/Eingruppierung.

Gesetzliche Anforderungen

Bei Stellenausschreibungen ist zu beachten, dass die Stellenangebote, sowohl innerbetriebliche als auch außerbetriebliche, den Anforderungen des Allgemeinen Gleichbehandlungsgesetzes entsprechen.

> Eine Verletzung der Neutralität kann unter Umständen Schadenersatzansprüche auslösen. Daher ist stets von der Suche nach „dem Softwareentwickler/der Softwareentwicklerin" die Rede! Hinweise etwa auf ein „junges Team, welches wir verstärken wollen" oder auf „Kenntnisse: Deutsch als Muttersprache" sind zu unterlassen.

Bei innerbetrieblichen Stellenausschreibungen sind zusätzlich die Mitbestimmungsrechte des Betriebsrates nach § 93 BetrVG zu beachten. Unter Umständen kann verlangt werden, dass internen Bewerbern stets der Vorrang vor externen Bewerbern zu geben ist.

9.7 Beschäftigung von Nicht-Deutschen

Ein Nicht-Deutscher (Definition nach § 1 Abs. 2 Ausländergesetz) benötigt grundsätzlich eine gültige Aufenthaltsgenehmigung und Arbeitsgenehmigung in Form einer Erlaubnis oder Berechtigung, um in der Bundesrepublik Deutschland tätig zu werden. Dazu zählen auch das Ableisten eines Praktikums, die Ausbildung sowie Aufnahme eines Aushilfsjobs.

Zuständig für die Genehmigungserteilung ist die örtlich zuständige Agentur für Arbeit.

> Wichtig: Die Genehmigungen müssen vor der Aufnahme der Beschäftigung vorliegen. Bei Verstoß droht dem Arbeitgeber Bußgeld.
>
> Arbeitsgenehmigungspflicht besteht auch nicht für die sonstigen Mitglieder des Europäischen Wirtschaftsraumes (EWR), Island, Schweiz, Norwegen und Liechtenstein.
>
> Wichtig: Die Bürger der neuen Beitrittsländer der EU benötigen auch nach dem Beitritt zur EU im Mai 2004 eine Arbeitsgenehmigung.

Zu beachten ist auch: Bei Beschäftigung zu unverhältnismäßigen oder sonst unzumutbaren Bedingungen im Vergleich zu regulären Arbeitnehmern droht sogar eine Freiheitsstrafe!

Mitglieder der Europäischen Union

Eine Reihe der europarechtlichen Vorschriften (Artikel 39 ff., 95, 136 EGV, Vertrag zur Gründung der Europäischen Gemeinschaft) nimmt Bezug auf den Arbeitnehmer.

Besonders hervorzuheben sind hier die Regelungen über die Freizügigkeit der Arbeitnehmer nach Artikel 39 Abs. 2 EGV – Grundfreiheit und Grundlage des Gemeinschaftsrechtes, nach dem jede auf der Staatsangehörigkeit beruhende unterschiedliche Behandlung der Mitgliedstaaten in Bezug auf Beschäftigung, Entlohnung und sonstige Arbeitsbedingungen abgeschafft ist.

Freizügigkeit

> Eine wesentliche Auswirkung der Freizügigkeit findet sich bei der Genehmigungspflichtigkeit einer Ausländerbeschäftigung wieder. Die Mitglieder der Europäischen Union benötigen keine Arbeitsgenehmigung.

Sonstige Nicht-Deutsche

Jede Arbeitsaufnahme aller anderen Ausländer ist genehmigungspflichtig.

Unter Umständen entfällt in einigen gesetzlich vorgesehenen Fällen diese Pflicht. So bedürfen Ausländer mit unbefristeter Aufenthaltserlaubnis beziehungsweise -berechtigung keiner Genehmigung; dies gilt auch für Ausländer, die aufgrund zwischenstaatlicher Vereinbarungen mit der Bundesrepublik Deutschland von der Genehmigungspflicht befreit sind.

Green Card · Mit der viel diskutierten sogenannten „Green-Card-Regelung" können Arbeitgeber bis zu fünf Jahren befristet und an bestimmte Bedingungen geknüpft Computerexperten aus Nicht-EU-Ländern in Deutschland beschäftigen.

Gewisse Erleichterungen und Möglichkeiten, von der Arbeitsgenehmigungspflicht freigestellt zu werden, bestehen für spezielle Personengruppen und für spezielle Tätigkeiten, so beispielsweise für Krankenpflegekräfte, für Au-pair-Personal oder zur Erfahrungssammlung ausländischer Praktikanten in der Berufs- und Arbeitswelt.

Die Globalisierung der Wirtschaft und Internationalisierung des Führungskreises der Unternehmen hat den Gesetzgeber angehalten, der steigenden Nachfrage bei der internationalen Entsendung von Fach- und Führungskräften nachzukommen. In diesem Bereich gibt es unter bestimmten Voraussetzungen die Möglichkeit Mitarbeiter ausländischer Gesellschaften in inländischen Unternehmen zu beschäftigen.

Nähere Informationen hierzu sind bei der Bundesagentur für Arbeit erhältlich.

9.8 Hartz-Kommission

„Die Kommission für Moderne Dienstleistungen am Arbeitsmarkt – bekannt als Hartz-Kommission – hatte es sich zur Aufgabe gemacht, den Arbeitsmarkt zu reformieren und neue Arbeitsplätze zu schaffen, sowie die Arbeitsverwaltung effizienter zu machen. Mit der Umsetzung der Vorschläge dieser Kommission will die Regierung, wie sich aus den Erläuterungen zu den Gesetzentwürfen ergibt, die größte Arbeitsrechtsreform in der Geschichte der Bundesrepublik Deutschland auf den Weg bringen. Ob dieses hochgesteckte Ziel tatsächlich erreicht werden wird, kann nur die Zukunft zeigen."

So lautete die Einleitung zum Kapitel in der 4. Auflage.

Die letzten Jahre haben etwa bei der Umstrukturierung der Arbeitsverwaltung in eine Bundesagentur für Arbeit Erfolge gezeigt. Allerdings sind die Personal-Service-Agenturen und die Job-Center vom „Aus" bedroht. Die Neugründungen einer Ich-AG werden seit dem 1.8.2006 nicht mehr gefördert, das Modell läuft also aus.

Einzig die geringfügige Beschäftigung hat sich von System her bewährt. Die Regelungen im Überblick:

Geringfügige Beschäftigung

- Entgeltgrenze generell 400 €
- Arbeitgeber-Pauschalabgaben in Höhe von 30,1% (Rentenversicherung 15%, Krankenversicherung 13%, 2% Pauschalsteuer mit Abgeltungswirkung, 0,1% Umlage nach dem Aufwendungsausgleichsgesetz)
- Arbeitgeber-Pauschalabgaben bei geringfügiger Beschäftigung im Privathaushalt 13,7% (RV und KV je 5%, 2% Pauschalsteuer, 0,1% Umlage, 1,6% Beiträge zur gesetzlichen Unfallversicherung)

Neu ist auch eine sogenannte „Progressionszone" für Entgelte zwischen 400,01 und 800 €: In der Progressionszone werden die beitragspflichtigen Einnahmen nach einer eigenständigen Formel ermittelt. Ab 400,01 € setzt der volle Arbeitgeberanteil zur Sozialversicherung für das gesamte Entgelt ein. Dieser Arbeitnehmeranteil steigt linear auf den vollen Anteil, je mehr sich das Entgelt an die 800 € annähert. Die Versteuerung erfolgt wie üblich gegen Vorlage einer Lohnsteuerkarte und unterliegt der Individualbesteuerung.

Zu beachten ist außerdem, dass sich die Einkommen aus geringfügigen Beschäftigungen addieren, die „Progressionszone" also bei zwei Beschäftigungsverhältnissen zu je 250 € erreicht ist.

Zu einer Hauptbeschäftigung bleibt eine geringfügige Beschäftigung bis zu 400 € im Monat anrechnungsfrei, also steuer- und abgabenfrei.

Hinzu kommen einige weitere Neuerungen wie beispielsweise eine neue Meldepflicht für Arbeitslose.

10 Organisation und Organisations- entwicklung

Die Ausgangslage ist einfach skizziert: Die technisch-organisatorischen Voraussetzungen für ein erfolgreiches Arbeiten sind kostengerecht herzustellen. Überdies gibt es eine Vielzahl von – oft mehr als lästig angesehenen – Verpflichtungen, die auf einen Betrieb und seine Manager zukommen. Die sich daraus ergebenden Herausforderungen sind entweder im Rahmen eines Projektes oder während des „Normalbetriebes" zu meistern.

10.1 Was ist Organisation?

Nach der Standarddefinition ist „Organisation" ein Instrument zur Erreichung einer bestimmten Zielsetzung, zum Beispiel der Erfüllung von Managementaufgaben.

Organisation umschreibt die Erfüllung von Daueraufgaben – im Gegensatz zur Planung, die zukünftige, begrenzte Planungshorizonte umfasst. Allerdings darf Organisation nicht mit Stillstand verwechselt werden; die ständigen Bemühungen im Hinblick auf Prozessoptimierungen beweisen das Gegenteil. Zwischen Organisation und Planung liegt die Improvisation: Dies ist das Finden von Zwischenlösungen für eine kurze Zeit.

Organisation untergliedert sich in die Aufbauorganisation und die Ablauforganisation; die Projektorganisation umfasst im Regelfall beide Begriffe.

Organisationsentwicklung

Am Beginn jeder Entwicklung einer Organisation – sei es die Gründung eines Unternehmens, der Aufbau einer Abteilung oder „nur" die Optimierung bestehender Prozesse – steht nach der Erhebung des Ist-Zustandes die Formulierung von Zielen und Strategien sowie der Entwicklung von Maßnahmen. Strukturen, Arbeitsformen und -instrumente sind entweder zu finden oder zu überprüfen und anzupassen. Dabei sind laufend Optimierungen anzustreben und zu erreichen.

> Endziel der Organisationsentwicklung ist der Aufbau einer lernenden Organisation.

Alle diese Anforderungen lassen sich unter dem Begriff Organisationsentwicklung zusammenfassen. Wichtig dabei ist die ständige Überprüfung des Erfolges der Entwicklung.

Das Change Management als wichtiger Teilbereich der Organisationsentwicklung – hier: Organisationsveränderung – soll den Prozess optimieren und eventuelle Widerstände gegen die Veränderung insbesondere durch Information und Kommunikation der Beteiligten beseitigen (Näheres hierzu siehe Kapitel 2.7). | Change Management

10.1.1 Aufbauorganisation

Hinter dem Begriff Aufbauorganisation verbirgt sich die Organisation des inneren Aufbaus eines Unternehmens. Sie umfasst vier Teilbereiche: Stellenbildung, Aufbaugestaltung, Organisationsformen und Dokumentation.

Stellenbildung

Die Stellenbildung gliedert sich in zwei Schritte:

- *Aufgabenuntersuchung,* ausgehend von übergeordneten Zielen unter Definition der notwendigen Tätigkeiten (Verrichtungs- und Objektanalyse von Elementaraufgaben) und
- *Aufgabenverbindung,* welche die Elementaraufgaben unter Zweckmäßigkeitserwägungen zu abgrenzbaren Stellen zusammenführt.

Im Rahmen der Stellenbildung sind Fragen der benötigten Mitarbeiterkapazitäten im Allgemeinen und der Aufgabenkomplexität – wichtig für die Mitarbeiterqualifikation – im Besonderen ebenso zu berücksichtigen wie die grundlegenden unternehmerischen Ziele von Zweckmäßigkeit und Wirtschaftlichkeit.

Aufbaugestaltung

Bei der Aufbaugestaltung sind insbesondere die Stellenarten sowie deren Strukturen zu berücksichtigen.

Stellenarten, charakterisiert durch Umfang der Befugnisse und Aufgaben, sind Linien- oder Stabstellen. Letztere unterteilen sich wiederum in Leitungs-, Ausführungs- und Assistenzfunktionen. Leitungsstellen sind durch weitreichende Befugnisse, wie Entscheidungs-, Anweisungs- und Kontrollbefugnisse gekennzeichnet; Ausführungsstellen finden sich im Spezialistenbereich mit der dazu gehörigen Fachkompetenz, Assistenzstellen regelmäßig im Generalistenbereich mit Unterstützungsaufgaben wieder. Jede dieser Stellen entspricht einem Mitarbeiter.

Neben den Linien- und Stabstellen können Gremien installiert werden, zum Beispiel Projektgruppen oder Ausschüsse.

Unternehmens-struktur Ein Unternehmen strukturiert sich üblicherweise in Bereiche, Hauptabteilungen, Abteilungen und Stellen in hierarchischen Abhängigkeiten. In der Organisation spielt die Leitungsspanne eine wichtige Rolle, da die Anzahl der direkt betreuten Mitarbeiter nicht beliebig groß sein kann und darf.

> So kann in Nicht-Fertigungsbetrieben davon ausgegangen werden, dass etwa sieben Mitarbeiter je Führungskraft eine vernünftige Größenordnung sind.

Organisationsformen

Die gängigsten Organisationsformen seien im Folgenden kurz dargestellt.

Linienorganisation *Kennzeichen*: Eindeutige Über-/Unterordnungsverhältnisse; Aufgaben-, Befugnis- und Verantwortungsabgrenzung; Übersichtlichkeit.

Anwendungsbereich: Kleinere und mittlere Unternehmen; Unternehmen mit klar umgrenzten Zielen.

Nachteile: Hierarchien werden zementiert; kaum Teamwork möglich; geringe Entscheidungsbefugnis.

Matrixorganisation *Kennzeichen*: Funktionen in Geschäftsbereiche gegliedert; Kompetenzen bereichsweise zentralisiert; Einrichtung von Zentralabteilungen (Personal, Forschung, Finanzen) mit unternehmensweiter Richtlinienkompetenz.

Anwendungsbereich: National tätige Großunternehmen; bei der Erweiterung der Matrixorganisation um regionale Geschäftseinheiten (Landesgesellschaften) auch international.

Nachteile: Zentrale Vorgaben behindern unternehmerisches Handeln vor Ort; zentrale Vorgaben müssen allen gerecht werden, daher Gefahr von Kompromissen.

Kennzeichen: Zentralisierung auf Sparten oder Geschäfts-   Divisional-
bereiche; Eigenständigkeit und Ergebnisverantwortung der Be-   organisation
reiche; hohe Marktorientierung.

Anwendungsbereich: Mittlere bis große Unternehmen mit unterschiedlichen Produkten oder Märkten.

Nachteile: Bereichsziele vor Unternehmenszielen aufgrund der
Eigenständigkeit; Mehrfachfunktionen insbesondere im Stabs-
bereich; Synergieeffekte werden kaum genutzt.

Kennzeichen: Ausrichtung auf ein bestimmtes Produkt, einen   Produkt- und Pro-
Markt, ein (Projekt)Ziel; hohe Flexibilität; Bündelung der Ver- jektmanagement
antwortung.

Anwendungsbereich: alle Unternehmensformen und -größen.

Nachteile: Mehrfachunterstellung; schwierige Personalentwicklung.

Dokumentation

Jede *Aufbauorganisation* ist zu dokumentieren. Die Instrumente
hierfür sind der *Organisationsplan, Stellenbeschreibungen* und
-pläne als formalisierte Aufstellung von Merkmalen und Beset-
zung sowie der *Aufgabenverteilungsplan*, mit dem die Anteile und
Befugnisse der einzelnen Organisationseinheiten im Hinblick
auf das Unternehmen dargestellt werden.

Die Dokumentation dient der Sicherheit der Mitarbeiter und
ihrer Organisation und zur Abgrenzung wem welche Aufgabe
zugeordnet ist. Außerdem ist sie eine wesentliche Grundlage zur
kompetenzgerechten Wahl von Kommunikationspartnern und
Entscheidern.

10.1.2 Ablauforganisation

*Unter Ablauforganisation ist allgemein die Organisation der Arbeits-
abläufe zu verstehen. Sie umfasst drei Aufgabenstellungen: Systemuntersuchung, Systemgestaltung und Systemeinführung.*

Systemuntersuchung

Zur Entwicklung oder Optimierung eines Systems ist zum einen
die Analyse von Schwachstellen, zum anderen die Kenntnis der
Erwartungen an die Veränderung notwendig. Die Methoden
der Systemuntersuchung sind bekannt:

Der Ist-Aufnahme mittels bestimmter Erhebungstechniken wie   Ist-Aufnahme,
Interview, Fragebogen oder Beobachtung, dokumentiert in Lis-   Ist-Analyse

ten, Ablaufdiagrammen, Datenflussplänen oder Entscheidungstabellen, folgt die Ist-Analyse im Wege der Schwachstellen- und Anforderungsanalyse, unter Nutzung festgelegter Instrumente, wie Checklisten, Benchmarking, ABC-Analysen zur Erkennung von Schwerpunkten oder Entscheidungstabellen.

Grundlagenanalyse Die Grundlagenanalyse, also die Beantwortung der Frage, ob beispielsweise ein Prozessschritt ersatzlos gestrichen werden kann, sollte schon aus Gründen der Effizienz nie vergessen werden.

Systemgestaltung

Grobkonzept, Feinkonzept Regelmäßig geht der detaillierten Lösung ein Grobkonzept voraus. Bereits hier werden Handlungsalternativen entwickelt sowie erste entscheidungsfähige Lösungskonzepte erarbeitet. In der detaillierten Planung spielen dann Fragen wie Prozessoptimierung, Fehlerminimierung sowie Kunden- oder Benutzerfreundlichkeit eine Rolle. Schließlich werden die einzelnen technisch-organisatorischen Themen der Einführung vorbereitet.

Systemeinführung

Implementierung Sobald die Systemgestaltung abgeschlossen ist, gilt es, das neu entwickelte System, Beispiel: Personalabrechnungsverfahren, im Unternehmen zu implementieren. Hierbei werden drei Phasen durchlaufen.

Die wichtigste wird die Vorbereitung der Einführung sein. Hier wird die Einführungsmethode (Direkt, Parallel, Probeweise, Modular) festgelegt und Termine und Ressourcen werden genau geplant. Kernpunkte der Vorbereitungsaktivitäten sind die frühzeitige Einbeziehung von Anwendern sowie die Information und Schulung aller Betroffenen. Bei komplexen Projekten sollte die Einführung durch ein Notfallkonzept abgesichert sein.

Der eigentliche Systemeinsatz sowie die Kontrolle und Dokumentation der Einführung schließen die Systemeinführung ab.

> Eine optimale Ablauforganisation ist wesentliche Voraussetzung für erfolgreiche Kundenorientierung.

10.1.3 Projektorganisation

Projektorganisation ist die Gesamtheit der Organisationseinheiten und der aufbau- und ablauforganisatorischen Regelungen zur Abwicklung eines bestimmten Projektes.

Im Vorfeld der Projektorganisation steht regelmäßig der Auslöser des Projektes: Eine Aufgabe wird gestellt oder ein Problem erkannt, welches zu lösen oder welches zu beseitigen ist. Erst nach dem Projektstart greifen Projektplanung – im Wesentlichen Ressourcen-, Termin und Kostenplanung – und Projektdurchführung ein. Wichtig insbesondere bei Projekten: die Projektsteuerung und -kontrolle. Die Projektkontrolle setzt die richtige Projektdefinition voraus.

Weitere Einzelheiten zu Projektorganisation und Projektmanagement finden sich im Kapitel 7.1.

10.1.4 Profitcenter

Teilbereiche von Matrix- und Divisionalorganisationen sind häufig als Profitcenter, auch strategische(s) Geschäftsfeld oder -einheit genannt, organisiert.

Für solche Organisationseinheiten wird ein eigener Geschäftsabschluss ermittelt, nach dem das Profitcenter beurteilt wird. Innerhalb des Gesamtunternehmens agiert es wie ein selbstständiges Unternehmen.

Die Vorteile eines Profitcenters liegen auf den Hand: Hohe Flexibilität, hohe Motivation von Führungskräften und Mitarbeitern – sie sind schließlich Unternehmer; bei rechtlich selbstständigen Einheiten Möglichkeit der Verbreiterung der Kapitalbasis.

Ein Profitcenter gedeiht nur, wenn es organisatorisch vom Gesamtunternehmen abgegrenzt ist, seine Geschäftsstrategien vom Produkt über das Marketing bis zur Investition selbst bestimmen kann und schließlich die klare Ergebnisverantwortung trägt – also nicht mehr „am Tropf" des Gesamtunternehmens hängt.

10.1.5 Virtuelle Organisation

Im Zuge der zunehmenden Globalisierung und der ständig wachsenden Möglichkeiten der Informations- und Kommunikationstechnik gewinnen die sogenannten „virtuellen Organisationen" immer mehr an Bedeutung. Was verbirgt sich hinter diesem Begriff?

Im Grunde nur eine Form der Unternehmensorganisation. Allerdings: Büroräume oder Produktionseinrichtungen gehören

Cyberspace

ganz oder in wesentlichen Teilen der Vergangenheit an. Das Unternehmen existiert nur noch im Cyberspace. In solchen Organisationen arbeiten alle Mitarbeiter räumlich weit entfernt, aber miteinander über beliebige Kommunikationsmedien vernetzt, unter einem Firmendach zusammen wie in jedem anderen Unternehmen. Als bereits vielfach realisierte Vorstufe des virtuellen Unternehmens kann das virtuelle Team angesehen werden.

Langfristig ist zu vermuten, dass virtuelle Organisationen – generiert durch Telearbeit und verstärkte internationale Zusammenarbeit – die Unternehmensform der Zukunft sind. Wichtigste Voraussetzung für virtuelle Organisationen: Die konsequente Nutzung neuer Informationstechnologien wie E-Mail, Internet oder Videokonferenzen. Nur so lassen sich Raum und Zeit überwinden.

10.2 Organisations- und Arbeitsmittel

Zur Organisation bestimmter Prozesse oder zur Erreichung von Zielen stehen unterschiedliche Instrumente zur Verfügung. Im Wesentlichen sind dies Verfahren und Arbeitsmittel.

Verfahren Die *Organisationsverfahren* untergliedern sich in Methoden und Techniken, stellen also immaterielle Werkzeuge der Organisation dar. Die *Organisationsmethoden*, wie Projektplanung oder Implementierungsstrategien, dienen zum systematischen Erreichen des Organisationszieles, also etwa grundsätzliche Vorgehensweisen oder Verhaltensregeln. Die *Organisationstechniken* sind das immaterielle Handwerkszeug für die Zielerreichung in einem Organisationsprozess; dazu gehören bestimmte Checklisten- oder Entscheidungstechniken sowie bestimmte Kreativitätstechniken (Näheres siehe Kapitel 12.4).

Sachmittel Die *Organisationsarbeitsmittel* – also die materiellen Mittel der Organisation – unterteilen sich üblicherweise in Systemmittel, wie Büroausstattung, Bibliotheken oder Archive, und Projektmittel, wie Flip-Charts und Teamräume.

Arbeitsmittel

Der Trend bewegt sich in der modernen Bürolandschaft überwiegend weg von Insellösungen (Stand-alone) hin zu vernetzten Systemen. Integrierte Vorgangsbearbeitung, also Vorgänge eingehend, bearbeitet und weitergeleitet über vernetzte Büroarbeitsplätze, ist der heutige Stand der Dinge. Client-Server-Architekturen, Workgroups und Datennetze ermöglichen das gemeinsame Nutzen und Verarbeiten von Information in lokalen und externen Datenbanken. Über LAN (Local Area Network) verbinden sich elektronische Archive, Mailserver und Datenbanken mit den Bürocomputern.

Am Beginn der Auswahl steht die Frage, welche Arbeitsmittel überhaupt notwendig sind und gebraucht werden.

Welche Arbeitsmittel werden gebraucht?

> Ganz allgemein gilt, dass alle Prozesse durch die Wahl der richtigen Arbeitsmittel optimiert werden sollen.

Analysen der Ist-Situation und der Abläufe helfen hier weiter: Umfeld, Aufgaben, Arbeitssituation und die technischen Rahmenbedingungen sind zu beachten. Auch die persönlichen Vorstellungen sind nicht ohne Belang.

Die Beschaffung von Hard- und Software ist heute nicht mehr die Herausforderung; diese stellt sich vielmehr im Finden der richtigen Lösung der Datenverarbeitung für das Unternehmen unter Berücksichtigung der individuellen Situation.

Beschaffung

Und wo sind die Quellen? Ganz einfach: Ein Blick ins Branchenbuch oder einige Recherchen im Internet zeigen eine ständig steigende Anzahl von Dienstleistern der Datenverarbeitungsbranche. Von Lösungen und Applikationen für den Drei-Mann-Handwerksbetrieb über mittelständische Automobilzulieferer bis hin zu Großunternehmen ist alles zu finden.

> Zu beachten: Aufgrund der immer größeren Vernetzung wird es Lösungen „von der Stange" kaum noch geben; Maßgeschneidertes ist gefragt!

Die Devise lautet: Immer schneller, immer leistungsfähiger, immer kleiner, oft auch immer preiswerter.

Allerdings sollte der Anwender bei der Suche nach den geeigneten Arbeitsmitteln nicht die Wirtschaftlichkeit aus den Augen verlieren: Neben den eigentlichen Anschaffungskosten – auf den ersten Blick meist günstig – sind die laufenden Kosten, wie Wartung oder Software-Updates, mit zu berücksichtigen. Hier werden oft die vermeintlich guten Anschaffungspreise wieder verdorben.

Wirtschaftlichkeit

> Wichtig: Bei der Suche nach Dienstleistern lohnt es sich, langfristig zuverlässige Partner zu suchen!

Welche Vorschriften sind zu beachten? Im Rahmen der Auswahl von Arbeitsmitteln spielen auch Überlegungen im Hinblick auf die Arbeitsplatzgestaltung, Ergonomie und die Arbeitsplatzorganisation eine Rolle.

Zu beachten sind hier insbesondere die Vorschriften der Arbeitsstättenverordnung, der Bildschirmarbeitsverordnung und das Arbeitsschutzgesetz. Gerade Letzteres verpflichtet den Arbeitgeber im besonders starken Maße die Arbeit so zu gestalten, dass Gesundheitsgefährdungen minimiert werden; dies beeinflusst natürlich auch die Wahl der Arbeitsmittel. Mehr hierzu findet sich in Kapitel 8.6.

10.3 Organisationspflichten im Unternehmen

Unternehmen haben ebenso wie Privatpersonen Recht und Gesetz zu befolgen. Dennoch vergeht kaum ein Tag, an dem Straftaten von Unternehmen, also deren Management aufgedeckt werden. Vielfach handelt es sich um vorsätzlich begangene Delikte, vielfach aber auch um solche, die fahrlässig begangen worden sind. Viele Unternehmen haben sich, um es zu keiner Strafverfolgung kommen zu lassen, umfangreiche Organisations- und Aufsichtspflichten auferlegt – meist in Form von Regelwerken, die den Verantwortlichen ausgehändigt werden.

Hiernach sind insbesondere die Führungskräfte aufgefordert, Konflikte mit dem Gesetz zu vermeiden. Die Spannweite der Rechtsgebiete ist weit: Vom Umweltschutzrecht, dem Kartellrecht, dem Arbeitsschutzrecht, dem Öffentlichen Recht, dem Datenschutz über steuerliche Rechtsgebiete und Exportvorschriften bis hin zu Anti-Korruptionsvorschriften, Insiderhandel mit Aktien und Geheimnisschutz reicht die Palette der „zu brechenden" Gesetze.

Neben der Verpflichtung, selbst keine Gesetze zu brechen und seinen Verantwortungsbereich entsprechend zu organisieren, hat die Führungskraft darauf hin zu wirken, dass auch unterstellte Mitarbeiter die Regeln einhalten. Hier obliegen ihm nicht nur Überwachungspflichten; Auswahl-, Anweisungs- und Belehrungspflichten gehören ebenso dazu.

Wenn die Organisations- und Aufsichtspflichten verletzt werden, können die Führungskräfte zur Verantwortung gezogen werden, soweit im Aufgabenbereich ein Rechtsbruch begangen wurde, der bei ordnungsgemäßer Aufsicht hätte verhindert wer-

den können. Der handelnde Mitarbeiter wird im Regelfall strafrechtlich zur Rechenschaft gezogen. Für beide hat das Fehlverhalten zumeist auch arbeitsrechtliche Konsequenzen.

Auch die Palette der Sanktionen bei der Verletzung der Auf-   Sanktionen
sichtspflicht ist breit: Schon die reine Verletzung der Aufsichts-
pflicht stellt eine Ordnungswidrigkeit dar, § 130 OWiG. Die
Geldbuße – oft in Millionenhöhe – trifft den Aufsichtspflichti-
gen, unter Umständen bis hinauf in die Geschäftsleitung. Auch
gegen das Unternehmen kann eine Geldbuße festgesetzt
werden (§ 30 OwiG) falls der Aufsichtspflichtige im Unternehmen eine leitende Stellung innehat (Vorstand, Geschäftsführer
und Prokurist). Eine dauernde Verletzung von Aufsichtspflichten kann den Betreffenden strafrechtlich zum Mittäter werden
lassen.

> Bußgeldbescheide gegen Unternehmen werden in das Ge-
> werbezentralregister eingetragen. Einträge können zum
> Verlust öffentlicher Aufträge führen!

Exkurs: Risikomanagement

Nicht nur in Großunternehmen gewinnt das Risikomanagement immer mehr an Bedeutung. Eigentlich in allen Unternehmen gehört die Beherrschung von Risiken zur unternehmerischen Kernkompetenz.

Kernbereiche des besonderen Risikocontrollings sind naturgemäß alle die, welche den Bestand des Unternehmens betreffen,
wie etwa Rechnungswesen und Finanzierung, aber auch Fragen
der Haftungsverpflichtung etwa aus Produkthaftung.

> Managementsysteme, Organisationsstrukturen und insbe-
> sondere die Prozesse müssen ein effektives Risikomanage-
> ment sicherstellen, also potentielle Risiken rechtzeitig er-
> kennen, bewerten und gegebenenfalls steuern. Erforderlich
> ist in jedem Fall die klare Zuordnung der Risikoverantwor-
> tungen.

Seit Mai 1998 gibt es in Deutschland das „Gesetz zur Kontrolle   KonTraG
und Transparenz im Unternehmensbereich" (KonTraG). Das
Gesetz kennt zwei Schwerpunkte:

• Den Nachweis, dass im Unternehmen ein System des Risikomanagements vorhanden ist und

• die überprüfbare Veröffentlichung potentieller Risiken.

Im Ergebnis geht es bei Risikomanagement um die Vermeidung von potentiellen Risiken. Darüber hinaus soll ein kontrollierter Umgang mit erkannten Risiken neue Handlungsspielräume für das Unternehmen schaffen.

Empfindlichkeits-analyse Eine Vorstufe des Risikomanagements kann die Empfindlichkeitsanalyse darstellen.

Hierunter ist ein Verfahren zur Prüfung der Stabilität einer gefundenen Lösung zu verstehen, das mitunter auch Sensibilitäts-Analyse genannt wird.

In dem Verfahren werden unterschiedliche Parameter verändert und die Auswirkungen auf das Ergebnis beobachtet. Ein Spezialfall ist das Tornado-Diagramm. Hierbei wird z.B. eine 10%ige Veränderung von Kosten auf das Ergebnis eines Geschäftsfeldes oder einer Firma dargestellt. In der Regel zeigt sich hierbei, dass Veränderungen bei Verwaltung, Entwicklung und Produktion schwächere Einflüsse haben als die Veränderung des Endkundenpreises. Durch die grafische Auftragung nach der Stärke des Einflusses einzelner Parameter entsteht der Eindruck eines Tornados – und so entstand der Name.

Exkurs: Corporate Governance

Nicht erst seit den kriminellen Vorfällen um die U.S.-Firmen Enron und WorldCom spielt der Gedanke an eine transparente Unternehmensführung eine Rolle.

Es hat sich gezeigt, das die Verpflichtungen zur Schaffung eines Risikomanagements nach dem KonTraG nicht immer ausreichend waren. Aus diesem Grund wurde im September 2001 vom Bundesministerium für Justiz eine Regierungskommission zur Erarbeitung eines (freiwilligen) „Corporate Governance Kodex" – zu deutsch „Verhaltensweisen zur Unternehmensführung" eingesetzt.

Regierungskommission „Corporate Governance Kodex"

Nach Ansicht der Regierungskommission macht der Kodex deutsche Unternehmen fit für die internationalen Finanzmärkte und setzt klare Verhaltensstandards für Transparenz, da alle wesentlichen Kritikpunkte an der deutschen Unternehmensverfassung beachtet werden. Insbesondere von ausländischen Investoren wurden nämlich bis dahin

- die unzureichende Ausrichtung auf Aktionärsinteressen,
- die duale Unternehmensverfassung mit Vorstand und Aufsichtsrat,

- die mangelnde Transparenz deutscher Unternehmensführung,
- die mangelnde Unabhängigkeit deutscher Aufsichtsräte und die
- eingeschränkte Unabhängigkeit der Abschlussprüfer

bemängelt. Allerdings dürfte sich einiges an Kritik durch die oben bereits erwähnten Firmenskandale in den USA relativiert haben!

Die Regelungen

Die wesentlichen Regelungen des Deutschen Corporate Governance Kodex im Überblick, entnommen aus der Pressemitteilung des Bundesjustizministeriums vom 26.2.2002:

1. Der Kodex betont die Rechte der Aktionäre, die die wirtschaftlichen Eigentümer der Gesellschaft sind. Die Zuständigkeiten der Hauptversammlung werden eingehend beschrieben. Die Gesellschaft soll ihren Aktionären unter Einsatz des Internets die Vorbereitung auf die Hauptversammlung erleichtern. Der Vorstand soll sämtliche Vorbereitungsunterlagen für die Hauptversammlung auch auf der Internetseite der Gesellschaft veröffentlichen.

   Aktionärsrechte

2. Der Kodex beschreibt den Grundsatz „One Share One Vote" und betont die grundsätzliche Unzulässigkeit von Mehrstimmrechten und Vorzugsstimmrechten („Golden Shares") sowie von Höchststimmrechten bei börsennotierten Gesellschaften.

3. Der Kodex fordert ein intensives Zusammenwirken von Vorstand und Aufsichtsrat ein und trägt so dazu bei, dass das duale Führungssystem mit Vorstand und Aufsichtsrat und das international verbreitete Boardsystem sich in der Praxis aufeinander zu bewegen.

4. Der Kodex empfiehlt eine verbesserte Information des Aufsichtsrats, indem er die effiziente Informationsversorgung als gemeinsame Aufgabe von Vorstand und Aufsichtsrat beschreibt, schriftliche und rechtzeitige Vorstandsberichte fordert und verlangt, dass in den Berichten des Vorstands Abweichungen von aufgestellten Plänen und Zielen dem Aufsichtsrat erläutert werden.

   Information des Aufsichtsrates

5. Gute Unternehmensführung setzt eine offene Diskussion zwischen Vorstand und Aufsichtsrat sowie in Vorstand und Aufsichtsrat voraus. Die umfassende Wahrung der Vertraulichkeit ist dafür von entscheidender Bedeutung.

6. Der Kodex schlägt Maßnahmen zur Verbesserung der Diskussionskultur im Aufsichtsrat vor. Hierzu gehören die intensivere Ausschussarbeit sowie Vorgespräche der Anteilseigner und der Arbeitnehmervertreter mit Vorstandsmitgliedern zur Vorbereitung der Plenarsitzungen.

7. Vorstandsvergütungen sollen auf Grund einer Leistungsbeurteilung unter Berücksichtigung der wirtschaftlichen Lage der Gesellschaft festgelegt werden. Sie sollen ein Fixum, variable Bestandteile und an den langfristigen Unternehmenserfolg gebundene Komponenten (z.B. Stock Options) enthalten. Auch die Aufsichtsratsvergütung sollte auf den langfristigen Unternehmenserfolg ausgerichtete Vergütungskomponenten enthalten. Der Kodex gibt die Anregung, Vorstands- und Aufsichtsratsvergütungen individualisiert im Anhang zum Konzernabschluss offenzulegen.

Unabhängigkeit des Aufsichtrats

8. Zur Sicherung der Unabhängigkeit des Aufsichtsrats sollen nicht mehr als zwei ehemalige Vorstandsmitglieder Mitglieder des Aufsichtsrats sein. Aufsichtsratsmitglieder sollen auch keine Organfunktion oder Beratungsaufgaben bei wesentlichen Wettbewerbern des Unternehmens ausüben.

9. Der Kodex setzt auf das Prinzip der Transparenz. Interessenkonflikten in Vorstand und Aufsichtsrat soll dadurch vorgebeugt werden, dass jedes Vorstands- und jedes Aufsichtsratsmitglied angehalten wird, Interessenkonflikte dem Gesamtaufsichtsrat gegenüber offen zu legen.

Information der Aktionäre

10. Die Gesellschaften werden angehalten, die Aktionäre bei Informationen gleich zu behandeln. Allen Aktionären sollen sämtliche neuen Tatsachen, die Finanzanalysten und vergleichbaren Adressaten mitgeteilt worden sind, unverzüglich zur Verfügung gestellt werden.

Unabhängigkeit der Wirtschaftsprüfer

11. Der Kodex fordert von den Wirtschaftsprüfern die vollständige Offenlegung der beruflichen, finanziellen und sonstigen Beziehungen zwischen Unternehmen und Abschlussprüfern. Der Abschlussprüfer soll verpflichtet werden, dem Aufsichtsratsvorsitzenden während der Prüfung auftretende Befangenheitsgründe unverzüglich offenzulegen.

Nach Ansicht des Ministeriums ist der Kodex vorbildliches Zeichen der Selbstverpflichtung der Wirtschaft und ergänzt als „Soft Law" – lediglich ein Rahmen wird vorgegeben – die sogenannte Comply-or-Explain-Regelung im Transparenz- und Publizitätsgesetz (§ 161 Aktiengesetz).

Aktuelle Entwicklungen

Die Einführung der Corporate-Governance-Regelungen in Deutschland vor zwei Jahren hat die Vorstände der Unternehmen insbesondere durch die Stärkung der Rechte der Aufsichtsräte und Anteilseigner unstreitig in die Pflicht genommen. Auch die Kontrollmöglichkeiten der Risiken und Finanzen – beides oftmals miteinander verwoben – haben sich unter dem Aspekt einer wertorientierten, transparenten Unternehmensführung und -kontrolle verbessert.

Wertorientierte und transparente Unternehmensführung

Allerdings werden von den 67 Empfehlungen des Deutschen Corporate Governance Codex in den seltensten Fällen alle beachtet, da es bei Verstößen oder Abweichungen an Sanktionen fehlt. Längst nicht alle börsennotierten Unternehmen folgen der Empfehlung der jährlichen Erklärung der Anwendung der Codex-Regelungen. Noch weniger geben bekannt, in welchen Punkten sie vom Codex abweichen: Meist sind dies die fehlende Veröffentlichung der individuellen Vorstandsgehälter und Aufsichtsratsvergütungen, unvollständige Informationen über den Selbstbehalt des Managements bei Haftpflichtfällen sowie der Verstoß gegen die Empfehlung, den Konzernabschluss binnen 90 Tagen zu veröffentlichen.

Insgesamt bleibt festzuhalten, dass der Corporate Governance Codex das Problembewusstsein der Unternehmen und der Öffentlichkeit geschärft hat, die Umsetzung jedoch bisher als zu nachlässig bezeichnet werden muss.

Daher nimmt es nicht Wunder, dass einige Anforderungen des Codex, wie etwa die Veröffentlichung der individuellen Managergehälter und die Ausweitung der Managerhaftung, gesonderten gesetzlichen Regelungen zugeführt werden sollen. Zwar wird es nach einem Gesetzentwurf der Bundesregierung vom Sommer 2004 keine gesetzliche Regulierung von Managerbezügen geben, etwa durch Höchstgrenzen, oder gar deren Koppelung an allgemeine Einkommensentwicklungen – wie seinerzeit insbesondere vor dem Hintergrund von staatlichen Sparmaßnahmen und Personalabbau gefordert wurde. Jedoch soll eine Transparenz in Form der Veröffentlichungspflicht zumindest für DAX-Unternehmen gesetzlich verankert werden, wenn der Appell an die Freiwilligkeit nicht ausreicht.

Managergehälter und -haftung

Auch wenn die Diskussion über Managergehälter sinnvoll sein mag, erscheinen wesentlich nutzbringender die außerdem für 2005 angedachten gesetzlichen Regelungen zur Ausweitung der persönlichen Haftung der Manager für falsche Unternehmensmitteilungen (Ausweitung auch auf grob fahrlässige Falschinformationen, bisher nur Vorsatz) und die Verbesserung des Anlegerschutzes durch die Zulassung von Sammelklagen in Form der bislang unbekannten „Klagebündelung" zu einem Musterverfahren, dessen Ausgang für alle an diesem Verfahren Beteiligten Wirkung entfaltet.

Fortentwicklung Juli 2006

Der neu gefasste deutsche Corporate-Governance-Kodex wurde am 24.7.2006 im elektronischen Bundesanzeiger veröffentlicht. Die wesentlichen Neuerungen auf einen Blick:

Inhaltlicher Schwerpunkt liegt auf den Anpassungen an das Vorstandvergütungs-Offenlegungsgesetz vom 3. August 2005 (VorstOG). Hiernach sind insbesondere Angaben zu den Bezügen jedes einzelnen Vorstandsmitgliedes zu machen. In der Vergangenheit genügte eine Übersicht über die Gesamtbezüge des gesamten Gremiums. Aufgeschlüsselt werden nunmehr erfolgsunabhängige bzw. erfolgsbezogene Bestandteile, wie etwa Fixgehälter bzw. Jahresboni orientiert am Geschäftserfolg. Hinzu tritt eine Verpflichtung, über Einkommensbestandteile mit langfristiger Wirkung, wie etwa Aktienoptionen, zu berichten.

Ferner wurden Regelungen zur zeitlichen Straffung der Hauptversammlung einer Aktiengesellschaft in den Corporate-Governance-Kodex aufgenommen.

Näheres ist über die Website der Kommission zu erfahren (http://www.corporate-governance-code.de).

Sarbanes-Oxley-Act (SOA)

Beinahe zeitgleich zu der Einführung des deutschen Corporate Governance Codex wurde im August 2002 in den Vereinigten Staaten das nach seinen Initiatoren, dem Senator Paul Sarbanes und dem Abgeordneten Michael Oxley, benannte Gesetz erlassen. Dieses ist nach Anschauung vieler der am weitesten gehende Eingriff in unternehmerische Freiheiten – und ein Gesetz, welches für alle an US-amerikanischen Börsen notierten Unternehmen Gültigkeit hat, also auch für die europäischen!

Im Wesentlichen sind die Unternehmen durch den SOA zu Transparenz und (Eigen-)Kontrolle verpflichtet: Vorstandsvorsitzender und Finanzvorstand haben die Richtigkeit der Bilanzen und Jahresabschlüsse eigenhändig durch Unterschrift zu bestätigen. Die Wirtschaftsprüfer haben vom Unternehmen unabhängig zu sein. Insiderhandel mit Firmenanteilen ist eingeschränkt und in jedem Fall zu veröffentlichen, wie überhaupt die Veröffentlichungsverpflichtungen des Unternehmens ausgeweitet worden sind. Sofern die Unternehmen nicht über eine interne Revision verfügen, ist eine solche aufzubauen. Und: Im Gegensatz zu den freiwilligen Verpflichtungen des deutschen Corporate Governance Codes wird der Verstoß gegen Bestimmungen des SOA und anderer aufsichtsrechtlicher Gesetze mit den aus den USA bekannten strengen straf- und zivilrechtlichen Sanktionen geahndet.

So zeigt sich, dass aufgrund des teilweise kriminellen Verhaltens des Managements einiger weniger, dafür prominenter Firmen wie Enron oder WorldCom alle anderen in den USA gelisteten Unternehmen bestens beraten sind, sich aufgrund der dortigen Gesetzeslage über die Einführung eines Systems zum Risikomanagement Gedanken zu machen, zu dem Kontrolle ebenso gehört wie Transparenz.

Exkurs: Transparenz- und Publizitätsgesetz

Das am 25. Juli 2002 verkündete Gesetz zur weiteren Reform des Aktien- und Bilanzrechts, zu Transparenz und Publizität ist inzwischen in Kraft getreten und im Bundesgesetzblatt verkündet.

Das TransPuG stellt neue Regeln für den Finanzmarkt und die börsennotierten Unternehmen auf, mit dem Ziel von Transparenz und Information der Marktteilnehmer sowie der Schaffung eines fairen Wettbewerbes – eigentlich ein „Muss" für alle Betroffenen.

Das Gesetz basiert auf dem Deutschen Corporate Governance Kodex, geht allerdings nicht so weit, wie dort als freiwillige Verpflichtung vorgeschlagen. Allerdings: Die Verpflichtung zur Einrichtung eines Frühwarnsystems zur Risikoerkennung wurde bestätigt.

Neu eingeführt wurde auch § 161 Aktiengesetz: Diese Regelung verpflichtet jedes Unternehmen, das die Regeln des Deutschen Corporate-Governance-Kodex nicht einhalten will, das ausdrücklich in jedem Jahr erneut zu erklären und damit gegenüber Öffentlichkeit und Anlegern gesondert zu begründen.

Insgesamt bleibt abzuwarten, ob die Regelungen, die im Wesentlichen eine freiwillige Selbstverpflichtung darstellen, den gewünschten Erfolg bieten werden.

Exkurs: Compliance

Im engsten Zusammenhang mit den vorangegangen Kapiteln zum *Risk Management* und zur *Corporate Governance* ist der Begriff der *Compliance* in den Überblick über die Organisationspflichten im Unternehmen aufzunehmen. Dies umso mehr, als durch Vorgänge bei einigen namhaften deutschen Großunternehmen (Stichwort „Schwarze Kassen" für Reisespesen und Bestechung) dort ein erheblicher Imageschaden durch entsprechend negative Berichterstattung entstanden ist – von den strafrechtlichen Auswirkungen gar nicht zu reden.

Neben dem immateriellen Imageschaden droht auch konkreter Wertverlust des Unternehmens – sei es durch rückläufige Auftragseingänge wegen ausbleibender öffentlicher Aufträge oder generellem Vertrauensverlust der Auftraggeber, sei es durch fallende Aktienkurse im Zusammenhang mit Korruptionsskandalen.

Definition Wörtlich übersetzt meint *Compliance* „Einhaltung", auf das Thema bezogen steht der Begriff für die Einhaltung von staatlichen Richtlinien und Gesetzen sowie firmeninternen Regeln. Das regelkonforme Verhalten im Unternehmen erstreckt sich auf alle Bereiche und alle Mitarbeitergruppen – also auch auf Vorstände und Geschäftsführer. Letztlich soll im Wege der Prävention gewährleistet werden, dass das Unternehmen im Rahmen der Gesetze tätig wird.

Die Anzahl der Rechtsgebiete ist entsprechend groß. Insbesondere im Wettbewerbs- und Kartellrecht sowie im Hinblick auf Richtlinien gegen Insiderhandel gibt es besondere Herausforderungen in Bezug auf regelkonforme Geschäftstätigkeit.

Strafgesetzbuch An die einschlägigen Paragrafen des StGB sei hier nochmals erinnert:

Betrug § 263, Untreue § 266, Vorteilsgewährung § 333, Bestechung § 334

Compliance-Organisation

Zur effektiven Sicherstellung der Einhaltung der Regeln ist die Einrichtung einer schlagkräftigen Compliance-Organisation notwendig. Viele Unternehmen haben sich entschlossen, hierfür eine eigene, unabhängig agierende Stabsstelle zu schaffen, je nach Größe des Unternehmens mit entsprechenden Verantwortungsbereichen in den Unternehmensteilen.

Compliance-Officer Die Aufgaben dieses „Compliance-Officers" lassen sich wie folgt umschreiben:

• Identifikation von rechtlichen Risiken, also Erkennen der relevanten Strafbarkeiten im Zusammenhang mit der Geschäftsausübung,

- Schulung aller Mitarbeiterinnen und Mitarbeiter, also nicht nur der Personen, die beispielsweise Kunden oder Lieferantenkontakt haben,
- interne Kontrolle durch Einführung effektiver Mechanismen zur Aufdeckung von Regelverstößen.

Vielfach ist der „Compliance Officer" die erste Anlaufstelle für Behördenkontakte, in vielen Unternehmen aber auch für Unternehmensangehörige, die sich entschlossen haben, ihnen bekannte Verstöße gegen Compliance-Regeln aufzudecken.

Insgesamt kann eine effektive Compliance-Organisation dafür sorgen, dass Regelverstöße – aus Unwissenheit oder mit Vorsatz begangen – unterbunden und zusätzlich zur strafrechtlichen Verfolgung auch arbeitsrechtlich geahndet werden. Damit lassen sich mittelfristig Image- und wirtschaftliche Schäden minimieren. Es sei an dieser Stelle nochmals daran erinnert, dass Unternehmen, die strafrechtlich auffällig sind, von öffentlichen Aufträgen ausgeschlossen und gegebenenfalls Kernmärkte verloren werden können. **Fazit**

Abschließend sei nicht vergessen, dass Unternehmen auch am Vorhandensein einer Compliance-Organisation und deren Effektivität gemessen werden.

10.4 Planung

Während Organisation grundsätzlich auf Dauer ausgerichtet ist, befasst sich Planung mit manchmal fest definierten, zumindest aber überschaubaren Zeiträumen. In der Praxis ist es allerdings heute durchaus üblich, dass Organisationszyklen ebenso kurz oder sogar kürzer als Planungszeiträume sind.

Einige wichtige, für den Organisationsablauf notwendige Planungsbereiche sind im Folgenden beschrieben.

Stellenplanung

Die Grundsätze der Personalplanung, insbesondere die der Personalbedarfs- und Personaleinsatzplanung wurden eingehend in Kapitel 9.1 dargestellt. Trotzdem folgen hier noch einige Anmerkungen zur Stellenplanung – wichtig zum Beispiel beim Neuaufbau einer Abteilung.

Der Stellenplan beinhaltet alle Information zur Beschreibung der Stellen innerhalb der Organisationseinheit und deren Verknüpfungen mit anderen Stellen.

Planwerte sind die Mitarbeiterzahl, deren Qualifikation und die auszuübende Funktion. Strukturiert wird der Stellenplan nach Funktionen innerhalb der Organisationseinheit oder nach Qualifikationen.

Der Stellenplan ist in erster Linie ein wirksames Instrument zur Personalsuche, aber auch zur Bewertung von Stellen, da zusätzlich zu den Planwerten auch Bewertungskriterien aufgenommen werden können, Beispiel: Schadensachbearbeiter einer Versicherung, Qualifikation: Versicherungskaufmann, Funktion: Bearbeitung von Kaskoschäden, Volumen: 50 Neufälle pro Monat.

Raumplanung

Kaum vorzustellen: Alle Mitarbeiter sind da, aber keiner hat Platz. Nicht nur aus diesem Grunde ist eine umfassende Raumplanung notwendig. Und dies nicht bloß zu Beginn eines Projektes oder bei Gründung einer neuen Abteilung, sondern aus Gründen der Kostenoptimierung, aber auch der Arbeitszufriedenheit während des „Normalbetriebes".

Für eine optimale Raumplanung ist Folgendes besonders zu berücksichtigen:

Zunächst ist die Entscheidung zu treffen, ob es sich um Großraumbüros mit Unterteilungsmöglichkeiten oder abgetrennte Einzelbüros handelt. Etwa vorhandene Flächenrichtlinien sind zu beachten: In vielen Firmen ist eine Zielgröße von 12 m² pro Mitarbeiter üblich. Gleichzeitig sollte bei Standardarbeitsplätzen von der Möglichkeit der Mehrfachnutzung Gebrauch gemacht werden. Gängige Richtmarke ist zur Zeit: Fünf Arbeitsplätze für sechs Mitarbeiter.

Neben den eigentlichen Büroflächen treten in der Planung als Teil der Gesamtbürofläche Sozialräume (Küchen, Toiletten), Besprechungs- und gegebenenfalls Repräsentationsräume sowie die sogenannten „Bürozusatzflächen" für Kopierer, Drucker, Telefax und Archive hinzu.

Kommunikations-einrichtungen Dreh- und Angelpunkt der Büroplanung sind die Kommunikationseinrichtungen: Vorausgesetzt wird modernste Leitungs-Infrastruktur, die jederzeitigen hausinternen Umzug ermöglicht.

Entscheidend ist dabei die Gewährleistung einer ausreichenden Datenübertragungsrate auch in der Zukunft.

Zu überlegen ist ebenfalls die Anbindung an die interne Infrastruktur: Gibt es Hausdienste und genügend PKW-Stellplätze? Ist eine Kantinen-(Mit)benutzung möglich?

Auch die Lage der Aufzüge sowie behindertengerechte Aufgänge sind wichtige Punkte.

Auch die externe Infrastruktur spielt eine Rolle: Gibt es ausreichend Hotels in der Umgebung? Ist die Verkehrsanbindung an Straße, Bahn und Flugzeug günstig? Viele Bauträger und Gemeinden werben gerade mit diesem Argument.

Last but not least – die Kosten: Aufgrund der Überkapazitäten bei Bürobauten ist eine kostengünstige Auswahl gerade bei Gründung neuer Firmen und Standorte sehr gut möglich. Zu beachten sind ebenfalls der Bezugstermin sowie die Vertragslaufzeit.

Kosten

Schließlich sind bei der Raumplanung die einschlägigen EU-Richtlinien und die Arbeitsstättenverordnung, die einschlägigen DIN-Normen sowie die Sicherheitsregeln der zuständigen Berufsgenossenschaft zu beachten.

Räume kosten Geld. Mieten und Baukosten machen einen erheblichen Teil der Infrastrukturkosten von Unternehmen aus. Jedoch: Die Büroarbeitsplätze werden selten ganztägig ausgenutzt. Hier zeichnet sich ein neuer Trend ab: Desk-Sharing. Mehrere Kollegen teilen sich einen Büroarbeitsplatz. Persönliche Dinge und dienstliche Unterlagen werden in einem Rollcontainer verstaut und an den nächsten freien Schreibtisch gerollt. Vernetzung der PCs und moderne ISDN-Anlagen erlauben den Zugriff auf das eigene Laufwerk und die persönliche Telefonnummer an jedem Arbeitsplatz.

Desk-Sharing

Am besten funktioniert Desk-Sharing im Außendienst oder wo ein Unternehmen neue Arbeitsformen, wie Teilzeit oder Telearbeit, anbietet. Gerade der verstärkte Einsatz von Telearbeit bietet besondere Chancen auch für die Einsparung von Infrastrukturkosten.

Über die Raumplanung hinaus muss die notwendige Infrastruktur geplant werden: Wie viele PCs und Telefone werden bis wann benötigt? Wo und wann sind die Leitungen zu beantragen? Wie lang ist die Lieferdauer der Büromöbel?

Infrastruktur

Insbesondere beim Neuaufbau eines Büros empfiehlt sich ein genaues Vorgehen unter Nutzung entsprechender Organisationsmethoden.

Exkurs: Facility Management

Anknüpfend an die Raumplanung, die sich mit den Anforderungen im Vorfeld der Nutzung von Gebäuden befasst, geht das Facility- oder Anlagen-Management von Ansatz her weiter. So viel vorweg: Facility Management ist mehr als Gebäudeverwaltung und deutlich mehr als Hausmeisterei. Worum geht es also?

Im Mittelpunkt steht die ganzheitliche Betreuung und Bewirtschaftung eines Objektes – sei es ein Gebäude, eine Anlage oder Einrichtung – während deren gesamter Nutzungsphase. Dies schließt neben der eigentlichen Bauleistung auch die weiterführenden Prozesse des Betriebes und der Instandhaltung des Objektes ein. Darüber hinaus werden Planungs- und Finanzierungsprozesse mit erfasst. Ein ausgereiftes Facility-Management bietet schließlich sowohl ein professionelles Projektmanagement als auch ein Prozesscontrolling an, es erfordert es sogar.

Facility Management als strategischer Ansatz bedeutet letztendlich das Agieren in allen genannten Teilbereichen *aus einer Hand.*

In der Vergangenheit hat sich aufgrund der offensichtlichen Synergieeffekte und den damit verbundenen Einsparmöglichkeiten in der Bewirtschaftung ein eigener Dienstleistungssektor etabliert. Auch die Hochschulen haben nachgezogen. Vielfach findet die Vermittlung der Grundsätze des Facility Managements auch Eingang in weiterführende und berufsbegleitende Studiengänge für Bauingenieure oder Architekten, etwa im Rahmen des Masterstudiengangs „Baumanagement" der Fachhochschule Augsburg, in dem es neben der Vermittlung von Projektkompetenzen, rechtlicher Grundlagen sowie sozialer und unternehmerischer Kompetenzen auch um die Vermittlung von Kenntnissen im Facility Management geht (Näheres siehe unter www.fh-augsburg.de/baumanagement).

Kostenplanung

Kostenplanung hat sich mit den Aufwendungen für zukünftige Maßnahmen einzelner Teilbereiche, wie zum Beispiel Personal oder Investitionen, auseinanderzusetzen. Zu Grunde liegen der Planungszeitraum und die Entwicklung der Kosten unter Berücksichtigung von Einflussfaktoren wie Preissteigerungen. Da es um zukünftige Abschätzungen geht, ist die Planung hier Prognose; je weiter der Zeitraum, desto unbestimmter wird die Planung.

Die Kostenplanung bedient sich fester Budgets für alle zu er-
wartenden Kosten, wobei Risikovorsorge für außerplanmäßige
Maßnahmen, wie etwa Ad-hoc-Werbeaktionen, betrieben werden sollte. Die Budgetierung hat den Vorteil der Koordination
und Kontrolle der Kosten: zum einen wird ein Rahmen abge-
steckt, zum anderen können Vergleiche zwischen den Vorgaben
und den tatsächlichen Ergebnissen gezogen werden.

Eine gute Kostenplanung ist in erster Linie durch Kostensicher-
heit, Kostenoptimierung und eine effektive Budgetkontrolle gekennzeichnet. Vielfältige Planungssoftware – auch für den privaten Bereich – steht zu Verfügung.

10.5 Vertragsprüfung

Für das Abschließen eines Vertrags gelten eine Reihe von Vorschriften; häufig enthält dieser Gewährleistungsverpflichtun-
gen, die neben der unentgeltlichen Bereinigung von Fehlern
und Mängeln nach Fertigstellung und Auslieferung sogar die
Zahlung von Konventionalstrafen nach sich ziehen können,
wenn die Leistung nicht vollständig vertragsgerecht erbracht
worden ist. Um derartige Risiken rechtzeitig abzuwenden, ist
eine sorgfältige Risikoabwägung zentrales Element des Ver-
tragsmanagements (dieser Abschnitt ist zu wesentlichen Teilen
übernommen aus „Einführung in Projektmanagement" von
Manfred Burghardt, 4. Auflage 2002).

Vertragsformen

Jedes Projekt bedarf grundsätzlich einer formellen Vereinbarung, dabei kann der jeweilige Vertragscharakter und damit die
„juristische Strenge" des Vereinbarungstextes sehr unterschiedlich stark ausgeprägt sein.

Wichtige Vertragsformen sind:

- Kundenvertrag
- Rahmenvertrag
- Consulting-Vertrag
- Werkvertrag
- Dienstleistungsvertrag.

Kundenverträge sind Verträge mit externen Auftraggebern, in   Kundenverträge
denen die vom Auftragnehmer zu erbringende Leistung sowie
der Auftragswert und der Fertigstellungstermin für beide Seiten
verbindlich festgelegt werden. Diese Vertragsform hat uneinge-

schränkten Vertragscharakter, d.h. alle im Kundenvertrag getroffenen Vereinbarungen können sowohl von Auftraggeber- als auch Auftragnehmerseite gerichtlich eingeklagt werden.

Rahmenverträge Rahmenverträge werden mit Kunden geschlossen, wenn im Laufe eines bestimmten Zeitraums mehrere Einzelverträge anfallen werden und man für diese generell geltende Vereinbarungen wie Verrechnungspreise, Qualitätsstandards, Gewährleistung usw. abschließen will. Der Einzelvertrag bildet dann zusammen mit dem Rahmenvertrag die juristische Vereinbarungsgrundlage.

Consulting-Verträge Consulting-Verträge werden mit Beratungs- und Consulting-Firmen abgeschlossen, wenn spezielle Beratungsleistungen benötigt werden, wie z.B. für das Reengineering einer Geschäftsfeldarchitektur oder das Konzipieren einer SAP-Einführung.

Dienstleistungsverträge Dienstleistungsverträge werden häufig für die Pflege und Wartung von DV-Verfahren oder das Betreiben von Anlagen abgeschlossen.

Werkverträge Werkverträge haben meist einen bestimmten Arbeitserfolg als Vertragsgegenstand, wobei im Allgemeinen ein Festpreis mit einer Gewährleistungspflicht seitens des Auftragnehmers vereinbart wird (siehe auch Kapitel 9.3.3).

Vereinbarungen in Consulting-, Dienstleistungs- bzw. Werkverträgen dürfen nicht mit den Vorgaben des Arbeitnehmerüberlassungsgesetzes (Kapitel 9.4) kollidieren.

> Unternehmensinterne Vereinbarungen sind meist nicht so streng zu handhaben wie Vereinbarungen mit externen Vertragspartnern.

Vertragsabschluss

Ein Vertrag kommt durch *Antrag* und *Annahme* zustande; er ist damit ein zweiseitiges Rechtsgeschäft. Der Antrag enthält als Angebot den Vertragsgegenstand mit Preis und Termin aus Sicht des Auftragnehmers und hat im Allgemeinen eine befristete Verbindlichkeit. Durch rechtzeitige und vorbehaltlose Annahme dieses Angebots durch den Auftraggeber kommt es zum Vertragsverhältnis.

Ein Vertrag besteht aus zwei Bestandteilen: dem individuellen Teil und den allgemeinen Geschäftsbedingungen. Der individuelle Teil umfasst im Wesentlichen folgende Vertragspunkte:

• Vertragsgegenstand
• Terminvereinbarungen und Verzug

- Preisvereinbarung
- Nutzungs- und Verwertungsrechte
- Gewährleistung.

Im ersten Vertragspunkt wird der Vertragsgegenstand festgelegt, d.h. Art und Umfang der zu erbringenden Leistung wird in
Form eines Pflichtenhefts, eines Lastenhefts oder einer Leis-
tungsbeschreibung genau beschrieben; hierbei ist festzulegen,
welche Leistungen der Auftragnehmer zu erbringen hat und
welche Mitwirkung durch den Auftraggeber, z.B. durch Beistel-
lungen vorgesehen ist. Sollen Teile des Leistungsumfangs durch
Zulieferung von Dritten erbracht werden, so müssen die entsprechenden Unteraufträge genannt werden. Des Weiteren
muss das Änderungswesen geklärt sein; d.h. wie bei Änderungen (Change Requests) zu verfahren ist, die nach Vertragsab-
schluss auftreten.

Vertragsgegenstand

Alle Zwischen- und Fertigstellungstermine sind zu vereinbaren;
hierbei muss geklärt sein, was bei einem eventuellen Terminver-
zug zu geschehen hat. Die Vorgehensweise für die Übergabe
und Abnahme der erbrachten Leistung muss ebenfalls geregelt
sein. Hinsichtlich der *Preisvereinbarung* muss vereinbart sein, in
welcher Form die Vergütung und Zahlung zu geschehen hat; ob
nach Aufwand oder nach Festpreis zu verrechnen ist und zu
welchen Zahlungsterminen: z.B. Teilbetrag nach Vertragab-
schluss, dann monatliche Abschlagszahlungen und Restbetrag
nach Abnahme. Wichtig ist auch, dass im Vertrag die Themen
Geheimhaltung, Datenschutz, Patentrecht, Eigentumsrecht angesprochen werden. Schließlich sind die *Gewährleistung* und
Haftung sowie der Erfüllungsort zu benennen.

*Fertigstellungs-
termine*

Gewährleistung

Unter Gewährleistung versteht man das Einstehen für (versteckte) Sachmängel, die nicht aus Fahrlässigkeit bzw. Vorsätz-
lichkeit entstanden sind. Unter einem Sachmangel ist in diesem
Zusammenhang ein Funktionsfehler oder das Fehlen zugesi-
cherter Eigenschaften zu verstehen. Bei Eintritt eines Mangels
bzw. Fehlers, der unter die Gewährleistungspflicht fällt, ist der
Auftragnehmer – abhängig von der Art des Fehlers – zu Folgendem verpflichtet:

*Den Gewährleis-
tungspflichten ist
ein besonderes
Augenmerk zu
schenken*

- Nachbesserung (Beseitigung)
- Wandlung
- Minderung oder
- Schadenersatz.

Fehlerarten   Hierbei ist zwischen offenen, erkennbaren und versteckten Fehlern zu unterscheiden.

Offene Fehler sind Fehler, die der Anwender bei Abnahme kennt und deren Beseitigung er sich nicht vorbehält; sie unterliegen damit nicht der Gewährleistungspflicht.

Erkennbare Fehler unterliegen ebenfalls nicht der Gewährleistungspflicht, da sie bei ordentlicher Prüfung (durch den Auftraggeber) hätten erkannt werden können. Nur *versteckte Fehler* unterliegen der Gewährleistungspflicht; diese müssen auf Kosten des Auftragnehmers beseitigt werden.

Wandlung und   Bei einer *Wandlung* wird das Vertragsobjekt wieder zurückgege-
Minderung   ben. Der Auftraggeber erhält die Vergütung abzüglich einer Nutzungsentschädigung wieder zurück. Bei einer *Minderung* wird nur die Vergütung entsprechend der Wertdifferenz zwischen einwandfreiem und mangelhaftem Zustand herabgesetzt.

Schadenersatz   Darüber hinaus kann bei Miet- und Werkverträgen ein Anspruch auf *Schadenersatz* entstehen. Bei Kaufverträgen entstehen allein wegen eines Mangels, selbst wenn dieser verschuldet ist, keine Schadenersatzansprüche; Schadenersatz wird hier gemäß BGB nur beim Fehlen einer zugesicherten Eigenschaft geschuldet.

Ist im Vertrag allerdings explizit die Fehlerfreiheit des Vertragsgegenstandes zugesichert worden, so haftet der Auftragnehmer für alle Schäden, die dem Auftraggeber dadurch entstehen, unabhängig der Verschuldung. Ist es im Vertrag oder in den allgemeinen Geschäftsbedingungen nicht explizit festgelegt, besteht bei Kaufverträgen ein Recht auf *Fehlerbeseitigung* nicht.

Fehlernachweis   Der Nachweis des Vorliegens eines Fehlers ist vielfach eine schwierige und strittige Angelegenheit. Dabei hängt der Anspruch auf Fehlerbeseitigung bzw. Gewährleistung sehr stark von der ordnungsmäßigen Fehlermeldung des Auftraggebers ab; der Anwender muss dabei dem Lieferanten jede notwendige Unterstützung zur Fehlerlokalisierung und -beseitigung geben.

Gewährleistungsfrist   Die Gewährleistungsfrist beginnt sowohl bei einem Kauf- als auch bei einem Werkvertrag mit dem Tag der Abnahme des Vertragsgegenstandes durch den Auftraggeber. Die Verjährungsfrist beträgt nach dem BGB sechs Monate; während einer Mängeluntersuchung bzw. -beseitigung pausiert die Verjährung. Gewährleistungsansprüche für versteckte Fehler verjähren damit auch in der kurzen Frist von 6 Monaten, selbst wenn sie in dieser Frist gar nicht erkannt werden konnten.

Eine Vertragsstrafe (Konventionalstrafe) muss im Vertrag expli-   Vertragsstrafe
zit vereinbart werden und übt einen besonderen Druck auf den
Auftragnehmer aus, seine Leistung in dem vorgegebenen Rahmen zu erbringen; sie entspricht einem Mindest-Schadenersatz.

Durchführung der Vertragsprüfung

> Ein Vertrag sollte in seinem Vertragstext unmissverständ-
> lich und eindeutig sein, damit bei später auftretenden Pro-
> jektschwierigkeiten unnötige Belastungen des Auftragge-
> ber-Auftragnehmer-Verhältnisses vermieden werden. Des-
> halb ist es von größter Wichtigkeit, dass die Vertragsinhalte
> vor Setzen der Unterschrift genauestens auf Richtigkeit,
> Machbarkeit und Konsistenz geprüft werden.

Der häufigste Fehler beim Abfassen von Verträgen wird immer   Prüfung des
wieder beim Definieren der zu vereinbarenden Leistung ge-   Aufgabeninhalts
macht: Der Vertragsgegenstand wird zu allgemein beschrieben,
so dass Auftragnehmer und Auftraggeber bei denselben Leis-
tungsteilen sehr unterschiedliche Ausprägungen sehen.

Deshalb muss mit dem Auftraggeber der Leistungsumfang sehr
genau und detailliert abgesprochen und niedergeschrieben werden. Mündliche Absprachen haben bei einem Vertrag im Allgemeinen keine Bedeutung; nur das geschriebene Wort gilt. Hierbei können „ausschließende" Anmerkungen im Sinne einer Ne-
gativliste sehr hilfreich zur Klarstellung sein.

Von größter Wichtigkeit ist die Prüfung, ob die geforderte Leis-   Prüfung der Auf-
tung auch zu dem geplanten Verrechnungswert erbracht wer-   wandsschätzung
den kann, damit man letzten Endes nicht „draufzahlt". Deshalb
sollte zu einem Vertrag immer ein (internes) Kalkulationsblatt
erstellt werden, aus dem die Kalkulationsgrundlage für den zu
vereinbarenden Auftragswert zu ersehen ist. Bei einer Festpreis-
verrechnung sollte unbedingt ein Sicherheitsaufschlag einkalku-
liert sein.

Bei Festpreisverträgen ist es wichtig, dass man eine Risikobe-   Prüfung der Spanne
trachtung durchführt, um festzustellen, welche Risiken beste-
hen, die das Ergebnis ins Negative bringen können. Entsprechend müssen Sicherheitsaufschläge eingeplant werden.

Besonders kritisch müssen bei der Vertragsprüfung formulierte   Prüfung der
Gewährleistungspflichten betrachtet werden. Hierbei muss zwi-   Gewährleistung
schen Gewährleistung und Garantie streng unterschieden wer-
den:

- Garantie bietet ein Hersteller freiwillig an, häufig allerdings unter speziellen Auflagen (z.B. Einhaltung von Inspektionen) und nur auf bestimmte Produktteile bezogen (z.B. keine Verschleißteile).
- Eine im Vertrag explizit vereinbarte Gewährleistung umfasst dagegen auch Folgeschäden durch aufgetretene Mängel beim Vertragsgegenstand.

Wird Gewährleistung gefordert, so ist sowohl bei einem Festpreis als auch bei einer Aufwandsverrechnung unbedingt ein Risikozuschlag zu machen.

Die Ergebnisse der Vertragsprüfung sollten dokumentiert und als Qualitätsaufzeichnung aufbewahrt werden.

11 Information und Kommunikation

Neben den klassischen Managementinstrumenten und -methoden (Näheres hierzu in Kapitel 12.1) bieten sich als strategische und übergreifende Managementinstrumente Information und Kommunikation besonders an.

Der Informations- und Kommunikationstechnologie kommt in der Globalisierung des Wirtschaftslebens eine herausragende Bedeutung zu. Nur mit den richtigen Technologien ist das Unternehmen in der Lage, auf der weltumspannenden Datenautobahn mitzuhalten.

Die Kommunikation, hier in Form der Unternehmenskommunikation, trägt gerade in schwierigen Zeiten dazu bei, das Unternehmen, seine Visionen und Ziele nach außen und innen richtig und positiv mit dem Ergebnis eines Imagegewinns darzustellen.

Der Unternehmensleitung wird es also durch den richtigen Einsatz der beiden Instrumente gelingen, seinen Vorsprung vor dem Mitbewerb auszubauen und damit den Wert des Unternehmens zu steigern.

11.1 Informationstechnik

Information ist im weiteren Sinne die Kenntnis über bestimmte Dinge, aber auch die Beseitigung einer Ungewissheit. Information im engeren Sinne ist der Oberbegriff für Mitteilungen, Meldungen, Werte und ... Daten.

Zweck der Informationstechnik ist es, den Umgang mit diesen Mitteilungen ... Daten so einfach wie möglich zu machen.

11.1.1 Datenverarbeitung und Telekommunikation

Datenverarbeitung und Telekommunikation wachsen mehr und mehr zusammen, neue Geräte sind nicht mehr eindeutig als DV- oder Kommunikationsgeräte zu klassifizieren.

Hard- und Software

Die Hardwareausstattung von Arbeitsplätzen ist sehr individuell, deshalb wird hier nicht genauer darauf eingegangen. Lediglich auf vier Aspekte soll speziell hingewiesen werden:

• Der Trend geht eindeutig vom Monitor zum Flachbildschirm.

• Bei Mitarbeitern, die viel unterwegs sind oder die manche Tätigkeiten auch gut zuhause erledigen können, ist zu prüfen, ob nicht ein Notebook sinnvoller ist als ein stationärer PC.

• Die Entscheidung zwischen PC- und Mac-Welt sollte reiflich überlegt sein, insbesondere da sich das Spektrum zugehöriger Software und die Möglichkeit zum Nutzen von Daten auf beiden Systemen permanent ändert.

• Die technische Leistungsfähigkeit eines PC und sein Preis sind nur zwei Aspekte bei der Auswahl des Geräts. Wichtig sind außerdem z.B. Ergonomie, Robustheit, Qualität des Displays, Aufrüstbarkeit, Qualität des Kundendienstes oder Art der vorinstallierten Software.

• Die typische Softwareausstattung gibt es nicht. Lediglich eine Textverarbeitungs-, ein Tabellenkalkulations- und ein Präsentationsprogramm sind quasi Standard.

Telekommunikationsendgeräte

Auch bei den Telekommunikationsendgeräten ist eine allgemeingültige Aussage schwierig. Hier ist ebenfalls die Aufgabe von entscheidender Bedeutung.

Im Leistungsumfang sollten Konfigurationen wie Anrufumleitung und Konferenzschaltungen ebenso wie die Unterstützung von Call-by-Call-Verfahren enthalten sein. Besonderer Wert muss zum einen auf die Daten- und Informationssicherheit gelegt werden – entsprechende Sprachverschlüsselungssysteme sind am Markt, zum anderen auf die Tauglichkeit des Kommunikationssystems für Kundenkontakt und Marketing (siehe hierzu: „Die Erreichbarkeitsfalle" von Jan de Vries).

Bei der Hard- und Softwareausstattung gilt in jedem Fall die Frage: Wieviel ist gemessen am heutigen und künftigen Anforderungsprofil mindestens notwendig und maximal noch sinnvoll?

Erweiterungsmöglichkeiten

Die genannten Hardware- und Softwarekonfigurationen lassen sich insbesondere in den Bereich der Desktop-Videokonferenzsysteme hinein erweitern. Mit diesen neuen Systemen ist jeder auch „bildlich" zu erreichen. Teamsitzungen können nunmehr per Videokonferenz abgehalten werden, Beratungen können von „Angesicht zu Angesicht" abgehalten werden.

Voice-Systeme ermöglichen das direkte Diktat von Texten in den PC. Auf dem Bildschirm erscheint der unmittelbare Text. Wegen der hohen Trefferquote in der Umsetzung durch die Software ist für die Texte nur noch ein geringer Korrekturaufwand notwendig.

Von verschiedenen Herstellern werden Kombigeräte angeboten: Faxen, Drucken, Kopieren und Scannen von Texten sind mit geringem Platzbedarf des Gerätes nunmehr mit hoher Qualität möglich.

Datenschutz/Informationssicherheit

Die zunehmende Nutzung der Informations- und Kommunikationstechnologien stellt erhöhte Anforderungen an den technisch-organisatorischen Datenschutz, also die Gesamtheit der Maßnahmen, die Netzwerke und PCs vor unbefugtem Eindringen zu schützen. Bereits heute ist der wirschaftliche Schaden durch Ausfall von IT-Systemen in Deutschland größer als durch Krankheitstage der Arbeitnehmer.

Generell sind Zugangs-, Speicher- und Benutzerkontrollen zu beachten: Die Einrichtung eines Bildschirmschoners mit Passwort, die Vergabe von Zugangsberechtigungen durch Benutzer-Code sowie Anmeldeformalien sind Pflicht.

Für die Informationssicherheit „unterwegs", also bei der Übermittlung der Daten im LAN-Bereich, empfehlen sich die Verschlüsselung der zu übermittelnden Daten, Sicherheitsrückrufe und der automatische Abgleich von Codes.

Datenübermittlung

Für den LAN-Server gelten die gleichen Regeln wie für das Intranet: Firewalls, Virenschutzprogramme und Zugangscodes sichern vor unbefugtem Eindringen in das Firmennetzwerk.

LAN-Server

Große Schäden entstehen den Unternehmen in der Regel nicht durch den Datenmissbrauch oder -diebstahl, sondern dadurch, dass Server, PCs oder ganze Netze vorübergehend ausfallen und ihre Funktion wieder hergestellt werden muss.

Nicht gesicherte Datenbestände können bei solchen Gelegenheiten unwiederbringlich verloren gehen.

11.1.2 Die informationelle Revolution: Internet, E-Mail und Multimedia

Für die Führungskraft und den Existenzgründer ist in diesem Zusammenhang wichtig zu wissen, wie mit dem weiten Thema der „Informationstechnologie – IT" umzugehen ist. Die Kernfragen lauten hierbei:

* *Wie definiert sich der tatsächliche Bedarf des Unternehmens an IT?*

Ganz einfach: An der Zahl der Mitarbeiter, an deren Aufgaben und dem Kommunikationsbedarf. Basics wie Internet und E-Mail auf einer firmenweit einheitlichen Plattform sind heutzutage Standard.

Aber Vorsicht: Standardisierte Lösungen können für einzelne Mitarbeiter Schwierigkeiten bewirken, wenn diese aufgrund ihrer speziellen Aufgaben mit bestimmten Programmen arbeiten müssen!

* *Wie können die einmaligen und laufenden Kosten kontrolliert werden?*

Hier gelten die allgemeinen Regeln der Kostensteuerung (Näheres siehe auch in Kapitel 3). Durch Standardisierung lassen sich natürlich auch die IT-Kosten optimieren. Sinkende Telekommunikationskosten tragen das ihre zum Kosten-Controlling bei.

* *Brauche ich einen Abteilungsexperten oder hole ich Spezialisten von außen?*

Beide Lösungen können von Vorteil sein. Je nach Umfang des identifizierten IT-Bedarfes kann die Inhouse-Lösung die günstigste sein (kurze Zugriffszeiten). Andererseits kann ein externer Anbieter günstige Kosten garantieren.

Wichtig bei beiden: Das Know-how muss stimmen!

• *Wo liegt die Richtlinienkompetenz?*

Je nach Unternehmensgröße lohnt sich die Berufung eines „Chief Information Officers – CIO". Dieser koordiniert die gesamte IT-Strategie, von der Definition einer gemeinsamen Plattform bis hin zu gebündelten Beschaffungsaktivitäten zur Kostenoptimierung.

Internet/Intranet/Extranet

Vielfach wird das Internet oder offiziell „World Wide Web" als die „zweite industrielle Revolution" angesehen. Ein wahrhaftig weiter Weg von einem militärischen Kommunikationssystem Anfang der Achtziger bis zu einem informationellen Massenprodukt ausgehenden 3. Jahrtausends. Der Trend ist bekannt: Alles verlagert sich mehr und mehr auf das Internet oder (firmenintern) das Intranet, sowie für die Zusammenarbeit mit Kunden und Geschäftspartnern das Extranet.

Die Hauptanwendung von Internet und Intranet liegt in der Quelle als Informationsmedium, aber auch als Kommunikationssystem. Jedoch: Die zunehmende Beliebtheit führt zu Unübersichtlichkeit. Mehrere 100 Milliarden Seiten sind mittlerweile abrufbar. So bahnt sich ein neues Geschäft an: „Web Content Management"; verschiedene Softwarehersteller bieten bereits entsprechende Tools zur Verwaltung und Personalisierung an. Ihr Ziel: Ordnung in das „Web-Chaos" bringen.

Auf die Sicherheitsaspekte im Internet – Stichwort: Kreditkartenzahlung bei Onlinebestellung – und im Intranet – Stichwort: Schutz von Firmengeheimnissen – sei nur am Rande hingewiesen: Firewalls, Virenschutz, Applikationsfilter und Verschlüsselung sind im Rahmen einer Sicherheitsstrategie unerlässliche Bestandteile. Sicherheit

Das Internet wird zunehmend die Geschäftsprozesse der Unternehmen beeinflussen, das Intranet wird zunehmend zur unternehmensinternen Wissensdatenbank werden, das Extranet wird immer wichtiger als Datenbank und als Medium zur Vertriebsunterstützung.

E-Mail

Heutzutage sind in global operierenden Unternehmen bis zu fünf Millionen E-Mails täglich keine Seltenheit mehr; dies sind durchschnittlich etwa neun pro Mitarbeiter, egal ob dieser vernetzt ist oder nicht! Aber auch die privaten Haushalte nutzen Dank günstiger Angebote der Serviceprovider zunehmend diese Art der Kommunikation.

Die Vorteile von E-Mail liegen auf der Hand: Kommuniziert wird billig, schnell und vor allem unabhängig von Zeit und Ort. Aber: Durch diesen Kommunikationsweg ist auch ein direkter und massenhafter Zugang zum Empfänger möglich. Die Folge: Überflutung mit Informationen und unerwünschter Werbung, mittlerweile nicht nur in den USA ein besonderes Problem.

Unerwünschte Werbung lässt sich durch Filterprogramme abwehren, schwierig wird es mit sonstiger Informationsüberflutung. Hier helfen nur optimierte Arbeitsorganisation und die richtigen Arbeitstechniken.

Weitere innovative Trends kündigen sich an: Short-Message-Systeme (SMS) und Mobiltelefone, die über Internet und E-Mail-Anschluss verfügen, sind verwirklicht oder stehen kurz vor der Markteinführung. WAP (Wireless Application Protocol) ermöglicht die Übertragung von Internet-Informationen auf die Displays von Mobiltelefonen neuester Bauart. Die Marktchancen dieser Trends sind immens.

E-Commerce/E-Business

E-Commerce macht die Web-Site zum Laden und ermöglicht virtuelles Einkaufen. Der Kunde wird ohne Zwischenhändler direkt an den Hersteller gebunden. Das Internet wird zum Kaufmedium, bestellt wird Online.

Der Trend der E-Commerce weist nach oben: In der Sparte Business to Business – B2B – sind die Steigerungsraten am größten. Ebenfalls stark ist die Sparte Business to Customer, allerdings scheint sich der erste Boom etwas abzuflachen.

Auch ein Teilbereich des E-Commerce, das „Direct Banking" entwickelt sich, gestützt durch das Internet, rapide.

Was ist nun für B2B wichtig?

Zunächst der Auftritt im Internet: Professionalität und Praktikabilität des Aufbaus der Homepage sind das A und O. Schließlich sollten Kunden angesprochen und nicht durch unübersichtliche Web-Sites verschreckt werden.

Auch die Hardware spielt eine Rolle: Von leistungsfähigen Servern bis hin zu aktuellen Sicherheitsstandards gibt es einiges zu beachten.

Insgesamt bietet das Internet B2B hervorragende Möglichkeiten der Vermarktung der eigenen Produkte und Dienstleitungen – weltweit, schnell und zu vernünftigen Kosten.

Multimedia

Neben den oben genannten Schlagwörtern hat in den letzten Jahren der Begriff „Multimedia" die Diskussion bestimmt – bis hinein in die Gesetzgebung. Im Grundsatz geht es um die Präsentation bestimmter Informationen unter Kombination verschiedenen Medien wie Sprache, Text, Bilder.

Die viel diskutierten multimedialen Chancen, vielleicht auch Risiken, liegen jedoch woanders: Multimedia gibt individuelle Möglichkeiten der Auswahl von Informationen. Dynamische Prozesse in der Information und Interaktion führen zu einer Qualitätsverbesserung von Information und deren Vermittlung. Insbesondere durch die Interaktionsfähigkeit der Medien steigern sich die Kommunikationsergebnisse, da individuelle Anliegen besser befriedigt werden können. *Chancen und Risiken*

Aber gerade hier setzt auch die Kritik an: Durch Multimedia kann es zu einer gewissen Reizüberflutung mit einem anschließenden Kontrollverlust kommen. Beispiel: ein interaktiv gestalteter Warenhauskatalog mit unbegrenztem Limit der Kreditkarte. Auch eine Blendung durch professionelle multimediale Präsentation kann eintreten – jeder wird dies schon einmal erlebt haben: „Gut verpackt, aber ohne Inhalte".

Multimedia ist geeignet für Präsentationen, die Dokumentation komplexer Sachverhalte oder die Aus- und Weiterbildung mit Computer-Based-Training – CBT. *Anwendungen*

> Aber bevor man in Multimedia investiert, sollte immer zuerst das Preis-Leistungs-Verhältnis überprüft werden.

11.2 Kommunikation

Unabhängig von der technischen Komponente gewinnt eine dialogorientierte Kommunikationspolitik des Unternehmens ständig an Bedeutung: Botschaften werden häufig nicht von Inhalten, sondern von der Aufmachung bestimmt.

Die Unternehmenskommunikation muss daher, ausgerichtet an der Unternehmenspolitik, nach innen und außen Klarheit über Ziele, Leistungen und Visionen des Unternehmens vermitteln.

An den Unternehmensvisionen orientiert sich auch die Kommunikationsstrategie. Nach der Zieldefinition und der Festlegung der Botschaften steht die Bereitstellung einer Kommunikationsinfrastruktur im Vordergrund.

11.2.1 Interne Kommunikation

Im Grunde ist das Ziel der internen Kommunikation leicht umrissen: Mit den Mitarbeitern über alles – auch über Probleme und Konflikte – offen zu reden, sie sind immer auf dem Laufenden zu halten. Neuigkeiten, Veränderungen und Zukunftsaussichten dürfen nicht erst über die Presse ins Unternehmen getragen werden.

Hierfür ist es jedoch aus Sicht des Unternehmens entscheidend, frühzeitig klare interne Kommunikationsstrukturen und -instrumente zu schaffen und diese kontinuierlich zu verbessern. Ziel soll die ergebnisorientierte Kommunikation sein. In diesem Umfeld ist es wichtig zu wissen, welches überhaupt die Erwartungen der Ansprechpartner sind. Regelmäßige Mitarbeiterbefragungen helfen hier weiter.

Interne Kommunikation muss ebenso wie die externe Kommunikation professionell durchgeführt werden. Daher sind auch nach innen im Grundsatz dieselben Mittel wie nach außen zu verwenden. Insbesondere neue Medien wie Intranet oder E-Mail sind konsequent zu nutzen.

Interne Kommunikation fordert aber alle Beteiligten: Wie jeder dialogorientierte Prozess erwartet auch die interne Kommunikation sowohl Respekt für das Gegenüber als auch den partnerschaftlichen Umgang. Und schließlich: Nur eine gute interne Kommunikation ermöglicht es den Mitarbeitern des Unternehmens, dem Firmenimage entsprechend nach außen aufzutreten.

11.2.2 Externe Kommunikation

Externe Kommunikation als Teil der gesamten Unternehmenskommunikation hat in erster Linie die Aufgabe, das Unternehmen und seine Ziele nach außen zu präsentieren.

Im Wesentlichen geht es hier um die gleichen Grundsätze wie bei der internen Kommunikation, also die rechtzeitige und korrekte Information der *Geschäftspartner*; lediglich die Zielgruppe ist eine andere.

Im Rahmen der externen Kommunikation treten die *Öffentlichkeit*, der *Staat* und die *Aktionäre* und *Banken* als Zielgruppen hinzu. Ganze Branchen sind hier zu Unterstützung entstanden: Die Kommunikationsberater, die sich um alles vom Image über Public Relation bis zur externen (und internen) Kommunikation kümmern.

Zur externen Kommunikation gehören aber auch Werbung, Verkaufsförderung und Vertrieb. Einzelheiten sind in Kapitel 6 beschrieben.

Ein Ausblick: Aufgrund der immensen Möglichkeiten der modernen Informations- und Kommunikationstechnik werden Kommunikationsstrategien von immer größerer Bedeutung werden. Die klassischen Medien werden zunehmend von Internet und E-Mail abgelöst werden. Datenbanken ermöglichen das sekundenschnelle Abrufen von Informationen; Kommunikationswege werden massiv vernetzt, jeder wird erreichbar, neue Möglichkeiten der direkten Ansprache tun sich auf.

> Geschwindigkeit ist also neben der Qualität der Information ein wesentlicher Faktor der externen Kommunikation.

11.2.3 Kommunikationsinstrumente

Folgende Bausteine bieten sich für eine professionelle Kommunikationsstrategie an:

- Klassische Printmedien, wie Broschüren, Flyer, Anzeigen, Berichte, aber auch Zeitschriften für Mitarbeiter oder Kunden.
- Technische Mittel, wie Mailings per Fax, E-Mail oder Post (Vorsicht: Niemand darf mit „Kommunikation" zugeschüttet werden!), Hotlines, Mailboxes.

> Achtung: Für E-Mailings gelten strenge gesetzliche Vorschriften. Hier ist auf jeden Fall den Rat von Experten einzuholen.

- Veranstaltungen, wie Workshops, (Presse-)Konferenzen, Kundenevents und Messen.
- Speziell auf die interne Kommunikation sind Instrumente wie Mitarbeiterworkshops, interne Seminare sowie Motivationsveranstaltungen („Get-Together-Meetings") zugeschnitten.

Allgemein ist auch an die Pressearbeit zu denken:

• Zu welchen Medien ist der Zugang wichtig?
• Wie werden Medienauftritte vorbereitet?
• Wie sehen die Unterlagen, Pressemappen, Folien usw. aus?
• Wird eine eigene Presseabteilung benötigt?

> Die internen und externen Kommunikationsmittel müssen aufeinander abgestimmt sein, um den maximalen Erfolg zu erzielen. Vielfach genügt schon die Reduzierung auf die Kernbotschaften.

11.3 Telearbeit

Telearbeit – möglich durch moderne Telekommunikations- und Informationstechnik und fortschrittliche Betriebspartner – gilt als die innovative Arbeitsform der Jahrtausendwende.

Unter Telearbeit ist jede Form von Arbeit zu verstehen, die zumindest zeitweise außerhalb des bisherigen Büros verrichtet wird.

Sie kann in einer Privatwohnung oder einem Gemeinschafts-büro ausgeführt werden, aber auch an einem mobilen Telear-beitsplatz. Der Telearbeitsplatz ist mit der Betriebsstätte durch elektronische Kommunikationsmittel verbunden. Die Arbeits-ergebnisse werden auf elektronischem Wege – in der Regel „on-line" – an den Betrieb übermittelt.

Arten der Telearbeit

Ausschließliche Telearbeit Bei der ausschließlichen Telearbeit arbeitet der Telearbeiter nur in seiner Wohnung. Das bisherige Arbeitsverhältnis besteht wei-ter, der Büroarbeitsplatz im Betrieb jedoch nicht. Diese Vari-ante der Telearbeit wird bisweilen – den positiven Aspekten die-ser Arbeitsform zuwiderlaufend – als „isolierte Telearbeit" be-zeichnet.

Alternierende Telearbeit Bei alternierender Telearbeit wird ein außerbetrieblicher Arbeitsplatz, zum Beispiel in der Wohnung, eingerichtet. Der Büroarbeitsplatz bleibt jedoch erhalten und kann gemeinsam mit anderen genutzt werden (Desk-Sharing). Gearbeitet wird wechselweise (alternierend) am häuslichen Arbeitsplatz oder im Büro.

Mobile Telearbeit Der Telearbeiter kann auch im Rahmen seines bestehenden Ar-beitsvertrages dort arbeiten, wo er sich gerade aufhält – beim

Kunden, beim Lieferanten oder bei sich zu Hause. Mit Notebook, Modem und Mobiltelefon kann er jederzeit und von überall mit seinem Unternehmen in Verbindung treten.

Personen mit hoher Qualifikation können vielfach leichter und effektiver freiberuflich arbeiten, wenn ihr spezielles Wissen als Programmierer, Ingenieur, Konstrukteur oder Entwickler besonders begehrt ist. Das häusliche Telearbeitsbüro ist regelmäßig schneller und oftmals auch preiswerter einzurichten als ein noch anzumietendes und neu auszustattendes Büro.

Selbstständige Tätigkeit

Mehrere Unternehmen finden sich zum Beispiel in ländlichen Regionen zusammen und richten Telearbeitsplätze in einem gemeinsam genutzten Büro ein.

Nachbarschaftsbüro

Auch ein einzelnes Unternehmen kann Telearbeitsplätze aus dem Stammbetrieb in Regionen mit geringeren Infrastrukturkosten verlagern. In diesem Fall ist das Satellitenbüro über Datenleitung mit dem Hauptbetrieb verbunden.

Satellitenbüro

Rechtsfragen

Die Telearbeit als neue Arbeitsform stellt auf der einen Seite Herausforderungen an die Juristen: Die Handlungsfelder reichen vom Arbeitsrecht im Allgemeinen und dem Arbeitsvertragsrecht sowie dem Betriebsverfassungsrecht im Besonderen über den Datenschutz und das Mietrecht bis hin zum Sozialversicherungsrecht. Die meisten Rechtsfragen sind jedoch mittlerweile verbindlich geklärt, einige wenige, wie zum Beispiel Details im Unfallversicherungsschutz, bedürfen noch der abschließenden Bewertung.

Auf der anderen Seite darf diese innovative und zukunftsträchtige Arbeitsform nicht vorab bereits durch allzu kleinliche juristische Dispute oder durch Überregulierung durch neue Gesetze abgewertet und womöglich verhindert werden. Sicherlich muss auch die Telearbeit nach Recht und Gesetz beurteilt werden, allerdings sollte stets der juristischen Auslegung der Vorzug gegeben werden, welche der Verbreitung der Telearbeit am meisten nützt.

Personal- und sozialpolitische Fragen der Telearbeit

Im Grundsatz gilt, dass sich beinahe jeder Mitarbeiter als Telearbeitnehmer eignet. Darüber hinaus passt Telearbeit ins Bild neuer Führungskultur. Sie fordert Mitarbeiter, Führungskräfte, Personalmanagement und Arbeitnehmervertretungen gleichermaßen zur Änderung der Zusammenarbeit und Führung auf.

Die Vorteile der Telearbeit, wie etwa die erhöhte Motivation und die bessere Vereinbarkeit von Privatem und Beruf überwiegen ihre vermeintlichen Nachteile bei weitem. Und nicht zuletzt: Telearbeit trägt zur Stärkung der Wettbewerbsfähigkeit des Unternehmens bei.

Technische Voraussetzungen der Telearbeit

Bei der technischen Ausstattung von Telearbeitsplätzen ist der Büroarbeitsplatz Maßstab für die Einrichtungen des häuslichen Arbeitsplatzes. Der technische Datenschutz darf aufgrund der Besonderheiten der Telearbeit in keinem Fall vernachlässigt werden.

Arbeitssicherheit und Gesundheitsschutz kommt im Rahmen der Telearbeit ein hohe Bedeutung zu, da der Arbeitgeber nicht die Einfluss- und Kontrollmöglichkeiten wie im Betrieb hat. Eingehende Belehrung des Telearbeiters ist daher notwendig.

Kosten-Nutzen-Vergleich

Mit der Einführung von Telearbeit sind natürlich auch Kosten verbunden. Nicht nur in der Theorie, sondern auch in der Praxis hat sich jedoch gezeigt, dass die Nutzeffekte der Telearbeit diese Kosten überwiegen. Die Einführung von Telearbeit wird im Regelfall zu einer mittel- bis langfristigen Einsparung an Infrastrukturkosten, insbesondere bei Büroflächen führen. Überdies sollte gelten, dass die erhöhte Motivation für einen positiven Kosten-Nutzen-Vergleich ausreichend ist.

Die Durchführung von Telearbeit verlangt auch Anpassungen in den Organisationsstrukturen der Unternehmen. Bei der Implementierung sind Rationalisierungspotenziale konsequent zu nutzen.

Ausblick

Insgesamt finden sich in Deutschland beste Voraussetzungen für Telearbeit: Die Telekommunikations-Infrastruktur ist vorhanden, die früher als zu hoch beklagten Kosten sinken deutlich. Ein Wandel in den Führungskulturen ist zu erkennen: Immer mehr Arbeitnehmer wollen nicht nur leben um zu arbeiten, sondern arbeiten um zu leben. Und: Sie wollen „Fun" bei der Arbeit.

Allen Beteiligten – Arbeitnehmern, Unternehmen, Betriebs- und Personalräten, Gewerkschaften und Regierung – sollte daran liegen, insbesondere die häusliche Telearbeit weiter zu fördern. Alle haben ihren Vorteil davon: Die Arbeitnehmer mehr Zeit fürs Private, die Arbeitgeber Fortschritte in der Produktivität, die Arbeitnehmervertretungen motivierte Arbeitnehmer und – so ist für uns alle zu hoffen – mehr Arbeitsplätze.

11.4 Fazit

„Vor 100 Jahren gab es zwei Arten von Unternehmen: diejenigen mit und diejenigen ohne Telefon. Es ist offensichtlich, welche überlebt haben …".

Dieser Satz unterstreicht mehr als deutlich die Bedeutung, welche die modernen Informations- und Kommunikationstechnologien haben: In den vergangenen Jahren wurde ein globales Netz geschaffen, durch das erstmals ein von Raum und Zeit unabhängiges Arbeiten ermöglicht wurde. Heute kann jederzeit und überall gearbeitet werden – ein Ende ist nicht absehbar. Zukunftsforscher sehen das „elektronische Dorf" als die wichtigste Produktionsstätte des 21. Jahrhunderts an. Erstklassige Kommunikationsinfrastrukturen sind hierfür unabdingbare Voraussetzung.

Parallel zu diesen technologischen Entwicklungen findet ein Wandel der Unternehmensstrukturen von hierarchisch gegliederten Organisationen hin zu kleinen Organisationseinheiten statt, die selbstständiger agieren und vernetzt als virtuelle Teams miteinander arbeiten.

12 Methoden und Arbeitstechniken

Die Arbeitswelt von morgen und der damit verbundene Strukturwandel stellen schon heute hohe Anforderungen an Führungskräfte. Zur Bewältigung stehen eine große Anzahl von Methoden und Arbeitstechniken zur Verfügung, von denen jeder für sich die richtigen herausfinden muss.

Eine Methode ist ein planmäßiger Verfahren zum Erreichen eines bestimmten Ziels. Eine Technik – griechisch „Kunstfertigkeit" – ist ein Verfahren, mit dem man Ergebnisse oder Leistungen erzielt.

Hierzu gehören auch die Mittel, heute „Tools", der Zielerreichung. Die Anwendung von Arbeitstechniken hat also mit Kunst zu tun: Nämlich dem Geschick, das richtige Mittel zur richtigen Zeit im richtigen Maß einzusetzen.

Ein Hinweis, der für alle nachfolgenden Einzelthemen gilt: Weitergehende Informationen zu den in diesem Kapitel aufgegriffenen Themen sowie die hierzu auftretenden Lösungsanbieter, sei es über Publikationen oder Seminare, finden sich im Internet unter den entsprechenden Schlagworten der Meta-Suchmaschinen zu Dutzenden. Aber Vorsicht: Die Qualitätsunterschiede sind immens!

12.1 Managementtechniken

„Management" ist die Kunst der Unternehmensführung. Managen bedeutet „organisieren" oder etwas „geschickt bewerkstelligen".

Hierzu sind Methoden und Mittel entstanden, um dem Manager – gewissermaßen dem Organisierer – das Leben etwas einfacher zu machen: die Managementtechniken.

Gerade in den letzten Jahren ist es hier zu einer explosionsartigen Verbreitung gekommen. Die beiden am häufigsten angewendeten Managementtechniken, Benchmarking und Best Practice Sharing wurden bereits in Kapitel 2.6 behandelt. Auch die Strategische Planung gilt als ein häufig verwandtes Managementinstrument (Näheres siehe Kapitel 5.4). Einige weitere wichtige Tools werden in diesem Kapitel vorgestellt – sie dienen zur Ausrichtung des Geschäftes, zur Analyse und zur Unterstützung der Personalpolitik.

Balanced Scorecard

Die Balanced Scorecard wird derzeit als das Bewertungs- und Steuerungsinstrument schlechthin angesehen. *Mit ihr sollen Zielvorgaben und deren Erfüllung in ein ausgewogenes Verhältnis gebracht werden.*

Mit diesem Tool sind beispielsweise ständige Überprüfungen der Situation des Unternehmens möglich. Die aktuellen Anforderungen des Marktes können laufend im Zielsystem eingebunden werden. Visionen und Strategien werden wegen der konkreten Zielvorgaben und Kennzahlen durchgängig transparent und überprüfbar gemacht. Auch Zukunftsperspektiven können in die Kennzahlenanalysen eingebunden werden.

Eines muss allerdings klar sein: Die Steuerung der Unternehmensleistungen über Treibergrößen erfordert einen gewissen Aufwand. Hierbei sind immer die nachfolgenden Kernfragen zu stellen und zu beantworten:

Was sind eigentlich die Treibergrößen? Wer setzt sie um? Wann und wie? Wie werden die Zielvorgaben letztlich kontrolliert? Welche Interventionsmöglichkeiten gibt es bei Abweichung?

Portfolioanalyse

Bei der Portfolioanalyse werden Geschäftsfelder, aktuelle wie potenzielle, insbesondere nach Marktwachstum und Marktanteil analysiert und in einer zweidimensionalen Matrix dargestellt.

Aus der Positionierung in der Matrix lassen sich Schlussfolgerungen im Hinblick auf strategische Geschäftsfelder und deren Weiterentwicklung treffen. Gleiches gilt für die Behandlung schlecht positionierter Bereiche. Insgesamt ermöglicht die Portfolioanalyse eine bessere Positionierung am Markt. Mehr Einzelheiten sind in Kapitel 5.4.3 dargestellt.

Selbstbewertung

Ziel der (Unternehmens-)Selbstbewertung ist die Überprüfung der eigenen Leistung und damit die Möglichkeit der ständigen Verbesserung der Unternehmensaktivitäten.

Grundlage der Selbstbewertung ist die Ermittlung des Ist-Zustandes. Hierdurch lassen sich Stärken und Schwächen des Unternehmens aufgliedern. Ferner werden die Kernkompetenzen des Unternehmens erkannt und Geschäftsstrategien an den gewonnenen Erkenntnissen ausgerichtet. Wo es notwendig ist, können Strategien und Prozesse optimiert werden.

Wichtig bei der Selbstbewertung ist die regelmäßige Durchführung. Die Zeitperioden differieren allerdings je nach Anforderung. Zu beachten ist auch, dass die Selbstbewertung ein wesentlicher Teil des Benchmarkingprozesses ist.

Personalbezogene Tools

Pay for Performance

Zunehmende Verbreitung findet die Pay for Performance:

Hier werden zur Motivationssteigerung die Einkommen der Mitarbeiter an das Erreichen bestimmter Unternehmensziele geknüpft.

Der Mitarbeiter hat durch gute Leistungen die Möglichkeit, entscheidend am positiven Unternehmenserfolg mitzuwirken. Bei größeren Unternehmen ist naturgemäß die Einflussmöglichkeit geringer als in kleineren Firmen. Daher sind bei den ersteren Einkommenssysteme erforderlich, die individueller auf den Mitarbeiter zugeschnitten sind. Näheres zu variablen Einkommenssystemen findet sich in Kapitel 8.7.2 und zur Zielvereinbarung als formaler Grundlage in Kapitel 12.2.1.

Self Directed Teams

Auch die Self Directed Teams finden immer größere Verbreitung.

Die Mitarbeiter arbeiten in Gruppen, die eigenständig und selbstverantwortlich den gesamten Geschäftsprozess gestalten, bewältigen und letztendlich auch verantworten.

Die Folgestufe der Self Directed Teams, das mit eigener unternehmerischer Verantwortung ausgestaltete Profitcenter, ist in Kapitel 10.1.4 beschrieben.

Beiden Tools ist gemeinsam, dass Chancen und Freiräume geschaffen werden, damit die Motivation gesteigert und im Ergebnis die Produktivität verbessert wird.

Reengineering

Unter Reengineering ist die Umstrukturierung von ganzen Geschäftsprozessen zu verstehen.

Ziel ist die Erhöhung der Produktivität. Die Möglichkeiten hierzu sind vielfältig, näheres ist in Kapitel 2.7 zu finden. Einer der wichtigsten und der wohl am häufigsten eingesetzte Reengineering-Prozess ist die Verkürzung von Durchlaufzeiten durch Prozessoptimierung.

Fazit

Die vorgestellten Managementtechniken sind kein Allheilmittel. Sie sind im Übrigen auch nicht unumstritten: Zum einen wirken sie sich nicht immer und nicht unbedingt zeitnah auf das Unternehmensergebnis aus, zum anderen helfen die Managementtechniken im Regelfall doch, die Marktposition des Unternehmens spürbar zu verbessern.

> Entscheidend ist, das richtige Tool in der richtigen Zeit und in der richtigen Dosierung anzuwenden.

12.2 Zusammenarbeit und Führung

Zeitgemäße Führung trägt entscheidend zum Erfolg eines Unternehmens bei. Nicht umsonst ist in den letzten Jahren ein verstärkter Kulturwandel in der Zusammenarbeit und Führung von Mitarbeitern festzustellen gewesen.

Die Hauptlast dieses Cultural Change trägt die Führungskraft in der Anwendung der unterschiedlichen Führungsinstrumente. Richtig angewandt, bewirken sie viel: Die Potentiale der Mitarbeiter werden freigesetzt, erhöhte Motivation führt zu höherer Produktivität. Die Folgen falscher Anwendung müssen nicht erläutert werden.

Die Grundlagen der Mitarbeiterführung wurden bereits in Kapitel 8.8 vorgestellt. In diesem Kapitel stehen die Instrumentarien und Techniken der Mitarbeiterführung im Mittelpunkt.

12.2.1 Instrumente der Mitarbeiterführung

Moderne Führungsgrundsätze erfordern adäquate Instrumente. Die gängigsten davon sind im Folgenden vorgestellt. Allen gemeinsam ist die Einbindung in den Gesamtprozess der Führung von Mitarbeitern unter Berücksichtigung der Leitbilder des Unternehmens.

Zielvereinbarung

Die Abkehr von Hierarchien und die Hinwendung zur Team-orientierung sowie die Zunahme von Arbeiten in Projekten über Fachgebietsgrenzen hinaus erfordern für beide Seiten ein hohes Maß an Transparenz. Hier helfen Zielvereinbarungen weiter:

Mitarbeiter und Führungskraft entwickeln, formulieren und verein-baren geschäftsbezogene und/oder persönliche Ziele.

Mit der gewonnenen Zielklarheit stellt sich automatisch erhöhte Motivation beim Mitarbeiter ein, die Mitarbeiterführung wird aus Sicht der Führungskraft erleichtert; die gewünschte Transparenz ist hergestellt.

Der Prozess der Zielvereinbarung läuft im Dialog zwischen Mitarbeiter und Führungskraft ab. Individuelle und messbare Ziele werden aus übergeordneten Zielen abgeleitet. Der Mitarbeiter handelt in der Zielerreichung weitgehend eigenverantwortlich, er bestimmt seine Arbeitsweise. Periodisch, zum Beispiel im Jahresrhythmus werden die erreichten Ergebnisse gemessen.

> Zielvereinbarungen sind wesentliche Voraussetzung moderner Arbeitsformen wie zum Beispiel der Telearbeit oder der Vertrauensarbeitszeit.

Dialog Mitarbeiter – Führungskraft

Bereits mehrfach erwähnt, gewinnt der Dialog zwischen dem Mitarbeiter und Führungskräften immer mehr an Bedeutung. Viele Unternehmen haben dies in größerem Rahmen – etwa auf Team- oder Abteilungsebene – zu einer Institution erhoben: Sei es durch regelmäßige Diskussionsforen, in denen Führungskräfte Rede und Antwort stehen, sei es durch moderierte Führungsdialoge, in denen Führungsverhalten und Zusammenarbeit diskutiert werden. Letztere werden oft unrichtig „Vorgesetztenbeurteilung" genannt. „Feedback-System" oder „Führungsgespräch" trifft den Kern genauer. Worum geht es hier?

Im Mittelpunkt steht der offene Dialog zwischen Mitarbeitern und Führungskraft mit dem Ziel der gemeinsamen Entwicklung von Verbesserungsmöglichkeiten in Zusammenarbeit und Führung.

Dem eigentlichen Dialog, der idealerweise von einer außenstehenden Person moderiert werden sollte, geht eine Fremd- und Selbsteinschätzung der Führungskraft durch sein Team und sich selbst voraus. Im Wesentlichen werden Führungsverhalten und Zusammenarbeit betrachtet. Im Dialog werden die Abweichungen zwischen Fremd- und Selbsteinschätzung diskutiert und die Gründe hinterfragt. Am Ende des Dialoges steht eine Zielvereinbarung zwischen Team und Führungskraft im Hinblick auf den festgestellten Änderungsbedarf. Dessen Erfüllung bildet die Grundlage für ein Review (nach etwa drei Monaten) und für das Folgegespräch (idealerweise nach einem Jahr).

Der Führungsdialog ist eines der besten Instrumente der Mitarbeiterführung.

Kriterien

Messen von Führungsleistung

Systeme zur Messung von Führungsleistung bieten Führungskräften die Möglichkeit der Orientierung der Führungskraft an der für ihn vom Unternehmen definierten und erwarteten Führungsleistung.

Dabei geht es um die Definition und die anschließende Beschreibung der Führungsleistung unter gleichzeitiger Integration der Ergebnisse in unternehmensweite Bewertungsprogramme in Bezug auf funktionale und finanzielle Förderung.

Für die Beurteilung der Führungsleistung können eine Vielzahl von Kriterien in Frage kommen, zum Beispiel:

*   Einschätzung der Leistungen der Führungskraft im Hinblick auf den Geschäftswertbeitrag,
*   seine Kundenorientierung nach innen und nach außen,
*   die wirtschaftlichen Auswirkungen der Handlungsweisen,
*   die Führungsleistungen und die Zusammenarbeit mit Mitarbeitern und Kollegen,
*   die Fähigkeit zur Selbstführung,
*   seine Gestaltungs- und Durchsetzungsfähigkeit sowie – last but not least –
*   die Motivationsfähigkeit.

Der Input zur Messung stammt im ersten Schritt aus der Selbst- und Fremdeinschätzung der Führungsleistung, wobei die Fremdeinschätzung im Idealfall von Vorgesetzten, Kollegen, Partnern und Mitarbeitern kommt. Die Bewertungsskala reicht üblicherweise von „Benchmark" bis „verbesserungsbedürftig". Diese Einschätzungen werden sodann im Dialog zwischen der Führungskraft und dessen Führungskraft diskutiert; Folge sollte die Einigung über eine gemeinsame Einschätzung sein.

Die Ergebnisse dienen schließlich als Grundlage für weitere Personalentwicklungsmaßnahmen der Führungskraft.

Mitarbeiterbefragung

Auch die Mitarbeiterbefragung gewinnt nicht nur in Großunternehmen an Bedeutung, da die Einbeziehung aller Mitarbeiter im Veränderungsprozess von großer Bedeutung ist. Grundsätzlich sollte die Befragung der Mitarbeiter nach deren Wahrnehmungen und ihrer Bewertung von unternehmensrelevanten Themen in jedem Unternehmen – aber auch in kleineren Betrieben – zum Standardrepertoire des Managements gehören.

Das Ziel ist klar: Es geht um das Erkennen von konkretem Handlungsbedarf und die daraus erfolgte Ableitung von gezielten Verbesserungsmaßnahmen im Unternehmen.

Mitarbeiterbefragungen sollten im Regelfall anonym mittels standardisierter Fragebögen durchgeführt werden. Wichtig für den Erfolg: Die planmäßige Vorbereitung der Befragung, die transparente Umsetzung des erkannten Handlungsbedarfes, das abschließende Controlling der Ergebnisse sowie die regelmäßige Wiederholung.

Praxisbeispiel

Die Siemens AG hat im Jahr 1995 einen neuen Förderungsrahmen für Führungskräfte, genannt „EFA" („Entwicklung", „Förderung", „Anerkennung"), eingeführt. Noch stärker als in der Vergangenheit erfolgt eine Orientierung an der individuellen Leistung und der Bedeutung der Aufgaben.

Grundsatz Dieser Förderungsrahmen beruht letztendlich auf dem Grundsatz, dass Funktion und Arbeitsaufgabe höher zu bewerten sind als Rang und Titel. Daher ist Kernpunkt ein Funktionsstufensystem – jede Aufgabe erhält eine Funktionsstufe (Skala 1 bis 5) – mit leistungsbezogener Bezahlung (Einkommensbandbreiten). Zur Zeit werden die EFA-Prinzipien schrittweise auch weltweit eingeführt – eine Voraussetzung für die grenzüberschreitende Entwicklung und den internationalen Austausch von Mitarbeitern.

Bestandteile Bestandteil von EFA sind verstärkter als in der Vergangenheit strukturierte Gespräche zwischen dem Mitarbeiter und seiner Führungskraft über Ziele, Fähigkeiten und Entwicklungspotenziale, das jährliche „EFA-Gespräch": Führungskraft und Mitarbeiter (der natürlich auch selbst Führungskraft sein kann) werden sich über Ziele und mögliche Entwicklungen – auch monetär – klar; der Mitarbeiter wirkt aktiv an seiner eigenen Entwicklung mit (Schlagwort: „Mitunternehmer in eigener Sache"). In einer abteilungsweiten „EFA-Runde" – moderiert durch die Personalorganisation – werden die Vorstellungen über den Einzelnen objektiviert: Durch Quervergleich mit anderen und Feedback durch andere. Ferner werden Einkommen und Förderungen geplant, Potenzial eingeschätzt und Kompetenzaufbau vorbereitet. Den Abschluss bildet ein weiteres Gespräch zwischen Mitarbeiter und Führungskraft, in dem der Mitarbeiter das Feedback erhält und offen über alle Beschlüsse informiert wird – bis hin zur Bekanntgabe konkreter Einkommensmaßnahmen.

In einem Wort: EFA basiert auf Dialog, Transparenz und gegenseitigem Vertrauen, den Zutaten für ein zukunftsweisendes Instrument der Mitarbeiterführung. Kein Wunder, dass die Erfahrungen mit EFA seit 1995 überwiegend positiv sind.

12.2.2 Motivation

Motivieren bedeutet „anregen, mit Beweggründen ausstatten". Motivation ist also nichts anderes als die Beeinflussung menschlicher Handlungsweisen.

Dennoch gehört dieser Teil der Menschenführung zu den schwierigsten, aber auch wichtigsten Aufgaben einer Führungskraft überhaupt. Es geht um den richtigen Umgang mit verhaltensbestimmenden Einflüssen. Denn im Allgemeinen gilt, dass motivierte Mitarbeiter zufriedene Mitarbeiter sind, die für ihr Unternehmen Potenziale freisetzen und Leistungen vollbringen.

In der Personalführung existieren einige wichtige Motivationstheorien. Die bekannteste dürfte die Bedürfnispyramide von Maslow sein, welche die menschlichen Bedürfnisse hierarchisch gliedert: Grundexistenz, Sicherheit, Sozialkontakte, Wertschätzung, Selbstverwirklichung. Übertragen aufs Arbeitsleben bedeutet dies Arbeitsplatzgestaltung, Arbeitsplatzsicherheit und Einkommen, Kommunikation, Aufstieg, kooperative Führung. | **Motivationstheorien**

Eine weitere Motivationstheorie ist die Charakterisierung nach Bedürfnisklassen: Existenz, Soziales, Wachstum.

Am einfachsten und damit am leichtesten in die Praxis umzusetzen ist die Motivation nach der „Zwei-Faktoren-Theorie": Zufrieden oder unzufrieden mit Vergütung, Aufstiegsmöglichkeiten, Arbeitsaufgaben und Führungskraft.

Einflussmöglichkeiten auf die Motivation gibt es also genug.

Motivationsmittel Die Mittel der Motivation sind vielfältig: Bezahlung, Anerkennung, Aufgabenerweiterung durch Job Enlargement (breiteres Aufgabenfeld) oder Job Enrichment (Bereicherung von Aufgaben), Förderung und Handlungsfreiheit als echte Motivatoren sowie Betriebsklima und Führungsverhalten als sogenannte „Hygienefaktoren".

> Mitarbeitermotivation ist aufgrund der Vielzahl von Möglichkeiten keine Geheimkunst. Vorsicht ist allerdings vor der unreflektierten Verwendung der Motivationsmittel geboten. Weniger kann manchmal mehr sein. Auch konstruktive Kritik, nicht nur die Gehaltserhöhung, kann motivierend wirken.

12.2.3 Teamentwicklung und Teamwork

Teamentwicklung ist die Entwicklung neuer Arbeitsweisen und Kommunikationsformen in einem Arbeitsteam.

Zielgruppen sind insbesondere bestehende Arbeitsgruppen und Projektteams, aber auch Führungsteams, wie das Management zweier fusionierter Unternehmen. Dreh- und Angelpunkt einer guten Teamentwicklung ist die Veränderungsbereitschaft der einzelnen Mitglieder.

Zielsetzung Die Zielsetzung der Teamentwicklung ist klar: die Schaffung effizienterer und effektiverer Teams. Beabsichtigt ist auch die Verbesserung des Arbeitsklimas und die glatte Konfliktlösung. Endstufe jeder Teamentwicklung ist die lernende Organisation.

Wie werden die genannten Ziele erreicht? Durch Einhalten einiger Grundsätze wie

*   richtige Zusammensetzung neuer Teams beachten,
*   die gemeinsame Klärung neuer Aufgaben und
*   Optimierung von Arbeitsabläufen und damit Verringern von Reibungsverlusten.

Insgesamt wird dies die Zusammenarbeit verbessern und weiterentwickeln und somit die Wirksamkeit der Teamarbeit steigern.

Entwicklungsprozess Wie sieht der Teamentwicklungsprozess aus? Am Beginn steht die Durchsprache der Anliegen und Fragen. Sodann werden Ziele und das weitere Vorgehen vereinbart. In Gesprächen und Rollenspielen werden die einzelnen Themen abgearbeitet. Am

Ende steht die Standortbestimmung des Teams; Follow-Ups zur Kontrolle der Erfolge können abgesprochen werden.

Teamwork bedeutet das Erreichen von Arbeitsergebnissen oder die Problemlösung in der Gruppe – „gemeinsam geht's erfolgreicher".   Teamwork

Synergieeffekte werden gewinnbringend genutzt. Im Ergebnis soll das Beste aus allen Gruppenmitgliedern herausgeholt werden. Aber nicht jeder ist für Teamwork geeignet. Daher gilt es auch hier, Spielregeln zu befolgen. Diese lassen sich am besten mit folgendem Satz umschreiben: „Teamwork ist, wenn alle dasselbe wollen und jeder auf ein Stück Eigenleben verzichtet".

> Insbesondere Spitzenbelastungen verlangen gut funktionierende Teams. Dazu müssen sich alle Teammitglieder schnell absprechen können, um gemeinsam rasch zu agieren.

Viele Softwareprogramme – von der Groupware gemeinsamer Kalender bis hin zu ausgefeilten Wissensdatenbanken – ermöglichen vernetztes Teamwork.

In diesem Kapitel war auch von zwei Begriffen die Rede, die hier definiert werden sollen:

Die Effektivität misst das Erbringen von Leistung, die Effizienz die Leistung im Verhältnis zu den aufgewendeten Mitteln.

12.2.4 Leadership Excellence

Im Rahmen der Zusammenarbeit und Führung taucht immer häufiger der Begriff der „Leadership Excellence" auf. Worum geht es hierbei?

Im Grunde geht es um alle Mitarbeiterinnen und Mitarbeiter des Unternehmens, die mit der Personalführung befasst sind, die sogenannten Führungskräfte. Für diese Personengruppe treten die fachlichen Aufgaben deutlich bis ganz in den Hintergrund. Andere Qualitäten sind gefragt. Ein Fußballtrainer ist schließlich auch nicht (mehr) der beste Spieler seines Teams.

Eine Führungskraft mit dem Attribut „Leadership Excellence" zeichnen nach allgemeiner Ansicht folgende Qualitäten aus:

* Eine zeitgemäße *Mitarbeiterführung*, die den Mitarbeiter fordert und fördert (Näheres siehe Kapitel 8.7).

- Eine *Teamführung*, die aus einer Gruppe von Individuen eine sowohl effizient als auch effektiv arbeitende Einheit formt (Näheres siehe das Kapitel 12.2.3).

- Eine professionelle *Unternehmensführung*, die nicht nur die betriebswirtschaftlichen, sondern auch die persönlichen Belange der Belegschaft berücksichtigt und klare Visionen, Missionen und Leitbilder formuliert (zur Strategie siehe Kapitel 5).

- Ein überzeugendes *Zukunftsmanagement*, welches sich nicht nur in gründlicher strategischer Planung äußert (Näheres siehe Kapitel 5.3), sondern auch beispielsweise das Wissensmanagement umfasst (Siehe Kapitel 12.3.2), aber auch das Risikomanagement des Unternehmens nicht außen vor lässt (siehe Kapitel 10.3).

- Und schließlich ein Denken und Handeln in einem durchstrukturierten Ganzen – also einem *systemischen Arbeiten* – welches die genannten Qualitäten umfasst und sich durch eine zukunftsorientierte Organisationsentwicklung dem Ziel der lernenden Organisation nähert (Näheres siehe Kapitel 10.1).

Fazit Auch wenn ein gewisser Sachverstand für eine erfolgreiche Führungskraft notwendig ist, stehen die genannten Qualitäten heutzutage doch deutlich im Vordergrund. Letztendlich geht es bei der Leadership Excellence immer darum, ein Team, eine Abteilung oder ein Unternehmen so zu gestalten, dass sich jeder dieser Gemeinschaft zugehörig fühlt und gerne für sie tätig ist.

12.2.5 Coaching

Üblicherweise bringt man den Begriff des „Coach" mit sportlichen Ereignissen in Verbindung. In den letzten Jahren hat dieser Begriff allerdings auch Einzug in die Managementliteratur gefunden.

Überblick Insbesondere in der Organisationsentwicklung ist das Coaching weit verbreitet. Die genaue Übersetzung „Nachhilfe" trifft den Kern nicht ganz: Es geht um die Mitwirkung eines Dritten, dem Coach, zur Beurteilung und Verbesserung der Leistung eines Einzelnen oder einer Gruppe, sei es im privaten wie geschäftlichen Bereich.

Der Coach wird sich zuerst durch Beobachtung und Gespräch ein Bild von der Situation machen. Sodann werden die Stärken und Schwächen analysiert. Schließlich wird eine Vorgehensweise für die notwendigen Änderungen vereinbart. Oftmals begleitet der Coach auch noch den Umsetzungsprozess.

Im Allgemeinen wird zwischen Individual-, Team- oder Gruppen- sowie Business-Coaching unterschieden.

Individual-Coaching

In dieser Art des Coachings geht es um den Einzelnen in seiner privaten oder beruflichen Situation. Im Privaten beispielsweise in einer Lebenskrise (Krankheit, Scheidung), im Beruflichen etwa als Unterstützung bei schwierigen Führungssituationen oder beruflicher Neuorientierung.

Team-/Gruppen-Coaching

Hier wird ein Coach häufig zu einer Beratung bei Problemen in der Zusammenarbeit hinzugezogen. Er oder sie werden die Gruppe aber auch durch Teamentwicklungsprozesse mit dem Ziel der Optimierung der Zusammenarbeit begleiten.

Business-Coaching

Im Gegensatz zum Team-Coaching, in dem es um einen kleinen Teil des Unternehmens geht, hat das Business-Coaching den Zweck, die Ausrichtung der gesamten Firma an neue Herausforderungen anzupassen oder sie für diese Herausforderungen „fit" zu machen. Hierfür ist nicht nur notwendig, die Geisteshaltung von Management und Mitarbeitern neu auszurichten, sondern auch die Geschäftsprozesse entsprechend anzupassen.

Mediation

Im Zusammenhang mit Coaching taucht „Mediation" als verwandter Begriff auf: Hier befinden sich allerdings üblicherweise die Beteiligten im Konflikt miteinander.

In Kürze vorweg: Mediation ist keine Alternative, wenn nicht alle Beteiligten diese auch uneingeschränkt wollen.

Grundsatz: Freiwilligkeit und Wollen!

Vom Grundsatz geht es um die Vermittlung zwischen den Beteiligten, jedoch nicht durch Diskussion von Rechtsfragen. Daher werden in der Mediation Interessen, nicht Standpunkte vertreten.

Ähnlich wie im Coaching wird der unparteiische Dritte, der Mediator, stets versuchen, dass die Konfliktparteien am Fall orientierte spezifische Konfliktregelungen und -lösungen gemeinsam erarbeiten. Der Mediator wird nur unterstützen, nie aktiv eingreifen, da die Eigenverantwortung der Beteiligten an erster Stelle steht.

Auch in der Juristerei gewinnt die Mediation als außergerichtliches Verfahren von Bedeutung, dies insbesondere im familienrechtlichen Bereich.

Ein absolutes Muss für jede Mediation ist die Freiwilligkeit und Akzeptanz, sowie Offenheit und Vertraulichkeit.

12.2.6 Besprechungen

Wer kennt sie nicht, die end- und oft nutzlosen Besprechungen? Ein gutes Konferenzmanagement kann dem abhelfen. Wie Besprechungen effektiver und effizienter gemacht werden können, zeigen folgende Praxistipps. Über allem steht: „In der Kürze liegt die Würze" oder „Fasse dich kurz!".

> Die alles entscheidende Eingangsfrage für erfolgreiche Besprechungen lautet: „Ist die Besprechung überhaupt das richtige Medium oder sind E-Mail oder der Austausch von Papier nutzbringender?".

Tipps Wenn die Entscheidung für die Besprechung ausgegangen ist, ist ein Besprechungskonzept (Zweck des Meetings: Infovermittlung, Ideensammlung, Entscheidungen) zu erstellen und der Teilnehmerkreis genau festzulegen (nichts ist frustrierender als eine Besprechung, zu der nichts beizutragen ist, also ist vorab auch die Frage zu stellen: Kann jeder etwas beitragen?).

Ferner sind das richtige Ambiente sowie die Vorbereitung, unter Umständen die Erstellung einer Tagesordnung, wichtig. Bei schwierigen oder umfangreichen Meetings braucht man vielleicht einen Moderator. Spielregeln sind notwendig und sind festzulegen: Redezeit, Pausen, Unterlagen und in jedem Fall „Handys aus!". Unproduktive „Endlosmeetings" lassen sich mit einem guten Zeitmanagement effektiver gestalten. Am Ende steht die Zusammenfassung der gefundenen Ergebnisse, gegebenenfalls die Festlegung von nachfolgenden Aktivitäten.

Moderation Der Erfolg einer Besprechung hängt in vielen Fällen von einer guten Moderation ab, also der zielorientierten Gestaltung von Kommunikations- und Kooperationsprozessen innerhalb von Gruppen. Grundregeln dazu sind:

- Der Moderator muss das Vertrauen aller Beteiligten genießen; er konzentriert sich nur auf das methodische Vorgehen, ist neutral. Die inhaltliche Beiträge kommen allein aus der Gruppe.

- Der Moderationsprozess muss nachvollziehbar sein. Visualisierung mit den bekannten Hilfsmitteln wie Flip-Chart, Karten oder Overhead-Projektor kann hier helfen.

- Neben einer Zusammenfassung ist auch die Reflexion über den Ablauf der Besprechung wichtig („Blitzlicht"), also die Abfrage der Zufriedenheit mit Ablauf und Ergebnis. Dabei hat der Moderator darauf zu achten, dass alle Teilnehmer einbezogen sind.

Auch die Gesprächsführung durch die Teilnehmer trägt viel zum Erfolg der Besprechung bei. Die Regeln dafür klingen einfach: „Ausreden lassen", Benutzen von „ich" statt „man", Stellen von „W-Fragen (Wie, Was, Wann)" sowie die sofortige Klärung von „Unbefindlichkeiten" erfordern in der Realität jedoch große Disziplin.

Gesprächsführung

Auf Disziplin setzen auch die Feedbackregeln auf: Wiedergabe konkreter Wahrnehmung und persönlicher Wirkung, „Ich"-Aussagen, die direkte Ansprache sowie Tipps zum „besser machen" gehören hierzu.

Feedback

Für die Feedbackaufnahme gilt: „Ruhig zuhören und nicht rechtfertigen".

Besonders herausfordernd im Rahmen der Gesprächsführung ist der Umgang mit unbequemen oder gar unfairen Gesprächspartnern. Die Regeln der Gesprächsführung gelten auch hier, allerdings ist Gelassenheit mehr denn je gefragt: Im Gespräch ist eine „Win-Win-Strategie" zu verfolgen, Killerphrasen sind als solche zu entlarven, durch geschicktes Taktieren ist eine Deeskalation herbeizuführen.

12.2.7 Problemlösungstechniken

Unter einem „Problem" versteht man landläufig die Abweichung vom Normalzustand. Diese Abweichung gilt es vor einer Problemlösung genauer zu spezifizieren.

An erster Stelle steht die Problemaufbereitung, also das genaue Erfassen und Formulieren des Problems. Dies ist besonders wichtig, wenn sich zunächst nur Symptome einer regelwidrigen Abweichung zeigen, Beispiel „Mein PC funktioniert nicht!". Bei vielen angeblichen Problemen stellt sich bei genauer Betrachtung heraus, dass es eigentlich nur um leicht zu behebende Kleinigkeiten geht, wie „Netzstecker einstecken!".

Was ist das Problem?

Ursache und Anlass
Alle Probleme haben eine Ursache, viele einen Anlass. Beim nichtfunktionsfähigen PC hat sich als Anlass herausgestellt, dass der Netzstecker gezogen war. Dass dies allerdings aufgrund nicht stolpersicher verlegter Zuleitungen öfters passiert, wird übersehen. Daher steht bei der Problemlösung im Regelfall die Ursachenforschung und Fehlerbehebung im Vordergrund. Zur Erforschung der Ursachen können die in Kapitel 12.4 vorgestellten Kreativitätstechniken, ergänzt durch Diagramme und Flusspläne verwendet werden. Hier zeigt sich die enge Verzahnung des Problemlösungsprozesses mit Kreativitätstechniken.

Welche Lösung ist die richtige?
Falls es mehrere Lösungen gibt, stellt sich nach der Problemanalyse unweigerlich die Frage, welche Lösung, gespiegelt an der Problemursache, die richtige ist. Auch bei der Entscheidung für eine bestimmte Lösung spielen Kreativitätstechniken eine Rolle. Am Ende des Prozesses steht die Lösungsumsetzung und die Kontrolle der Wirksamkeit der gefundenen Lösung.

> Als Problemlösungstechniken eignen sich beispielsweise das Experimentieren, Bilden von Analogien, Erkennung von Mustern, Reduktion oder schlicht die Umgehung eines Problems.

12.3 Allerlei „ … managements"

Der Begriff „Management" umfasst sowohl die Gesamtheit der Führungskräfte eines Unternehmens oder einer Einheit als auch einen Prozess – den organisiert ablaufenden Prozess zur Erreichung eines bestimmten Zieles. Durch die Aufgabenfülle und die Herausforderungen der Arbeitswelt sind Führungskräfte, aber auch Unternehmen, hier besonders gefordert; einige dieser „…managements" sind im Folgenden dargestellt.

12.3.1 Zeit- und Selbstmanagement: Disziplin ist alles

Gutes Zeit- und Selbstmanagement führt zum Abbau von Mehrarbeit, die durch Zeitnot und Arbeitsüberlastung entstanden ist. Stress, aufgebaut durch Verantwortung, Arbeitsmenge und Termine, kann bewältigt und vermieden, Nebensächlichkeiten können ausgeblendet werden.

Effektives Zeit- und Selbstmanagement erlaubt zu agieren statt zu reagieren.

Die Prinzipen des Zeit- und Selbstmanagements sind einfach   **Prinzipien**
dargestellt:

• konsequente Zeitkontrolle,
• Delegation zweitrangiger Aufgaben,
• Planung, aber auch Flexibilität, Nutzung von Leerzeiten,
• Bildung von Zeiteinheiten (= erwartete Dauer) je Aufgabe
  sowie
• durchdachte Arbeitsvorbereitung zum Verkürzen
  des Zeitaufwandes für die jeweilige Aufgabe.
• Wichtig auch: Entwicklung eines persönlichen Arbeitsstils.

Zur Methodik des effektiven Zeit- und Selbstmanagements   **Methodik**
gehören:

• Auflisten der Aktivitäten,
• Abschätzen des Zeitbedarfes unter Einrechnung
  von Pufferzeiten sowie
• Priorisieren der Aufgaben.

Wichtigstes Element des Zeit- und Selbstmanagements ist   **Planung der**
die *Planung der täglichen Arbeitszeit*. Etwa 60% sind für ge-   **täglichen Arbeitszeit**
plante Aktivitäten zu verwenden, je 20% für unerwartete
(Zeitpuffer als Reserve für Störungen) und spontane Aktivitäten („Sozialzeiten", „Kreativitätsschübe"). Als Fazit gilt:
Nie mehr als 60% der Zeit verplanen!

Weiterer Kernpunkt ist die *Setzung von Prioritäten*, also die Ent-   **Priorisierung**
scheidung, welche Aufgaben erst- oder nachrangig zu behan-
deln sind. Hierfür gibt es verschiedene Methoden:

Die *ABC-Analyse*, die in

• „wichtig, ertragreich, größte Erfolgsaussicht" (= A),
• „geringe Wertschöpfung" (= B) und in
• „weniger wichtige Aufgaben mit geringer Wertschöpfung"
  (= C)

unterteilt, ist die bekannteste. Hierbei ist zu beachten, dass C-
Aufgaben im Regelfall aber den größten Anteil am Aufgabenvo-
lumen haben.

Die *Prioritätenbildung* unterteilt in

• „dringend/bedeutend" (1 = sofortige Reaktion),
• „dringend, aber weniger bedeutend" (2 = nach 1 an der
  Reihe, Frage nach Delegation und Auswirkungen späterer Erledigung),

- „bedeutend, aber weniger dringend" (3 = „demnächst"),
- „Irrläufer" (4 = Weitergabe) und
- „nutzlos" (5 = Papierkorb).

Die Grundregel jeder Priorisierung lautet schlicht „sammeln, sichten, ordnen; Prioritäten setzen; Zeitplan aufstellen".

Persönlicher Arbeitsstil Zu einem umfassenden Selbstmanagement gehört die Entwicklung eines persönlichen Arbeitsstils.

Konzentration auf einen Vorgang, Erledigung der Aufgaben nach Priorisierung, planvolle Arbeitsvorbereitung sowie die Suche nach Optimierungsmöglichkeiten werden dabei zur Arbeitserleichterung beitragen.

Alles ist in Frage zu stellen:

- Warum ist das zu tun?
- Warum ist das jetzt zu tun? Wer kann helfen?
- Wie geht es einfacher?

Dies sind die Kernfragen.

Zum erfolgreichen Selbstmanagement gehört beispielsweise aber auch die Nutzung von Entspannungsmethoden zu Hause oder im Büro sowie mentaler Trainings. Schließlich darf der Schlüsselfaktor „Gesundheit" nicht unbeachtet bleiben.

12.3.2 Wissen ist Macht: Wissensmanagement

Gezieltes Management von Wissen und Informationen wird besonders für global agierende Unternehmen immer wichtiger. Hierbei sind folgende zentralen Themen zu beachten:

- Wie kann vorhandenes Wissen im Unternehmen gehalten werden?
- Wie kann vorhandenes Wissen geteilt werden (Knowledge Sharing)?
- Wie kann neues Wissen erzeugt werden?
- Welche Informationen sind notwendig?

Wissensmanagement Zur Beantwortung dieser Fragen ist ein systematisiertes und unternehmensweites Wissensmanagement notwendig. Alle Kernbereiche des Unternehmens, wie die Geschäftsprozesse und

Tools, die externen und internen Beziehungen sowie allgemein
Aufgabeninhalte und Strukturen sind in das Wissensmanagement einzubeziehen.

Information entwickelt sich immer stärker zum Wirtschaftsgut   **Informations-**
und Wettbewerbsfaktor, deshalb ist ein durchdachtes Informati-   **management**
onsmanagement im Rahmen der strategischen Unternehmens-
planung notwendig. Dabei geht es im Grundsatz um das rechtzeitige Erkennen von internen Stärken und Schwächen sowie
externen Chancen und Risiken.

Folgende Kernfragen sind zu stellen:

* Welche Informationen werden benötigt?
* Wo sind diese Informationen erhältlich?
* Wie sieht die Systematik der Informationsbeschaffung aus?
* Welches strategische Konzept für ein Informationsmanagement liegt vor?

Unentbehrlich für ein effektives Informationsmanagement ist   **Vernetzung wichtig!**
die unternehmensweite Vernetzung zur Sammlung aller verfüg-
baren Informationsquellen – gewissermaßen ein Wissensnetz-
werk. Wichtige Fundgrube sind neben Marktanalysen und
Kundeninputs auch interne Quellen wie das betriebliche Vorschlagswesen.

Häufig lässt sich ein professionelles Wissensmanagement über
Wissensdatenbanken im Intranet erreichen.

> Intensiver Aufwand zur optimalen Strukturierung der Da-
> tenbank und bestmöglichen Verwertung von Best Practices
> wird in den meisten Fällen durch besseren Geschäftserfolg
> kompensiert.

12.3.3 Erfahrungswissen

Bierdeckel, Lexikon, Notebook, Palm und Internet: Es gibt viele
Möglichkeiten, Wissen zu speichern. Bloßes Speichern allein
reicht aber nicht aus, das Umsetzen des Wissens aus der Erfahrung heraus ist gefragt.

Im Allgemeinen ist Wissen die Gesamtheit aller Informationen,   **Definition/Arten**
über welche ein System – also nicht nur der Mensch (!) – ver-
fügt.

Wissen umfasst aber nicht nur die reine Information, sondern
auch das Erkennen von deren Zusammenhängen. Aus dieser

Erkenntnis folgt die Möglichkeit, Lösungen für Herausforderungen zu finden.

Zum „Erfahrungswissen" – so einer gängigen Definition von Erfahrung gefolgt wird, nämlich „Kenntnisse und Verhaltensweisen, die durch Wahrnehmung und Lernen erworben sind" – ist es nur ein kleiner Schritt. Man unterscheidet hier zwei Arten, die Lebenserfahrung und die Berufserfahrung. Beiden ist gemeinsam, dass sowohl die Fähigkeiten des Einzelnen als auch die äußeren Einflüsse für das Sammeln von Erfahrung von Bedeutung sind. Beiden ist auch gemeinsam, dass Erfahrung auf der Bewertung und Umsetzung von Erlebtem beruht.

Im Englischen wird beim Erfahrungswissen im Allgemeinen zwischen „Procedural Knowledge" und „Personell Wisdom" unterschieden. Während letzteres eher unserer „Sozialkompetenz" nahe kommt, lässt sich ersteres leicht mit „Know-how" übersetzen: Dem Wissen, *wie* eine Aufgabe ausgeführt wird, das in der Regel auf praktischer Erfahrung gegründet ist. Der Vorteil der praktischen – gegenüber der theoretischen – Erfahrung liegt auf der Hand: Das Problem wird nicht nur bewältigt, das Problem wird vielmehr gelöst. Eine bestimmte Lösung wird erkannt, aber gleichzeitig werden auch die Grenzen dieser bestimmten, vielleicht jedoch zu fixierten, Lösung verstanden. Alles bisher Erfahrene, auch das Negative, kann in die Lösung eingebracht werden. Kurzum, es ist die vielfach geübte Praxis in der Problemlösung, die zählt.

Erhaltung von Erfahrungswissen

Vom Wissen über die Erfahrung zu einem nutzbaren Erfahrungswissen ist es ein langer Weg – oft ein ganzes Berufsleben lang. Daher ist unstreitig, dass das einmal Gesammelte erhalten werden muss und übertragen wird.

Die reine Dokumentation (siehe vorheriger Abschnitt) ist oftmals nicht ausreichend, sie wird dem persönlichen Element der Erfahrung nicht gerecht.

So bleibt zur wirkungsvollen Weitergabe des Erfahrungswissens nur der Erfahrungsaustausch über reine Informationsgespräche hinaus: Das Zusammenführen von erfahrenen und neuen Mitarbeitern durch Projektarbeit im Besonderen und durch Arbeiten in Netzwerken im Allgemeinen. Durch dieses Zusammenwirken kann der „Neue" vom „Alten" lernen – „by Doing", „on the Job" oder welche Bezeichnung für diese Weitergabe des Erfahrungswissens auch immer gebraucht wird.

Letztlich haben alle etwas davon: Der „Erfahrene", der „Neue" und der Arbeitgeber. Beobachtungen aus dem Beratungsgeschäft zeigen: Die Akzeptanz beim Kunden ist größer, wenn Gespräche mit einem älteren – erfahreneren (?) – und einem jüngerem Berater gemeinsam geführt werden (sog. „Graue-Haare-Faktor").

12.3.4 Kompetenzmanagement

Eng verknüpft mit Wissensmanagement ist das Kompetenzmanagement. Folgende Kernfragen sind zu stellen:

- Wie können die benötigten Kompetenzen erkannt werden?
- Wie sind sie zu beschaffen?
- Wie werden Kompetenzen verändert?
- Wie werden sie verbessert?
- Wie sichert das Unternehmen die notwendigen Kompetenzen?

Die Antwort liegt in einem ziel- und potenzialorientierten strategischen Kompetenzmanagement.

An dessen Anfang steht die Ermittlung der für den Unternehmenserfolg maßgebenden Tätigkeiten unter Berücksichtigung der wichtigsten Kernkompetenzen.

Im Anschluss daran wird das aktuelle Kompetenzniveau ermittelt; Kompetenzdefizite im Unternehmen werden offengelegt.

Den Abschluss bildet die Planung und konsequente Weiterbildung der Mitarbeiter.

Daneben werden Kompetenzdefinitionen abgeleitet und in bestehende Instrumente der Personalplanung und -entwicklung eingefügt.

Viele Unternehmen haben die Notwendigkeit für Kompetenzmanagement erkannt. Entsprechende Software zur Kompetenzermittlung und Planung von Maßnahmen ist auf dem Markt. Auch organisatorisch tut sich einiges: In vielen Unternehmen werden mittlerweile insbesondere Kernkompetenzen in Competence Centern gebündelt.

12.3.5 Innovationsmanagement

Die Idee, Technologie als eines der wichtigsten Güter eines Unternehmens ebenso wie Wissen und Kompetenzen in klaren

Prozessen zu erfassen, ist nicht neu. Allerdings zeigt sich, dass viele Unternehmen der Vielzahl der Innovationen – also dem technologischen Fortschritt – hilflos gegenüber stehen. Deswegen haben viele Unternehmen ein Innovationsmanagement ins Leben gerufen.

Im Grundsatz geht es beim Innovationsmanagement um die Zusammenführung der Kompetenzen von Entwicklung, Produktion und Marketing mit dem Ziel, Innovationsprozesse im Unternehmen stabil ablaufen zu lassen. Hierzu bedarf es einer Koordination der vorhandenen Ressourcen, seien es Personen, Finanzen, Forschungseinrichtungen oder Produktionsmittel.

Innovationsprozess Effektives Innovations- oder Technologiemanagement läuft als Prozess ab: Am Beginn steht nach der Idee die grundsätzliche Definition von Innovationszielen, zusammengefasst in Innovationsprogrammen, Beispiel: „Mobiles Telefonieren in zwei, fünf, zehn Jahren – welche Technologien benötigen wir?" Wichtig ist auch das Beobachten der Markteinflüsse: Wird das Produkt überhaupt benötigt? Wenn diese Frage positiv beantwortet wird, geht es an die Projektsteuerung: Wie läuft das Innovationsprojekt? Wo ist das Personal? Wie wird finanziert?

Endziel ist ein technologisch führendes, vom Markt akzeptiertes Produkt. Zu beachten: Innovationsmanagement richtet sich an den Unternehmenszielen aus. Unternehmensziel wird immer sein, im konkreten Segment der technologische Marktführer zu sein.

Herausforderung Die besondere Herausforderung eines effektiven Innovationsmanagements liegt in der übergreifenden Koordination unterschiedlicher Unternehmenseinheiten. Aus diesem Grunde empfiehlt sich die Positionierung der Innovationsmanagements in einer Stabsfunktion im Rahmen der Matrixorganisation (siehe Kapitel 10.1). In der Ausgestaltung als Stabsabteilung wird die Integration erleichtert. Gleichzeitig kann hier – gleichsam von herausgehobener Position – die Dynamik der Innovationsprozesse, bedingt durch den rasanten technologischen Wandel, besser erfasst werden.

12.3.6 Konfliktmanagement

Nach einer einfachen, aber treffenden Definition ist ein Konflikt ausgebrochen, wenn untereinander Uneinigkeit herrscht.

Das frühzeitige Erkennen und Beilegen von Konflikten gehört zu den anspruchsvollsten Aufgaben einer Führungskraft.

Konflikte entstehen überall dort, wo viele Individuen mit unterschiedlichen Meinungen aufeinandertreffen. Sei es durch Termindruck im Büro, die unterschiedlichen Ansichten von Entwicklung und Vertrieb oder einfach nur wegen Alltagskleinigkeiten, immer und überall kann es krachen.

Vielfach bleibt jedoch die positive Wirkung eines Konfliktes unerkannt: Die Chance zur Verbesserung im persönlichen wie beruflichen Bereich. Gerade hier sollten Konfliktlösungsstrategien ansetzen, um Konfliktsituationen gewinnbringend zu meistern.

Jeder Konflikt ist als Chance zur Veränderung anzusehen.

Für die Konfliktbewältigung gibt es vier Möglichkeiten:

- den Konflikt vermeiden,
- ihn entschärfen, wo es möglich ist,
- ihn lösen, wo es geht, oder
- ihn „aussitzen".

Egal, welche Möglichkeit gewählt wird, eines ist dabei zu beachten: Die Handlungsfähigkeit darf nicht eingeschränkt werden, weder durch einen selbst noch von außen. Dieser Grundsatz gilt für alle am Konflikt Beteiligten.

Für die Führungskraft gibt es neben den Möglichkeiten der Konfliktbewältigung auch solche der Einwirkung: Sie kann

- das Konfliktpotenzial – also den „Auslöser",
- den Konfliktprozess – also den unschönen Umgang der Beteiligten miteinander – sowie
- die Folgen eines Konfliktes

beeinflussen.

Zur Einwirkung, aber auch zur Lösung von Konflikten stehen zwei Arten von Maßnahmen zur Verfügung: vorbeugende und behandelnde.

Die vorbeugenden Maßnahmen sollen schon den Ausbruch eines Konfliktes verhindern. Dies macht ein dauerndes Beobachten, ja Erforschen latent vorhandenen Konfliktpotenzials notwendig. Aber auch in Bezug auf den Konfliktprozess kann einiges getan werden. Beispielsweise können vorbeugend die Kommunikations- und Kooperationsfähigkeit zur Deeskalation von Konflikten geschult werden. Schließlich können vorab bereits Überlegungen zur Schadensbegrenzung angestellt werden.

Vorbeugende Maßnahmen

Beispiel: In einem zeitkritischen Projekt kriselt es. Dann lässt sich die Frage stellen: „Was passiert, wenn das Konfliktpotenzial durch Ablösung einer oder mehrerer Teammitglieder abgebaut wird?"

Wenn ein Konflikt ausgebrochen ist, können nur noch behandelnde Maßnahmen helfen. Sie sollen lösen, begrenzen, kontrollieren und regeln. Für die Führungskraft ist hier das richtige Vorgehen wichtig: Zunächst gilt, sich nicht in den Konflikt hineinziehen zu lassen. Die sachliche Analyse und Diagnose steht im Vordergrund. Welche Streitpunkte gibt es? Wieso gibt es diese? Gibt es unter den Kontrahenten schon Blessuren?

Nach Beantwortung der Fragen sind Maßnahmen zur Konfliktlösung einzuleiten: Änderung von Arbeitsabläufen, Schaffung günstigerer Arbeitsbedingungen, Personalverstärkungen, um nur einige Möglichkeiten zu nennen.

Ein „reinigendes Gewitter" bringt in jedem Fall auf Dauer mehr Vorteile als verschleppte Unbefindlichkeiten.

12.4 Kreativitätstechniken

Kreative Mitarbeiter bilden den Grundstock eines erfolgreichen Unternehmens.

Kreativität als die Fähigkeit produktiv zu denken und die Ergebnisse dieses Denkens zu konkretisieren, ist die Grundlage für Innovationen.

Nur: Wie werden Schöpferkräfte freigesetzt? Wie werden Denkblockaden überwunden? Kreativität kann schließlich nicht „befohlen" werden!

Hier helfen Kreativitätstechniken weiter. Richtig eingesetzt, bewirken sie viel. Aber Achtung: Ein Patentrezept für Kreativität gibt es nicht!

Einige Kreativitätstechniken sind hier nur kurz beschrieben, da sie in der Praxis nicht so häufig eingesetzt werden wie etwa Brainstorming oder das sehr aktuelle Mind-Mapping. Im Literaturverzeichnis sind Fachbücher aufgeführt, in denen mehr zu diesen Themen zu finden ist.

12.4.1 Brainstorming

Brainstorming ist die wohl bekannteste Methode, Kreativität spontan oder gezielt freizusetzen: Zu einem vorgegebenen Thema werden in einem umgrenzten Zeitraum freie Assoziationen gebildet.

Brainstorming ist ein Gruppenprozess. Besonders wichtig sind die gute Vorbereitung und das Einhalten von Spielregeln – ohne die entsprechende Methodik wird sich kein Erfolg einstellen, es bleibt der Frust.

Brainstorming macht nur Sinn, wenn vom Fachwissen unterschiedliche Personen mitwirken. Hierarchische Unterschiede können, müssen aber nicht den Prozess behindern. Also Achtung auf diese Hemmnis!

Vorbereitung

Zur Steuerung des Gruppenprozesses ist die vorherige Benennung eines Moderators unerlässlich. Ansonsten gelten die gleichen Regeln wie beim Management von Besprechungen (siehe Kapitel 12.2.6).

Wichtig auch: Das richtige Ambiente für das „Gehirngewitter". Zwanglos und ungestört ist die Devise! Nicht vergessen: Arbeitsmittel bereitstellen.

Die Spielregeln sind einfach: Alle Ideen sind erlaubt. Kritik ist verboten. Die Fantasie hat freien Lauf – keine Idee ist zu gewagt. Zunächst: Quantität vor Qualität; die Bewertung folgt später.

Spielregeln

Üblicherweise läuft ein Brainstorming-Prozess in folgenden Phasen ab:

Ablauf

• Ideensammlung auf Flipchart oder Overhead,
• Systematisieren der Ideen nach bestimmten Clustern,
• Bewertung, Diskussion und Umsetzung.

> Brainstorming führt – richtig ausgeführt – fast zwangsläufig zur Verbesserung bestehender Lösungen, da in der Ideenfindung oft vom Bestehenden abgewichen wird.
>
> Wichtig jedoch: Die Lösungen im Hinblick auf die Übertragbarkeit in die Realität prüfen!

Eine Unterart ist das Brainwriting: Hier wird nicht das gesprochene Wort als Anreiz verwendet, sondern das geschriebene. Jeder Teilnehmer schreibt seine Idee auf eine Karte, die nach kurzer Zeit weitergegeben wird. Die bereits notierten Ideen werden vom jeweils nächsten Teilnehmer ergänzt oder weiterentwickelt. Am Ende steht die Auswertung der Karte.

Brainwriting

Die bekannteste Variante ist die Kärtchen- oder Metaplantechnik. Hier werden Ideen zunächst auf Karten gesammelt, strukturiert und gegebenenfalls mit weiteren Ideen ergänzt. Einsatzgebiet sind im Regelfall moderierte Besprechungen.

Metaplan

12.4.2 Mind-Mapping

Mind-Mapping hilft als Kreativitätstechnik, Gedanken in der Reihenfolge, in der sie erscheinen, zu Papier zu bringen. Bestimmte Gedankenflüsse müssen nicht vollendet werden; es kann beliebig hin und her gesprungen werden. Die Mind-Map ermöglicht eine gute Übersicht über das Problem, Thema oder Projekt.

Zusätzlich unterstützt die Mind-Map den Denkprozess durch die grafische Darstellung auf einem einzigen Blatt. Es ist ganz einfach: Ein Gedankenbild wird mit Worten gemalt.

Anwendungen   Der Anwendungsbereich der Mind-Maps ist breit:

* *Konzepterstellung*: Brainstorming, Grundlagen für Reden, Präsentationen, Zusammenhänge aufzeigen, Entscheidungen treffen, Verkaufsstrategien und strategische Planung.

* *Dokumente*: Berichte, Besprechungsnotizen, Zusammenfassungen, Beschreibungen von Zielen und Produkten, Projektstatus, technische Dokumentation und Stundenplanung.

* *Organisation*: Tägliche Planung, To-Do-Listen, Checklisten, Überblicke, Personalplanung, Vorbereitung von Besprechungen und Übersicht für die Organisation der einzelnen Bereiche.

* *Informationsmanagement*: Das vorhandene Material kann strukturiert werden und Berichte können in einer verständlichen und leserlichen Weise erstellt werden.

* *Präsentation, Website-Erstellung, Stärkenprofil* und anderes mehr.

Struktur   Die typische Struktur einer Mind-Map wird im folgenden Bild dargestellt.

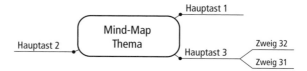

Jeder Gedanke erhält einen eigenen Zweig. Die nachfolgenden Gedanken werden als neue Zweige angehängt. Der ursprüngliche Zweig wird als Ast identifiziert. Die Verzweigung kann beliebig fortgesetzt und an einem späteren Zeitpunkt neu arrangiert werden.

Entsprechende PC-Programme stehen zur Verfügung. Nähere Informationen finden sich im Literaturverzeichnis.

12.4.3 Morphologische Techniken

Kern der morphologischen Analyse ist die Sammlung von maßgeblichen Einflüssen und Faktoren zur Erarbeitung und systematischen Analyse von Lösungsmöglichkeiten.

Wichtigstes Werkzeug ist der „morphologische Kasten", in dem die gefundenen Elemente zu einem Gesamtzusammenhang verknüpft werden. Dies geschieht aufgrund der Anzahl von problembestimmenden Parametern und Lösungsansätzen üblicherweise in einer mehrdimensionalen Matrix.

Diese Matrix ermöglicht aufgrund ihres Gesamtansatzes einen guten Überblick über alle Lösungsmöglichkeiten und deren Kombinationen. Hierbei kann die Matrix auf die erfolgversprechenden Komponenten reduziert werden.

Wegen der hohen Komplexität ist die Erarbeitung der Problemlösungsmatrix aber nur dort sinnvoll, wo in Form der Gruppenarbeit Experten mit hohem Fachwissen zusammentreffen.

Eine gute Beschreibung des Themas findet sich zum Beispiel in der „Praxis des Selbstmanagements" von Heinz Hackl.

12.4.4 Investigative Techniken

Die investigativen Techniken leben vom Aufnehmen und Weiterentwickeln von Ideen. Sie arbeiten mit Standard- oder Leitfragen, die zum Hinterfragen dienen und zum Nachdenken anregen sollen.

Zur optimalen Wirkung sind nur „W-Fragen" zu stellen: Was, Warum, Welche?

Werkzeuge dieser Kreativitätstechnik sind unter anderem Checklisten, basierend auf Optionsmöglichkeiten, und Fragenkaskaden.

„Warum funktioniert das nicht?" ist möglicherweise leicht zu beantworten. Aber: Ein Grundprinzip der Fragenkaskade ist, sich nicht mit der erstbesten Antwort zufrieden zu geben, sondern durch hartnäckige Nachfrage bis auf den Grund des Problems vorzudringen. Nur auf diesem Weg werden zufriedenstellende Lösungen gefunden.

Allerdings gilt, dass für optimale Fragenkaskaden die Zeit und vor allem der Wille zum kritischen Hinterfragen vorhanden sein muss.

12.4.5 Mentale Provokation

Diese Kreativitätstechnik arbeitet zum einen mit der Umkehrung des eigentlich zu erreichenden Zieles.

Beispiel: „Was muss ich alles falsch machen um, ..." oder „Was muss ich tun, um noch mehr Marktanteile zu verlieren?". Aus der Beantwortung der Frage werden entsprechende Gegenstrategien erarbeitet.

Zum anderen verwendet die mentale Provokation die Extrembetrachtung eines Problems, um damit die richtige Lösung zu interpolieren.

Beispiel: „Unsere neue Computergeneration soll in – zwei Monaten (unmöglich), in zwei Jahren (zu spät!) – entwickelt und auf den Markt gebracht werden."

12.4.6 Was gibt es sonst noch?

Zwei weitere Kreativitätstechniken sollten nicht unerwähnt bleiben:

Synektische Methoden
Bei den synektischen Methoden werden Analogien und Verknüpfungen zu teilweise gänzlich anderen Themen gebildet; „Wie" ist hier das Schlüsselwort.

So werden aus unterschiedlichen Strukturen neue Muster erarbeitet.

Delphi-Methode
Die „Delphi-Methode" gehört zu den sammelnden Techniken. Hier werden an eine möglichst breite Gruppe von Experten Fragen gestellt. Die Antworten werden gesammelt, gegebenenfalls zusammengefasst und allen wieder zugänglich gemacht. Auf diese Weise kommen immer Antworten – und auch Fragen – zusammen, die letztlich eine gesicherte Einschätzung erlauben.

> Der Vorteil der Delphi-Methode liegt in der Sammlung individueller Ideen und der Relativierung extremer Anschauungen.

12.5 Skills Marketing

Unter „Erfahrungswissen" versteht man – so man einer gängigen Definition von Erfahrung folgt – Kenntnisse und Verhaltensweisen, die durch Wahrnehmung und Lernen erworben wurden. Im Regelfall geschieht das Erwerben und vielfache

Verfeinern dieses Wissens in einem langen Berufsleben. Kurz: Hervorragende Fachkenntnisse und entsprechende Verhaltensweisen machen (unter anderem) den erfolgreichen Spezialisten oder Manager aus.

Jedoch: In der heutigen Zeit des Wandels in den Unternehmen ist es nicht mehr selbstverständlich so, dass jeder, der es wissen sollte – geschweige denn „das Unternehmen selbst" – weiß, was jeder kann und macht. Und so wird es für den Einzelnen immer wichtiger, auch Marketing „in eigener Sache" zu machen. Es geht nicht nur darum, die gestellten Aufgaben zu meistern, sondern auch, wie der Arbeitgeber von den „Skills" erfährt.

„Skills" wird gemeinhin aus dem Englischen mit „Kenntnis", „Kompetenzen", „Können", „Qualitäten", „Qualifikation" und, gleichsam als Oberbegriff, mit „Fähigkeiten" übersetzt.

Definition

„Marketing" ist die Planung, Koordination und Kontrolle aller auf gegenwärtige und zukünftige Märkte ausgerichteten Aktivitäten mit dem Ziel der bedarfsgerechten und gewinnbringenden Befriedigungen der Marktbedürfnisse unter Berücksichtigung der Unternehmensziele.

Diese zugegebenermaßen auf Unternehmen zugeschnittene Definition im Hinblick auf Märkte, deren Bedürfnisse und Ziele lässt sich für den Einzelnen jedoch ebenso anwenden, denn letztlich geht es um die Frage „Wie bringe ich meine Fähigkeiten an den Mann, um sie gewinnbringend für beide Seiten zu nutzen?", wobei mit „Mann" der aktuelle – oder potenzielle – Arbeitgeber gemeint ist.

Von Anfang an muss beim Skills Marketing Klarheit darüber bestehen, dass es sich um eine ganz normale Marketingaufgabe handelt: Es geht um die gezielte Vermarktung eines begehrten Gutes: sich selbst und das im Laufe der Zeit erworbene Wissen!

Natürlich geht es nicht um irgendein Gebrauchsgut. Insofern sind sicher nicht alle Grundsätze des Produktmarketings auf das Skills Marketing anwendbar. Die Grundprinzipien stimmen jedoch überein (Näheres zum klassischen Marketing siehe Kapitel 6.1):

• Die Marktkenntnis bzw. -forschung, hier z.B. über potenzielle Arbeitgeber,

• die Produktpolitik, die bestimmt, welche der vielfältigen Fähigkeiten angeboten werden sollen,

• die Preispolitik, also letztendlich die Beantwortung der Frage, welches Einkommen erreicht – und gefordert – werden kann, sowie schließlich

- die Absatzförderung und Werbung, die sich im Falle des Skills Marketing mit Zielrichtung der Veränderung zu einem potenziellen neuen Arbeitgeber auf die Frage reduzieren lässt „Wie bewerbe ich mich richtig?" oder einfach „Wie mache ich richtig auf mich aufmerksam?".

Überblick

Im ersten Schritt dieser Marketingaufgabe geht es darum, sich einen Überblick über die eigene Ist-Situation zu verschaffen. Diese lässt sich nach folgendem Schema analysieren:

- Dokumentation von Werdegang, Neigungen, Wünschen, Kenntnissen, Erfahrungen, Fähigkeiten, Kontakten, Qualifikationen, Leistungen und Erfolgen
- Allgemeine Zieldefinition: lang-, mittel-, kurzfristig
- Konkrete Zieldefinition in Hinblick auf Beruf- und Karriere
- Überblick über den Arbeitsmarkt, den eigenen Marktwert und ggf. Optionen
- Beschreiben der Wechselbegründung: Nicht nur für den potenziellen Arbeitgeber, sondern auch für sich selbst
- Vorbereiten des Bewerber-Verhaltens und des Auftritts als Leistungsanbieter
- Definition der Strategien und Vorgehensweisen bei der Bewerbung

Diese erste Analyse ist auch Grundlage für die weiteren Schritte bis hin zur Bewerbung.

Im zweiten Schritt geht es um die systematische Herangehensweise an die Aufgabe „Bewerbung".

Wie dies am besten zu bewerkstelligen ist, zeigen nachfolgende Ausführungen und Tipps zum Skills Marketing mit Zielrichtung „Veränderung" (mit freundlicher Genehmigung von Bernd Wobser, mbm Consulting Partners, Feldafing): „Die Kunst, sich selber zu vermarkten".

Kernfragen

Fragen Sie sich ...

- *Was sind meine speziellen Stärken, was ist meine besondere Eignung?*

Sie haben als Skills-Marketeer spezielle Stärken, in denen Sie sich von anderen Mit-Bewerbern unterscheiden. In der Kombination Ihrer Kenntnisse, Fähigkeiten, Erfahrungen, Begabungen, Kontakte, Beziehungen, Interessen, Neigungen und Eigen-

schaften sind Sie einzigartig mit einem einmaligen Leistungs-
profil. Jedes Unternehmen hat Aufgabenfelder, in denen spezielle Stärken gefragt und gesucht werden, um ganz spezielle Aufgaben und Probleme bewältigen zu können. Wie bei einem
Schlüssel-Schloss-System sollten Sie dazu Ihre Stärken (Ihr Eig-
nungsprofil) kennen beziehungsweise herausarbeiten. Wer nur
ungefähr weiß, wo seine Stärken liegen, kann dies seiner Zielgruppe auch nur ungefähr vermitteln. Wer seine Stärken kennt,
kann diese nach außen in einem unverwechselbaren Leistungs-
und Nutzenprofil dokumentieren.

- *Was ist mein bevorzugtes Betätigungsfeld, welches meine Neigung?*

Bei der Beantwortung dieser Frage ist durchaus ein Brain-
storm angebracht. Auch wenn das bisherige Erfahrungswissen sicherlich einiges vorprägt – wieso nicht auch einmal neue
Wege gehen?

- *Welche Branchen und Unternehmen interessieren mich und welche
Aufgaben und Probleme könnte ich hier gut lösen?*

Bei dieser Frage geht es in erster Linie um den Abgleich poten-
zieller Arbeitgeber, deren Probleme und die eigene Fähigkeit,
diese Probleme zu lösen. Beispiel: Die Firma A der Branche B
hat Imageprobleme – Sie als PR-BeraterIn können helfen!

Einige der „typischen Probleme" von Firmen finden sich im
Anhang.

- *Wie finde ich Unternehmen und Adressen, bei denen ich mein Wissen und meine Erfahrungen gut einbringen könnte?*

In dieser Frage sehen viele Skills-Marketeers sicherlich die
größte Herausforderung. Letztendlich wird es hier auf eine kos-
teneffiziente Recherche ankommen: Etliche Firmen haben sich
auf die Herausgabe von Firmeninformationen auf CD-ROM
oder online spezialisiert, die übersichtlich aufbereitet über
kleine, mittelständische oder Großunternehmen informieren
und für ein Direktmarketing in eigener Sache höchst verwert-
bare Daten liefern. Weniger systematisiert, aber dennoch gut
verwertbar sind Branchenbücher der Telekom im CD-ROM-
Format. Und last but not least: Auch Verbände und die IHK
stellen in gewissem Umfang Adressen von Mitgliedsunterneh-
men zur Verfügung.

Allerdings beantworten diese Informationen nicht die Frage, ob
die betreffende Firma Bedarf an meinen speziellen Fähigkeiten
hat. Dies lässt sich erst nach der Beantwortung der folgenden
Frage und der Durchführung der Antwort feststellen.

- *Wie unterbreite ich diesen Unternehmen mein Angebot zur Mitarbeit?*

Dazu im Folgenden mehr.

Zielgruppen-Kurzbewerbung

Bewerberleitfäden gibt es zu viele. Daher soll hier eine besonders interessante – da von Marketinggesichtspunkten geleitete Art – der Bewerbung kurz vorgestellt werden, die so genannte Zielgruppen-Kurzbewerbung.

Im Gegensatz zur üblichen Bewerbung oder Initiativbewerbung, bei der alle Unterlagen wie bei einer erbetenen Bewerbung beigefügt werden, erfolgt die Zielgruppen-Kurzbewerbung mit nur drei Seiten,

1. dem Anschreiben mit Headline,
2. dem beruflichen Kurzprofil sowie
3. einer vorbereiteten Faxantwort.

Knapp und prägnant Diese Kurzform hat sich als gut geeignet erwiesen, beim Personalentscheider Interesse zu wecken. Hierbei ist zu bedenken, dass der Zeitaufwand für die Sichtung einer üblichen schriftlichen Bewerbung im Regelfall einige Minuten beträgt. Durch die allgemein steigende Informationsflut und die subjektiv empfundene Zeitverknappung wird sich dieser Zeitrahmen jedoch zwangsläufig weiter reduzieren. Es ist demnach Aufgabe des Bewerbers, seine Bewerbung knapp und prägnant mit einem möglichst hohen Informationsgehalt und unter *Vermarktungs*gesichtspunkten zu entwickeln. Er oder sie muss den Leser in 10 bis 20 Sekunden an sich binden, denn davon wird der Erfolg seiner Bewerbung ganz wesentlich abhängen.

Zielgruppe Hauptmerkmal dieser im Gegensatz zur herkömmlichen Initiativbewerbung deutlich erfolgreicheren Strategie ist die Versendung der Bewerbung an eine klar definierte Zielgruppe.

Erfolgsquote Die Erfolgsquote (Anforderung der Komplettbewerbung bzw. Einladung zu einem Gespräch) beträgt im Durchschnitt 3 bis 10% der Aussendungen. Die erzielten positiven Ergebnisse sind für alle Berufe und Altersklassen ermutigend.

Und schließlich: Der Bewerber wird über die Headline im Anschreiben, die eine sehr hohe positionsbezogene Aussage enthält, nicht als Bewerber, sondern als Leistungsanbieter bzw. interessanter Problemlöser wahrgenommen.

Leitfragen

Zur effektiven inhaltlichen Vorbereitung der Zielgruppen-Kurzbewerbung sind im Wesentlichen folgende Leitfragen zu stellen:

- Worin bestehen meine besonderen Erfahrungen, Interessen, Fähigkeiten und Potenziale?
- Welcher Zielgruppe kann ich mit meinem Know-how den größten Nutzen bieten?
- Welche wichtigen Probleme beschäftigen diese Zielgruppen besonders?
- Welches ist das Hauptproblem?
- Inwieweit kann ich – besser als andere – zur Lösung der Probleme beitragen?
- Welchen Nutzen kann ich bieten?
- Wie stelle ich mögliche Lösungen kompetent und prägnant dar?
- Wie wecke ich beim Leser meiner Kurzbewerbung den Wunsch, mich kennenzulernen?

13 Gesundheits-
management

Durch die sich verschlechternde wirtschaftliche Situation vieler Unternehmen, durch zunehmenden Zeit- und Arbeitsdruck steigt automatisch die physische und psychische Belastung von Führungskräften, aber auch ihrer Mitarbeiter. Damit die Firmenbelegschaft ihre Leistungsfähigkeit behält, sollten die Unternehmen Gesundheitsvorsorge als wichtigen Bestandteil in die Firmenpolitik aufnehmen und ihre Führungskräfte dazu verpflichten, gemeinsam mit Betriebsärzten ein effektives und vorausschauendes Gesundheitsmanagement zu betreiben. Dazu gehört auch, die Mitarbeiter dafür zu sensibilisieren, was sie persönlich für ihre Gesundheit und ihre Leistungsfähigkeit tun können.

Denn letztlich spart diese Prävention bares Geld in Form von geringeren Ausfallzeiten. Vorsorgeuntersuchungen, zugeschnitten auf Branche und Betriebsgröße, helfen hierbei nicht nur Großunternehmen, sondern auch kleinen und mittelständischen Betrieben. Als Beispiel seien die klassischen Schwachpunkte „Augen - Rücken - Stress" genannt: Sehtests, Kraftmessung der Rückenmuskulatur und Ermitteln von Stresssymptomen (Näheres siehe Kapitel 13.1) helfen bei der Prävention und schützen die Belegschaft von Schäden auch bei längerer Ausübung ihrer Tätigkeit.

Besondere Bedeutung erlangen diese Punkte auch im Hinblick auf die sich verändernde Altersstruktur der Unternehmen, mit einem permanent steigenden Anteil an älteren Arbeitnehmern.

13.1 Mitarbeiterorientiertes Gesundheitsmanagement

Im Rahmen der Fürsorgepflicht des Arbeitgebers haben Führungskräfte auch Verantwortung für die Gesundheit ihrer Mitarbeiter. Wichtig ist, eine durch offene Kommunikation, frühzeitige Information und gegenseitige Wertschätzung geprägte und angstfreie Arbeitsatmosphäre zu schaffen.

Einem Vorgesetzten sollte auffallen, wenn ein Mitarbeiter gesundheitlich angeschlagen ist, er z.b. häufig Kopf- oder Rückenschmerzen hat oder über Schwindel klagt, Magenschmerzen oder sonstige Symptome, die auf eine Störung hindeuten.

Der erste Schritt für den Vorgesetzten sollte sein, ein Gespräch mit dem Mitarbeiter zu führen. Dann sollte der Betriebsarzt – sofern es im Betrieb einen solchen gibt (Einzelheiten dazu siehe Kapitel 13.3) mit einbezogen werden. Dieser wird den betroffenen Mitarbeiter zunächst ausführlich nach der bisherigen gesundheitlichen Vorgeschichte (Anamnese) und nach den jetzigen Beschwerden befragen, ggf. untersuchen bzw. eine gezielte Abklärung veranlassen, z.b. über den Hausarzt.

In Kenntnis der Arbeitsplatzsituation ist es dem Betriebsarzt möglich, auch bestehende atmosphärische Störungen am Arbeitsplatz mit zu berücksichtigen und ggf. abteilungsintern auf erforderliche Änderungen hinzuwirken. Hier kann – auf Wunsch des Mitarbeiters – die Zusammenarbeit mit der Betrieblichen Sozialarbeit sehr hilfreich sein und mit zu einer Problemlösung beitragen. Bei erheblichen Konfliktsituationen (Stichwort: Mobbing) ist auch die Einbeziehung des Betriebsrates wichtig.

Bei einfachen, z.B. vegetativ bedingten Störungen ist vielleicht eine ausführliche Beratung durch den Betriebsarzt ausreichend. Diese kann hinwirken auf eine erforderliche Lebensumstellung mit Änderung der Ernährung, einem gezielten Bewegungstraining und ausreichenden Entspannungsmöglichkeiten.

Bei länger dauernder Überforderung kann es zu einem schleichenden Leistungsverlust kommen bis hin zum Burn-out. Burn-out-gefährdet sind vor allem hochmotivierte, engagierte und ehrgeizige Mitarbeiter.

Falls Stresssymptome nicht rechtzeitig erkannt werden, kann es auch zum „plötzlichen Zusammenbruch" kommen. Stresssymptome bei der Arbeit können sein: Konzentrationsstörungen, Motivationsverlust, Leistungsabfall, Infektanfälligkeit,

Schlafstörungen, Bluthochdruck oder Kreislaufstörungen. Im privaten Bereich kann es zu Schlafstörungen kommen, zu sexuellen Störungen oder es tritt der typische „Wochenendkopfschmerz" nach Nachlassen der Anspannung auf.

Für das Erkennen von Stresssymptomen am Arbeitsplatz sollte jede Führungskraft sensibilisiert sein.

Sinnvoll sind Präventivmaßnahmen wie z.b. ein gezieltes Herz-Kreislauf-Training oder die Teilnahme an einem Gesundheitsseminar, wo gezielte Hinweise auf eine gesundheitsorientierte Lebensweise gegeben werden. Manche Unternehmen tragen die Kosten für solche Maßnahmen (große Unternehmen betreiben sogar eigene Trainingszentren). Trägt der Mitarbeiter die Kosten selbst, so ist das sicher eine sehr sinnvolle Investition in die eigene Gesundheit. Was man selbst bezahlt hat, hat eventuell sogar eine nachhaltigere Wirkung.

So genannte Badekuren dienen ebenfalls der Krankheitsvorbeugung und werden von den Krankenkassen bezuschusst.

Kuren der Rentenversicherungsträger (LVA oder BfA) werden nur bewilligt, wenn bereits manifeste Erkrankungen eingetreten sind wie Zustand nach Bypass-OP, Herzinfarkt, Schlaganfall, Zuckerkrankheit mit Folgeschäden oder eine Krebserkrankung.

Psychosomatische Kuren sind z.b. bei Burn-out, Angststörungen, Essstörungen oder anderen Zwangsstörungen und bei Suchterkrankungen (z.B. Alkoholkrankheit) indiziert. Die Kosten übernehmen meist die Rentenversicherungsträger, eventuell auch die Krankenkassen.

Inzwischen gibt es auch sehr gute sogenannte „Wellness-Angebote", z.B. in Hotels. Achten Sie darauf, dass das Programm unter ärztlicher Führung stattfindet und dass die gesundheitliche Situation berücksichtigt wird. Außerdem ist wichtig, dass die Mitarbeiter eine gute und fundierte Ausbildung haben, z.B. als Diplom-Sportlehrer, Physiotherapeut, Entspannungstrainer oder Yogalehrer.

Nochmals: Die Gesunderhaltung der Belegschaft sollte unabhängig von eventuellen gesetzlichen Verpflichtungen zu den Unternehmenszielen gehören, für große wie für kleine und mittelständische Unternehmen gleichermaßen.

13.2 Persönliches Gesundheitsmanagement

Menschen in Führungspositionen sollten sich bewusst sein, dass erhebliche Anforderungen an ihre körperliche und geistige Verfassung gestellt werden. Nur wer gesund, fit und leistungsfähig ist, wird auf Dauer erfolgreich sein und trotz hoher Beanspruchung gesund bleiben und in der Tätigkeit Erfüllung finden. Eine vitale, lebensbejahende und positive Energie ausstrahlende Führungspersönlichkeit stößt auch auf breitere Akzeptanz bei ihren Mitarbeitern.

> Die drei wichtigsten Aspekte des persönlichen Gesundheitsmanagements sind: Richtige Ernährung – ausreichende Bewegung – ausgewogene Energiebilanz.

Dabei gelten einige Grundregeln, auf die in den folgenden Abschnitten noch ausführlich eingegangen wird.

Wenn der durchschnittliche Büromensch seinen Kaffee statt mit Zucker mit Süßstoff süßt, spart er in jeder Woche eine Hauptmahlzeit!

Der Alkoholkonsum sollte mäßig sein (z.B. kann es nichts schaden, unter der Woche keinen Alkohol zu trinken oder zumindest einige alkoholfreie Tage einzuhalten).

Wer (noch) raucht, sollte unbedingt damit aufhören, da Rauchen nachgewiesenermaßen das Umweltgift ist, das die meisten Gesundheitsschäden verursacht.

Wer einen schönen Abend mit Freunden mit schmackhaftem Essen und einigen Bierchen oder einem guten Wein so richtig genossen hat, kann sich am nächsten Tag einfach auf das Fahrrad setzen, im Park ein paar Runden extra joggen oder ein paar Bahnen mehr schwimmen, und alles ist wieder normal. Nur der körperlich Trainierte hat allerdings einen optimalen Nutzen von den Extrarunden.

Optimales persönliches Gesundheitsmanagement wird belohnt durch: Steigerung der körperlichen und mentalen Leistungsfähigkeit, bessere Körperwahrnehmung, Wohlbefinden, Lebensfreude, Vitalität und Stressresistenz.

13.2.1 Ernährung

Unsere Ernährungsgewohnheiten eignen wir uns in der Kindheit an. Deshalb sind Kinder von übergewichtigen Eltern auch eher übergewichtig. Auch Kinder, die immer ihren Teller leer essen mussten, haben später oft Gewichtsprobleme.

Unsere heutige Nahrungsaufnahme ist geprägt von Fast Food, Fertiggerichten, zu viel Zucker, Fett und zu reichhaltigen Mahlzeiten. Außerdem ist der durchschnittliche Alkoholkonsum zu hoch.

Nahrungsbestandteile – Die Grundnährstoffe

Eiweiß (Protein)

Unser Körper besteht aus 25 verschiedenen Eiweißbausteinen, den Aminosäuren. Acht dieser essenziellen Aminosäuren kann der Körper im Erwachsenenalter nicht mehr selbst aufbauen, diese müssen täglich mit der Nahrung zugeführt werden.

Eiweiß wird benötigt für die Erneuerung und das Wachstum von Organen, von Muskeln, Haut und Haaren, von Enzymen und Hormonen und zur Stärkung unserer Abwehrkräfte.

Eiweiß ist jedoch nicht nur Baustoff, sondern auch Energielieferant: Ein Gramm Eiweiß liefert 4,1 Kilokalorien. Zu viel aufgenommenes Eiweiß wird in Fett umgewandelt.

Die tägliche Eiweißzufuhr soll 0,8 Gramm pro Kilogramm Körpergewicht betragen. Tierische Proteine (= Eiweiße) sind enthalten in Milch und Milchprodukten, Fleisch, Fisch, Innereien und im Ei, pflanzliche Proteine in Hülsenfrüchten, Getreide, Getreideerzeugnissen, Kartoffeln, Soja und Nüssen.

Fett

Ein Gramm Fett liefert 9,3 Kilokalorien. Somit ist Fett der größte Energielieferant. Es ist wichtig als Geschmacksträger und nur bei Anwesenheit von Fett in der Nahrung können die Vitamine E, D, K und A vom Körper aufgenommen werden.

Fettreiche Ernährung führt zwangsläufig zu Übergewicht.

Das richtige Fett Die für uns hochwertigen mehrfach ungesättigten Fettsäuren sind z.B. enthalten in Lein-, Soja-, Distel-, Maiskeim- und Sonnenblumenöl. Sie senken den Cholesterinspiegel, speziell die LDL-Fraktion, die bei der Entstehung von Ablagerungen in den Blutgefäßen eine Rolle spielt.

Raps- und Olivenöl enthalten überwiegend einfach ungesättigte Fettsäuren, wirken sich jedoch ebenfalls günstig auf den Cholesterinspiegel aus.

Die ebenfalls günstigen Omega-3-Fettsäuren sind überwiegend in Seefischen enthalten.

Gesättigte Fettsäuren, die insbesondere in Produkten tierischer Herkunft, aber auch in pflanzlichen Ölen wie Palmöl oder Kokosnussfett zu finden sind, erhöhen den Cholesterinspiegel im Blut. **Das ungünstige Fett**

Cholesterin wird nicht nur mit der Nahrung aufgenommen, sondern auch vom Körper gebildet. Durch übermäßigen Verzehr tierischer Produkte wie Fleisch, fetter Wurstwaren und fettem Käse sowie von Cremespeisen, Torten und Mayonnaise entsteht leicht ein Überschuss, der nur durch verminderte Zufuhr und regelmäßiges Ausdauertraining abgebaut werden kann.

Der medizinisch anerkannte Grenzwert für das Gesamtcholesterin im Blut liegt bei 200 mg/dl; HDL-Cholesterin = „gutes Cholesterin" (schützt die Blutgefäße vor Ablagerungen) sollte mehr als 40 mg/dl betragen; LDL-Cholesterin = „schlechtes Cholesterin" (führt zu Ablagerungen und damit Verengungen in den Blutgefäßen) sollte unter 150 mg/dl liegen.

Kohlenhydrate

Kohlenhydrate sind der Brennstoff für Muskeln und Gehirn. Pro Gramm liefern sie 4,1 Kilokalorien.

Sie werden in Muskeln und Leber gespeichert und liefern schnell die für die Muskel- und Gehirntätigkeit notwendige Energie. Gut gefüllte Speicher garantieren hohe Leistungsfähigkeit.

Die empfehlenswerten sogenannten komplexen Kohlenhydrate sind in Vollkornprodukten, Müsli, Kartoffeln, Hülsenfrüchten und Gemüse enthalten. Sie füllen die Speicher auf.

Nur in geringen Mengen sollen sogenannte kurzkettige Kohlenhydrate wie Trauben- und Fruchtzucker sowie Milch-, Malz-, Rohr- und Rübenzucker (Haushaltszucker) verzehrt werden. Sie gehen rasch ins Blut über und lassen den Blutzuckerspiegel ansteigen. Der Körper reagiert mit verstärkter Insulinausschüttung, der Blutzuckerspiegel sinkt schnell wieder ab und es kommt zu Symptomen der Unterzuckerung: Konzentrationsschwäche, Müdigkeit, Leistungsabfall.

Vitamine

Vitamine werden nicht bzw. nur in ganz geringen Mengen vom Körper produziert und müssen deshalb über die Nahrung aufgenommen werden.

Sie sind lebensnotwendige Wirkstoffe, welche die Stoffwechselprozesse unseres Körpers steuern und regulieren. Außerdem sind sie unerlässlich für die Erhaltung der körperlichen und geistigen Spannkraft und für die Widerstandsfähigkeit gegen Infektionskrankheiten.

Wir unterscheiden wasserlösliche Vitamine (alle Vitamine der B-Gruppe sowie das Vitamin C) und fettlösliche Vitamine (Vitamine A, D, E und K).

Die Vitamine A, E, K und C sowie Betacarotin (Provitamin A) haben eine antioxidative Wirkung, d.h. sie schützen die Körperzellen vor sogenannten freien Sauerstoffradikalen. Diese freien Radikale können zellschädigend wirken.

Mineralstoffe (Mengen- und Spurenelemente)

Mineralstoffe sind anorganische Wirkstoffe, die dem Körper mit der Nahrung zugeführt werden müssen. Sie sind unentbehrlich für den Zellaufbau und bewirken in enger Verbindung mit Vitaminen, Enzymen und Hormonen einen ungestörten Ablauf aller Lebensvorgänge.

Zu den Mengenelementen zählen Natrium, Chlorid, Kalium, Magnesium, Calcium und Phosphor, zu den Spurenelementen Eisen, Kupfer, Zink, Jod, Fluorid, Selen und Mangan.

Ballaststoffe oder Faserstoffe

Ballaststoffe oder Pflanzenfasern können vom menschlichen Verdauungssystem nicht abgebaut werden, sie sind also unverdaulich. Sie sind in Früchten, Gemüse, Getreide und Getreideprodukten enthalten und fördern die Verdauung, senken den Blutfettgehalt und wirken sich regulierend auf den Zuckerstoffwechsel aus.

Ernährungstipps

• Essen Sie mehrere kleinere Mahlzeiten am Tag statt z.B. drei große. Das ist günstiger für die Verdauung sowie den Stoffwechsel.

• „Five a day": Essen Sie täglich 5 Portionen Obst, Gemüse oder Salat. Damit nehmen Sie eine optimale Menge an Vitaminen, Mineralstoffen und Spurenelementen sowie an sekun-

dären Pflanzenstoffen zu sich, von denen vermutlich eine prä-
ventive Wirkung bezüglich Krebsentstehung ausgeht.

- Halten Sie sich an mediterrane Kost. Essen Sie viel Gemüse,
  nehmen Sie als Fette Pflanzenöle, essen Sie Fisch und magere
  Fleischsorten.
- Betrachten Sie Alkohol als Genussmittel. Halten Sie immer
  mal wieder alkoholfreie Tage bzw. alkoholfreie Zeiten (Fas-
  tenzeit) ein.
- Vorsicht: Meiden Sie bei fettreichen Mahlzeiten Alkohol, da
  Alkohol die Fettverbrennung hemmt und Sie so viel schneller
  zunehmen.
- Trinken Sie ein gutes Glas Rotwein oder ein Bier lieber zu
  einer kohlenhydratreichen Mahlzeit (z.B. Nudelgericht), diese
  Kombination ist günstiger.
- Würzen Sie reichlich, denn Gewürze machen das Essen nicht
  nur schmackhaft, sondern regen auch die Verdauung an.
- Gehen Sie jedoch sparsam mit Salz um, da Salz Bluthoch-
  druck fördern kann.
- Trinken Sie 2 bis 3 Liter Flüssigkeit am Tag, und zwar Mine-
  ralwasser, Fruchtsäfte, Tee.

Essen Sie vor allem mit Genuss und Freude!

13.2.2 Bewegung

Im Laufe der Evolution wurde der menschliche Körper so ausgestattet, dass er in der Lage ist, als Jäger und Sammler große
Strecken zurückzulegen, geschickt seine Beute zu erjagen, sie in
die Höhle zu transportieren und sich unterwegs auch noch gegen wilde Tiere zu verteidigen. Heute legen wir allerdings größere Strecken mit Hilfsmitteln zurück – Auto, Bus, Bahn, Flugzeug, günstigstenfalls mit dem Fahrrad.

Bei den erstgenannten Transportmitteln ist allenfalls die Halte-
muskulatur gefordert – oft überfordert, wie die Zunahme von
Rückenbeschwerden in der Bevölkerung zeigt. Unser Bewe-
gungsapparat ist jedoch für eine dynamische Beanspruchung
konzipiert. Normal ist jedoch insgesamt eine überwiegend sit-
zende und bewegungsarme Lebensweise. Und während die körperliche Beanspruchung deutlich abgenommen hat, ist hingegen die nervliche Beanspruchung enorm gewachsen.

Bewegung ist die effektivste Form der Gesundheitsvorsorge!

Ausdauertraining als Gesundheitssport

Ausdauertraining spricht nahezu alle Funktionssysteme an und hat deshalb – was die Präventivwirkung betrifft – die besten Auswirkungen auf die Gesunderhaltung des Organismus. Ausdauertraining

Herz
- senkt Ruhe- und Belastungspuls,
- macht die Herzarbeit ökonomischer,
- verbessert die Sauerstoffversorgung des Herzmuskels,

Lunge
- verbessert die Sauerstoffaufnahme,
- unterstützt die Reinigung der Lunge von Schmutzpartikeln und Erregern,

Arterielles Blutgefäßsystem
- senkt erhöhten oder stabilisiert den Blutdruck,
- erhält die Gefäßelastizität,
- verbessert die Fließeigenschaften des Blutes und somit die Mikrozirkulation in den kleinen und kleinsten Gefäßen,
- beugt Arteriosklerose vor,

Venensystem
- verbessert den Blutrückfluss aus den Beinen,
- senkt die Thromboseneigung,

Muskulatur
- erhöht die Muskelkraft,
- erhöht die Ausdauerleistungsfähigkeit,
- ermöglicht schnellere Regeneration nach intensiven Belastungen,

Stoffwechsel
- senkt erhöhte Blutfette (Cholesterin, Triglyceride),
- lässt den Anteil an „schützendem" HDL-Cholesterin steigen,
- verbessert den Zuckerstoffwechsel,
- erhöht die Stoffwechselrate in Ruhe (Grundumsatz),

Nervensystem
- schüttet Endorphine aus (Glückshormone),
- beruhigt das vegetative Nervensystem durch einfachere Entspannung nach der sportlichen Betätigung,
- sorgt dafür, dass weniger Stresshormone ausgeschüttet werden,
- baut Stresshormone ab,
- wirkt sich positiv auf die Gehirnfunktion aus,
- steigert die sexuelle Potenz,

Psyche
- löst Angst und wirkt antidepressiv,
- steigert das Wohlbefinden,
- stärkt das Selbstbewusstsein,
- erhöht die Stressresistenz,

Immunsystem
- stärkt das unspezifische Immunsystem,

- reduziert die Anfälligkeit für Infektionskrankheiten und
- dient zur Krebsprävention.

Empfehlenswerte Ausdauersportarten sind   Ausdauersportarten

- Radfahren,
- (Power-)Walking, Nordic Walking
- Rudern
- Wandern, Bergwandern,
- Joggen (bei Übergewicht und bei fortgeschrittenem Gelenk-verschleiß lassen Sie sich bitte ärztlich beraten),
- Schwimmen (Kraulstil),
- Inline-Skating,
- Skilanglauf und
- im Fitnessstudio Ergometertraining, Laufband, Crosstrainer und Stepper.

Trainingsintensität und Häufigkeit

Zu empfehlen ist ein pulsgesteuertes Training im aeroben Bereich des Muskelstoffwechsels. In diesem Bereich werden unter Zufuhr von Sauerstoff Zucker und Fette in Energie umgewandelt, dabei werden Wasser und Kohlendioxid freigesetzt.

Die Trainingsintensität sollte 60 bis 85% der maximalen Ausdauerleistungsfähigkeit betragen.

Die maximale Ausdauerleistungsfähigkeit kann zum Beispiel mittels einer Belastungs-EKG-Untersuchung beim Sportarzt oder Internisten (oder beim Betriebsarzt) ermittelt werden. Beträgt etwa der Maximalpuls 180/min, so sollte der Trainingspuls bei 117 bis 153/min liegen.

Als Orientierung kann auch die Faustformel nach Hollmann herangezogen werden:

Trainingspuls = 180 minus Lebensalter

Ein 50jähriger sollte demnach mit einem Trainingspuls von 130/min. trainieren, ein 30jähriger mit einem Trainingspuls von 150/min.

Abhängig von der Sportart ergeben sich Abweichungen. Beim Joggen kann der Puls 10 Schläge höher sein, beim Walking 20 Schläge niedriger.

Optimal zur Pulskontrolle sind Pulsmessgeräte, welche die Herzfrequenz im vorderen Brustkorbbereich ableiten und auf eine Pulsuhr übertragen, die am Handgelenk getragen wird.

Trainingshäufigkeit: Idealerweise 3 bis 4 mal wöchentlich 30 bis 40 Minuten.

Da beim Lauftraining mehr Muskelmasse eingesetzt wird und das Körpergewicht aktiv getragen wird, genügen als Trainingszeit bereits mindestens 30 Minuten, wer Walking betreibt oder Radfahren, sollte 60 Minuten trainieren.

Trainingstipps

* Kein Training bei Fieber oder wenn man sich allgemein unwohl fühlt!
* Das Training sollte immer Spaß machen und keine Quälerei sein. Lieber mal das Training abbrechen als sich die Motivation durch verbissenes Trainieren nehmen!
* Das Geheimnis eines effektiven Trainings ist die Regelmäßigkeit.
* Als „Warm-up" mit leichter Gymnastik beginnen.
* Das Training mit einem „Cool-down" mit Stretchingübungen beenden.
* Zuerst die Häufigkeit des Trainings steigern, dann die Dauer, dann erst die Intensität.
* Auf den Körper hören, seine Warnsignale nicht übergehen.
* Mindestens 2 bis 3 Liter täglich trinken. Das ideale Sportlergetränk ist Apfelsaftschorle.
* Gelegentlich kann man auch ein Magnesiumpräparat einnehmen, da man durch Schwitzen Magnesium verliert.

Ein regelmäßiges körperliches Training belohnt mit einem gesteigerten Wohlbefinden, Stressresistenz, einem verbesserten Körpergefühl, einem positiven Lebensgefühl und mehr Lebensfreude!

13.2.3 Energiebalance

Es gibt sie: die optimale Situation, in der Sie sich völlig im Gleichgewicht und mit sich selbst im Reinen befinden, sich wohlfühlen, alles leicht von der Hand geht, „Flow" stellt sich ein.

Wie häufig erleben Sie dies?

Wie lässt sich das optimale Zusammenwirken von Körper, Geist und Seele erreichen?

Sportwissenschaftliche Untersuchungen haben ergeben, dass ein regelmäßiges körperliches Training auch die Gehirnfunktion verbessert.

Forschungsergebnisse im Bereich der Psychoneuroimmunologie haben eindrucksvoll das Zusammenwirken von Psyche, Nervensystem und dem Immunsystem nachgewiesen. So löst bereits ein Gedanke eine chemische Reaktion aus. Untersuchungen an Krankenschwestern zeigten, dass schon die Ankündigung eines Notfalls ihre Stresshormone ansteigen ließ, ohne dass der Notfall tatsächlich eintrat.

Positives Denken bedeutet nicht etwa, auf einer rosaroten Wolke zu schweben und die Realität auszublenden, im Gegenteil, positives Denken bedeutet, die Realität anzunehmen und das Beste daraus zu machen. So hat man zum Beispiel in der Krebsforschung die Auswirkungen von positivem Denken bei Krebspatienten untersucht. Ergebnis war, dass Patienten, die positives Denken systematisch trainiert hatten, im Blut mehr sogenannte Killerzellen (die u.a. Krebszellen bekämpfen) hatten und dass der Verlauf ihrer Erkrankung insgesamt günstiger war.

> **Wir wissen also, wie wichtig unsere Denkweise für unsere Gesundheit, ja, für unser ganzes Leben ist. Deshalb ist es von großer Bedeutung, unsere Art und Weise zu denken, unsere Denkinhalte, zu überprüfen und sie ggf. zu ändern.**

Zu den positiven Denkweisen gehören zum Beispiel: **Positive Denkweisen**

*   „Ich bin o.k., du bist o.k."
*   „Ich behandle meine Mitmenschen so, wie ich selbst behandelt werden möchte."
*   „Ich gebe täglich mein Bestes."

Unnötig viel Kraft und Energie verliert man durch   **Energieräuber**

*   fehlende Planung,
*   „Aufschieberitis" und nicht getroffene Entscheidungen,
*   negative Gedanken,
*   Zwänge (von außen oder von innen) und Ängste,
*   verbissenen Ehrgeiz,
*   negative Gefühle wie Ärger, Hass, Neid und Missgunst,
*   Stress oder
*   schlechte Beziehungen.

Kraftquellen Es gibt aber auch Dinge, die die Regeneration unterstützen, und die helfen Kraft und Energie aufzubauen. Dazu gehören

- Visionen,
- gute Beziehungen,
- Entspannungsübungen wie Autogenes Training oder Meditation,
- Orte, an denen man sich wohlfühlt,
- Musik und Hobbys,
- ausreichender Schlaf,
- gesunde Ernährung und regelmäßige Bewegung,
- Auszeiten,
- besondere Stimmungen (z.b. einen Sonnenuntergang oder -aufgang) genießen oder
- Dinge tun, bei denen man ganz bei sich ist und Raum und Zeit vergisst.

Was Sie
weiter bringt
- Setzen Sie sich klare Ziele.
- Konzentrieren Sie sich auf das Wesentliche.
- Leben Sie ganz im Hier und Jetzt.
- Entwickeln Sie für sich positive Gedanken, Gefühle und Vorstellungsbilder.
- Klären Sie offene Lebensfragen und ungeklärte Situationen.
- Treffen Sie Entscheidungen.

Work-Life-Balance

Bereits im Kapitel 8.9 war – aus Arbeitgebersicht – einiges zu Work-Life-Balance beschrieben. Hier folgt nun der individuelle Aspekt.

Beanspruchung Die erhebliche berufliche Beanspruchung von Führungskräften führt immer häufiger dazu, dass die Berufstätigkeit nicht nur die meiste (Lebens-)Zeit in Anspruch nimmt, sie fordert einen erheblichen energetischen Einsatz. Dadurch fehlen Zeit und Energie für private Dinge.

... und Gefahren Je mehr so eine Schieflage entsteht, umso größer ist die Gefahr des fehlenden Ausgleichs, der fehlenden Regeneration. Wenn erst die Partnerschaft in der Krise steckt und die Kinder kaum noch eine Beziehung zu dem berufstätigen Elternteil haben, wird es schwierig, die Dinge wieder auf die Reihe zu kriegen.

Sicher, beruflicher Erfolg erfordert persönlichen Einsatz und Investition von Zeit. Aber der Preis ist dann zu hoch, wenn das

Privatleben (und eventuell auch noch die Gesundheit) auf der Strecke bleiben. Deshalb ist es wichtig, Prioritäten zu setzen.

- Planen Sie regelmäßig Zeiten mit Ihrem Partner/Ihrer Part-   **Die Lösung**
  nerin ein. Unternehmen Sie Dinge, die Ihnen beiden Spaß
  machen: Theater, Kino, Tanzen gehen, Essen gehen.
- Verbringen Sie hin und wieder ein ganzes Wochenende mit
  Ihrem Partner / Ihrer Partnerin / Ihrer ganzen Familie au-
  ßerhalb der gewohnten Umgebung, z.B. in einem „Wellness-
  Hotel".
- Verschenken Sie „Zeitkontingente", z.B. für einen Kinobe-
  such.
- Halten Sie Versprechen sowohl Ihren Kindern als auch
  Ihrem Partner / Ihrer Partnerin gegenüber ein.
- Sorgen Sie für sich selbst und gehen Sie achtsam mit sich
  selbst um.

Auch das Überwinden von Zeit- und Arbeitsdruck ist in gewissem Maße Bestandteil von Work-Life-Balance. Deshalb gilt:

- Optimieren Sie Ihr Zeitmanagement! Wo sind die größten
  Zeiträuber?
- Schaffen Sie sich „Zeitinseln", z.B. Dienstagnachmittag von
  14.00 bis 17.00 Uhr. Erledigen Sie in dieser Zeit Dinge, für
  die Sie Zeit und Ruhe brauchen.
- Vermeiden Sie Unterbrechungen.
- Planen Sie Sport in Ihren Alltag ein. Am Wochenende so-
  wieso, aber auch unter der Woche. Hören Sie z.B. mittwochs
  um 16.00 Uhr auf zu arbeiten und gehen Sie ins Fitnessstu-
  dio, zum Laufen/Walken, was immer Sie gerne machen.
- Nehmen Sie sich regelmäßig Zeit zum Mittagessen.
- Planen Sie regelmäßig, z.B. Freitag nachmittag Zeit ein, in
  der Sie „Liegengebliebenes" erledigen.
- Erledigen Sie Telefonate „en bloc".

Und lassen Sie sich nicht vereinnahmen:

- Machen Sie Abstriche: Müssen Sie an dieser Besprechung
  unbedingt selbst dabei sein oder können Sie die Teilnahme
  delegieren?
- Fragen Sie sich bei jeder Aufgabe, die Sie anpacken: Ist dies
  zielführend?
- Sagen Sie ruhig einmal „Nein".
- Regelmäßige Pausen steigern Leistungsfähigkeit und Wohlbefinden.

13.3 Der Betriebsarzt

Das Arbeitssicherheitsgesetz verpflichtet den Arbeitgeber – je nach Betriebsart und den damit verbundenen Gesundheits- und Unfallgefahren – zur Bestellung von Betriebsärzten.

Der Betriebsarzt ist weisungsfrei, nur seinem Gewissen unterworfen und hat die ärztliche Schweigepflicht zu beachten.

Der Arbeitgeber kann den Betriebsarzt entweder haupt- oder nebenberuflich einstellen, mit ihm einen Dienstvertrag abschließen oder aber die Aufgabe einem Arzt eines überbetrieblichen Dienstes übertragen.

Der Betriebsarzt muß über die erforderliche Sachkunde verfügen, z.b. als Facharzt für Arbeitsmedizin.

Er berät den Arbeitgeber in allen Fragen des Arbeits- und Gesundheitsschutzes, führt Einstellungsuntersuchungen durch sowie arbeitsmedizinische Vorsorgeuntersuchungen nach berufsgenossenschaftlichen Grundsätzen (z.b. Untersuchungen vor Auslandseinsätzen einschließlich Impfberatung (G 35), Untersuchungen von Mitarbeitern, die an Bildschirmarbeitsplätzen arbeiten (G 37), usw.). Zu seinem Aufgabengebiet gehören auch Begehungen der Arbeitsstätten, Untersuchungen nach der Röntgen- und Strahlenschutzverordnung, stufenweise Wiedereingliederung nach schwerer Krankheit und nach Unfällen, sowie die Mitwirkung bei der Organisation der Ersten Hilfe im Betrieb.

Bei Notfällen und Unfällen leistet er auch selbst und mit seinen Mitarbeitern Erste Hilfe.

Der Arbeitgeber hat Hilfspersonal, Räume, Einrichtungen und Geräte zu stellen.

Erforderlich ist eine Praxisausstattung ähnlich dem niedergelassenen Arzt mit EKG-Gerät, Belastungs-EKG, Lungenfunktionsmessung, Sehtestgerät, Hörtestgerät, Möglichkeiten der Laboranalyse (oder Anschluss an ein externes Labor), usw.

Während seines Jahresurlaubs oder bei sonstiger längerdauernder Abwesenheit sollte ein Vertretungsarzt (z.b. gibt es Ärzte, die nur Praxisvertretungen machen) zur Verfügung stehen.

14 Anhang

Muster Betriebsabrechnungsbogen

Kostenarten	Gesamtbetrag (Zeilensumme)	Vorkostenstellen		Endkostenstellen				Neben- und Augliederungsstellen
		Hilfskostenstellen		Hauptkostenstellen		Hilfskostenstellen		
		Allgemeine Hilfskostenstellen	Fertigungshilfsstellen	Materialhilfsstellen	Fertigungshauptstellen	Verwaltungshilfsstellen	Vertriebshilfsstellen	
Einzelkosten								
Gemeinkosten								
Summe Primäre Kosten								
Stellenumlage								
Gesamtkosten								
Bezugsbasis Zuschlagssatz								

Berechnung von Stundensätzen

Stand Januar 2003	Voraussicht-liches Ist 2003	Plan 2004
Kalendertage	365 Tage	366 Tage
– Sonntage und Samstage	104 Tage	104 Tage
– Feiertage	10 Tage	10 Tage
Vertragliche Arbeitszeit	251 Tage	252 Tage
– Fehlzeiten	30 Tage	30 Tage
Anwesenheitszeit netto	221 Tage	222 Tage
Anwesenheitszeit netto	1635 Std.	1643 Std.
+ Überstunden/Jahr	16 Std.	14 Std.
Anwesenheitszeit brutto	1649 Std.	1659 Std.
– Ausbildung	38 Std.	40 Std.
– Weiterbildung	40 Std.	40 Std.
– Sonstiges (Krankheit, Gemein-kosten-Aufträge)	100 Std.	100 Std.
Produktivzeit/kont. Mitarbeiter	1471 Std.	1479 Std.
× durchschnittlich kontierende Mitarbeiter	1000 Ang.	1000 Ang.
Produktivzeit gesamt	1 471 000 Std.	1 479 000 Std.
Brutto-Gemeinkosten des Kalkulationsbereichs	150 Mio. EUR	152 Mio. EUR
– direkt verrechenbare Kosten	17 Mio. EUR	14 Mio. EUR
+ Risikozuschlag (3% der Netto-Gemeinkosten)	4 Mio. EUR	4 Mio. EUR
Im Stundensatz abzudeckende Kosten	137 Mio. EUR	142 Mio. EUR
$\dfrac{\text{Im Stundensatz abzudeckende Kosten}}{\text{Produktivzeit gesamt}}$	= 93 EUR	= 96 EUR
	Stundenverrechnungssätze	

(nach Manfred Burghardt, Projektmanagement, 7. Aufl., 2006)

Werbemedien

Printmedien

• *Tageszeitungen*
Fast unbegrenzt verfügbar. Verschiedene Tageszeitungen sprechen Zielgruppen mehr oder weniger spezifisch an und eignen sich für Prospekte und Beilagen.

• *Publikumszeitschriften*
Hohe Reichweite. Besonders für Konsum- und Gebrauchsgüter geeignet. Bieten die Möglichkeit, Anzeigen in bestimmten Streugebieten zu schalten sowie Beilagen, Beihefter oder Proben zu platzieren.

• *Fachzeitschriften*
Zielgruppenspezifisch. Eignen sich besonders für Anzeigen und Beilagen für gezielt bedarfsorientierte Produkte und Dienstleistungen.

• *Anzeigenblätter*
Ermöglichen die gezielte Ansprache der Haushalte eines Gebietes.

• *Adressbücher*
Lange Werbewirkung. Werbung ist zielgruppengerichtet und relativ kostengünstig.

Elektronische Medien

• *Fernsehen*
Breite Zielgruppenansprache mit Möglichkeit der optischen, akustischen und motorischen Gestaltung. Eignet sich für Produkte und Dienstleistungen des Massenbedarfes. Probleme ergeben sich durch die begrenzte Sendezeit im öffentlich-rechtlichen Fernsehen sowie dem *Zapping* aufgrund Werbeüberflutung bei den privaten Sendern.

• *Hörfunk*
Geeignet für akustische Werbebotschaften mit nahezu unbegrenzter Sendezeit.

• *Internet*
Als Website oder Portal *der* Werbeträger mit hoher Reichweite und optimaler Responsemöglichkeit.

• *CD-ROM*
Günstiges Massenmedium. Die Reichweite ist so groß wie die ihres Transportmediums (zum Beispiel Zeitschrift).

Kernpunkte der Zielgruppen-Kurzbewerbung

- Ihre speziellen Stärken *(Eignung)* herausarbeiten
- Ihr bevorzugtes Betätigungsfeld *(Neigung)* finden
- Unternehmen bzw. Branchen erkennen, die Ihr Interesse finden, und Aufgaben, die Sie für diese Unternehmen oder in dieser Branche gut lösen könnten *(Problemlösungsfähigkeit)*
- Unternehmen und deren konkrete Adresse finden, bei denen Sie Ihr Wissen und Ihre Erfahrungen gut einbringen könnten *(Bedarf)*
- Den ausgewählten Unternehmen ein Angebot unterbreiten *(Nachfrage erzeugen)*

Allgemeine Problemfelder aus Wirtschaft und Industrie, die sich für Ihre Aufgaben eignen, sind zum Beispiel:

- Buchhaltung
- EDV und IT
- Image
- Know-how
- Kooperationen
- Kundenbeziehungen
- Liquidität
- Logistik
- Marketing
- Maschinen
- Materialien
- Personal
- Preisbildung
- Schulung
- Standortfragen
- Strategie
- Technische Probleme
- Weiterbildung
- Zeitplanung
- Ziele

Leitfaden Einstellungsgespräch

Sicherlich wird kein Einstellungsgespräch wie das andere verlaufen. Allerdings gibt es für beinahe jede Funktion ein Repertoire an Standardfragen, die es zu stellen lohnt. Schließlich ist nicht nur die fachliche, sondern auch die menschliche Kompetenz entscheidend.

Wichtig ist auch: Die Redeanteile liegen überwiegend beim Bewerber (80:20)!

Folgende Eckpunkte sollten stets beachtet werden:

1. Störungsfreie Atmosphäre und angenehmes Ambiente.
2. Zum Einstieg: Der Bewerber rekapituliert kurz seinen Lebenslauf.
3. Der Interviewer stellt sich und das Unternehmen (kurz!) sowie die Aufgabeninhalte der ausgeschriebenen Stelle vor.
4. Interview mit „W-Fragen":
   • Aus welchen Gründen gerade zu diesem Unternehmen?
   • Welche Erwartungen werden an das neue Unternehmen geknüpft?
   • Wieso Interesse für diese Stelle?
   • Wieso überhaupt ein Stellenwechsel?
   • Welche Arbeitsinhalte in der bisherigen Position?
   • Wohin (im Sinne von „Karriere") möchte der Bewerber mittel-/langfristig gelangen?
   • Welche Höhe-/Tiefpunkte (beruflich/privat) sind im letzten Jahr bemerkenswert?
   • Wo liegen aus eigener Sicht die Stärken/Schwächen des Bewerbers?
5. Weitere Frageinhalte richten sich zum Beispiel auf Team- und Führungsfähigkeit.
6. Abschließend zielt der Interviewer auf das bisherige Einkommen (soweit aus der Bewerbung nicht ersichtlich) sowie den möglichen Termin des Wechsels.

Mustertexte Abmahnung

Abmahnung 1

Sehr geehrter Herr Mustermann,

am 1.4.2005 sind Sie trotz mehrfacher Aufforderung durch Ihre Führungskraft nicht zu der anberaumten Teamsitzung erschienen. Nach Ihrer Aussage gegenüber dem Kollegen Pimpfelmoser wollten Sie „... nicht ständig mit Dilettanten Zeit verschwenden".

Sie haben damit gegen unsere Arbeitsordnung (Ziffer 2: Kooperation und kollegiales Verhalten) sowie gegen Ihre arbeitsvertraglichen Pflichten verstoßen. Wir fordern Sie hiermit auf, Ihr Verhalten künftig zu ändern.

Sollte sich ein ähnlicher Vorfall wiederholen, sehen wir uns zu arbeitsrechtlichen Konsequenzen, die auch in einer firmenseitigen Kündigung bestehen können, gezwungen.

Hochachtungsvoll

Abmahnung 2

Sehr geehrte Frau Mustermann,

in den letzten Wochen sind Sie nach der Feststellung Ihrer Führungskraft ohne ausreichende Entschuldigung wiederholt zu spät zur Arbeit erschienen. Mit Schreiben vom 7.2.2005 haben wir Sie aus unserer Gleitzeitregelung herausgenommen und den Arbeitsbeginn auf 8.00 Uhr festgesetzt.

An folgenden Tagen erschienen Sie zu spät:

9.2.2005: 8.43 Uhr, 14.2.2005: 8.22 Uhr, usw.

Sie haben mit Ihrem Verhalten gegen unsere Arbeitsordnung (Ziffer 12: pünktliches Erscheinen am Arbeitsplatz) sowie gegen Ihre arbeitsvertraglichen Pflichten verstoßen. Wir fordern Sie hiermit auf, Ihre Arbeit künftig pünktlich aufzunehmen.

Sollte sich Ihr Verhalten nicht ändern, sehen wir uns zu arbeitsrechtlichen Konsequenzen, die auch in einer firmenseitigen Kündigung bestehen können, gezwungen.

Hochachtungsvoll

Verfahren vor Arbeitsgerichten

Die Arbeitsgerichte sind zuständig für Streitigkeiten aus dem Arbeitsverhältnis, der Tarifpartner und aus dem Betriebsverfassungsrecht.

1. Instanz: Arbeitsgericht (ArbG)

Verfahrensgang:

• Klageschrift (Arbeitnehmer, Rechtsanwalt, Gewerkschaft) oder
• Klage zu Protokoll der Rechtsantragsstelle beim ArbG
• Güteverhandlung (alleiniger Zweck: gütliche Einigung)
• Kammerverhandlung (= streitige Verhandlung)

2. Instanz Landesarbeitsgericht (LAG)

• Klageschrift (Arbeitnehmer, Rechtsanwalt, Gewerkschaft) oder
• Klage zu Protokoll der Rechtsantragsstelle beim ArbG
• Güteverhandlung (alleiniger Zweck: gütliche Einigung)
• Kammerverhandlung (= streitige Verhandlung)

3. Instanz Bundesarbeitsgericht (BAG)

• Prüfung (nur) von Rechtsfragen (= Revision)
• Zulässig bei Zulassung durch LAG oder BAG, bei grundsätzlicher Bedeutung sowie bei Abweichung von BAG-Rechtsprechung

Kosten

• ArbG: Keine Erstattung der Kosten des Gewinners
• LAG und BAG: Der Verlierer trägt die Kosten des Gewinners.

Wissenswertes

• Etwa 97% aller Klagen werden von Arbeitnehmern erhoben.
• Rund 92% aller Klagen enden durch Vergleich.

Abgrenzung Arbeitsvertrag – Dienstvertrag

	AV	DV
Fremdbestimmte Tätigkeit	ja	nein
Weisungsbefugnis	ja	nein
Eingliederung in Betrieb/Arbeitsorganisation	ja	nein
Zugewiesener Arbeitsplatz	ja	nein
Eigene Betriebsstätte	nein	ja
Informationspflicht	ja	nein
Freie Zeiteinteilung bei Aufgabenerledigung	nein	ja
Abgegrenzte, bestimmte Einzelleistung	nein	ja
Wirtschaftliches Risiko	nein	ja
Entrichtung von Lohnsteuer/Sozialabgaben	ja	nein
Ausschließlich erfolgsorientierte Bezahlung	nein	ja

Abgrenzung Dienst-/Arbeitsvertrag – Werkvertrag

Beim Dienst-/Arbeitsvertrag ist der *Leistungsgegenstand* die Diensterbringung, beim Werkvertrag ist es der *Erfolg*. Hier erfolgt die *Vergütung* nach Arbeitsergebnis, während beim Dienst-/Arbeitsvertrag nach Zeit bezahlt wird.

Ferner gilt:

	D/AV	WV
Vergütung auch ohne gewünschten Erfolg?	ja	nein
Haftung für das Eintreten des Erfolges?	nein	ja
Nachbesserungspflicht bei Mängeln?	nein	ja

Abgrenzung Franchisenehmer – Arbeitnehmer

	FN	AN
Vorschriften über Arbeitszeit, Arbeitsort und Festlegung der Urlaubszeiten	nein	ja
Bindung an bestimmte Einsatzzeiten und Umsatzvorgaben, Preise	nein	ja
Unternehmensrisiken, unternehmerische Erwerbschancen	ja	nein
Weisungsgebundenheit	nein	ja

Aufgabenerledigung durch Dritte	ja	nein
Starke Kontrolle	nein	ja
Eigene Buchhaltung, eigene Abrechnung	ja	nein
Einkünfte als alleinige Existenzgrundlage	nein	ja
Eigene betriebliche Organisation	ja	nein

Abgrenzung Arbeitnehmerüberlassung – Dienst- und Werkvertrag

- Weisungsbefugnis des Dritten (Arbeitsleistung, Arbeitszeit) gegenüber der Arbeitskraft?
- Berechtigung des Dritten bestimmte Arbeitskräfte zurückzuweisen, bestimmte Qualifikation der Arbeitskräfte zu verlangen?
- Haftung des Arbeitgebers gegenüber dem Dritten für die Tauglichkeit oder Auswahl der Arbeitskräfte, nicht aber die erfolgsbezogene Risikoübernahme?
- Keine Übernahme des Unternehmensrisikos, der Gewährleistung durch den Arbeitgeber?

Nur wenn alle Fragen mit „Ja" beantwortet werden konnten, handelt es sich um Arbeitnehmerüberlassung, sonst um einen Dienst- oder Werkvertrag!

Als weitere Abgrenzungshilfe gilt auch wieder die Eingliederung des Beschäftigten in den Betrieb des Dritten. Dabei sind auch Begleitumstände und objektiver Vertragsinhalt zu beachten, zum Beispiel Eingliederung ähnlich wie Stammarbeiter; die Verteilung der Aufsicht, Stellung des Materials und Werkzeugs, Planungs- und Organisationsgewalt, Art der Bezahlung nach Stunden bemessen, Formbeachtung bei Vertragsschluss.

Checkliste Zielvereinbarung

Im Grundsatz gilt, dass Ziele

1. realistisch,
2. eindeutig,
3. messbar,
4. terminiert und
5. beeinflussbar sein sollen,

so eine Checkliste der Siemens AG zu Zielvereinbarungen („Ziele zeigen den Weg zum Erfolg", München 1999).

Als Kernfragen und Beispiele werden genannt:

1. Geschäfts- und Prozessziele: Was soll im Geschäft erreicht werden und welche Prozesse können verbessert werden?

- Kumulierter Auftragseingang, Anteil Neukunden-Verträge, Erhöhung des Deckungsbeitrages;
- Verbesserung des Angebotsprozesses, Verkürzung der Durchlaufzeiten auf ..., Verringerung der Verfahrensfehler um ...%.

2. Ziele der Zusammenarbeit und Führung: Wie sollen Führung und Zusammenarbeit gestaltet werden?

- Mitarbeiterworkshop bis ...,
- Forcierung der internen Kommunikation,
- Einarbeitung neuer Mitarbeiter innerhalb von ... Monaten.

3. Weitere Ziele: Wie soll sich der Mitarbeiter weiterentwickeln?

- Verbesserung der Fremdsprachenkenntnisse,
- Fachkompetenz ausbauen,
- Quote der Kundenzufriedenheit.

Gesundheits-Check-up

Laborwerte

- Cholesterin, einschließlich HDL- und LDL-Cholesterin (Herzerkrankungen …)
- Triglyceride
- Leberwerte
- Blutbild
- Blutsenkung
- Harnsäure
- Gesamteiweiß
- Kreatinin
- Elektrolyte: Kalium, Calcium, Magnesium, Natrium
- Bei Männern ab 50 PSA (prostataspezifisches Antigen)

Körperliche Untersuchung

Mit Abhören von Herz und Lunge, Abtasten der Bauchorgane, Reflexprüfung, Überprüfung der Durchblutung, orientierende Untersuchung der Wirbelsäule, Blutdruck- und Pulsmessung, Wiegen.

Belastungs-EKG (Ergometrie)

Dieser Test ermittelt Ihre körperliche Leistungsfähigkeit. Beurteilt werden: Durchblutung des Herzmuskels, Herzrhythmus, Puls- und Blutdruckverhalten.

Der maximal erzielte Puls kann herangezogen werden zur Berechnung ihres optimalen Trainingspulses.

Vorsorgeuntersuchung

Frauen ab ca. 30 Jahren sollten regelmäßig einmal jährlich zur Krebsvorsorgeuntersuchung beim Frauenarzt gehen.

Männern ist ab 45 Jahren eine jährliche Krebsvorsorgeuntersuchung beim Urologen (= Männerarzt) zu empfehlen.

Sprechen Sie bei Fragen bzw. Unklarheiten mit der Ärztin/ dem Arzt Ihres Vertrauens!

Wie nehme ich ab?

1. Setzen Sie sich ein *realistisches Ziel* (ggf. bei erheblichem Übergewicht zunächst Etappenziele setzen), das Sie in einer festgelegten Zeit erreichen wollen!

2. Kontrollieren Sie das Erreichen dieses Zieles mittels regelmäßiger Gewichtskontrolle!

3. Benutzen Sie *positive Verstärker*, indem Sie sich bei Zielerreichung neu einkleiden, sich einen lang gehegten Wunsch erfüllen, etc.

4. Sinnvoll ist die *Abnahme von ca. 1 kg pro Woche, besser 1 kg pro Monat*. Anfangs kann die Gewichtsabnahme größer sein wegen des Wasserverlustes zu Beginn. Danach kommt es üblicherweise zu einer Stagnation – *nicht aufgeben!*

5. Erfolgreich ist die *Kombination von Ernährungsumstellung* (Optimieren der Nahrungszusammensetzung durch: Fett reduzieren, Alkohol nur gelegentlich, kein Zucker, keine Süßigkeiten und Süßstoff, keine Knabbersachen, viel frisches Obst und Gemüse, Milchprodukte und Vollkornprodukte) und *regelmäßiger Bewegung*, am besten Ausdauertraining im aeroben Bereich!

6. Denken Sie daran, dass *Fett fett* macht!

7. Gönnen Sie sich *fettarme Leckerbissen* – Obst, Obstsäfte, leckeres Gemüse. Essen Sie mit Genuss!

8. *Trinken Sie mindestens 2 bis 3 Liter täglich* (Wasser, Tee, Fruchtsäfte).

9. Legen Sie immer wieder *alkoholfreie Tage* ein, sie sparen nicht nur überflüssige Kalorien, sondern verhindern auch die hemmende Wirkung von Alkohol auf den Fettstoffwechsel.

10. Ein *trainierter Mensch steigert* seinen *Grundumsatz* (Energieverbrauch in Ruhe), denn *Muskulatur verbraucht mehr Energie* als Fettgewebe.

11. *Hungern* sowie jede radikale Diät fördern den *Jojo-Effekt* – Sie nehmen sehr schnell wieder zu!

12. Falls Sie schon einmal Ihr Wunschgewicht hatten, kleben Sie sich ein *Foto* aus dieser Zeit, auf dem Sie glücklich und zufrieden aussehen, an den *Badezimmerspiegel!*

13. Ersetzen Sie ab und zu eine *Hauptmahlzeit durch Obst*. Legen Sie immer mal wieder einen *Obsttag* ein. Dabei dürfen Sie sich an beliebig viel Obst satt essen.

---

1 kg Fettgewebe speichert etwa 7000 Kilokalorien. Um diese 1000 g einzuschmelzen, müsste ein 70 kg schwerer Mann 127 km mit einem Tempo von 6 km in der Stunde marschieren.

Nützliche Internetlinks und Tipps zur Literaturrecherche

Die nachfolgenden Internetlinks leiten nicht auf private Unternehmen oder Dienstleister. Sie sind kostenlos und frei zugänglich. Ein Anspruch auf Vollständigkeit wird nicht erhoben.

Hinweis: Viele private Dienstleister wie etwa Rechtsanwälte, Steuerberater, Trainer und Bildungsinstitute sowie Verlage bieten auf ihren Homepages freie und kostenlose Informationen zu Einzelthemen an. Diese können am besten unter Eingabe des Suchbegriffes über die bekannten Suchmaschinen erreicht werden.

Allgemeines

http://www.de.wikipedia.org/wiki
Freie Internet-Enzyklopädie

http://de.wiktionary.org/wiki
Freies Internet-Wörterbuch

http://dict.leo.org
Online-Wörterbuch
Deutsch – Englisch/Französisch/Spanisch

Nützliches

http://www.bund.de
Homepage der Bundesregierung mit Links zu allen Institutionen des Bundes

Alle Regierungen der Bundesländer verfügen ebenfalls über entsprechende Internetauftritte. Gleiches gilt für die Kommunen und Gebietskörperschaften.

http://www.xing.de

XING ist eine Plattform, die dazu dient, dass Sie Business-Ansprechpartner finden und erreichen und selbst gefunden werden können.

Im Prinzip geht es dabei darum, Netzwerke aufzubauen und zu pflegen.

Rechtliches

http://www.bundesrecht.juris.de

Aktuelles Bundesrecht im Internet.

Als Beispiel für eine Rechtsdatenbank auf Landesebene soll die des Freistaates Bayern dienen, andere Landesregierungen haben vergleichbare Services eingerichtet:

http://www.servicestelle.bayern.de/bayern_recht

Homepage der obersten Bundesgerichte mit Pressemitteilungen und Entscheidungsabdrucken:

http://www.bundesarbeitsgericht.de

http://www.bundesfinanzhof.de

http://www.bundesgerichtshof.de

http://www.bundessozialgericht.de

Auch viele Gerichte der unteren Instanzen verfügen mittlerweile über Interntauftritte.

http://www.finanzamt.de

Portalseite der Finanzverwaltungen der Länder und des Bundes

Den Überblick über die Internetauftritte von weiteren Behörden, Versicherungsträgern usw. zu geben, sprengt den Rahmen dieser Link-Sammlung. Wenn Sie etwas suchen, probieren Sie es einfach über die üblichen Suchmaschinen.

Tipps zur Literaturrecherche und Quellensuche

Die Ausgangslage ist bekannt: Man weiß, was es zu suchen gilt, aber eben nicht wo. Im Folgenden sollen einige Tipps zur Literaturrecherche und Quellensuche gegeben werden.

In der Einleitung zum Buch wurden bereits einige Zeilen dem neuen Begriff der „Googability" gewidmet. Was für Auskünfte über Personen gilt, kann ohne weiteres auch auf Informationen angewandt werden. Allerdings ist die Masse der gefundenen Suchergebnisse umso erdrückender, je weniger der Suchbegriff eingegrenzt ist. Eine darauf basierende Literaturrecherche und Quellensuche wäre zu ungenau.

Daher ist vom Grundsatz her angeraten, sich zur Eingrenzung der so genannten „Booleschen Operationen" „UND – ODER – NICHT" zu bedienen. In vielen Internet-Recherchetools sind diese Operationen unter „Erweiterter Suche" bereits als Suchmaske hinterlegt.

Weiterhin empfiehlt sich die Verwendung von Platzhaltern, um Teile eines Wortes zum Beispiel in Buchtiteln zu finden: Standard ist hier der Stern „*".

Schließlich bieten viele Suchmaschinen die Option einer Phrasensuche an. Hier ist darauf zu achten, dass in diesem Fall nur nach dieser Phrase gesucht wird. Abwandlungen werden nicht erkannt. Zu kennzeichnen ist diese Suche üblicherweise durch Anführungs- und Schlusszeichen.

Wenn es konkret um die Literaturrecherche und Quellensuche in Publikationen geht, empfiehlt sich die Verwendung von speziellen Suchmaschinen. Statt vieler seien hier einige Internetlinks mit weiterführenden Nachweisen genannt:

Deutsche Nationalbibliothek

http://www.d-nb.de/sammlungen/kataloge/opac.htm

Anmerkung: Die DNB ist mit einem Pflichtexemplarrecht ausgestattet. Von jeder in Deutschland erschienenen Veröffentlichung sind daher zwei Exemplare an die Deutsche Nationalbibliothek zur Archivierung zu übergeben.

Universitätsbibliothek der Freien Universität Berlin

http://www.ub.fu-berlin.de/literatursuche/ueberblick.html

Anmerkung: Hier ist der „Bibliographische Werkzeugkasten" zu empfehlen.

Ludwig-Maximilian-Universität München

http://www.ub.uni-muenchen.de/index.php

Karlsruher Virtueller Katalog

http://www.ubka.uni-karlsruhe.de/kvk.html

Anmerkung: Hier ist besonders die weltweite Verbindung zu Bibliotheks- und Buchhandelskatalogen hervorzuheben.

Literaturverzeichnis

Für das vorliegende Buch wurde von allen Autoren sehr viel im Internet recherchiert. Deshalb sind zu einigen Kapiteln interessante Webseiten aufgeführt; für alle Kapitel wird weiterführende praxisorientierte Literatur angegeben.

Allgemeine Literatur und Kapitel 2

Birkigt/Stadler/Funck, Corporate Identity: Grundlagen, Funktionen, Fallbeispiele, 11. Auflage, verlag moderne industrie 2002

Buchholz, Internationale Rechnungslegung. Die Vorschriften nach IAS, HGB und US-GAAP im Vergleich, Erich Schmidt Verlag 2005

Gabler Wirtschafts-Lexikon, 15. Auflage, Gabler Wirtschaftsfachverlag 2004

Götz/Löwe/Schuh, Cultural Change, 2. Auflage 1999, Hampp 1999

Olfert/Rahn, Einführung in die Betriebswirtschaftslehre, 8. Auflage, Kiehl 2005

Olfert/Rahn, Lexikon der Betriebswirtschaftslehre, 5. Auflage, Kiehl 2004

Simon, Moderne Managementkonzepte von A - Z. Strategiemodelle, Führungsinstrumente, Managementtools, Gabal 2002

Kapitel 3 und 4

Bilanzrechtsreformgesetz 2004 (BilReG) in http://www.iasifrs.de

Corsten, Lexikon der Betriebswirtschaftslehre, 4. Auflage, Oldenbourg 2000

Dresdner Bank Group, Herausforderungen an das Revisionswesen, März 2006

Europäische Kommission in http://ec.europa.eu/index_de.htm

Haberstock, Kostenrechnung I, 12. Auflage, Erich Schmidt Verlag 2005

Handelsgesetzbuch (HGB), Stand 14.08.2006 in http://www.juris.de

KPMG, Bedeutung der Internen Revision in der Corporate Governance, Dezember 2004

Küpper, Controlling, 4. Auflage, Schäffer-Poeschel 2005

Olfert, Finanzierung, 13. Auflage, Kiehl 2005

Olfert/Körner/Langenbeck, Bilanzen, 9. Auflage, Kiehl 2000

Palazzesi/Pfyffer, Interne Revision und Unternehmensüberwachung – von der Konkurrenz zur Kooperation, Der Schweizer Treuhänder 1-2/04

Perridon/Steiner, Finanzwirtschaft der Unternehmung, 14. Auflage, Franz Vahlen 2007

Regierungskommission Deutscher Corporate Governance Kodex, http://www.corporate-governance-code.de/

Schmalen, Grundlagen und Probleme der Betriebswirtschaft, 13. Auflage, Schäffer-Poeschel 2006

Schweitzer/Küpper, Systeme der Kosten- und Erlösrechnung, 8. Auflage, Franz Vahlen 2003

Kapitel 5

Dell/Fredman, Direkt von Dell: Die Erfolgsstrategie eines Branchenrevolutionärs, Campus 1999

Eschenbach/Kunesch, Strategische Konzepte, Schäffer-Poeschel 2003

Riekhof, Praxis der Strategieentwicklung: Konzepte, Erfahrungen, Fallstudien, 2. Auflage, Schäffer-Poeschel 1994

Kapitel 6

Gabler Lexikon Vertrieb und Handel, Gabler Wirtschafts-Fachverlag 1998

Hartleben, Werbekonzeption und Briefing, 2. Auflage, Publicis 2004

Tietz/Köhler/Zentes, Handwörterbuch des Marketing, 2. Auflage, Schäffer-Poeschel 1995

Meffert, Marketingforschung und Käuferverhalten, 2. Auflage, Gabler Wirtschafts-Fachverlag 1992

Nieschlag/Dichtl/Hörschgen, Marketing, 19. Auflage, Duncker & Humblot 2002

Rogge, Werbung, 6. Auflage, Kiehl 2004

Weis, Marketing, 14. Auflage, Kiehl 2007

Weis/Steinmetz, Marktforschung, 6. Auflage, Kiehl 2005

Winkelmann, Marketing und Vertrieb. Fundamente für die marktorientierte Unternehmensführung, 5. Auflage, Oldenbourg 2006

Kapitel 7

Burghardt, Einführung in Projektmanagement, 4. Auflage, Publicis 2002

Burghardt, Projektmanagement, 7. Auflage, Publicis 2006

Masing, Handbuch Qualitätsmanagement, 4. Auflage, Carl Hanser 1999

Quella, Umweltverträgliche Produktgestaltung, Publicis MCD 1998

Kapitel 8 und 9

Handbuch der Personalpraxis, Erläuterungen, Checklisten und Musterformulierungen zum Arbeits-, Sozial- und Lohnsteuerrecht, 11. Auflage, Luchterhand 2002

Küttner, Personalbuch 2006, 10. Auflage, C.H. Beck 2006

Mag, Einführung in die betriebliche Personalplanung, Vahlen 1998

Olfert/Steinbuch, Personalwirtschaft, 12. Auflage, Kiehl 2006

Schaub, Arbeitsrechts-Handbuch, 11. Auflage, C.H. Beck 2005

Schiefer, Arbeitsrecht im Überblick, Schnellübersichten, Checklisten, Muster und Formulare, 3. Auflage, Luchterhand 2001

Sieg, Arbeitsrecht – Leitfaden für alle Führungskräfte, Düsseldorfer-Schriftenreihe 1999

Völpel/Leibold/Früchtenicht, Herausforderung 50 plus, Publicis 2007

Kapitel 10, 11 und 12

Block, Internet, Intranet, Extranet für Manager, verlag moderne industrie 1999

Börnecke, Handbuch Telearbeit, Publicis MCD 1998

Burghardt, Einführung in Projektmanagement, 4. Auflage, Publicis 2002

de Vries, Die Erreichbarkeitsfalle, Publicis 2003

Kurtzke/Popp, Das wissensbasierte Unternehmen, Carl Hanser 1999

Reinke/Schiecke/Wobser, 33 Mind Maps für die Praxis, Fachbuchverlag 2001

Olfert/Steinbuch, Organisation, 14. Auflage, Kiehl 2006

Wagner/Schwarzenbacher, Föderative Unternehmensprozesse, Publicis 2004

Wiehler, Mobility, Security und Web Services, Publicis 2004

Website Mind-Map-Beratung www.mbm.de/partner.asp

Kapitel 13

Biesalski/Fürst/Kasper, Ernährungsmedizin, 3. Auflage, Thieme 2004

Carnegie, Sorge dich nicht, lebe, Scherz 2002

Csikszentmihalyi, Flow – Das Geheimnis des Glücks, Klett-Cotta, 2004

Csikszentmihalyi, Lebe gut. Wie Sie das Beste aus Ihrem Leben machen. dtv, 2001

Löhr, Lebe Deine Stärken! Wie Du schaffst, was Du willst. Econ, 2004

Wessinghage, Laufen: Der Ratgeber für Ausrüstung, Technik, Training, Ernährung und Laufmedizin, 7. Auflage, BLV Verlagsgesellschaft 2004

Anhang

Burghardt, Projektmanagement, 7. Auflage, Publicis 2006

Stichwortverzeichnis

Günter Hofbauer, Claudia Hellwig

Professionelles Vertriebsmanagement

Der prozessorientierte Ansatz aus
Anbieter- und Beschaffersicht

2004, 316 Seiten, gebunden
ISBN 978-3-89578-247-3
€ 59,90 / sFr 96,00

Dieses Buch stellt den Vertriebsprozess erstmals
aus Anbieter- und Kundensicht dar und ermöglicht
es so, die Prozesse optimal aufeinander abzustim-
men. In den einzelnen Prozessschritten liefert das Buch wichtige Ansatzpunkte
für ein profitables Customer Relationship Management. Es zeigt, wie Beziehungen zwischen den beiden Marktpartnern identifiziert, aufgebaut und für beide
Seiten dauerhaft profitabel aufrechterhalten werden können. Die konsequente
Prozessorientierung ermöglicht zudem höhere Effektivität und Effizienz in der
Vertriebsarbeit.

Günter Hofbauer, Anita Schweidler

Professionelles Produktmanagement

Der prozessorientierte Ansatz,
Rahmenbedingungen und Strategien

2006, 548 Seiten, 278 Abbildungen, gebunden
ISBN 978-3-89578-273-2
€ 59,90 / sFr 96,00

Klar strukturiert und leicht lesbar stellt dieses Buch
systematisch und umfassend die relevanten Er-
folgsfaktoren des Produktmanagements dar. Im ersten Teil erläutert es die Rahmenbedingungen des Produktmanagements, im zweiten Teil beschreibt es in einem umsetzungsnahen Referenzmodell den Kernprozess des Produktmanagements in 11 Phasen. Das Buch richtet sich an Betriebswirte, Ingenieure und Wirt-
schaftsingenieure in Vertrieb und Marketing, Produktentwicklung, Beschaffung
und Fertigung, an Praktiker, Berufseinsteiger und Studierende.

Ulf Pillkahn

Trends und Szenarien als Werkzeuge zur Strategieentwicklung

Der Weg in die unternehmerische Zukunft

September 2007, ca. 400 Seiten,
ca. 150 farbige Abbildungen, gebunden
ISBN 978-3-89578-286-2
Ca. € 49,90 / sFr 80,00

Dieses Buch zeigt, wie man Szenarien als ganzheitliche Methode zur Zukunftsforschung einsetzt, wie die Ergebnisse aus Trendforschung und Szenariotechnik in die unternehmerische Strategieentwicklung einfließen, und es führt einen optimierten Prozess der Strategieentwicklung vor. Beispiele aus der Praxis und Zukunftsbilder aus dem Unternehmen Siemens runden das Buch ab.

Ulrich Eberl, Jörg Puma

Innovatoren und Innovationen

Einblicke in die Ideenwerkstatt
eines Weltkonzerns

2007, 263 Seiten, 73 farbige
Abbildungen, gebunden
ISBN 978-3-89578-285-5
€ 34,90 / sFr 56,00

Dieses Buch erzählt mit einem Blick hinter die Kulissen 30 Geschichten von Innovationen und ihren Innovatoren und zeigt daran das ganze Spektrum unterschiedlicher Abläufe für kleine und große, schnelle und langwierige, disruptive und evolutionäre Neuerungen. Geprägt wurden all diese Innovationen nicht nur durch organisatorische Rahmenbedingungen und Strategien, sondern auch durch intensiven persönlichen Einsatz, Netzwerke innerhalb und außerhalb des Unternehmens, kreative Freiräume und mutige Visionen, enge Kontakte zu den Kunden, Konflikte und Teamarbeit und eine gesunde Portion Glück. Dieses Buch bietet eine Fülle von Erfahrungen für alle Personen, die strategisch oder direkt an Innovationen beteiligt sind.

Manfred Noé

Crash-Management
in Projekten

Vorbeugen, Erkennen, Analysieren und
Überwinden von Konflikten und Krisen

2006, 253 Seiten, 32 Abbildungen, gebunden
ISBN 978-3-89578-269-5
€ 32,90 / sFr 53,00

Dieses Buch zeigt Projektmanagern, Krisenmana-
gern, Projektmitarbeitern und Coachs, warum und
weshalb Konflikte und Krisen entstehen, wie sich Konflikte und Krisen frühzeitig
erkennen und analysieren lassen, wie Krisen überwunden werden und durch welche präventiven Maßnahmen Krisensituationen gar nicht erst entstehen oder ihre
Eskalation vermieden wird. Dazu beschreibt es Best Practises und individuelle
und unternehmensspezifische Erfolgsfaktoren sowie Methoden und Techniken
der (Problem-)Analyse.

Walter Gregorc, Karl-Ludwig Weiner

Claim Management

Ein Leitfaden für Projektmanager
und Projektteam

2005, 222 Seiten, 34 Grafiken
und Beispiele, gebunden
ISBN 978-3-89578-250-3
€ 42,90 / sFr 69,00

Im Rahmen von Projektmanagement erhält Claim
Management immer höhere Bedeutung. Dieses
Buch beschreibt seine rechtlichen Grundlagen, die wirtschaftlichen und technischen Bedingungen seiner Anwendung und zeigt den operativen Einsatz in der
Projektrealisierung und Gewährleistungsphase. Es soll die Projektbeteiligten in
die Lage versetzen, die vertraglichen Vorgaben auszuführen, zusätzliche Forderungen zu erkennen und mit dem Vertragspartner zu verhandeln. Außerdem beschreibt es den Umgang mit Änderungen und wie sie vergütet werden. Das Buch
bietet praktische Beispiele, Vorlagen und Prozessbeschreibungen, Verhandlungs-
tipps sowie eine beispielhafte Liste der Mitwirkungspflichten des Kunden.

Elke Meyer, Stefanie Widmann

FlipchartArt

Ideen für Trainer, Berater und Moderatoren

2006, 165 Seiten, 129 farbige
Abbildungen, gebunden
ISBN 978-3-89578-260-2
€ 34,90 / sFr 56,00

Das Buch bietet eine Fülle konkreter Beispiele zur Gestaltung von Flipcharts und eine Palette von Gestaltungsmöglichkeiten, aus denen jeder Anwender mit wenig Aufwand seinen individuellen Stil ableiten kann. Die Vorbereitung von Seminaren, Besprechungen oder Workshops wird damit deutlich vereinfacht, der Zeitaufwand reduziert und die Eindringlichkeit der Botschaft erhöht. Dieses Buch gehört in jeden Moderatoren- und Beraterkoffer, in jedes Trainergepäck.

Gerhard Seitfudem

Professionell schreiben

Praktische Tipps für alle, die Texte verfassen:
Rechtschreibung, Stilmittel, Layout,
Arbeitstechniken und vieles mehr

3., überarbeitete und erweiterte Auflage, 2007
176 Seiten, kartoniert
ISBN 978-3-89578-298-5
€ 19,90 / sFr 32,00

Gute Texte sind die Visitenkarte jedes Unternehmens, gute Texte sind ein Beweis persönlicher Arbeitsqualität. „Professionell schreiben" gibt Ihnen eine Menge Tipps, die Sie nutzen können, wenn Sie Texte verfassen, egal ob Fachartikel, Dokumentationen, Angebote, Präsentationen oder Vertriebsunterlagen.

Aktuelle Rechtschreibung, Typographie, Schreibstil, Bild- und Tabellengestaltung, Rechtsfragen, Korrekturzeichen, die wichtigsten Word-Shortcuts, Powerpoint-Tipps, Kreativitäts- und Zeitplanungstechniken - alles ist knapp und übersichtlich zusammengefasst.

Manfred Burghardt

Einführung in Projektmanagement

Definition, Planung, Kontrolle, Abschluss

4. Auflage, 2002,
336 Seiten, 110 Abbildungen,
30 Tabellen, kartoniert
ISBN 978-3-89578-198-8
€ 37,90 / sFr 61,00

„Einführung in Projektmanagement" bietet eine praxisorientierte, verständliche und übersichtliche Einführung in die Methoden und Vorgehensweisen des modernen Projektmanagements. Es hilft Projektbeteiligten in der Industrie, im Dienstleistungsbereich und in der Forschung, Projekte richtig zu planen, durchzuführen, zu überwachen und zu steuern und dabei die Parameter Leistung, Einsatzmittel (Geld, Personal, Maschinen usw.) und Zeit optimal aufeinander abzustimmen. Studenten der Ingenieur- und Wirtschaftswissenschaften bietet es eine praxisnahe Einführung in das Thema.

Wieder topaktuell – mit überarbeiteten Abschnitten zu ISO 9001 und EFQM!

Manfred Burghardt

Projektmanagement

Leitfaden für die Planung, Überwachung und Steuerung von Projekten

7., überarbeitete und erweiterte Auflage, 2006,
696 Seiten, 342 Abbildungen, 112 Tabellen
plus 56 Seiten Beiheft, gebunden
ISBN 978-3-89578-274-9
€ 119,00 / sFr 188,00

Das Buch ist ein umfassendes, anerkanntes Standardwerk für Projektleiter, Projektplaner und Projektmitarbeiter. Klar strukturiert und verständlich vermittelt es die Methoden und Vorgehensweisen im Management von Projekten. Außerdem dient es als Nachschlagewerk für alle diejenigen, die bereits längere Zeit mit PM-Aufgaben betraut sind. Für die 7. Auflage wurde das Buch gründlich überarbeitet und aktualisiert. Ergänzt wird das Buch durch ein umfangreiches Glossar, einen Fragenkatalog für PM-Untersuchungen und ein Beiheft mit PM-Merkblättern für das Erstellen projektspezifischer Checklisten.

www.publicis-erlangen.de/books